古代の地域支配と渡来人

大橋信弥 著

吉川弘文館

はしがき

本書は、『日本古代の王権と氏族』『古代豪族と渡来人』につづく著者の第三論文集である。前二著と同様に、当初から一書を編むことを予定して執筆したものではなく、前著刊行後に、様々な機会に、またその時々の関心により発表した文章から、主として大和政権による地域支配の究明という視点から、近江の古代豪族や渡来氏族・渡来人について論究した一五編を選び、新たに稿をおこした二編を加え一書としたものである。前著の大半の論考が、滋賀県立安土城考古博物館在職中に書かれたこともあり、展覧会の企画や図録の執筆に追われるなかで取り組んだもので、そのことが色濃く表れていたと思う。これに対し本書に収録した文章の多くは、退職後に書かれたものであり、時間的な制約から解放され、少しは落ち着いて、既存の史料だけでなく、新発見の考古資料や出土文字資料にも、向き合えるようになったと思う。そうしたことから、これまでの私見についても、その不備や間違いも含め、見直すことができるようになったと思われる。

そしてこの間には、退職後も含め十数年間、国立歴史民俗博物館の平川南さんが主宰される、非文献資料をめぐる共同研究に参加させていただき、木簡・墨書土器をはじめとする現物資料を直に接する機会が得られたことは、本書の成り立ちに大きな影響があったと思う。特にそのなかで、韓国の木簡や金石文と日本古代の文字資料の関わりについて、国内の研究者だけでなく、韓国の研究者とも交流し学ぶことができたのは、大きな財産となった。これまで私がすすめてきた渡来人と渡来文化に対する研究姿勢にも、新たな展開をもたらすことになったと思う。そして、それとは別に、二〇一〇年ごろから数年にわたり、旧知の釜山市立博物館の白承玉さんの紹介で参加させていただいた、釜山大学の白承忠先生を中心とする共同研究「安羅伽耶の発展と対倭交渉」において、日本の古代史や渡来文化・渡来人に関心をもつ韓国の先生方と交流をもち、親しくご教示を得ることができたことも、本書にいかされていると思う。

さて、本書の第一部では、前二著では取り上げることができなかった、近江臣・和邇部臣・犬上君という近江の有力な古代豪族について、主として大和政権の地域支配という視点から論及している。第一章は、近江の古代豪族のなかでは、小野妹子・犬上御田鍬と並んでよく知られた存在である近江臣毛野とその出身氏族について論じている。そのウジ名や伝記から近江出身とされながら、定説をみていない近江における本拠や動向に迫ろうとしている。第二章は、太田亮氏が、その大著『姓氏家系大辞典』で取り上げた「和爾系図（和邇部氏系図）」について、加藤謙吉氏の綿密な考証を受けて、その成立事情とその後の伝流過程を検証している。そして、系図の作成者である、滋賀郡北部の「和邇村」に本拠を置く和邇部臣氏（近淡海国造）の性格と実態にも、系図の記載内容から明らかにしようとしている。第三章は、最初の遣唐使として知られる犬上御田鍬と、出身氏族の実像と性格を、近年明らかになった考古資料や文字資料により明らかにしようとしたものである。他の四編は、すでに旧著においてやや詳しく論じたテーマではあるが、新発見の資料や既存の資料の見直しにより再論したものである。第四章では、天平十六年（七四四）四月に発生した紫香楽宮西北の山林火災の消火に活躍した、神崎郡大領佐々貴山君足人と、時の中納言藤原豊成との浅からぬ関係を、従来詳しく取り上げなかった史料の検討から見直したもの。第五章では、高島市安曇川町三尾里所在の上御殿遺跡出土の「守君舩人」墨書土器の由来を考えることから、継体天皇と美濃の意外な関係を復元しようとしたもの。第六章と付論では、野洲郡を本拠とする近淡海安国造と同氏が大和政権に献上したとみられる葦浦屯倉について、近年における国造制・ミヤケ制研究を参照して再検討するとともに、西河原木簡・ブタイ木簡などの文字資料を手がかりに、葦浦屯倉の管理・運営を具体的に検討している。

第二部には、木簡や墨書土器など文字資料の考察から、大和政権の地域支配の具体像を、渡来氏族・渡来人の役割から明らかにしようとしたものを収録している。新出文字資料は断片的ではあるが、既存の資史料と突き合わせ総合的に検討することにより、局面が開かれることも少なくなかった。第一章では、律令国家成立期の七世紀に遡る古い木簡を出土した、野洲市西河原遺跡群の様相を、出土木簡と遺構の性格から検討し、これが前代の葦浦屯倉の運営システムや渡来人集団の動きにみえる人的資源の継承に注目し、律令社会成立期の地方行政機構形成の一つのあり方を示すものと考えた。第二章では、近江出土の七世紀に遡る木簡の表記や用字を手がかりに、わが国における文字文化の受容過程を、近江において具体的に検証しようとしたもので、韓国出土木簡との対比により、濃密な分布を示す近江の渡来人の果たした役割をたどろうとしている。第三章では、前著で明らかにしようとした、天平末年の藤原仲麻呂の乱の鎮圧に功績のあった錦部寺が大津北郊に所在する南滋賀廃寺に他ならないとした私見を、新発見の刻書土器により再論したものである。第四章では、湖東蒲生野の開発に果たした渡来人の役割を具体的に明らかにするため、やや時代は下るが、承平二年（九三二）に作成された土地台帳「土田庄田地注文」の記載を手がかりに検討したものである。第五章では、新たに発見された石山国分瓦窯の検討から、従来不明であった保良京の造営と国昌寺の増改築の密接な関係を追跡したものである。そのなかで香川県宗吉瓦窯の調査成果を援用し、藤原宮の造営に関わった石山国分瓦窯の全体像を推定して、その全面的な保存への願いを込めている。非力ではあるが今後も取り組んでいきたい。

第三部では、これまで敬して遠ざけていた、倭漢氏・秦氏など有力な渡来氏族を取り上げている。とはいっても、あえて正面から考察する道はとらず、様々な動機や事情で海を渡って渡来してきた人々が各地に定着して活動するなかで、自分たちの朝廷における地位を維持し高めるために氏族構造を作り上げる必要があり、倭国の政治システムに沿う形で氏族を形成したことを具体的に考えている。第一章では、王辰爾に関わる伝説や、その一族の記事を検討し、渡来氏族が、その存立の基礎となる新しい知識・技術を常に更新するため、国内外に独自の強力なネットワークを構築し、氏族相互の間で激しい競争を演じていたことを考えた。第二章では、四世紀末から五世紀初頭に様々な知識や技術をもった渡来人集団が大阪湾沿岸と大和の主要部に渡来定住し、その後しだいに在地人との融合や在地化をすめる一方、新たな技術をもつ渡来人集団をその後も波状的に受け入れていること、そして、その渡来人集団の多くが朝鮮半島南東部の伽耶諸国、同南西部の栄山江流域に出自することを、考古資料により確認している。そして、渡来氏族がその来歴を主張する渡来伝説の検討により、倭漢氏が安羅伽耶出身の渡来人集団を中核として形成されたことを推定している。第三章と第四章では、大和葛城・山城深草・山城葛野・近江愛知など各地に有力な拠点をもつ、渡来氏族の雄秦氏の来歴と実態を、秦伴造家の成立という視角から取り上げている。特に、本来別個の集団であった山城の葛野と深草の秦氏が秦伴造の地位をめぐり競合したこと、秦大津父の活躍で最初に秦伴造となった深草の秦氏に対し、秦河勝の活躍で葛野の秦氏が最終的に主導権を掌握したことを指摘している。それとともに、秦氏による本拠地の移動説を批判し、もともと別個の渡来人集団であった、大和葛城・山城深草・山城葛野・近江愛知などいくつかの秦系渡来人集団が、秦氏というより大きな氏族に結集した可能性を提唱している。第五章では、近年における考古学による研究成果と、文献資料の再検討により、日本古代の織物生産の展開を、それに関与したと思われる渡来人との関わりを中心に論じている。そして、従来から問題になっている秦氏と織物生産の関わりや、倭漢氏と高級織物生産の密接な関係についても論究している。

このように、本書において私が論じたことは、歴史の本道からすれば、いわば枝葉に属するものばかりで、いまだ道半ばと思わざるを得ないが、本書の刊行をきっかけに、今一度初心に立ち返って、これまで十分に論じることがなかった、七・八世紀史をめぐる諸問題についても、遅まえながらも論究をすすめたいと考えている。引きつづき忌憚ないご叱正をお願いしたい。

目次

図表目次

図1　伽耶の滅亡（田中俊明『古代の日本と加耶』山川出版社、二〇〇九年）……………………………………五
図2　伽耶諸国の位置と地勢（同右書）……………………………………二〇
図3　金官伽耶の遺跡分布図（東潮・田中俊明『韓国の古代遺跡』中央公論社、一九八九年）……………………………二一
図4　安羅伽耶の遺跡分布図（同右書）……………………………………二三
図5　滋賀郡北部の古墳群（『志賀町史』第一巻、一九九六年）……………………………………………………三五
図6　滋賀郡南部の首長墓（『図説 大津の歴史』大津市、一九九九年）……………………………………………………三七
図7　滋賀郡南部の古墳と集落（花田勝広『古代の鉄生産と渡来人』雄山閣、二〇〇二年）…………………………三九
図8　近江古代豪族分布図……………………………………………四五
図9　日吉大社神殿配置図（景山春樹『神体山』学生社、一九七一年）……………………………………………………四七
図10　大久保家家譜草稿（一）（国立国会図書館所蔵）………六五
図11　大久保春野呈譜系図（「続華族系譜五」宮内庁宮内公文書館所蔵）…………………………………………六六
図12　大久保家家譜草稿（二）（国立国会図書館所蔵）………七〇
図13　大久保家家譜草稿（三）（国立国会図書館所蔵）………七一
図14　大久保氏系図の比較……………………………………七三
図15　「和邇部氏系図」（前半）……………………………八一～二
図16　「和邇部氏系図」（後半）……………………………………八四
図17　荒神山と荒神山古墳（高橋美久二編『近江の考古と地理』滋賀県立大学人間文化学部考古学研究室、二〇〇六年）……………………………………………………一一三
図18　荒神山古墳と塚村古墳復元図（同右書）……………一一五
図19　犬上郡東部の古墳群（細川修平「扇状地の開発と古墳」滋賀県立安土城考古博物館第三一回企画展図録『扇状地の考古学―愛知・犬上の古代文化―』滋賀県立安土城考古博物館、

二〇〇六年）……一一六
図20　楢崎古墳群（多賀町教育委員会『多賀町埋蔵文化財調査報告書第一二集 楢崎古墳群』二〇〇三年）……一一八
図21　北落古墳群（滋賀県教育委員会・滋賀県文化財保護協会「北落古墳群・金屋古墳群」『ほ場整備関係遺跡発掘調査報告書XXIII―三』一九九六年）……一二〇
図22　塚原古墳群（甲良町教育委員会『甲良町の歴史　北落工場造成に伴う塚原古墳群発掘調査概要』一九九三年）……一二一
図23　犬上郡条里復元図と犬上郡某郷の位置（『新修彦根市史』第五巻・古代・中世、二〇〇七年より改変）……一三一
図24　「守君舩人」墨書土器（滋賀県教育委員会所蔵）……一五四
図25　上御殿遺跡位置図（記者発表資料『平成二五年度 上御殿遺跡の調査成果について』滋賀県文化財保護協会、二〇一三年）……一五五
図26　上御殿遺跡遺構配置図（『鴨川補助広域基幹河川改修事業（青井川）に伴う発掘調査報告書三 上御殿遺跡（高島市安曇川町三尾里）』滋賀県教育委員会・滋賀県文化財保護協会、二〇一九年）……一五六
図27　平城京出土墨書人形代（金子裕之編『律令期祭祀遺物集成』律令祭祀研究会、一九八八年）……一五七
図28　美濃国諸郡配置図（『日本古代史地名辞典』雄山閣、二〇〇七年）……一五九
図29　上宮記一云系譜……一六二
図30　「守君」墨書土器（『中山間地域総合整備関係遺跡発掘調査報告書三―一　六反田遺跡Ⅰ　彦根市宮田町』滋賀県教育委員会・滋賀県文化財保護協会、二〇一三年）……一六三
図31　継体天皇関係図（和田萃『古墳の時代』小学館、一九八八年）……一六四
図32　日子坐王系譜と倭建命系譜……一七四〜五
図33　大岩山古墳群分布図（「小篠原遺跡」『平成九年度野洲町内遺跡発掘調査概要』野洲町教育委員会、一九九八年）…一七六
図34　西河原遺跡群と葦浦屯倉（滋賀県文化財保護協会『古代地方木簡の世紀―西河原木簡から見えてくるもの―』サンライズ出版、二〇〇八年）……一八一
図35　ブタイ遺跡位置図（『竜王町ブタイ遺跡の発掘調査にお

いて検出された公的施設と出土した木簡について」滋賀県文化財保護協会、二〇一七年）……一八八
図36　ブタイ遺跡遺構配置図（『ブタイ遺跡発掘調査報告書Ⅲ』竜王町教育委員会、二〇一九年）……一八九
図37　ブタイ木簡（竜王町教育委員会所蔵）と実測図（同右書）……一九〇
図38　ブタイ遺跡出土須恵器（『ブタイ遺跡発掘調査報告書Ⅰ』竜王町教育委員会、二〇〇四年）……一九三
図39　西河原遺跡群（滋賀県立安土城考古博物館第三六回企画展図録『古代地方木簡の世紀―文字資料から見た古代の近江―』滋賀県立安土城考古博物館、二〇〇八年）……二〇一
図40　西河原森ノ内遺跡と平留五十戸（『西河原森ノ内遺跡第一・二次発掘調査概要』中主町教育委員会・中主町埋蔵文化財調査会、一九八七年）……二〇六
図41　森ノ内遺跡北半（図39と同書）……二一六
図42　西河原遺跡群とその周辺（図40と同書）……二一七
図43　大津北郊の古墳と寺院（林博通『大津京』ニューサイエンス社、一九八四年）……二二四
図44　近江渡来氏族分布図（『米原町史』通史編、米原町　二〇〇二年）……二四六
図45　北大津木簡（滋賀県立安土城考古博物館所蔵）……二四九
図46　森ノ内二号木簡（野洲市教育委員会所蔵）……二五六
図47　湯ノ部木簡（滋賀県教育委員会所蔵）……二六〇
図48　宮ノ内遺跡倉庫跡（滋賀県文化財保護協会『古代地方木簡の世紀―西河原木簡から見えてくるもの―』サンライズ出版、二〇〇八年）……二六七
図49　宮ノ内六号木簡（滋賀県教育委員会所蔵）……二七一
図50　柿堂遺跡木簡（東近江市教育委員会所蔵）……二七五
図51　刻書土器出土地点位置図（松浦俊和「大津市南滋賀出土の箆書土器について―「錦寺」が意味するもの―」『淡海文化財論叢』四、二〇一二年）……二八三
図52　「錦寺」刻書土器（大津市教育委員会所蔵）写真・実測図・拓影（同右論文）……二八四
図53　南滋賀遺跡出土木簡（大津市教育委員会所蔵）……二八五
図54　過所木簡（奈良文化財研究所蔵）……三〇一
図55　近江の条里・道路と蒲生郡条里（高橋美久二「街道と

町なみ」『近江八幡の歴史』第一巻、近江八幡市役所、二〇〇四年）……三二四
図56　石山国分瓦窯位置図（田中久雄『石山国分瓦窯発掘調査報告書』大津市教育委員会、二〇一五年）……三二九
図57　国昌寺跡採集遺物の分類（小松葉子「国昌寺の創建と修造について—大津市鳥居川霊園採取遺物の整理から—」『紀要』二七、滋賀県文化財保護協会、二〇一四年）……三三二
図58　宗吉瓦窯全体分布図（渡部明夫ほか『宗吉瓦窯跡調査・保存整備報告書』三豊市教育委員会、二〇〇九年）……三三四
図59　宗吉瓦窯平面図（部分）（同右書）……三三五
図60　石山国分瓦窯平面図（図56と同書）……三三六
図61　石山国分瓦窯とその周辺（図57と同論文）……三三七
図62　船首王後墓誌（三井記念美術館所蔵）……三三八
図63　大阪湾沿岸の韓式土器出土遺跡（田中清美「五世紀における摂津・河内の開発と渡来人」『ヒストリア』一二五、一九八九年）……三五五
図64　初期の陶邑古窯群とその周辺（大阪府教育委員会『陶邑・大庭寺遺跡Ⅳ』一九九五年）……三五七
図65　大庭寺遺跡の遺構と遺物（同右書）……三五九
図66　小坂遺跡の集落と遺物（田中清美「近畿の渡来人集落」『日韓集落の研究』日韓集落研究会、二〇一二年）……三六〇
図67　伏尾遺跡の古墳時代集落（同右論文）……三六二
図68　安威遺跡の集落と遺物（同右論文）……三六四
図69　長原遺跡の集落の変遷（同右論文）……三六六
図70　大和・河内の主要手工業生産遺跡（大阪府立近つ飛鳥博物館特別展図録『鉄とヤマト王権』大阪府立近つ飛鳥博物館、二〇一〇年）……三六九
図71　大県遺跡群の鍛冶工房と遺物（花田勝広『古代の鉄生産と渡来人』雄山閣出版、二〇〇二年）……三七〇
図72　蔀屋北遺跡三期の集落と遺物（藤田道子「蔀屋北遺跡の渡来人と牧」『ヒストリア』一二九、一九九〇年）……三七二
図73　大和政権の拠点集落（奈良県立橿原考古学研究所付属博物館特別展図録『海を越えたはるかな交流—橿原の古墳と渡来人—』奈良県立橿原考古学研究所付属博物館、二〇〇六年）……三七五
図74　南郷遺跡群の主要遺構分布図（図71と同書）……三七七

図75　布留遺跡の遺構と遺物（同右書）……………………三七九
図76　布留遺跡出土火焔透文土器（埋蔵文化財天理教調査団所蔵）……………………………………三八〇
図77　山城秦氏関係図（井上満郎『古代の日本と渡来人』明石書店、一九九五年）……………………三八四
図78　古代北山城の郡と郷（『京都の歴史一　平安の新京』京都市、一九七〇年）……………………三九八
図79　『広隆寺来由記』記載の秦氏系図（中村修也「秦氏」『古代豪族のルーツと末裔たち』新人物往来社、二〇一一年）……………………………………四〇〇
図80　北山城の首長墓の系譜（丸川義広「京都盆地における古墳群の動向」『田辺昭三先生古稀記念論文集』田辺昭三先生古稀記念の会、二〇〇二年）……………………四〇八
図81　古代山城と宮都（中村修也『秦氏とカモ氏』臨川書店、一九九四年）……………………………四一三
図82　北野廃寺周辺概念図（林南壽『広隆寺史の研究』中央公論美術出版、二〇〇三年）……………………四一九
図83　北野廃寺の寺域と遺構（久世康博「山城国北野廃寺の寺域について」『考古学論集』四、一九九二年）……………四二一
図84　広隆寺前身寺院の遺構（浪貝毅「北野廃寺と広隆寺旧境内（京都市）」『仏教芸術』二二六、一九七七年）……………四二三
図85　北野廃寺・広隆寺前身寺院出土瓦の変遷（網伸也「広隆寺創建問題に関する考古学的私見」『古代探叢』Ⅳ、一九九五年）……………………………………四二三
図86　越後の編布製作技法（東村純子『考古学からみた古代日本の紡織』六一書房、二〇一一年）……………………四二九
図87　直状式原始機の復元（太田英蔵「紡織具」『日本の考古学Ⅲ　弥生時代』河出書房、一九六六年）……………………四三〇
図88　凹型・凸型木製品（図86と同書）……………………四三一
図89　輪状式原始機の布送具の復元（同右書）……………四三三
図90　群馬県上細井稲荷山古墳出土石製祭器（同右書）…四三三
図91　輪状式原始機の経送具（上細井型）（同右書）………四三四
図92　輪状式原始機の復元（同右書）……………………四三四
図93　高機（同右書）……………………………………四三五
図94　地機の部材とみられる木製品（同右書）……………四三六

図表目次

第一部　近江の古代豪族と大和政権

第一章　近江臣毛野の研究
――その実像と出身地――

はじめに

近江臣毛野は、『日本書紀』（以下『書紀』と略記）によると、継体末年、六万の軍勢を率いて、「任那」の復興をはかるため派遣された将軍として登場する。そのころ、朝鮮半島では、倭国とは政治・経済などで長いつながりをもっていた、金官国をはじめとする伽耶諸国が、新羅・百済による東西からの侵食により、その存亡の危機に立たされていたからであった。ところが、かねがね朝廷に不満を抱いていた筑紫国造磐井が新羅と「通牒」して反乱を起こしたため、その行く手を遮られることになった。乱そのものは、大和政権の総力を結集した軍事行動により鎮圧され、ようやく安羅に渡った毛野は、羅・済二国王に天皇の「詔勅」を伝え、「任那」復興に向けて乗り出したが、新羅の軍事攻勢により、その調停はことごとく失敗し、天皇は毛野に召還を命じ、その帰途対馬で病死したとしている。

この所伝については、かつて大和政権の朝鮮半島政策の失敗を物語るものとする見解が支配的で、毛野の役割も否定的であったが、その後、再検討がすすみ、毛野臣を、新羅と百済の挟撃にあって滅亡の危機にあった伽耶諸国の自立政策を推進した倭国の外交担当者であったとみて、いわゆる「任那（安羅）日本府」の創設者とする見解も示されている(1)。私も、毛野が、そのウジ名や所伝の内容から近江出身の有力な豪族で、継体朝における対外政策の立案者の一人とみているが、こうした朝鮮半島の危機的状況下において、大和政権の有力な豪族を差し置いて、近江の地方豪族出身とみられる毛野が登用されることになったのはなぜであろう。また、毛野については、ウジ名や所伝の内容から近江の豪族であることは間違いないとしても、今のところ、その具体的な本拠地を明示する文献記録に恵まれず、その出自や系譜的位置についても、諸説があって決着していない。ここでは、そうした近江臣毛野をめぐる基礎的な問題について、解決を図ろうとするものである。

一　磐井の乱と近江臣毛野

『古事記』は顕宗天皇段までは、いわゆる「旧辞」的な物語を多く収載しているが、仁賢天皇段以降は、「帝紀」的な系譜記事のみとなっている。ただ継体天皇段だけは、系譜記事の終わりに「此之御世に、竺紫君石井、天皇之命に従はず而、礼无きコト多くありき。故、物部荒甲之大連、大伴之金村連二人を遣し而、石井を殺さしメたまひき」という、異例な記述している。このことは、この乱が古代貴族にとって、忘れがたい大きな出来事であったことを示しているといえるが、それとともに、後述するように、この乱の過程で異変により天皇が亡くなった可能性があり、これを特記事項ではなく、継体天皇の退位事情として記述されたとする見解もみられる。(2) これに対し、『書紀』は乱の原因・経緯・結果などについて詳細に記述し、そのなかで近江毛野臣の事績についても詳しく記述している。

すなわち、継体朝の末年、継体二十一年（五二七）六月（以下『書紀』の年紀による）に、近江毛野臣を将軍とする六万の大軍を派遣したとし、その目的は、「新羅に破られし南加羅・喙己呑を為復し興建てて、任那に合わせむとす」と記しており、新羅によって併合された南加羅（金官国）などの再興のためであった。このことを知った新羅は、ひそかに朝廷への叛意を抱いていた、北部九州の筑紫国造磐井に貨賂を贈り、毛野の軍の進路をはばむことをすすめたので、磐井はそれを阻止すべく反乱に立ち上がった。このことについて『書紀』は「磐井、火・豊、二つの国に掩ひ拠りて」、「外は海路を邀へて」、「内は任那に遣わせる毛野臣の軍を遮りて」と書いている。この記述については当然文飾を想定すべきであるが、磐井は筑紫国造で、乱後磐井の子葛子が、筑後の糟屋屯倉を献上していることなどから、のちの律令国なら、筑前・筑後・肥前・肥後・豊前・豊後の六ヵ国というほぼ北部九州全域を含む広大な地域を巻き込んだ一大反乱といえるが、あながち誇大な記述ともいえない。

磐井の反乱によって、毛野の軍は渡海できず、北部九州に止まっていたらしい。朝廷では、天皇が大伴大連金村・物部大連麁鹿火・許勢大臣男人らに、派遣将軍の人選を喚問したところ、金村の提言で麁鹿火が選任された。八月に、ようやく出動の命が下され、その翌継体二十二年十一月、筑紫に進攻した麁鹿火の軍は、御井郡（現在の福岡県三井郡）において磐井と交戦したとしている。ところが戦いの過程や具体的な様相についての記述は、一年有余に及ぶ一大反乱事件にもかかわらず、『書紀』編者がたびたび利用する『芸文類聚』を引用して「旗鼓相望み、埃塵相接げり、機を両つの陣の間に決めて、万死つる地を避らず」と記すだけで(3)、そのあと「遂に磐井を斬りて、果して疆場を定む」と磐井の最後を簡単に記述している。

磐井の乱が鎮圧された、翌継体二十三年三月、ようやく安羅に渡った毛野は、継体の亡くなる前年、二十四年十月まで、「南加羅復興」の施策をすすめている。そして毛野は、安羅での会議に失敗して、金海の西南方の熊川（熊津）に移って、再び調停に乗り出すがまたまた不調に終わり、西方の己叱己利城に陣をしいた。これに対し、新羅の上臣伊叱夫が、現在の釜山付近の多多羅原（蹈鞴津・洛東口東岸・南加羅の郊外）に軍をすすめて、毛野が進撃を躊躇している間に、金官・背伐・安多・委陀（「一本」では、多々羅・須那羅・和多・費智）の南加羅を構成する四村を併合した

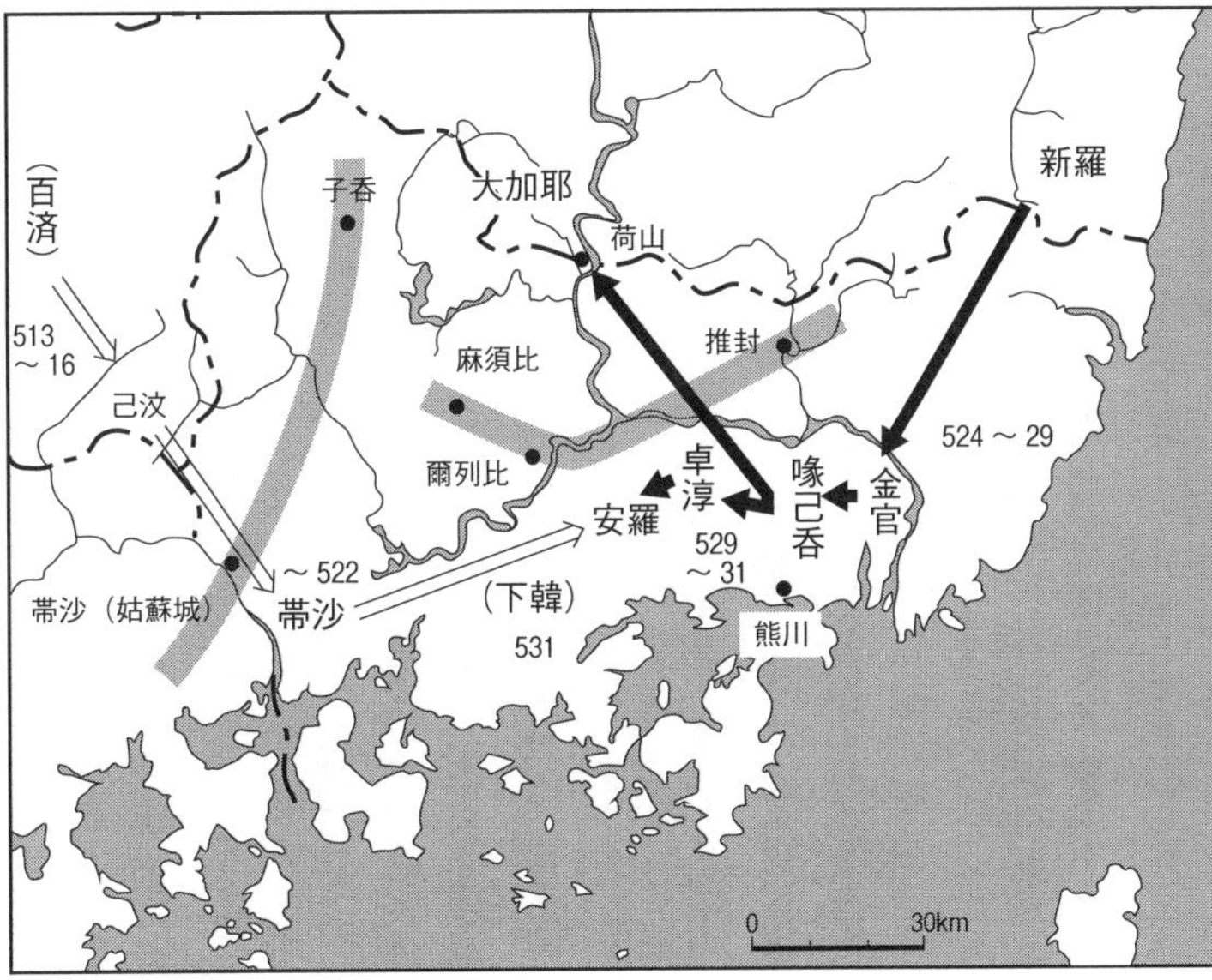

図１　伽耶の滅亡

とあり、『書紀』はわざわざ「或の曰はく、多多羅等の四つの村の掠められしは、毛野臣の過なり」とする評言を引用している（図１）。毛野は、継体二十四年九月に本国から召還の命が出されるが、これを拒否したため、安羅王は、百済と新羅に使者を遣わし、軍の派遣を求めている。両国の軍が来攻し、毛野は窮地に立たされる。何とか城を守ったものの、翌十月再び召還が命じられ、帰国の途についた毛野は、その年に対馬で病死している。そして、その翌年、継体二十五年二月丁未に、継体天皇はその波乱の生涯を磐余玉穂宮で終えたとしている。時に齢八一歳であったという。

この一連の記事については、これまでの研究により、『書紀』の編纂段階に編者の手元にあった朝廷の記録と伝承や、百済救援戦争後に倭国に亡命した百済の王族や貴族が、渡来の際に所持してきた政府記録・古伝承を編集し倭国の朝廷に提出した、いわゆる百済三書の一つ『百済本記』を主要な史料として作成されたことが明らかになっている[4]。ただ、『百済本記』を直接引用した記事は少なく、国内外の多様な史料を、『書紀』編者の構想に基づき綴り合わせた部分が大半で、それを系統立てて整理することは極めて困難である。(5) ただ、私見によれば、従来見落とされていた視点として、その内容から、近江臣毛野に関わる伝記類が参照された可能性があると考えている。それをうかがわせるのは、一連の記事のなかで記事の主題とは直接関わらない、帰途に死んだ毛野の遺骸が近江に帰るシーンで、歌謡を交えて描かれている部分である。すなわち近江臣毛野の遺骸は、おそらく難波津から「喪船」に移し、淀川・宇治川・瀬田川を溯って、近江の琵琶湖に入ったとし、その折に枚方で謡われたとする歌謡が、もう一つ別の場面で謡われた歌謡とともに引用されているからである。

また、これは従来から指摘されていることではあるが、一連の記事は、『百済本記』などの、朝鮮の古記録に基づく史料を骨格に記述されたとみられており、基本的には年代記の体裁をとっている。ところが、毛野に関わる所伝をみてみると、継体二十三年三月是月条・同四月是月条・継体二十四年是歳条のように、是月・是歳という書き方で、正確な日時を書かないものや、継体二十三年秋九月条・同冬十月条のように、月単位の記事で、日時は省略するものなど、やや年紀のあいまいな記事が多く、また、継体二十三年三月是月条のように、安羅会議に出席した百済の使者が、会議場の「高堂」上ることを許されず、数ヵ月間留まったとしたり、継体二十四年秋九月条のように、拠点を移した毛野が「久斯牟羅」に舎宅を立て、二（三）年滞在したというように、年代記を無視した物語風の記述が多く、かなり種々雑多な史料を合成して構成したことがうかがえるからである。そうした資料の一つに、近江臣毛野を顕彰して作成された伝記の存在が推測されるのである。したがって、毛野に関わる一連の記事の史料批判も、こうした視角を導入することにより、もう少しすすめられるのではなかろうか。そこで、節を改め、『書紀』にみえる毛野に関わる所伝をもう少し詳しく検討することにしたい。

二　近江臣毛野の安羅派遣

『書紀』は継体末年に近江臣毛野が、安羅国を拠点に「南加羅再興」を目指して、実際には伽耶南東部の小国と百済・新羅との間に立って、伽耶の存立、倭国の利益の確保を目指す記事を収載している。右に指摘したように、これらの記事は、『書紀』編者が「百済本記」などの百済・伽耶諸国の古記録と、毛野の伝記など倭国に伝わる様々な所伝を巧みに構成したものであり、そこから史実を引き出すには、大変難しい手続きを必要とする。

①『書紀』継体二十一年（五二七）六月三日条

内容は先に概略を述べているので、直ちに問題点を検討することにしたい。結論的にいって、一連の活動の起点となるこの記述は、『書紀』編者が仮構したもので、毛野の活動とは本来無関係な記事である。すなわち、現在みる『書紀』は、継体二十一年六月三日のこととして、毛野の派遣と磐井の乱の勃発を記述している。そして、乱の直接的な原因としては、「新羅に破られし南加羅・喙己呑」を再興することにあるとしている。ところが、そうした場合、南加羅・喙己呑の滅亡は、磐井の乱以前のことになるが、『書紀』はその滅亡のことについて具体的な日時や事情をまったく記述していないのである。そして、南加羅の滅亡については、後述するように、『三国史記』新羅本紀の、法興王三十九年（五三二）に金官国国王近仇亥の投降が記されており、明らかに間違いである。末松保和氏は、「新羅に破られし南加羅・喙己呑」という記述は、『書紀』の文飾に過ぎないとされ、三品彰英氏も、こうした文飾は毛野派遣を磐井の乱の原因にしようとする『書紀』編者の意図的な述作とされる。そして、『書紀』編者は、乱の鎮圧を継体二十二年十一月とし、毛野の渡海を翌二十三年三月とするが、実はその翌四月に南加羅の滅亡の記事とは知らず、新羅による金官などの四村制圧を記述しているのである。そして、継体二十四年十月、毛野は調停に失敗し召還の途中に死んだとし、翌二十五年二月に継体天皇が崩御したとする。したがって、『書紀』は、（南加羅などの滅亡）↓毛野の派遣↓磐井の乱↓乱の鎮圧↓毛野の渡海↓新羅による四村制圧↓毛野の朝廷失敗・召還↓継体天皇の崩御という時系列で、継体末年の政治過程を記述していることになる。しかしながら、ここで一部指摘したように、『継体紀』の記述には、多くの混乱がみられ、早くから錯簡が著しいことが指摘されている。

こうした混乱の原因である根本的な問題は、継体天皇の崩年と、それについての『書紀』の編纂姿勢にある。『書紀』は、先に述べたように、継体天皇が二十五年二月丁未に崩御したとしているが、その文末に注記して、「或本に云はく、天皇、二十八年歳次甲寅（五三四）に崩りましぬといふ」と、崩年についての別伝の存在を示している。さらに『書紀』の分注はつづけて、本文を二十五年辛亥（五三一年）としたのは、『百済本記』の説を採用したからであるとし、「其の文に云へらく」として次の記事を引用している。

辛亥（五三一年）の三月に、軍進みて安羅に至りて、乞乇城を営る。是の月に、高麗、其の王安を弑す。又聞く、日本の天皇及び太子・皇子、倶に崩薨りましぬといへり。

すなわち、辛亥（五三一年）の年の三月、百済軍が安羅に侵攻した、まさにその月に、継体天皇らが相次いでに亡くなるという、クーデターともとれる重大な事変が生起したとしているのである。(6) このように、『書紀』の編纂段階において、継体の崩年については、『百済本記』の二十五年辛亥（五三一年）と、「或本」の二十八年甲寅（五三四年）の二つの説があり、『書紀』は最終的に前者により本文を作成したことが判明する。ところが『書紀』は、継体の死にあたって、安閑への生前の譲位のことまで記しているにもかかわらず、実際に安閑が即位した年次を三年後の甲寅年（五三四年）とし、ごく常識的にいって、分注の「或本」のように甲寅年に継体が亡くなり、ただちに安閑が即位したとするほうが無難と考えられるにもかかわらず、あえて右にみた異常ともとれる『百済本記』の説を採用し、本来であれば崩年を三年繰り上げた以上、年代記に何らかの調整を図る必要があるにもかかわらず、結果的には二年の「空位」を置くだけで、年代記は元のままにしているのである。

また、三品彰英氏が明らかにしたように、継体の崩年の三年繰り上げは、それにとどまらず、「『百済本記』を史料とした部分の日鮮関係の記事」についても、適用すべきであって、先にみた磐井の乱から継体の死の前年までの、近江臣毛野の派遣と活動に関わる記事にも及んでいるのである。すなわちそれを明確に示しているのが、南加羅の滅亡に関わる記載である。先にみたように、『書紀』は、磐井の乱が鎮圧された翌継体二十三年三月、毛野がようやく安羅に赴いたことを記し、それ以降「南加羅復興」の施策をすすめたとするが、毛野が安羅に滞在して新羅・百済と交渉にあたっていた継体二十三年四月、新羅は金官などの四村を併合したとあり、三品彰英氏は、これを南加羅の併合を磐井の乱の原因とする立場をとっていた『継体紀』の編者が、この記事を南加羅併合史料であったことを知らずに引用したとされるように、「新羅に破られし南加羅・喙己呑」に関する具体的な記述であったのである。(7) 事実、先にみたように新羅による南加羅の併合については、『三国史記』新羅本紀は法興王三十九年（五三二）としており、毛野の派遣に関わる一連の記載を三年繰り下げると、四村の併合は五三二年（壬子）となって、一致をみるのである。

それでは、継体の崩年の三年繰り上げが、こうした記事に及ぶことになったのは、なぜであろうか（表1）。

三品彰英氏は、『書紀』の記述は、近江毛野臣の派遣が磐井の乱の発端として分かちがたく結びつけられており、文章の段落が「於是」という記載形式により、本来別個であった二つの記述を結合した可能性が高いとされている。そして、先にみたように、毛野派遣の原因として『書紀』が強調する「新羅に破られし南加羅・喙己呑を為復し興建てて、任那に合わせむとす」とする記載が、史実ではなく文飾・述作とするなら、乱の原因として描かれる毛野の派

表1　2種の百済王暦と継体紀

西　暦 (干　支)	百済本記	百済本紀	百済王暦 三国遺事	継体紀	或　本	新羅本紀	関　係　記　事
522(壬寅)		武寧22		継体16		法興 9	
523(癸卯)	武寧22	23		17		10	5月　武寧王薨 (継体紀)
		聖明元					
524(甲辰)	聖明元	2		18		11	1月　明王立 (同上)(梁書)
525(乙巳)	2	3		19		12	
526(丙午)	3	4		20		13	
527(丁未)	4	5	聖明元	21		14	磐井の乱
528(戊申)	5	6	2	22		15	
529(己酉)	○ 6	7	3	○23		16	○金官国亡 (継体紀)
530(庚戌)	7	8	4	24		17	
531(辛亥)	△ 8	9	5	△25	継体25	18	△継体崩 (百済本記)
532(壬子)	9	10	○ 6	空　位	26	○19	○金官国亡 (史記・遺事)
533(癸丑)	10	11	7	空　位	27	20	
534(甲寅)	11	12	△ 8	安閑元	△28	21	△継体崩(或本)
535(乙卯)	12	13	9	2		22	
536(丙辰)	13	14	10	宣化元		23	
537(丁巳)	14	15	11	2		24	
538(戊午)	15	16	12	3		25	
539(己未)	16	17	13	4		26	
540(庚申)	17	18	14	欽明元		27	
						真興元	
541(辛酉)	18	19	15	2		2	
⋮	⋮	⋮	⋮	⋮		⋮	
553(癸酉)	30	31	27	14		14	
554(甲戌)	31	32	28	15		15	12月　聖明王戦 死（欽明紀）
		威徳元					
555(乙亥)	空　位	2	29	16		16	
556(丙子)	空　位	3	30	17		17	
557(丁丑)	威徳元	4	31	18		18	3月　威徳王立 (同上)

遺記事自体も疑われてくるのである。そこで、毛野の派遣記事を、もう一度見直してみるなら、磐井の乱直前のものと、継体二十三年三月是月条の、乱鎮圧後の記事の違いが注意される。すなわち前者では、六万の大軍を率いる将軍として描かれている毛野が、後者では、「近江毛野臣を遣して、安羅に使す」という書き出しからもわかるように、普通の外交使節かのように描かれており、大きなギャップが認められるのである。また、不思議なことに、毛野は六万の大軍を率いて進発し、磐井の乱により北部九州に留まっていたとされているにもかかわらず、まったくその鎮圧に動いた形跡はないのである。単純に考えて、毛野の軍が鎮圧に動けば、あえて別個に征討軍を組織する必要はないのではないか。これらの点から私は、毛野の派遣記事は、鎮圧後のものにオリジナリティがあり、三品氏が指摘した通り、おそらく二十三年三月是月条以下のデータを参照して、磐井の乱の発端として述作されたと考える。

私は、こうした『書紀』編者の加筆は、『書紀』が編纂された八世紀ごろの反新羅的な立場を色濃く反映していると考える。新羅による南加羅の併合を磐井の乱以前とし、乱の原因として新羅の画策を強調しているのは、そのためなのではないか。このことは、『書紀』編纂の最終段階ではなく、継体の崩年が甲寅（五三四年）であった稿本段階において、『百済本記』など朝鮮の古記録を参照して、「空位のない前後相連絡した編年史」としてすでに構成されていたとみられる。おそらく、継体の崩年が甲寅（五三四年）であった稿本段階において、すでに磐井の乱と毛野の派遣は分かちがたく結びついていたと思うのである。このため、毛野に関わる一連の記事も、継体崩年の三年繰り上げの余波を受け、さらに『古事記』がそうであるように、磐井の乱を継体の生前のこととみていた『書紀』編者により、編纂の最終段階で三年繰り上げられたと考える。

なお山尾幸久氏は、『書紀』が矛盾を承知で、あえて南加羅の復興と毛野の派遣を関連するものとして描いていることに着目し、また磐井の乱と朝鮮半島の政治情勢が分ちがたく結びついているところから、毛野の派遣・磐井の乱・南加羅の滅亡は継体の退位事情と一連のものとして認識されていたため、ともに三年繰り上がったとされている。(8) しかしながら、継体が亡くなったのは、先にみたように、分注が引用する『百済本記』の辛亥年（五三一年）が史実であり、中段にみえる高句麗安蔵王の異常な崩年も辛亥年（五三一年）であったことは、『三国史記』高句麗本紀の安蔵王五十三年（五三一）夏五月薨とある記事や、『三国遺事』王暦により裏付けられており、さらに『魏書』高句麗伝や出帝紀によって、五三一年、安蔵王の次に即位した安原王が魏の出帝から冊封を受けていることからも、検証されているのである。したがって、毛野の安羅派遣とそれと深く関わる南加羅の滅亡は、史実としては三年繰り下がり、五三二年（壬子）のことであるから、継体の没後のこととなる。継体の退位事情とすることはできない。事実、『筑後国風土記』逸文も、古老の言い伝えとして、継体天皇の御世に、筑紫君磐井が、「豪強く暴虐くして、皇風に偃はず」とし、『古事記』と同じく毛野の事績や朝鮮半島状勢との関わりにはまったくふれていない。これに対し、磐井の乱は三年繰り下げて五三〇年（庚戌）六月に起こり、翌五三一年（辛亥）十一月に鎮圧されたことになるから、まさにその「退位事情」とすることができるのである。

このように理解できるなら、継体天皇は、磐井の乱がいまだ進行中の、また、一方朝鮮半島では新羅が伽耶諸国への圧迫を強め、これに対抗する百済も安羅王の要請で軍を進めるなど、緊迫化を増すなかで、まさに、「日本の天皇及び太子・皇子、倶に崩薨りましぬ」という異常な状況のなかで亡くなったと考えられる。おそらく継体の死は、磐井の乱の長期化だけでなく、倭国の朝鮮半島への影響力が大きく後退するなど、内外の危機が深まるなかで、政府中枢の分裂が顕在化し、継体の政策に反対する勢力によるクーデターが生起したとみられる。(9) それでは、磐井の乱の原因は、どのように理解されるであろうか。右にみたように、『書紀』が記す新羅による画策でないとするなら、磐井が自ら決断したこととするほかない。これは史料的な裏付けのない一つの憶測であるが、新羅・百済による軍事的な圧迫を受ける伽耶諸国からの要請により、継体は磐井に北部九州の兵力の投入を命じたのではないか。これに対し、磐井は出兵を拒否したため、大和政権はまず乱の鎮圧を優先せざるを得なかったのであろう。

三　伽耶南東部における近江臣毛野の活動

②『書紀』継体二十三年（五二九）春三月是月条

「近江臣毛野を遣わして、安羅に使す」として、いわゆる「安羅会議」の顛末を記述する。ただし、実年代は三年繰り下げて五三二年のことである（以下同じ）。その目的は、「更に南加羅・喙己呑を建つ」で、新羅と百済の使者を安羅に招集し、「天皇」の勅を伝えようとしたが、百済が重臣を派遣したのに対し、新羅は「蕃国の官家を破りたることを恐りて」、「大人」を派遣せず、地位の低いものを遣わした。毛野と安羅の「国主」が家臣と「高堂」に上るが、百済の重臣は上らず数ヵ月庭に留まった。

この記述は、①と同じく、会議の目的を、いわゆる「任那」の復興をテーマとしているが、これも『書紀』編者の述作で、南加羅・喙己呑の滅亡は翌月以降のことである。安羅の「国主」が会議の主導権をもっており、百済・新羅の勢力拡大に対して、倭国（毛野）の調停で南加羅・喙己呑・安羅などの伽耶南部諸国の独立の維持を図ろうとするものと考えられる。毛野に関わる記述は具体性に乏しく、独自の所伝とはみられないともいえるが、毛野が安羅に遣わされ会議を主宰したとする記述は、毛野の記録にあったのではないか。また、安羅の「国主」が登場し、「高堂」の建設など、安羅に関わる具体的な記述があることから、安羅伽耶の記録の存在も考えられる。なお継体二十三年夏四月七日条には、「任那の王己能末干岐（阿利斯等）」が来朝し、新羅の侵攻から護ることを要請したとする記述がみられる。『書紀』編者の作文が著しく史実かどうか不明であるが、「任那の王」が安羅の王とするなら、安羅伽耶の記録が参照された可能性も考えられよう。ただ、「任那」が金官国（南加羅）と考えられるなら、新羅による併合直前の南加羅王からの最後の救援依頼となるが、金官国の投降事情からみて問題を残している。

③『書紀』継体二十三年夏四月是月条

右にふれた「任那の王己能末干岐」が帰国する時に遣わされた使者が、毛野に天皇の詔を伝え、これにより毛野は安羅を離れ、熊川（熊津・慶尚南道昌原郡熊川面、現在の昌原か）、「一本」では「久斯牟羅（現在の馬山か）」に移る。毛野はそこで再び新羅と百済に会議を招集し、今度は両国王に出席を求めるが、両国とも家臣を使者として派遣したため、怒った毛野は使者を追い返してしまう。新羅は改めて、「上臣伊叱夫禮智干岐」を派遣し、伊叱夫は三〇〇〇の軍を率いて勅を聞こうとした。しかし、大軍の来襲をみた毛野は、熊川から「己叱己利城」（久斯牟羅と同じか）に退却した。伊叱夫は、多多羅原（南加羅の郊外、多大浦＝蹈鞴津・洛東江口東岸の要津）に陣を敷き、「待つこと三ヶ月」、頻りに勅を聞こうとするが、毛野は動かなかった。このため、伊叱夫の兵士が食料を村人に求めた際、毛野の謀を知り、伊叱夫に知らせたため、伊叱夫は、多多羅などの四村、金官・背伐・安多・委陀（一本に、多多羅・須那羅・和多）を併合してしまった。人々は、「多多羅等の四つの村の掠められしは、毛野臣の誤りなり」と評したという。

己能末干岐の帰国に関わり毛野に詔があったとするが、具体的な記述はなく、『書紀』の述作であろう。また、詔の内容は書かれていないから、毛野が熊川（久斯牟羅）に移り、再び新羅と百済を会議に招集した事情はわからない。これは『書紀』編者が、南加羅・㖨己呑がすでに新羅に滅ぼされているという認識で叙述しているからで、南加羅の滅亡はこの記事に書かれているのだから、そういう視点で見直すなら、この時の緊急の課題は南加羅の滅亡の危機であり、継体二十三年夏四月七日条の「任那の王己能末干岐」も金官国王で、その来朝も文字通り南加羅の緊急救援依頼であろう。毛野も安羅から、より南加羅に近い熊川（久斯牟羅）に前進拠点を移し、新羅の南加羅侵攻に対処しようとしたものではなかったか。毛野の対応に、おそらく安羅・百済の同意は得られず、成功しなかったのであろう。この記事の記述は具体的で、毛野の記録が使われている可能性は大きい。『百済本記』に収録された伽耶滅亡の記録や、伽耶系の史料も参照したかもしれない。なお、毛野が拠点を移した熊川と久斯牟羅は、その位置関係や、南加羅滅亡との関わりから、㖨己呑と卓淳に関わるのではないかと考えている（後述）。

④『書紀』継体二十三年秋九月条のA

任那（安羅か）の使者が奏上するところによると、毛野は、ⓐ久斯牟羅に「舎宅」を建てて、二年（「一本」に三歳）余、何もしないで滞在している。ⓑ倭人と伽耶人の間に、多くの子どもが生まれるが、その所属について訴訟が絶えないところから、毛野は「誓湯」により判断しようとしたため、多くの人が火傷で死んでいる。ⓒ吉備韓子那多利・斯夫利を殺すなど、人々を苦しめているとのことであった。そこで、天皇は毛野の召喚を命じたが、毛野はその使命を果たせないと帰朝できないと奏上して、拒否した。危機を感じた毛野は、同僚の「調吉士」が先に帰国し、事実を報告されては困ると考え、「調吉士」を伊斯枳牟羅城に派遣し守らせた。

ここでは、毛野の失政の内容が具体的にあげられている。久斯牟羅に二年（三歳）余滞在したとあるのは、所伝の展開からは理解できるが、年次的には矛盾していることは明らかである。おそらく毛野に関わる一連の伝承を整理しないで収録したのであろう。失政の内容は、大山誠一氏がすでに指摘されているように、『書紀』編者の潤色を除けば、伽耶諸国に居住する倭人に対する的確な政策であり、「任那日本府」（実質は在伽耶倭臣）＝倭国の外交責任者としての職務と理解できる。(10)

⑤『書紀』継体二十三年秋九月条のB

阿利斯等（安羅国王）は、たびたび毛野に帰国を勧めたが、聞き入れないため、使者を百済と新羅に遣して、軍の派遣を要請した。毛野は、百済の兵が来ることを聞き、「背評」でこれを迎え撃った。毛野の軍は敗れてその半分が死んだ。百済は、「奴須久利」（阿利斯等の使者）を捕らえて、新羅とともに城を囲み、阿利斯等に毛野を差し出すように求めた。毛野は籠城して必死に護ったので、両国は一ヵ月余包囲した後、久禮牟羅城を築いて帰国した。帰る道すがらに、騰利枳牟羅・布那牟羅・牟雌枳牟羅・阿夫羅・久知波多枳の五城を制圧した。

この記事は、阿利斯等（安羅国王）が主役となる所伝で、その要請で来攻した百済・新羅が、安羅でほしいままに軍事行動をとるようになっていることがわかる。本来は伽耶系の史料で、阿利斯等の対処の失敗をテーマとする所伝か。毛野がしぶとく抵抗しているところから、毛野に関わる記録も参照していると思われる。ここにみえる久禮牟羅城は、実際には安羅と百済が築いたもので、のちに卓淳の滅亡の際に新羅の手に落ちている。そして、騰利枳牟羅・布那牟羅・牟雌枳牟羅・阿夫羅・久知波多枳の五城は、継体二十三年春三月是月条の記事の文末に、「遂に、経る所に、刀伽・古跛・布那牟羅、三つの城を抜る。また、北の境の五つの城を抜る」とあるうちの、北境の五城（すべて一致しないが）のことで、両条のもとになった史料が同じであったため、『書紀』編者が誤って先走り引用したものとされている(11)。

三月是月条の記事では、新羅と加羅（大伽耶＝伴跛）が、いわゆる倭国よる百済への多沙津「割譲」に反発して急接近し、新羅の王女を加羅王が娶り子を儲けるなど連携を深めたが、加羅人にまで新羅の衣冠を強制したことから関係が悪化し、婚姻も破談となった。しかし、こうした関係の悪化により、両国が交戦状態になるのは、『三国史記』新羅本紀によると真興王の時代（五四〇～）のことで、両国の通婚があったのは前代の法興王九年（五二二）のことであるから、『書紀』編者は手元にあった史料を経年的に引用せず、長い年月日の史実をまとめて記述したとみられる。したがって、新羅による伽耶の五城攻略は、継体二十三年秋九月のことであったと考えられる。のちにみるようにこの時、百済・新羅が築城したという久禮牟羅城は、実際百済と安羅が築いたもので、安羅と卓淳の国境にあったとみられる。あるいはこれらの五城とともに、卓淳領内に所在していたのであろうか。

⑥『書紀』継体二十三年冬十月条

調吉士が任那より帰国して奏上するところによると、毛野はねじれた性格で的確な政策をとれず、うまく合意形成もできていない。ただ伽耶を騒がせただけで、自分勝手で何ら有効な手立てを打つことはできていないということであった。そこで、天皇は、目頰子を派遣して毛野を召還することにした。

これは次の⑦是歳条の所伝を引き出すための記事で、内容も④の毛野の失政記事の焼き直しであり、『書紀』編者の作文であろう。

⑦『書紀』継体二十三年是歳条

目頰子が毛野の召還のため派遣されたことにより、ようやく帰国することになった毛野は、その途次対馬で病死した。その遺骸は葬送のため川筋（淀川―宇治川―瀬田川）に沿ってふるさと近江に入るが、その時に遺体を引き取りにきた妻が、「枚方ゆ　笛吹き上る近江のや　毛野の若子い　笛吹き上る」という歌を謡ったとある。そして、目頰子が任那に来た時に、任那に住む倭人たちが贈った歌謡として、「韓国を　如何に言うことそ　目頰子来る　むかさくる　壱岐の渡を　目頰子来る」が載せられている。

毛野の病死と帰国の物語は、毛野の記録に基づくとみられるが、歌謡そのものはオリジナルなものではなく、別個にあったものを転用したのではないか。歌の調子も明るく、葬送というより恋の歌としても、違和感のないものである。ただ、この所伝により、毛野が近江の出身で、故郷に埋葬されたと理解されていたことは明らかであろう。なお、目頬子の渡韓と毛野の召喚の物語も、『書紀』編者がたまたま手元にあった歌謡をもとに作文したもので、本来毛野の所伝とは無関係であったとみられる。目頬子その人は、普通女性とみられており、分注に「未だ詳ならず」とあるように、この歌謡のなかに登場するだけの実在の定かでない人物であったとみられる。津田左右吉氏は、これをめずらしく女性が渡韓したことを謡った歌謡ではないかとされているが、『書紀』編纂段階で付加された可能性が高い(12)。

なお、近江臣氏から提出された「近江臣毛野派遣物語」は、本来は毛野の親族・配下が功績をまとめ朝廷に提出した伝記で、『書紀』編者が南加羅などの滅亡に関わる記事を作成する過程で、改変・採用したものとみられる。したがって、毛野の安羅派遣・活動の中核となる部分は、こうした派遣物語を骨格として記述されたとみられるが、その際に「百済本記」や伽耶関係の記録などが参照され、年代記の体裁が整えられたのであろう。ただそのため、毛野の功績は、すべて失政というストーリーとして再構成され、本来意図した記述はすべて失われたのであろう。

四　六世紀前半の伽耶諸国をめぐる政治情勢

さて、以上のように、近江臣毛野は、継体末年の国内・海外の動乱的様相のなかで、おそらく生前の継体の指示に基づき、新政権の了解のなかで安羅に向かったとみられる。そこで、毛野の活動の意義を考えるため、こうした毛野の活動の前提となる、この時期の、伽耶諸国をめぐる政治情勢を少し振り返っておく必要があろう。すなわち、周知のように、古代の朝鮮半島には高句麗・百済・新羅という有力な三つの国があり、互いに鎬を削っていた。そして、このほか韓半島の南端にはこれら三国には属さない多くの小国があり、統一されることはなかったが、伽耶諸国と呼ばれひとまとまりのグループを形成していた。この四つの勢力は、四世紀後半以降、国家形成を目指し、それぞれが領域の拡大と維持のため、連携するだけでなく、強力な軍事力をもち、戦乱を繰り返していた。当然、同じころ国家形成をすすめ、先進文物をこれら諸国との交渉により導入しようとしていた倭国も、好むと好まないにかかわらず、それに巻き込まれることになった。なお、伽耶諸国は、大きく二つのグループに緩やかな連合を築いていたようで、内陸部の高霊・比自火・多羅などを中心とする「大伽耶同盟」と、韓半島の南端にあり、倭国の対馬とは四〇㌔ほどの距離でしかない、現在の釜山の西に所在した金官伽耶（金官国）をはじめとする、卓淳・喙己呑・安羅など加耶南東部沿岸の諸国も緩やかな連合体を形成していたとみられ、倭国は特に後者と、早くから連携関係にあったことが知られている(13)（図2）。

加耶諸国の規模は、いずれも日本の郡ほどの小さな領域であり、金官加耶は現在の金海郡に、安羅伽耶は威安郡とほぼ一致する。後述するように、金官加耶につづいて新羅に併呑された喙己呑・卓淳という二つの小国については、かつては伽耶北部の慶北慶山・慶北大邱とする見解が有力で、大伽耶と関わりの深い小国とみられていたが、主たる根拠が地名呼称のみであり、現在では金官加耶と安羅加耶との中間に位置する小国群で、金官加耶や安羅加耶と連携関係にあったとみられている。加耶諸国はこうした小国二五余りから構成され、最終的には右記のように、二つほどの連合体を形成したようであるが、百済や新羅と並ぶ国家を形成することはなかった。これらの小国には、王がいたことが史書にみえ、それを裏付けるようにそれぞれの小国には有力な古墳群が分布しており、小国の首長・王の墓とみられている。毛野が拠点とした安羅加耶は、金官加耶と北部の高霊に所在する大伽耶（伴跛）とともに、諸国のなかでは最有力の国であった。

金官加耶は、任那加羅とも呼ばれ、現在の釜山市・金海市をその領域とする小国で、韓半島南部の大河で、加耶諸国を貫く洛東江下流から河口付近の左右岸を領域としていた。『魏志倭人伝』にも「狗邪韓国」としてみえ、古くから韓半島の倭国への窓口であった。釜山から西五キロほどの金海市中心部には、住宅街に挟まれた小丘陵上に、豊富な副葬品を埋納した、大成洞古墳群が所在している（図3）。三世紀ごろから五世紀前半代の金官伽耶の王墓とみられている。この古墳群からは、大量の鉄器・鉄素材のほか、巴形銅器・筒形銅器・石製腕飾品など、倭国との交流を示

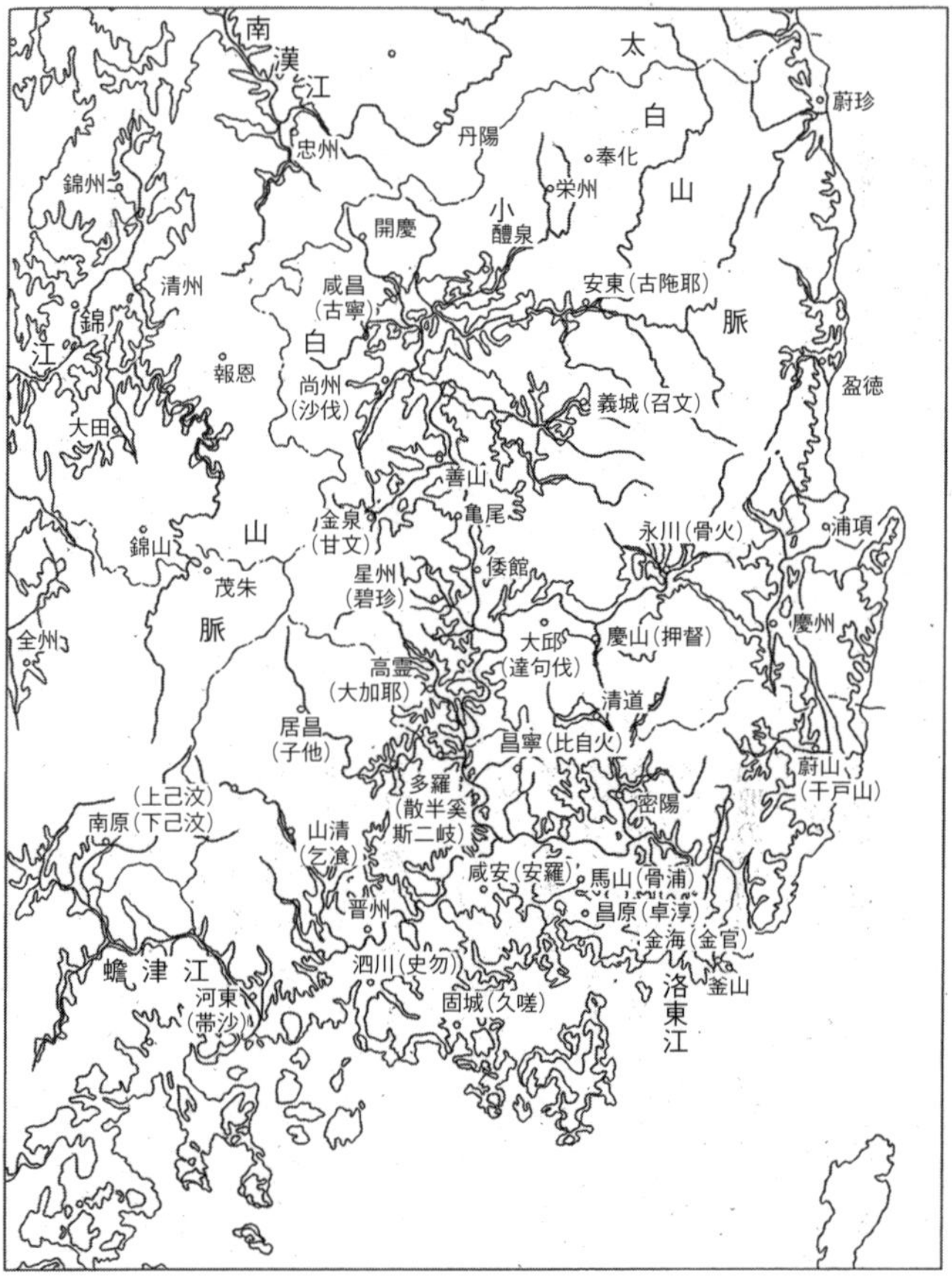

図2　伽耶諸国の位置と地勢

す文物の出土も知られ、倭国に最も近い韓半島の国として、早くから交流を深めていたとみられる[14]。なお考古学的には、五世紀後半以降、勢力は後退したとみられる。

一方、毛野が派遣された安羅伽耶は、『魏志倭人伝』にみえる「安邪国」にあたるとみられるが、釜山の西七〇キロに位置する。金官伽耶と異なり、海岸に面しない内陸部の盆地であるが、海に近い馬山や昌原などの地域に隣接しており、一方で北側には、洛東江とその支流南江の合流点があって、水陸の要衝といえる。そして、現在の威安の町の南、末山里に南北にのびる低い丘陵が連なり、その分岐する尾根上に末山里古墳群が分布している（図4）。高台からは威安の町を眺望できる。毛野との関わりもあり、少し詳しくみておきたい。

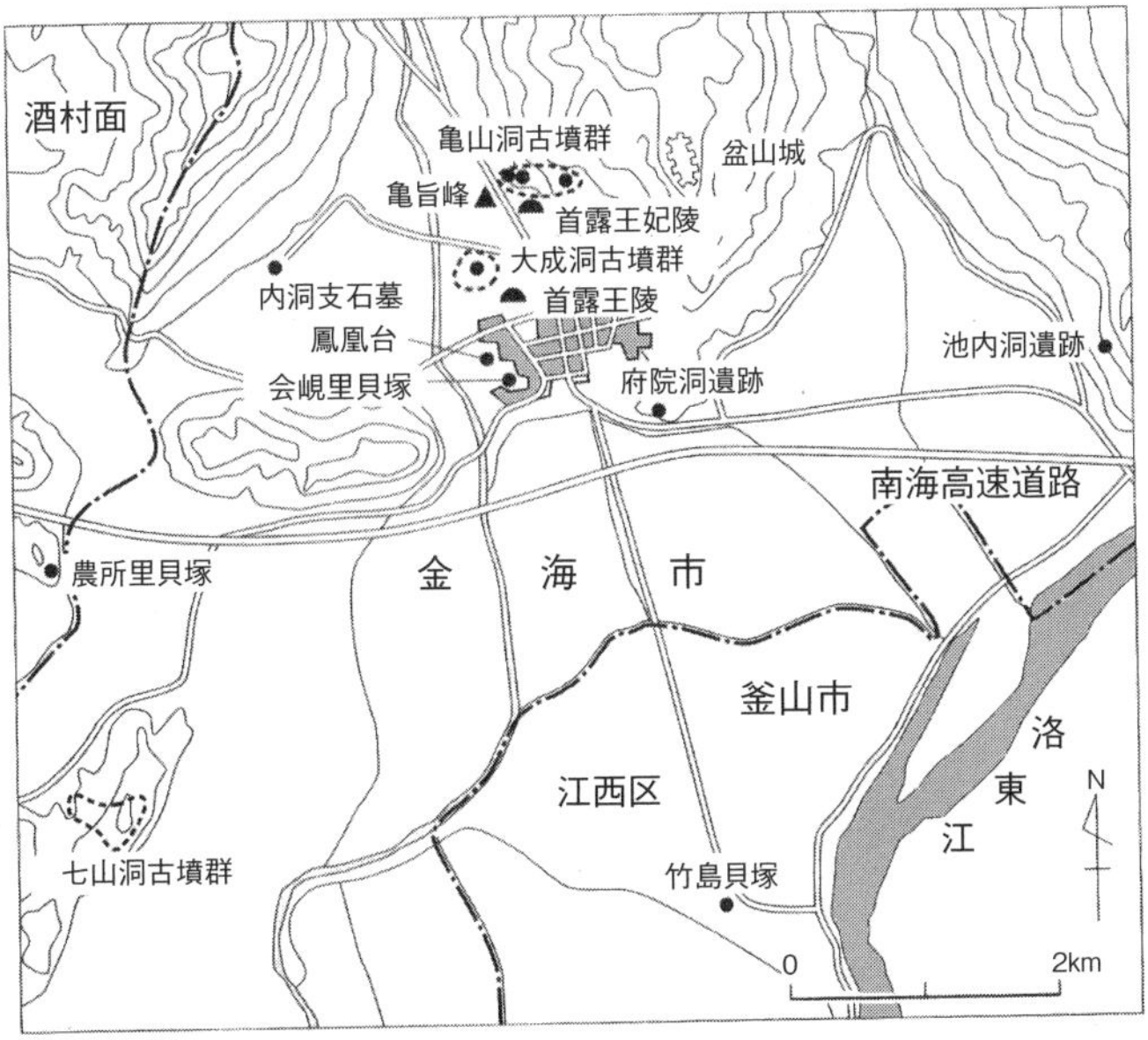

図3　金官伽耶の遺跡分布図

　末山里古墳群は、かつては一〇〇基以上あったとされるが、現在は六十数基の古墳からなり、安羅伽耶王家とその一族の奥津城と考えられている。この古墳群では、四世紀代までは、墳丘のない木槨墓が一般的であったが、五世紀初めから中ごろにかけて、王墓とみられる大型の木槨墓が造られる。大型の木槨墓八号墳からは、五世紀中ごろの馬甲が出土し注目された。そして、五世紀中ごろから後半に

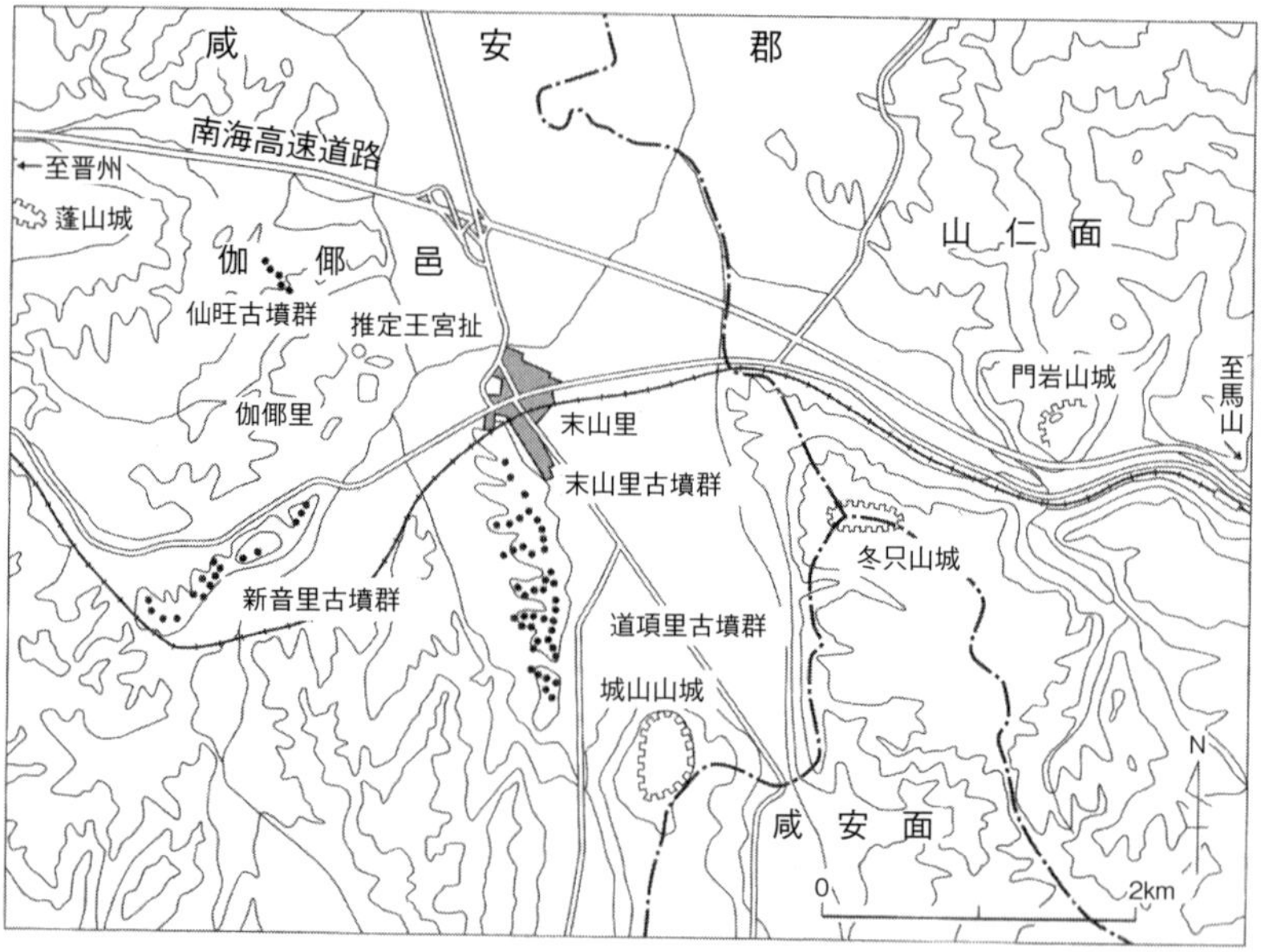

図４　安羅伽耶の遺跡分布図

なると、高い墳丘をもち、長さ一〇メートルの長大な竪穴系横穴石室をもつ、径三九・二メートル、高さ九・七メートルの伽耶地域最大の咸安一三号古墳が造られており、そのころ、墳丘をもつ墓が一般化し、墓制に大きな転換があったとされている。三四号墳には、大量の武器・武具・玉類のほか、倭国からの搬入品とみられる直弧文を彫刻した鹿角製刀装具、この地域独自の火焔透窓付高坏六点が副葬されており、安羅伽耶の勢力を示している。そして六世紀ごろには、横穴式石室が導入され、咸安一四―二号墳などから、大伽耶の高霊系の土器が出土するようになる(15)。

また、こうした安羅伽耶の勢力圏については、洛東江の支流南江水系の集落遺跡出土土器を検討した河承哲氏の研究によって、四世紀中ごろになると、咸安系の土器が洛東江下流域から南江中・上流域などに広く拡散することが指摘されており、安羅伽耶が金官伽耶をしのぐ勢いであったことを示している。五世紀前葉になると、交流が広範囲となり、咸安系だけではなく、洛東江下流域の土器も南江流域に広がり、安羅伽耶・金官伽耶が連携して伽耶南東部の中心となっていることがうかがえる。ただし五世紀中ごろから六世紀前半ごろには、南江流域は小加耶（固城）文化圏に入り小加耶土器が主流となり、南江上流域では高霊系土器が流入し大伽耶文化圏に組み込まれるなど、伽耶諸国が連携と分裂を繰り返し、その結果いくつかのまとまりをもつことがうかがえる(16)。

なお、威安では安羅伽耶と倭国の交流を示す倭系文物の出土は多くないが、先にみた威安三四号墳から出土した直弧文を彫刻した鹿角製刀装具や、沙道里一帯の盗掘品のなかに、五世紀前半の土器とともに金官伽耶の大成洞古墳群などでも多くの出土例のある筒形銅器一点が含まれており、注目されている。一方、日本列島では、火焔透窓付土器が、五世紀代を中心に、大阪府久宝寺北遺跡、奈良県布留遺跡・新堂遺跡・南山古墳、三重県六大A遺跡などから出土しており、安羅伽耶からの搬入品とみられている。倭国中枢の近畿周辺と、安羅伽耶の交流を示すものであろう(17)。渡来氏族の雄倭漢氏の主流の故地に比定されるのも故なしとしない。なお近年調査がすすんでいる、未山里古墳群の南東に隣接する城山山城は、当初の予想に反して、安羅伽耶に関わるものではなく、大量の木簡の出土により、安羅伽耶が新羅に降伏したのちに新羅が築造した山城で、百済と対峙する拠点とみられている(18)。

一方、喙己呑・卓淳という二つの小国については、文献史料に恵まれず、現地比定もいまだ流動的である。このうち卓淳国について、その所在を示すのが、『書紀』にみえる神功皇后摂政前紀の記載と、欽明天皇紀にみえる百済聖明王代のいわゆる「任那復興会議」に関わる一連の記載である。少し検討を加えておきたい。前者については、『書紀』神功皇后摂政四十六年（丙寅二四六年＝修正三六六年）三月条以下にみえる倭国と百済の初期交流史に関わる記事で、先に述べた百済三書（「百済記」「百済新撰」「百済本記」）のうち「百済記」を直接・間接引用したもので、史実を核とする記録とみられている。卓淳に関わるのは、次の二条である。

（一）『書紀』神功皇后摂政四十六年（丙寅二四六年＝修正三六六年）三月条

この年、倭国は斯麻宿禰を卓淳国に派遣した。その国王が、甲子の年（修正三六四年）に、百済の久氐らがやってきて、倭国との交渉の開始を相談したこと、成果が得られず帰国する際に、もし倭国から使者がきたなら、連絡をしてほしいと述べたことを告げた。そこで斯麻宿禰は、使者を百済に派遣したところ、百済の肖古王は喜び歓待して、倭国に「朝貢」する意志のあることを述べた。斯麻宿禰は帰国して、その旨を報告した。

（二）『書紀』神功皇后摂政四十九年（己巳二四九年＝修正三六九年）三月条

この年、二人の将軍が新羅を討つべく派遣され、百済王の派遣した将木羅斤資らの精兵と卓淳国で集結し新羅を討った。これにより「比自火・南加羅・喙国・安羅・多羅・卓淳・加羅、七の国を平定」し、さらに西方の古爰津・南蛮の忱彌多礼を平定し、百済に与えた。百済肖古王と王子貴須も軍を率いて四邑を従えた後、意流村で合流した。

すなわち、（一）で、高句麗広開土王の南下より四〇年ほど前の甲子の年（修正三六四年）に、漢城（現在のソウル）を京とし高句麗と軍事的に対峙していた百済が、倭国との外交を開こうとして、すでに倭国と交渉のあった卓淳国に使者を送り、その仲介で交渉を始めようとしていることが述べられており、三六六年、倭国の使者が卓淳国を訪れ、百済との外交が開かれるのである。このことから、伽耶の一小国である卓淳国が、倭済両国の外交関係樹立の仲介をしたことがわかり、卓淳国が地理的にも両国を仲介できる伽耶南部の沿岸部に所在したことを憶測させる。

また、（二）では、これを受けて倭国から別の将軍が新羅を討つべく派遣されたとし、百済の将軍木羅斤資の兵とともに新羅を討ったとするが、そこでなぜか一転話は飛んで、加羅七国平定のことを述べており、さらに百済王父子が派遣軍に合流することまで記している。ところが、新羅を討つために、倭と百済の将軍が集結したとしている卓淳国まで平定したとあるように、明らかに別の所伝を改変して合成したことを示している。そしてその後、再び話は一転し、先に新羅に派遣された千熊長彦と百済王が会見し、百済による倭国への朝貢が誓約されるのである。これも作為が明瞭であろう。ただ、卓淳国が、新羅を討つ倭と百済の軍が集結する場所として描かれており、これも伽耶南部の沿岸部に所在したことを憶測させる。

このように、この二つの史料にみえる卓淳国については、卓淳国に倭国からの使者がたびたび来ていることや、わざわざ百済が倭国との交流を開くため卓淳国に仲介を依頼していること、また新羅を討とうとする倭済両国の軍が集結する場所とされており、百済が沿岸航路を使用して倭国と通交する際の拠点と考えた場合、常識的には加耶の南部沿岸部付近を想定すべきであろう。これに対し、従来、発音の類似などから卓淳に比定されてきた慶北大邱（達句火）は、あまりにも内陸に所在すること、次にみるように、卓淳国が六世紀前半代の欽明朝の「任那復興会議」に関わる記述にもみえるにもかかわらず、考古学のデータによると大邱付近はすでに五世紀後半台には新羅の影響下に入っていることなどから、成立しがたいと考える。[19]

この推測を裏付けるのが、ほかならぬ「任那復興会議」の記事である。すなわち欽明五年（五四四）三月条の記述によると、新羅が百済聖明王の主催する「任那復興会議」に協力せず、春に喙淳（卓淳）を滅ぼしたことにより、安羅伽耶と卓淳の国境にある久礼山の五城が新羅の支配下に入ったことを述べており、卓淳と安羅が隣接していることがうかがえる。さらに、欽明二年四月条の、聖明王の呼びかけで開かれた「任那復興会議」の冒頭において、王は会議の目的を「卓淳等の禍」を避けるためとし、滅亡の原因として、喙己呑は新羅と伽耶の境界にあって連年攻撃を受けていたのに伽耶諸国は救うことができなかったとし、南加羅（金官国）は小国であったため備えが十分でなく滅ぼされ、卓淳は君臣の間に分裂があり、新羅に内応するものがあり滅ぼされたとする見方を示している。ここから、卓淳国は、現在の昌原市付近（金海市と威安郡との中間付近）とすることが有力化している。[20] 喙己呑の位置も、かつて比定されていた慶北慶山ではなく、その滅亡が「新羅に破られし南加羅・喙己呑」と、「任那復興」の決まり文句のようにたびたび書かれているように、南加羅と一体のものとして捉えるべきであろう。したがって、金官国に隣接する小国であったとみるべきではないか。喙己呑は「喙国」とも呼ばれており、卓淳も「喙淳」とも表記されるように、「喙」が共通することは無視できない。喙己呑の己呑は、「己」も「呑」も地名の語尾につく語で大きな邑の意とされ、「喙の大邑」を表しているとみられる。一方、喙淳の「淳」は城の古訓を表す借字とされており、「喙の城」と解することができる(21)。いわば「喙国」の兄弟国と解することができないか。卓淳が昌原市付近とみられるなら、喙己呑は、その南、現在の鎮海・馬山付近に推定されるのではないか。このように、卓淳・喙己呑は、かつていわれたように大伽耶の対新羅の前進基地として重要な位置を占めていたのではなく、南加羅や安羅伽耶と地域的にも連携する、伽耶南東部沿岸の国々であったと理解されるのである。したがって、喙己呑の滅亡は、五三二年の南加羅の滅亡直後のことで、新羅の侵攻は隣接する卓淳に迫っていたと考えられる。なお、この両国に比定される昌原・馬山の考古学データはいまだ不足しており、今後の調査が期待される(22)。

したがって、継体の崩御後、安羅に滞在して伽耶南東部諸国の自立を維持し、倭国の権益を守ろうと百済・新羅との調停に携わった近江臣毛野が、こうした諸国において活動していた事情が改めて確認されるのである。このことから、五四一年・五四四年の二度にわたって百済の聖明王がわざわざ「任那復興会議」を開催して、「新羅に破られし南加羅・喙己呑を為復し興建てて、任那に合わせむとす」というキャッチフレーズを掲げ倭国の軍事支援を得ようとしたように、この時期の倭国にとって、南加羅・喙己呑・卓淳と安羅伽耶など伽耶南東部諸国の自立を維持することが、自国の権益を守ることであり、近江臣毛野が派遣された中心的な課題であったことを示している。ここでは、「任那（安羅）日本府」の問題にはあえてふれていないが、実質的に最初の「在安羅倭臣等」であった近江臣毛野の派遣目的も、そこにあったといえるのである。その意味で、毛野の活動は、「任那復興会議」の一部を先取りするものであり、六世紀前半の倭国の朝鮮半島政策の根幹を示す重要な任務であったといえよう。(23) 節を改めて、こうした毛野を生み出した近江臣の出自と性格について考えることにしたい。

五　近江臣の出自とその出身地

近江臣の出自については、『古事記』考元天皇段の「建内宿禰同祖系譜」に「淡海臣」がみえ、『書紀』の記載からも、蘇我氏と関わりの深い近江の地方豪族とするのが通説であった。ところが、岡田精司氏は『古事記』考昭天皇段の「和邇氏同祖系譜」にみえる近淡海国造の本姓こそ近江臣であり、両氏を同一氏の重複とする新しい見方を示された。すなわち、もともと蘇我氏の同族であった淡海臣氏が、蘇我氏の没落後和邇氏同族に移ったと想定されたのである。(24) これに対し、山尾幸久氏は、「和邇氏同祖系譜」にみえる小野臣の同族で、その居住地も隣接する和邇部臣こそ近淡海国造の本姓であるとし、近江臣については別氏であり、やはり「建内宿禰同祖系譜」にみえる「淡海臣」であるとし、蘇我氏と関わる滋賀郡南部の豪族で坂本付近を本拠とする日吉大社の奉祭氏族と考えられている。(25) 私も、かつて近淡海国造のことを考えた際には岡田説を支持したが、その後、近江の和邇系氏族を検討した時には、山尾説を支持するところとなった。(26) そこで、以下その後考えたことも含め、再考することにしたい。まず、毛野以降の近江臣に関わる『書紀』の記載をみておきたい。毛野の失脚後も、その一族が健在で、政権中枢で活動することが知られる。

（一）『書紀』崇峻紀二年（五八九）七月条

近江臣満を「東山道使」として蝦夷の国境の、完人臣鴈を「東海道使」として東方の沿海諸国の、阿倍臣を「北陸道使」として越諸国のそれぞれ視察を命じた。

（二）『書紀』推古紀三十一年（六二三）是歳条

境部臣雄摩侶、中臣連国を大将軍に、河辺臣禰受、物部依網連乙等、波多臣広庭、近江脚身臣飯盍、平群臣宇志、大伴連、大宅臣軍を副将軍として、数万の軍勢をもって新羅を討たせた。

まず、（一）は、いわゆる「国境」画定のため各地に派遣された使者の記事で、今日では、これを国造制の成立に関わるものとする見解が有力になっている。(27) ここで近江臣氏が阿倍臣氏やその同族完人臣氏など、欽明朝以降台頭したとみられる有力豪族とともに政府の重要な政策に携わっており中央豪族化しているとみられ、この時期の近江臣氏の政権内における立場を示すものと考える。そして、この記事は、近江臣のみの功業を述べたものではないから、その家記類に基づくものではない。（二）については、これを近江の脚身臣と解して近江臣氏とは別系統の豪族とする見解もあるが、これはこのころから盛行する複姓と理解できる。近江脚身臣氏は、高島郡葦積郷に本拠を置く近江臣氏の支族とすべきであろう。この時の新羅征討は、その顔ぶれからみて蘇我氏の領導になるものと考えられるが、毛野の所伝や（一）の所伝とともに、近江臣氏が、継体朝以降推古朝に至るまで、蘇我氏との良好な関係を軸に中央政府の中枢に有力な地位を得て、外交・軍事に活躍していたことを示すものである。この記事も、近江臣単独の功業を述べたものではなく、家記類に基づくものではないであろう。

このような所伝から確認できることは、いずれの場合も近江臣氏が、毛野の失脚後も大和政権の対外・対地方政策という重要な任務を蘇我氏とともに担っているところから、蘇我氏同族として、「建内宿禰同祖系譜」に連なる有力な中央豪族として活動していたことが確認される。ただ、こうした記事は、その内容からみて、近江臣から提出された家記などに基づくものではなく、ある意味でこの時期の近江臣の客観的なあり方を示すものといえる。このように継体朝から推古朝に至るまで、近江臣氏が大和政権の外交・軍事政策の立案・実行に関わっていたことは否定できないと考える。毛野の事績についてみたように、毛野が継体朝の最重要課題を担当する重臣であったことから、外戚など具体的な史料的裏付けはないものの、三尾氏・息長氏などの近江の古代豪族と同様に、近江・越前・美濃・尾張などの地方勢力を基盤として即位した継体の有力な擁立氏族であったことを示していると考える。そして、近江臣のこうした活動の基盤となったその本拠については、[28]先にみたように近江にあったことは確実であるが、具体的なデータは残っていないのである。

これは、多くの論者が指摘しているように、近江臣の消息が、近江を主要な戦場として戦われた古代最大の内乱、壬申の乱を境としてなくなることから、近江臣が近江朝廷の有力な支持勢力であったため、乱後失脚したとみられていることと関わるようである。天武朝の氏族政策である、いわゆる天武八姓に近江臣がまったくみえないのも、それを裏付けている。そして、こうしたことから、近江臣の本拠を近江朝廷＝近江大津宮の膝元、滋賀郡とする見解が強いことも当然であろう。また近江の古代豪族の分布で、唯一空白地と考えられているのが、滋賀郡南部であることもそれを裏付けている。ところが、近年においては、その本拠を野洲地域とする見解が新たな装いで登場している。特に新たにその存在が明らかになった小篠原の前方後円墳、林の腰古墳が、六世紀前半に築造されたとみられ、毛野の時代と重なるところから、その被葬者を毛野とするものである。しかしながら、特定の墓を同時代の人物であるからといって、十分な論証をしないでその墓とするのは方法的に誤っていると考える。その論拠の一つとされる、太田亮氏が、『姓氏家系大辞典』の淡海臣の項に、「継体紀に近江毛野臣あり、（中略）其墓野洲郡小篠原村に在り」とする記述も、あくまでも地元に伝わる口碑に基づくもので、根拠となるものではない。[29]そこで次節に、やや視角を変え、考古学的な資料から、私がその本拠として有力と考えている湖西南部の古墳文化について検討を加えたい。

古墳時代における湖西地域について、丸山竜平氏は、北は塩津から南は瀬田川南岸までを一つの地域として捉え、そこに分布する前方後円墳（首長墓）のあり方を詳細に検討し、湖西地域が水系などにより一〇の小地域に細分されること、その小地域には原則として前方後円（方）墳が一基しか築造されていないこと、したがって、湖西地域の首長権が、かかる小地域の首長によって一世代ごとに持ち廻った可能性のあること、さらに、こうした湖西連合政権とも称すべき地域的統合の上に、和邇氏による統制が強固に存在していたことなどを指摘されている(30)。その首長墓の序列は、①皇子山一号墳、②膳所茶臼山古墳、③和邇大塚山古墳、④塩津丸山古墳、⑤木ノ岡茶臼山古墳、⑥熊野本古墳、⑦春日山古墳、⑧高峯古墳、⑨鴨稲荷山古墳、⑩国分大塚古墳とされている。この見解によるなら、湖西地域には、古墳時代のはじめからその全体を包括するような政治的統合体が存し展開したことになる。しかしこの見解については、歴史的・地理的な条件からみて、湖西地域を塩津から瀬田まで一括することは疑問であり、のちの高島郡と滋賀郡は、令制以前からそれぞれ一つの歴史的な世界であったとすべきではないかとする批判が出されている。

まず、主として滋賀郡内の首長墓の動向を再検討された田辺昭三氏は、滋賀郡内に分布する前方後円墳（帆立貝式古墳も含む）一二基を、一系列の首長墓として把握しうるとし、①皇子山一号墳、②和邇大塚山古墳、③膳所茶臼山古墳、④赤塚古墳、⑤木ノ岡本塚古墳、⑥木ノ岡茶臼山古墳、⑦高峯古墳、⑧春日山古墳、⑨西羅古墳、⑩雄琴打越古墳、⑪兜稲荷山古墳、⑫国分大塚古墳という序列を示された。これは、従来知られていた前方後円墳に、新たに発見された雄琴打越・兜稲荷山の二古墳を加え、前方部を失ったと伝えられる赤塚古墳や大型の帆立貝式古墳である木ノ岡本塚・西羅の二古墳を加えて序列化されたもので、首長墓の持ち廻りを、旧滋賀郡内に限定しようとするものである。そしてその首長墓の特質として、（一）前期古墳は、一定の墓域を形成せずほぼ単独で、後の郷単位に築造されている。（二）これに対して、中期以降については、真野から坂本にかけて首長墓が集中する傾向がみられるとされている。[31]

一方、湖西南部にフィールドをもつ京都教育大学考古学研究会も、その成果を基礎に、湖西南部を一つの歴史的世界として把握すべきこと、帆立貝式古墳も首長墓に含めて理解すべきことなどを指摘し、湖西南部の首長墓の特質として、（一）五世紀後半を画期として、規模の縮少がみられる。（二）首長墓には後続するものはなく、墓域が変化していることなどを指摘した。[32]また、木ノ岡茶臼山古墳の調査を担当した吉水真彦氏は、大津市内に所在する前方後円墳を、令制の郷単位に検討し、（一）四世紀代には各郷に分散していた前方後円墳が、（二）五世紀代には真野郷に集中する傾向がみられることを指摘された。[33]

私も、のちの高島郡と滋賀郡を一つの歴史的世界とする点や、古墳時代のはじめから後期に至るまで、湖西地域が一つの政治的統合体の下にあったとする点については、やはり従うことはできない。文献からみて、近江における古代豪族の分布や同族関係などから、近江の有力な古代豪族はのちの郡単位に一、二の氏族が分布し、郡の長官・次官（大領・少領）を世襲しており、その大半の豪族が息長君や犬上君のように君（キミ）というカバネをもち、大和政権と直接同盟関係を結び、大王に奉仕していたとみられる。高島郡と滋賀郡においても、後述するようにそれぞれ独自の古代豪族が勢力をもっており、一括して論じることはできないと思う。そして、湖西南部（旧滋賀郡）の首長墓についても、今後の調査研究に待つところが大きいとはいえ、その立地や分布から、真野川・和邇川流域の滋賀郡北部と、山塊によって隔てられる坂本地域以南の滋賀郡南部の二地域に大きく小区分されると考える。

まず、滋賀郡北部は、堅田平野の中央を真野川が西から東に流れており、湖西地域では高島平野に次ぐ大きな平野がその流域に広がっている。そしてこの真野川の北と南（左岸と右岸）の山地に、それぞれ大規模な古墳群がある。

また、さらに北の和邇川右岸の丘陵部にも、やや小規模な古墳群が認められる。真野川左岸の南北に伸びる独立山丘曼陀羅山には、総数一〇〇基以上の曼陀羅山古墳群がある。その標高一八五・八メートルの最高所に全長七二メートルの前方後円墳、和邇大塚山古墳が築造されている。葺き石は一部でみられるが、埴輪は発見されていない。明治四十年（一九〇七）、地元の住民により発掘され、後円部の埋葬施設から中国製の青蓋盤竜鏡一面（径一三センチ）、硬玉製勾玉一個、碧玉製管玉一三個、柳葉形銅鏃、鉄斧、鉄刀、鉄剣、甲冑、土師器など多くの副葬品が出土し、前方部からも刀剣類が出土したらしい。四世紀の終わりころの有力な古墳であると考えられる。[34]

　和邇大塚山古墳に後続するとみられる古式の古墳は数基認められるが、未調査のため詳細は不明である。これらの古式古墳を除くと、残りの古墳のほとんどが五世紀末から六世紀代の後期群集墳といわれるものである。すなわち、大半が横穴式石室で、長方形の平面をもつごく普通の石室構造で、副葬品も特に変わったものは認められないようである。[35]曼陀羅山の北、和邇川の流域では、右岸の丘陵先端に所在する全長六五メートルの前方後円墳、不ヶ谷古墳が、墳形や自然地形を成形した築造方法などから四世紀代にさかのぼることが推定されている。従来五世紀後半以降とみられていた全長三四メートルの前方後円墳、道風神社一号墳も、古式古墳の可能性がある。小野地区では、五世紀末から六世紀初頭ごろ、小野道風神社古墳群と小野神社古墳群が形成される。前者は、低い丘陵の先端を整形して築造したもので、高所に径二八メートルの円墳（二号墳）が、その南に接して先の前方後円墳が所在する。これらは右にみたように四世紀代にさかのぼる可能性はあるが、未調査で詳細はわからない。後者は神社の建設により大きく改変されており詳細は明らかでないが、中期に遡る可能性は低いとされている。

　そして、六世紀後半には、曼荼羅山古墳群の東山麓に径二〇メートルの円墳、ゼニワラ古墳が築造されている。横穴式石室は全長八・七二メートル、玄室規模は長さ四・四二メートル、幅二・一七メートル、高さ二・四五メートルと、真野川流域では第二位の規模をもっており、石室内から出土した須恵器杯身は六世紀後半のもので、この時期では最有力の首長が埋葬されているとみられる。ゼニワラ古墳の東五〇メートルの丘陵の尾根筋上の、現在の小野水明一丁目（大字小野字堂ノ宮）に、小野妹子の墓として有力視される唐臼山古墳が所在する。唐臼山古墳は未調査のため詳細はわからないものの、前方後円墳の可能性もあるが、いちおう径二〇・五メートルの円墳とみられている。[36]墳丘は大半が流出し、墳頂部には石材が散乱している。内部主体は横穴式石室に納めた家形石棺の側辺に入口を設けたもので、横口式石棺系古墳と呼ばれるものと考えられている。現存長五・七五メートル、幅一・五メートルと推測される。かつて床面付近からみつかった須恵器杯蓋・身、土師器片は七世紀前半のものと推定される。

一方真野川の南の山塊春日山には、総数一一二基からなる春日山古墳群が所在する。この古墳群では、琵琶湖に面した山丘の先端部に、二三基からなる首長墓群（E支群）が所在し、山丘の奥まったところに八九基からなる後期群集墳が分布する。E支群は、全長六五メートルの前方後円墳である春日山一号墳をはじめ、全長五四メートルの前方後円墳である春日山一二号墳のほかに、径三〇メートルの円墳二基、箱式石棺五基が築造されており、横穴式石室墳一八基がさらに後続すると考えられている。[37]いずれも発掘調査がなされておらず詳細は不明であるが、このうち最高所に所在する春日山一二号墳は自然地形を最大限利用して築造されており、一号墳も典型的な柄鏡式の墳形を呈している。二基とも四世紀前半から中ごろに遡ることが指摘されている。[38]E支群の首長墓の周りには、横穴式石室を埋葬施設とする後期群集墳が築造されているが、ここでも、いわゆる渡来系とされるドーム型の石室ではなく、長方形の平面の近畿地方で一般的な石室構造のものであり、六世紀前半から末に造られたとみられている。

真野川流域では、このように四世紀代の、有力な首長墓が相次いで築造され、この地域に大和政権と繋がる有力な首長が早い段階から出現していたことが判明する。ところが、現在のところ、こうした首長墓につづく古墳は明らかでなく、やや大型の円墳が春日山古墳群などで認められるだけで、直接首長墓の系譜を引くものとは思われない。首長権がほかの地域に移ったのであろうか。さらに、五世紀後半から末ごろになると、山塊の先端や山麓に、やや小型ではあるが前方後円墳や、帆立貝式の前方後円墳、造りだしをもった大型の円墳が出現する。まず真野川右岸では、春日山一号・一二号墳を含むE支群の廻りに径三〇メートルの円墳や春日山一八号墳・同二二号墳が造られ、詳細はわからないが、五世紀後半ごろに相次いで築造されたとされている。また右岸には、春日山古墳群の南一キロの衣川地区の丘陵先端に、全長四六メートルの帆立貝式古墳の西羅一号墳が築造されている。未調査ではあるが、おおよそ五世紀中ごろから後半とされている。近接して方墳もあったが、すでに消失していた。西羅一号墳から五〇〇メートル南の滋賀丘陵の先端部に、径二三メートルの円墳の坂尻一号墳と、径一六メートルの円墳の二号墳が築造されている。主体部は木棺直葬とみられ、一号からは円筒埴輪が採取されている。円筒埴輪から五世紀前半とする見解もあるが、詳細は不明である[39]（図5）。

以上のように、滋賀郡北部では、四世紀代には有力な古墳が相次いで築造され、大和政権との関係が早い段階から始まっていたことがわかる。この段階では、先にみた真野川流域の両岸の曼荼羅山地域と春日山地域、および北に隣接する和邇川右岸地域の首長たちが、連合して大和政権との連携を強めていたことがうかがえる。しかし、五世紀段階になると規模は縮小しており、その勢力は低下したとみられる。連合体が機能しなくなったのではなかろうか。しかし、六世紀後半以降、それぞれの首長墓の周りには総数二五〇基以上の後期群集墳が造られており、いずれも南部にみられる平面方形で、天井をドームとする特異なものではなく、近畿地方において一般的な横穴式石室をもつものであり、違いを際立たせている。そして、この時期になると、真野川の右岸と左岸の平地近くの各所において、再び有力な帆立貝古墳や大型円墳が相次いで造られ、この地域の首長がまた活性化してきたことを示している。なお、真野川の左岸の曼荼羅山周辺の古墳群と右岸の春日山周辺の古墳群とを、ここでは一体の関係にあると捉えているが、時期によっては別勢力とみることも可能である。いちおう現時点では、両岸の勢力が連合していると考え、文献にみえる和邇部臣・小野臣・真野臣など和邇系氏族が、その被葬者として有力である。その首長墓の流れは、次のように推定できる。

（不ヶ谷古墳↓）和邇大塚山古墳↓春日山八号墳↓春日山一号墳↓春日山一八号墳↓春日山二二号墳↓西羅一号墳↓坂尻一号墳↓ゼニワラ古墳↓唐臼山古墳

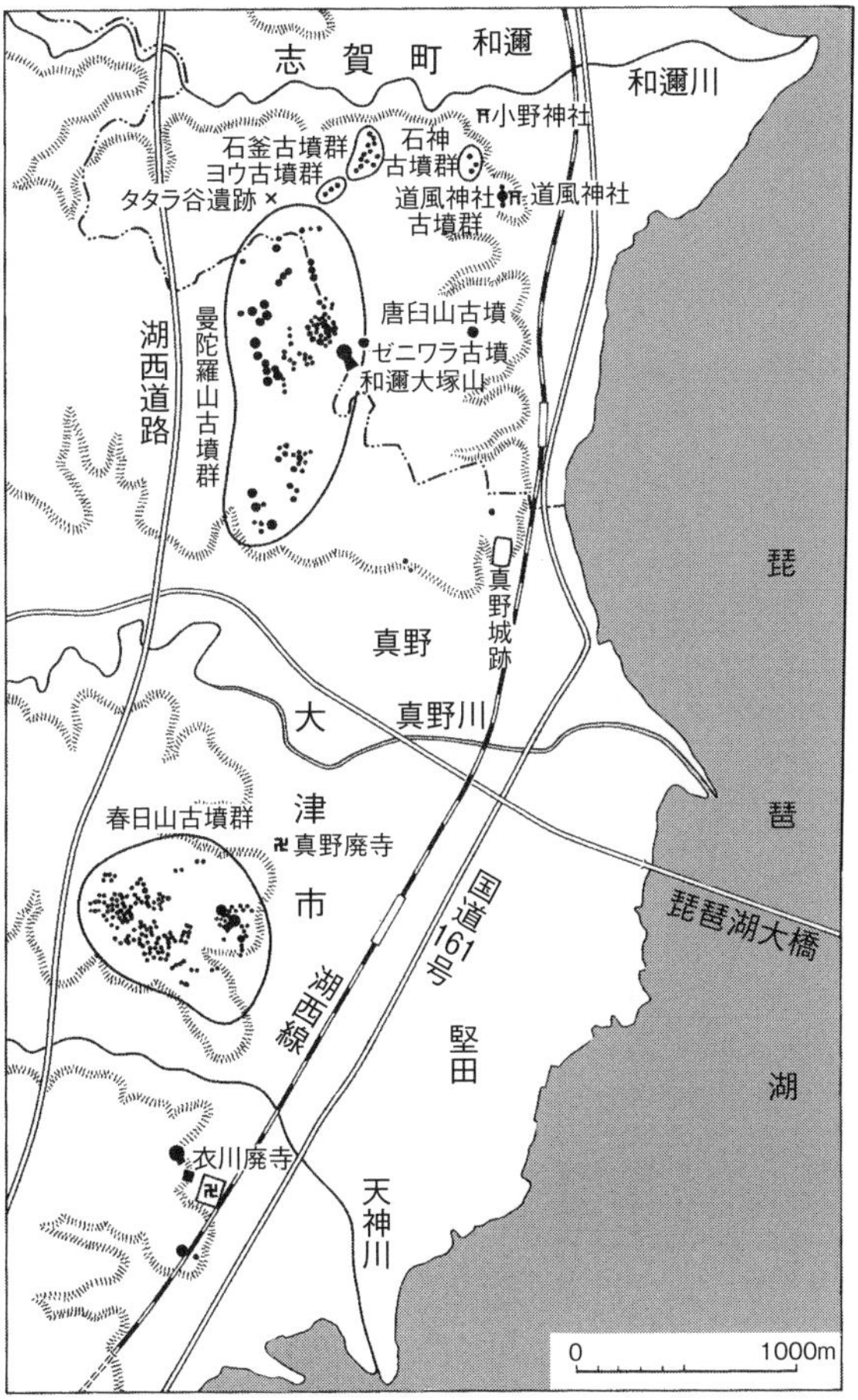

図５　滋賀郡北部の古墳群

一方、滋賀郡南部では、まず三世紀後半に築造された出現期の古墳（墳丘墓）壺笠山古墳・皇子山古墳がそれぞれ、のちの錦織郷の比叡山地から突き出た低丘陵上に築かれている。壺笠山古墳は大津市滋賀里の西の山腹の高所に築かれた径四八メートルの円墳で、墳丘の周辺で吉備地方から伝播した特殊器台形埴輪と庄内式土器が出土し、三世紀後半に築造されたとみられている。また大津市錦織の西、独立丘陵の山頂に築造された皇子山古墳は全長六〇メートルの前方後方墳で、その威容を平野部から望めるように琵琶湖側に側面を向けている。そして前方部を撥形に広げ、琵琶湖側のみ葺石を丁寧に施している。主体部からは遺物の出土はなく、そこから転落した葺石の間から出土した二重口縁壺などにより、三世紀末ごろに築造されたとされる。

本格的な前方後円墳として最も早く造営されたのは、さらに南の大津市膳所の丘陵上に築造された膳所茶臼山古墳で、全長一二二・五メートル（県下第二位）を誇る。発掘はされていないが、墳形や立地などから四世紀後半に築造されたとみられている。これにつづくのが、現在の滋賀里三丁目の扇状地に築造された赤塚古墳で、直径三〇〜四〇メートルの円墳で竪穴式石室をもつことが推定されていて、前方後円墳の可能性も考えられる。詳細は明らかでないが、五世紀前半ごろに築造されたとみられている。そしてほぼこれと同じころに逢坂山の峠の上、現在の大津市神出開町に兜稲荷山古墳が築造され、全長九一・五メートルの規模をもっている。

また、下坂本の木岡に所在する前方後円墳、木ノ岡本塚古墳（全長七三メートル）、木ノ岡茶臼山古墳（全長八四メートル）の二基が五世紀の中ごろに築造され、五世紀中ごろから後半にかけて現在の大津市苗鹿町の丘陵上に全長四五メートルの前方後円墳、高峯古墳が造られている。古墳時代後期（六世紀前半代）には、一転、瀬田川右岸の台地上、現在の大津市国分町に全長四六メートルの国分大塚古墳が造られ、大型の横穴式石室をもっている。このように、滋賀郡南部では前期から後期まで各時代の首長墓が分散しながらも造りつづけられている。そして前期には南半の大津地域に築造されていた首長墓が、後半には北部の坂本地域に集中する傾向がうかがえる。[40]その流れを表示すると、次の通りである（図6）。

壺笠山古墳→皇子山古墳→膳所茶臼山古墳→赤塚古墳→兜稲荷山古墳→岡本塚古墳→木ノ岡茶臼山古墳→高峯古墳
→国分大塚古墳

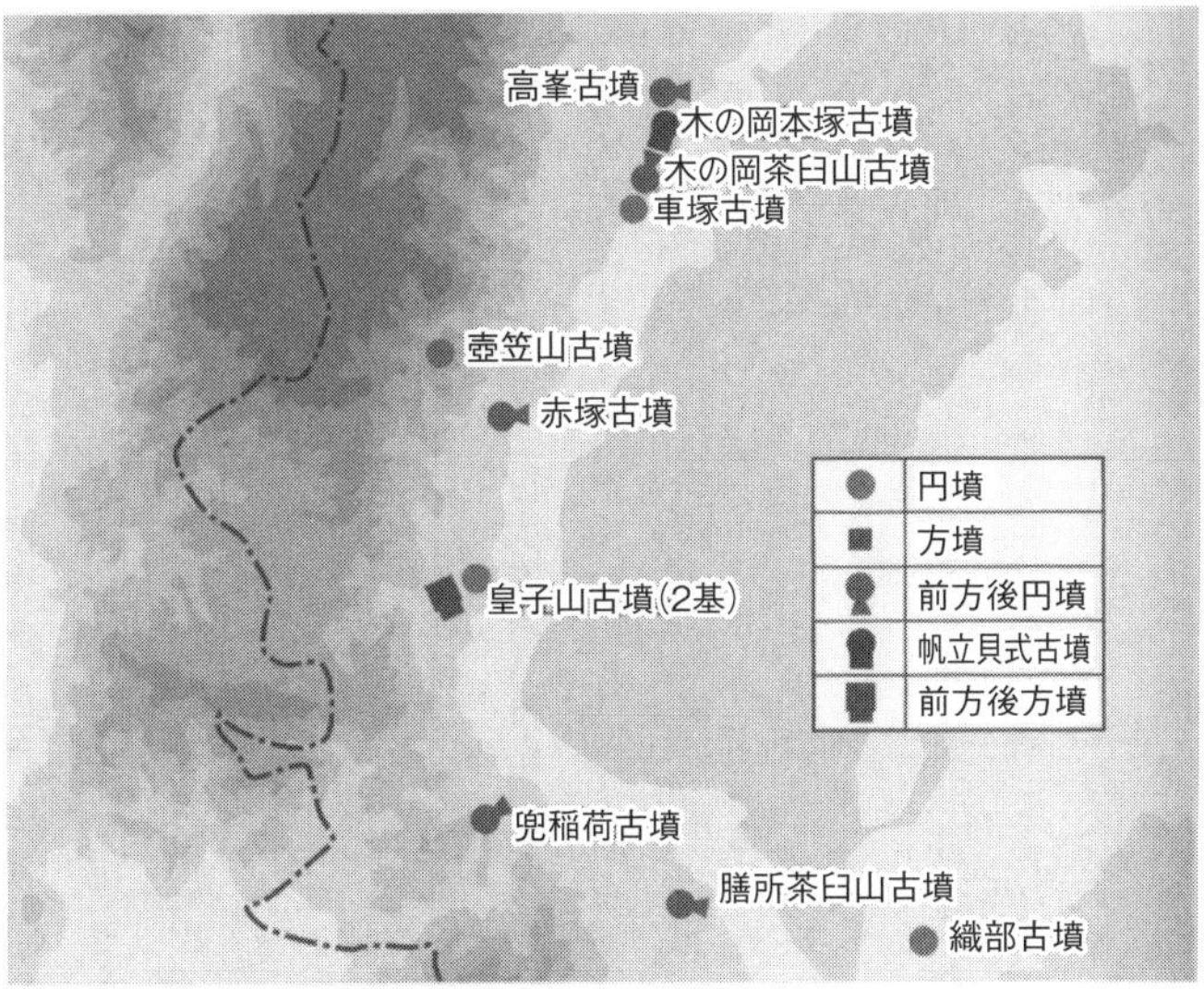

図6　滋賀郡南部の首長墓

このように、旧滋賀郡南部においては、北部と同様に、大きくは一系列の首長墓の系譜が追え、その所在地をみてみると、その中心となるのはのちの大友郷・錦部郷の地域であった。そしてこの地域では、五世紀後半以降、新たな古墳文化が展開する。すなわち、坂本以南、錦織までの山麓一帯の比較的急な斜面地からやや緩やかな傾斜地に墓域がある、大規模な古墳時代後期の群集墳が分布している。かつては一〇〇〇基以上あったとみられ、現在六〇〇基余が確認されている。古墳群は、北から坂本支群・穴太支群・滋賀里支群・南志賀（錦織）支群の四つの地域に分かれ、それぞれいくつかの古墳群から構成される。坂本支群は総数一四〇余基で、日吉古墳群七〇余基、裳立山・裳立山東古墳群など、穴太支群は総数二一八基で、野添古墳群一五二基、飼込古墳群四六基など、滋賀里支群は総数二一七基で、百穴古墳群六三基、太鼓塚古墳群三七基、大通寺古墳群二七基など、南志賀（錦織）支群は総数七〇基で、長尾池内古墳群二〇基、山田古墳群一五基などである。このうち坂本支群は、墓域の大半が日吉大社の門前町・延暦寺の里坊となっており、本来は穴太・滋賀里などに匹敵する規模をもっていたとみられる。(41)

さらに、こうした古墳群に対応する居住域の実態が、その後の調査で明らかになっている。すなわち、穴太廃寺の周りに広がる穴太遺跡・穴太南遺跡、南滋賀廃寺の周りに広がる南滋賀遺跡、その北に展開する上高砂遺跡・大谷南遺跡・滋賀里遺跡、南に広がる北大津遺跡・畑尻遺跡などが、先にみた古墳群の支群に、時期的にも対応するとみられる。これらの地域には、他地域ではごく稀にしかみられない大壁建物や礎石建物が、オンドルとみられる遺構も含め広く分布しており、古墳のあり方から渡来氏族・渡来人に関わる集落であることが確実になった。(42)この前後の日本列島では寺院や宮殿以外で礎石を使用する建物の例は知られておらず、また土壁造りの大壁建物も大和・河内などの一部でみられるだけである。しかも、従来は発見例が希れであった韓国においても、近年類例が相次いで発見されるようになり、その系譜が明確になりつつある。(43)

穴太廃寺の周りに広がる穴太遺跡では、六世紀後半から七世紀初頭と七世紀中葉の二時期に、礎石建物二棟と大壁建物一九棟、オンドル状遺構一基、オンドルと関わる特殊カマド二基がみつかり、多数の掘立柱建物・竪穴建物とともに集落を形成していた。南滋賀廃寺の近辺では、その東端付近にあたる畑尻遺跡は一辺七メートルの大壁建物一棟が掘立柱建物群の一角で発見されたのをはじめ、北大津遺跡で七世紀前半の大壁建物一棟が、前後の時期の竪穴建物・掘立柱建物とともに発見されている。また南滋賀遺跡の北に広がる上高砂遺跡では、三地点で竪穴建物・掘立柱建物とともに六世紀前半と六世紀後半の大壁建物三棟とオンドル遺構と関わる焼土坑五基が発見され、その北に所在する滋賀里遺跡では、六地点で大壁建物一〇棟が掘立柱建物などとともに検出された。これらは六世紀末から七世紀初頭に造られたとみられる。滋賀里遺跡の北西の大谷東遺跡でも大壁建物一棟が検出されており、この地域が穴太遺跡周辺と

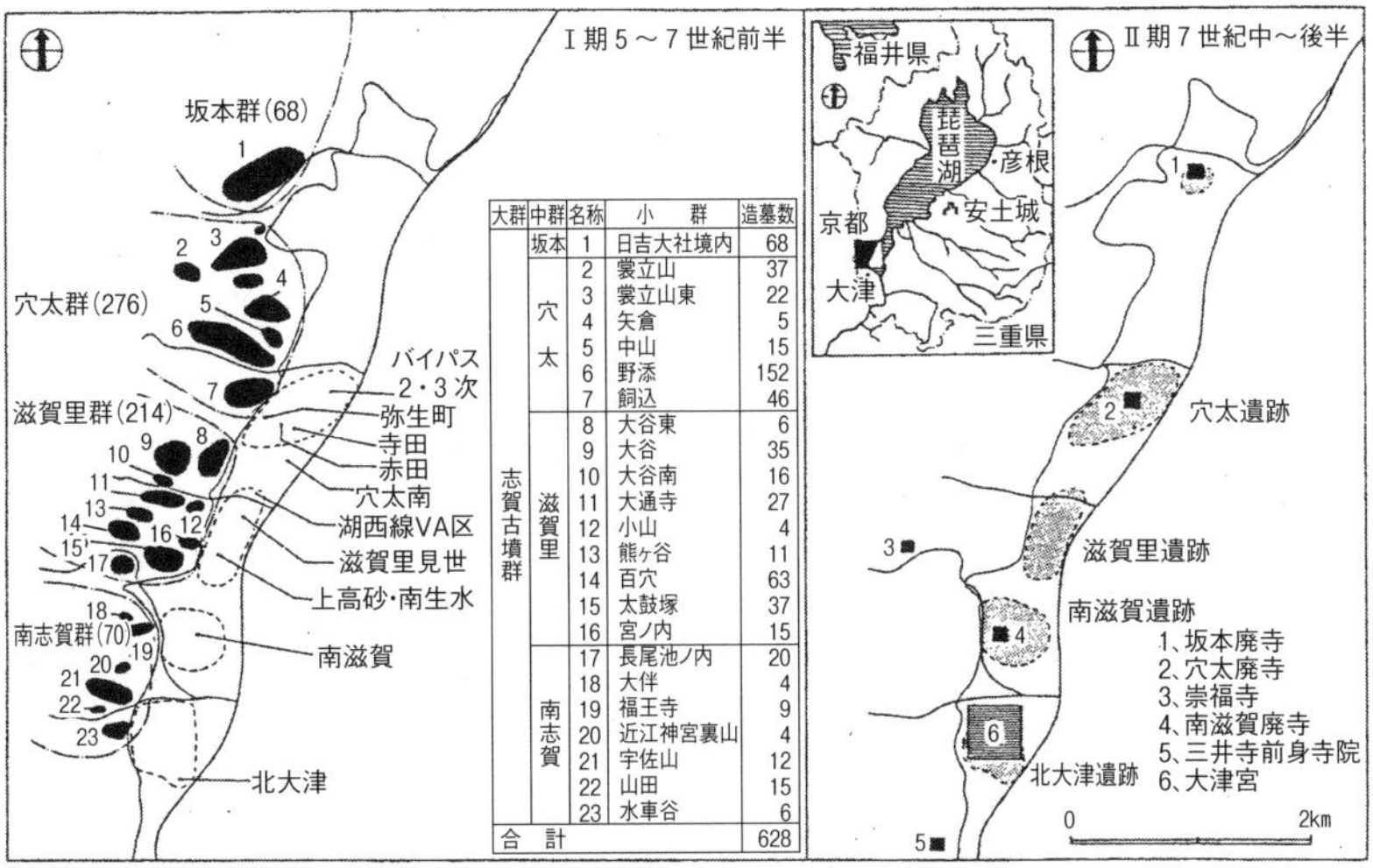

大群	中群	名称	小　群	造墓数
志賀古墳群	坂本	1	日吉大社境内	68
	穴太	2	裳立山	37
		3	裳立山東	22
		4	矢倉	5
		5	中山	15
		6	野添	152
		7	飼込	46
	滋賀里	8	大谷東	6
		9	大谷	35
		10	大谷南	16
		11	大通寺	27
		12	小山	4
		13	熊ヶ谷	11
		14	百穴	63
		15	太鼓塚	37
		16	宮ノ内	15
	南志賀	17	長尾池ノ内	20
		18	大伴	4
		19	福王寺	9
		20	近江神宮裏山	4
		21	宇佐山	12
		22	山田	15
		23	水車谷	6
合　計				628

図７　滋賀郡南部の古墳と集落

ともに、こうした遺構の集中地として注目されている（図７）。

こうした考古資料により、五世紀末以降、滋賀郡南部には、有力な首長のもとに濃密な渡来人集団の居住が確認されるのであるが、このことは文献史料からも裏付けられる。すなわち、古代の文献資料にみえる滋賀郡に居住した住民を一覧にしたのが表２である。一見すれば明らかなように、文献・記録の八割近くを占めるのが志賀漢人と総称される渡来系の人々である。その主要のものをあげると、大友村主・大友曰佐・大友漢人・穴太村主・穴太史・穴太野中史、錦部村主・錦部曰佐、大友丹波史・大友桑原史、志賀史・登美史・槻本村主・三津首・上村主などで、滋賀郡南部の小地域名をウジ名とし村主・曰佐・漢人・史・首などを共通としている。のちの滋賀郡大友郷を本拠とする大友村主一族、大友郷南部の穴太を本拠とする穴太村主一族、錦部郷を本拠とする錦部村主一族、古市郷を本拠とする大友丹波史一族がなかでも有力であった。

一方、先にみた滋賀郡南部の首長を埋葬したとみられる有力豪族については、現在のところ、その存在は文献により確認できない。わずかに近江の豪族なかで、中央政局に関与しながら、その

表2　古代滋賀郡の住民一覧

	氏名	出典	年紀	出身・身分	官位	記事	西暦
①	淡海臣	『古事記』	孝元天皇段			「武内宿禰同祖系譜」	
	近江臣毛野	『日本書紀』	継体二十一・六・三			征新羅将軍	
	近江臣満	『日本書紀』	崇峻二・七・一			東山道使	
	近江脚身臣飯蓋	『日本書紀』	推古三十一・是歳			新羅征討副将軍	六二三
②	近淡海国造	『古事記』	孝昭天皇段			「和邇氏同祖系譜」	
	和邇部臣弓束	『和邇部氏系図』	天智三・二			和邇部臣の姓を賜う	六六四
	和邇部臣君手	『日本書紀』	天武元・六・二十二	舎人		大海人皇子の命で美濃に向かう	六七二
	和邇部臣濱主	『和邇部氏系図』				壬申乱大有軍功	
	和邇部臣大石	『和邇部氏系図』		志我郡大領	従五位下		
	和邇部臣伯麿	『和邇部氏系図』		志賀郡大領	正六位下	後に造東大寺司判官	
	和邇部臣弟足	『和邇部氏系図』		愛宕郡少領	従七位下		
③	真野臣鳥	『新撰姓氏録』	庚寅年（持統四年）	右京皇別下		旧姓和珥部臣、この時真野臣を賜う	六九九
	真野臣忍勝	『新撰姓氏録』	庚寅年（持統四年）	右京皇別下	務大肆	旧姓和珥部臣、この時真野臣を賜う	六九九
④	小野臣	『古事記』	孝昭天皇段			「ワニ氏同祖系譜」	
	小野臣妹子	『日本書紀』	推古十五・七・三ほか	遣隋大使	大礼　大徳冠	『姓氏録』に滋賀郡小野村居住とある	六〇七
	小野臣毛人	『小野毛人墓誌』	天武朝	太政官兼刑部大卿	大錦上	妹子の子	
	小野臣毛野	『日本書紀』・『続日本紀』	持統九・七・二十三ほか	中納言兼中務卿	従三位勲三等	毛人の子	六九五

⑤	神田臣泉承	『寺門伝記補録』	貞観十・三・十七	滋賀郡擬大領	従六位下	三井寺壇越大友村主夜須良麻呂奏状に署名	八六八
⑥	車持君支麻須売	『正倉院文書』	神亀二	滋賀郡古市郷人	年三十七	「近江国滋賀郡古市郷計帳」	七二五
⑦	酒部公刀自売	『正倉院文書』	天平十四	滋賀郡古市郷人	年七十六	「近江国滋賀郡古市郷計帳」	七四二
⑧	下火首君麻呂	『正倉院文書』	天平十四	滋賀郡古市郷人	年三十六	「近江国滋賀郡古市郷計帳」ほかに同姓一五人	七四二
⑨	金作浄継	『寺門伝記補録』	貞観十・三・十七	近江国滋賀郡擬主帳	無位	「三井寺壇越大友村主夜須良麻呂奏状」	八六四
⑩	三上部阿閇	『正倉院文書』	天平元	近江国滋賀郡古市郷人	年四十七	「近江国滋賀郡古市郷計帳」ほかに同姓七人	七二九
⑪	阿多隼人乙麻呂	『正倉院文書』	天平十四	近江国滋賀郡古市郷人	年二十三	「近江国滋賀郡古市郷計帳」ほかに同姓三人	七四二
⑫	奴乎麻呂	『正倉院文書』	神亀元	近江国滋賀郡古市郷人	年二十九	「近江国滋賀郡古市郷計帳」	七二四
	婢都牟志売	『正倉院文書』	天平元	近江国滋賀郡古市郷人	年三十	「近江国滋賀郡古市郷計帳」	七二九
⑬	志賀漢人恵隠	『日本書紀』	推古十六・九・十一	遣隋学問僧		遣隋大使小野妹子に従い入隋	六〇八
⑭	志賀穴太村主	『新撰姓氏録』		未定雑姓　右京		後漢孝献帝の男、美波夜王の後	
	穴太主寸小国	『正倉院文書』	天平六・五			興福寺西金堂造仏所に出仕	七三四
	穴太村主雑物	『正倉院文書』	天平宝字二・二			経師　造石山院所に出仕	七五八
	穴太曰佐広万呂	『正倉院文書』	宝亀九・四・十九	近江国人		「穂積真乗女解」	七七八
	穴太曰佐広継	『正倉院文書』	宝亀九・四・十九	近江国人		「穂積真乗女解」	七七八
	穴太史老	『正倉院文書』	天平勝宝三・八	近江国員外少目	正七位上	「甲可郡蔵部郷墾田野地売買券」	七五一
⑮	西大友村主	『新撰姓氏録』				逸文（「坂上系図」）	

	大友主寸族宿奈尼売	『正倉院文書』	天平元	近江国滋賀郡古市郷人	年三十八	「近江国滋賀郡古市郷計帳」	七二九
	大友村主人主	『続日本紀』	神護景雲元・五・二十	近江国人	外正七位上	西大寺に稲一万束・墾田十町を献ずる	七六七
	大友村主広道	『続日本紀』	延暦六・七・十七	右京人	正六位上	志賀忌寸を賜う	七八七
	大友村主弟継	『続日本後紀』	承和四・十二・四	太政官史生		春良宿禰を賜う後漢献帝苗裔	八三七
	大友村主夜須麻呂	『寺門伝記補録』	貞観八・五・十四	近江国滋賀郡擬大領	（従七位上）	「三井別当官牒」	八六六
	大友村主黒主	『寺門伝記補録』	貞観八・五・十四	近江国滋賀郡擬大領	従八位上	「三井別当官牒」	八六六
	大友日佐広羽売	『正倉院文書』	天平十四	近江国滋賀郡古市郷人	年六十一	「近江国滋賀郡古市郷計帳」	七二五
	大友日佐田麻呂	『正倉院文書』	天平勝宝末	近江国滋賀郡錦部郷人		「西南角領解」？	八世紀
	大友日佐麻須良	『正倉院文書』	天平勝宝末	近江国滋賀郡錦部郷人		「西南角領解」？	八世紀
	大友日佐豊継	『平安遺文』	仁寿四・十二・十一	近江国滋賀郡真野郷人		「大国郷墾田売券」	八五四
	大友日佐宮安名	『平安遺文』	仁寿四・十二・十一	近江国滋賀郡真野郷人		「大国郷墾田売券」	八五四
	大友漢人若子売	『正倉院文書』	神亀二	近江国滋賀郡古市郷人	年六十九	「近江国滋賀郡古市郷計帳」	七二五
	大友氏	『新撰姓氏録』		未定雑姓　河内国		百済国人白猪奈世之後也	
	大友醜麻呂	『長岡京出土木簡』		近江国米綱丁		「長岡京木簡」一	八世紀
	大友史	『新撰姓氏録』		未定雑姓　河内国		百済国人白猪奈世之後也	
	大友但波史族吉備麻呂	『正倉院文書』	神亀二	近江国滋賀郡古市郷人	年三十五	「近江国滋賀郡古市郷計帳」ほかに同姓一五人	七二五
	旦波博士	『森ノ内遺跡出土木簡』		衣知評平留五十戸		二号木簡（野洲市河西原所在）	
⑯	桑原村主	『新撰姓氏録』		右京諸蕃		出自漢高祖七世孫万徳使主	
	桑原史	『新撰姓氏録』		摂津國諸蕃		桑原村主同祖。高麗国人萬徳使主後也	

⑰	錦織村主	『新撰姓氏録』		右京諸蕃		出自韓国人波努志也	
	錦部村主	『新撰姓氏録』				逸文（「坂上系図」）	
	錦部主寸人勝	『続日本後紀』	承和四・十二・四	近江国人　越前少目		賜姓春良宿禰　後漢献帝苗裔也	八三七
	錦織主寸□	『柿堂遺跡出土木簡』				庸米付札（能登川町柿堂所在『木簡研究』第八号）	八世紀
	錦氏	『日本文徳天皇実録』	斉衡二・九・二十三	近江国滋賀郡人	僧正	天台宗僧正　長訓の俗名	八五五
	錦部氏首	『寺門伝記補録』	貞観十・三・十七	近江国滋賀郡擬少領	従八位上	「三井寺壇越大友村主夜須良麻呂奏状」	八六八
⑱	志賀史常継	『続日本後紀』	承和四・十二・四	近江国人　左兵衛権少志		賜姓春良宿禰　後漢献帝苗裔也	八三七
⑲	上主寸諸足女	『正倉院文書』	天平三・六	近江国滋賀郡古市郷人	年四十一	「近江国滋賀郡古市郷計帳手実」	七三一
⑳	登美史久御売	『正倉院文書』	天平十四	近江国滋賀郡古市郷人	年三十一	「近江国滋賀郡古市郷計帳手実」	七三一
㉑	槻本連若子	『正倉院文書』	天平八	志我采女	従八位上		七三六
	槻本連良棟	『続日本後紀』	承和四・三	右京人　遣唐知乗船事		賜姓安稺宿禰　其先後漢献帝後也	八三七
	槻本連豊額	『続日本後紀』	承和四・三	右京人　民部少録		賜姓安稺宿禰　其先後漢献帝後也	八三七
	槻本連	『寺門伝記補録』	貞観十・三・十七	近江国滋賀郡擬少領	従八位上	「三井寺壇越大友村主夜須良麻呂奏状」	八六八
	槻本村主勝麻呂	『日本書紀』	朱鳥元・六・一		勤大壱位	賜連姓　加封二十戸	六八六
㉒	三津首浄足	『平安遺文』	宝亀十一・十一・十	近江国滋賀郡古市郷戸主	正八位下	「近江国府牒」（『来迎院文書』）	七八〇
	三津首広野	『平安遺文』	宝亀十一・十一・十	近江国滋賀郡古市郷戸口		「近江国府牒」（『来迎院文書』）	七八〇

	（最澄）	『叡山大師伝』		滋賀の人		先祖後漢献帝苗裔登万貴王也	
㉓	太田史加比麻呂	『正倉院文書』	神亀元	近江国滋賀郡古市郷人	年二十四	「近江国滋賀郡古市郷計帳手実」ほかに同姓六人	七二九
㉔	丈安史法麻呂	『正倉院文書』	天平十四	近江国滋賀郡古市郷人	年七十四	「近江国滋賀郡古市郷計帳手実」	七三一
㉕	高史加太賣	『正倉院文書』	天平十四	近江国滋賀郡古市郷人	年三十三	「近江国滋賀郡古市郷計帳手実」	七三一
㉖	阿直史姪賣	『正倉院文書』	天平十四	近江国滋賀郡古市郷人	年五十二	「近江国滋賀郡古市郷計帳手実」	七三一
㉗	石寸村主	『新撰姓氏録』				逸文（「坂上系図」）	
㉘	飽波漢人伊太須	『続日本紀』	養老六・三・一〇	近江国			七二二

本拠についてのデータをもたない近江臣の存在が浮かび上がってくるのである。そのことを裏付けるデータの一つが、右にみた滋賀郡南部に濃密に居住する渡来人集団の性格である。すなわち、志賀漢人と総称される近江に本拠を置く漢人村主については、『坂上系図』所引の『新撰姓氏録』（以下『姓氏録』と略記）の逸文に、仁徳天皇のころ応神朝に来日していた倭漢氏の始祖阿智王が、朝鮮三国に離散していた同郷の漢人を来日させることを提言し、その大半がのちの大和国高市郡に定着したこと、やがて高市郡が手狭になったので近江・摂津などの諸国に分置したとあり、それが各地の漢人村主の起こりであるとされている。そして先にみたように、実際各種の古代の文献によって、近江国滋賀郡を本拠とする漢人村主の存在が確認されている(44)。そして、志賀漢人が集中して分布する大津北郊には、琵琶湖の水運のカナメである「志賀津」と呼ばれる港湾施設があり、のちにその地に近江大津宮が造営されるように、大和政権の経済的・軍事的な基盤であった東国・北国への交通の起点であり、しかも六世紀以降活発化した越前を拠点と

図8　近江古代豪族分布図

する高句麗との対外交渉においても、大津北部を含む近江西部が重要な役割を果したとみられる。(45)

よく知られるように、六世紀以降の大和政権の内政・外交を領導したのは名実ともに蘇我大臣家であり、それを実質的に支えたのが渡来氏族の雄倭漢氏であった。したがって、おそらく六世紀以降、新しい東国政策や日本海ルートの対外交渉を推進しようとする蘇我氏の政策により、倭漢氏がその配下の漢人を大津北郊と近江各地に配置し、その政策を押しすすめようとしたのであろう。そして、毛野の出身氏族である近江臣は、そうした蘇我氏の同族であり、先にみたように国政の様々な分野での政策の遂行にあたって連携していたことがうかがえることから、滋賀郡南部におけるこうした渡来人集団の配置・集住においても、近江臣の協力があったと憶測するのが自然であろう。間接的ではあるが、滋賀郡南部の有力豪族として、近江臣の存在を裏付けるのではなかろうか(46)（図8）。この点をさらに検証するために、やや視点を変え、滋賀郡南部に所在する古社、日吉社の奉祭氏族をめぐる問題について考えることにしたい。

六　日吉社と奉祭氏族をめぐる問題

比叡山系の東麓に鎮座する日吉社は日吉山王とも呼ばれるが、山王総本宮日吉大社が現在の正式名称である。全国に三八百余の末社をもつ総本社で、延暦寺とともにわが国の歴史上、宗教・文化さらには政治・経済などの分野に、大きな足跡を残している。日吉のほか比叡・裨衣・日枝などの表記があるが、『延喜式』神名帳は「ヒエ」「ヒヨシ」の両訓を付している。本来は比叡山にちなんで「ヒエ」と呼ばれ、後に好字「日吉」を当てたため、「ヒヨシ」とも呼ばれるようになったと考えられている。

古代の文献には日吉社についての記載は極めて少ない。まず『古事記』の神代巻に、須佐之男神の子大歳神と天知迦流美豆比売の間に生まれた大山咋神について、「大山咋命、亦の名、山末之大主神。此の神は、近淡海国の日枝の山に坐し、亦葛野の松尾に坐して、鳴鏑を用つ神ぞ」とある。ここでは、大山咋命が山末之大主神とも呼ばれていたこと、近淡海国の日枝の山だけでなく、山城の葛野の松尾に坐すとされていること、またこの神が鳴鏑を用つ神であるとする特徴が書かれている、短い記述ながら興味深い内容をもっている。のちに詳しく検討したい。次に、正史には『日本三代実録』貞観元年（八五九）正月二十七日条に、「京畿七道諸神の階を進め、及び新たに叙す。惣て二百六十七社なり」とあり、「近江国従二位勲一等比叡神に正二位。（中略）（従五位下）小比叡神に並びに従五位上」とあるのが初見であるが、ここにみえるもとの官位は、『日本文徳天皇実録』嘉祥三年（八五〇）十月七日条などにみえる神々への昇叙に関わるとみられ、すでに九世紀中ごろには、日吉社は大比叡・小比叡に分かれ、別個に官位を得ていたことがわかる。そして、『日本三代実録』元慶四年（八八〇）五月十九日条には、比叡が正一位という最高位に昇叙され、小比叡は従四位上とみえており、その格差はかなり大きかったといえよう。

『延喜式』には、滋賀郡の八座の一つに、「日吉神社名神大」とあり、式内社は一座としており、官位からみて大比叡神のことであろう。小比叡神は式外の扱いといえよう。『古事記』の記載から、当然大比叡神は大山咋命とすべきであるが、現在では、大比叡神は西本宮（大宮）であり、祭神は大己貴神（三輪明神）とされている。小比叡神は東本宮（二宮）のことで、大山咋命を祭神としており、こうした区分は「日吉社史」においては周知のことで、古代に遡ると考えられている[47]。ただ、このほかに古代の日吉社について、具体的な動向を示す史料はなく、大比叡神＝西本宮（大宮）の成立についても、古くみても平安時代末の成立とされる『日吉社禰宜口伝抄』や、鎌倉時代とされる『耀天記』『厳神抄』などの古伝のほか、中世・近世の文献史料しかなく、それらは利用するにあたって、それなりの手続きを必要とするものなのである。そして、日吉社を構成する大比叡神（西本宮）と小比叡神（東本宮）は、まったく由来の異なる祭神をもち、別個の祭礼行事を行うなど、異例の祭祀形態をもつ点で謎が多いのである（図9）。

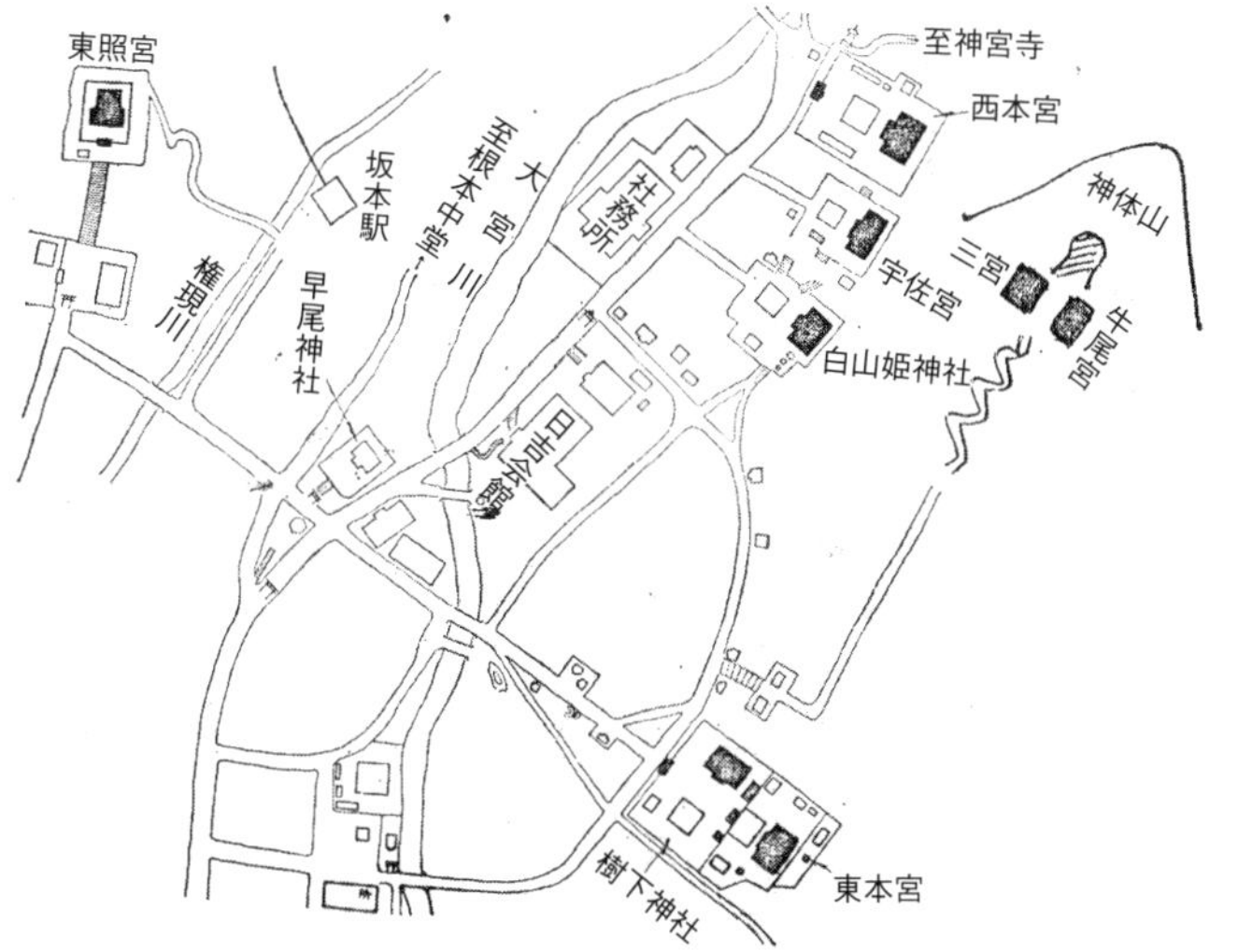

図9　日吉大社神殿配置図

ところで、現在小比叡の祭神である大山咋命は東本宮（二宮）に和魂が、その背後の牛尾山（八王子山）の山頂に鎮座する牛尾社（八王子社）に荒魂が祭られる。牛尾山（八王子山）は、比叡山の東に突き出た尾根の一つであり、大山咋命の別名、山末之大主神の名は、それに因んでいるとする見解もあるが、「此の神は、近淡海国の日枝の山に坐し」とあるように「山末」は頂上と解すべきで、比叡山そのものを神体山としたとみられる[48]。牛尾社はその遥拝所であるとともに、神体山としての信仰も受けたとみられる。牛尾山山頂には、牛尾社と大山咋命の妃鴨玉依姫の荒魂を祀る三宮社があり（奥宮）、その背後に「金大巌」と呼ばれる巨岩があり、磐座の典型として古い信仰形態を示している。また、牛尾山の山麓には、東本宮に隣接する形で、大山咋命の妃鴨玉依姫の和魂を祀る樹下神社（十禅師）の社殿（里宮）が所在しており、東本宮を中心とする神南備を祭る産土神・地主神的な信仰として、古い様相を示すものといえよう[49]。

これに対し牛尾山の南麓に所在する西本宮は、先にみたように、古代以来大比叡（大宮）として地主神とみられる大山咋命を祭る小比叡＝東本宮（二宮）の上位にあり、神階でも格差があった。『延喜式』に登載される日吉社も大比叡であった。しかもその祭神は三輪明神（大己貴神）で、大和から勧請された外来神であり、異例のことといえる。しかも、その勧請の時期や主体については、日吉社の古伝は二通りの説を伝えている。すなわち、一つは、鎌倉初期の『袖中抄』や後代の『叡岳要記』『年中行事抄』などにみえるもので、比叡山延暦寺を開基した伝教大師最澄が天台守護神として勧請したとするものである。もう一つは、三輪明神の勧請を天智天皇の治世とするもので、鎌倉時代の『耀天記』の引用する官符の記載から、近江大津宮鎮護のため勧請されたと推定する説と、『耀天記』をはじめ『厳神抄』『三王利生記』などの中世以降の山王信仰関係の文献にみえる伝説的記載にみえる説である。後者は、天智天皇が近江大津宮に遷都した翌天智六年（六六七）に、三輪明神が志賀浦唐崎浜に現れ、土地の漁師（大津西浦の人）田中恒世が迎えて、粟の御飯を献上し、その後船に乗せ唐崎の「琴御館宇志丸」のところに送って、大宮のご神殿に安置し比叡山の鎮守としたとするものである。田中恒世は「大津神人」の祖とされ、「琴御館宇志丸」は日吉社神職の祖とされる。岡田精司氏は、この伝説を旧暦四月の山王祭の船渡御と粟津の御供献上の神事を反映した祭儀神話と理解すべきとされるが、妥当な見解といえよう(50)。

このように、日吉社は多くの信仰を集める古社にもかかわらず、二つの本社をもち、しかも大宮（西本宮）と二宮（東本宮）はまったく異なる祭神を祭り、その神事も当然まったく別個の形態をとっており、成立事情においてもそれぞれ独自の伝承をもっているのである。岡田精司氏は、こうした違いについて、従来、中世以降の山王信仰関係の文献にみえる伝説的記載が、あまりにも荒唐無稽で史実とはみられないところから、最澄による三輪明神の勧請を史実とみる論者が多いのに対し、最澄の勧請については、三輪大明神と最澄の接点が考え難く、滋賀郡出身の最澄にとって地主神の大山咋命を差し置いて新たに外来神を勧請必要があったとは考えられないとしてこれを否定し、天智朝説を補強されている。すなわち、三輪明神は長く大王家の守護神とされており、近江大津宮が異例に「畿外」に造営されたため、その守護として遷都に伴い分祀することになったとされた。なお、このことが後世に伝えられなかったのは、壬申の乱により史料が失われたためと推測されている。大宮が二宮の上位にあり異例な祭祀形態になったのも、勧請に朝廷が関与していたからであったとし、自説を補強されている。

しかしながら、岡田説では、こののちに起こる壬申の乱において、近江朝廷が瓦解し、乱後即位した天武天皇は、自らの王統の正当性を主張するため、天智天皇の事績だけでなく、天智朝の成果を否定する立場をとっており、近江朝廷が勧請した三輪明神が乱後も維持できたとは考えられない。しかも、そうした場合、三輪明神を上位とし大宮に祀りつづけることも不自然であろう。私は、三輪明神の勧請が天智天皇の近江遷都によりなされたのなら、天武朝ではそれを否定して、もとの地主神＝大山咋命を単独に祀る奉祭形態に復したと考える。右にみたように、岡田氏は、近江遷都と日吉大社の祭神の関係について、『書紀』だけでなく日吉社側の書物も一切伝えないのは、「壬申の乱による祭祀氏族近江臣の滅亡によって資料が散逸したからであろう」とされるが、三輪明神の勧請が朝廷の意志の基づくなら、近江臣の滅亡とは無関係であろう。しかも、日吉社、地主神＝大山咋命を奉祭していたのがこの地の豪族近江臣であり、近江臣が近江朝廷側の中心的な支持勢力で、三輪明神の勧請に深く関与していたとするなら、当然近江臣が壬申の乱に敗れ失脚したとみられるから、乱後、日吉社の処遇についても大きな変化が起こったと考えるべきではないか。

このように考えることができるなら、三輪明神の勧請は近江遷都にともなうものではなく、まさに壬申の乱という古代最大の内乱の結果なされたとすべきであろう。その場合、滋賀郡南部に本拠を置き近江遷都と近江朝廷を中心的に支えてきた近江臣が、日吉社の地主神＝大山咋命の奉斎氏族であり、その没落後の天武朝で日吉社の処遇に大きな変化をもたらしたことも、ほぼ間違いないところであろう。しかしながら、日吉社の信仰は、すでに近江臣の氏神に留まらず、その祭祀形態からわかるように、滋賀郡南部の住民に広く受け入れられていたと考えられ、それをまったく廃止することも現実的ではなかったと思われる。そこでとられたのが、日吉社からの近江臣の影響の排除と、新しい奉斎氏族の創出、地主神の上位の祭神としての三輪明神の勧請であったと思われる。

こうした憶測を裏付けると考えられるのが、日吉社の神職をめぐる問題である。周知のように、日吉社の神職は、大宮・二宮ともに社家の祝部宿禰であり、その始祖は先の三輪明神勧請の伝説的記載にみえる琴御舘宇志丸（鴨県主宇志）であった。したがって、祝部宿禰は三輪明神の勧請以降に社家となったのであるから、それ以前の日吉社の神職についてては、まったく記録がないのである。すなわち、大宮（西本宮）の成立以前の祭神である地主神＝大山咋命を奉祭していた神職は、なぜか伝わっていないのである。奉斎氏族であった近江臣の影を意識的に抹消したのではないか。そして、鴨県主宇志は、もともと近江滋賀の土着の豪族ではなく、隣国山城の加茂神社の社家、加茂県主の分かれであると主張しているのである。

すなわち平安時代に成立が遡るという『日吉社禰宜口伝抄』には、社家の祝部宿禰の始祖宇志麻呂を「鴨賀島八世孫宇志麻呂」とし、鎌倉時代の『耀天記』も、初代の祝宇志麻呂について「抑鴨県主、与祝部宿禰同事也」としており、その出自は加茂社の社家である鴨県主としている。そして宇志麻呂は、室町時代に成立したとされる『加茂神宮鴨氏系図』にみえる鴨県主賀氏の注記に「此人五世子孫鴨県主宇志、大津朝祝仕奉。而庚午年藉負祝部姓」とあり、この鴨県主賀氏が『日吉社禰宜口伝抄』の「鴨賀島」に相当するとみられている。これまでの研究により、『加茂神宮鴨氏系図』は古伝を伝えていることが明らかにされており、その記載は注目される。[51] 岡田精司氏は、これを付会とされ史実ではないとするが、[52]「大津朝祝仕奉」という尻付けの文面を素直に読めば、宇志麻呂は近江朝廷に祝として出仕していたとみられ、日吉社の神職との繫がりがうかがえる。ただし、祝部宿禰の出自に関する伝説は、その前提にこの所伝は三輪明神の勧請を近江遷都にともなうものとして構想されており、その部分は差し引く必要がある。庚午年藉において「祝部姓」を賜姓されたことも、文飾と考えるべきであろう。

『耀天記』をはじめ『厳神抄』『三王利生記』などの、中世以降の山王信仰関係の文献にみえる伝説的記載にしばしばみえる「琴御館宇志丸」の所伝は、先にみたように、日吉社で旧暦四月に行われる、山王祭の船渡御と粟津の御供献上の神事を反映した祭儀神話とみられ、それとともに語られる天智天皇が近江大津宮に遷都した翌天智六年（六六七）に、三輪明神が志賀浦唐崎浜に現れ、土地の漁師（大津西浦の人）田中恒世が迎えて、粟の御飯を献上し、その後船に乗せ唐崎の「琴御館宇志丸」のところに送って、大宮のご神殿に安置し比叡山の鎮守としたとする記載も、後世に造られたもので、史実とは考えられない。こうした日吉社の神職の由来を伝える伝説的記載は、三輪明神の勧請とともに、何らかの意図をもって述作されたとみるべきであろう。私は、それを日吉社からの近江臣の影響の排除と、新しい奉斎氏族の創出、地主神の上位の祭神としての三輪明神の勧請であり、壬申の乱後に失脚したとみられる日吉社の奉斎氏族で近江朝廷を支えていた近江臣の影響をなくす目的で、新たな神職に加茂社の社家鴨県主の一族を招いたのであろうと考えている。それでは、日吉社の新たな神職に加茂社の社家から招かれた事情はどのように考えられるであろうか。その手がかりとなるのが、『古事記』神代巻の「大山咋命、亦の名、山末之大主神。此の神は、近淡海国の日枝の山に坐し、亦葛野の松尾に坐して、鳴鏑を用つ神ぞ」とある記載である。

この神名については、本居宣長が、いずれの山も「日枝の山」を指すとし、大山咋命の「咋」は、「亦の名」の山末之大主神の「大主」と同意で、「其山に主はき坐ス意にや」とされており、「山末」は麓ではなく「上方」のことであって、比叡山そのものを神体山とする古い信仰に基づく神名である。[53]この神が、「葛野の松尾に坐」すことについては、松尾社が秦氏の氏神とされているなど、その事情については不明な点が多いが、比叡山は近江の山であるとともに、平安京の東北の鎮守とされるように山城の山でもあったのであり、山城の人々からも広く信仰されていた山であることは、留意すべきであろう。また、「鳴鏑を用つ神」とは、大山咋命の神体が鳴鏑の矢であることを示しており、本居宣長は、『秦氏本系帳』に松尾社の神を加茂社の祖神の父の「一矢」とあるところから、『山城国風土記』逸文にみえる加茂社の神婚伝説に祖神の父とある「丹塗矢」（母は玉依日売）も大山咋命（山末之大主神）とされる。これによるなら、加茂社の祖神の父は、日吉社・松尾社の神となり、三社の密接な関係を示すものとすることができる。

ここで詳しく検討する余裕はないが、山城北部に勢力をもっていた古代豪族は、在来氏族では鴨県主氏と、渡来氏族の葛野の秦造（忌寸）氏であり、その奉斎する神社が加茂社と松尾社にほかならない。そしてこの両社は、奉斎氏族が異なるにもかかわらず、密接な関係にあったことが指摘されている。[54]そこで明らかにされた諸点を次に箇条にまとめておきたい。

①『山城国風土記』によると鴨県主の祖加茂建角身命は、天孫に従い高千穂峰に天降り、神武天皇の東征を先導して大和の葛城山とどまったが、そこから移って久我の国に定着したとする。一方、秦氏も『姓氏録』によると、その始祖融通王（弓月王）が渡来して、葛城の朝津間の腋上の地にしばらく留まり、のちに山城葛野に移ったとするように、大和葛城との関わりを共通としている。

②『山城国風土記』逸文によると、加茂社の祭神可茂別雷命はその始祖の女玉依日売と丹塗矢（乙訓郡の社火雷神）との間に生まれたとし、『秦氏本系帳』は秦氏の一女子と「一矢」（松尾大明神）との間に男子（雷公）＝別雷神が生まれたとし、共通した始祖伝説を主張している。また『秦氏本系帳』は別伝をあげ、秦氏が山城の三所明神、鴨上社・鴨下社・松尾大明神を奉斎していたとし、鴨氏の氏人は秦氏の婿で、婿のために鴨祭を鴨氏に譲渡したことにより、鴨氏が加茂社の禰宜を務めることになったとしている。両者の密接な関係を示している。

③『続日本紀』延暦三年（七八四）十一月二十日条の長岡遷都にともなう叙位で、「賀茂上下二社に従二位を叙し」、「松尾・乙訓の二神に従五位下を叙す」とあり、同二十八日条にこの四神が国家の修理を受けたとある。また、『日本後紀』（逸文）延暦十三年十月二十八日条に、平安遷都にともなう叙位があり、「鴨・松尾の神に加階す。近郡を以てなり」にあるように、加茂社・松尾社・（乙訓社）が、密接な関係にあったことがわかる。

④『秦氏本系帳』にみえる賀茂祭の神事に関する記載に、松尾社の社司は、祭そのものには参加しないが、挿頭料を供え、内蔵寮に出かけるとし、加茂社の禰宜と祝は松尾社に向かうとされている。両社の密接な関係を示している。

以上のうち、①②の始祖伝説の共通性は、秦氏が加茂社の伝説を参照して述作した可能性もあるが、③④は、同じ山城北部を本拠とする両氏が信仰面でも連携していたことを示すといえよう。そして、両社と日吉社についても、先にみたように多くの点で連携が想定されるのである。こうした背景により、壬申の乱後、滅亡した日吉社の奉斎氏族近江臣に代わり、加茂社の社家の一族が祝部宿禰を賜姓され、近江臣一族の影響力を排除すべく新たに勧請した三輪明神と旧来の祭神大山咋命を奉斎すべく派遣されたのではなかろうか。

おわりに

以上、長々と迂遠な考察に終始したが、近江臣毛野は、『書紀』が記述するように、継体末年に「任那復興」のため大軍を率いて朝鮮半島に派遣された将軍ではなく、磐井の乱後、使者として安羅伽耶に派遣され、新羅・百済の東西からの侵攻により存亡の危機にあった南加羅・喙己呑・卓淳・安羅など、倭国と関わりの深い伽耶南部諸国の存立を支援し羅済両国との関係を調停する役割を担っていた。その活動は、結果的には南加羅・喙己呑を失い、卓淳も間もなく新羅の侵攻を受けるなど、失敗に終わったが、欽明朝のいわゆる「任那復興会議」にみえる「在安羅諸倭臣等」＝「任那日本府」の長官（卿）の先駆けとし、重要な役割を担っていたと考えられる。

毛野は、そのウジ名から知られるように近江に本拠を置く豪族の出身であったが、蘇我氏の同族として、また継体擁立勢力として、継体朝以降政府の中枢で活動を始め、のちの小野妹子・犬上御田鍬の先駆けとして、対外政策にあたることになったらしい。その本拠については、明確な史料はないが、近江の古代豪族や首長墓群の分布の空白地域である、のちの滋賀郡南部の可能性が高く、近江で最有力の豪族であり、日吉社の奉斎氏族であるとともに、五世紀末以降この地域に広く居住する倭漢氏の配下志賀漢人の統括・管理にあたっていたと考えられる。毛野の失脚後も中央政局に深く関与していた近江臣は、天智朝の近江遷都により近江朝廷を支えたこともあって壬申の乱後没落したとみられ、天武朝になって、近江臣が奉斎していた日吉社は、中央政府の意向をくんで近江臣の影響力を削ぐべく、新たに三輪明神を大山咋神の上位神（大比叡神）として勧請するとともに、その神職（祝）には山城北部の古社加茂社の社家一族を招いたと考えられる。

注

（1）大山誠一「所謂『任那日本府』の成立について」（『日本古代の外交と地方行政』吉川弘文館、一九九九年）。
（2）山尾幸久『日本国家の形成』（岩波書店、一九七七年）。
（3）小島憲之『上代日本文学と中国文学』上（塙書房、一九六二年）。
（4）山尾幸久「百済三書と日本書紀」（『朝鮮史研究会論文集』一五、一九八三年）。
（5）三品彰英「『継体紀』の諸問題」（『日本書紀研究』二、塙書房、一九六六年）。
（6）林屋辰三郎「継体欽明朝内乱の史的分析」（『古代国家の解体』東京大学出版会、一九五五年）。
（7）三品前掲注（5）論文。
（8）山尾幸久『筑紫君磐井の戦争—東アジアの中の古代国家—』（新日本出版社、一九九九年）。
（9）大橋信弥「継体・欽明朝の『内乱』」（吉村武彦編『古代を考える 継体・欽明朝と仏教伝来』吉川弘文館、一九九九年）。
（10）大山前掲注（1）論文。
（11）三品前掲注（5）論文。
（12）津田左右吉『日本古典の研究』下（『津田左右吉全集』第二巻、岩波書店、一九六三年）。
（13）田中俊明「干勒十二曲と大加耶連盟」（『東洋史研究』四八—四、一九九〇年）、同『大加耶連盟の興亡と任那—加耶琴だけが残った—』（吉川弘文館、一九九二年）、同『古代の日本と加耶』（山川出版社、二〇〇九年）、東潮・田中俊明『韓国の古代遺跡』（中央公論社、一九八九年）。
（14）朴天秀『加耶と倭—韓半島と日本列島の考古学—』（講談社、二〇〇七年）、申敬徹・金宰佑『金海大成洞古墳群Ⅰ』（慶星大学校博物館研究叢書第四輯、二〇〇〇年）、井上主税「朝鮮半島三国時代の倭系遺物を副葬する古墳被葬者に関する研究」（平成二十一年度〜平成二十三年度科学研究費補助金研究成果報告書、二〇一二年）。
(15) 国立金海博物館特別展図録『威安未伊山三四号墳』（二〇〇七年）、威安博物館『咸安の遺蹟と遺物』（二〇〇四年）、井上前掲注(14)論文。
(16) 河承哲「四〜六世紀南江水系集落出土土器の編年」（『日韓集落の研究』日韓集落研究会、二〇一二年）。
(17) 井上前掲注(14)論文、本書第三部第二章。
(18) 橋本繁『韓国古代木簡の研究』（吉川弘文館、二〇一四年）。
(19) 松波宏隆「『任那復興会議』関係記事と『百済本紀』」（『国史学研究』一九、一九九三年）、同「欽明紀『任那復興』関係記事と卓淳」（『龍谷史壇』一〇一・一〇二合刊号、一九九四年）。
(20) 田中前掲注(13)「干勒十二曲と大加耶連盟」、同『大加耶連盟の興亡と任那―加耶琴だけが残った―』、同『古代の日本と加耶』。
(21) 三品前掲注(5)論文、同『日本書紀朝鮮関係記事考證』上巻（吉川弘文館、一九六二年、天山舎、二〇〇二年再刊）、津田左右吉「任那疆域考」（『満鮮歴史地理研究』一『津田左右吉全集』第一一巻、岩波書店、一九六四年）。
(22) 三宮昌弘「伽耶西南地域の陶質土器に関する予察―馬山縣洞遺蹟の報告書に接して―」（『大阪文化財研究』二、一九九一年）、李成周・金亨坤『馬山縣洞遺蹟』（昌原大学博物館、一九九〇年）。
(23) 鈴木英夫「古代王権の外交と使者―「在百済日本王人」・「在安羅諸倭臣」（「任那日本府」）―」（鈴木靖民編『日本古代の王権と東アジア』吉川弘文館、二〇一二年）。
(24) 岡田精司「日吉神社と天智朝大津宮」（『日本書紀研究』一六〈宗教・思想編〉、一九八八年）。
(25) 山尾幸久「遣隋使のふるさと」（岡田精司編『史跡でつづる古代の近江』法律文化社、一九七九年）。
(26) 大橋信弥「近淡海国造について」（『滋賀考古学論叢』二、一九八五年）、同「近江における和邇系氏族の研究」（『日本古代の王権と氏族』吉川弘文館、一九九六年）。
(27) 原島礼二『古代の王者と国造』（教育社、一九七九年）、平林章仁「国造制の成立について」（『竜谷史壇』八三、一九八三年）。
(28) 大橋信弥「近江における渡来氏族の研究」（『古代豪族と渡来人』吉川弘文館、二〇〇四年）。
(29) 太田亮『姓氏家系大辞典』（角川書店、一九六三年）、辻川哲朗「近江・林ノ腰古墳の再検討」（『同志社大学考古学研究会設立五

○周年記念論集』二〇一〇年）、同「継体期の近江の古墳」（滋賀県立安土城考古博物館平成二四年度春季特別展図録『湖を見つめた王―継体大王と琵琶湖―』二〇一二年）、田中勝弘「継体大王の出現」（『古墳と寺院―琵琶湖をめぐる古代王権―』サンライズ出版、二〇〇八年）、山尾幸久「近江毛野臣」（『古代の近江―史的探究―』サンライズ出版、二〇一六年）。

(30) 丸山竜平「近江和邇氏の考古学的研究」（『日本史論叢』四、一九七四年）。

(31) 田辺昭三「古墳の出現と展開」（『新修大津市史』第一巻古代、一九七八年）。

(32) 京都教育大学考古学研究会「湖西南部の古墳時代」（『史想』一八、一九七九年）。

(33) 吉水眞彦「大津市内に所在する前方後円墳の一考察」（『近江地方史研究』九、一九七九年）。

(34) 梅原末治「近江和邇村の古墳墓、特に大塚山古墳に就いて」（『人類学雑誌』三七―八、一九二二年）。

(35) 『志賀町史』第一巻（一九九六年）。

(36) 柴田實「小野神社と唐臼山古墳」（『滋賀県史蹟調査報告』第八冊、滋賀県史蹟天然記念物調査会、一九三九年）。

(37) 丸山前掲注(30)論文。

(38) 細川修平「継体大王と琵琶湖を考える」（前掲注(29)『湖を見つめた王』）。

(39) 田辺前掲注(31)論文。

(40) 吉水眞彦「近江湖西地域南部における古式古墳の様相」（『滋賀考古』六、滋賀考古学研究会、一九九一年）。

(41) 花田勝広「渡来人の集落と墓域」（『古代の鉄生産と渡来人』雄山閣、二〇〇二年）。

(42) 花田勝広「大壁建物集落と渡来人」（同右書）。

(43) 『国立公州博物館学術調査叢書第七冊　百済の祭祀遺跡　艇止山』（国立公州博物館、一九九九年）。

(44) 大橋前掲注(28)論文。

(45) 山尾幸久「近江大津宮と志賀漢人」（『東アジアの古代文化』七六、一九九三年）。

(46) 岡田前掲注(24)論文、同「日吉大社祭神としての三輪の神」（『大美和』七一、一九八六年）、山尾前掲注(29)「近江毛野臣」。

(47) 景山春樹『神体山』（学生社、一九七一年）、大間茂「カモ県主宇志丸と日吉社西本宮の成立」（『國學院大學日本文化研究所紀要』四七、一九八一年）。

(48) 本居宣長『古事記伝』一二の巻（『本居宣長全集』第一〇巻、筑摩書房、一九六八年）。

(49) 岡田前掲注(24)論文。
(50) 同右。
(51) 井上光貞「カモ県主の研究」(『日本古代国家の研究』岩波書店、一九六五年)。
(52) 岡田前掲注(24)論文。
(53) 本居前掲注(48)書。
(54) 中村修也『秦氏とカモ氏—平安時代以前の京都—』(臨川書店、一九九四年)。

第二章　「和邇部氏系図」の研究

——近江における和邇系氏族再考——

はじめに

『古事記』孝昭天皇段の「和邇氏同祖系譜」にみえる「近淡海国造」については、この記載のほかにその所伝やウジ名さえみえない。「近淡海国造」は「職」名とみられるから、当然ほかに本姓があったはずであるが、明確な手がかりはない。このことについて、かつて私は、その本姓を、継体末年に六万の大軍を率いて、朝鮮南部の安羅伽耶に派遣された近江臣毛野の出身氏族で、のちの近江国滋賀郡が本拠とみられる近江臣に比定したこともあったが(1)、その後、改めて近江における和邇系氏族を検討した時には、古代の文献に滋賀郡北部に居住が確認される和邇部臣をその本姓とする山尾幸久氏の説を支持した(2)。そしてそのなかで、かつて太田亮氏が『姓氏家系大辞典』の和邇条に引用した、もと和爾部姓の駿河浅間大社大宮司家が旧蔵していたとする「和邇系図」についても、一部ふれるところがあった(3)。そしてその後、小野妹子とその一族の来歴についてやや詳しく考える機会があり、小野氏と和邇部臣氏との関わりについて考察するなかで、「和邇部氏系図」についてもさらに検討を加えた(4)。しかしながらそこでは、主題の関係もあり、「和邇部氏系図」自体の詳しい考察は省略せざるを得なかった。

ここでは、一部重複する点もあるが、「和邇部氏系図」について改めて史料的検討を加え、その意義を明らかにし判が必要となる。

たい。ただ、この「和邇部氏系図」については、その来歴・伝流についてこれまで多くの議論があり、慎重な史料批判が必要となる。

一　「和邇部氏系図」の再発見

「和邇部氏系図」(この系図は、第一義的には後述するように、和邇部氏によって作成されたものであるから、ここでは「和邇部氏系図」と記す)は、右に述べたように、太田亮氏が『姓氏家系大辞典』の和邇条に、「和邇系図」として引用したものである(以下太田本と呼ぶ)。「和爾系図」を旧蔵していたとする駿河浅間大社大宮司家には現存しないことが、その後の調査で確認され、その具体的な入手経路は長く不明であった。(5)和邇条には、太田氏が「真偽詳かならざれど、参考の為に引用せん」と、孝昭天皇の皇子天足彦国押人命から駿河浅間大社大宮司家富士氏の初代豊麻呂の父である和邇部臣宗人までの系譜を掲げ、「(上古の分は偽作也)」と注記しており、また、「宗人の後は、富士、大久保等の条を見よ」と付記しているから、同系図が本来和邇条で完結するのではなく、富士条・大久保条などにも、そのつづく部分がさらに引用されていることがわかる。ただ、この系図が脚光を浴びることになったのは、古代豪族研究が盛んになり、そのなかで中央豪族を代表する氏族として和邇氏の存在が注目されることになった一九六〇年代以降のことであった。

すなわち、和邇氏について初めて本格的な考察を加えた岸俊男氏は、この系図についても当然関心をもっていたが、その分注で少しふれるだけで、「どの程度信憑すべきかわからない」と、深入りは避けている。(6)そして、その後、この系図の再検討に先鞭をつけたのは、『新撰姓氏録』(以下『姓氏録』と略記)の校訂・校注で知られる佐伯有清氏である。[7]佐伯氏は、この系図には『記紀』など古代文献にはみえない独自の所伝があり、『播磨国風土記』や『先代旧事本紀』（以下『旧事紀』と略記）の記事を校訂することができること、系図の譜文中に「評」の記載があることなどから、古伝に基づく可能性のあることを指摘した。さらに、佐伯氏はのちに、この系図が国立国会図書館所蔵の中田憲信稿本『各家系譜』全四〇巻・一三冊中の「大久保家家譜草稿」の前半部（以下中田本と呼ぶ）と一致することを明らかにしている。[8]ただ、佐伯氏はこの系譜について特に論究していない。

これに対し、佐伯氏が国文学界で有力化していた山上憶良＝渡来人説を批判する際に、「和邇部氏系図」を引いたことに反論した比護隆界氏は、実際に佐伯氏がその所在を明らかにした中田本を詳細に検討してその信憑性を検証した。[9]比護氏は、これが太田本の原本であるとし、系図の成立時期を、「全体としては記紀・姓氏録・旧事紀等によって復元することが可能であり」、「吉田連書主等に興世朝臣が賜姓された承和四年（八三七）以降」で、しかも『旧事紀』成立以降とし、「さらに下がった比較的近代に近い時点での造作をも否定するものではない」と主張した。比護氏がこのような指摘をおこなったのは、中田本がその後明らかになる「書陵部本」とほぼ同じ構成をとる、明治の男爵大久保春野の家譜の「稿本」であったからであろう。ところが、比護氏は、考察の主題が「和邇氏本系」部分の信憑性に関わることであったため、中田本全体についてはあえて論究していない。

一方宝賀寿男氏は、中田憲信の著作を確認するとともに、飯田瑞穂氏の教示を受け、宮内庁書陵部所蔵の『続華族系譜』収載される『大久保家系譜』の存在を確認した（以下書陵部本と呼ぶ）。そして、その前半部が、太田亮氏が『姓氏家系大辞典』和邇条に「和邇系図」として引用する系図と同一であるとし、さらに同系図が富士条・大久保条にも掲載されていることを確認して、『大久保家系譜』こそが『姓氏家系大辞典』の出典にほかならないとしている。ただ、宝賀氏は、両者の関係や中田本との関係については、一部検討されただけで後考を待つとし、詳細は論じていない[10]。なお、その後、溝口睦子・鈴木正信氏らがこの系図の前半部について論究しその信憑性を検討しているが、おおむね佐伯説を支持しこの系図の資料的価値に肯定的であるが、この系図の伝流についてはふれていない[11]。

そして、その後、加藤謙吉氏を中心とする古系図研究会が、「和邇部氏系図」の前半部について、太田本・中田本・書陵部本を比較検討して、本格的な校訂と考察をすすめた[12]。加藤氏は、そのなかでも中田本が比較的原本の表記・構成を残すものとし、これを底本として他本との異同を注記し、系図前半部を校訂本として提示している。これによって「和邇部氏系図」前半部の全体像が明らかになり、考察の便が図られることになったが、同時にその成果に基づき系図の成立時期や作成者の検討もしている。すなわち、この系図の成立事情については、「和邇部氏系図」後半部に関わる駿河浅間大社大宮司家の富士氏が、自家の出自を中央豪族の和邇氏の系譜（以下「和邇氏本系」）に繋ぐため前半部の「和邇部氏系図」を入手して接続したこと、その時期は、前半部の末尾にみえる永主の譜文に「掃部助従六位下」とあり、掃部寮の成立が弘仁十一年（八二〇）であるから、これを上限とし、参照したとみられる文献で最も新しい『旧事紀』の成立の下限である延喜四年（九〇四）ころと押さえることができるとした。また「和邇部氏系図」の作成者については、駿河浅間大社大宮司家の富士氏の初代である豊麻呂の父に仮構した宗人が、『続日本紀』（以下『続紀』と略記）天平神護元年（七六五）七月十四日条に「左京人甲斐員外目丸部臣宗人等二人賜姓宿禰」とある宗人と同一人物であるから、「和邇部氏系図」はこの時和爾部宿禰となった丸部臣氏が作製・伝流していた系図で、宗人の譜文にある「神護景雲二年四月任駿河掾」とある記載についても、史実に基づく可能性が高いとされる。

そしてこの丸部臣については、「和邇部氏系図」の譜文に壬申の乱の功臣とある和邇部臣君手の子大石と伯麻呂はともに「志賀郡大領」とあり、伯麻呂の子石積が「近江少丞」、孫の稲敷が「近江目」とあるように、近江国滋賀郡との関わりがあるとする。ところが、君手の弟濱主の子大居が山城国愛宕郡主政、大石・伯麻呂の弟の弟足が山城国愛宕郡少領とあり、弟足の子男人も愛宕郡少領、孫の海足が山城大目、真祥が愛宕郡擬少領とあることから、本来は、山城国愛宕郡を本拠とする地方豪族で、のちに小野氏とともに近江国滋賀郡に勢力を伸ばしたと推測されている。

加藤氏の研究により「和邇部氏系図」前半部の実態が明らかになるとともに、太田本・中田本・書陵部本の関係もより明確になったといえる。しかしながら、加藤氏も含め、この系図の第一義的な研究目的は、これまで確かな資料のなかった「和邇氏本系」を明らかにできる新資料として採用するところにあり、もっぱら「和邇部氏系図」の前半部を対象とするものであったため、その伝流過程や、比護隆界氏が指摘した系図作成の下限が近代に降る可能性についてはほとんど論究していない。そこで、やや煩雑ではあるが、この系図の後半部分も含め、系図全体を対象として考察をすすめたい。

本系図は、先に指摘したように、『姓氏家系大辞典』和邇条に、「元和爾部姓」であった駿河浅間大社大宮司家の富士氏が旧蔵していた「和邇系図」として「参考のため掲載した」ことから、その存在が明らかになったものである。そして、和邇条に引用された系譜につづく部分は、富士条・宇津条・大久保条に分載していることを太田氏が明記しており、太田本の検討はまず太田氏が寸断して引用した系図を元の形に戻したうえですすめるべきであろう。なお、のちにみるように、太田氏が「駿河浅間大社大宮司家旧蔵」としたのは、浅間大社所蔵の系図を実見したのではなく、あくまでこの系図の内容を検討してそのように解釈したものとみられ、富士氏が「元和爾部姓」とされた点も、系図の記載から推測されたもので、実際富士氏が「和爾部」を称していた史料はない。したがって、かつて浅間大社に所蔵されていた可能性は否定できないが、宝賀氏が指摘するように、所蔵されていなかったかもしれない。その構成の細分は、太田亮氏が『姓氏家系大辞典』に分割して収載した系図各条の分類とほぼ一致する。

すなわち、『姓氏家系大辞典』和邇条には、「和爾系図」と呼び、「真偽詳かならざれど、参考の為に引用せん」と断って、孝昭天皇の皇子天足彦国押人命から駿河浅間大社大宮司家富士氏の初代豊麻呂の父である和邇部臣宗人までの系譜を掲げている。そして和邇条の記載は、その記載方式や内容から、前半の中央豪族和邇氏の系譜（「和邇氏本系」A群）と、日爪臣の子田作臣から宗人までの「和邇部臣」の系譜（B群）の二つの部分に区分される。そして、その文末には、「（上古の分は偽作也）」と注記して、「宗人の後は、富士、大久保等の条を見よ」としている。そして、『姓氏家系大辞典』富士条には、和邇条の系譜に「丸邇部臣を負ふ」とある弓束から君手—弟足—宗人という四代を注釈して引用し、その後、富士氏初代の豊麻呂から「富士大宮司」とある忠次の子忠俊・忠照までの系譜を引用している（C群）。いわゆる浅間大社大宮司家の系図となる。そして、このつづきは『姓氏家系大辞典』宇都条にあり、「浅間社家和邇部氏の系図」によるとして、忠俊・忠照の祖父で「富士六郡、宇都峯城主」の義勝から『姓氏家系大辞典』大久保条（忠俊流）に引用する忠茂—忠俊までの系図を掲載している（D群）。直参の大久保氏は、元宇都（宇津）姓と主張しており、大久保条と一括すべきかもしれないが、直参の大久保氏の系譜は、後述するように、忠茂の数代前までしか知られていなかった可能性があり、これは義勝の子義正がその譜文に「宇都小太郎」と、義利が「宇都二郎」とも呼ばれていたことから、太田氏が宇都条を立てて分離したと推定しておく。これにつづくのは、『姓氏家系大辞典』大久保条（忠俊流）で、宇都条のあとを承け「大久保系図」によるとして、忠茂から旗本一三〇〇石の康任の世代までの系譜を載せ、さらに『姓氏家系大辞典』大久保条（忠員流）には、忠茂の子忠員とその後裔の系譜が収録されている（E群）。ここで太田亮氏が引用している「大久保系図」とは、特に断っていないが、直参大久保氏が江戸幕府に提出した『寛永諸家系譜伝』『寛政重修諸家譜』の系図と区別されているから（一部『寛政重修諸家譜』を指す場合がある）、「和邇部氏系図」のことを指している可能性がある。ただし、忠茂の父忠興より後の系譜は、『寛永諸家系譜伝』『寛政重修諸家譜』の系図とほぼ同一である。そして太田氏は、当然省略しているが、中田本・書陵部本の末端にある明治の男爵大久保春野の家譜は、大久保条（忠員流）にみえる沼津二万石忠佐に繋ぐもので、本来は系図の眼目となるものである（F群）。

以上のように、「和邇部氏系図」（「大久保家系図」）は、六つの部分に整理できる。このうちA群・B群については、すでに加藤氏が太田本・中田本・書陵部本と校合し、太田本については太田氏による文章の書き換えや省略があるとされ、書陵部本についても省略された部分が少なくないとされている。このことは、C群以降についてみてみると、詳細は省略するが、太田氏は、中田本（「大久保家家譜草稿」）か、その原本を入手・参照し、それを『姓氏家系大辞典』の各条に分割して掲載し、書陵部本は中田本が「大久保家家譜草稿」とされているように、「大久保家系譜」の原本で提出に際し不必要な部分を省略・整理したのではないか。

図10　大久保家家譜草稿（1）

すなわち、中田本と呼ぶのは、中田憲信稿本『各家系譜』の「大久保家家譜草稿」のことであり、もともと系図研究の大家である中田憲信が所持し、憲信自身が執筆したものであろう（図10）。書陵部本は、男爵・陸軍大将大久保春野が政府に提出した「大久保家系譜」であるから、「大久保家家譜草稿」とある中田本は、そのタイトルから知られるように、大久保氏の家譜作成過程の稿本とみられ、書陵部本とは親子関係にあるといえる。両者を比較すると、草稿の原稿を訂正した部分が書陵部本で直されているところがあって、ほぼ間違いないであろう。となると、大久保春野から提出された「大久保家系譜」の作成に、「草稿」を所持していた中田憲信が関わっていた可能性は大きいといえよう。のちに検討したい。

書陵部本は、男爵大久保春野が政府に提出した「大久保家系譜」を収載する書陵部所蔵の系図集で、『続華族系譜』という綴である。明治末期から大正にかけて、華族の諸家から提出されたもので、旧公家・旧諸侯出身の家だけでなく、新たに維新と維新後の功績などによって華族の列に加えられた家の系譜も含んでいる。大久保春野から「大久保家系譜」が呈譜されたのは明治四十年（一九〇七）十月九日であった（図11）。ちなみに、書陵部本は中田本と異なり整理され、「大久保家家譜草稿」の一部を省略して美しく清書・製本されており、最後に春野による宮内大臣宛の届書が付されている。省略の箇所を両書で比較してみると、系譜を清書・記述する過程で、用紙のスペースが足らなくなったり、どうしてもはみ出す部分があった場合、本筋に関わらない部分や、末端の系譜を省略した可能性が高い。したがって、ここからも中田本が「大久保家系譜」のオリジナルであることがうかがえる。以下、太田本ならびに実見した中田本・書陵部本を比較検討し、その来歴について、同様な検討を加えた宝賀寿男氏や加藤謙吉氏による調査・研究を参照して、もう少し詳しく考察することにしたい。

図11　大久保春野呈譜系図

二 「和邇部氏系図」の伝流

そこで、具体的な検討に移る前に、重要な当事者の一人である大久保春野の経歴を「大久保家系譜」と宝賀寿男氏の研究によりざっとみておきたい(13)。大久保春野の家が大久保姓を称することになったのは新しく、祖父の忠照からで、もとは西尾氏であった。遠江国見附の県社淡海国玉神社（静岡県磐田市）祠官家で、父の大久保忠尚はこの玉神社の宮司であった。春野はその長男で、維新前後には遠州報国団として父とともに戊辰戦争に従軍している。維新後、遠州が徳川氏の領地となったため、元の上官であった大村益次郎に救済を訴えたところ、東京招魂社の神職に採用され、忠尚はその初代宮司となった。春野は一時横浜語学所に勤めたが、しばらくして大坂兵学寮に入校し、明治三年（一八七〇）には選抜されて兵学を学ぶためフランスに留学した。春野は帰国後、陸軍省に出仕し、明治十年の西南戦争中に陸軍少佐に抜擢され、陸軍省第二局二課長となっている。その後、第一二連隊長、戸山学校校長、士官学校校長などを歴任し、日清戦争の勃発時には第七旅団長・少将であった。下関条約締結後に台湾接収に派遣され、その功績で陸軍中将に昇進している。日露戦争では、第二軍所属第六師団長として従軍し功績をあげたことによって、日露戦争後二八人目の陸軍大将に昇進した。薩長出身以外で初めての陸軍大将であった。そして、明治四十年には男爵を授けられ、華族に列せられた。明治四十一年から四十四年まで、第三代の朝鮮軍司令官となり、大正四年（一九一五）死去した。享年六九歳であった。このように大久保春野は人生の大半を陸軍軍人として過ごし、その功績により新華族に抜擢された。華族となるにあたっては、当然その家譜の提出を命ぜられたであろう。春野は、家譜の提出にあたり、他の新興の華族に倣って男爵家にふさわしい系図の作成が必要になったとみられる。書陵部本にはそうした事情は書かれていないが、先にみたように中田本が「大久保家家譜草稿」とあるから、中田憲信にその作成を依頼したのはほぼ間違いないであろう。

中田憲信は、天保六年（一八三五）兵庫県明石で生まれ、天保十四年、九歳の時に父有信が死去して養子に出された。慶応三年（一八六七）三二歳の時、おそらく神官家の繋がりからか、泉州大鳥郡陶荘陶器村の陶神社の神祇職となり、翌年大依羅神社の権神主になっている。このころ憲信は、系図研究の同志鈴木真年も一時学んだことのある平田篤胤の養嗣子平田鐵胤の門弟となり、国学を学んでいる。その後、明治二年、明治天皇の東幸に供奉・上京し、弾正台に出仕することになる。鈴木真年もその後まもなく紀州藩から弾正台に入っており、二人の交流が始まったとみられる。その後、憲信は司法畑を歩み各地の裁判所に勤務するが、鈴木真年は宮内省内舎人、次いで奈良石上神宮宮司に転じている。憲信は、明治十六年から十八年大阪控訴裁判所判事であったが、当時の同裁判所所長に児島惟謙がおり、その家系をのちに『諸系譜』に収載していることから、勤務先での交流が系図蒐集にいかされていることがわかる。また同二十四年徳島地方裁判所検事正となるが、この関係で徳島県関係の古文書・系図類を『諸系譜』に多く収載している。甲府地方裁判所所長判事在任中の明治二十七年、鈴木真年が大阪で逝去した（享年六四歳）。この甲府時代にも、憲信は法曹関係者らから貴重な系図を採集している。同二十九年休職となり、実質的にこの時点（当時六二歳）で法曹界から去ったとみられる。

同三十三年、帝国古蹟取調会（会長九条道孝公爵）が設立され、憲信はこの会の評議員と調査委員を兼ね、会報『帝国古蹟取調会会報』（のち『古蹟』に改める）には毎号調査報告を載せている。なお、この会の調査委員は、井上頼国、星野恒、吉田東伍、田中義成、坪井正五郎、小杉榲村、木村正辞、三上参次、三宅米吉など、当時の歴史学界の錚々たるメンバーであった。この時期、憲信はようやく公務から解放され、歴史・系図研究に専念できることになった。

明治三十七年東亜精華女学校を設立してその初代校長に就任するが、明治四十三年神戸にて死去した。享年七六歳であった[14]。

このように、中田憲信は平田鐵胤門下の鈴木真年と長く親交を保ち、史料収集などで密接に関わり連携していたとみられている。憲信の著作としては、『諸系譜』三三冊、『各家系譜』一三冊、『皇胤志』（内題『皇統系図』）六冊などが知られ、現在国立国会図書館に所蔵されている。いずれも系図集で、『諸系譜』は憲信が主に編纂・収集したとみられる大系図集である。なかには、鈴木真年をはじめ数人の筆跡があるとされており、おそらくそれぞれが蒐集した系図を相互に筆写・譲渡していたのであろう（そうした過程で、のちにみる直参の大久保氏の古い系図を入手したのかも知れない）。またその用紙には、憲信が勤務ないし関係したいくつかの裁判所の名が記されているものもあり、先述のように、勤務地や交遊関係からかなり長い間にわたり記述されまとめられたことが知られる。ちなみに、大久保春野から「大久保家系譜」が政府に呈譜されたのは、明治四十年十月九日であったが、そのころ真年はすでに亡く、憲信は明治二十九年に休職し、明治三十三年以降は本務を離れ「帝国古蹟取調会」の中心メンバーとして、長年すすめてきた系図蒐集・歴史研究に専念し、活発な活動をおこなっていた。学者や同好の人々との交流を深める一方、華族など旧大名家・有力者との接触もすすめていたと思われる。そのようななかで、憲信と春野に接点が生じたのではなかろうか。したがって、大久保春野は、自家や一族に伝わる系譜を用意して、中田憲信にその整理を依頼したのではないか。憲信はおそらく春野の希望を聞いたうえで、そうしたデータと、長年蒐集してきた系譜類を参照して稿本（中田本）を作成し、それを整理して春野に正本を提供したとみられる。

先にみたように、春野の家系はもともと西尾を称しており、祖父の忠照から大久保氏を名乗ったとする。大久保に改姓した事情はわからないが、このことがその系図を直参の大久保氏に連ねることになったのであろう。それが春野

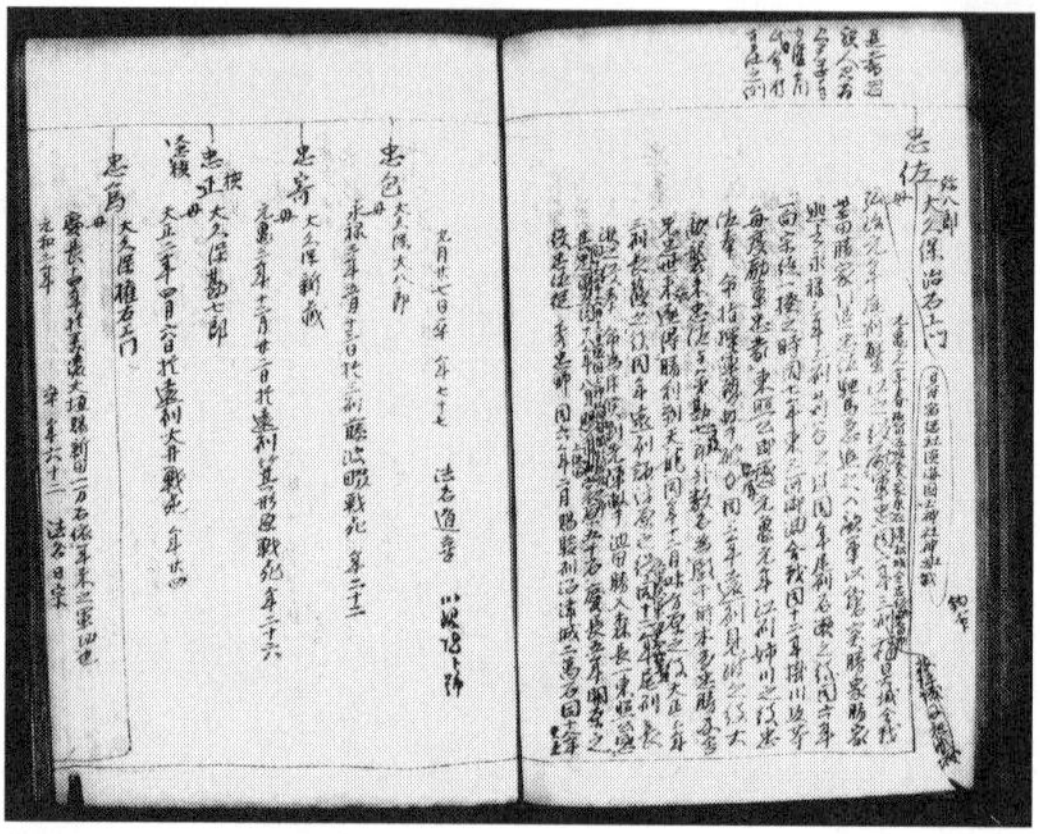

図12　大久保家家譜草稿（２）

の希望であったか憲信の提案によるかは決しがたい。書陵部本の「大久保家系譜」の末端にある春野の系譜（F群）を遡ると、その上端は直参の大久保氏の忠佐に繋がっている。直参の大久保氏は、徳川家がいまだ三河の一土豪松平氏であったころから譜代の家臣として仕え、宗家は幕府成立後大名家とはならず旗本に留まったが、忠茂の三男忠員の子忠世・忠佐兄弟が家康に幼いころから近侍し数々の合戦で大きな軍功をあげ、天正十八年（一五九〇）の関東入国後、忠世は小田原四万五〇〇〇石となり、忠世の子忠隣が秀忠付となりのちに老中職に就くなど抜擢された。一時家康付の本多正信と対立して失脚したものの、その孫忠職の時に復権し、その子忠朝は小田原藩に復帰、一一万三〇〇〇石となり、維新後子爵となっている。忠佐も関ヶ原の合戦では秀忠に従い、慶長六年（一六〇一）駿河沼津二万石三枚橋城主となっている。忠佐は慶長十八年七月七七歳で亡くなるが、『寛永諸家系譜伝』『寛政重脩諸家譜』によると、忠佐の嫡子忠兼はすでに先立って亡くなっており、嗣子がなく没後除封となっている。したがって、忠佐の系譜は本来ここで断絶するのであり、先にみたように、「大久保家系譜」が春野の家の出自を忠佐とするのは明らかに仮構であり、大久保氏の支族を主張する春野の家は後継系譜のない忠佐に出自を求めたとすべきであろう（図12）。

すなわち、春野の系譜をみると忠佐の子には実名が書かれず、女子ともう一人は「某」とあり、譜文に「大久保弥九郎」「見付　総社　淡海国玉神社神司職」とある。以下、忠光―忠基と「実名」を入れたあと、某―某―某と三代をメモ風に記載し、その次に吉正―吉次―吉弘と「吉」を付した人名がつづく。その後は真理―長儀―直麻呂から、春野の祖父忠照―父忠尚―春野とつづいている。しかも吉正から忠照までは譜文に「西尾氏」とあり、忠照以前は大久保とは称していなかった。そして中田本のこの部分には、小さな文字で追加書き込みが欄外にあり、いったん「系図」を作成したのち、空白部分に書き加えている。忠尚と春野については別紙を貼り付け、そこには二人の詳細な履歴がびっしり書き込まれている。これは「大久保家系譜」の作成過程を示すメモとみられる。おそらく憲信は、春野の所持していた系譜をもとに、春野が作成したメモ類を参照し、また憲信が独自に入手していた系図類を利用して、稿本（中田本）を作成し、書陵部本の「大久保家系譜」の準備をしたのであろう（図13）。

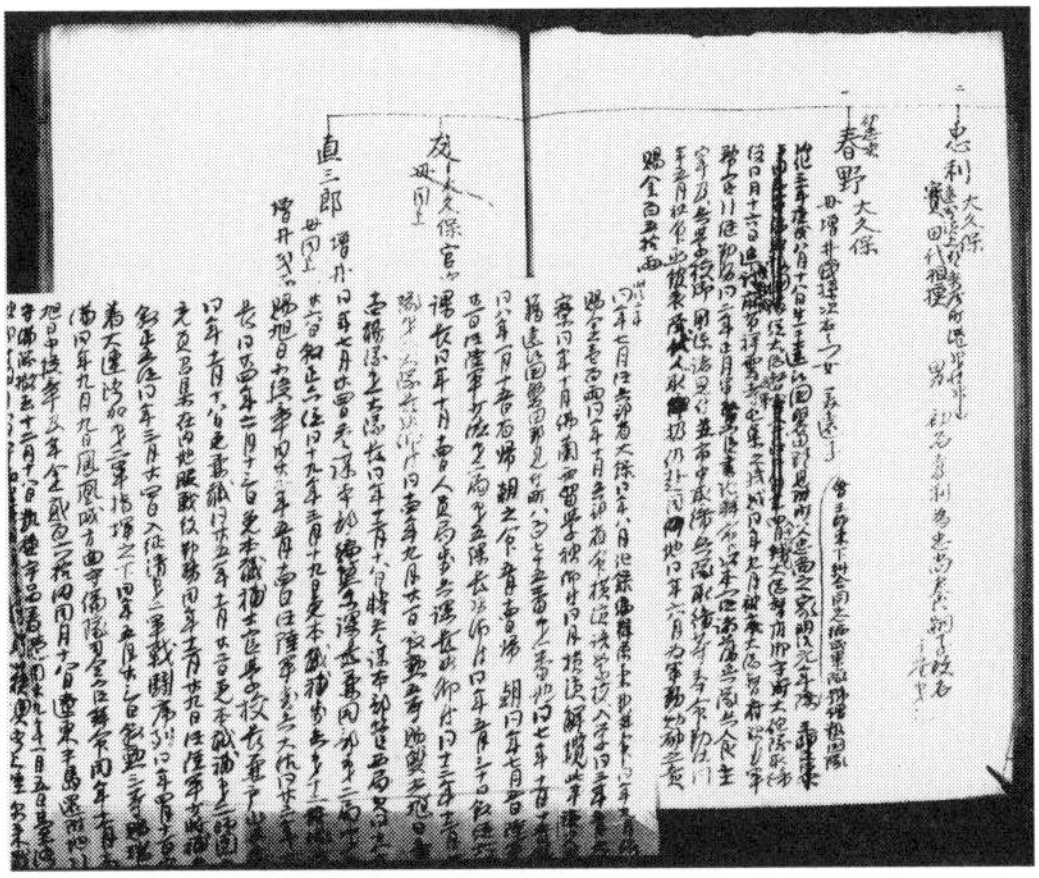
図13　大久保家家譜草稿（3）

　このように、「大久保家系譜」は直参の大久保氏の系譜末端に連なっているが、直参大久保氏の系図は、新井白石の『藩翰譜』や、『寛永諸家系譜伝』『寛政重脩諸家譜』など幕府に提出された公式のものでは、その出自を藤原氏道廉流の支族下野宇都宮氏の一族としており、「大久保家系譜」とは大きく異なる。すなわち、「大久保家系譜」と『寛永諸家系譜伝』『藩翰譜』『寛政重脩諸家譜』を比べてみると、先にみた、忠佐からその祖父忠茂の父忠興、祖父の忠昌（昌忠）までは共通しているが、その前後はまったく異なる。春野の系譜である忠佐以降が異なるのは当然として、父忠興、祖父忠昌より以前が異なるのは、太田亮氏が『姓氏家系大辞典』大久保条の「一七　三河の大久保氏」において詳しく指摘しているように、もともと「宇津（宇都）」を姓としていた直参の大久保氏が、『藩翰譜』や『寛永諸家系譜伝』『寛政重脩諸家譜』の家譜提出の際に、宇都と宇都宮の類似から、その出自を藤原氏の道兼流に連なる下野の名族宇都宮氏に変更し、その系図に接続したからであろう。

太田亮氏は、『寛永諸家系譜伝』と『寛政重脩諸家譜』の系図を比較検討し、藤原氏道兼流の宇都宮氏系図（『尊卑分脈』第五法興院摂政兼家公次男栗田関白道廉公孫〈宇都宮〉の「道廉―兼隆―兼房―宗円―宗綱―朝綱―成綱―頼綱―泰綱―景綱―貞綱―泰宗―時綱―泰藤」と、直参の大久保氏の「忠興―忠茂―忠俊・忠員」へとつづく系譜の間の数代に、不自然な不一致のあることを指摘している。すなわち、寛永十八年（一六四一）二月から寛永二十年九月に作成された『寛永諸家系譜伝』は、その間を「常意―道意―道昌―常善」とするのに対し、元禄十五年（一七〇二）に成立した『藩翰譜』と、寛政十一年（一七九九）から文化九年（一八一二）に作成された『寛政重脩諸家譜』には、「泰綱―泰道―泰昌―昌忠」とあり、その譜文に「法名」として、「常意―道意―道昌―常善」を付しているのである（『藩翰譜』は、泰藤の三河移住後の名を「宇都宮入道蓮常」とする）。

太田亮氏はここから、直参の大久保氏は、寛永段階では忠興以前は過去帳の法名しか伝わらず、寛政の呈譜の際に「実名」を仮構してより整備されたものに変更したのではないかとする。首肯すべき見解といえる。太田氏は、また、直参の大久保氏の系譜が宇都宮氏の系譜に接続される事情として、忠俊以前の姓が「宇都」であったため、宇都宮氏の庶流に大久保氏があることを知り「宇都」の共通性を利用して述作したとする。穏当な推測であろう（図14）。

それでは、太田氏が『姓氏家系大辞典』にバラバラに引用する系図（太田氏は「駿河浅間大社大宮司家旧蔵」とするが）は、どのような由来をもつものであろうか。太田氏が書陵部本を参照していないことは加藤氏も指摘されているが、中田本についても、その末端に記されている大久保春野に関わる系譜についてまったくふれておらず、『姓氏家

図14　大久保氏系図の比較

『寛永諸家系譜伝』

道兼―兼隆―兼房―宗円―宗綱―朝綱―成綱―頼綱―泰綱―景綱―泰宗―時綱―泰藤

『尊卑分脈』宇都宮流

○常意―○道意―○道昌―○常善―忠興―忠茂―忠俊―忠勝

（忠茂）―忠員―忠世

（忠員）―忠佐

『寛永重脩諸家譜』

道兼―兼隆―兼房―宗円―宗綱―朝綱―成綱―頼綱―泰綱―景綱―泰宗―時綱―泰藤

『尊卑分脈』宇都宮流

○泰綱（法名常意）―○泰道（法名道意）―○泰昌（法名道昌）―○昌忠（法名浄善）―忠興―忠茂―忠俊―忠勝

（忠茂）―忠員―忠世

（忠員）―忠佐

『大久保氏系図』（和邇部氏系図）

豊麻呂―池守―国雄―淵魚―種人―良晴―清身―公清

利生―道時―信清―信時―時棟―直世（大宮司）―直信―信親（大宮司）―信能（大宮司）―国能（大宮司）―勝政―義尊（大宮司）―義勝（富士六郎）

○義利（大宮司 宇都二郎 法名常意）―○忠尚（宇都弥四郎 法名道意）―○忠成（宇都甚四郎 法名道昌）―○忠昌（宇都八郎 法名浄善）―忠興（宇都三郎）―忠茂（宇都甚四郎）―忠俊（改宇津称大久保）―忠勝

（忠茂）―忠員―忠世

（忠員）―忠佐

系大辞典』の執筆に際して参照していなかった可能性が高い。しかし、太田本は、その内容からみて、中田本とほぼ一致する部分が多いから、共通する原本の存在を推測すべきではないか。このことについては、中田憲信も草稿の作成にあたって参照した系図について特に明示していないが、大久保春野の系譜との接続からみて直参の大久保氏の系譜と無関係とは思えない。太田本も中田本・書陵部本も、忠世・忠佐以前の大久保氏の系譜を含んでいるからである。その点で考えられるのは、直参の大久保氏が、その系譜を宇都宮流の大久保氏の系譜に繋ぐ以前にも、独自に系譜を作成していたとみられるからである。そこで、『寛政重脩諸家譜』の巻七〇一「藤原氏　道廉流宇都宮支流　大久保」の昌忠の譜文をみると、「よりて大久保家に伝ふる惣系図に従ふ」とあり、また、忠平の譜文にも「大久保家に伝ふるところの惣系図」とある。これが、『寛永諸家系譜伝』『寛政重脩諸家譜』以前に、直参大久保氏が作成・所持していた系譜とみられる。これを直参の大久保氏原系図とするなら、中田憲信と太田亮の両氏は、系図研究の過程でそうした大久保氏原系図を入手することができたのではないか。

　このことは、太田本・中田本・書陵部本の系譜内容からも裏付けることができる。直参の大久保氏がその実質的な始祖である忠俊の世代までは、大久保ではなく宇津（都）を姓としていたことはいずれの系譜にも明記されており、『寛政重脩諸家譜』でも冒頭に「はじめ宇都宮と称す。泰道が時より宇津今の呈譜、宇都に作り、忠茂がとき宇津にあらたむといふ。と名のり、忠俊が代に大久保にあらたむ」とある。そして、太田本・中田本・書陵部本には、義正から忠俊までの系譜の譜文に「宇都小太郎」「宇都次郎」などの注記があり、太田氏も『姓氏家系大辞典』に宇津条を掲げ、「浅間社家和邇部氏の系図を基として」と注記し、義勝（富士六郎、宇都峯城主）から忠俊までの系譜を提示している。

　太田氏は、直参の大久保氏が、忠俊の世代までは大久保ではなく宇津（都）を姓としていたことは間違いないとし、寛永の呈譜の際にはその出自を藤原氏の支流宇都宮氏の系譜に接続したが、その接続にあたり、自家の系譜に過去帳から「法名」を採用したことを指摘している。そこから、大久保氏には忠俊の祖父忠興以前は実名が伝わっていなかったとみており、宇津条に引用した系図についても「容易に信じ難し」としている。したがって、この宇津条の系譜は、寛永・寛政の呈譜以前に直参の大久保氏が作成していた仮構系図とみるほかないであろう。そうした場合、宇都氏であった直参の大久保氏が接続した系譜をどのように考えればいいのであろうか。

すなわち、『姓氏家系大辞典』富士条（ただし省略があるので、中田本・書陵部本で補訂）は、義尊（富士大宮司右近充初名頼尊後改今名　南朝宣補大宮司）―義勝（富士大宮司　越中守　従五位上　富士六郎　右近充　左衛門尉　駿河守　甲斐国都留郡大和田郷宇都峯城主）―義正（宇津小太郎）・義利（富士大宮司　越中守　宇津二郎　法名常意）―忠次（初名泰次　宇都次郎　大宮司・越中守　法名常信）―忠俊（宇都次郎　宇都越中守　母朝比奈紀伊守泰国女　法名常忍）・忠照（初名泰照　宇都十郎　母同上　法名祐信）、忠次の弟忠尚（宇都弥四郎　宇都左京亮　法名道意　中田本に「泰常」の追記）、忠尚の弟忠文（宇都又次郎　法名道快）、そして、忠尚の三男忠成（宇津甚四郎　移住参河国渥美郡大久保邑　法名櫟山道昌）―忠昌（宇都八郎右衛門尉　法名浄善）―忠興―忠茂―忠俊・忠員と、大久保系譜に繋げている。その名が、勝政の前後で「―能」から「義―」に、義利と忠次の間で「義―」から「忠―」に変化しており、断絶が予想され、富士氏と大久保氏の系図の間に、宇都氏の系譜が接合されていることが推測される。そして、中興の前四代の名と法名をみてみると、「義利（法名常意）―忠尚（法名道意）―忠成（法名道昌）―忠昌（法名浄善）」とあり、先に検討した直参大久保氏の二つの呈譜の不一致と重なる作為がうかがえる。すなわち、直参の大久保家の系譜を宇都氏の系図に接続する際に、その末端の「義利―忠尚―忠成―忠昌」とつづく四代に、大久保氏の過去帳にあった四代の「法名」を書き加え整合性を図ったことがうかがえるのである。

それでは、宇都氏の系図とはどのような由来をもち、駿河浅間大社大宮司家旧蔵とする富士氏の系図との関係は、どのように考えられるのであろうか。この点についてはよくわからないが、太田亮氏は、宇都氏が駿河国有度郡宇津（宇都）から起こったとする。これに対し、宝賀寿男氏は、直参の大久保氏が駿河の大族朝比奈氏（今川氏の重臣）の支族宇津（宇都）氏に出自することは『下伊那郡誌資料』に明記されているとしている。すなわち、同書などによるとして、「朝比奈支族宇都氏」の系譜を、『姓氏家系大辞典』宇津条に基づく系図と並べて引用している。それによると、「朝比奈氏族宇津氏」の系図には、「藤原泰国（朝比奈紀伊守　居于駿河国志太郡朝夷郷）―国利（朝比奈祖）」とし、国利の弟からの系譜を「泰道（宇津野五郎兵衛尉　居于駿河国有度郡宇津野）―泰次（宇津野越中守　仕宗良親王）―泰照（弥太郎）・泰常（弥四郎　大久保祖）」としており、『姓氏家系大辞典』宇津条と比較すると、忠次が初名泰次とされ、忠尚の譜文に泰常・道意があること、忠照が初名泰照とされることなど、いくつかの点で対応している。しかし、先に引用した『姓氏家系大辞典』富士条には、忠俊の譜文に「宇都次郎　宇都越中守　母朝比奈紀伊守泰国女　法名常忍」とあって、朝比奈氏との姻戚関係が記されているが、『下伊那郡誌資料』によるとされる系図にみえる藤原泰国（朝比奈紀伊守）とは世代を異にしており疑問が残る。今後の課題としたい。なお、宝賀が引く系譜には「宇津」ではなく「宇津野」とあり、これも検討を要するであろう。

したがって、直参の大久保氏が、宇都宮氏の系図に接続する前に宇都氏の系譜に接続していた可能性は高い。しかし、その宇都氏の系譜の由来は明らかにできないが、すでに富士氏の系譜に接続していた可能性は高い。その事情を追究すべき手段はもはや失われているが、宇都氏と繋がりのある朝比奈氏が駿河の大族で宇都氏も駿河と関わりがあったとみられるから、宇都氏（もと宇津を称していた、直参の大久保氏の可能性もある）が、駿河浅間大社大宮司家の富士氏（和邇部臣氏）の系図を入手する機会はあったのではないか。それによって、駿河浅間大社大宮司家旧蔵の富士氏（和邇部臣氏）の系図が、直参の大久保氏の系図に接続され、結果的に古代にまで遡る「和邇部氏系図」をも吸収することになったのである。

以上、煩雑な考証に終始したが、中田憲信が大久保春野の依頼により作成した「大久保家系譜」（書陵部本）は、憲信が系図研究のなかで入手したとみられる直参の大久保氏がもともと保持していた系譜（大久保氏原系図）に、もと西尾氏を称していた春野の系譜を接続したものであった。そして、直参の大久保氏はもと宇津を姓としていたが、その系譜は実質的な祖である忠興の以前についてはおそらく数代の法名しか伝わっていなかった。そこで大久保氏は、駿河の宇都氏が所持していた系図と接続したのではないか。ところが、その系図は、事情はよくわからないが、すでに駿河浅間大社大宮司家の富士氏（和邇部氏）の系図に接続していたとみられる。その富士氏の系図は、先端で近江と山城で勢力をもっていた和邇部氏の系図と接続していたため、結果的に大久保春野の系譜は、古代の名族「和邇氏本系」に繋がることになって、今日まで伝わることになったのである。

なお、太田亮氏が「和邇部氏系図」を入手した事情は明らかでないが、その略歴をみると、明治十七年大阪生まれで、一五歳で古代史研究を志し、明治三十三年上京し苦学して神宮皇学館を明治四十三年に卒業、山梨県立高女教諭をしながら古代氏族の研究をすすめ、大正九年には一五三〇頁におよぶ『姓氏家系辞書』を出版している。同年、高女教諭を辞し内務省に奉職、この間、『日本国誌資料叢書』『系図綱要』などを出版した。その後、内務省も辞し、もっぱら著述を業として古代社会組織に関わる図書の出版に専念する。昭和六年（一九三一）からは大著『姓氏家系大辞典』（全三巻、六六七八頁）の編纂を始め、昭和十二年に刊行する。昭和九年からは立命館大学教授、昭和三十年からは専修大学教授となり、昭和三十一年病没した[15]。このように、太田亮氏の系図研究家としての経歴は、明治末年から始まっており、鈴木真年や中田憲信とは直接的な接点はないようであるが、系図研究家として鈴木真年や憲信の後継者たちとも交流しながら、系図を収集していたのではないか。その過程で直参の大久保氏がもともと所持していた系図（大久保氏原系図）の写しを入手したとみられ、『姓氏家系大辞典』の執筆に際し、独自の解釈と考証を加え、「和邇部氏系図」を和邇・富士・宇都・大久保などの諸条に分けて掲載したのであろう。その場合、加藤謙吉氏が指摘されたように、一部書き換えや省略をしており、当然、直参大久保氏の公式の系譜である『寛永諸家系譜伝』『寛政重脩諸家譜』との接続など、加工を施したことは明らかで、一つの解釈といえよう。なお、太田氏は、その系図を引用する際には、単に「系図」と呼んだり、「大久保系図」「浅間社家和邇部氏の系図」と呼んでいる。先にみた「大久保家に伝ふるところの惣系図」がそれにあたるといえよう。それでは、太田氏が、「上古の分は偽作也」とした系図の前半部分の意義は、どこに求めることができるのであろうか。

三　「和邇部氏系図」の成立と意義

「和邇部氏系図」は、これまで述べてきたように、太田亮氏が「大久保系図」とも称す、駿河浅間大社旧蔵の「和邇系図」の前半部、浅間大社大宮司家の始祖、豊麻呂より以前の部分である。そして、「和邇部氏系図」は、その構成や形態から、和邇氏本流の系譜である「和邇氏本系」部分と、「近江国滋賀郡」を本拠とする和邇部臣氏の系譜に二分される。このうち前者の「和邇氏本系」部分であるA群は、太田亮氏が「上古の分は偽作也」としたように、和邇氏の氏族本系帳などに基づくオリジナルのものではなく、『記紀』をはじめ『姓氏録』『旧事紀』などを参照して新たに述作された仮構系図とみられる。後半の和邇部臣氏の系譜であるB群に接続し、和邇部臣氏が中央和邇氏の本系に繋がることを主張するために述作したものである。ただ、佐伯有清氏や田中卓氏が指摘し、加藤謙吉氏が詳細に検討されたように、今日では伝わらない原本『姓氏録』（現行は抄録）ないし、今は伝わらない氏族本系帳類を参照した可能性もあり、独自の所伝を含んでいる可能性もある。ただし、そこから、A群の「和邇氏本系」部分については、過大評価することはできないと思う。そして、「和邇部氏系図」後半の和邇部臣氏の関わるB群は、A群が系図化すると縦に伸びるというより横へ横へと広がり、『姓氏録』の系図化といった趣があるのに対し、氏族系譜として一般的な縦系図の形態をとっており、史実に基づく可能性が高い。

このようにA群の「和邇氏本系」部分については特に付け加える点はないが、その述作過程について、若干気づいた点を指摘しておきたい。すなわち、比護氏と加藤氏が指摘されているように、系譜上端の天足彦国押人命の場合、その名は『書紀』の記載を採用し、「一云」としてあげる天押帯日子命は『古事記』から、その母については『旧事紀』天孫本紀に「御母天忍男命女　皇后世襲足媛命」とあるのに依拠したとみられる。また、その子とある和爾日子押人命の場合は、「和邇部氏系図」独自の記載であるが、父の名を参考にして、造作されたとみられる。加藤氏は、『姓氏録』左京皇別下の丈部条に、天足彦国押人命の孫に比古意祁豆命とあるところから、一代を付加する必要から造作されたとみている。祖名に「和爾」を含むのも異例であり注意される。

また、和爾日子押人命の子とする彦国姨津命は、「日子国意祁都命」(『古事記』開化天皇段)「姨津命」(『書紀』開化六年一月十四日条)「天足彦国押人命男彦姨津命」「天足彦国押人命孫比古意祁豆命」(『姓氏録』羽束首条・丈部条)などとあり、続柄は『姓氏録』を採用していることがわかる。その子伊富都久命も『姓氏録』に依拠しており、その子彦国葺命の場合も天足彦国押人命の三世孫・四世孫とある『姓氏録』山城国皇別粟田朝臣条・左京皇別下吉田連条の続柄記載に依拠したものであろう。彦国葺命の子大口納命は、『姓氏録』右京皇別下真野臣条に彦国葺命の「男」とあるのに基づく。ところが、同じ真野臣条に大口納命の弟とある難波宿禰と大矢田宿禰について、「和邇部氏系図」では「大口納命―大難波宿禰命―難波根子建振熊命」とし、大矢田宿禰命は難波根子建振熊命の子としている。比護隆界氏は、『姓氏録』大和皇別久米臣条に「天足彦国押人命五世孫大難波命」とあるところによったとし、『記紀』に顕著な所伝を残す難波根子建振熊命を、「難波」という名辞から組み込んだとされる。難波根子建振熊命の場合は、右にみたように、その名は『記紀』からとられ、その系譜的位置は明らかではない。系図作成者の意図を示すものとして注目される（図15）。

系図に難波根子建振熊命の子とある米餅嶋大臣命については、『姓氏録』左京皇別下小野朝臣・櫟井臣・和安倍臣条に「彦姥津命五世孫」、山城国皇別和邇部条に「天足彦国押人命六世孫」、大和国皇別布留宿禰条・河内国皇別物部条に「天足彦国押人命七世孫」としてみえる。系図では、右にみたように和爾日子押人命や難波根子建振熊命が付加されているため、こうした『姓氏録』の続柄と一致しないが、本来はそれによろうとしているのではないか。同じく難波根子建振熊命の子とある日觸使主命は、『記紀』に応神妃宮主宅媛・宮主矢河比売の父としてみえるが、その兄弟との続柄の記載はない。これも系図作成者の歴史認識により、意図的に付加したのであろう。同様に、この日觸使主命の子とみえる応神妃小甂媛や、仁徳朝の使臣丸邇臣口子（的臣祖口持臣）とその妹国依媛（口媛）たちは、『記紀』に所伝のある人々であるが、続柄の記載はない。これらが応神朝・仁徳朝の人物とされているから、日觸使主命の子としたのであろう。そして、日觸使主命の弟大矢田宿禰命の系譜的位置は、先にみたように、『姓氏録』右京皇別下の真野臣条に依拠したものである。その子孫もすべて同条によっており、のちにふれたい。

米餅嶋大臣命の次の世代、八腹木事命は、反正妃の父として『記紀』にみえ（『書紀』は、「大宅臣祖」とする）、『姓氏録』大和国皇別布留宿禰条に「米餅嶋大使主命の男」とあることから、系譜的位置が決められたのであろう。その子とある反正妃都怒郎女・弟比売も『記紀』に依拠しているが、武背立臣は系図独自の所伝である。佐都紀臣は、『古事記』雄略天皇段にみえるが、『書紀』雄略元年三月是月条は系図に「一云」としてみえる「春日和珥臣深目」と

図15「和邇部氏系図」（前半）

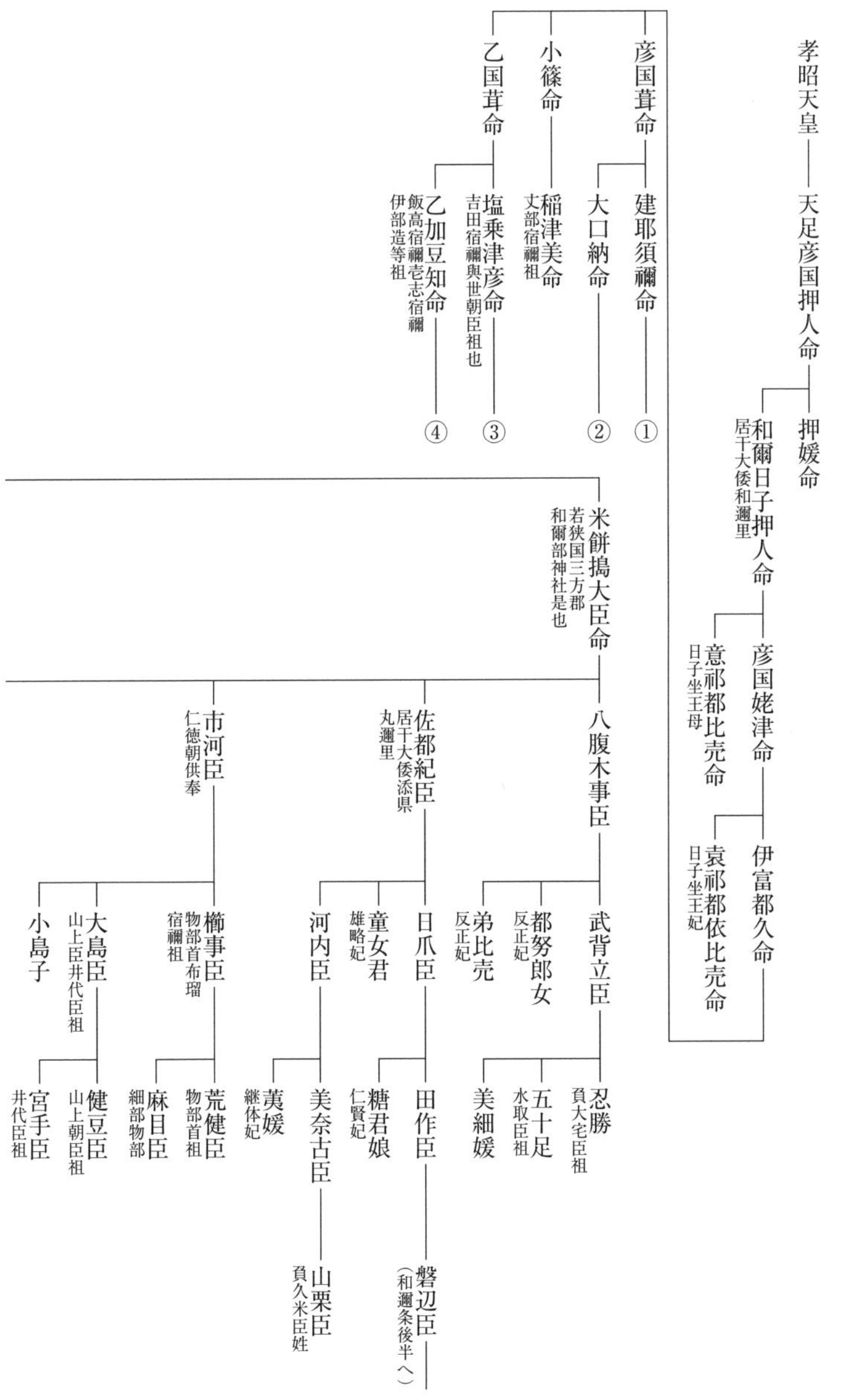

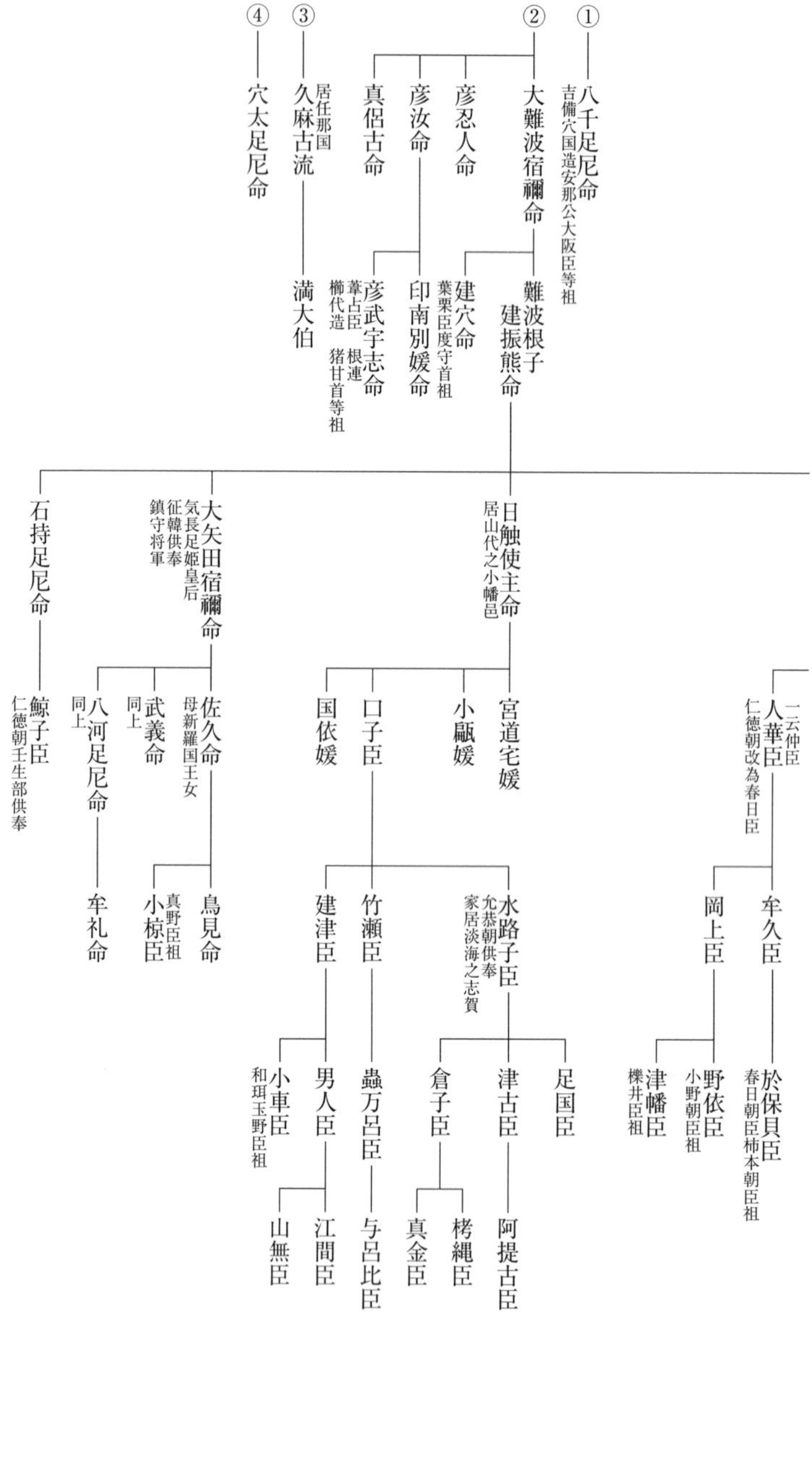
①
八千足尼命
吉備穴国造安那公大阪臣等祖
②
大難波宿禰命
彦忍人命
彦汝命
真侶古命
難波根子建振熊命
建穴命
葉栗臣度守首祖
印南別媛命
彦武宇志命
葦占臣　根連
櫛代造　猪甘首等祖
③
居任那国
久麻古流
満大伯
④
穴太足尼命
日触使主命
居山代之小幡邑
大矢田宿禰命
気長足姫皇后
征韓供奉
鎮守将軍
石持足尼命
一云仲臣
人華臣
仁徳朝改為春日臣
宮道宅媛
小甂媛
口子臣
国依媛
佐久命
母新羅国王女
武義命
同上
八河足尼命
同上
鯨子臣
仁徳朝壬生部供奉
牟久臣
岡上臣
水路子臣
允恭朝供奉
家居淡海之志賀
竹瀬臣
建津臣
鳥見命
小椋臣
真野臣祖
牟礼命
於保貝臣
春日朝臣柿本朝臣祖
野依臣
小野朝臣祖
津幡臣
櫟井臣祖
足国臣
津古臣
倉子臣
蟲万呂臣
男人臣
小車臣
和珥玉野臣祖
阿提古臣
栲縄臣
真金臣
与呂比臣
江間臣
山無臣

する。ただし、雄略妃とある佐都紀臣の娘の名は、『古事記』は袁杼比売とするのに対し、『書紀』は童女君とする。佐都紀臣と春日和珥臣深目を同一人物とする系図編者の解釈によるのであろう。童女君の兄とある日爪臣は、『記紀』に仁賢妃糠君娘の父とあるが、佐都紀臣との系譜関係は記載がない。系図編者の解釈であろう。佐都紀臣の弟市川臣は、『書紀』垂仁三十九年十月条をはじめ『姓氏録』大和国皇別布留宿禰条にみえ、後者は木事命の子とするが、「神主布留宿禰系譜」は木事の弟としており、系図編者はこうしたデータを解釈して系譜的位置を確定したとみられる。市川臣の弟とある人華臣は、「一云」として仲臣とある。これは、『姓氏録』左京皇別下の大春日朝臣条に依拠したものであるが、人華臣と仲臣を同一人物とするのは根拠が明らかでないが、系図の世代観で仁徳朝の位置づけを解釈したもので、指摘されるように、『姓氏録』山城国皇別の小野臣条に「同令(天足彦国押人命)七世孫人花命之後」とある記載を採用したものであろう。八腹木事臣の次の世代については、先にふれたように、反正妃・雄略妃がみえるが、佐都紀臣の子として仁賢妃糠君娘の父日爪臣が『記紀』にみえ、その妹童女君の弟河内臣は『書紀』継体元年三月十四日条に継体妃荑媛の父とあるが、系譜的位置は不明で系図編者の解釈である。なお、仁賢妃糠君娘の兄田作臣については、次節で詳しく考えることにしたい。『書紀』雄略十三年三月条に「采女山邊小島子」とある小島子を允恭朝采女とするのも系図作成者の解釈であろう。そのほかの人物は、すべて系図独自の所伝であり、系図編者の述作と考えられる。以上のように、太田亮氏が的確に指摘されたように、「和邇氏本系」は、系図編者が『記紀』『姓氏録』の記載を適宜配置して作成したものであり、格別根拠となる原本があったとはみられず、「上古の分は偽作也」とすべきであろう。したがって、以下において、「和邇氏本系」部分を除いた、本来の「和邇部氏系図」について、さらに考えることにしたい(図16)。

まずその「和邇氏本系」(A系)と「和邇部氏系図」(B系)の接続部分に注目すると、雄略妃童女君の兄、春日日

図16「和邇部氏系図」（後半）

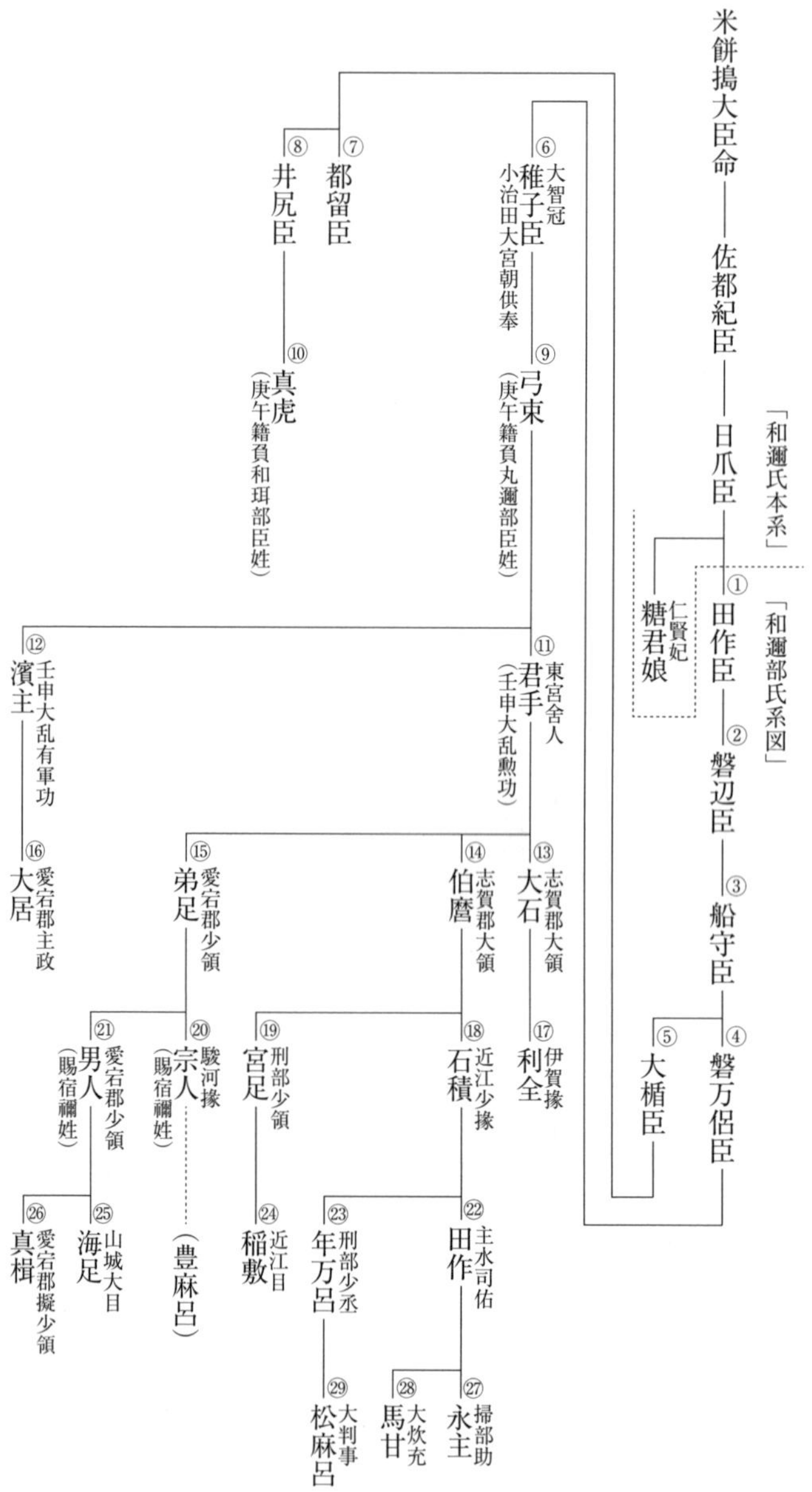

爪臣の子として、仁賢妃となった糠君娘とその兄の①「田作臣」がみえる。糠君娘は安閑妃の春日山田皇女を生んでおり、当然『記紀』にも記載がある。ところが、兄の①「田作臣」は、『記紀』をはじめほかの文献にもみえず、この系図独自の所伝であり、しかも以下で述べる「近江国滋賀郡」の和邇部臣の系図の先端に位置しているのである。しかも、右に指摘したように、①「田作臣」を境に、それまでの横に広がる系図が、一転、縦系図に転換している。そしてその名は、不思議なことに、系図の末端にみえる㉗永主の父田作と同一なのである。これは偶然の可能性もあるが、私は意図的なものと考える。のちに考察したい。「和邇部氏系図」の作成者は、「和邇氏本系」のなかで、主流である春日日爪臣の子として、その出自を仮構したことが確認される。

①「田作臣」につづく系図をみてみると、②磐邊臣・③船守臣・④磐万侶臣は、④磐万侶臣の弟⑤大楯臣と、その子⑦都留臣・⑧井尻臣まではともに特徴のない二から三の漢字の名に臣を付したものであり、尻付けも欠いているから、その後継系譜への関心も薄く、単純に仮構されたとみるべきであろう。ただ、④磐万侶臣の子の⑥稚子臣は、同じような名であるが尻付けに「大智冠」「小治田大宮朝供奉」とありやや異質で、これにつづく人々と共通するところもうかがえる。尻付けの記載によるなら、⑥稚子臣は推古朝の小治田大宮に出仕し、推古十一年（六〇三）制定の冠位である大智冠（従八位上相当）を得ていたことになり、よるべき記録があったのかもしれないが、必ずしもそのままでは史実とすることはできない。⑥稚子臣は、和邇部臣氏と関わりの深い小野氏の妹子と同世代となるから、その事績を参照して述作された可能性もあるからである。[16] その子の⑨弓束が、その尻付けに、天智九年（六七〇）二月「庚午籍」により「丸邇部臣」姓を賜ったとあり、それ以前は無姓か「和邇部」姓であった可能性が高い。[17] ただ、「稚子」という名が、固有の名というより通称のような性格のものであり、実在まで否定できないのではないか。

⑥稚子臣の子の世代である⑨弓束と⑩真虎からはもはや名の下に「臣」を付しておらず、人名記載方式に変化があ

り、ここでも大きな断絶がみられる。確証はないが、史実に基づく記載といえるかも知れない。⑨弓束が「庚午籍」で「丸邇部臣」姓を賜った事情は明らかではないが、この時、一般住民の多くにも部姓が付されたので区別するためとも考えられるが、その子⑪君手が「東宮舎人」として出仕しているから、滋賀郡の郡司（評司）への任命と関わるのかもしれない。そう考えるなら⑨弓束の父⑥稚子臣や祖父④磐万侶臣は、名の下に「臣」を付しているが、実在した可能性が出てくるかもしれない。同族の小野臣が妹子の活躍もあり朝廷で勢力を得たことから、推古朝以降、和邇部臣も登用されるところとなり、滋賀郡内においてもしだいに地位を回復していったのであろう。

⑪君手の動向についてはのちに詳しく述べているので、ここでは要点だけ簡単にふれておきたい。君手にはこの系図のなかで最も詳しい尻付けがあり、壬申の乱での活躍と乱後の褒賞のことが書かれている。和邇部臣氏にとって特別な位置にあったことは間違いないであろう。その弟の⑫濱主についても、尻付けに「壬申大乱有軍功」とあるが、その活躍は『書紀』以下ほかの文献にはみえず、系図独自の所伝である。⑪君手は、単独でなく多くの一族とともに天武軍に加わった可能性は高いであろう。その子で、次の世代となる⑯大居の尻付けには、「愛宕郡主政」とあり、これも系図独自の所伝である。こうした点が史実に基づくとするなら、⑪君手の子⑬大石・⑭伯麻呂が「志賀郡大領」とあるのに対し、⑫濱主は、山城に本拠を置く和邇部臣氏のパイオニアといえるかもしれない。次の世代のあり方からみて、この前後から兄弟が近江と山城を分担する慣行が生まれたのかもしれない。

⑪君手の子⑬大石については、尻付けに「外従五位下　大宝元年父の封の四分の一を賜ふ　霊亀二年賜田を加ふ」とあり、「志我郡大領」ともある。後者は「系図」独自の記載であるが、前者については『続紀』の当該条に記載がある。大宝元年（七〇一）七月条には、⑪君手が亡くなり「壬申の年の功臣」への功封の授与があり、「和邇部君手」には「食封八十戸」を賜うとあり、その四分の一を子に伝えることが許されている。『続紀』霊亀二年（七一六）四

月八日条には、「贈直大壱（正四位上相当）丸部臣君手」の息従六位上大石ら「壬申の年の功臣」の子どもたちに田を賜うとあり、同神亀五年（七二八）五月二十一日条にも正六位上丸部臣大石に外従五位下を賜うとある。君手の功績が長く顕彰されているといえよう。系図の尻付けの記載はこうした記録を参照してまとめられたか、和邇部臣氏の家に伝えられていた記録により書かれたものかよくわからない。のちに改めて考えたい。⑬大石は、ここにみえる経歴からみて滋賀郡大領ではあるが、おそらく中央にも出仕していたのであろう。

⑬大石の弟の⑭伯麻呂は、正史に名を残していないが、尻付けに「造東大寺司大仏判官　正六位下」、「初め志賀郡大領に補す　天平中、造東大寺司大仏判官と為る」とあり、系図の独自所伝である。兄の後を継いで郡大領になったのであろう。そしてその後中央にも出仕し、最終的に「正六位下」で「造東大寺司大仏判官」の官歴を得たとみられる。実際⑬大石・⑭伯麻呂二人のあと、滋賀郡の郡司となった記載はみえず、中央官司や国司として出仕しており、一族として中央政界に転身したとみられる。

⑪君手の三男⑮弟足は、尻付けに「従五位下」という官位と、「愛宕郡少領」とある。これも系図独自の所伝である。実際⑮弟足の後裔は山城国愛宕郡の郡司を輩出しており、山城を拠点とする和邇部臣氏の本宗的位置にあったと考えられる。先にみたように、⑪君手の弟⑫濱主の子⑯大居は、「愛宕郡司主政」とあったから、指摘したように和邇部臣氏のなかでは兄が近江滋賀郡、弟が山城愛宕郡を分担・統治する慣習があったのかもしれない。⑮弟足の子⑳宗人は、前述のように、『続紀』天平神護元年（七六五）七月十四日条に「左京人甲斐員外目丸部臣宗人等二人賜姓宿禰」とあり、左京に居住し国司として活躍している。⑳宗人の弟男人は尻付けに「従七位下　愛宕郡少領」とあり、その子の眞祥も「愛宕郡擬少領」とあるから、兄は中央に出仕し、弟が郡司職を継承していたとみられる。

次の世代に移ると、長男⑬大石の子⑰利全は尻付けに「伊賀掾」とあるだけで、後裔も記載されていない。独自の所伝であるが、伊賀国司が最終官職とみられ、中央政界で下級官吏として活動していたとみられる。次男⑭伯麻呂の子⑱石積は尻付けに「近江少掾　右京少進」「天平神護元年七月改臣賜宿禰姓」とある。近江国司・右京職の官人で、地方官を歴任したか。同世代の⑮弟足の子⑳宗人・㉑男人が、次にみるように、同年に臣から宿禰に改姓しており、一族がまとまって改姓したことがわかる。ただ、⑱石積の弟⑲宮足は尻付けに「刑部少録　鋳銭司判官」とあるが、改賜姓のことがみえない。記載漏れか。⑬大石の子⑰利全にも記載がないから、宿禰姓は⑱石積の系統に限定されたとも考えられるが、⑮弟足の二人の子⑳宗人・㉑男人がともに賜姓されているから、脱落の可能性が高い。

⑳宗人は、尻付けに「従七位上」「天平神護元年七月改臣賜宿禰姓　神護景雲二年四月任駿河掾」とある。先にみたように『続紀』に改賜姓の記事には、「左京人甲斐員外目」とあったから、官位と「駿河掾」就任のことは系図の独自記載というより、その子と仮構した豊麻呂が駿河国富士郡大領で富士氏の初代であり、接続を隠蔽する手続きとして述作されたと考えられる。⑳宗人の弟㉑男人は尻付けに「従七位下」「愛宕郡少領」とあり、前述のように改賜姓の記載もみえる。いずれも系図独自の記事であるが、父⑮弟足が愛宕郡少領、子の㉖真楫が「愛宕郡擬少領」とあるから、⑮弟足の子の一族で愛宕郡の郡司を継承していたことがうかがえ、史実の可能性が高い。

次の世代では、⑱石積の子㉒田作は尻付けに「主水司佑」とあり、㉓年万呂は「刑部少丞」とある。父と同じく政府の下級官人となっていたのであろう。⑲宮足の子㉔稲敷も尻付けに「近江目」とあり、⑱石積の近江少掾を継承して近江国司に登用されている。一方、㉑男人の子㉕海足は尻付けに「山城大目」とあり山城国司となっているし、弟の㉖真楫は「愛宕郡擬少領」とあり、国郡の官人に兄弟で登用されている。所伝に大きな破綻は認められない。

次の世代については、㉒田作と㉓年万呂の子についてのみ記載がある。㉒田作の子㉗永主が「掃部助　従六位下」、㉘馬甘が「大炊充」、㉓年万呂の子㉙松麻呂が「大判事」という尻付けを持っている。父と同様政府の下級官人となっており、事実とみて特に問題はない。㉑男人の系統は、㉕海足と㉖真楫の世代で系譜は途絶えている。そして、⑳宗人の子は豊麻呂で、仮構ではあるがこの系譜のみがさらにつづくことになっている。ここから㉑男人の系統が㉕海足と㉖真楫で途切れるのは、⑳宗人の子に豊麻呂を仮構したからであり、⑱石積の系統も孫の㉗永主・㉘馬甘・㉙松麻呂で途切れることになったのであろう。和邇部臣氏の系図そのものは当然さらにつづいていたとみられるが、確認するすべはない。

以上のように、「和邇部氏系図」は、その構成上、壬申の功臣君手を中心に据え、近江と山城に本拠を置く和邇部臣氏の系譜を詳細に記述しており、一部『書紀』『続紀』の記事に対応するものもあるが、多くの独自の所伝を含んでいる。これらは、必ずしも史実であることを証明するすべはないが、意図的に述作された先端の接続部分と、末端の駿河国富士郡大領の富士氏の系図との接続部分を除けば、ほぼ史実を書いたものといえよう。したがってそこには、系図という限界はあるものの、和邇部臣氏の天武朝前後（君手の祖父以降）から平安時代初めまでの氏族の動向をそれなりにたどることができると思う。そしてこの系図からいえることは、君手の功績により、その一族が地元の滋賀郡・愛宕郡だけでなく朝廷にも出仕し、大いに繁栄していることである。そこが、この系図が作成された大きな動機であったことも理解されるであろう。そして、この系図からも、和邇部臣氏が近江滋賀郡と山城愛宕郡の二つの地域を拠点＝本拠地としていたことが裏付けられた。

すなわち君手の子大石と伯麻呂はともに志賀郡大領とあり、伯麻呂の子石積が「近江少丞」、孫の稲敷が「近江目」とあり、近江国滋賀郡および近江と関わりが深いが、君手の弟濱主の子大居が山城国愛宕郡主政、大石・伯麻呂の弟の弟足が山城国愛宕郡少領とあり、弟足の子男人も愛宕郡少領、孫の海足が山城大目、真楫が愛宕郡擬少領とあることから、近江国と山城国に拠点をもっていたことがわかる。先に指摘したように、兄が近江、弟が山城の家を継承する傾向が読み取れる。そして近江を拠点とする一族が、しばらくして郡司に任用されず主として国庁や中央官庁に勤務するのに対し、山城の一族は中央政界にも進出するが、愛宕郡の郡司を世襲するという動きがみえる。後述するように、同氏は本拠地が隣接し関わりの深い小野臣氏とともに、古くから途中峠を挟んで近江国滋賀郡と山城国愛宕郡という令制国を跨いで拠点としていたことを裏付けるデータといえよう(18)。

それでは、「和邇氏本系」と繋がる系譜は、いつだれが、どのような意図で作成したのであろうか。基本的には、加藤謙吉氏が考証した通りであろうが、系図の記載から系図作成の契機をみてみると、おおよそ三つの段階が考えられる。第一の段階は、やはり壬申の功臣君手か、その子の大石・伯麿・弟足の段階に、自家の系図の整備を図る契機があったのではなかろうか。すなわち、君手は次に詳しく述べるように、古代史上最大の内乱である壬申の乱において、大海人皇子の側近の舎人として、その緒戦から近江攻略まで大きな功績をあげており、先に述べたように、系図の尻付けには天武即位後、「功封八千戸、賜田八町」と、「勤大壱（正六位上相当）」（「大山上」）の位階を賜ったとあり、持統朝には「直広壱（正四位下上相当）」を贈られている。『続紀』文武元年（六九七）九月条の卒伝には丸部臣君手が、「勤大壱（正六位上相当）」で没し、「壬申の功臣」のゆえ「直広壱（正四位下相当）」を追贈されたとある。さらに、同大宝元年七月条には「壬申の年の功臣」への功封の授与があり、君手には「食封八十戸」を賜うとあり、そしてこれについては四分の一を子に伝えることを許されている。同霊亀二年四月八日条には、「贈直大壱（正四位上相当）丸部臣君手」の息従六位上大石ら「壬申の年の功臣」の子どもたちに、田を賜うことがみえる。なお、同神亀五年五月二十一日条には、正六位上丸部臣大石にも外従五位下を賜うとある。君手の功績に関わるとみられよう。また同天平宝字元年（七五七）十二月条には、功田の等第（等級）を議定し、贈直大壱丸部臣君手の「功田八町」を「中功」とし、二世に伝えさせるとある。このように、この段階で、和邇部氏はその氏族としての来歴を顕彰するため「和邇氏本系」でもその中枢に出自を求め、自家が中央和邇氏の系譜を継承することを主張したと思われる。

ついで、第二段階は『続紀』天平神護元年七月十四日条に「左京人甲斐員外目丸部臣宗人等二人賜姓宿禰」とある、和邇部宿禰賜姓である。この時和邇部宿禰となった宗人が、改姓を契機として自家の系図を増補したとみるのである。この賜姓に至る事情はよくわからないが、「系図」の尻付けによるなら、この時、大石の弟で「志賀郡大領」とある伯麻呂の子の石積も宿禰を賜姓されている。君手の後裔が揃って賜姓されているところから、これも君手の功績にともなうものかもしれない。そうであるなら、こうしたことから自家の系図の整備に結びついた可能性が考えられる。

第三段階は系図末端にみえる永主である。先にみたように、永主の父は主水司佑の田作であるが、「和邇氏本系」と「和邇部氏系図」の接続部分に置かれている、「田作臣」が注意される。「田作臣」はほかの文献には記載がなく、「和邇部氏系図」独自の所伝であり、その名はなぜか永主の父田作と一致する。これは偶然ではなく、「田作臣」を創作し「和邇氏本系」の「日爪臣」に接続したのは、主水司佑田作の子永主であることを示しているのではないか。そして、今日みることができる「和邇部氏系図」は、この永主が九世紀前半ごろに最終的にまとめたことを示している。

すなわち「和邇部氏系図」の「和邇氏本系」部分の末端は、「田作臣」を除くと、「山栗臣」（久米臣祖）・荒健臣（物部首祖）・麻目臣（細部物部祖）・健豆臣（山上臣祖）・宮手臣（井代臣祖）・於保貝臣（春日朝臣・柿本臣祖）・野依臣（小野朝臣祖）・津幡臣（櫟井臣祖）・小車臣（和邇玉野臣祖）のように、比較的特徴のない二字の名に臣を付すものが大半で、いわゆるワニ氏同族の祖であることを尻付けで示している。尻付けのない場合も同様である。これらの人物は「田作臣」と同じく系図のみにみえる所伝であり、系図を仮構する際にそれぞれの末端に加上したものであろう。おそらく「田作臣」が和邇部臣氏の祖にあたることを間接的に説明しようとしたもので、これも永主の関与によるとみられる。

また、のちに検討するように、『類聚三代格』巻第一に収める弘仁四年（八一三）十月二十八日付の太政官符に、小野朝臣野主らが、小野臣・和邇部臣の両氏が本来の職務でない猿女の貢上に携わっている不当性を訴え出てその停廃を許されたことがみえる。この記載から、弘仁年間に宿禰姓を称さない和邇部臣と朝臣を称さない小野臣が近江国和邇村・山城国小野郷とに居住していたことがわかる。おそらく君手の一族の後裔のみが宿禰姓となり、ほかの和邇部臣は臣姓を維持したとみられる。これも、和爾部宿禰家が独自系図を作成する一つの要因であったと考えられる。

以上のことから、太田亮氏が「上古の分は偽作也」とした駿河浅間大社大宮司家に伝わったという「和邇部氏系図」前半の意義は、「和邇氏本系」にあるのではなく、それに接続した、和邇部臣氏に関わる系譜が史実に基づく伝えであり、『記紀』『姓氏録』など古代文献が伝えない和邇部臣氏の実像を伝えるものという点にある。そして、君手の前後の系譜と譜文によって、和邇部臣が八世紀から九世紀において近江国滋賀郡と山城国愛宕郡の二国にまたがって、郡大領・少領を連任した郡領氏族であったこと、またその一族の多くが中・下級官人ではあるが中央政界にも登用されていたことを明らかにしたという点にある。和邇部臣は自家の系譜を顕彰するため、『記紀』『姓氏録』をはじめとする古代文献から、すでにこのころには失われていた「和邇氏本系」を新たに編修・構成し、それに自家の系譜を接続したのであり、「和邇氏本系」については、一部古伝承を伝える可能性はあるものの、大半は仮構であり史料的価値は低いといっても過言ではない。ただ、和邇部臣が所持していた自家の系図は、一部を除いてオリジナルなものであり、国史にみえない和邇部臣氏の動向の一端が、この系図により確認できるのである。

なお、浅間大社大神宮司家がその系図を仮構するにあたって採用した系図は、どのような由来のものであったのか。常識的にみるなら、富士氏初代の豊麻呂の父として接続した宗人が所属する山城の一族が伝えた系図を入手したと考えられよう。しかしそれは、接続する人物がたまたま宗人であっただけかも知れず、確証は得られないのである。

事実、山城の和邇部臣氏の系譜が宗人の弟男人の子海足・真椙の世代で終わるのに対し、近江の一族の場合は田作と年万呂の子についても記載があり、永主が「掃部助　従六位下」、馬甘が「大炊充」、松麻呂が「大判事」という尻付けをもっているのである。永主が帯びる「掃部助」は、加藤謙吉氏が指摘するように、弘仁十一年に創設された掃部寮の次官であり、嵯峨天皇の時代のことであった。したがって、駿河国富士郡の郡領氏族で、浅間大社大宮司家を継承した富士氏がこの系図を手に入れたのは、当然弘仁十一年以降のこととみられる。すなわち、宗人が「左京人甲斐員外目」であったのは天平神護元年であり、その間おおよそ半世紀、平城京から平安京へ京が移るなど大きな変化があった。そのころ近江・山城の両家で書き継がれていた系図を入手し、地元との繋がりがある「甲斐員外目」の肩書をもつ宗人を選択・接続し、つじつまを合わせるため「駿河掾」に改変したのであろう。

そしてその後、先に詳しく検討したように、「和邇部氏系図」は数々の伝流過程を経て今日まで伝えられてきたのであるが、そのオリジナルは、太田亮氏が指摘したように、駿河浅間大社大宮司家旧蔵の系図に留まらず、古代に遡るものであった。その系図を作成したのは和邇部臣であり、この系図によって、和邇部臣という一地方豪族の奈良時代から一部平安時代に及ぶ長い歴史の一端がうかがえるのである。

ところで、先に少しふれたように、和邇部臣については君手の一族と関わる「和邇部氏系図」のほかに、いま一つ出自に関わる所伝がある。それは『姓氏録』が収録する真野臣に関わる系譜である。すなわち、『姓氏録』右京皇別下には「真野臣。天足彦国押人命の三世孫、彦国葺命の後なり。男、大口納命の男、難波宿禰の男、大矢田宿禰、氣長足姫尊諡は神功に従ひて新羅を征伐て、凱旋としたまふ日、便ち留めて鎮守将軍と為たまふ。時に、彼の国王猶榻の娘を娶りて、二男を生めり。二男、兄は佐久命、次は武義命なり。佐久命の九世孫、和珥部臣鳥、務大肆忍勝等、近江国志賀郡真野村に居住れり。庚寅の年に真野臣の姓を負ふ」とあるのがそれである。ここで務大肆という忍勝が負う冠位は天武十四年（六八五）制定のものであり、庚寅年というのは、一般に「庚寅年籍」の作成された持続四年（六九〇）と考えられるから、持続朝の前後に真野村に居住していた和邇部臣氏の一族が真野臣に改氏姓したことがここからわかる。真野氏が本拠としていた滋賀郡真野村については、『和名抄』の滋賀郡四郷の一つに真野郷があり、滋賀郡北部の堅田平野一帯、現在の大津市堅田町全域を含むとみられる。狭義には真野川左岸の大津市真野町付近をさしており、滋賀郡北部では最も広い平野が展開する地域である。和邇部臣の本拠とみられる和邇川流域の左岸に比定される和邇村とは、小野氏の本拠である小野村を挟んで、ほぼ隣接しており、両者の近い関係が想定される。

そしてこの『姓氏録』の記載によるなら、真野臣はもと和邇部臣を称していたことになるから、和邇部臣は、『姓氏録』と「和邇部氏系図」に、異なる二つの系譜をもつことになるのである。君手の一族に関わる「和邇部氏系図」が、その先端に、雄略妃童女君の兄春日日爪臣の子として、また仁賢妃となった糠君娘の兄として、「田作臣」なる人物を仮構し、「和邇氏本系」でも本流というべき、「孝昭天皇―天足彦国押人命―和爾彦押人命―彦国姥津命―伊富都久命―彦国葺命―大口納命―大難波宿禰命―難波根子建振熊命―米餅搗大臣命―佐都紀臣―日爪臣」という系譜に接続するのに対し、真野臣の系図は、傍系の米餅搗大臣命の弟の大矢田宿禰（命）に繋ぐものである。

実は、「和邇部氏系図」にも大矢田宿禰命の譜文に「氣長足媛皇后の征韓に供奉す。彼の国に留まり、鎮守将軍と為る」とあり、その子佐久命の譜文にも「母は新羅国王猶榻の女なり」とあり、兄弟の武義命・八河足尼命の譜文には「母同上」とあるから、『姓氏録』の所伝と一致している。ところが、「和邇部氏系図」は、佐久命の子鳥見命の譜文に、「磐余稚桜大宮物部」「真野臣祖」とし、その弟に小椋臣を載せるが、以降の系譜は載せていない。そして、ここにみえる矢河足尼命とその子牟礼命や鳥見命とその弟小椋臣（命）については、逆に『姓氏録』には記載がなく系図独自の所伝であり、抄録前の『姓氏録』か氏族本系帳により記述された可能性が指摘されている。一方『姓氏録』

は、佐久命の九世孫として、「和邇部氏系図」にみえない和珥部臣鳥と務大肆忍勝の名をあげており、佐久命から和珥部臣鳥と務大肆忍勝の間の八代は、『姓氏録』の抄録の際に省略されたのであろうか。

このように、「和邇部氏系図」によって、『姓氏録』の抄録前の内容が一部復元されるのであるが、このような二種の系譜はどのように考えればいいのであろうか。このことについては、二つの系譜が内容的にも共通する系譜であるにもかかわらず、「和邇部氏系図」が、鳥見命を「真野臣祖」とし、和邇部臣との関わりを書いていないのは、何らかの作為を想定させる。必ずしも確証はないが、私は田作臣から始まる和邇部臣の系譜は、和邇氏本流の日爪臣に接続する前は佐久命の子、鳥見命か小椋臣、どちらかといえば小椋臣に接続していたのではないかと憶測している。すなわち、「和邇部氏系図」を作成する際、君手の後裔の和邇部臣氏が自家の権威付けのため、あえてその出自を「和邇氏本系」主流に繋ごうとしたとみるのである。こうした憶測が的を得ていたとするなら、『姓氏録』の系譜の方が和邇部臣の本来の系譜を記載している可能性が高いといえよう。

ところで、ここで少し横道にそれることになるが、解決しておくべき問題がある。すなわち、近年主張されている真野臣・和邇部臣を渡来氏族とする説をどのように考えるかということである。『三代実録』貞観五年（八六三）九月十五日条には、真野臣永徳・道緒が宿禰を賜姓されたとあり、その際に、大和国山辺郡人上野権少掾正六位上民首広門・右京人大宰医師正七位上民首方宗・木工医師正六位上民首広宅にも真野臣を賜姓したとある。さらに、翌貞観六年七月二十七日条にも、右京人無位民首方永が真野臣の氏姓を賜ったとある。この時、真野臣が宿禰を賜ったのとほぼ同様に、民首氏が真野臣を称することを許されたというのである。そして、『姓氏録』右京諸番下の民首条には、「水海連同祖。百済国人努利使主の後也」とあって、民首氏はもともと百済からの渡来人とされている。こうした所伝と、真野臣の祖である佐久命が父大矢田宿禰と新羅国王の娘の間に所生したとする先の真野氏の始祖伝説により、

真野臣がさらには和邇部臣が本来渡来氏族であったとされているのである。(19)

しかしながら、ここにみえる真野臣の永徳・道緒はこの時、宿禰を賜姓されているのに対し、民首氏はあくまで真野臣を賜っているのである。すなわち、真野臣永徳・道緒はおそらくもともと真野臣氏の本宗家の人物であり、この時すでに和邇部宿禰を得ていた和邇部臣氏に準じて宿禰姓を申請したとみられる。一方、民首氏はおそらく真野宿禰氏と姻戚関係にあったためか、真野臣を名乗ることを希望したのであろう。こうしたことから、この時に真野臣となった民首は確かに渡来系の氏族であるが、宿禰姓を賜った真野氏は渡来氏族ではなく、『姓氏録』にあったように、「庚寅年籍」の作成された持統四年に佐久命の九世孫である鳥と忍勝が、正式に真野臣を名乗ることを許された和邇部臣の一族と考えられよう。

四　和邇部臣と真野臣・小野臣——近淡海国造をめぐって——

以上のように、「和邇部氏系図」の成立事情が考えられるなら、こうした理解に基づいて最後に近江における和邇部氏の実像と役割について、少し憶測をまじえて述べることにしたい。すなわち右にみたように、「和邇部氏系図」の記載によるなら、和邇部臣は、君手の後裔たちが近江国滋賀郡と山城国愛宕郡という国を跨いで郡領氏族となっているように、両地域にその勢力を伸ばしていたことがうかがえる。これは、君手の功績の結果許されたのであろうか。実は、こうした和邇部氏のあり方は、視点を変えて考えるなら、君手以前に遡る可能性がある。

すなわち、和邇部臣が本拠とする和邇川下流左岸に比定される和邇村は、北陸道第二番駅である和邇駅の存在や、上竜華から峠をへて山城東北部に抜ける北陸道の短絡路の分岐点であること、さらに『類聚三代格』巻一六所収の貞観九年（八六七）四月十七日付太政官符に、「和邇船瀬」（和邇泊）の修理が近江国司に命じられているように、水陸交通の要衝であった。そしてそれは岸俊男氏が明らかにした、和邇氏による「国内統一過程」における近江・若狭・越前への進出ルートとも対応しており、古くからの軍事的な要衝でもあった。中央和邇氏が、この地の豪族和邇部臣と連携し、同祖関係を築き、その勢力下におこうとしたのは、理由のあることであった。事実、和邇部臣も、壬申の乱における君手の活躍や、『姓氏録』の伝説においてその祖が神功皇后に従う「鎮守将軍」として描かれているように、軍事的な伝統をもっていたとみられる。したがって、こうした和邇部臣の来歴からみて、和邇部氏が山城北部と近江滋賀北部を跨いで、古くから勢力をもっていた可能性は大きいといえよう。

こうした和邇部臣のあり方を考えるうえで、和邇氏同祖系譜をこのような視角から見直す必要が生じてくる。すなわち、和邇氏同祖系譜とは、狭義には『古事記』孝昭天皇段の始祖系譜のことをさすが、『姓氏録』やほかの文献にも多様な同祖系譜が収載されている。まず、『古事記』の始祖系譜は次の通りである。

兄天押帯日子命者、春日臣・大宅臣・粟田臣・小野臣・柿本臣・壱比韋臣・大坂臣・阿那臣・多紀臣・羽栗臣・知多臣・牟耶臣・都怒山臣・伊勢飯高君・壱師君・近淡海国造之祖ソ。

この同祖系譜にみえる一六氏は、その居住地や「和邇氏本系」との関係からみて、必ずしも同じような性格ではなく、そのままで一括して捉えられないであろう。そうした場合、とりあえず、次の二つのグループに分類されよう。

A＝春日臣・大宅臣・粟田臣・小野臣・柿本臣・壱比韋臣

B＝大坂臣・阿那臣・多紀臣・羽栗臣・知多臣・牟耶臣・都怒山臣（君）・伊勢飯高君・壱師君・近淡海国造

Aとしたのは、同族の中核を構成する一族といえる。岸俊男氏が指摘するように、『書紀』天武十三年（六八四）十一月一日条にみえるいわゆる天武八姓の直後に、朝臣の姓を賜った五二氏のなかにみえる六氏であり、その記載順は、大春日臣・大宅臣・粟田臣・小野臣・櫟井臣（壱比韋臣）・柿本臣と、ほぼ右の系譜の順序とも一致するからである。そして、その本拠も大和・山城・近江というのちの畿内近国であるとともに、六氏のうち櫟井臣を除く五氏は『書紀』をはじめ六国史にその事績を残す有力な同族であった。岸氏は、これらの諸氏がもともと和邇臣という一つの氏族で、その居地によりのちに分岐したと考えている。ただ、大宅臣・粟田臣・小野臣の三氏については、山城、一部近江にも大きな拠点を持っており、山城・近江が本貫で同族結合後に大和に進出した可能性も指摘している。そのように考えられるならBに分類した都怒山臣（君）・近淡海国造も、近江の湖西北部を本拠としており、小野氏とよく似たあり方を示すので、Aに分類する必要があるかもしれない。それはそれとして、Aのうち大宅臣・粟田臣・小野臣の三氏を除けば、その本拠地は、諸資料から大和国添上郡和爾の地の周辺に集中しており、もともと親族であった可能性がある。一方Bについては、加藤謙吉氏が明らかにされたようにすべて地方豪族である。その詳細は、加藤氏の研究に譲るとして、ここでは都怒山臣（君）・近淡海国造について、やや詳しく検討しておく必要があろう。

都怒山臣は、臣姓のものはほかにみえないから、臣は君の誤記とみられる。系譜の記載順をみると、都怒山臣までは臣姓で、次の伊勢飯高君からは君姓となっており、書写の際に誤った可能性が高い。実際、ほかの文献記録では角山君と表記されることが多い。その本拠は、『続紀』天平宝字元年（七五七）九月八日条の、藤原仲麻呂の乱に際し考謙側に近江国庁を押えられ、越前国庁へ逃れようとした仲麻呂が高島郡の前少領角家足（角山君家足）の家に宿したとあるところから、近江国高島郡角野郷と考えられる。角山君は近江国高島郡の郡領氏族であった。周知のように、これより先、『続紀』天平宝字六年四月条には、「大師藤原恵美朝臣押勝に近江国浅井高嶋二郡の鉄穴各一所を賜う」とあり、この仲麻呂所有の鉄穴の現地における管理者として、角山君家足の存在が浮びあがってくる。鉄穴は、日本列島では珍しく、七、八世紀を中心に鉄鉱石による鉄生産を広くおこなっていた近江の鉄原料の供給地であり、北牧野A遺跡などの生産遺跡も所在しているからである。さらに、先にみた角山君家足については、『平安遺文』に収録される高島郡河上庄に関わる二通の文書に、「天平十二年（七四〇）、従七位上角山君家足領墾田を、小野石根に賜う」とする記載があり、同祖氏族である小野氏とも関わりのある有力豪族であることがわかる。

また、和銅四年（七一一）から霊亀二年（七一六）ごろとみられる平城京「長屋王家木簡」に王家に関わる人物として角山君安麻呂の名がみえるほか、『続紀』神亀元年（七二四）二月二十二日条に私穀を陸奥国鎮所に献上し外従五位下に叙せられた地方豪族一二人のなかに外従七位上角山君内麻呂の名がみえるなど、中央に出仕するものも少なくなかったとみられる。そして『三代実録』貞観五年正月八日条には、無位角山公成子が外従五位下に叙せられたことがみえ、采女として出仕し、その後に女官に登用され宮人となったことが推測される。ここからも、角山君が高島郡の郡領氏族であったことが裏付けられる。なお、八世紀ごろの高島郡北部には、先にみた平城京「長屋王家木簡」により川上里（郷）に丸部臣安麻呂の居住が知られている。[20] ここで、角山君と和邇部臣が共存することは注目される。

角山君の本拠とみられる角野郷は、『延喜式』神名上にみえる「津野神社」が、現在の高島市今津町北仰所在の津野神社に比定されるから、高島郡北部の石田川（角河）流域の一帯とみられる。北仰の南には今津港が所在し、北陸道から弘川付近で分岐する若狭街道は、石田川に沿って西上しており、高島郡北部の中心地であった。北仰の西の酒波から日置前には、王塚古墳・日置前遺跡・日置前廃寺からなる日置前遺跡群が広がり、この地域の政治的な中枢とみられている。日置前廃寺で使用された軒丸瓦は、創建時には大和川原寺の重弧文のものであったが、のちに近江国庁で使われた飛雲文のものに差し替えられており、藤原仲麻呂との関係が想起される。[21]

一方近淡海国造は、先にみたように、この系譜以外に古代の文献に記載はなく、近江の古代豪族とみられるだけで手がかりはない。ただ、近江の古代豪族のなかで著名な、継体末年に新羅を討つため朝鮮半島南部の安羅に六万の大軍を率いて派遣された近江臣毛野を出した近江臣とする見解が有力であったが、[22] 近江臣は和邇氏の同族ではなく、

『古事記』孝元天皇段の「武内宿禰同祖系譜」にみえる「淡海臣」の可能性が高い(23)。そこで有力化したのが、近淡海国造を和邇部臣とする説である(24)。近淡海国造は、『古事記』孝昭天皇段の和邇氏同祖系譜に載る一六氏に含まれるから、ほかの一五氏がそうであるように、和邇氏同族のなかでも、それなりに有力であったとみられる。そうした場合、同じ系譜にみえる小野氏や角山君に準ずる存在とすべきであろう。ここで検討してきた、近江滋賀北部と山城北部に大きな勢力をもっていた和邇部臣こそ相応しいといえよう。おそらく和邇部臣氏は、そのウジ名からみて、中央和邇氏にトモとしての「和邇部」を出す有力な配下であり、のちの郡司クラスの地方豪族で、令制以前においては各地の国造クラスの一族であったとみられる。壬申の乱で重要な役割を果たした和邇部臣君手が東宮舎人とされているのは、君手が近淡海国造の子弟であったことを示している。中央の和邇氏と同族関係を結び、その配下として、先にみた「近江国滋賀郡」北部の水陸交通の要衝を抑え、山城北部にも拠点を構え、大和政権の若狭・北陸への勢力拡大ルートの確保に大きな役割を果たしたのではないか。そうしたことが、和邇部臣が「近淡海国造」という「職」に任じられた理由でもあったと考える。なお、こうした史料のほかにも、和邇部臣氏が滋賀郡に居住していたことは、画工司の画師として近江国滋賀郡人丸部臣国足がみえる(25)。

そして、和邇部氏が和邇川をはさんでその右岸の「小野村」に本拠を置く和邇氏同族の小野氏との関係は、そうした和邇部氏の性格を物語ると考える。すなわち、『類聚三代格』巻第一に収める弘仁四年十月二十八日付の太政官符は、その手がかりとなる。

　太政官符す。

　　応に猿女を貢ぐべき事。

右、従四位下行左中弁兼摂津守小野朝臣野主等の解を得るに偁く、「猿女の興りは、国史に詳らかなり。その後絶えずして今なお見在す。また猿女の養田は近江国和邇村、山城国小野郷にあり。今、小野臣、和邇部臣等は、すでにその氏にあらずして、猿女を供せらる。つらつら事の緒を捜るに、上件の両氏は、人の利田を貪りて、恥辱を顧みず。拙吏相容れ、督察を加うることなし。神事を先代に乱し、氏族を後裔に穢す。日を積ね、年を経るに恐らくは旧貫と成らん。望み請ふらくは、所司をして厳しく捉搦を加え、氏にあらざるを用うことを断しむべし。しからばすなわち、祭祀は濫れることなく、家門は正しきを得ん。謹んで、官裁を請ふ」てへり。旧記を捜検するに、陳ぶる所実あり。右大臣宣す、「勅を奉わるに、宜しくこれを改め正すべし」てへり。よって、両氏の猿女は永く停廃にしたがひ、猿女公氏の女一人を定めて、縫殿寮に進め、欠くるに随いてすなわち補し、もって恒例とせよ。

弘仁四年十月二十八日

これは、当時の小野朝臣家の「氏上」であったとみられる小野朝臣野主らが、小野臣・和邇部臣の両氏が本来の職務でない猿女の貢上に携わっている不当性を訴え出て、その停廃を求めて許された文書である。猿女は、『記紀』の神話として著名な「アメノウズメ神話」の基底となる鎮魂祭において楽舞を奏上する女官のことで、本来伊勢国の土豪宇治土公と猿女君が貢上するのが習わしとなっていた(26)。当然、女官の出仕の経費を貢進する「猿女の養田」も地元の伊勢にあってしかるべきであるが、このころには近江国和邇村と山城国小野郷にあったらしい。なぜそうなったかはこの文書からはわからないが、「今、小野臣、和邇部臣等は、すでにその氏にあらずして、猿女を供せらる」とあって、両氏が猿女公に代わって猿女の貢進もおこなっていたようなのである。そして、野主らはそうなった事情として、「両氏は、人の利田を貪りて、恥辱を顧みず。拙吏相容れ、督察を加うることなし」として、本来、猿女公から出ていた猿女のために設置された「養田」の取分を、両氏が横取りしたことをあげており、それを「神事を先代に乱し、氏族を後裔に穢す」「家門は正しきを得ん」と強く批判している。そして、一族である小野臣・和邇部臣の「猿女は永く停廃」するよう官裁を求めたところ、勅に基づく右大臣の宣が出て、「猿女公氏の女一人を定めて、縫殿寮に進め、欠くるに随いてすなわち補し、もって恒例とせよ」とする太政官符が発給されたのである。

まず確認しなければならないのは、野主は小野朝臣氏の氏上として、その一族の不正を官に届け出て処分を求めており、小野臣・和邇部臣らの一族を統制する立場にあったにもかかわらずできていないことである。そして、当時小野氏本宗は小野朝臣を称し、和邇部氏も本宗は和邇部宿禰を称しており、この文書にみえる小野臣・和邇部臣はいまだ「臣」を称していて、「朝臣」「宿禰」を名乗れない一族であったとみられる。それが、「神事を先代に乱し、氏族を後裔に穢す」「家門は正しきを得ん」という厳しい断罪となったのであろう。このことは、小野朝臣家にとって家門を穢す許すことのできない行為であったようである。この記事から、小野・和邇部の両氏が、かつて宮廷に巫女を出していた古い伝統を読み取ろうとする見解があるが、(27)そうではなく小野臣・和邇部臣の両氏は本来一括して小野朝臣家の統制下にあったとみるべきであろう。

そして、「猿女の養田」は近江国和邇村と山城国小野郷にあったということであるが、その場合、和邇村の「養田」が和邇部臣と、小野郷の「養田」が小野臣とそれぞれ関係すると限定すべきであろうか。小野氏の本拠としては、山城国愛宕郡小野郷にゆかりのあったことは、郷名や先の小野朝臣野主らの解の記載のほかにも、『延喜式』神名帳の山城国愛宕郡に「小野神社二座」とあること、小野妹子の子毛人の墓誌が現在の京都市左京区上高野にある崇道神社の裏の山にある古墳から出土していることからも裏付けられる。一方『姓氏録』左京皇別下小野朝臣には、「小野朝臣。大春日朝臣と同じき祖。彦姥津命の五世孫、米餅搗大使主命の後なり。大徳小野妹子、近江国滋賀郡小野村に家れり。因りて以て氏と為す。日本紀に合へり」とあり、小野妹子が「近江国滋賀郡小野村」に居住することになって小野臣を称することになったとしており、近江の小野村が本拠であることが明確に示されている。そして、周知のように、『続日本後紀』（以下『続後紀』と略記）承和元年（八三四）二月二十日条に、「小野氏の神社は近江国滋賀郡に在り。勅して、彼の氏の五位已上は、春・秋の祭り至らん毎に、官符を待たずして、永く以て往還することを聴す」とあり、また『続後紀』承和四年二月一日条には、「勅して、大春日・布瑠・粟田の三氏の五位已上は、小野氏に準じ、春・秋二祠の時に、官符を待たずして、近江国滋賀郡に在る氏の神社に向うことを聴す」とあることから、近江国滋賀郡小野村が、氏の社がある本拠であったことは、否定できないと考える。

この小野氏の神社については、『延喜式』神名帳の滋賀郡八座にみえる「小野神社二座名神大」にあたるとみられ、現在、大津市小野に所在する「小野神社」「道風神社」に比定される。これにより、小野氏が祀っていた神社（氏神）が、大和でもなく、また山城でもなく、近江の滋賀郡にあるということが明快に示されているのである。[28] また、小野氏の神社に和邇氏の同族が参拝するのは、このころには小野氏が和邇氏同族のなかで氏上的な地位にあったことを示している。小野村は現在の大津市小野であり、この地は滋賀郡最大の堅田平野の北に接して所在する小平野に位置し和邇川流域の右岸一帯を占めている。先に和邇部臣の本拠とした和邇村の故地である大津市和邇中とは、和邇川を挟んで対峙する位置にあり、小野村と和邇村は隣接している。右にみた両氏の密接な関係を裏付ける。

そして、和邇部臣と小野臣は近江国滋賀郡の和邇川を挟んで、隣接する小野村と和邇村を本拠としていたと考える。さらにこの地域は、和邇川を溯ると、竜華町から途中峠をへて、これまた両氏の居住が確認できる大原・山城東北部の愛宕郡小野郷に通じているのである。このことは、令制国では二つの国に跨っているが、もともとこれらの地域に両氏がともに居住し拠点としてきた地域であり、近江から山城に進出したとか、その逆に山城から近江に移住したと考えるよりは、たまたま令制国の施行により二つの国に分かれただけで、両氏にとってもともと一つの地域であったと捉えるべきで、共通の勢力圏であったと考えられる。そして、先にみた小野朝臣野主らの解において、野主が、一族の小野臣だけでなく和邇部臣についても、本来の職務でない猿女の貢上に携わっている不当性を訴え出たのは、和邇部氏と小野氏の両氏が極めて近い親族関係にあったからだけでなく、小野朝臣家が両氏の上級支配権をもっていたためと考える。したがって、和邇部臣が山城国愛宕郡の郡領氏族として活躍する君手以前においても山城北部に勢力をもっていたことが裏付けられるのである。

それでは、こうした和邇部臣と小野臣との親密な関係は実際にはどのように理解すべきであろうか。先にみたように、もともと和邇川左岸の和邇村を本拠としていた和邇部臣が、中央和邇氏との結託を深め滋賀郡北部で勢力を拡大するなかで、隣接する和邇川右岸の勢力やさらに南の真野川流域の真野村を本拠とする勢力とも一体化し、連合体を形成していたのではなかろうか。特に和邇部氏と小野氏は居住域も近く姻戚関係も重複して実質的には一つの氏族を構成するようになったと考える。そしてやや遅れて真野村の勢力もそうした連合体に加わり、和邇部臣は滋賀郡北部の首長権を保持することになったのではなかろうか。近淡海国造への任命は、大和政権における和邇部臣の地位の上昇だけでなく、こうした和邇部臣のこの地域における実力に基づくものだったのであろう。しかし、そうした連合体のなかから、六世紀ごろにはまず小野村と真野村の勢力が急速に成長してのちの小野臣・真野臣として自立することになり、特に小野臣は独自に中央政界にも足場を築き、その後は妹子の活躍もあり在地においても近淡海国造＝和邇部臣を凌駕する地位についたのではなかろうか。右にみたように、平安時代になっても小野朝臣家が小野臣だけでなく和邇部臣をもその統制下においていたのは、両氏が実質的に同族であったこと、そのなかで小野氏の優位が確定したことと関わるのではないか。『姓氏録』にみえる、妹子が小野村に居住したことにより小野氏を名乗ることになったとする伝承は、文字通り和邇部臣出身の妹子の一族が、小野村を本拠として自立し小野氏を名乗るようになったこ

とを示しているとと思われるのである。(29)

ところで、こうした和邇部臣・小野臣・真野臣の一体的な関係を考えるうえで参考になるのは、和邇氏同祖系譜にみえる地方に本拠をもつ同族が、それぞれの地域において地名をウジ名とする和邇氏同族と和邇部臣の二者が共存する傾向がみえることである。詳細は別稿に譲らねばならないが、まず、『古事記』孝昭天皇段の始祖系譜の同族としてみえる多紀臣は、丹波国多紀郡の豪族とみられるが、多紀郡には、平城京出土木簡に「宗部郷戸主　和爾部黒麻呂」が、(30)また、『続後紀』承和四年三月二十日条に、「丹波国人、右近衛府将曹和邇臣龍人」がみえる。龍人は、おそらく和邇部臣の誤りとされる。多紀臣は丹波国多紀郡の郡司クラスの豪族で、その一族に和邇部臣と「和邇部」の存在が確認されるのである。

羽栗臣は、山城国久世郡羽栗郷に因むとされるが、この地での居住は確認できず、『続紀』宝亀七年（七七六）八月八日条に乙訓郡人として、葉栗翼に臣姓を賜った記事がみえる。また、近江国犬上郡尼子郷戸主に、羽栗臣伊賀麻呂、その戸口に国足がみえ、(31)また、鎌倉時代の中ごろに書かれた『塵袋』巻五には、「尾州葉栗郡」の尼寺を「丁丑年（天武六年）」に建立した人物を「小乙中葉栗臣人麻呂」とする記載がみえ、ここから、『和名抄』にみえる尾張国葉栗郡葉栗郷に因むとする見解もみられる。羽栗臣は、山城・近江・美濃・尾張などの諸地域に分布しており、Bにみえる同族がどれかはいずれとも決しがたいが、山城の葉栗氏はもともと無姓であり、「和邇部」の分布も顕著な近江・美濃・尾張に広く分布する国造（郡司）クラスの地方豪族とみておきたい。

知多臣はそのウジ名から尾張国智多郡を本拠とする地方豪族とみられるが、同郡での居住は確認できない。しかしながら、同郡には、藤原京・平城京出土木簡などから和邇部・和爾部・丸部が一一例も分布しており、天平六年の『尾張国正税帳』には、少領外従八位上勲一二等、和爾部臣若麻呂がみえ、知多郡の郡司クラスの豪族の可能性が高い。若麻呂は知多臣の一族であろう。ここでも和邇部臣との共存が確認される。

また、先に検討した、近江高島郡の角山君の場合も、同郡河上里に丸部臣安麻呂が居住しており、その一族とみることができよう。なお、加賀国加賀郡の主帳丸部臣人麻呂(32)や讃岐国三野郡大領丸部臣明麻呂(33)・同郡人丸部臣豊球(34)など郡司クラスの丸部臣と、播磨国飾磨郡の和邇部臣宅継・宅貞・宅守(35)、若狭国遠敷郡の丸部臣真国(36)、近江国蒲生郡の丸部臣黒満(37)らも、同族のなかに名はみえないが、同様のことが推測されよう。

以上のように、地方に居住する同族の多くは、のちに郡司となる国造クラスの地方豪族であり、基本的にのちの郡名をウジ名としている。そして、その地域には、和邇部臣が「和邇部」とともに分布することが、少なからず確認される。おそらく郡名を負う一族がその地域の本宗家であり、和邇部臣はその一族でもともとは「和邇部」を称していたと考える。すなわち、ここで、「和邇部」を括弧つきで表記してきたのは、「和邇部」が従来の理解では豪族支配下の農民が称していたとされているが、現在では庚午年籍が造られた天智九年（六七〇）以前には農民に某部といった「部姓」は付されておらず、「和邇部」を称していたのはのちに和邇部臣を称することになる豪族か、その一族のものであったと考えているからである(38)。各地で共存する郡名をウジ名とする和邇氏同族と、和邇部臣・「和邇部」については、ともに和邇氏の配下の一族であって、そのなかで特に有力な一族がその地域の郡名を負うことにより分岐ないし自立して和邇氏同祖系譜に組み込まれたと考えるのである。

こうした、地方豪族のあり方を参照するなら、その本拠が隣接する和邇部臣・小野臣・真野臣は、真野臣がもともと和邇部臣を称していたように、かつては、近淡海国造＝和邇部臣とも称すべき首長連合体を構成していたことを裏付けるのではなかろうか、そうしたなかから、有力化した小野臣・真野臣が居住する地域名をウジ名として自立し、和邇部臣は最後まで氏族としての伝統を維持したのではないか。この結果、近淡海国造＝和邇部臣の主導権は後退し、連合体の解体がすすむことになったとみられる。また、滋賀郡南半では、蘇我氏同族の近江臣氏が勢力を伸ばし渡来人集団が集住する大和政権の拠点に変貌していたことも、和邇部臣にとっては大きな痛手であったとみられる。(39)

和邇部臣から真野臣への改姓は正式には持統四年（六九〇）のことであったが、実質的には、すでに六世紀ごろから和邇部臣（近淡海国造）からの真野氏の自立はすすんでいたと考えられる。それまで和邇部臣（近淡海国造）によって首長権が継承されていた滋賀郡北部において、六世紀以降真野臣が和邇部臣から分枝し、ついで小野臣も自立をすすめ、この三氏は和邇氏同族という枠組みは残しながら、それぞれ独自の勢力をもち、在地だけでなく中央においても競合することになったと考えられる。「和邇部氏系図」は、こうしたなかで、君手の活躍もあって勢力を回復した和邇部臣が、その記念碑として自家の系図を新たに「和邇氏本系」の主流に接続して作成したのであろう。

おわりに

「和邇部氏系図」の史料的な検討のなかで、系図の作成者である和邇部臣氏についても、その来歴や在地における動向について、やや憶測を交えて指摘することができた。和邇部氏は、そのウジ名にあるように、大和政権の名族和邇氏と関わりが推測され、その本拠も近江国滋賀郡の北部和邇川の左岸に「和邇中」の遺称を残す、古代の文献に「和邇村」とある地域であった。この地は和邇川を溯ると、竜華から途中峠を越え山城東北部の「愛宕郡小野郷」と通じており、大和東北部から近江高島をへて若狭・越前へと延びる、中央和邇氏の進出ルートの要衝であり、和邇部氏は早くから和邇氏の同族・配下となり、重要な役割を果たしていたとみられる。

事実、近江滋賀北部には、和邇川と真野川により形成された沖積平野が広がり、平野部の背後低丘陵上を中心に、四世紀以降、大和政権との関わりを示す首長墓（前方後円墳）が継続的に築造されており、有力豪族の存在が確認されている。[40]和邇部氏はこうした勢力に関わるとみられるが、和邇川右岸の「小野村」を本拠とする小野氏や、真野川下流域の「真野村」を本拠とする真野氏も、かつては和邇部氏と同じ首長連合体を構成していた同族とみられ、滋賀北部の首長権を保持していたとみられる。しかし、六世紀ごろにはこうした連合体は解体し、小野氏・真野氏が自立化し、和邇部氏の勢力も後退したとみられるが、かつての首長連合体の中核であったこともあり、「近淡海国造」の「職」（称号）は和邇部臣が保持していたとみられる。そして、近江が戦場となった壬申の内乱において、和邇部氏の一族であった君手が、天武の舎人としてその主力軍を率いて大功をあげたことから、再び勢力を回復し、近江国滋賀郡と山城国愛宕郡の郡領氏族として、中央政界にも人材を送ることができるようになったのである。

こうした和邇部氏が、その勢力の回復の記念碑として作成したのが「和邇部氏系図」であり、その出自を「和邇氏本系」の本宗に接続するため、すでに失われていた「和邇氏本系」を『記紀』『姓氏録』『旧事本紀』などの古代文献から仮構し、出自を「和邇氏本系」の主流である「日爪臣」に繋いだものであった。そして、その系図は、のちに駿河浅間大社大宮司家の富士（和邇部か）氏がその出自を仮構するため入手接続し、さらに、駿河国有度郡の豪族宇都（津）氏、もと宇津氏を称していた徳川幕府直参の大久保氏などの系譜に接続され、最終的には、明治政府の重臣で新華族となった男爵・陸軍大将の大久保春野が、家譜の提出を命ぜられ、自家の系譜作成を系図家中田憲信に依頼し、憲信が直参の大久保氏に伝わった系図を入手し、その末端に繋いだことから、「和邇部氏系図」が今日まで伝流されることになったと考える。

注

（1）　大橋信弥「近淡海国造について」（『滋賀考古学論叢』二、一九八五年）。

(2) 山尾幸久「遣隋使のふるさと」（岡田精司編『史跡でつづる古代の近江』法律文化社、一九七九年）、大橋信弥「近江における和邇系氏族の研究」（『日本古代の王権と氏族』吉川弘文館、一九九六年）。

(3) 太田亮『姓氏家系大辞典』（角川書店、一九六三年）。

(4) 大橋信弥『小野妹子・毛人・毛野』（ミネルヴァ書房、二〇一七年）。

(5) 田中卓「不破の関をめぐる古代氏族の動向―近江国坂田郡と美濃国不破郡の氏族と神社―」（『田中卓著作集五 壬申の乱とその前後』国書刊行会、一九八五年）。

(6) 岸俊男「ワニ氏に関する基礎的考察」（『日本古代政治史研究』塙書房、一九九六年）。

(7) 佐伯有清「山上氏の出自と性格」「山上憶良と粟田氏の同族」（『日本古代氏族の研究』吉川弘文館、一九八五年）。

(8) 同右。

(9) 比護隆界「氏族系譜の形成とその信憑性―駿河浅間神社旧蔵『和邇氏系図』について―」（『日本古代史論輯』桜楓社、一九八八年）。

(10) 宝賀寿男「鈴木真年翁の系図収集先―併せて『越中石黒系図』を論ず―」（『家系研究』一九・二〇、一九八八年）。

(11) 溝口睦子『古代氏族の系譜』（吉川弘文館、一九八七年）、鈴木正信「和珥氏系譜の展開とその背景」（『日本古代氏族系譜の基礎的研究』東京堂出版、二〇一二年）。

(12) 古系図研究会「史料研究・『和珥部氏系図』について」（『中央史学』二九、二〇〇六年、のちに改訂して加藤謙吉『ワニ氏の研究』雄山閣、二〇一三年に収録）、同『日本古代の豪族と渡来人』（雄山閣、二〇一三年）。

(13) 宝賀前掲注(10)論文。

(14) 宝賀寿男「中田憲信と『南方遺胤』」（『古樹紀之房間』古代氏族研究会公式ホームページ掲載、一九九三年初出、のちに補訂）。

(15) 太田前掲注(3)書。

(16) 大橋前掲注(4)書。

(17) 武光誠「姓の成立と庚午年籍」（『日本古代国家と律令制』吉川弘文館、一九八四年）。

(18) 大橋前掲注(4)書。

(19) 加藤前掲注(12)『ワニ氏の研究』。

(20)『平城宮出土木簡概報（十九）―長屋王家木簡―』（奈良文化財研究所、一九九一年）。
(21)大橋信弥「文献から古代高島の鉄生産を考える―藤原仲麻呂の鉄穴と角山君―」（『古代近江の鉄生産―継体大王から藤原仲麻呂の時代―』高島市教育委員会、二〇一五年）。
(22)岡田精司「滋賀の古代豪族」（『新修大津市史』第一巻古代、一九七八年）。
(23)本書第一部第一章。
(24)山尾前掲注(2)論文。
(25)『正倉院文書』四―二二七・二五九・二六〇。
(26)松前健「大嘗と記紀神話」（『古代伝承と宮廷祭祀』塙書房、一九七二年）。
(27)山尾幸久「ヤマト国家の時代」（『志賀町史』第一巻、一九九六年）。
(28)岡田精司「古代の小野氏と小野神社」（『翔古論聚―久保哲三先生追悼論文集―』一九九三年）。
(29)大橋前掲注(4)書。
(30)『木簡研究』二〇、一九九八年。
(31)天平二十年四月付「写書所解」（『大日本古文書』三―七九）。
(32)天平三年二月「越前国正税帳」（『正倉院文書』一四―三九）。
(33)『続後紀』嘉祥元年十月一日条。
(34)『続紀』宝亀二年三月条。
(35)『三代実録』貞観五年九月十日条・六年八月八日条。
(36)『平城宮木簡』二―二二〇一。
(37)『平城宮出土木簡概報（二九）―二条大路木簡―』。
(38)本書第一部第六章。
(39)本書第一部第一章。
(40)滋賀郡北部の首長墓の動向は、本書第一部第一章に詳述している。

第三章　犬上君御田鍬の研究

――犬上郡の古墳と古代豪族――

はじめに

隋の文帝の開皇二十年（推古八年＝六〇〇）に、倭王が使者を派遣し朝貢したことがみえる。倭国の朝献は雄略二十二年（四七八）の倭王武による宋への献使・上表以来、一二四年ぶりのことであった。この第一回遣隋使については、日本側の記録はなく詳細は判明しないが、推古十五年の第二回遣隋使、翌年の第三回遣隋使については、日本側にも記録があり、近江湖西に本拠を置く小野臣氏の一族とみられる小野臣妹子が大使として派遣されており、交渉のやや詳しい状況が確認されている。そして推古二十二年の第四回遣隋使については、中国側の記録はないが、『日本書紀』（以下『書紀』と略記）推古二十二年六月十三日条・二十三年九月条に、犬上君御田鍬らを隋に派遣したこと、翌年百済の使者とともに帰国したことがみえる。そして『旧唐書』倭国伝の貞観五年（六三一）条に、第一回の遣唐使のことと新州刺史高表仁の派遣のことが述べられている。一方『書紀』舒明二年（六三〇）八月五日条・四年八月条には、「大仁犬上君三田耜」が大唐に使いし、送使の高表仁とともに帰国したことがみえ、同四年十月四日条・五年正月二十六日条には、高表仁の来日時の模様と、帰国のことが記されている。(1)

犬上君御田鍬は、このように二度にわたって公式使節に任命され中国に使いしており、朝廷において大いに重用されたことが知られるが、最初の遣隋使である小野臣妹子と同様に、犬上君御田鍬があまたの古代豪族のなかから、第四回遣隋使と最初の遣唐使に任命されたのはなぜであろうか。犬上君の本拠が近江湖東の犬上郡であることは早くから指摘されており、そうしたことを考えるうえで、同氏の在地における動向も注目される。ただ、その在地における犬上氏の実像の解明については文献史料に恵まれないこともあり、すすんでいないのが現状といえる。そうしたなかで、犬上郡の古墳文化について近年新しい知見が加えられたこともあり、考古学による検討も可能になりつつある。ここでは、こうした新しい動向も踏まえ、犬上君御田鍬とその出身氏族犬上君について基礎的な検討を加えたい。

一　犬上郡の古墳文化の展開

近江国犬上郡は、琵琶湖の北東部に位置し、北は坂田郡に、南は愛知郡に接する。郡域の中央を南北に古代東山道が貫き、北から犬上川・芹川・宇曽川の三河川が東から西へ流れ、平野部を分割している。このうち犬上川は鈴鹿山脈に連なる青竜山の麓で湖東平野に流れ出て、長さ六・五キロにおよぶ大きな扇状地を形成している。

そして犬上郡は、お隣の愛知郡とともに、従来古墳時代前期・中期の首長墓は未発見で、ようやく後期になって小型の前方後円墳や大型の円墳など首長墓級の古墳が出現するとみられていた。しかし、近年の調査により、湖岸の独立丘陵の荒神山山頂において、墳長一一四メートルをはかる、県下第三位の前方後円墳荒神山古墳が発見され、墳丘に廻らされた埴輪から、県内最古級の四世紀後半に築造されたことが明らかになった[2]。また、すでに墳丘は失われ調査もなされていないが、荒神山の南麓、稲枝町大字塚村の明治時代の地籍図から、全長一〇〇メートル強で、一五〇メートルの馬蹄形の周濠が廻る前方後円墳の存在が復元されている（「塚村古墳」[3]）。その可否は今後の調査を待つとして、湖辺に前期・中

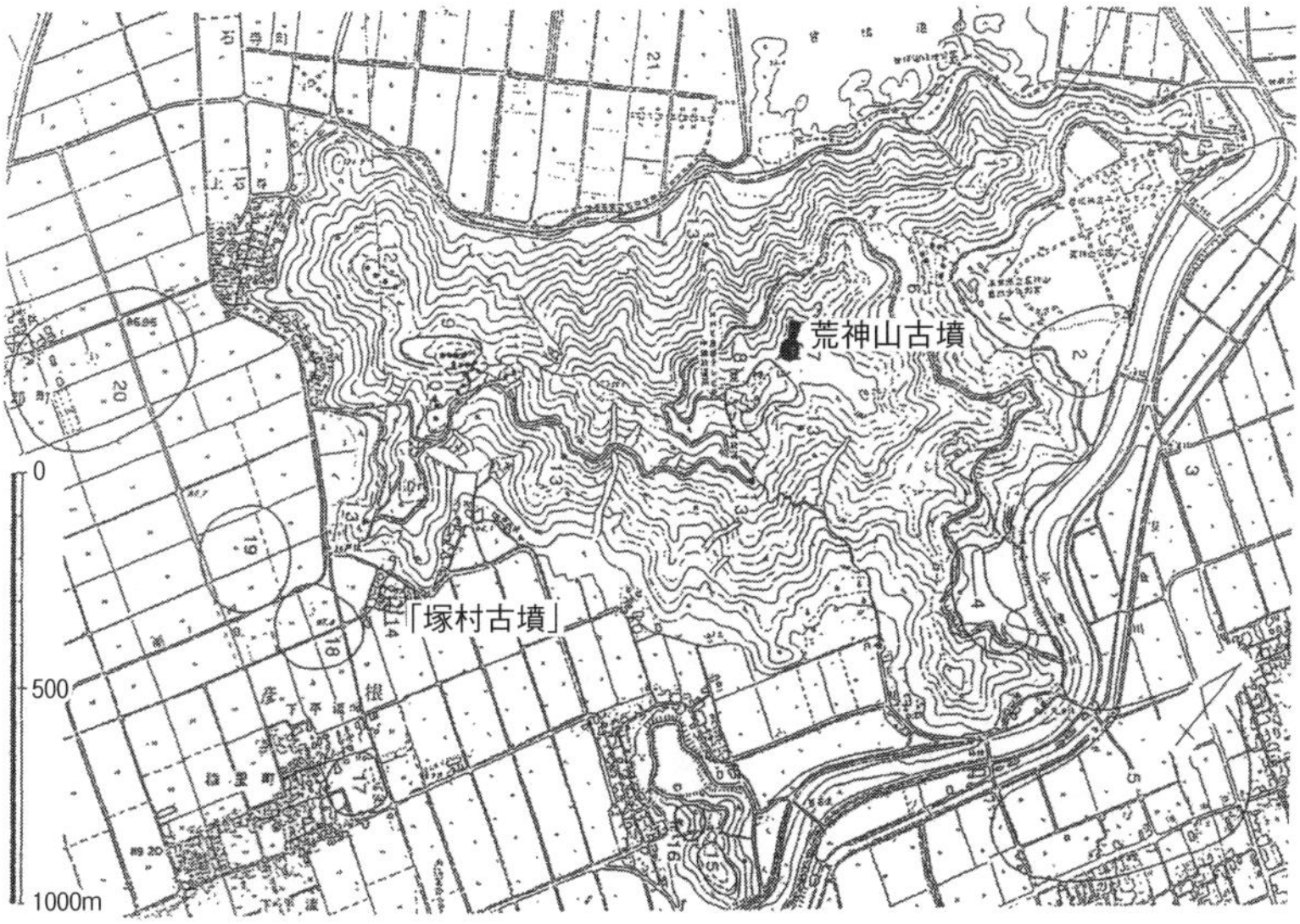

図17　荒神山と荒神山古墳

期に遡る巨大な首長墓の存在が明らかになりつつあることは事実で、犬上郡の古墳文化を見直す必要が生じたことは間違いない。なお、これも一部の調査で詳細は明らかでないが、「塚村古墳」の南一・五キロの普光寺町地先では、大量の円筒埴輪とともに、鶏形・蓋形・馬形・人形などの形象埴輪が出土しており（「ゲボウ山古墳」）、規模こそ不明ではあるが、後期初頭のかなりの規模をもつ首長墓の存在が推定されている[4]（図17）。

　そして犬上郡多賀町・犬上郡甲良町・彦根市に属する犬上川左岸の扇状地では、従来より後期の小円墳からなる古墳群の存在も断片的に知られていたが、近年の圃場整備やその他の開発にともなう発掘調査により、水田の下から削平を受けた後期の古墳が多数発見され、その規模は隣接する愛知郡の愛知川右岸扇状地に比肩することが明らかになりつつあり、その被葬者についてもいくつかの議論がなされている。そこでこうした近年の調査成果を手がかりに、まず犬上郡の古墳文化の展開について検討を加えることにしたい。

　犬上郡の首長墓としては、右にみたように、近年の調査研究により湖辺部において前期・中期に遡る前方後円墳の存在が明らかになった。荒神山古墳は、荒神山山頂の第二のピークに営まれ、墳長一一四メートル、後円部径七四メートル、同高一三メートル、前方部幅四〇メートルをはかり、その墳丘には埴輪および葺石を廻らし、陸地よりも琵琶湖からの眺望を意図している。平成十三・十四年度の発掘調査で出土した埴輪は、円筒埴輪と朝顔形埴輪のみで形象埴輪は含まれていなかったが、出土状況から、墳丘裾部および段築テラス、墳頂平坦面端部に樹立されていたとみられる。こうした定式化した埴輪樹立例としては、県内最古とされている。後円部頂の中央部に大きな盗掘坑が存在するが、石材の散乱はみられず粘土郭の可能性が高い。副葬品については明らかでないが、麓の延寿寺に荒神山出土の車輪石残片が伝えられており、年代的にも荒神山古墳の副葬品であったとみられる。

こうした出土資料から、荒神山古墳が四世紀後半の琵琶湖地域を代表する前期古墳であり、犬上郡の古墳文化を考えるうえでも、またこの地域の古代豪族の性格を考えるうえでも注目されるところである。また、中期の大型前方後円墳とみられる「塚村古墳」、後期初頭の首長墓とみられる「ゲボウ山古墳」も含め、湖辺地域で犬上郡の首長墓の系譜が部分的ではあるがたどれることも注目される（図18）。

一方、犬上川左岸扇状地部の首長墓としては、犬上川左岸の豊郷町安食西の標高一〇一メートルの水田中に所在する安食西古墳が全長一九メートルの前方後円墳とみられているが、正規の前方後円墳ではなく帆立貝形古墳とされている。また多賀町敏満寺の大塚古墳も前方後円墳の可能性が指摘されているが、詳細は明らかでない。これらはいずれも横穴式石室を主体部とするとみられ、六世紀以降に築造されたとみられている。なお中期以前の古墳としては、主体部に粘土床施設をもつ九条野古墳群や西ケ丘古墳群といった小規模な古墳が丘陵部に数基知られているだけであり、その実態はわかっていない。これに対し後期の小規模な古墳群は、近年の発掘調査により、犬上川左岸扇状地を中心に百数十基確認されており、大きな地域社会の変動が確認される（図19）。

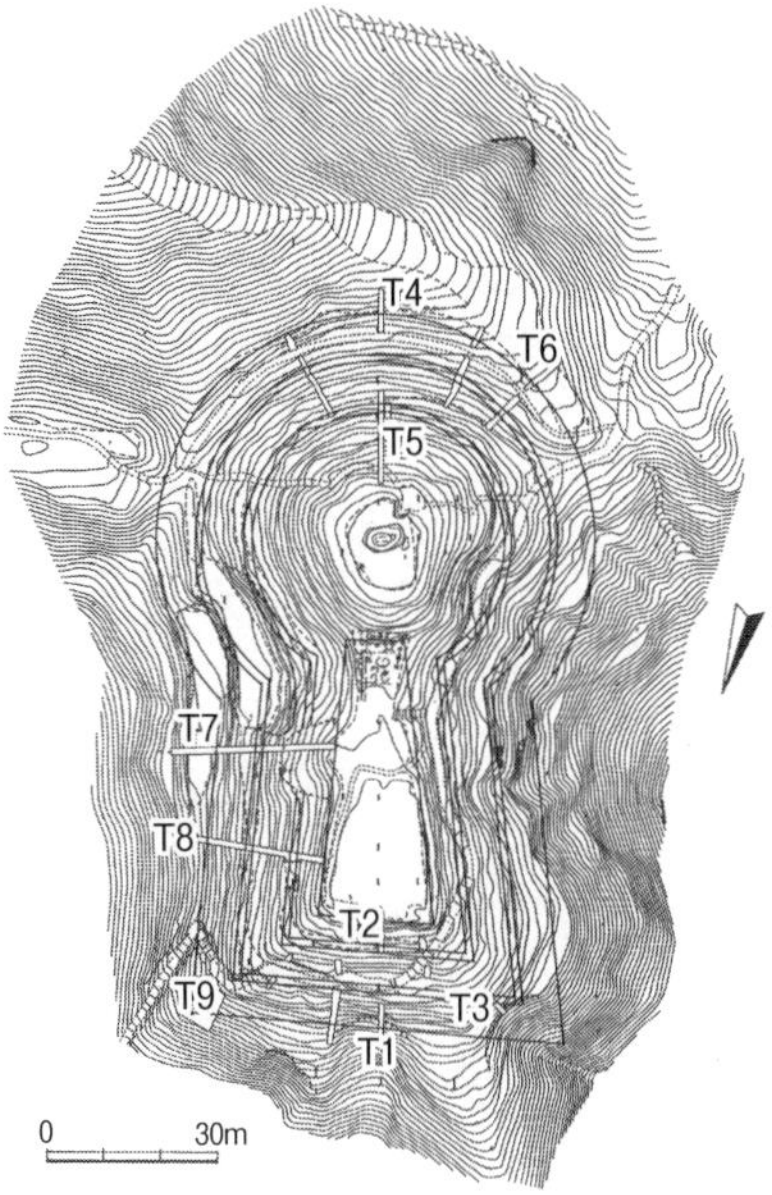

荒神山古墳

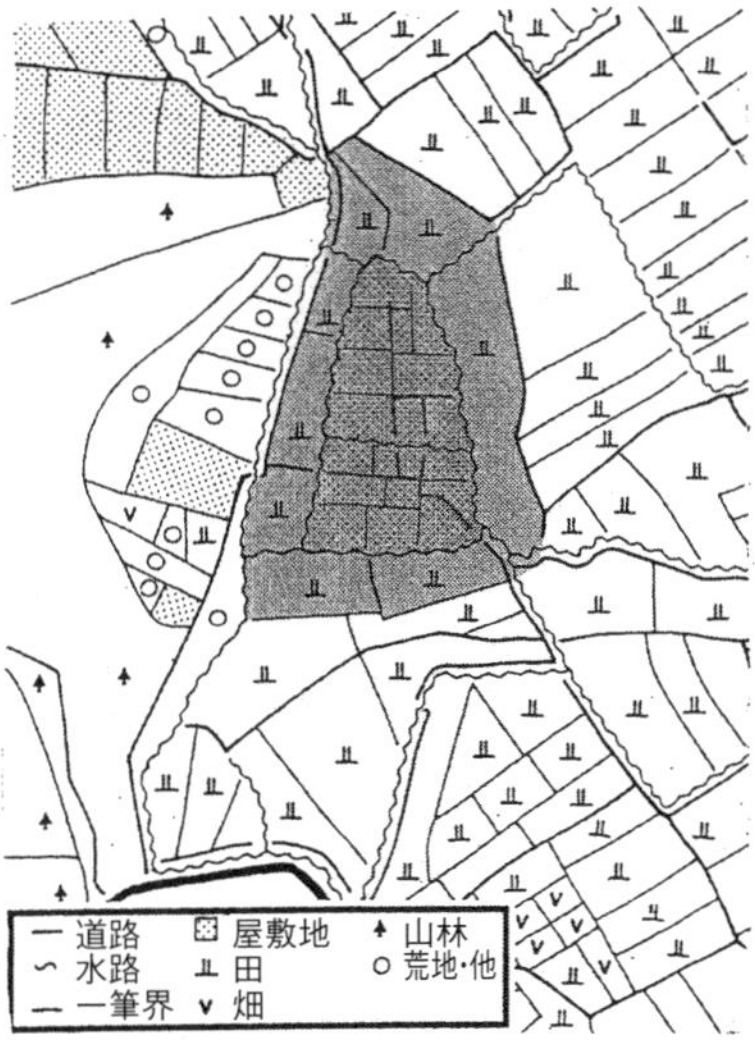

塚村の地籍図

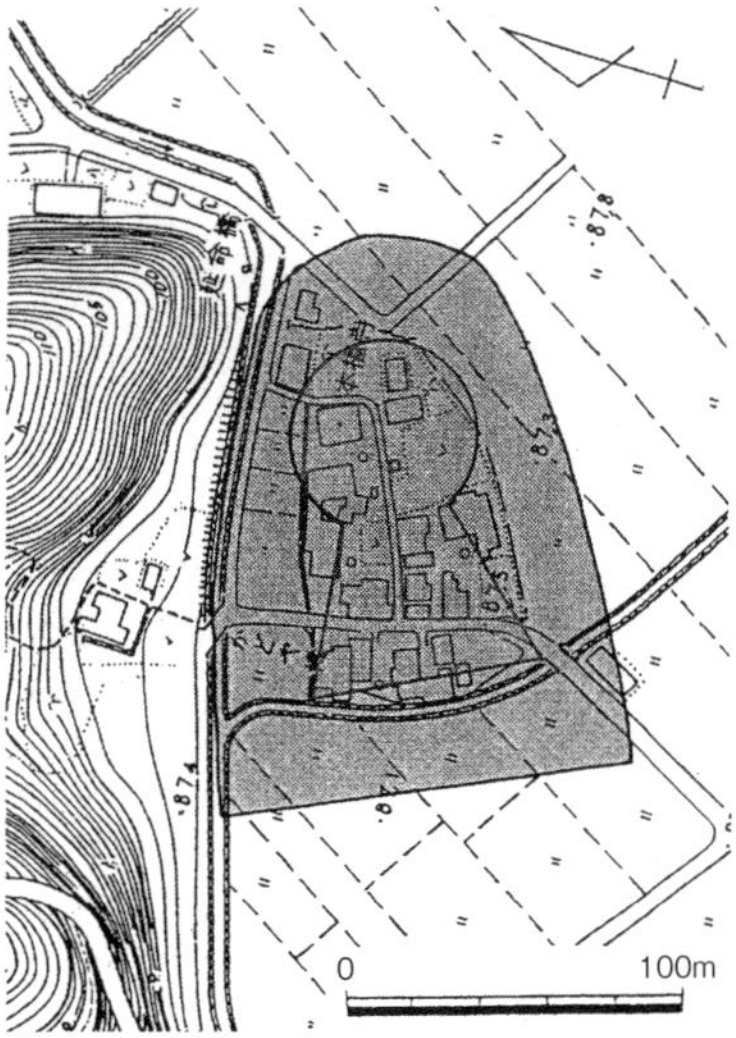

塚村古墳推定図

図18　荒神山古墳と塚村古墳復元図

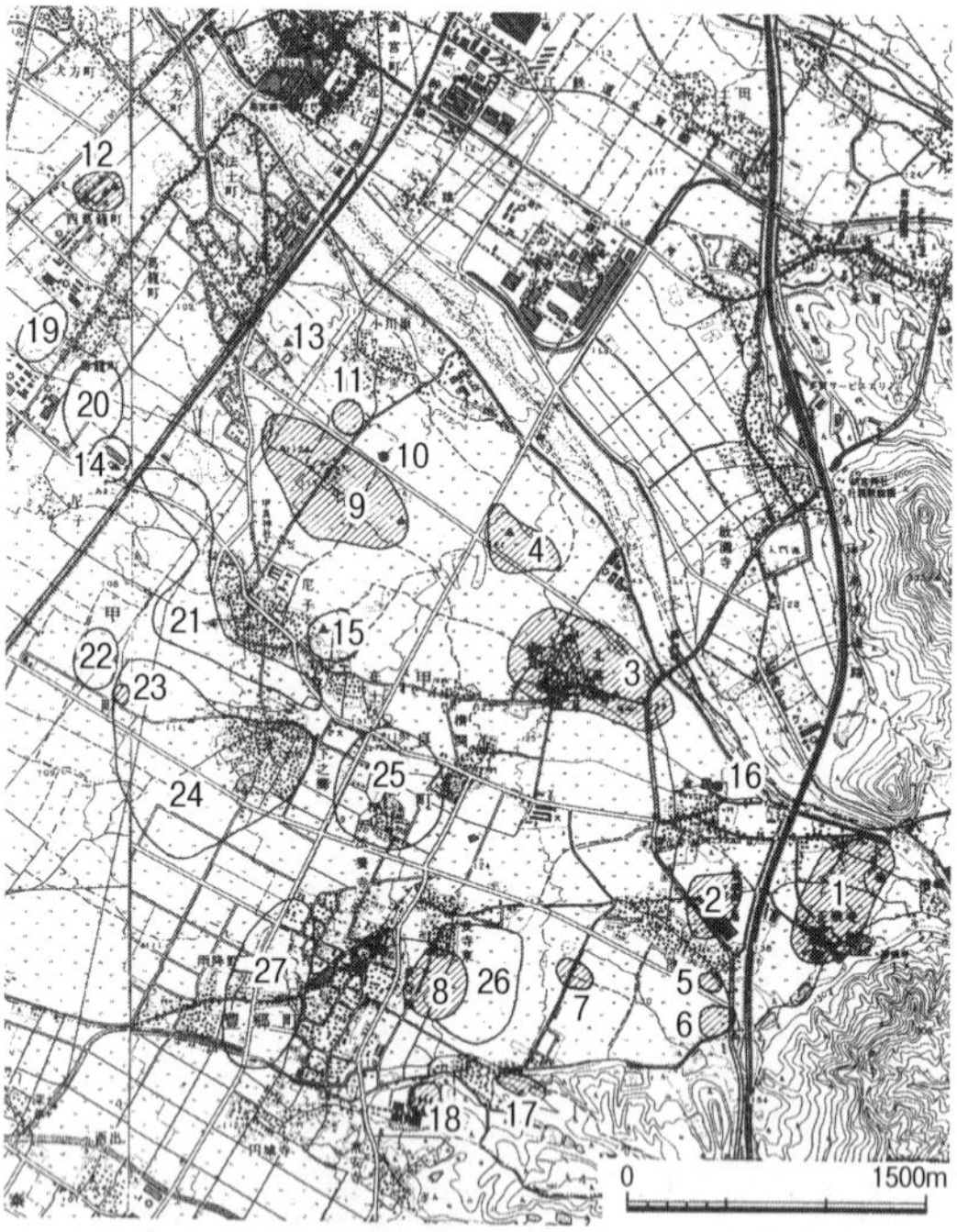

図19　犬上郡東部の古墳群

１楢崎古墳郡，２金屋南・外輪古墳群，３北落古墳群，４塚原古墳群，５堀之内古墳群，６寺道古墳群，７三博・四ツ塚古墳群，８横枕古墳群，９尼子古墳群，10栗林古墳群，11小川原古墳群，12葛篭北遺跡，13小川原遺跡Ｔ１土壙２，14長畑遺跡，15在士北遺跡（土壙墓群），16金屋古墳，17西ケ丘古墳群，18九条野古墳群，19南川瀬遺跡，20葛篭南遺跡，21尼子南遺跡，22下之郷西遺跡，23下之郷古墳群，24下之郷遺跡，25法養寺遺跡，26長寺遺跡，27雨降野遺跡

以上のように、犬上川左岸扇状地部の古墳文化は、特に古い段階では極めて貧弱な様相を示しているが、これはこの地域が極めて特異な尻無川地帯で土地の保水性が低く普段は枯れていることが多いにもかかわらず、いったん集中豪雨になると洪水になるという悪条件下にあること、また広い台地が形成されており水利に恵まれないことなど、土地の生産力に大きな問題があることなどを無視することはできない[5]。そして後期になって、この地域において小規模な古墳が爆発的に増加することは、こうした自然環境を克服してこの地域の開発が本格化したことを示している。すなわち、犬上川左岸扇状地には、近年の圃場整備やその他の開発にともなう発掘調査により、一〇キロ平方メートル

ほどの範囲に古墳時代後期の古墳が百数十基確認されており、削平を受け水田下に眠っている古墳を含めると優に三〇〇基を超える古墳が造られたとみられる。そこでもう少し詳しく後期の古墳群の様相をみておきたい。

犬上川左岸微高地における後期の大規模な古墳群は、立地や分布状況から大きく二つのグループに分けることができる。第一グループは扇状地のなかで最も高い位置の扇央部に位置する楢崎・池寺古墳群を中核とするもの。第二グループは扇状地のほぼ中ほどに分布する北落・塚原古墳群など、比較的規模の大きな古墳群である。

第一グループの楢崎・池寺古墳群は、これまで多賀町に所在する楢崎古墳群と甲良町に所在する金屋南古墳群や池寺古墳群などとはそれぞれ別個の古墳群と捉えられていたが、本来は一つの大規模な古墳群を形成していたことが指摘されている。すなわち現状では楢崎古墳群で七五基以上、金屋南古墳群で八基以上の古墳が確認されているが、本来は一五〇基以上の古墳から構成されていたものと考えられている。これは隣の愛知郡の金剛寺野古墳群に比肩する規模といえる。

楢崎古墳群では、いわゆる湖東地域に多い階段式の横穴式石室は少なく、大半が「畿内タイプ」の横穴式石室をもっており、特に高所に営まれた古墳に顕著である。たとえば、一号墳は楢崎古墳群のなかで最も高い位置に造られた円墳で、直径一五・五メートル、高さ三・五メートルを測る。平成二年に多賀町教育委員会によって確認調査が実施された石室は全長一〇・六メートルを測る横穴式石室であり、床面に段差をもたない通有の石室であった。玄室は長さ五・六メートル、最大幅一・九メートル、高さ二・一メートルを測り、床面には敷石が敷き詰められていた。いく度となく盗掘を受けたことから、副葬品は小量の須恵器と金環が出土しただけであり、六世紀中葉に築造されたとみられている。

そしてこの古墳群を全体としてみた場合、馬具や武具、装身具類の副葬は決して多くはないが、特に耳環が多く出土していることは注目されている。さらに、武具類のなかには二九号墳出土の銀象眼の施された太刀鞘尻金具など優

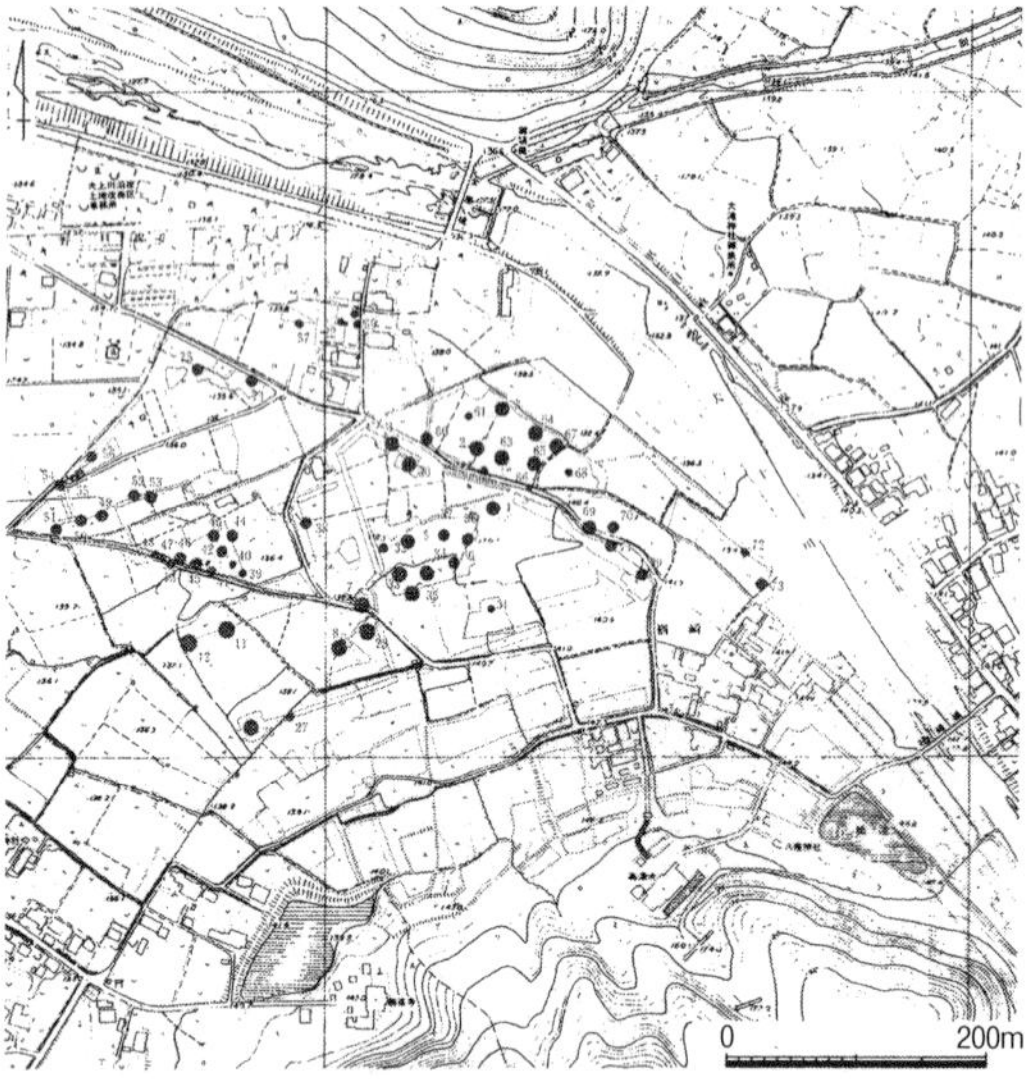

図20　楢崎古墳群

品が含まれていることも注意される。また土器類では須恵器のミニチュア製品や土師器の実用煮炊具などを含むこと、ベンガラを散布する埋葬儀礼がみられることなど、第二グループの甲良町塚原古墳群などと共通する事実も多い。そして、二九号墳ではベンガラを土師器甕に入れていた可能性が考えられるほか、五五号墳では、確実に古墳にともなう確証は得られなかったが、牛の歯が出土している[6]（図20）。

金屋南・外輪古墳群は、工場造成や養護学校建設・圃場整備にともなって一〇基の古墳が調査された。これらのうち外輪古墳群に属する池寺一号墳は直径一三・六メートル、高さ二・五メートルを測る円墳で、主体部は全長六・八メートルを測る階段式石室であり、この地域の調査された階段式石室としては天井石まで遺存する唯一の例である。玄室は長さ四・五メートル、幅一・四メートルを測り、石敷の床面には朱がみられた。羨道は長さ二・三メートル、幅一メートルを測る。副葬品は土器（須恵器）四三点や馬具（鐙一点）、刀子一点、銀環二点が出土したらしい。一号墳は出土土器からみて六世紀後半に造られたと考えられる。また、同時に調査された二号墳は一号墳よりも小さく、主体部は階段式石室であったらしい[7]。

犬上養護学校建設にともない調査された金屋南古墳群では大型の墳丘をもつ二号墳（直径二〇メートル・円墳）や三号墳（一八メートル×一四メートル・楕円形）と直径一〇メートル前後の円墳である一・四・五・八号墳が確認された。そのうち、主体部の形態がわかる一号墳と四号墳はともに無袖式横穴式石室をもち、七世紀に築造された古墳である。また、石室の大きさも一号墳が全長三・七メートル、幅〇・八メートルであり、四号墳も残存する石室掘方の規模から全長約四メートル、幅一メートルと推定され、墳丘・石室とも規模が似通っているが、一号墳が床面に段をもたない無袖式横穴式石室であるのに対し、四号墳は石室掘方が周溝に開口しないことから、石室入口に段をもつ階段式石室の影響を受けた在地系の石室が復元できる。つまり、外輪古墳群は、直径二〇メートル前後の大型墳を群内に含んでおり、少なくとも六世紀後半には造営をおこなっているようである。また、六世紀代にはいまだ階段式石室をもつ古墳がみられるが、七世紀代になると、規模は変わらないにもかかわらず、階段式石室をもつ古墳は認められない(8)。

　次に第二グループの北落古墳群は、金屋南・外輪古墳群より約五〇〇メートルほど下流側に展開するこの地域最大の古墳群である。かつては九基ほどしか知られていなかったが、平成元年からの圃場整備などにともなう発掘調査によって、新たに三一基の古墳が発見された。また塚原古墳群は平成五年度に圃場整備と工場造成にともない甲良町教育委員会によって三四基の古墳と二基の土壙墓の発掘調査がなされた。未発見のものも含めると一〇〇基を超えることは確実であり、第一グループと合わせて優に二五〇基を超える大群集墳が犬上川左岸扇状地に分布することになる(9)。

　北落古墳群は円墳を主体として、直径二一メートル、高さ三メートルを測る九号墳を最大とし、平均径一二メートルの規模をもつ。三号墳が方墳（隅丸方形墳）であることから六世紀後半より方墳が造られ始めるようであるが、七世紀においても依然円墳が主流を占めている。石室石材はすべて川原石であり、大半の石室の床面（特に玄室床面）に川原石の敷石や小石を使った礫床が設けられており、その四分の一にベンガラなどの赤色顔料が散布されている。副葬品は須恵器が中心であり、非常に貧弱な内容である。つまり他の副葬品では、馬具や鉄刀などがみられずわずかに四基から三本の刀子と四点の鉄鏃がみられるだけであり、装飾品もＳＸ九三〇一号墳から釵子とみられる銅製品が出土しているほかは

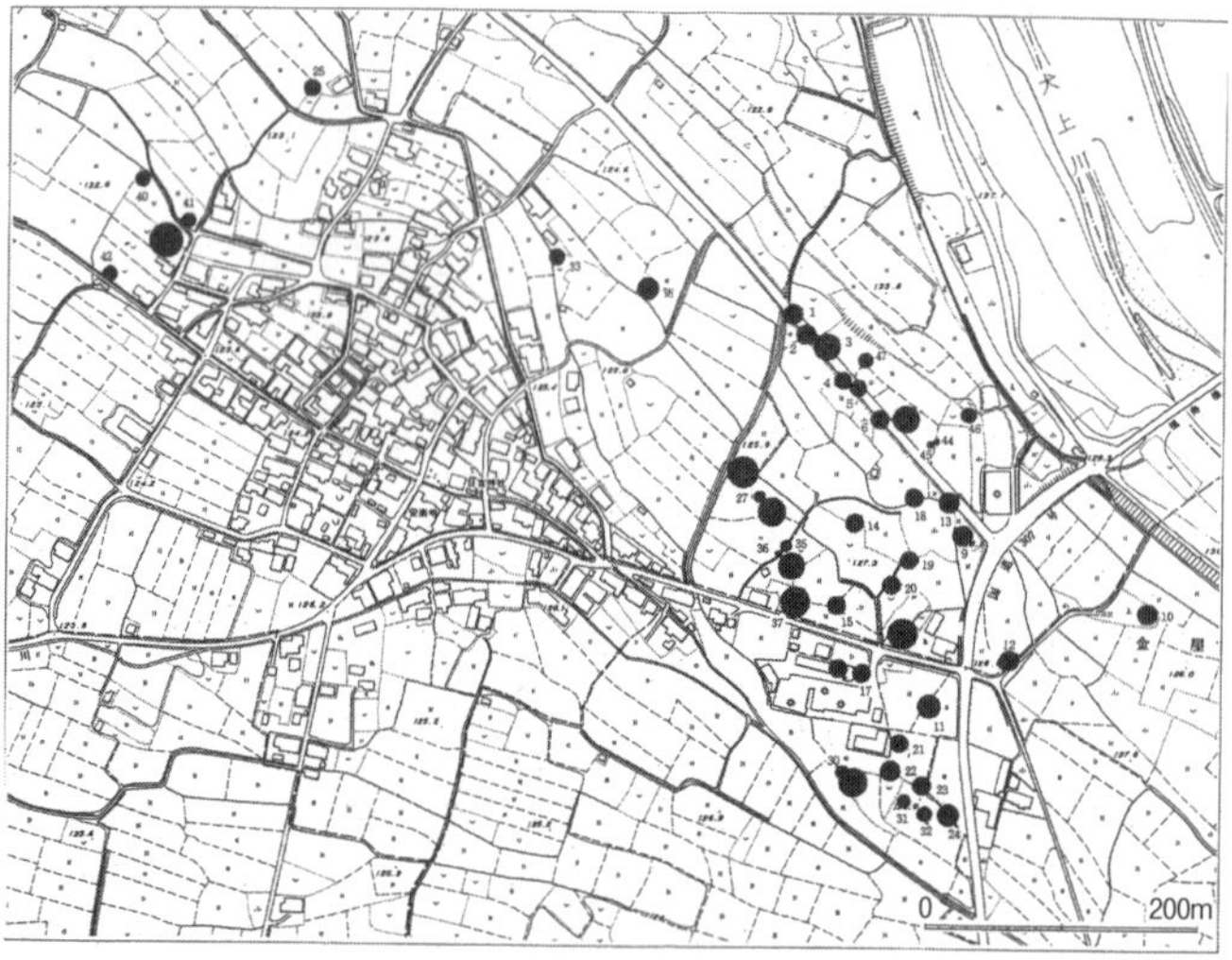

図21　北落古墳群

耳環が一点出土しているだけである（図21）。

塚原古墳群は、平成五年度に圃場整備と工場造成にともない甲良町教育委員会によって三四基の古墳と二基の土壙墓が発掘調査された。ここではまず六世紀中葉にA一一号墳やA一九号墳と土壙墓二基が造営され、六世紀後半に全長九メートルを測る大型の横穴式石室のB四号墳が造られている。階段式石室は七世紀になってもA六号墳などが造られるが、七世紀の主流は無袖石室となる。また、B五号墳やB八号墳など床面に段をもたない通有の横穴式石室もみられ、いずれも比較的大型の石材で構築されている。墳丘規模は直径二〇メートルを測るB四号墳（無袖式横穴式石室）が最も大きく、階段式石室をもつA一二号墳（直径一七メートル）やA一一号墳（直径一六メートル）を上回っている。また、墳形は円墳が主流を占めており、A一三号墳のように六世紀後半から方形を指向した古墳が造られ始めるものの、七世紀代を通じて主流となることはなかった。出土遺物をみると階段式石室のA一〇号墳から鳥形𤭯が出土しているほか、百済の平底短頸壺の系譜に繋がるとみられる徳利型平底壷がA一号墳やA二号墳から出土している。また、古墳群からは鉄刀や馬具なども出土している（図22）。

さらに下流よりの尼子古墳群では、平成二年度からの発掘調査で一六基の古墳と一基の土壙墓が発見されている。

墳形の判明している古墳のうち九号墳が円墳であるほかは、すべて方墳ないし隅丸方形墳である。また、一号墳のみが全周する明確な方形の周溝をもち、ほかの浅く部分的に途切れるような周溝をもつものとの違いを示している。しかし、墳丘規模では一号墳も一辺一二メートルとわずかに大きいだけで、墳丘の平均値一辺九・五メートルと比べてほかから抜きんでてはいない。古墳の造営時期は、土器を副葬しない古墳も多く明確にできないが、おおむね七世紀代とみられる。石室はいずれも在地系の無袖式石室（一〇基）や、階段式石室の影響を受けた小石室（二基）であった。五号墳と二号墳の周溝からは、炉壁や鉱滓が出土している。五号墳の場合、周溝内埋葬にともなう遺物であり、周溝底で火を焚いた後に鉄釘を使用した木棺を安置し、炉壁や鉱滓を含む土で埋めたという特殊な埋葬方法にともなう遺物である。この鉱滓は鉄の精練ないし銅の鋳造にともない生成されたものの可能性が高く、被葬者の生前の生業を探るうえで興味深い資料といえる。また、尼子古墳群での鉄釘出土例は五号墳の石室出土と合わせて二例だけであり、五号墳の被葬者の出自の違いを示すものとみられる。(10)

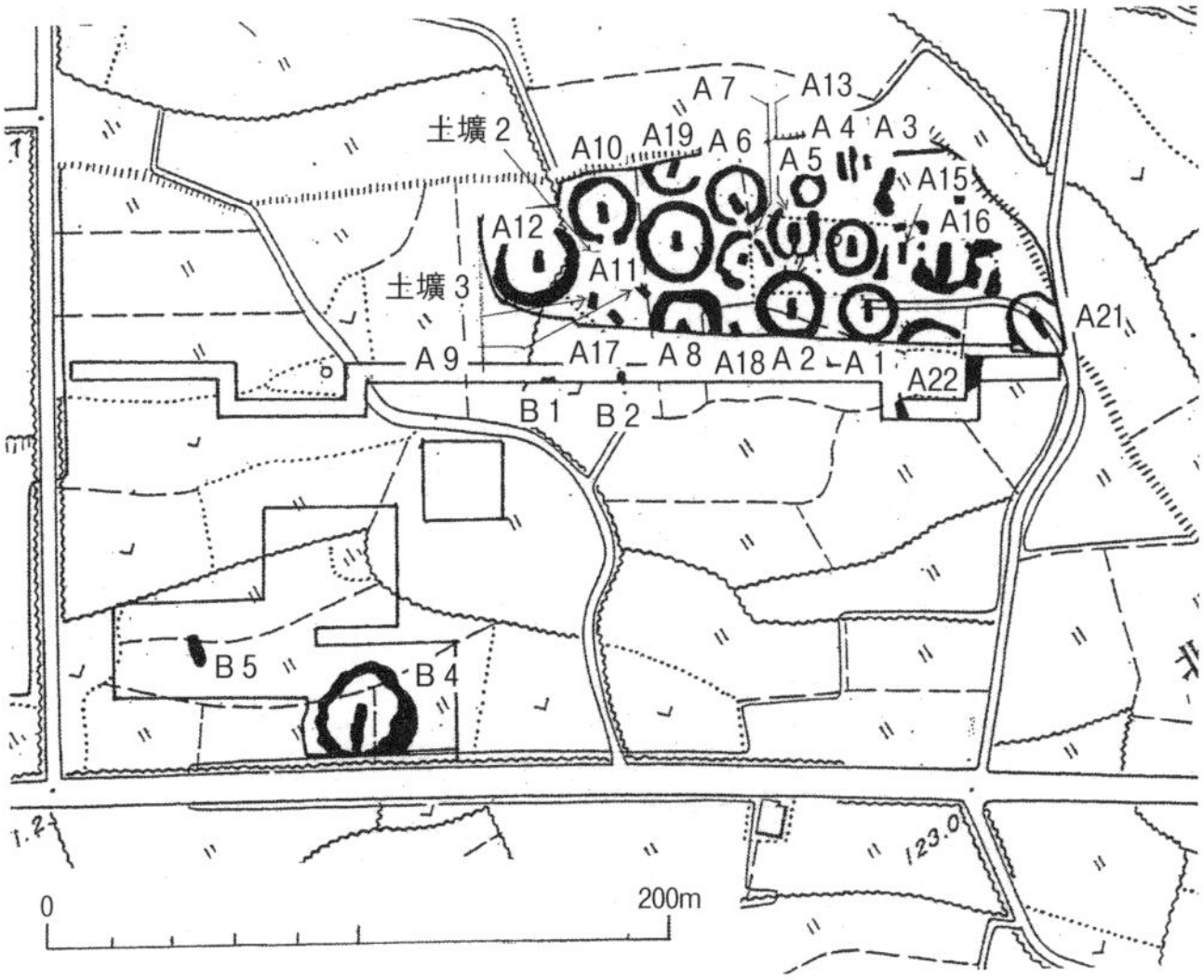

図22　塚原古墳群

　その他、小川原一号墳から徳利型平底壺が出土している。また、栗林古墳は工事中の不時の発見のため詳細なことは不明であるが、七世紀に築造された直径二四メートル前後の円墳である。ほかの古墳と比べてかなり大きく、盟主墳とみられる(11)。第二グループでは、第一グループと異なり、階段式の入口をもつ横穴式石室がかなりの比率で営まれており、武器・武具類・装身具類の副葬も貧弱であった。そして、楢崎・池寺古墳群では六世紀中ごろに、本格的な「畿内タイプ」の横穴式石室から造墓を開始しているのに対し、北落・塚原古墳群では、同時期に土坑墓から造墓を開始しており、群集墳形成のあり方が異なっている。しかし第二グループでも北落・塚原古墳群でも、須恵器装飾脚付𤭯をはじめとし鈴脚式高杯・異形壺やミニチュア製品など、第一グループにもある特徴的な土器類が散見され、ベンガラ散布などの埋葬儀礼も多くみられるなど、共通する要素も少なくない。すなわち、二つの古墳群では、群集墳形成の様相は異なるものの、相互に影響しあって共通の葬法とっていることが知られる。ただし、楢崎一号墳の横穴式石室については、「畿内」からの技術的な支援がなければ築造し得ないものであり、この意味から、楢崎・池寺古墳群は「畿内」からの影響によって成立した古墳群ということができ、一方、塚原二号土坑は、その副葬品などからすれば、階層的下位に位置するとは考えがたく、明らかに埋葬習俗の一つであり、在地的な埋葬方法とすべきであろう(12)。

そしていま一つ犬上郡の後期古墳群の特徴を示すものに、前・中期の首長墓の存在が明らかになった湖辺の様相がある。荒神山古墳の所在する荒神山の山麓部にも多くの後期古墳が営まれている。現在三〇基以上の古墳が確認されている。現在までに発掘調査がなされた事例はないが、いくつかの横穴式石室の様相を観察でき、また地元には多くの遺物が伝えられている。荒神山王谷一号墳の横穴式石室は、玄室はやや寸詰まりのプランで、四壁はいずれも持ち送り技法によって構築され、天井石は一石である。明らかに「ドーム状」を呈した横穴式石室である。こうした特徴の横穴式石室は、大津市の滋賀里・穴太地区に集中的に分布しており、志賀漢人と呼ばれる渡来系氏族との関わりが指摘されている(13)。

以上概観したように、犬上郡の古墳文化は、犬上川左岸扇状地においてはほぼ愛知郡と同じ様相を示すことが明らかになった。そして、愛知郡と同様に、六世紀以降扇状地の開発と連動して、地域社会のあり方に大きな変動のあったことも確認された。しかしながら、犬上郡では、愛知郡と異なり特に湖辺地域において古墳時代の前期や中期に遡る大規模な首長墓の系譜が明らかになりつつあり、四世紀後半段階においてすでに有力な地域首長の出現が想定されるところとなった。そして六世紀以降、犬上川・愛知川扇状地に秦氏系渡来人集団が大規模に導入されたことについても、こうした犬上郡の有力首長の役割りも無視できないと考える。こうした新しい事実は、犬上郡の古代豪族の動向を検討するうえでも、当然留意しなければならないであろう。

二　犬上郡の古代豪族と犬上君

1　犬上郡の古代住民

犬上郡の古代住民に関するデータはいまだ限られたもので不分明な点も少なくないが、表3にまとめたように近年における新出出土文字資料などにより新しい知見も増加している。そうしたなかでも、犬上郡を代表する古代豪族は郡の名を氏名とし本郡の郡領氏族としてみえる犬上君氏にほかならず、のちにまとめて検討したいが、そのほかの住民としては、天平十八年（七四六）四月二十五日の写書所解（正倉院文書）に「近江国犬上郡尼子郷戸主羽栗臣伊賀麻呂戸口国足」とみえる羽栗臣氏、天平十七年九月二十三日の仕丁送文（正倉院文書）に「犬上郡河原郷戸主川瀬舎人高市孫立人」とみえる川瀬舎人氏、同氏については平城京長屋王家木簡に「犬上郡瓦里川背舎人高市」「犬上郡瓦原郷川背舎□」がみえ、前者は右の高市と同一人物とみられる(14)。また『日本三代実録』貞観四年（八六二）七月二十

表3　古代犬上郡の氏族と住民

氏名	出典	年紀	出身・身分	官位	記事	西暦
稲依別王	『日本書紀』	景行五十一・八・四	景行皇子		犬上君・建部君之始祖	
倉見別	『日本書紀』	神功元・三・五			犬上君之祖	
犬上君御田鍬	『日本書紀』	推古二十二・六・十三	遣隋使・遣唐使			六一四
犬上建部君	『日本書紀』	孝徳即位前紀・六・十四			即位式において金　を帯びて壇の左に立つ	六四五
犬上君白麻呂	『日本書紀』	斉明二・九	遣高麗大判官			六五六
犬上君（欠名）	『日本書紀』	天智二・五・一			兵事を高麗に告げ帰国	六六三
犬上朝臣	『日本書紀』	天武十三・十一・一			朝臣を賜姓	六八四
犬上朝臣都可比女	『正倉院文書』	天平感宝元・六・十	左京六条一坊真人戸口		「左京職移」	六四九
犬上朝臣真人	『正倉院文書』	天平感宝元・六・十	左京六条一坊戸主		「左京職移」	六四九
犬上朝臣（欠名）	『正倉院文書』	宝亀九・四・十九			「穂積真乗女東大寺功徳分家地雑物寄進解」に連署	七七八
犬上朝臣望成	『日本後紀』	延暦二十四・六・十九		外従五位下		八〇五
犬上春吉	『日本三代実録』	仁和元・七・二十八	近江国検非違使主典	従七位上	前犬上郡大領	八八五
羽栗臣国足	『正倉院文書』	天平十八・四・二十五	近江国犬上郡尼子郷戸口		「写経所解」	七四六
羽栗臣伊賀万呂	『正倉院文書』	天平十八・四・二十五	近江国犬上郡尼子郷戸主		「写経所解」	七四六
川瀬舎人高市	『正倉院文書』	天平十七・九・二十三	近江国犬上郡河原郷戸主		「仕丁送文」	七四五
川背舎人高市	「平城京長屋王家木簡」		犬上郡瓦里		荷札（『平城宮発掘調査出土木簡概報』一九）	八世紀
川背舎□《（人ヵ）》乙	「平城京長屋王家木簡」		犬上郡瓦原郷		荷札（『平城宮発掘調査出土木簡概報』一九）	八世紀

□瀬舎人立人	『正倉院文書』	天平十七・九・二十三	近江国犬上郡河原郷戸主高市の孫		「仕丁送文」	七四五
川上舎人名雄	『日本三代実録』	貞観四・七・二十八	近江国犬上郡人	正六位上	左馬大属	八六二
蜊江連知万呂	「平城京長屋王家木簡」		近江国犬上郡瓦里人		荷札（『平城宮発掘調査出土木簡概報』一九）	八世紀
前子位	「平城京長屋王家木簡」		犬上郡甲良里		荷札（『平城宮発掘調査出土木簡概報』一九）	八世紀
子部伊知	「平城京長屋王家木簡」		犬上郡甲良里		荷札（『平城宮発掘調査出土木簡概報』一九）	八世紀
生部□《石ヵ》麻呂	「平城京長屋王家木簡」		犬上郡瓦里		荷札（『平城宮発掘調査出土木簡概報』一九）	八世紀
物部福万呂	『正倉院文書』	天平勝宝九・四・七	近江国犬上郡火田郷戸主		「西南角領解」	七五七
建部千万呂	『正倉院文書』	天平勝宝九・四・七	近江国犬上郡火田郷戸口		里人画師（「西南角領解」）	七五七
簀秦大嶋	『正倉院文書』	天平勝宝九・四・七	近江国犬上郡火田郷戸主		「西南角領解」	七五七
簀秦恵師千嶋（大嶋）	『正倉院文書』	天平勝宝九・四・七	近江国犬上郡斐田郷戸主		「画工司未選申送解案帳」	七五七
簀秦恵師道足	『正倉院文書』	天平勝宝九・四・七	近江国犬上郡斐田郷戸口		画師司画師（「画工司未選申送解案帳」）	七五七
簀秦画師豊次	『正倉院文書』	天平宝字二・二・二十四	近江国犬上郡人		画工司画師（画工司移）	七五七
簀秦君万呂	『正倉院文書』	天平宝字二・二・二十四	近江国犬上郡人		画工司画師（画工司移）	七五八
橘守金弓	『正倉院文書』	天平宝字六・八・二十七	近江国犬上郡人	少初位上	造東大寺司番上（甲賀山作所領）	七六一
飽波男成	『正倉院文書』	宝亀二・三・十七	近江国犬上郡沼波郷戸主		「凡海連豊成経師貢進文」	七七一
飽波飯成	『正倉院文書』	宝亀二・三・十七	近江国犬上郡沼波郷戸口		「凡海連豊成経師貢進文」	七七一
春良宿禰諸世	『日本三代実録』	貞観六・八・八	近江国犬上郡人	正七位下	左近衛府	八六四
穴太村主志豆加比売	『正倉院文書』	宝亀九・四・十九	（某郡某郷　犬上郡ヵ）		「穂積真乗女東大寺功徳分家地雑物寄進解」	七七八

穴太曰佐広万呂	『正倉院文書』	宝亀九・四・十九	（某郡某郷　犬上郡ヵ）		「穂積真乗女東大寺功徳分家地雑物寄進解」	七七八
穴太曰佐広継	『正倉院文書』	宝亀九・四・十九	（某郡某郷　犬上郡ヵ）		「穂積真乗女東大寺功徳分家地雑物寄進解」	七七八
穴太子人	『平城京木簡』		印勘（犬上）郡青根郷		荷札　平城京二条条間路北側溝SD五二〇〇A	八世紀
錦村主三田	『正倉院文書』	宝亀九・四・十九	郷長（某郡某郷　犬上郡ヵ）		「穂積真乗女東大寺功徳分家地雑物寄進解」	七七八
錦村主特万呂	『正倉院文書』	宝亀九・四・十九	（某郡某郷　犬上郡ヵ）		「穂積真乗女東大寺功徳分家地雑物寄進解」	七七八
錦村主田主	『正倉院文書』	宝亀九・四・十九	（某郡某郷　犬上郡ヵ）		「穂積真乗女東大寺功徳分家地雑物寄進解」	七七八
錦部	『正倉院文書』	宝亀九・四・十九	（某郡某郷　犬上郡ヵ）		「穂積真乗女東大寺功徳分家地雑物寄進解」	七七八
穂積真乗女	『正倉院文書』	宝亀九・四・十九	（某郡某郷　犬上郡ヵ）		「穂積真乗女東大寺功徳分家地雑物寄進解」	七七八
穂積小東人	『正倉院文書』	宝亀九・四・十九	（某郡某郷　犬上郡ヵ）		「穂積真乗女東大寺功徳分家地雑物寄進解」	七七八
穂積蒲麿	『正倉院文書』	宝亀九・四・十九	（某郡某郷　犬上郡ヵ）		「穂積真乗女東大寺功徳分家地雑物寄進解」	七七八
寶火夏	『正倉院文書』	宝亀九・四・十九	（某郡某郷　犬上郡ヵ）		「穂積真乗女東大寺功徳分家地雑物寄進解」	七七八
神人氏岳	『日本三代実録』	仁和元・七・十九	犬上郡郡老	少初位下	権医師	八八五

八日条に「近江国犬上郡人川上舎人名雄」とある川上舎人氏もみえる。さらに平城京長屋王家木簡に「犬上郡瓦里人蜊江連知麻呂」「犬上郡瓦里生部石麻呂」「犬上郡甲良里前子位」「犬上郡甲良里子部伊知」などがみえる。部姓のものでは、平城宮跡出土木簡に「尼子郷戸主物部□□戸□□□宮□□」とあり[15]、天平勝宝九年（七五七）四月七日の西南角領解（正倉院文書）に「近江国犬上郡火田郷戸主物部福麻呂戸口建部千麻呂」もみえる。

これらのうち羽栗臣氏は葉栗臣とも記載され、『古事記』考昭天皇段のいわゆる和邇氏同祖系譜に「兄天押帯日子命者、春日臣・大宅臣・粟田臣・小野臣・柿本臣・壱比韋臣・大坂臣・阿那臣・多紀臣・羽栗臣・知多臣・牟耶臣・都怒山臣・伊勢飯高君・壱師君・近淡海国造之祖也」とあり、『新撰姓氏録』（以下『姓氏録』と略記）左京皇別下に「和安部朝臣。彦姥津命三世孫建穴命之後也」とあるように、葛城氏と並ぶ中央豪族の雄、和邇氏の同族であることが知られる。また『姓氏録』山城国皇別に「葉栗」があり、「小野同祖。彦国葺命之後也」とある。犬上君氏と並び近江の遣外使を代表する小野臣氏の同族が、犬上郡に居住していることは、単なる偶然とはいえない事実といえる。それはそれとして、葉栗臣氏は、尾張国に葉栗郡・葉栗郷があり、また山城国久世郡に羽栗郷があり、そうした地の豪族ともされるが[16]、実際の居住地をみると、近江国の犬上郡のほか山城国の乙訓郡に居住が知られ、特に山城国の葉栗臣氏については、『類聚国史』百八十七仏道部十四に、乙訓郡人羽栗臣翼の父吉麻呂が、霊亀二年（七一六）、学生阿倍仲麻呂の「兼人」として入唐し、唐の地において女性と結婚、翼・翔の二男をもうけ、天平六年（七三四）ともに帰国したとある。そして、兄の翼はのちに遣唐判官・内薬正・侍医などとして活躍し、弟の翔も使節として唐に渡りそのまま帰国せず、のちに円仁の在唐時に従ったとされている[17]。小野氏同族で犬上郡に居住する葉栗臣の一族に、対外交渉に関わるものがあり、活躍していることは興味深い。なお犬上郡尼子郷出身の羽栗臣氏については、造石山院所の檜皮様工や、東大寺写経所の経師などとしてみえ、政府の下級官人として出仕していることが確認できる。のちにみる本郡出身で造東大寺司の甲賀山作領などとして活躍する橘守金弓との関わりでも注目される。

また河原（瓦）郷の人とみえる川瀬（背）舎人氏、犬上郡の人とみえる川上舎人氏のように、ウジ名に「舎人」を名乗る氏族があることも本郡の一つの特徴である。『古事記』雄略天皇段に、「白髪太子の御名代として、白髪部を定め、又、長谷部舎人を定め、又、河瀬舎人を定む」とあり、『書紀』雄略二年（四五八）十月是月条に「是月、史戸と川上舎人部を置く」とあるように、いずれも雄略天皇のいわゆる名代・子代として設置されたことが知られる。舎人は律令以前の大王の親衛軍の一角を占めるもので、主として地方の有力豪族、国造などの子弟により構成されるトモ集団である。(18) したがって、本郡の舎人については、すでにウジ名化しているが、かつて本郡の国造クラスの豪族から舎人が出されたことを示しているといえよう。したがって、川背舎人・川上舎人は犬上君の一族である可能性もあろう。そうした点から本郡に居住する住民を見直してみると、瓦里に（壬）生部が、火田郷に建部があり、後者がヤマトタケルの名代・子代とされ、前者も皇子女のために設置された名代・子代に類するものとされており、大和政権との関係を考えるうえで留意すべきであろう。そして、火田郷と尼子郷に物部が居住することは、次に検討する犬上君の軍事的な性格を考えるうえでも注目されるところである。

これら在来氏族とみられる住民を除くと、渡来氏族とみられる人々の居住も少なくない。その代表的な住民が、中央政府の画師として活躍する簀秦画師氏である。すなわち天平勝宝九年四月七日付「画工司未選申送解案帳」に「近江国犬上郡斐田郷戸主簀秦恵師千島」（大島）とその戸口道足が、また天平宝字二年（七五八）二月二十四日付「画工司移」には「近江国犬上郡火田郷戸口簀秦豊次」「近江国犬上郡火田郷戸口簀秦君万呂」の名がみえる。奈良時代、律令政府の中務省画工司の画師集団を構成していたのは、その大半が秦・簀秦画師・赤染・勝などの秦系の諸氏であり、隣接する坂田郡上丹郷を本拠とする息長丹生氏も有力な構成員であった。息長丹生氏の本拠とみられる坂田郡上丹郷と、簀秦画師氏の本拠とみられる犬上郡火田郷は、同じく霊仙山系の汗拭き峠を挟んでわずか五キロの距離にあり、丹生谷で採集される水銀朱が画料や仏像などの金メッキ（金アマルガム）に使用されることと無関係とは考えられない。両者は原材料との関わりから技術的な交流を深めていたと考えられる。わが国における画師や仏師の起源は、六世紀以降の仏教の受容に対応するもので、寺院の造営や造仏の開始により、その需要は飛躍的に高まったと考えられる。そしてかかる新技術の導入は、画師集団の構成にみられるように、秦氏により主導されていたとみられている(19)。

なお天平末年の石山寺の増改築に際して甲賀山作所領などで活躍した造東大寺司番上の橘守金弓は「近江国犬上郡人」とあるが、『姓氏録』左京諸蕃下に「橘守。三宅連同祖。天日鉾命後也」とあるように、アメノヒボコの後裔で、秦氏とも関わりの深い一族であった。そして同時に、この所伝から橘守のウジ名が、アメノヒボコの後裔、田道間守が常世国から橘を将来したことに因むこと、同氏が新羅系の渡来氏族であったことがうかがえる(20)。そして犬上郡に本拠を置く橘守氏がアメノヒボコの後裔を称する事情については、『書紀』垂仁三年三月条の一云には、諸国巡歴を申し出て許された天日槍が、菟道河を溯り「近江国吾名邑」にしばらくとどまったあと、若狭国をへて但馬国に定住したことがみえ、その後に近江国鏡村谷陶人が天日槍の従人であったことを前後の脈絡ぬきで追記している。詳しい考証は省略するが、鏡村は近江最大の窯業地帯である鏡山古窯群の所在する蒲生郡竜王町鏡に比定され、吾名邑も坂田郡の阿那（穴）郷と考えられるから、犬上郡はアメノヒボコの諸国巡歴の経路に位置しているのである。私は鏡村谷陶人の記述のあり方からみて、一云の引用にはかなりの省略があり、その省略の部分にアメノヒボコと陶人との関わり、あるいは橘守氏との由来が語られていたのではないかと考えている(21)。

このように本郡において、秦氏系渡来氏族が顕著な分布を示すことについては、先にみた犬上川左岸扇状地における、後期古墳文化の様相、地域社会の変動と無関係とは考えられない。すなわち、隣接する愛知郡の愛知川右岸扇状地における後期古墳群の形成と展開が、愛知郡における依知秦氏の集中的な居住と深く関連したように[22]、犬上郡においても扇状地の開発に秦氏系の渡来氏族が投入された可能性が高いと考えられる。そしてそうした秦系諸氏のなかに簀秦画師氏のように手工業生産と関わる一族が有力なことは、犬上郡の特徴といえよう。

また近江の渡来氏族では秦氏系の諸氏と勢力を二分する、倭漢氏系の志賀漢人一族の本郡における居住も比較的多くみられる。宝亀二年（七七一）三月十七日の凡海連豊成経師貢進文（正倉院文書）に「近江国犬上郡野波郷戸主飽波男成戸口飽波飯成」とある飽波（村主）氏、『日本三代実録』貞観六年八月八日条にみえる近江国犬上郡人春良宿禰諸世（もとは志賀史氏）などがそれである。そして宝亀九年四月十九日付「穂積真乗女東大寺功徳分家地雑物寄進解」には、おそらく犬上郡某郷に居住するとみられる多くの人名がみえるが、そのなかに穴太村主志豆加比売、穴太曰佐広麻呂・広継、錦村主三田・特万呂・田主などの志賀漢人の中核をなす人名がみえている。しかも郷長は錦村主三田であり、某郷が志賀漢人一族の集住する村であるとみられ、先にみた荒神山古墳群の様相や志賀漢人の近江各地における分布状況からみて、この村が湖辺に存在した可能性を示していると考えられよう。

ところが、この文書の記載をみると、穴太村主志豆加比売の娘穂積真乗女が寄進した「功徳分田」の所在地が「十三条十八里」と記載されており、これを『新修彦根市史』による最新の犬上郡の復元条里に当てはめてみると、「衣知評平留五十戸」の北、犬上郡と愛知郡の境の湖辺に該当することになる[23]。この比定が正しいとするなら、某郷の所在地は湖辺にあるとした先の推定が、より明確に裏付けられる。しかも、文書には某郷の居住民の一人として犬上君（欠名）がみえており、犬上君（朝臣）の居住地が湖辺に近い地域にあったことも推測させるのである（図23）。

ところで、本郡に広範に居住する志賀漢人についてもう少し指摘するなら、その主要な一族をあげると大友村主・大友曰佐・大友漢人・穴太村主・穴太史・穴太野中史、錦部村主・錦部曰佐、大友丹波史・大友桑原史、志賀史・登

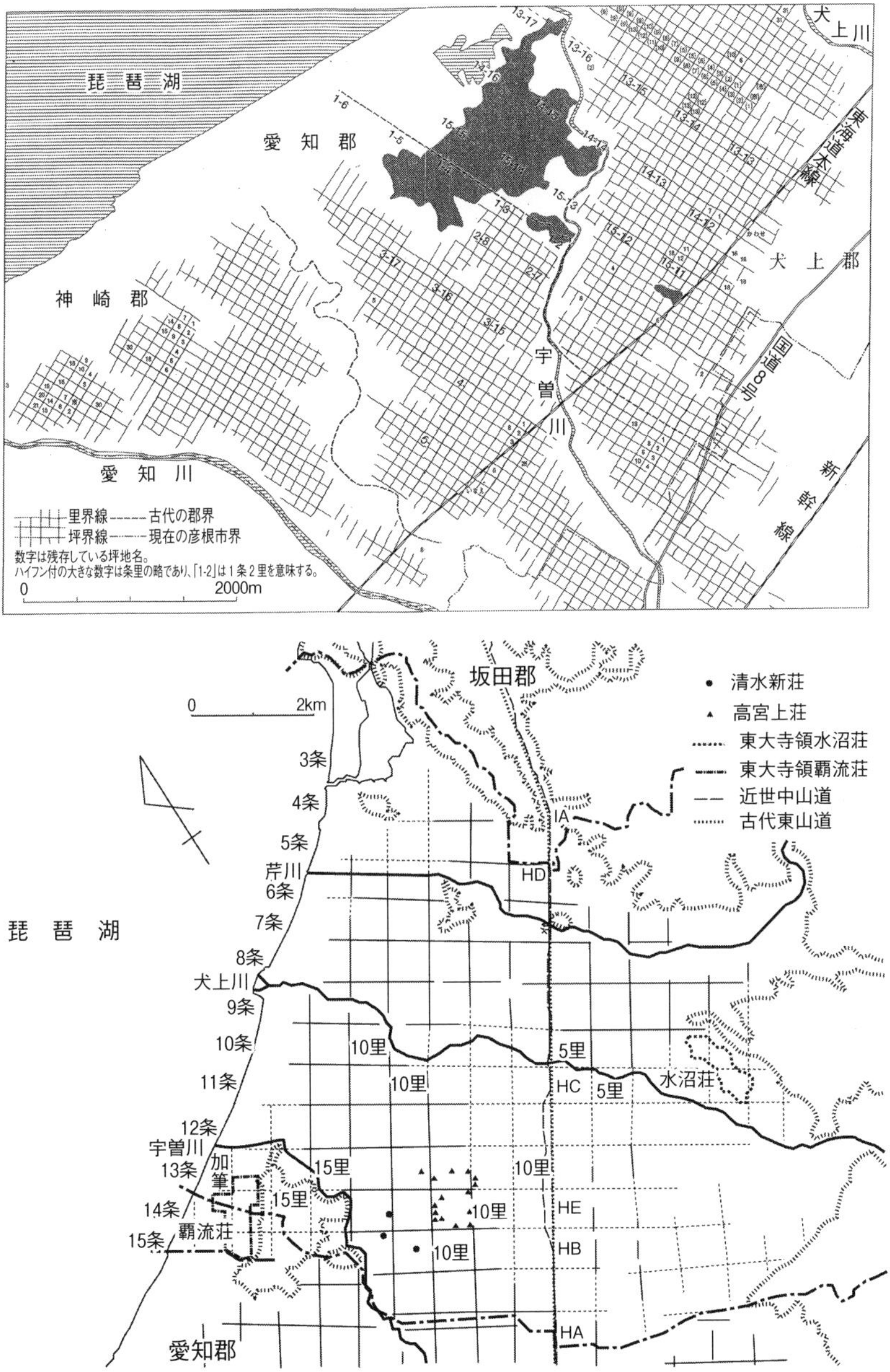

図23　犬上郡条里復元図と犬上郡某郷の位置

美史・槻本村主・三津首・上村主などで、九世紀以前の滋賀郡の古代人名の七割強を占めている。そしてそうした志賀漢人一族の滋賀郡への集住を示すものとしては、ミニチュア炊飯具の四点セットや、銀ないし銅製の釵子などを副葬し、天井がドーム形を呈する横穴式石室を主体とする群集墳の盛行であり、その時期は六世紀前半から七世紀中葉である。その総数は一〇〇〇基にのぼるものとみられている。そして大津北郊では、近年古墳群に対応するように、集落のなかから「大壁造り」呼ばれる土壁造りで方形プランの特異な建物や礎石建物が四〇棟ほど発見され、それに付属するとみられるオンドル状の遺構も発見されている。その時期は六世紀後半から七世紀前半である。また志賀漢人一族の氏寺とみられる穴太廃寺・坂本八条廃寺・南滋賀廃寺・園城寺跡などが、そうした集落のほぼ中心部に造営されるのは七世紀中葉から後半である。

志賀漢人の大津北郊への集住については、大津北郊に「志賀津」と呼ばれる港湾施設があり、のちにその地に近江大津宮が造営されるように、大和政権の経済的・軍事的な拠点であったことが注目される。すなわち東国・北国との物流や、六世紀以降活発化した越前を拠点とする高句麗との対外交渉との関わりが推測されるのである。六世紀以降の大和政権の内政・外交を領導したのは名実ともに蘇我大臣家であり、それを実質的に支えたのが倭漢氏であった。したがって、おそらく六世紀以降、新しい東国政策や日本海ルートの対外交渉を推進しようとする蘇我氏の指示により、倭漢氏がその配下の漢人を大津北郊に配置し、その政策を押しすすめようとしたと考える。

そして近江の漢人村主＝志賀漢人の分布の中心は、右にみたように、あくまでその本拠である滋賀郡南部であるが、それ以外にも浅井郡・坂田郡・犬上郡・愛知郡・神崎郡・野洲郡・栗太郡そして蒲生郡など近江各地に濃密な分布が知られる。またその居住地をみてみると、いずれも郡内で琵琶湖に隣接した地域に拠点が集中している。そして、その居住地には坂田郡の朝妻湊のように港湾施設をともなっている場合が多い。これらの点から琵琶湖の水運のカナメである滋賀郡の大津に本拠を置く志賀漢人が、近江各地の主要な港湾施設のある地に進出し、その周辺に拠点を拡大していった様相が推測されてくる。したがって、右にみた犬上郡某郷もまさに湖辺に位置しており、そうした実例に加えることができるであろう。そして、本郡の沼波郷の領域内とみられる多賀町木曽遺跡において、いわゆる大壁建物が二棟検出されており、志賀漢人一族の進出を考古学的にも裏付けるものである。(24)

2　犬上君について

犬上君氏は、『日本三代実録』仁和元年（八八五）七月十九日条に「近江国検非違使権主典前犬上郡大領従七位上犬上春吉」とあることから、犬上郡を本拠とする豪族で、その郡領氏族であることが知られる。居住地については、明確な史料はないが、先にみたように宝亀九年四月十九日付「穂積真乗女東大寺功徳分家地雑物寄進解」にみえる犬上郡某郷についての所在地の比定や居住者の構成などから犬上郡の湖辺部と考えられ、内陸部ではなくより湖に近い場所に本拠があったことが推測されてくる。その意味については、のちにまとめて考えることにしたい。

さて、犬上君氏が数多の地方豪族のなかで大和政権から特にその存在を認められていたことは、『古事記』『書紀』にその始祖系譜や伝承を載せているところから明らかである。すなわち『古事記』によると、景行天皇段のいわゆる倭建命後裔系譜に、倭建命の子稲依別王が「犬上君・建部君等が祖」とあり、また『書紀』では、景行五十一年八月四日条に「初め日本武尊、両道入姫皇女を娶して妃として、稲依別王を生めり。次に足仲彦天皇。次に布忍入姫命。次に稚武王。其の兄稲依別王は、是犬上君・武部君、凡て二の族の始祖なり」とあり、倭建命の後裔を称する有力な豪族であったことが判明する。そしてこの系譜に同族としてみえる建部君氏については、倭建命の「名代・子代」とされる建部の管掌者であり、いわゆる宮城十二門号氏族の一角を占める軍事的な性格の強い豪族とみられている。(25)ここから犬上君氏についても同様の性格が推定されてくるが、その点を裏付けるのが犬上君の祖とされる倉見別に関わる伝承である。

①『書紀』神功皇后摂政元年二月条

爰に新羅を伐ちたまふ明年の春二月に、皇后、群卿及百寮を領ゐて、穴門豊浦宮に移りたまふ。即ち天皇の喪を収めて、海路よりして京に向す。時に麛坂王・忍熊王、天皇崩りましぬ、亦皇后西を征ちたまひ、幷せて皇子新に生れませりと聞きて、密に謀りて曰はく、「今皇后子有します。群臣皆従へり。必ず共に議りて幼き主を立てむ。吾等何ぞ兄を以て弟に従はむ」といふ。乃ち詳りて天皇の為に陵を作るまねにして、播磨に詣りて山陵を赤石に興つ。仍りて船を編みて淡路嶋にして、其の嶋の石を運びて造る。則ち人毎に兵を取らしめて、皇后を待つ。是に、犬上君の祖倉見別と吉師の祖五十狭茅宿禰と、共に麛坂王に隷きぬ。因りて、将軍として東国の兵を興さしむ。時麛坂王・忍熊王、共に菟餓野に出でて、祈狩して曰はく。祈狩、此をば于気比餓利と云ふ。「若し事を成すこと有らば、必ず良き獣を獲む」といふ。二の王各假　に居します。赤き猪忽に出でて假に登りて、麛坂王を咋ひて殺しつ。軍士悉に慄づ。忍熊王、倉見別に謂りて曰はく。「是の事大きなる怪なり。此にしては敵を待つべからず」といふ。則ち軍を引きて更に返りて、住吉に屯む。

②『書紀』神功皇后摂政元年三月五日条

三月の丙申の朔庚子に、武内宿禰・和珥臣の祖武振熊に命して、数万の衆を率ゐて、忍熊王を撃たしむ。為に武内宿禰等、精兵を選びて山背より出づ。至りて菟道に河の北に屯む。忍熊王、営を出でて戦はむとす。時に熊之凝といふ者有り。忍熊王の軍の先鋒と為る。熊之凝は、葛野城首の祖なり。一に云はく、多呉吉師の遠祖なりといふ。則ち己が衆を勧めむと欲ひて、因りて、高唱く歌して曰はく、

彼方の　あらら松原　松原に　渡り行きて　槻弓に　まり矢を副へ　貴人は　貴人どちや親友はも　親友どち
いざ闘はな　我は　たまきはる　内の朝臣が　腹内は　小石あれや　いざ闘はな　我は

時に武内宿禰、三軍に令して悉に椎結げしむ。因りて号令して曰はく、「各儲弦を以って髪中に蔵め、且木刀を佩け」といふ。既にして皇后の命を挙げて、忍熊王を誘りて曰はく、「吾は天下を貪らず。唯幼き王を懐きて、君王に従ふらくのみ。豈距き戦ふこと有らむや。願はくは共に弦を絶ちて兵を捨てて、与に連和しからむ。然して則ち、君王は天業を登して、席に安く枕を高くして、専万機を制しましむ」。則ち顕に軍の中に令して。悉に弦を断り刀を解きて。河水に投る。忍熊王、其の誘の言を信けたまわりて、悉に軍衆に令して。兵を解きて河水に投れて、弦を断らしむ。為に武内宿禰、三軍に令して。儲弦を出して、更に張りて、真刀を佩く。河を度りて進む。忍熊王、欺れたることを知りて、倉見別・五十狭茅宿禰に謂りて曰はく、「吾既に欺かれぬ。今儲の兵無し。豈戦ふこと得べけんや」といひて、兵を曳きて稍退く。武内宿禰、精兵を出して追ふ。適逢坂に遇ひて破りつ。故、其の処を号けて逢坂と曰ふ。軍衆走ぐ。狭狭浪の栗林に及きて多に斬りつ。血流れて栗林に溢く。故、是の事を悪みて、今に至るまでに、其の栗林の草を御所に進らず。忍熊王、逃げて入るる所無し。則ち五十狭芽宿禰を喚びて、歌して曰はく、

いざ吾君、五十狭芽宿禰　たまきはる　内の朝臣が　頭推の　痛手負はずは
鳰鳥の　潜せな

則ち共に瀬田の済に沈りて死りぬ。時に武内宿禰、歌して曰はく
淡海の海　瀬田の済に　潜く鳥　目にし見えねば　憤しも

是に、其の屍を探けども得ず。然して後に、日数へ菟道河に出づ。武内宿禰、亦歌して曰はく、
淡海の海　瀬田の済に　潜く鳥　田上過ぎて　菟道に捕へつ

この一連の伝承は、「新羅征討」の帰途、九州で応神を生んだ神功皇后が大和に戻ろうとした時、応神の異腹の兄にあたる麛坂王と忍熊王が、皇位を手に入れようと反乱の軍を起し、神功・応神母子によって鎮圧されるという一連の物語で、兄麛坂王を摂津の菟餓野で失った忍熊王が、神功・応神の軍に大いに敗られ、宇治川の北岸から「逢坂」、「狭狭浪の栗林」へと逃れ、ついに「瀬田済」に追いつめられて、自ら水死したことが記されている。そしてこの物語には、犬上君の祖とされる倉見別なる人物が、吉師の祖五十狭茅宿禰とともに、麛坂王方の将軍として登場し東国の兵を興したとある。ただし五十狭茅宿禰が最後まで忍熊王に従いともに死ぬのに対し、倉見別についてはその後の消息が記されておらず、省略されたか、意識的に抹消された可能性もある。また忍熊王の敗死する場所が「淡海の海瀬田の済」とあるように、犬上君氏の出身地であるにもかかわらず、近江と無関係の吉師の祖五十狭茅宿禰の話となっているのも不自然で、伝承の改変も推定される。それはそれとして、犬上君氏の祖が、たとえ反乱軍とはいえ、将軍としてみえていることは、同氏の軍事的性格を示すものとして無視できない。

そして、『書紀』孝徳天皇即位前紀条には、「軽皇子、固辞ぶること得ずして、壇に升り即祚す。時に、大伴長徳字馬飼。連、金の靫を帯びて、壇の右に立つ。犬上建部君、金の靫を帯びて、壇の左に立つ。百官の臣・連・国造・伴造・百八十部、羅列りて匝りて拝みたてまつる」とあり、孝徳天皇の即位儀（式）の模様が記されている。すなわち、天皇が壇（高御座）にのぼり即位する、即位儀のクライマックスにおいて、壇の左右に金の靫を帯びた武官、大伴長徳連と犬上建部君が立って威儀を示しており、二人は後世の左・右近衛大将の役割に相当するものとみられる。二人は天皇に近侍する親衛隊の隊長であって、軍事的な性格の強い立場といえる[26]。一方の大伴連氏は、大和政権の時代以来の親衛軍のトップであり武門の名家であるから、それ自身何ら違和感はないが、もう一方の犬上君氏は、必ずしも大伴連氏に比肩する立場にあったとは考えられていなかったが、先にみた系譜や伝承とあわせて考えるなら、その軍事的な性格も無視できないといえよう。なお、ここにみえる犬上建部君については、これを氏名ではなく復姓とみて犬上に本拠をもつ建部君とする見解もあるが[27]、右に立つ大伴長徳が明らかに氏名であるところから、犬上は氏で建部は名とみるべきであろう。犬上君氏の一族の出身者とすべきであろう。少なくとも孝徳朝ごろの犬上君氏は、大伴連氏と並ぶ枢要の地位にあったことは間違いないであろう。そして犬上君氏が朝廷において、こうした地位を築いたことについては、遣隋使・遣唐使として推古・舒明朝に活躍した犬上君御田鍬をはじめとする一族の功績が大きかったと考える。

犬上君御田鍬による推古二十二年の第四回遣隋使については、中国側の記録はないが、『書紀』推古二十二年六月十三日条・二十三年九月条に、犬上君御田鍬らを隋に派遣したこと、翌年百済の使者とともに帰国したことがみえる。しかし、『書紀』の記述は簡略で、その具体的な内容は判明しない。このことについては、隋から唐への王朝移行期であったためとも考えられるが、この使節が戦乱のため途中で引き返した可能性も考えられている。もしそうであるなら、第一回遣唐使に犬上君御田鍬が、再度採用された事情を示しているのかもしれない。そして『旧唐書』倭国伝の貞観五年（六三一）条には、「貞観五年、使いを遣わして方物を献ず。太宗其の道の遠きを哀れみ、所司に勅して歳ごとに貢せしむる無し。又た新州の刺史高表仁を遣わし、節を持して往いて之を撫せしむ。表仁綏遠の才無く、王子と礼を争い、朝命を宣べずして還る」とあるように、第一回の遣唐使のことが述べられている。これに対して、『書紀』舒明二年（六三〇）八月五日条には、「大仁犬上君三田耜・大仁薬師恵日を以て、大唐に遣す」とあり、同四年八月条に「大唐、高表仁を遣して、三田耜を送らしむ。共に対馬に泊れり。是の時に、学問僧霊雲・僧旻及び勝鳥養、新羅の送使等、従たり」とあり、帰国の模様がみえる[28]。そして、『書紀』は同四年十月四日条に、高表仁らが難波津に泊り、朝廷は迎使を「江口」に派遣し、飾船三二艘を仕立てて迎えたことがみえる。表仁はこれに感謝の意を表わし、「導者」の案内で難波館に入ったことを記しているが、天皇・重臣との対面等については記述せず、同五年正月二十六日条に、「大唐の客高表仁等、国に帰りぬ」とあり、送使が対馬まで従ったとしている。『旧唐書』にみえる高表仁と王子の「礼」をめぐるトラブルには、まったく沈黙しており、意識的に隠したとみられている。ちなみにこの間における御田鍬の動向についても記述はない。

犬上君御田鍬は、このように二度にわたって公式使節に任命され中国に使いしており、当時の朝廷において大いに重用されたことが知られるが、御田鍬が称する冠位の大仁は、推古十一年の冠位十二階の第三位で、奈良時代の正五位に相当する。小野妹子が大礼で冠位十二階の第五位であるところからも、その地位の高さが推測される。また『書紀』斉明二年（六五六）九月条には、一族とみられる犬上君白麻呂が遣高麗使に任命され、同天智二年（六六三）五月一日条には、犬上君某が兵事を高句麗に告げたことがみえており、百済救援戦争敗戦後の緊急外交交渉にあたっていることが確認され、その後も犬上君氏の対外関係における活躍は著しい。犬上君氏は朝廷における外交関係を中心に登用されたことにより、中央政界においても重要な地位を築くことができたのであろう。孝徳天皇即位前紀条の記事もその文脈でみるとき、無理なく理解されるであろう。そして犬上君氏が、天武八姓において朝臣を賜っていることも、政府における犬上君氏の地位を示している。

おわりに

以上のように、朝廷における犬上君氏の立場は、外交と軍事という政治の中核に関わるものであって、両者は本来一体のものであったといえるであろう。犬上君氏がこのように外交・軍事においてその特性を示すことについては、近江がもともと地理的・歴史的にも軍事の枢要の地であり、いわゆる「畿内近国」に位置する近江に本拠を置く古代豪族の多くが大和政権の重要な構成員となっていることと無関係とは考えられないが、外交に近江の豪族が多く関与し一定の役割を果たしていることについては、近江が軍事だけでなく物流においても、日本列島の大動脈である琵琶湖を擁していること、それと関連して大和政権の交通・物流に大きな役割を果たした渡来氏族・渡来人集団が近江に多く集住していたことと深く関わるのではないか(29)。そして、犬上君氏の中央への進出については、推古朝を大きく遡らないと考えられており、遅くとも近江を主要な基盤とする継体王朝の成立との関わりも考えられている。しかし前節で検討したように、犬上郡の湖辺、荒神山の山頂・山麓に、近江でも最古に属する大規模な首長墓とそれにつづく中期・後期初頭の首長墓の存在が推定され、しかも文献から犬上君氏の本拠が湖辺に所在する可能性が強まったことから、犬上君氏の大和政権との結託関係は四世紀後半の大和政権の形成期に遡る可能性も出てきた。そこで今後こうした視点から犬上君氏の役割・性格の見直しをすすめていくべきと考える。

注

(1) 森克己『遣唐使』(至文堂、一九九〇年)、東野治之『遣唐使船』(朝日新聞社、一九九九年)。
(2) 高橋美久二「前方後円墳の時代―荒神山古墳の発見をめぐって―」(大橋信弥・小笠原好彦編『新・史跡でつづる古代の近江』ミネルヴァ書房、二〇〇五年)、『荒神山古墳―平成十五・十六年度範囲確認調査概要―』(彦根市教育委員会、二〇〇五年)、早川圭・増田洋平「彦根市荒神山古墳測量調査報告」(高橋美久二編『近江の考古と地理』滋賀県立大学人間文化学部考古学研究室、二〇〇六年)、『荒神山古墳』(彦根市教育委員会、二〇一〇年)。
(3) 高橋前掲注(2)論文。
(4) 細川修平「扇状地の開発と古墳」(滋賀県立安土城考古博物館第三一回企画展図録『扇状地の考古学―愛知・犬上の古代文化―』滋賀県立安土城考古博物館、二〇〇六年)。

（5）同右。
（6）多賀町教育委員会『多賀町埋蔵文化財調査報告書第一二集　楢崎古墳群』（二〇〇三年）。
（7）西田弘「滋賀県犬上郡甲良町長寺・九條野古墳群発掘調査概要」（『滋賀県文化財研究所月報五』滋賀県文化財研究所、一九六八年）、『甲良町史』（甲良町役場、一九八四年）。
（8）滋賀県教育委員会・滋賀県文化財保護協会「北落古墳群・金屋古墳群」（『ほ場整備関係遺跡発掘調査報告書ＸＸⅢ—三』一九九六年）、同『金屋南古墳群発掘調査報告書』（一九九六年）。
（9）滋賀県教育委員会・滋賀県文化財保護協会「北落古墳群」（『県営かんがい排水事業関連遺跡発掘調査報告書Ⅶ—二』一九九〇年）、同「北落古墳群」（『県営かんがい排水事業関連遺跡発掘調査報告書Ⅷ—二』一九九二年）、同「北落古墳群Ⅰ」（『ほ場整備関係遺跡発掘調査報告書ＸＸⅠ—四』一九九四年）、同「北落古墳群Ⅱ」（『ほ場整備関係遺跡発掘調査報告書ＸＸⅡ—三』一九九五年）、同「北落古墳群Ⅲ」（『ほ場整備関係遺跡発掘調査報告書ＸＸⅢ—三』一九九六年）、甲良町教育委員会「三博・四ッ塚古墳群遺跡発掘調査報告書」（『甲良町埋蔵文化財報告Ⅱ』一九九一年）、同『甲良町の歴史　北落工場造成に伴う塚原古墳群発掘調査概要』（一九九三年）、同「北落古墳群」（『ほ場整備関係遺跡発掘調査報告書　甲良町埋蔵文化財報告Ⅴ』一九九五年）。
（10）滋賀県教育委員会・滋賀県文化財保護協会「尼子遺跡」（『県営かんがい排水事業関連遺跡発掘調査報告書Ⅸ—二』一九九三年）、同「尼子遺跡」（『ほ場整備関係遺跡発掘調査報告書ＸＸⅠ—三』一九九四年）、同「尼子遺跡」（『ほ場整備関係遺跡発掘調査報告書ＸＸⅡ—四』一九九五年）、同「尼子遺跡」（『ほ場整備関係遺跡発掘調査報告書ＸＸⅠ—四』一九九三年）、同「尼子遺跡」（『ほ場整備関係遺跡発掘調査報告書ＸＸⅡ—四』一九九五年）。
（11）田路正幸「犬上郡甲良町小川原「栗林古墳」出土遺物について」（『紀要』四、滋賀県文化財保護協会、一九九〇年）、滋賀県教育委員会・滋賀県文化財保護協会「小川原遺跡三」（『ほ場整備関係遺跡発掘調査報告書ＸＸⅢ—五』一九九六年）。
（12）細川前掲注（4）論文。
（13）同右。
（14）奈良国立文化財研究所『平城宮発掘調査出土木簡概報』二〇（一九八八年）。
（15）同右。
（16）佐伯有清『新撰姓氏録の研究』考證篇第二（吉川弘文館、一九八二年）。
（17）角田文衛「葉栗臣翼の生涯（一）・（二）」（『古代文化』九—一一・一二、一九六二年）、王勇『唐から見た遣唐使』（講談社、一九九八年）。
（18）井上光貞「大和国家の軍事的基礎」（『日本古代史の諸問題』思索社、一九四九年）、大橋信弥「名代・子代の基礎的研究―部民制論序説―」（『日本古代の王権と氏族』吉川弘文館、一九九六年）。
（19）平野邦雄「秦氏の研究」（『史学雑誌』七〇―三・四、一九六一年）、大橋信弥「息長氏と渡来文化」（『古代豪族と渡来人』吉川弘文館、二〇〇四年）。
（20）佐伯有清『新撰姓氏録の研究』考證篇第五（吉川弘文館、一九八三年）。
（21）大橋信弥「橘守金弓について」（前掲注（19）『古代豪族と渡来人』）。
（22）大橋信弥「依知秦氏の形成」（同右書）。
（23）『新修彦根市史』第五巻・古代・中世（二〇〇七年）。
（24）大橋信弥「近江における渡来氏族の研究―志賀漢人を中心に―」（前掲注（19）『古代豪族と渡来人』）。
（25）上田正昭『日本武尊』（吉川弘文館、一九六〇年）。
（26）岡田精司「古代近江の犬上君」（『滋賀の文化』創刊号、一九七七年）。
（27）前川明久「古代の近江と犬上建部君」（『古代文化』二九―一〇、一九七七年）。
（28）森克己『遣唐使』（至文堂、一九九〇年）、東野治之『遣唐使船』（朝日新聞社　一九九九年）。
（29）大橋信弥「古代の近江」（大橋・小笠原前掲注（2）書）。

第四章　佐々貴山君足人と藤原豊成

はじめに

私は、旧著において、近江国蒲生郡と神崎郡の郡領氏族であった、佐々貴山君について、やや詳しい論及をおこなった。そうしたなかで天平十六年（七四四）四月に発生した紫香楽宮西北の山林火災の消火活動に、その一族が関与した事情についても、検討を加えている。ところが、その論証については今ひとつ納得できないこともあり、長く気がかりであった。

一方ここ十数年、滋賀県下では市町村合併がおこなわれたこともあって、市町村史の編纂に少なからず関わり、執筆を分担する機会もあった。そして、その執筆にあたっては、かつて公表した文章を下敷きに書く場合も少なくないが、改めて史料を読み直し、その後発見された木簡などの新出史料などに接すると、新しい発見や旧稿補正の手がかりが得られることも少なくなかった。本章はそうした旧稿の見直しをはかるものである。

一　神崎郡大領佐々貴山君足人

『続日本紀』天平十六年（七四四）八月五日条によると、蒲生郡大領佐々貴山君親人と神崎郡大領佐々貴山君足人の二人が、先に発生した紫香楽宮西北の山林火災に際し、消火のため山林を伐除した功績により朝廷から昇叙・奉賞を受けたことがみえる。この時親人は、「正六位上」から「従五位下」に、足人は「正八位下」から「正六位上」に昇叙されており、特に足人は一気に九階上昇という大幅な昇進で極めて異例なものであり、その功績の大きさを示している。それでは、なぜ甲賀郡から遠く離れた神崎・蒲生二郡の有力者が、紫香楽宮辺の山林火災の消火活動に加わったのだろう。右に述べたように、かつて私は、佐々貴山君の氏族的性格について検討した際、「山君」というウジ名の由来に注目し、それが山林原野を管理しそこで得られる材木・木炭などを貢納したり、あるいは朝廷の遊猟・薬猟などを引き受ける職務により王権に奉仕していた伝統を示すと考えた(1)。しかしながら、なぜ「山林火災」の消火なのかという、釈然としない部分も残っていた。そしてこのほど、神崎郡の古代を検討する機会があり、蒲生郡ではなく、もっぱら神崎郡の佐々貴山君をテーマとして考える必要が生じた(2)。そして、改めて史料の読み直したことにより、いくつか見逃していたことに気づくことができた。

表4にあるように、蒲生郡の佐々貴山君については比較的多くの文献資料が残されているが、神崎郡の佐々貴山君については極めて限られており、その詳細を知ることは難しい。どうしても佐々貴山君の一族として一括してしまうことになる。そうしたことが、逆に史料の読みをおろそかにさせてしまうのではなかろうか。そうしたなかで、神崎郡の佐々貴山君に関わる史料で注目したのが、天平十七年正月七日付けの「玄蕃少属秦道成状」である。玄蕃少属とは、政府組織の八省の一つで、左弁官局に属する治部省の玄蕃寮の下級官人で、治部省は主としてウジの掌握・管理などにあたっていた官司であった。

この文書は、正倉院に残された文書の一つで、「丹嚢文書」と呼ばれているように、絵の具などの材料である「丹」を包む紙に、使用済みの文書を再利用したものである。当然「正倉院御物」であり、現在でも「丹」を包んであるた

表4　蒲生郡・神崎郡の佐々貴山君

	人名	年紀	郡名	郷(里)名	官職ほか	位階（↓は昇叙）	出典史料名／備考
1	狭狭城山君	孝元天皇七年二月二日					『日本書紀』／阿倍氏同祖系譜
2	狭狭城山君韓帒	雄略天皇即位前紀十月					『日本書紀』／阿倍氏同祖系譜
	佐佐紀山君韓帒	安康天皇段					『古事記』
3	狭狭城山君倭帒	顕宗天皇元年二是月					『日本書紀』
4	（狭狭城山君）置目	同上			倭帒の妹		『日本書紀』
5	佐々貴山君□万呂	和銅四年～宝亀二年	蒲生郡	西里			「平城京長屋王家木簡」（『平城宮発掘調査出土木簡概報』二一）
6	佐々貴山□□	和銅四年～霊亀二年	蒲生郡	西里			「平城京長屋王家木簡」（『平城宮発掘調査出土木簡概報』二七）
7	佐々支部桑原大□	和銅四年～霊亀二年	蒲生郡				「平城京長屋王家木簡」（『平城宮発掘調査出土木簡概報』二七）
8	佐々貴山君親人	天平十六年八月五日	蒲生郡		大領	正八位上↓従五位下	『続日本紀』
9	佐々貴山君足人	天平十六年八月五日	神前郡		大領	正八位下↓従六位上	『続日本紀』
	山君足人	天平十六年十二月二十九日	神崎郡		戸主	正六位上	「勘籍」（『大日本古文書』編年之二五ノ一三一項）
	佐々貴山公人足	天平神護元年正月七日	（神崎郡）		（大領）	正六位上↓外従五位下	『続日本紀』
10	山君水通	天平十六年十二月二十九日	神崎郡		戸主		「勘籍」（『大日本古文書』編年之二五ノ一三一項）
11	山君馬乗	天平十六年十二月二十九日	神崎郡		水通戸口		「勘籍」（『大日本古文書』編年之二五ノ一三一項）
12	山君田室	天平十六年十二月二十九日	神崎郡		大舎人・足人戸口		「勘籍」（『大日本古文書』編年之二五ノ一三一項）

13	佐々貴山君	（孝謙朝ごろ）			内侍・命婦		『万葉集』巻一九、四二六八番
14	山公美奴久万呂	天平宝字六年四月二十五日	愛智郡		東大寺封租米運役		「愛智郡司解」（『大日本古文書』編年之五ノ二一八頁ほか）
15	山公友綱	天平宝字六年十一月二十三日	愛智郡		同上	外少初位下	「近江愛智郡司東大寺封租米進上解案帳」（『大日本古文書』編年之一六ノ三九二頁）
16	佐々貴山君由気比	延暦四年正月二十七日	蒲生郡		大領	外従六位上→外従五位下	『続日本紀』
17	佐々貴山公賀比	延暦六年四月二十四日	（蒲生郡）		蒲生采女	従七位下→外従五位下	『続日本紀』
18	佐々貴山公仲継	嘉祥三年四月二十九日				正六位上→外従五位下	『日本文徳天皇実録』
19	佐々貴山公宮子	貞観二年十一月二十六日				無位→外従五位下	『日本三代実録』
20	佐々貴山公是野	元慶元年十二月二日	蒲生郡		大領	外正六位上→外従五位下	『日本三代実録』
21	佐々貴山公房雄	承平二年正月二十一日	蒲生郡	安吉郷	元郡老	従七位上	「源昇家領近江国土田荘田地注文」（『平安遺文』二三九号）
22	佐々貴山公興恒	天暦十年六月十三日	蒲生郡		追捕使		「太政官符」（『朝野群載』巻第二二）
参考	篠笥郷		蒲生郡				『和名類聚抄』
	沙沙貴神社		蒲生郡				『延喜式』神名帳
	佐々木山	天平感宝元年閏五月二十日	蒲生郡				「聖武天皇施入勅願文」（『大日本古文書』編年之三ノ二四二頁）
	近江山君稚守山	仁徳天皇四十年是歳条					『日本書紀』／山部大連（『古事記』仁徳天皇段）

め、改めて開いてみることも釈文の再検討もできないというのが現状である。明治時代に調査された際の読みが『正倉院文書』に収録されており、そこには次のような記載がある。

（内包裏）
山君田室　年廿七　右大舎人近江国神埼郡戸主正六位上山君足人戸口
山君馬乗　年十三　近江国神埼郡戸主君山水通戸口
　　天平十六年十二月廿九日
被中納言尊宣云、上件二人勘籍者、今録宣旨告知、不可忘怠宣語旨者、後知必可勘耳、
　（天平十七年）正月七日　玄（蕃）番少属秦道成

欠失部分があって詳しい内容はわからないが、普通、当時の台閣で重きをなしていた中納言藤原豊成の命を受け、豊成の仕丁となる山君田室・山君馬乗の二人の戸籍を照会（勘籍）し、身元を確認したものとみられている。照会の日は天平十六年十二月二十九日とある。勘籍によると、田室は二七歳で、右大舎人として当時出仕しており、近江国神崎郡の戸主で正六位上の山君足人の戸口（家族）であること、馬乗は一三歳で、近江国神崎郡の戸主で山君（原文では「君山」）水通の戸口であることが書かれており、この四人の山君が神崎郡に本拠を置く人々であることが判明する。この文書では、この人たちの氏名は単に「山君」とあるだけで、蒲生郡・神崎郡の郡領氏族である佐々貴山君との関わりは判明しない。ただ、ここにみえる近江国神崎郡戸主正六位上の山君足人はその冠位からみて地方の住民としてはかなり高い官位にあること、その子どもの田室たちの「勘籍」に、時の中納言の「尊宣」があり、「今録宣旨告知、不可忘怠宣語旨者、後知必可勘耳」と、強い念が押されていることは看過できないであろう。

そこで想起されるのは、先に取り上げた、紫香楽宮辺の山林火災の鎮圧に功があり異例の昇進をとげた神崎郡大領佐々貴山君足人のことである。二つの記録にみえる足人は、名が同じだけでなく、その記録の年次も天平十六年の八月と十二月と近接しており、またその本拠も近江国神崎郡であり、その官位もともに「正六位上」であった。後者の文書の「山君」を佐々貴山君の省略と理解できるなら、ほぼ同一人とすることができる。また、こうした視点で蒲生・神崎両郡の古代の人名を見直してみると、従来蒲生郡人と理解していた、『続日本紀』天平神護元年（七六五）正月七日条に正六位上から外従五位下の昇叙された佐々貴山公人足も、先の記録から二一年後で官位にも矛盾はなく、「人足」は「足人」の誤植の可能性が高く同一人物とみられる。(3) おそらく佐々貴山君足人は神崎郡大領として、この間も継続してその地位にあったのであろう。これにより、この間の神崎郡大領の名も確定できることになる。それでは、この中納言とは誰か。これについては、『正倉院文書』の頭注に「中納言藤原豊成仕丁ヲ勘籍セシム」とあり、藤原豊成であることがすでに指摘されている。

二　中納言藤原豊成と佐々貴山君足人

藤原朝臣豊成は、藤原氏の嫡流南家の左大臣・贈太政大臣藤原朝臣武智麻呂の長子であり、難波大臣・横佩大臣とも呼ばれた。若くして博士の門に学び、その才学は広く知られたとあり、神亀元年（七二四）二月、正六位下から従五位下に叙せられ、兵部少輔に任じられた。その後順調に昇進し、天平九年（七三七）七月、天然痘の流行が都にもおよび、父武智麻呂をはじめ房前・宇合・麻呂の四卿があいついで没したため橘諸兄政権が成立するが、豊成も藤原氏のトップとして、同年九月、従四位下に叙せられ、十二月には参議・兵部卿に任じられた。そして、天平十五年従三位・中納言に昇叙されている。さらに天平二十年三月、従二位・大納言となり、翌天平感宝元年（七四九）四月、聖武天皇の大仏殿行幸の日に右大臣に任じられた。

ところが、この年、孝謙女帝が即位したのにともなって、豊成の弟仲麻呂が光明皇太后のために設置された紫微中台の長官になり政治の実権を掌握したため、豊成は政治の中枢から遠ざけられることになった。そして、天平勝宝九年（七五七）、橘奈良麻呂の謀反が発覚、豊成もその一味に擬せられていたため大宰員外帥に左降されたが、難波別業で病を称してその後も赴任しなかった。そのうちに、天平宝字八年（七六四）九月、道鏡を朝廷から追放しようと藤原仲麻呂がクーデターを起し失敗して敗死したため、豊成は直ちに右大臣に復され従一位に叙せられた。しかし、それもつかのま、翌天平神護元年（七六五）十一月二十七日、六二歳で亡くなっている。

以上のように、藤原豊成は、藤原氏の嫡流南家の長子として将来を約され、一時は藤原四卿の病死もあり早くして台閣のトップに近づくこともあったが、後半生は権勢欲の強い弟の仲麻呂に翻弄された。豊成が中納言であったのは、天平十五年から二十年までの五年間で、先の文書にみえる天平十六年はそのなかに含まれ、豊成の全盛期でもあった。こうした時期に、豊成の指示が一地方豪族の子弟に出されたのは特筆する出来事といえよう。これは、当時における佐々貴山君と豊成の浅からぬ関係を示すものと思われる。ただそれを具体的に示す資料はないが、やはり最初にみた、天平十六年八月五日の記載が注目される。すなわち、この時、朝廷から昇叙・奉賞を受けた蒲生郡大領佐々貴山君親人と神崎郡大領佐々貴山君足人の二人のうち、佐々貴山君足人は、先にみた「玄蕃少属秦道成状」にみえる近江国神崎郡戸主正六位上山君足人と同一人物とみられるからである。すなわち「玄蕃少属秦道成状」では、天平十六年十二月二十九日付で、正六位上とある足人が、同じ年のわずか四ヵ月前の八月、紫香楽宮辺の火災消火の功績により、従八位上から正六位上に一気に九階も昇叙されており、こうした異例の昇進についても、豊成と足人の親密な関係がうかがわれるのではないか。

ところで、豊成と足人を繋ぐ手がかりが、足人の昇進と深く関わる紫香楽宮における二人の結びつきである。天平宝字五年十二月から同六年八月までのおおよそ八ヵ月を要してなされた石山寺の増改築は、約八ヵ月という短期間のうちに、建物一一宇余の小規模な山間寺院を二十数宇の堂舎をもつ大寺院に整備するという大規模な事業であった。これについては、東大寺三綱のトップにあった大僧都良弁が陣頭で指揮し、造東大寺司の全機構を総動員したことも大きいが、それとともに東大寺領勢多庄や紫香楽宮辺に所在した既存建物を壊漕運し移改築することによって工事の進捗がはかられたからであって、その一つが信楽の宮辺にあった筑紫帥(前右大臣)藤原豊成の五丈板殿二宇であった。なお、「買藤原五丈殿」については、近年、これを藤原豊成邸ではなく、藤原房前の三男真楯(八束)の所有であったとする見解が出されているが[4]、私は豊成邸の可能性がいまだ残されていると思うので、通説の立場で検討をすすめたい。すなわちその壊漕運については、すでに天平宝字五年十二月末から大僧都良弁の指示で準備がなされていたが、実際にそれが実行に移されたのは、六年二月に入ってからのことであった。信楽の宮辺で解体され、陸路で雇夫と車によって、おそらくのちの杣街道を経由して、現在の湖南市三雲に比定される三雲川津まで運出されたあと、桴に編まれ野洲川を夜須潮まで漕下されることになっていたが、実際には種々の事情で遅れ、ようやく六月中旬までに夜須潮に到着したとみられる。そして、夜須潮から石山津への漕運は、往還四日を要しておこなわれ、六月十九日までには石山に到着したらしい。買藤原五丈殿二宇と法備国師奉入三丈殿一宇は、ただちに法堂・食堂として構築されている[5]。

このことから、紫香楽宮の近傍には当時の右大臣藤原豊成の屋敷があり、その廃都後も所有されていたが、豊成本人はこのころすでに仲麻呂により左遷されており、筑紫帥(前右大臣)藤原豊成の屋敷は売りに出されたらしい。これを造東大寺司が買い上げて、石山寺の増改築に再利用することになったとみられる。このことから、豊成の屋敷は、宮近辺の山林火災により焼失することなく、廃都後も維持所有されていたことが判明する。そして、そのことと佐々貴山君による消火活動との繫がりが浮かび上がってくる。すなわち、先にみた「玄蕃少属秦道成状」からうかがえる豊成と佐々貴山君一族との深い繫がりは、紫香楽宮辺の山林火災に際し、甲賀郡からは遠い蒲生・神崎に本拠を置く佐々貴山君が、あえて消火に加わることになった事情を示しているのではないか。すなわち、その当時おそらく紫香楽宮に滞在していた豊成から、平城京と比べれば現場に近く組織的な活動ができる佐々貴山君一族に、消火への出動が要請されたのではなかろうか(6)。このことは、両者の間に主従関係に近い繫がりのあったことを示している。そのように考えると、鎮火後の異例の昇叙や、その子弟の「勘籍」への豊成の深い関与も、無理なく理解できるのである。

さらに、中央豪族阿倍氏の同族であった佐々貴山君が藤原氏と主従関係に近い関係を結んだ事情については、藤原豊成と阿倍氏の意外な関係が指摘されている(7)。すなわち、『藤氏家伝』下「武智麻呂伝」には、「公に、嫡夫人有り、阿倍大臣の外孫なり。子二人有り、其の長子は豊成と曰う、其の弟は仲満と曰う」とあり、藤原豊成の母嫡夫人は、大宝元年（七〇一）に台閣トップの右大臣で従二位となった阿倍朝臣御主人（阿倍大臣）の孫娘で、藤原仲麻呂も同母であった。『公卿補任』天平九年条の藤原朝臣豊成の記述に「贈太政大臣武智麿之長子。母従五位下安倍朝臣貞吉女。貞媛娘也。慶雲元年甲辰生」とあり、母嫡夫人の名が貞媛娘であることが知られる。豊成の生年は慶雲元年（七〇四）で、藤原武智麻呂と嫡夫人の婚姻はそれ以前となる。御主人は、大宝三年に亡くなっており、生前に阿倍家の将来を見据えて外戚関係の形成に力を尽くしていたことがうかがえる。なお、『続紀』延暦元年（七八二）四月十七日条に「尚侍従二位藤原朝臣百能薨しぬ。兵部卿従三位麻呂の女なり。右大臣従一位豊成に適けり。大臣薨して後、志を守ること年久しく、内職に供奉りて貞固を称へられる。薨しぬる時、年六十三」とあるように、豊成の夫人百能は藤原麻呂の娘であった。

阿倍氏は、このように台閣で勢力を拡大しつつあった藤原氏と外戚関係を結び緊密な関係を希求しており、特に藤原氏の嫡流南家武智麻呂の長子豊成は阿倍氏にとっては外孫でありその関係は良好であったとみられる。その豊成が、先にみたように、中納言在任時に佐々貴山君一族の出仕にあたっての勘藉に口添えをしたり、紫香楽宮の火災にあたってその消火活動に遠く離れた蒲生・神崎郡から佐々貴山君の一族が駆けつけ活躍していることは、藤原豊成と佐々貴山君の緊密な主従関係を示すものであるとともに、その間に同じ阿倍氏同族の主家である阿倍氏の存在は無視できないと考える。阿倍氏と佐々貴山君の間にも、長い同族としての伝統が維持されていたことがうかがえるのではないか。

おわりに

近江国神崎郡の大領であった佐々貴山君足人が、天平十六年（七四四）八月、その年の四月の紫香楽宮西北の山林火災消火の功績により、「正八位下」から「正六位上」へ一気に九階上昇という大幅な昇進をした事情を検討するなかで、天平十七年正月七日付けの「玄蕃少属秦道成状」にみえる神崎郡戸主山君足人が、名が同じだけでなく、その記録の年次も天平十六年の八月と十二月と近接しており、またその本拠も近江国神崎郡であり、その官位もともに「正六位上」であるところから、同一人と判定できた。そして、その書状の内容から、その子弟の「勘籍」にあたって、当時の台閣トップにあった中納言藤原朝臣豊成が、自ら異例に強いプッシュを当該官司に加えていることも明らかになり、蒲生郡と神崎郡の郡領氏族であった佐々貴山君と豊成の間にある、主従関係の存在が浮かび上がってきた。

そうした文脈で、佐々貴山君による紫香楽宮辺の山林火災の消火活動への関与を見直してみると、紫香楽宮からかなり離れた蒲生郡・神崎郡から佐々貴山君の一族がその消火活動に駆けつけたのは、当時紫香楽にいたと思われる豊成から自邸の防火も含め要請があったからではないかと想定した。

また、中央豪族阿倍氏の同族であった佐々貴山君が、藤原氏と主従関係に近い関係を結んだ事情については、藤原豊成の生母嫡夫人が文武朝の右大臣阿倍朝臣御主人の孫娘であり、藤原仲麻呂も同母であったことは注目される。藤原豊成と佐々貴山君の緊密な主従関係の背景に、佐々貴山君にとって同じ阿倍氏同族の主家である阿倍氏と豊成とのこうした関係があったことも無視できない。阿倍氏と佐々貴山君の間にも、長い同族としての伝統が維持されていたことがうかがえる。

注

（1）大橋信弥「佐々貴山君の系譜と伝承」（『日本古代の王権と氏族』吉川弘文館、一九九六年）。
（2）大橋信弥「湖東の古代豪族とヤマト政権」（『東近江市史　能登川の歴史』第一巻・原始・古代編、二〇一一年）。
（3）今回の見直しの際、新古典文学大系本『続日本紀』の当該箇所の頭注に、同一人物の可能性が指摘されていることに気づいた。
（4）岡藤良敬「藤原『豊成』板殿・考」（『正倉院文書研究』一〇、二〇〇五年）。
（5）大橋信弥「信楽殿壊運所について」（『古代豪族と渡来人』吉川弘文館、二〇〇四年）。
（6）当然のことながら、足人らが緊急事態を把握して、自主的に出動した可能性も否定できない。
（7）竹本晃「阿倍氏」（『ここまでわかった！　古代豪族のルーツと末裔たち』新人物往来社、二〇一一年）、大橋信弥『阿倍氏の研究』（雄山閣、二〇一七年）。

第五章　継体天皇と美濃

――「守君舩人」墨書土器発見の意義――

はじめに

平成二十五年三月、滋賀県高島市安曇川町三尾里に所在する上御殿遺跡の発掘調査で、奈良・平安時代の河道跡から外側面に「守君舩人」と墨書した土器（図24）が出土した。縦書きで七行、ほぼ等間隔に記載されている特異なもので、その河川跡からは同時期の人形代・忌串・馬形代などの木製祭祀具が大量に出土しており、墨書土器もそうした古代祭祀に関わるとみられる(1)。

さらに、もう一つ興味を引いたのは、土器に書かれた「守君舩人」が、君という有力なカバネをもつ人物で、守君氏は、近江国高島郡の古代豪族ではなく、美濃国の豪族であったからである。美濃の豪族守君の一族の舩人が、どうして近江国高島郡の遺跡から出土した土器にその名を記されることになったのか。また、舩人はこの地においてどのような地位にあり、墨書土器は何のために使用されたのであろうか。本章では、そうした点について考えたところを述べることにしたい。

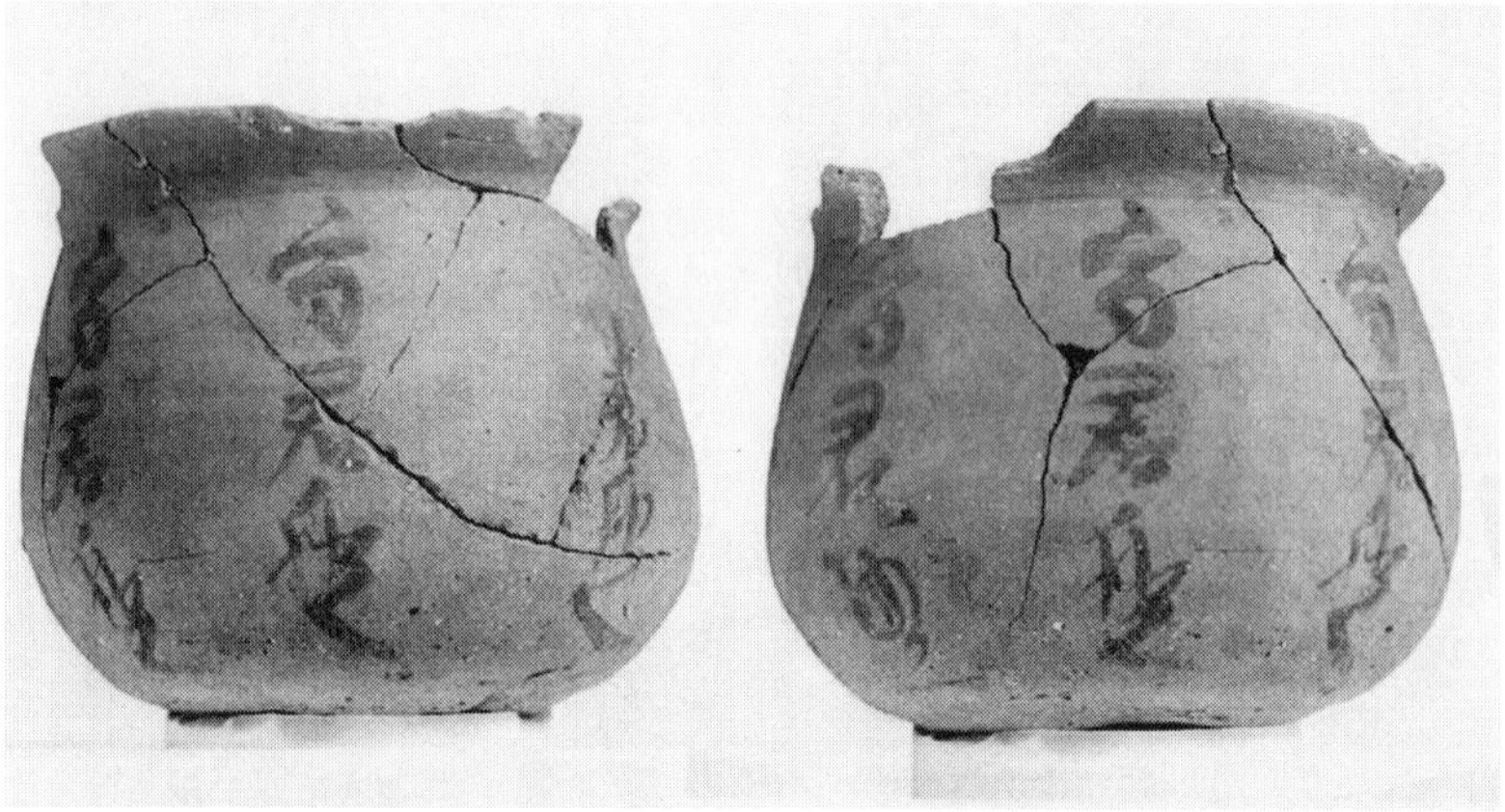
図24　「守君舩人」墨書土器

一　「守君舩人」墨書土器の発見

上御殿遺跡は、高島平野のほぼ中央を西から東へ流れる鴨川の左岸の平地に所在する。鴨川の支流八田川の河川改修の事前調査で、河川を拡幅する地点を細長く調査しており（一万六〇〇〇平方メートル）、縄文時代中期末（四〇〇〇年前）から一五世紀の室町時代に至る多様な遺構・遺物が出土している。このうち、平成二十五年の調査では、竪穴建物跡や掘立柱建物跡が立地する微高地の北側を、西北から南東へ蛇行して流下する幅四メートル（古墳時代では一五メートル）、深さ二・二メートルの河川跡を検出し、古墳時代（四世紀）から平安時代（一二世紀）まで八〇〇年余り継続しておこなわれていた「水辺祭祀」に関わる多数の遺物を発見した。祭祀は、川の北側と南側の岸辺から何ヵ所かでおこなわれていたらしく、同時期の遺物が集中するブロックのあることが明らかにされている（図25）。

古墳時代の遺物としては木製の刀形代・斎串などで種類も数も多くないが、遺跡の最盛期と思われる奈良時代末（八世紀末）から平安時代（九世紀前半）にかけては人形代が五一点、馬形代が二三点、斎串・土馬など多様な祭祀具が多数出土しており、大規模な水辺の祭祀場の観を呈しているる。「守君舩人」墨書土器は径約一チセンの焼成後に開けられた底部穿孔のある広い口のずんぐりした土師器の小型甕で、口径一四・九チセン、高さ一二・七チセンを測り、正立して河川のなかに据えたような状態で出土している（図26）。

墨書は外面のほぼ全体を使って書かれており、ほぼ等間隔に縦書きで七列にわたり、「守君舩人」を列記している。

普通、墨書土器に書かれる文字は一ないし二文字であり、人名を書いたものでも、ウジだけか、名のみを書く場合が

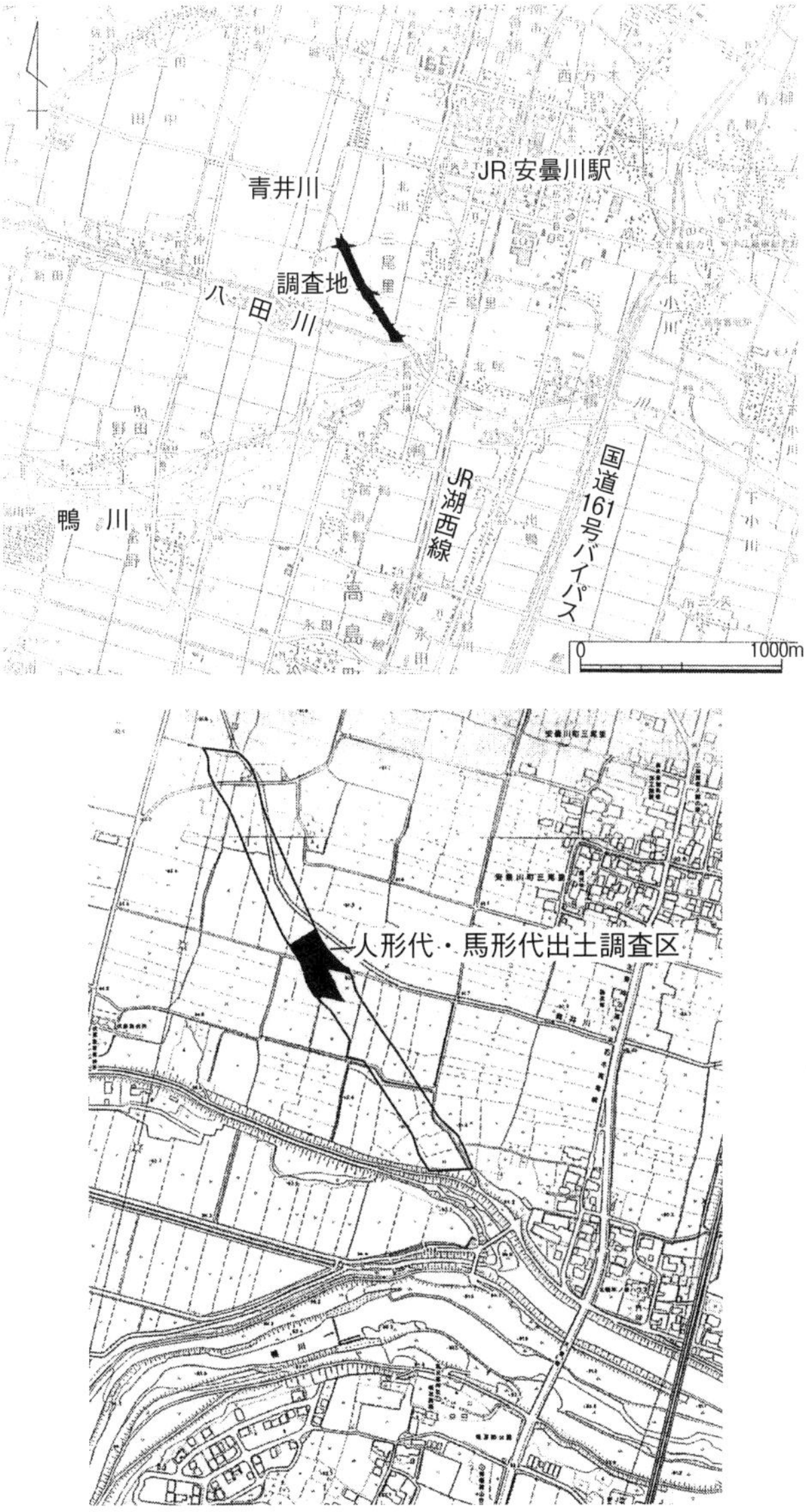

調査地拡大

図25　上御殿遺跡位置図

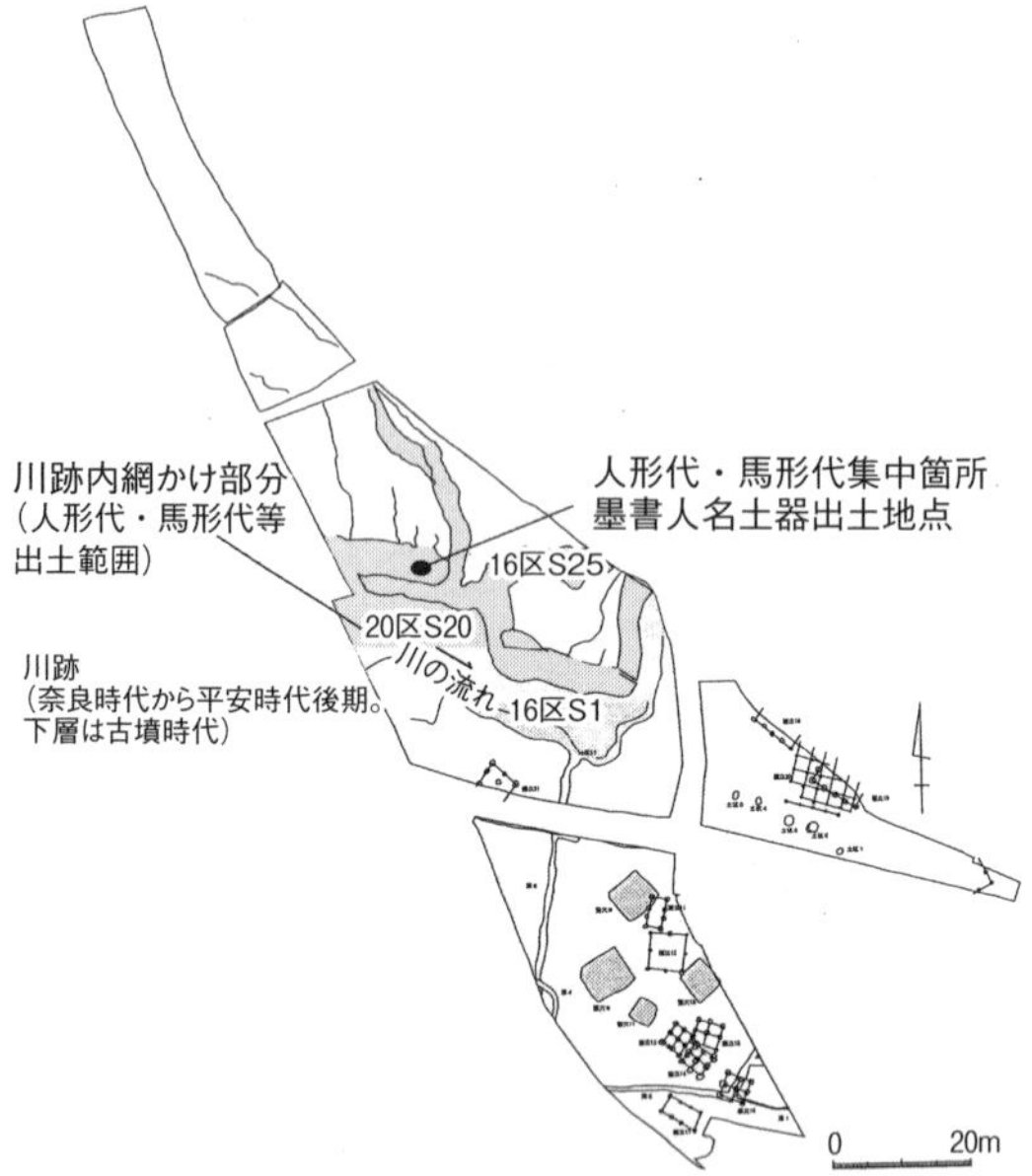

図26　上御殿遺跡遺構配置図

多く、フルネームで書いたものは少ない。東日本を中心にいくつかの出土例があり、延命祭祀・通称＝屋号などとする解釈がなされている。(2)ただ墨書土器ではないが、人形代の例では、平城京左京（外京）五条五坊七坪出土のものに、「山（下倉）人豆主」という人物のフルネームが顔の下の胴部に書かれたものがあり、特定人物の祓が行われていたことがうかがえる(3)（図27）。これもかなり特殊な例であるが、今回の出土例はそれ以上に稀有といってもよいのではなかろうか。それでは、こうした墨書土器はどのような機能を果たすため作成され、どのように使用されたのであろうか。また、ここに書かれた「守君舩人」とは、どのような立場の人物であったのであろうか。

まず、この土器が出土したのは、先にみたように、古墳時代から平安時代まで継続的に水辺の祭祀がおこなわれた場であり、そうしたまつりと一連のものであるといえよう。特に、出土地点周辺でおこなわれていた、奈良時代末（八世紀末）から平安時代（九世紀前半）にかけての人形代、馬形代、斎串、土馬など多様な祭祀具を使用したまつりについては、時期的にもいわゆる律令祭祀とみるべきであろう(4)。こうした祭具は、祈雨・請雨祭祀とする見解も有力であるが、基本的に病や穢れを祓うまつりの道具とみられている。人形代、馬形代や土馬は穢れや病を形代に吹き付け川に流したとされ、馬は人の乗り物として、人形代とともに使用されたとする見解が有力である。斎串は、結界を切るものとして祭場のまわりに立てられたもので、各種のまつりに使用されている。

こうしたまつりは、国・郡・民間などの各レベルでなされたとみられるが、上御殿遺跡の場合は、高島郡の中枢である三尾里に所在し高島郡の有力豪族三尾君の本拠とみられるところから(5)、民間というより郡レベルの祭祀とすべきであろう。長期にわたり同じ場所でおこなわれていることや、部分的な調査にもかかわらず豊富な祭祀具を出土したことは、祭祀具が丁寧な作りであることとともに、こうした想定を裏付けるであろう。上御殿遺跡の墨書土器もそうしたまつりの一部とみられるから、「守君舩人」という特定の人物の病や穢れを祓う目的で使用されたのであろう。人形代や墨書人面土器は、先の平城京出土の人形代を除き、特定の人物を指定していないが、この場合は、あえて人物名にこだわったとみられるし、七列という配置もそうした強い意志を示しているといえる。

それでは、どうして、「守君舩人」と書いた墨書土器が祓いに使われたのであろうか。それはごく常識的にみて、「守君舩人」が郡内で有力な人物であったからではなかろうか。郡司かそれと同等の地位にあったとみられる。ただこのことについては、大きな障害がある。すなわち、先に指摘したように、守君氏は、近江高島の豪族ではなく、美濃の豪族であるからである。

図27　平城京出土墨書人形代

二　美濃の豪族守君

『古事記』景行天皇段には、その帝紀部分に、天皇と妃の「吉備臣等之祖、若建吉備津日子之女、名は針間之伊那毘能大郎女」との間に、櫛角別王・大碓命・小碓命・倭根子命・神櫛王の五王が生まれたとあり、その後段で大碓命は、「守君・太田君・嶋田君之祖ソ」とある。そして、景行天皇段の美濃の兄比売・弟比売招婚説話には、天皇が「三野国造之祖、大根王之女」の兄比売・弟比売を喚し上げるべく大碓命を遣したところ、二人を自分の妻とし、別の女人を天皇に差し出した。そして、大碓命と兄比売の間に生まれた押黒之兄日子王は三野之宇泥須和気之祖となり、弟比売との間に生まれた押黒弟日子王は牟宜都君等之祖となったとある。ここから、守君が、太田君・嶋田君とともに、美濃の豪族、三野之宇泥須和気・牟宜都君の同族であることがわかる。

一方、『日本書紀』（以下『書紀』と略記）は、景行四年二月是月条に、天皇が「美濃国造、名は神骨が女。兄の名は兄遠子、弟の名は弟達子」の美しいことを聞き、ヤマトタケルの兄大碓命を遣してその容姿をみさせたところ、大碓命は二人と密通して復命しなかったので、天皇は大碓命を恨むことになったという所伝を載せている。また、景行四十年七月十六日条は、その後日譚として、東国の蝦夷を大碓皇子に討たせようとしたところ、恐れて隠れてしまったため、天皇は皇子を美濃に追放したとしている。そして、その大碓皇子が、「是身毛津君・守君、凡て二の族の始祖なり」とする。これにより、先の所伝とあわせるなら、美濃国造の娘の生んだ子が、身毛津君と守君の始祖であることが述べられている。

事実、『新撰姓氏録』左京皇別下には「牟義公　景行天皇皇子大碓命之後也」、「守公　牟義公同氏。大碓命之後

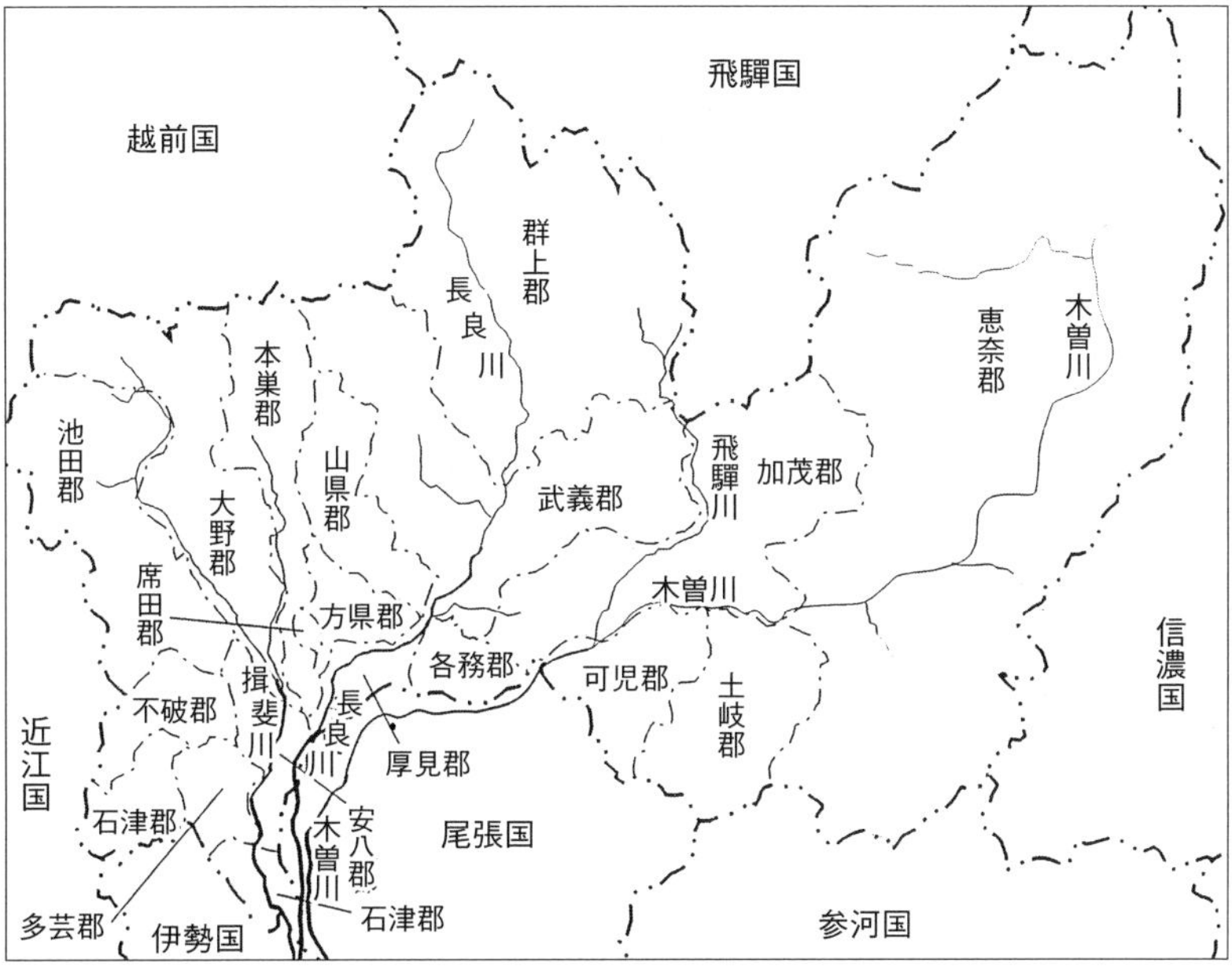

図28　美濃国諸郡配置図

也」とあるし、河内国皇別には「守公　牟義公同祖。大碓命之後也」「大田宿禰　大碓命之後也」とあり、守君が美濃の豪族であることが確定する。また、『古事記』開化天皇段の彦坐王の後裔系譜には、景行天皇段に、美濃国造の神骨とあった人物とみられる彦坐王と「天之御影神之女、息長水依比売」の間に生まれた、神大根王が「三野国之本巣国造・長幡部連之祖ソ」とあり、守君含む美濃の有力豪族のほとんどが大碓命の系譜に繋がることも明らかになる。

ただ、これらの豪族のうち、三野国之本巣国造がのちの美濃国本巣郡を、身毛津君（牟義公）が武義郡を本拠としていたことはいちおう想定されるが、守君の本拠は確定できない。このことについてはさらに詳細な考証が必要になるが、ここでは身毛津君との同祖関係が強いことから、武義郡ないしその周辺と考えておきたい(6)。そして最初にも指摘したように、守君については、こうした伝説的記載だけでなく、天智朝前後の動向も知られている（図28）。

すなわち、『書紀』天智天皇即位前紀、斉明七年（六六一）八月条には、先に唐・新羅連合軍の攻撃により滅亡した百済の遺臣の要請を受け、救援戦争に乗り出した倭国が派遣した将軍のなかに大山上守君大石がみえ、白村江の戦で大敗したのちの天智四年（六六五）是歳条にも、「是歳。小錦守君大石等を大唐に遣わす云々」とあり、唐に派遣されたことが判明する。後者の第五回遣唐使については諸説あって、これは事実ではなく、百済救援戦争で唐の捕虜となっていた大石が、倭国を代表して唐の高宗の封禅の儀に参列させられたとする見解も出されているが(7)、実際に派遣された可能性も否定できない。守君大石が倭国の有力な将軍であり、また、外交官としての手腕も期待されていたことを示すものであろう。

そして、『書紀』持統元年（六八七）正月十九日条には、「甲申に、直広肆田中朝臣法麻呂と追大弐守君苅田等とをして。新羅に使して、天皇の喪を赴げしむ」とあり、持統七年六月四日条には、守君苅田ら七人を直広肆に昇叙したとある。守君の一族である苅田が、新羅に重要な任務で使いをしていることや、のちに正八位下から従五位に昇叙するなど、大石に次いで外交を中心に中央政界での活躍が知られるのである。このように、守君は、美濃の国造級の豪族でありながら、少なくとも斉明朝ごろには、中央政界で外交を中心に有力な地位を築いていたことは間違いないところである。それでは、守君はどのような事情で中央政界に進出することになったのであろうか。また、近江国高島郡で「守君船人」が、なぜ郡レベルでの律令祭祀に重要な役割を果たしていたのか。私は、継体天皇との関わりを想定している。

三　継体天皇と美濃

継体天皇の即位について、『古事記』は武烈天皇段の終わりの部分に、「天皇（武烈）既に崩りましぬ。日続知らす可き王無し。故、品太天皇（応神）五世之孫、袁本杼命（継体）、近淡海国自り、上り坐さ令メ而、手白髪命於合せまつりて、天下を授ケ奉りき」と簡略に記載し、『書紀』は、武烈の崩後、まず仲哀天皇の五世孫とする倭彦王を迎えようとしたが失敗し、改めて越前三国にあった応神五世孫の継体を迎えようとしたことを記している。武烈の死後、王統が断絶し、「応神五世孫」を自称する継体が地方から擁立され即位するという、異常な事態が生起したのである。したがって、そうした継体にとって、越前三国や出生地である近江高島は当然重要な拠点であったが、その后妃の出自からさらに広い地域の擁立勢力の存在が想定される。

継体の后妃は『古事記』に七人、『書紀』に九人みえるが、このうち、大后とされる手白香を除いて、まず注目されるのは『書紀』が「元妃」とする尾張連草香の女、目子媛である。尾張連は、熱田神宮を氏神とする尾張の豪族であり、国造家であった。目子媛は安閑・宣化の母であって、当然、手白香立后以前の正妃たる位置にあったとみられる。手白香・目子媛に次いで重要な位置を占めるのが、「次妃」とされる三尾角折君の妹＝稚子媛である。『古事記』はこの妃を筆頭に上げており、最も早く入内した可能性が大きいが、三尾氏からはいま一人、三尾君堅械の女、倭媛を出している。継体との繋がりは、予想以上に強かったのであろう。三尾氏は、継体の父彦主人王が拠点として活動していた「三尾別業」のある、近江高島南部の有力豪族であった。そしてこのほか、坂田大跨王の女・息長真手王の女・根王の女は、父が「某王」を称し王族のごとくであるが、のちの近江国坂田郡を本拠とする有力豪族、息長君・

図29　上宮記一云系譜

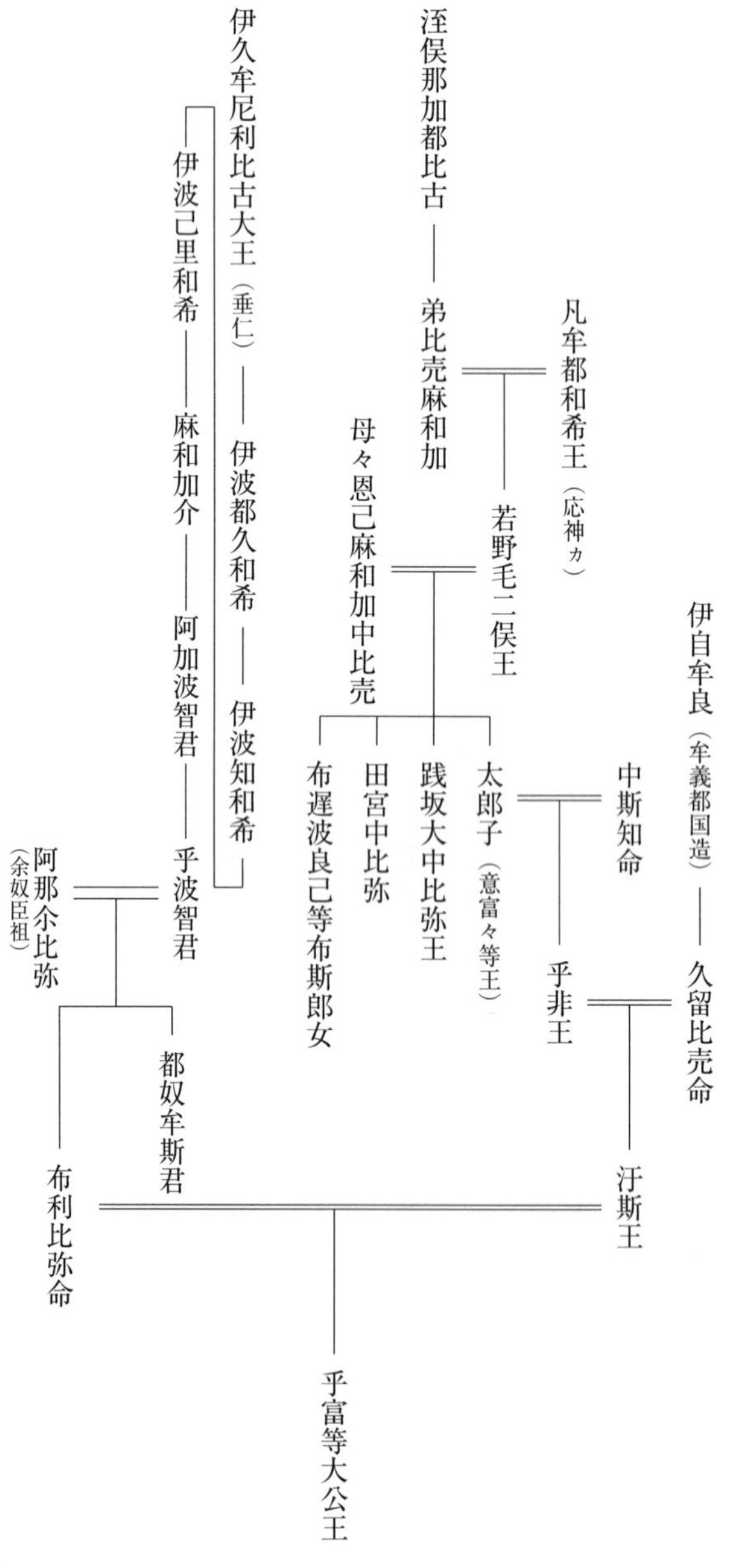

坂田酒人君・坂田君の所生とみられる。このほか、茨田連小望の女がみえ、摂津の豪族と継体の関わりも注意される。そして、『書紀』に第七妃とされる和珥臣河内の女、荑媛の存在は、和邇氏が唯一の中央豪族であることから、特に注目されるところである。和邇氏は、大和東北部から山背南部に拠点があった。

このように、継体の有力な擁立勢力としては、継体の母の故郷である越前三国をはじめ近江三尾・近江坂田・尾張・摂津・山城南部などの豪族が想定されるが、それに加え注意されるのが、『釈日本紀』が引用する「上宮記一云」にみえる継体の祖母、久留比売命（乎非王の妃）である。父は、美濃の豪族牟義都国造伊自牟良君で、美濃も有力な擁立勢力と考えられる(8)。そうしたなかで、今回発見された墨書土器に美濃の豪族守君一族の名が記されていたことは、継体擁立勢力間の交流を示すものではないか（図29）。

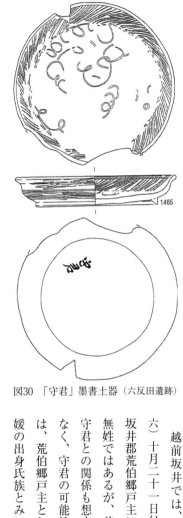

すなわち、右にみたように、守君は「上宮記一云」にみえる牟義都国造＝牟義君と極めて近い同祖氏族であり、当然継体擁立勢力の一翼を担う立場にあるといえよう。近江高島三尾の地は、継体の父彦主人王が重要な拠点を置いていたところであり、越前坂井から迎えた振媛との間に、継体が生まれた地でもあるからである。そして、成人した継体が越前坂井に、最初に迎えた妃は、近江高島三尾の豪族三尾君の二人の娘であった。守君の一族が、この地に居住する背景として、継体擁立勢力という共通性がまず考えられるのである。こうした点を裏付けるのは、同じ継体擁立勢力である越前坂井と近江坂田において、守君の居住が確認できることである。

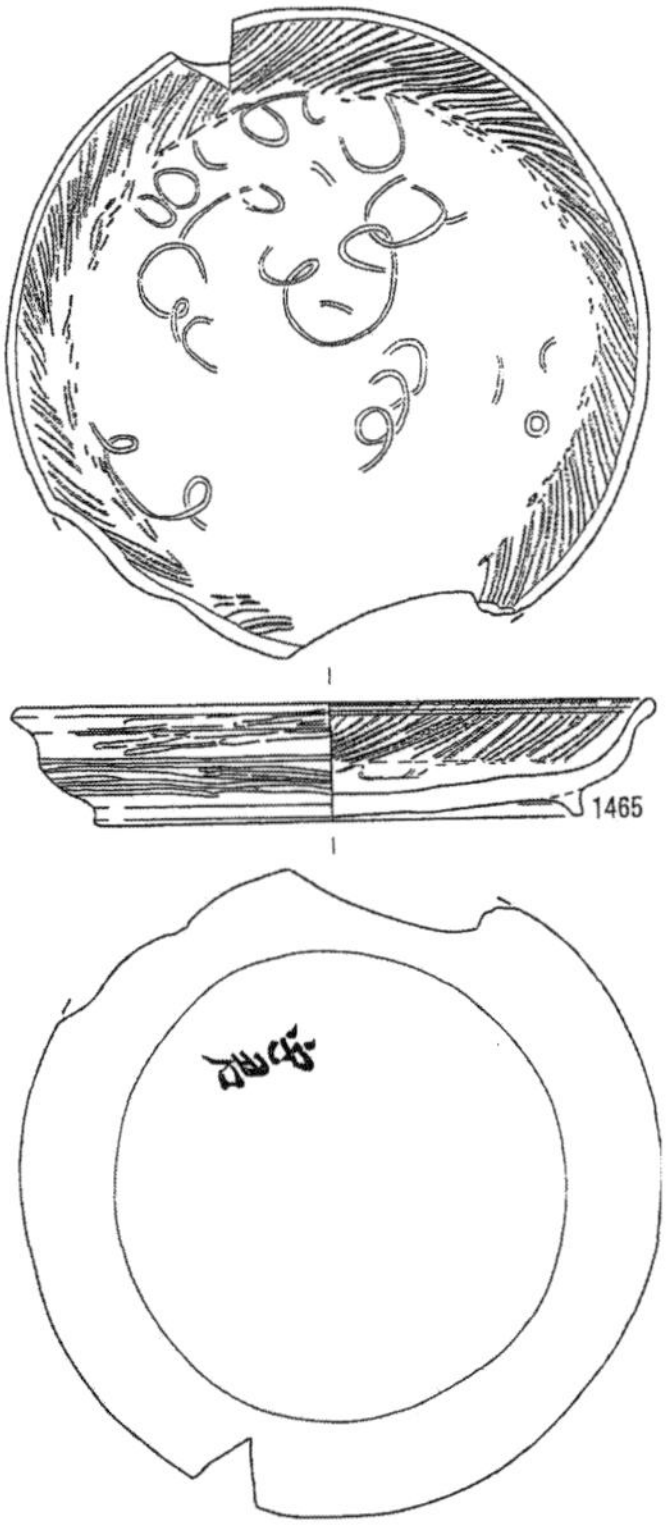

図30　「守君」墨書土器（六反田遺跡）

越前坂井では、天平神護二年（七六六）十月二十一日付「越前国司解」に、坂井郡荒伯郷戸主に「守黒虫」がみえる。無姓ではあるが、美濃を中心に分布し、守君との関係も想定される「守部」ではなく、守君の可能性が高い。同じ文書には、荒伯郷戸主として、私が継体の母振媛の出身氏族とみている三国真人の野守

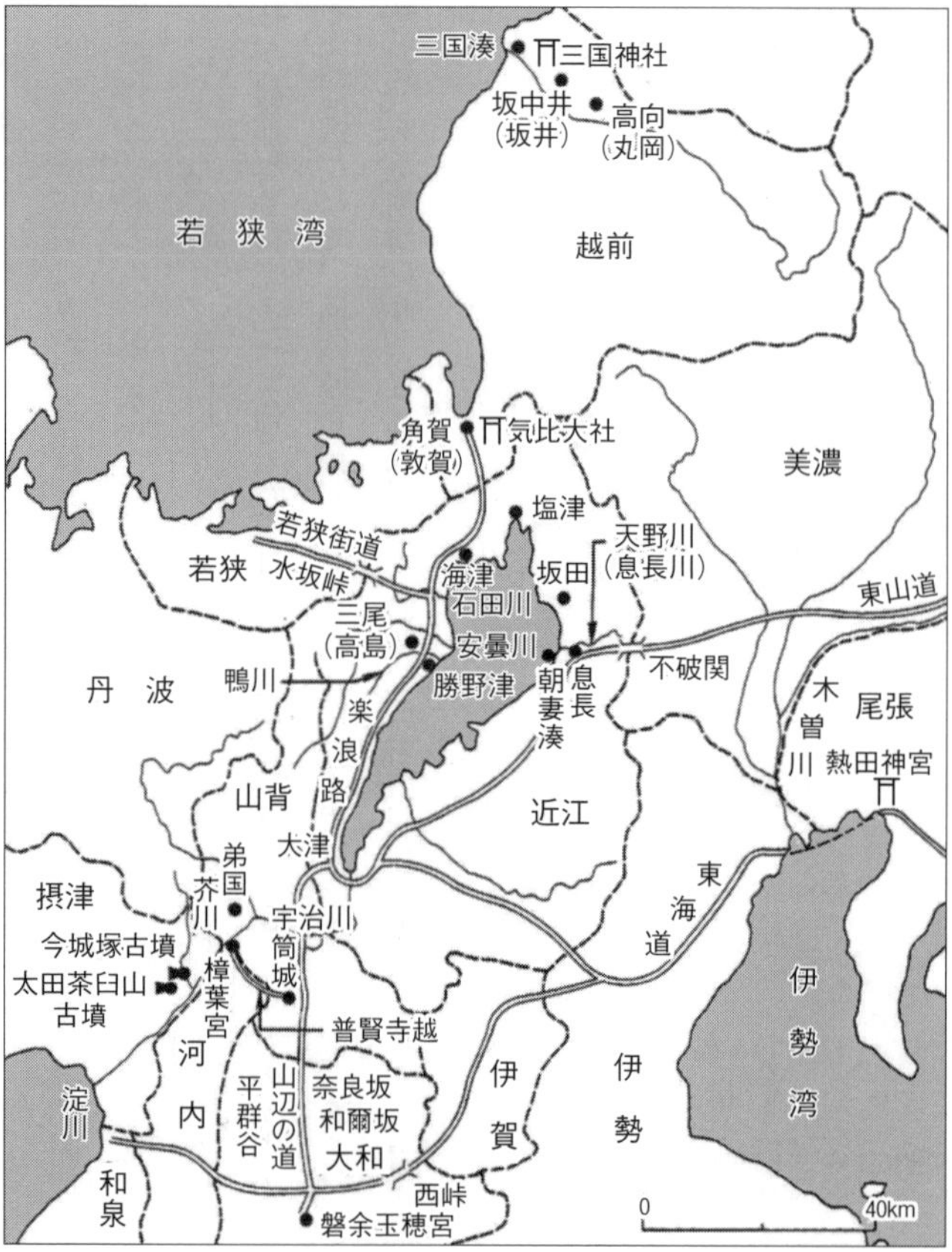

図31　継体天皇関係図

の名があり、擁立勢力間の交流をうかがわせる。また、近江坂田では、現在は彦根市に編入されているが、もともとは坂田郡に属していた鳥居本地区に所在する六反田遺跡から、「守君」の記載がある墨書土器二点が出土した（図30）。

平成十九年度の発掘調査で、内湖を経由して琵琶湖に通ずる水路とみられる二本の川跡が検出された。木簡や墨書土器など多くの遺物が出土したのは川跡二で、幅八メートルを測る。平安前期の八世紀末から九世紀前半とみられ、二点の土器に「守君」の墨書があった。一点は、内面に暗文を施した土師器の高台付の皿で、内面の端に小さく墨書している。もう一点は、高台のつかない須恵器の杯で、底部外面の端に墨書するが、報告書は「字君」と訓んでいる。「子」と「寸」は、崩すと区別がつかない場合もあり、土師器の字形と比べて「守」でよいと考える。美濃の豪族守君が、この地に居住していた可能性が大きくなった(9)。六反田遺跡が所在する鳥居本地区は、のちに中山道鳥居本宿が置かれているように陸上交通の要衝であり、鳥居本宿からは山道をとり摺針峠を越え美濃に通じている。また遺跡の北には入江内湖があり、湖上交通の要衝でもある。古代以来の良港として知られる朝妻湊が、内湖の北端に所在する。そして、遺跡の所在する坂田郡の南部は息長氏の本拠であり、年代はかなり降るものの擁立勢力間の交流を示すものであろう（図31）。

このように、美濃の有力豪族である守君は、奈良時代から平安時代のデータではあるが、継体擁立勢力が本拠とする、近江高島・近江坂田・越前坂井に、その一族が居住することが明らかになった。このことは、偶然の一致とも考えられるが、擁立勢力間の連携・交流を示すものと理解したい。守君は牟義都国造＝牟義君とともに、継体擁立勢力の一翼を担っていたのであり、継体の即位により、中央政界への進出を果たしたと考える。一族の大石や苅田が斉明朝から持統朝にかけて政府中枢に登用され軍事・外交の要職につけることができたのは、そうした前史を考えてこそ理解できるのではないか。

おわりに――墨書土器発見の意義――

以上、迂遠な考察に終始し推測に憶測を重ねてきたが、上御殿遺跡の水辺の祭祀に使用された墨書土器に、執拗に「守君舩人」と墨書された事情を考えてきた。

守君は、継体天皇の擁立勢力の一翼を占め、その即位に重要な役割を果たし、中央政界に進出するとともに、同じ擁立勢力間における連携・交流をすすめ、その一族が近江高島・近江坂田・越前坂井などに進出し、次第にその地において勢力を築いたのであろう。おそらく舩人は、その祖父か父が美濃から近江高島に移住した守君の一族で、奈良時代末ごろには、郡司クラスの地位を得ていたとみられる。ただそれを裏付ける資料はなく、これは私の一つの妄想に過ぎないかもしれない。今後、その本拠地美濃をはじめ、各地で新たな資料が加えられることを期待したい。

注

（1）記者発表資料『平成二五年度　上御殿遺跡の調査成果について』（滋賀県文化財保護協会、二〇一三年）、『鴨川補助広域基幹河川改修事業（青井川）に伴う発掘調査報告書三　上御殿遺跡　高島市安曇川町三尾里』（滋賀県教育委員会・滋賀県文化財保護協会、二〇一九年）。

（2）平川南「古代人の死と墨書土器」（『墨書土器の研究』吉川弘文館、二〇〇〇年）、関和彦「古代人名考」（『日本古代の国家と祭儀』雄山閣、一九九六年）。

（3）中井公「左京（外京）五条五坊七坪」（『木簡研究』三、一九八一年）。

（4）金子裕之編『律令期祭祀遺物集成』（律令祭祀研究会、一九八八年）。

（5）大橋信弥「三尾君氏をめぐる問題—継体擁立勢力の研究—」（『日本古代の王権と氏族』吉川弘文館、一九九六年）。

（6）守君に関わるとみられる「守部」の分布をみてみると、加茂郡・可児郡・方県郡・山県郡・本巣郡・石津郡・安八郡に、牟義君に関わる「牟義君族」「牟義津造」「牟下津」「牟下部」「牟下津マ」などの分布も加茂郡・方県郡・本巣郡に広がり、両者ともに美濃全域に進出していることが判明する。美濃の豪族と古墳については改めて稿を起こしたい。

（7）山尾幸久「遣唐使」（『東アジア世界における日本古代史講座第六巻　日本律令国家と東アジア』学生社、一九八二年）。

（8）大橋信弥『継体天皇と即位の謎』（吉川弘文館、二〇〇七年）。

（9）『中山間地域総合整備関係遺跡発掘調査報告書三—一　六反田遺跡Ⅰ　彦根市宮田町』（滋賀県教育委員会・滋賀県文化財保護協会、二〇一三年）。なお、もう一点須恵器杯の外底部に、「□君」と墨書したものがある。

第六章　葦浦屯倉と近淡海安国造

――近江における国造制の展開――

はじめに

近江において国造を称しているのは、『古事記』考昭天皇段のいわゆる「和邇氏同祖系譜」にみえる近淡海国造と、景行天皇段の「倭建命系譜」にみえる近淡海安国造の二氏である。このうち、近淡海安国造がその名の示す通り湖東の野洲地域に本拠を置いていたとみられるのに対し、近淡海国造は湖西南部を本拠としていたと考えられ、後述するように、そのカバネについても近淡海国造が「臣」を、近淡海安国造が「直」を称するように、両氏には様々な異なる性格が認められる。(1)

一方、ミヤケについては『日本書紀』（以下『書紀』と略記）安閑二年（五三五）五月条にみえる葦浦屯倉が唯一知られるだけで、今日残る地名から野洲地域が有力視されている。(2)野洲地域に国造と屯倉が併存することは、大和政権と近江の関係を考えるうえで注目されよう。そして、ここ二〇年余りの間に、国造制とミヤケ制については、部民制とも関わりこれまでの研究を一新する新しい見方が示されている。小論では、そうした点も参照して、葦浦屯倉と近淡海安国造について再考することにした。

一　国造制・ミヤケ制研究の現状

律令国家が成立する八世紀以前の時代は、大和政権（倭政権・ヤマト王権・倭王権）の時代と呼ばれ、便宜的に「大化前代」とする呼び方も行われている。そして、律令国家が、律と令という法令に基づく法治国家で、「八省八官」と呼ばれる政府機関と多くの官僚を従え、全国の豪族・住民を中央集権的に支配する強力な国家であるのに対し、「大化前代」は、国家そのものがいまだ未確立とする見方も有力なように、未熟な国家機構しか形成されていなかった。そうしたなかで、五世紀ごろには対外的に倭国を代表する大王が出現し、曲がりなりにも列島の大半を統治するようになったとされ、そうした大和政権による政治体制を具体的に示すのが、国造制・ミヤケ制・部民制であるとされている。(3)

すなわち、かつて大和政権下の政治体制は、四世紀末から五世紀初めの応神・仁徳朝を古代国家の最盛期とし、国造制・ミヤケ制・部民制が大王の全国支配を支える政治体制として成立したとされてきた。部民制は、五世紀初め、大王に近侍するトモ制として形成され、五世紀後半に百済の「部」局制度を採用して、それまであったトモ制を拡充・整備し、豪族の支配下にある農民を「某部」（部民）に編成して、伴造（トモ）―部（べ）制として成立したとされている。(4)国造制も、応神朝ごろから地方の有力豪族を王権の地方行政官として次第に服属させ、五世紀後半には全国に行きわたり、大和政権による地方支配の根幹として最盛期を迎えるとされていた。(5)また、ミヤケ制は大和政権（大王）の直轄地（水田）で王権による大土地所有とされ、当初は近畿周辺に設置されたが、五世紀後半ごろには全国の国造支配領域内部にも拡大し、さらに六世紀中ごろにはミヤケの耕作者である田部の「丁籍」も造られるように、支配の強化が図られたとされてきた(6)。

しかし、その後、こうした理解については様々な疑問・批判が出されるようになり、研究を一新する見方が次第に有力化している。まず、大和政権の全国支配の中核とされた部民制については、そもそも、ベ（部）とトモは同一実態の別称にすぎず、全国の住民に部姓が付されたのは天智九年（六七〇）の庚午年籍においてである。それ以前に「某部」を称していたのは豪族ないしその一族の子弟であって、トモとして中央の伴造の指揮下で朝廷の職務を分掌していたとみられている(7)。そうした豪族の支配下にあった住民は労働力・貢納物を貢進したとみられるが、基本的に無姓であり、令制下の「公民」に対応するような「部民」という概念は本来成立していなかったとみられる。また、こうしたトモ（部）制の段階で、豪族支配下の住民にまで大和政権の支配がおよんでいたとはいえないから、そうしたことを前提とする「部民制」を歴史用語として使用するのも誤解を招くといえよう(8)。

国造制については、地方行政官の呼称ではなく、また行政区画ないし領域支配の制度ではないとし、そうした地方における一元的な領域支配が実現するのは律令体制の国郡制からであるとされる。したがって国造の「国（軍尼）」は王権がおよんだ領域内に居住する人間集団を区分したもので、国造とは王権にそうした「地方に在って一定の人間集団を統率して仕える長の地位」とする見方が有力なっている(9)。

一方ミヤケ制についても、従来いわれるような王権による大土地所有、クラに付属する田地と農民からなる直轄地とする理解ではなく、「官家」「御宅」「屯家」などの表記から知られるように、王権が各地に設置した政治的な拠点であり、「宅」＝建物であって、国造や伴造に任命された首長がその職務をすすめるために王権が各地に設置した施設とする見方が有力になっている(10)。

以上のように、「大化前代」の国造制・ミヤケ制・部民制を中核とする地方支配の政治体制は、領域的な支配ではなく、人格的隷属関係に基づく人間（集団）による人間（集団）の支配であり、その相互の関係についてもあわせて再検討がなされている。そして、そうした実情を示すものとして注目されているのが、大化元年（六四五）八月庚子（五日）条の「東国国司詔」にみえる次の記載である。これは、「大化改新」のクーデター（乙巳の変）の「直後」、東国を中心とする諸地域に使者（「国司」）を派遣し、戸籍を作成し田地の調査を命じ、あわせて「評」と呼ばれる新しい行政の拠点と、それを管理する役人を在地の有力者のなかから選任する予備調査が命じられたもので[11]、その一節には次のような記載がある。

若し名を求むるの人ありて、元より国造・伴造・県稲置に非ずして、輒く詐り訴へて言さまく。我が祖の時より、此の官家を領り、是の郡県を治む。

この史料は難解な部分もあり、これまで部分的にふれられるに過ぎなかったが、薗田香融氏はいち早くこれを郡司（評司）任用資格の規定として取り上げ、「任用希望者の貢挙に当たっての注意」を述べたものとし、「（a）在来からの国造・伴造・県稲置であること、（b）父祖のときから官家（屯倉）の管掌者であること」をその資格とされた。そして、論述の都合もありそれ以上の言及は控えられたが、資格が国造のみに限られていないことに注意を喚起している[12]。

これを受けて舘野和己氏は、ここでいう評の官人の任用条件を「大化前」から国造や伴造・県稲置に任じられた人物で、官家（ミヤケ）を管理して、「郡県」（コホリ）を治めて王権に奉仕してきた人物であるとし、六世紀以降王権による支配のおよんでいた地域では、中央・地方にかかわらず、国造・伴造・県稲置の「職」に任じられた豪族は、その管下に王権によってミヤケが設置され、それを管理・経営することでコホリという地域に居住する人間集団を治め、ミヤケを拠点に必要な物資を貢納させ労役を課すなど、王権に奉仕する多様な地方支配があったとされた[13]。

また、大川原竜一氏は、国造に焦点を絞りつつも、この史料から、王権は国造だけでなく伴造・県稲置を通じてミヤケを設置することにより、「郡県（コホリ）」=地域における一定の人的集団を治めていたと解され、また、敏達十二年（五八三）是歳条の「仕奉朝列臣連二造二造者、国造伴造也」とする記載に注目し、国造と伴造（「二造」）がともに地域のミヤケを通じて人的集団（コホリ）を治めて王権に仕奉していたとされ、県稲置については『隋書』の「伊尼翼」とみて、「軍尼」=国造の下位に位置づけられるとされた[14]。

こうした理解によって、「東国国司詔」の記載から「大化前」の地域支配の実態が明確になったといえよう。そして、ここにみえる国造と伴造の違いについて、大川原氏は、伴造を様々な職務分掌組織で諸種の生産物・労働力を貢進する「部（集団）」を人格的に代表する人間（集団）とし、国造は王権が認証した仕奉関係を結び「国」（人間集団）を統括する特定の人間（集団）の身分人称とされ、舘野氏も、国造制は各地域の有力首長を「国造」に任命しヤマト王権の地域支配の核としたとし、全国くまなく存在したわけではなく、伴造や県稲置が地域支配に関わっていた地域もあったとされる。すなわち国造は、ミヤケを介して王権が必要とする様々の物資や労働力の進上・調達に当たり、部民の設置に協力した見返りに地域支配権を保証されたとし、伴造は、ミヤケを介して部民を設置し、王権が必要とする様々の物資や労働力の進上・調達にあたったとされている。しかしながら、先にみたように、王権が豪族支配下の住民まで部姓を付して「部民」に編成したとは考えられず、したがって国造と伴造の区別もあいまいであって、いずれもトモとして大王に奉仕する首長であったと考える。

ここでいう国造と伴造の区別は、国造・県稲置の場合は「郡県」支配の側面を強調した「職」であるのに対し、伴造はトモとして朝廷に出仕するという側面を強調したものといえよう。『書紀』敏達十二年是歳条に「火葦北国造刑部靫部阿利斯登」とあり、「火葦北国造」と「刑部靫部」というように両方を兼ねているのが一般的であったと考える。したがって、そもそも「大化前」に、国造・伴造の明確な区別があったのかどうかは疑問といえよう。実態としては、トモを出した豪族は、一面からみれば国造・県稲置であり、別な視点からみれば伴造（部）であったと考えられる。

これは、先の「東国国司詔」の記載を前提とする以上当然のことであり、実際に個々の豪族がすべて国造・伴造・県稲置といった「職」に任じられたのではなく、そのウジ名に独自の「職」を負名し王権に仕奉していたのであり、あえて個々の豪族を整理するなら、このどれかに該当するものもあるという程度のことではなかったか。また、こうした「職」が、列島の全域に一律成立しているのではなく、王権の要請により必要に応じておかれたのであり、こうした「職」に任じられず評の官人の任用条件にも満たない地方豪族で、同様の関係を王権と結んでいたものも少なくなかったのではないか。

以上のように「大化前代」の政治体制が理解されるなら、近江における豪族と王権との関係についてもより整合的に理解できるのではないか。別に詳しく検討したように、近江の古代豪族は、のちの令制国全域を統括するような抜きん出たものはみられず、各郡に一、二氏存在するのが一般的で、その大半がのちの郡の大領・少領（長官・次官）に任じられた郡領氏族である。これは近江の古代豪族についての確実な記録が律令時代（奈良・平安時代）のものであることにもよるが、のちの郡が律令国郡制の成立時にもとの「クニ」を政治的に分割・統合して成立したことは否定できないとしても、それ自体、川や山そして湖に区切られた一つの歴史的世界を構成しており（「クニ」）、近江の古代豪族の大半が令制以前の支配領域を継承している可能性が高い。このことを端的に示しているのが、近江の各地に分布する前方後円墳を中心とする首長墓群のあり方である。すなわち築造の開始や終焉は異にしつつも、各地の首長が累代にわたって葬られたと考えられる古墳群の分布も、先にみた古代豪族のそれに対応するかのように、のちの郡

の領域ごとに一、二のまとまりをもって確認できるからである。(15)

そして、詳しい検討は別に果たす必要はあるが、近江の豪族で国造を称するのは、先にみた通り、のちの野洲郡を本拠とする近淡海安国造(安直)と、滋賀郡北部を本拠とする近淡海国造(和邇部臣)の二氏であるが、いずれも近江で抜きん出た地位にあったとはみられない。ほかの豪族たちと横並びの規模・勢力とみられる。そして、ほかの郡領氏族を粗削りにみてみると、蒲生郡東部の蒲生稲寸は『隋書』にみえる「伊尼翼」に該当し、栗太郡の小槻山君・蒲生郡西部の佐々貴山君・高島郡北部の角山君は「山君」を共通して負名し、「山部」「山守部」に関わる伴造的性格がうかがえる。坂田郡北部の坂田酒人君の場合も、「酒人」の負名から伴造的性格がうかがえる。愛知郡の依知秦公は渡来氏族秦造の一族で、また伊香郡の伊香連もカバネや系譜などから中臣連に連なる伴造的性格が考えられる。高島郡南部の三尾君・滋賀郡北部の小野臣・甲賀郡の甲賀臣・犬上郡の犬上君・坂田郡南部の息長君などは地名をウジ名としており、直接、国造・伴造との関わりはみられない。ただし、軍事・外交などの「職」に関わり、大王に奉仕していたといえるのではないか。(16)このように近江の古代豪族の様相は、先に検討した『東国国司詔』の国造・伴造・県稲置と、こうした「職」には任じられないが、個別に王権に奉仕する豪族たちのあり方を示すものであろう。したがって、ミヤケも当然、近江の各地に設置されたと考えられるが、特殊なものを除いて、記録には残らなかったのであろう。

二 近淡海安国造の成立

さて、近淡海安国造の実像についてはそれを具体的に示す史料はないが、『古事記』開化天皇段には「水穂真若王

図32　日子坐王系譜と倭建命系譜

日子坐王系譜

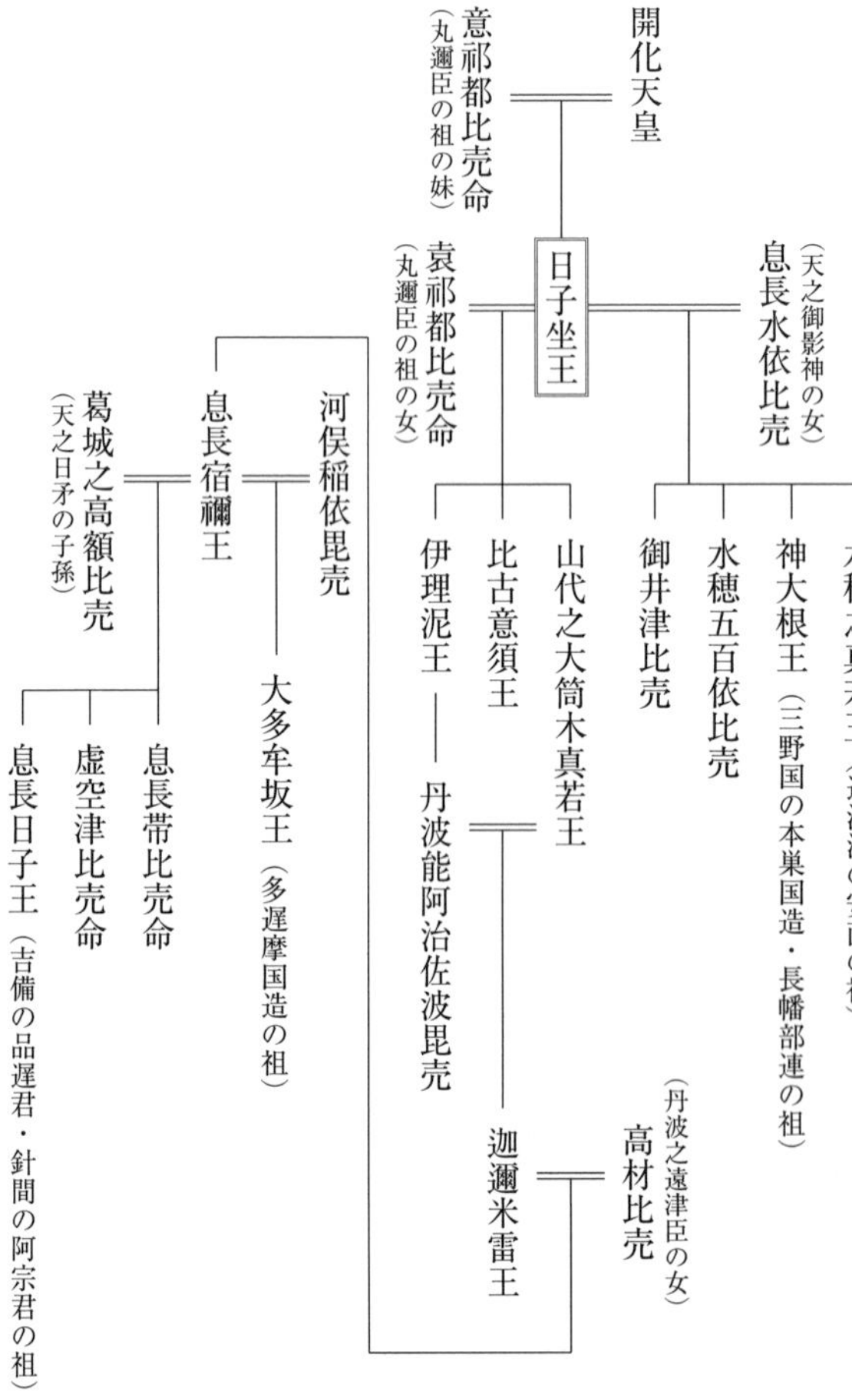

開化天皇
意祁都比売命
（丸邇臣の祖の妹）
日子坐王
息長水依比売
（天之御影神の女）
袁祁都比売命
（丸邇臣の祖の女）
丹波比古多多須美知能宇斯王
水穂之真若王（近淡海の安直の祖）
神大根王（三野国の本巣国造・長幡部連の祖）
水穂五百依比売
御井津比売
山代之大筒木真若王
比古意須王
伊理泥王
丹波能阿治佐波毘売
高材比売
（丹波之遠津臣の女）
迦邇米雷王
河俣稲依毘売
息長宿禰王
大多牟坂王（多遅摩国造の祖）
葛城之高額比売
（天之日矛の子孫）
息長帯比売命
虚空津比売命
息長日子王（吉備の品遅君・針間の阿宗君の祖）

倭建命系譜

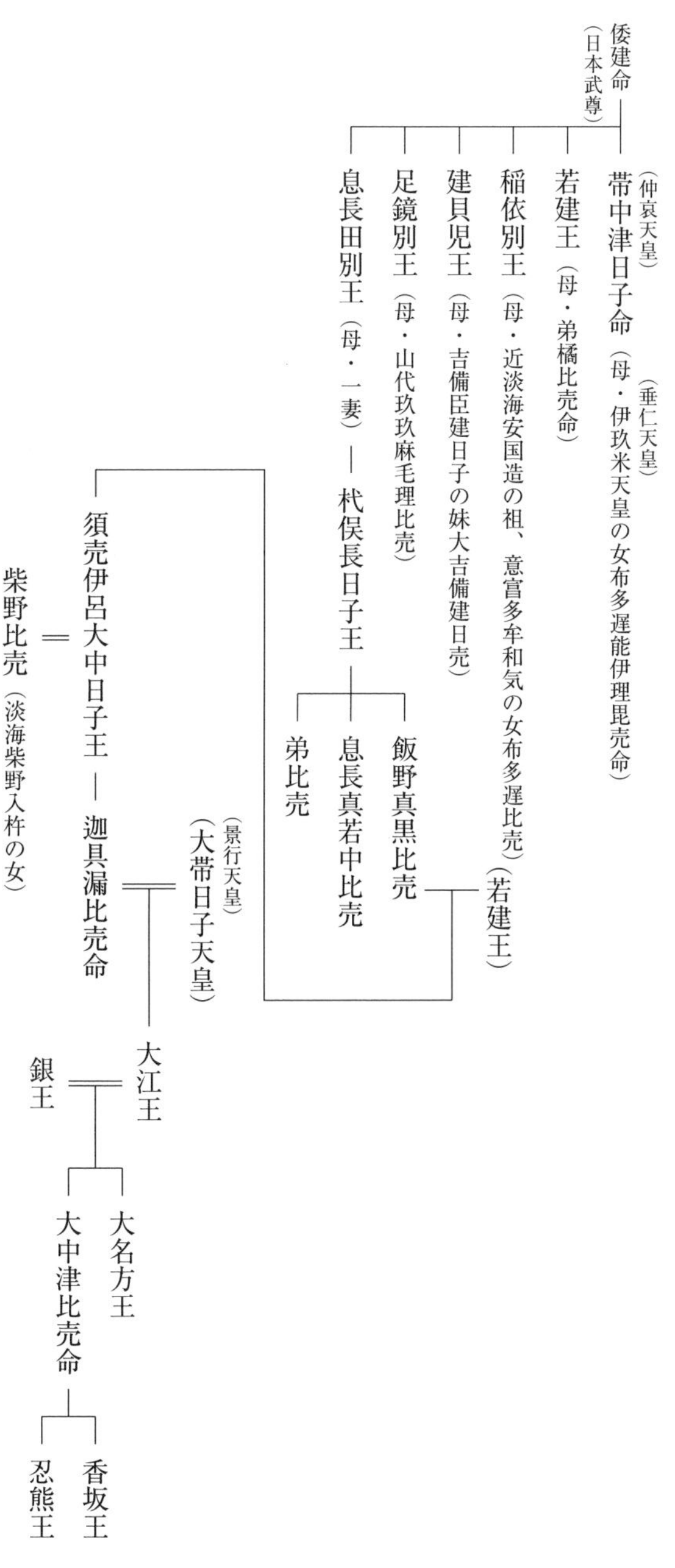

者、近淡海之安直之祖ソ」とあり、水穂真若王が安直の始祖であることがわかる。この水穂真若王は、「近淡海之御上ノ祝が以ち伊都玖天之御影神」の女である息長水依比売と、開化天皇の皇子である日子坐王との間に生まれたとあり、一種の神婚伝説である。(17) その始祖を天皇家や神々の子孫とする系譜が『古事記』に記載されていることは、少なくとも安国造が近江の野洲地域で最も有力な豪族であり、大和政権により「国造」という「職」に任ぜられたことと深く関わると

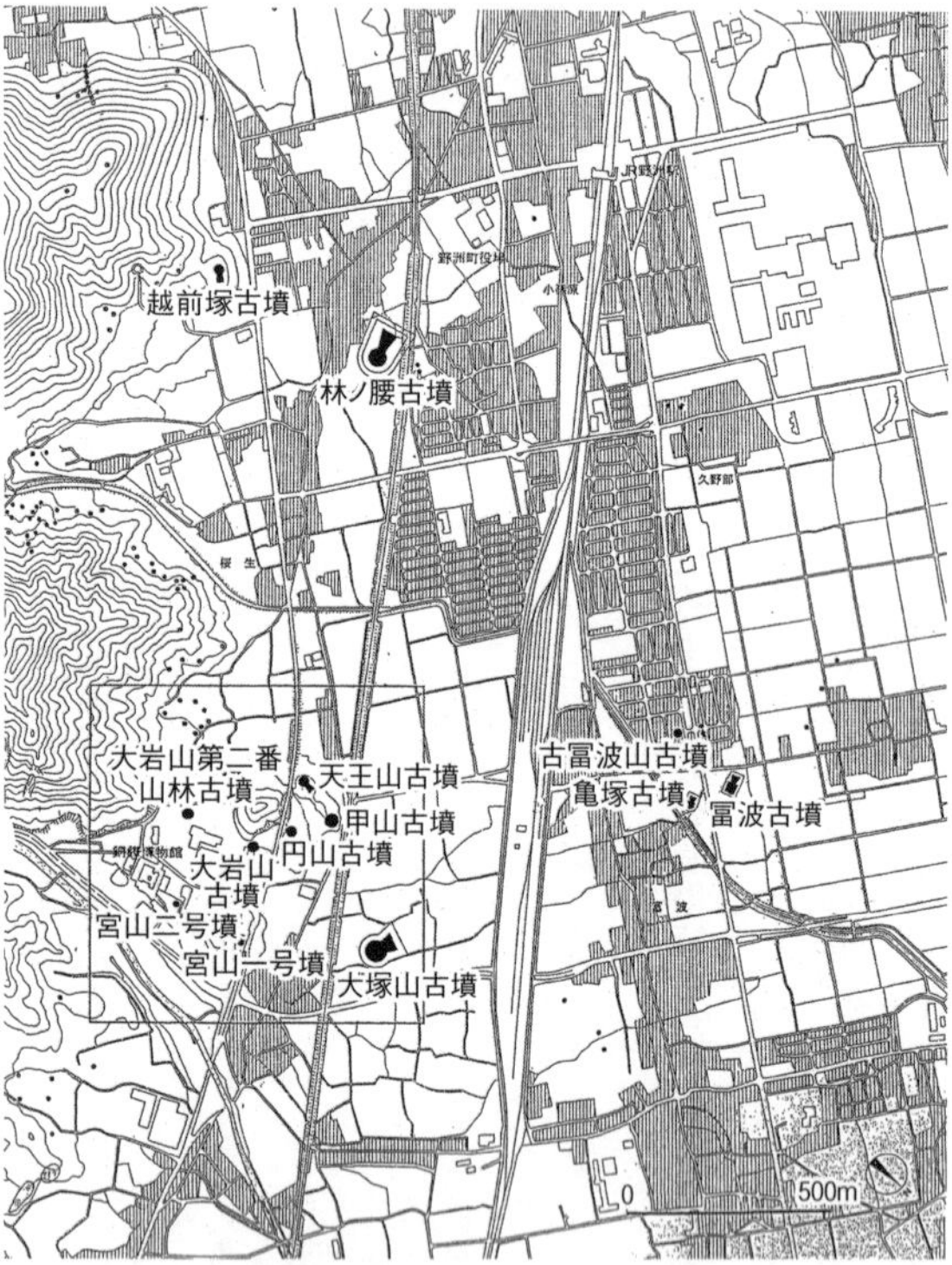

図33　大岩山古墳群分布図

いえる（図32）。

安直と大和政権の関係をうかがうデータとして、近江の古代豪族の多くが「君」というカバネをもっているのに対し、「安直」だけは「直」を称していることがある。これは一般に国造に多いカバネで大和政権への従属性が強いとされるが、たとえば大和の倭国造は「倭直」、葛城国造は「葛城直」、山城の山代国造は「山代直」、河内の凡河内国造は「凡河内直」というように「直」のカバネをもっており、中央政府との関わりが強い「畿内」の国造と共通することを示している(18)。安直氏は大和政権と友好的な豪族であったことが、ここからもうかがえる。こうした安国造と大和政権の友好的な関係が生まれたことについては、やはり継体天皇の即位との関わりが想定される。先に少しふれた安国造の祖水穂真若王の母の名が息長水依比売とあるように、息長氏を介しての継体天皇との繫がりもなくはないが、文献上、安国造が継体天皇の妃を出したという記録はない。ただ、野洲地域の有力者を葬った首長墓群（大岩山古墳群）のうち、五世紀後半から六世紀にかけて築造された林ノ越古墳と、六世紀前半の円山・甲山の二古墳は、その手がかりとなる(19)（図33）。

林ノ越古墳は、八世紀の野洲郡衙跡とみられる小篠原遺跡の隣接地に所在する、濠をもった全長九〇メートルの前方後円墳である。その周濠からは土製の埴輪も出土しているが、木製の石見型の埴輪が出土し注目される。こうした石見型の埴輪は、継体と関わりの深い息長氏が本拠とする坂田郡南部の山津照神社古墳や塚ノ越古墳から土製と木製のものが出土しており、同じ野洲川下流域の守山市服部遺跡の二三号古墳（五世紀末から六世紀初）からも石見型の木製埴輪が出土しており、継体天皇とこの地域の繋がりを示している。

そして、甲山古墳と円山古墳についても、近年おこなわれた史跡整備にともなう発掘調査で注目すべき成果があった。甲山古墳は、直径三〇メートルほどの円墳で、なだらかに降るように石室に入る巨大な横穴式石室をもっている。石室のなかには巨大な家形石棺があり、その石材は継体天皇の真実の墓とされる今城塚古墳（大阪府高槻市）の三つある石棺の一つと同じ熊本の阿蘇凝結溶解岩である。円山古墳の石棺も阿蘇凝結溶解岩製で、遠く熊本から運ばれてきたものである。これもこの地域の豪族と継体との関わりを強く暗示している。なお、石室内は大正か昭和の初めに盗掘され主なものはすべて失われていたが、慎重な調査により甲山古墳の七六〇〇点余のガラス玉をはじめとする膨大な資料が発見され、六世紀前半において近畿地方でも最有力な大王クラスの古墳であることが明らかになった。

さらにこれとは別に二古墳と継体との関係をうかがわせる資料が、戦前に出された個人コレクションの写真集に掲載されている、二面の三上山下古墳出土とされる獣帯鏡である。実物は近年再発見されるまで、長く行方がわかっていなかった[20]。このためこれまで写真集掲載の写真を手がかりに検討が加えられてきたが、そうしたなかで花田勝広氏は、詳しい調査・研究により三上山下古墳が甲山古墳である可能性が高いとし、その意義を指摘された。獣帯鏡は、もともと中国の漢代につくられた鏡で、それを中国の南朝で五世紀末から六世紀に踏み返されたとされている。そして、この鏡は、百済の武寧王陵から出土した獣帯鏡と同じ鋳型でつくられた鏡とされ、この獣帯鏡の一面（A）をさらに踏み返して造られた鏡が、東国でも有力な六世紀後半の首長墓、群馬県の綿貫観音山古墳から出土しており、百済―近江―東国と繋がる国際的な交流が想定される。しかも、この三上山下古墳の獣帯鏡（A）の鏡面には魚のような影がみえており、これは奈良県の藤ノ木古墳のような大王クラスの古墳に副葬される魚佩と呼ばれる装飾品であり、甲山古墳の重要性が確認された(21)。

こうした古墳の格式から、私は、甲山古墳や円山古墳に葬られた人物は、文献資料では確認できないが、この地の豪族安直氏の娘で継体天皇の后妃として入内した女性と考え、死後、故郷の地に埋葬されたのではないかと憶測している。甲山古墳に葬られた人は、百済の武寧王と同じ鏡を副葬できる地位にあったとみられ、大王に準ずる地位にあったといえよう。そして、この時期の朝鮮半島では、高句麗・百済・新羅の三国が対立を深め軍事的な衝突を繰返しており、倭国は三国のうち百済と特に親しい関係にあり、武寧王の即位についても倭国が支援していたとみられている。和歌山県の隅田八幡神社に所蔵される人物画像鏡の銘文によると、即位したばかりの百済武寧王（斯麻）が倭国のホド王（即位前の継体天皇）に友好の証としてこの鏡を贈ったとみられ、継体と武寧王との深い繋がりがうかがえる。

三　葦浦屯倉の設置

葦浦屯倉は、六世紀前半の安閑天皇の時代に全国的に設置されたとされるミヤケの一つである。『書紀』安閑二年（五三五）四月一日条には「夏四月の丁丑の朔に、勾舎人部・勾靫部を置く」とあり、同年五月条に「筑紫の穂波屯倉」など、筑紫・豊・火・播磨・備後・婀娜・阿波・紀・丹波・近江・尾張・上毛野・駿河の一三国に合計二六のミヤケを一括設置したことがみえ、そのなかに「近江国葦浦屯倉」がみえる。そして同年八月条には「詔して国国の犬養部を置く」、また、同年九月条には「桜井田部連・県犬養連・難波吉士等に詔して、屯倉の税を主掌らしむ」とあり、一連の記事によってこの年に全国的なミヤケの設置とその管理機構の成立したことが描かれている。しかし、この安閑朝におけるミヤケ設置記事については、従来においては、これより先の継体朝末年の筑紫君磐井の乱や、これに連動して全国的な動乱に発展した、いわゆる「継体・欽明朝の内乱」の戦後の処置とみて、史実とする見解が有力であった(22)。しかし、近年におけるミヤケ制の研究では、必ずしも安閑朝に一括設置されたのではなく、安閑朝から推古朝ごろまでの長い期間に設置されたミヤケを一括してここに収載したとみられている(23)。

葦浦屯倉の故地については、古くより野洲郡と栗太郡の郡界に近い琵琶湖畔、現在の草津市芦浦町や、それに隣接する守山市三宅町付近が有力視されている(24)。ただ、現在の野洲市に「市三宅」の地名もあり、野洲川の下流域一帯に散在していたと理解される。そして、先にみたように、ミヤケは、水田を中心とする王権の直轄地(大土地所有)ではなく、大和政権が必要とする物資や労働力を課す場合の政治的な拠点(建物)とみられるから、広い地域に散在する可能性も少なくないとみられる。そして、葦浦屯倉が設置されたとみられる六世紀代に野洲川下流域で有力であったのは安直氏であり、安直氏の国造任命と葦浦屯倉の設置とは、密接な繋がりがあったとみるべきであろう。すなわち、安直氏は、六世紀前半ごろ、おそらく継体天皇の擁立に深く関わり、大和政権との結びつきを強め、近淡海安国造に任じられるとともに葦浦屯倉を設置して、王権に奉仕することになったのではないか。

ただ、その運営形態は史料に恵まれず具体的にわからないが、野洲川河口部に所在したとみられる港湾施設「夜須湖」のあり方や、同時代の史料ではないが、近年発見された野洲市西河原遺跡群出土木簡・栗東市十里遺跡出土木簡は、若干の手がかりを示している。すなわち、「夜須湖」については、『正倉院文書』所収の天平宝字六年(七六二)

閏十二月二十九日付「造石山院所解」などの石山寺の増改築に関わる文書群に、野洲川と密接に関係する湖上交通の物資集積・中継基地として重要な役割を果した港湾施設として登場する。夜須湖の故地については、古代野洲川の主流が、現在の流路ではなく、野洲郡と栗太郡の郡界となっている境川と考えられるから、その河口に近い現在の草津市芦浦・守山市三宅町付近が推定される。その場合、この地が「近江国葦浦屯倉」の故地でもあるところから、夜須湖と葦浦屯倉とは施設的にも機能的にもほぼ重なるとみられる。(25)

近江における山林資源である甲賀山の木材を伐採・筏組にして野洲川を流し、いったん夜須湖に集積して琵琶湖・瀬田川から大和に槽運されたとみられる。そうした大和政権による甲賀山の山林資源の利用がいつごろ始まったかは不明であるが、飛鳥地域で宮殿の造営や寺院の造営が相次いですすめられた六世紀後半から七世紀前半ごろには始まったのではないか。そして、それが葦浦屯倉の重要な機能であったと推定できる。そして、その夜須湖の管理運営に関わったのが、別に検討したように、西河原遺跡群にも集住する志賀漢人と総称される渡来人集団とみられる。

また、西河原遺跡群は、現在の野洲市（旧中主町）西河原に所在する七世紀から九世紀にかけて存続した初期の野洲評（郡）家とみられる官衙的な遺跡群で、森ノ内遺跡をはじめ湯ノ部遺跡・宮ノ内遺跡・西河原遺跡・光相寺遺跡・虫生遺跡などがほぼ空白なく隣接しており、同一遺跡群と認識できる。遺跡群の中核をなす森ノ内遺跡は、七世紀後半には、遺跡の北半に大型の掘立柱建物群が周囲に溝をめぐらせ整然とした配置をとる。七世紀末から八世紀前半には、それを埋め立てて、やや南側に同様の区画を設けるなど、遺跡群を統括・管理し運営するセンター的な施設の存在が推定される。しかし八世紀の前半のある時期に、突然遺跡は途絶し、生活の痕跡はなくなってしまう。代わって、この段階以降の遺構・遺物は光相寺遺跡に移っている(26)（図34）。

西河原遺跡群の性格と機能については、こうした遺構から出土した多数の木簡や墨書土器から、具体的に知ることができる。すなわち、この地には、六世紀ごろ、河内や大和から近江に移住し、湖上交通を掌握し、東国・北国からの物流を管理・運営していた志賀漢人と呼ばれる渡来人集団が集住しており、中央政府ないし、近江国庁から役人が往来する交通の要衝で、街道や港湾施設が付属していたとみられる。実際、愛知郡からの税に関わる米を、馬（陸路）ないし船（水上交通）で運搬することが命ぜられる中央政府の政治的拠点であり、おそらくのちの駅家的な機能ももっていたと推測される。また、布生産に関わる木簡の出土があり、そうした工房の存在が推定されるし、遺跡の一角からは歪みや変形のある須恵器が大量に出土しており、その形態などから六世紀代から大和政権へ製品を供給していた郡北部の鏡山古窯跡群の製品とされている。(27) この地に出荷するにあたって、製品を選別する施設があったとみられる。

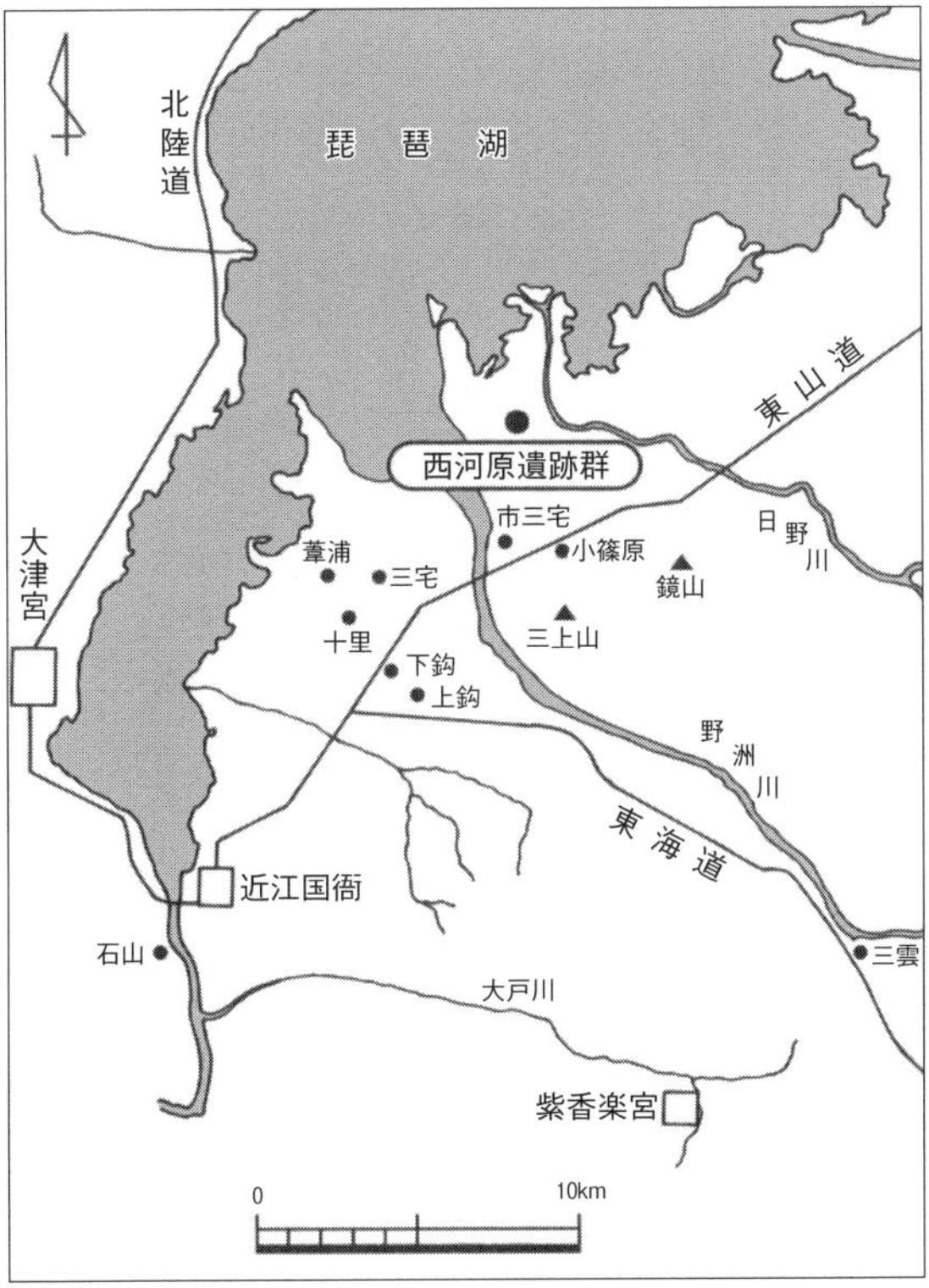

図34　西河原遺跡群と葦浦屯倉

湯ノ部遺跡からは、周知のように「牒」文書の手本となる木簡が出土し、この地で公文書が発給されていたことがわかるとともに、それに携わる人々の居住がうかがえる。またこの遺跡では、七世紀後半から八世紀前半の鍛冶関連遺構が検出され、そうした工房の存在がうかがえる。(28)

また、宮ノ内遺跡は、七世紀末から八世紀初頭の大型の総柱の倉とみられる掘立柱建物を検出し、建物の柱抜き取り穴から使用後に廃棄された「貸稲」に関わる木簡が多数出土した。木簡は、倉に納められた稲を出挙に運用した記録であり、この地に評家に所属する倉院が立ち並び、その運営が遺跡群の重要な機能であったことが知られる。[29]そして、この遺跡では、八世紀前半の規模の小さい掘立柱建物と、それを「コ」の字に囲む区画溝から一〇〇点にのぼる木簡の削り屑と木製品や、その製作過程に生じた剝片などが出土し、木製品を加工・再加工工房とみられる。

以上のように、これらの遺跡群は、七世紀後半から八世紀前半という律令国家成立期に盛期があり、安評家（大宝元年〈七〇一〉の大宝律令施行以降は、評は「郡」となり郡家となる）にふさわしい機能をもつことが明らかになった。それではなぜ、こうした律令国家の成立期の地方官衙が、あえて湖辺に近くの水没する危険のある場所に立地したのであろうか。このことについては、この遺跡群が湖上交通と陸上交通の結節点に所在し、琵琶湖をめぐる物流システムの管理・運営の一角を担っていたからとみられる。そして、この遺跡群を実際に運営していたのは、右にみたように、志賀漢人と総称される、六世紀以降近江に移住した、大和政権が管理しようとする琵琶湖をめぐる物流ネットワークを運営してきた渡来人集団であり、この遺跡群は六世紀に大和政権がこの地に設置した葦浦屯倉の物的・人的システムを継承して成立したことをうかがわせる。[30]

そして、そのことを、間接ながら裏付けるのは栗東市十里遺跡から出土した木簡である。この遺跡は、栗太郡条里の十里に所在して、野洲郡と栗太郡の郡界のすぐ南に位置し、西五キロには琵琶湖が所在するが、西河原遺跡群で推定された湖上交通網と、それに対応する湖辺の陸上交通路（早馬道）も、この地域に繋がっている。この遺跡では、七世紀後半から八世紀前半の二棟の特異な掘立柱建物と、それを区画する溝と、区画溝に繋がる河道跡が検出され、木簡二点が土器・木製品とともに出土した。[31]一号木簡には「乙酉年四月一日召す、宮の大夫勾連渚と相謀り賜ひて　御下さるなり」とあり、その内容は「天武十四年（六八五）四月一日に出仕しなさい。出仕にあたり、宮の大夫である勾連渚と相談して、下されたものである」と解され、管下の有力者の出仕を求めた文書（召文木簡）である。おそらく当時の近江国司（国宰）が発給したもので、国庁の官人か評司であった勾連渚なる人物に相談して、何らかの物品をその在地の有力者に下したものであろう。そうした場合、文書の受取人は、後述するように、この木簡の出土地点が勾連の本拠に近いとみられるから、勾連の一族あるいは知人や配下の有力者であった可能性が推測される。

そしてそのウジ名に負う「勾」は安閑天皇の実名「勾大兄皇子」、あるいはその宮である「勾金橋宮」と関わるものであり、勾連氏は本来安閑の名代・子代として設置され、勾宮にトモとして出仕する「勾部」を出していたとみられ、のちに勾連を称することになったのであろう。そして、安閑天皇に関わる名代・子代が、同じく安閑天皇の時代に設置されたとある葦浦屯倉に隣接するこの地に置かれたことは、葦浦屯倉の設置と深く関連するとみるのが穏当であろう。そして十里遺跡は、西河原遺跡群とともに、こうした葦浦屯倉の機能と組織を受け継ぎ、拡充した新たな施設で、初期律令国家の地方行政機構（おそらく野洲評家か栗太評家）の出先機関であったとみることができよう。

おわりに

「近淡海之安直」「近淡海之安国造」については、従来、『記紀』の系譜記事にその始祖のことがみえるだけでその具体的な動向を知る資料に恵まれなかった。このため、壬申の乱の「安河浜」で、近江方についた安氏が、没落した可能性も指摘されてきた。

しかし、近年、奈良の石神遺跡から出土した七世紀後半の木簡に「安評御上五十戸戸主安直族麻斗」という記載があり、「安評御上五十戸」に安国造の一族が居住していたことが明らかになった[32]。そして、西河原遺跡群の九世紀とされる西河原五号木簡にも、「安今成」の記載があり、安国造の一族が、その後もこの地域に居住しつづけ、野洲評家の運営にも関わっていたことが確認できる。これは想像に過ぎないが、奈良時代の野洲郡の郡領氏族も、やはり安直氏であったのではなかろうか。

注

(1) 大橋信弥「野洲川下流域の古代豪族の動向」「近江における和邇系氏族の研究」(『日本古代の王権と氏族』吉川弘文館、一九九六年)。
(2) 大橋信弥「十里遺跡出土の天武朝木簡について」(『古代豪族と渡来人』吉川弘文館、二〇〇四年)。
(3) 井上光貞『大化改新』(要書房、一九五四年、弘文堂書房、一九七〇年)、石母田正『日本の古代国家』(岩波書店、一九七一年)、吉田晶『日本古代国家成立史論』(東京大学出版会、一九七三年)。
(4) 井上光貞「部民の研究」(『日本古代史の諸問題』思索社、一九五二年)、平野邦雄『大化前代社会組織の研究』(吉川弘文館、一九六九年)、狩野久「部民制」(『日本古代の国家と都城』東京大学出版会、一九九〇年)。
(5) 井上光貞「大和国家の軍事的基礎」(前掲注(4)『日本古代史の諸問題』)、同「国造制の成立」(『史学雑誌』六〇―一一、一九五一年)、上田正昭「国県制の実態とその本質」(『日本古代国家成立史の研究』青木書店、一九五九年)。
(6) 門脇禎二「ミヤケの史的位置」(『史林』三五―三、一九五二年)、舘野和己「ミヤケ制の成立」(『日本史研究』二二一、一九七九年)。
(7) 山尾幸久「七世紀前半期の国家権力」(『日本史研究』一六三、一九七六年)、鎌田元一「部民制の構造と展開」「『部』についての基本的考察」(『律令公民制の研究』塙書房、二〇〇一年)。
(8) 山尾幸久『日本国家の形成』(岩波書店、一九七七年)、武光誠「姓の成立と庚午年籍」(『日本古代国家と律令制』吉川弘文館、一九八四年)。
(9) 山尾幸久「国造について」(『藤沢一夫先生古稀記念　古文化論叢』同刊行会、一九八三年)、狩野久「部民制・国造制」(『岩波講

座日本通史二　古代二』岩波書店、一九九三年）、篠川賢『日本古代国造制の研究』（吉川弘文館、一九九六年）、大川原竜一「大化以前の国造制の構造」（『歴史学研究』八二七、二〇〇七年）。

(10) 舘野和己「ヤマト王権の列島支配」（『日本史講座第一巻　東アジアにおける国家の形成』東京大学出版会、二〇〇四年）。

(11) 『東国国司詔』については、この時に出されたものではなく、天智九年（六七〇）から天武四年（六七五）に出されたものを、『書紀』編纂段階に改定・移動されたとする見解もある。（山尾幸久『大化改新の史料批判』岩波書店、二〇〇九年）。

(12) 薗田香融「律令国郡政治の成立過程―国衙と土豪との政治関係―」（『日本古代財政史の研究』塙書房、一九八一年）。薗田氏は、これが『改新詔』の郡司任用規定と相違し大化当時のものとしてふさわしくないとされ、むしろ大宝二年の「諸国国造氏」の指定以後の条件に適合するとする。

(13) 舘野前掲注(10)論文。

(14) 大川原前掲注(9)論文。

(15) 大橋信弥「古代の近江」（大橋信弥・小笠原好彦編『新・史跡でつづる古代の近江』ミネルヴァ書房、二〇〇五年）。

(16) 大橋前掲注(1)(2)書。

(17) 三品彰英「古代宗儀の歴史的パースペクティブ」（『増補日鮮神話伝説の研究』平凡社、一九七二年）。

(18) 大橋信弥「近江における和邇系氏族の研究」（大橋前掲注(1)書）。

(19) 大橋信弥『継体天皇と即位の謎』（吉川弘文館、二〇〇七年）。

(20) 三上山下古墳出土の獣帯鏡については、近年になり九州国立博物館に収蔵され、すでに展示・公開されていることを、鈴木景二氏のご教示により知ることができた。鈴木氏に感謝の意を表するとともに、できるだけ早く資料調査の機会を得たい（岸本圭「伝三上山下古墳出土獣帯鏡」『東風西声　九州国立博物館紀要』一〇、二〇一四年、九州国立博物館特別展図録『古代日本と百済の交流―大宰府・飛鳥そして公州・扶餘―』二〇一五年）。

(21) 花田勝広「三上山下古墳出土の獣帯鏡―出土地の検討―」（『滋賀考古』二一、一九九九年）、大橋信弥「獣帯鏡がつなぐもの―武寧王陵・三上山下古墳・綿貫観音山古墳―」（大橋前掲注(2)書）。

(22) 舘野前掲注(6)論文。

(23) 門脇前掲注(6)論文、舘野前掲注(6)論文。

(24)『日本歴史地名体系二五　滋賀県の地名』(平凡社、一九九一年)。
(25)大橋信弥「信楽殿壊運所について」(大橋前掲注(2)書)。
(26)畑中英二「考古学からみた西河原遺跡群」(滋賀県立安土城考古博物館『古代地方木簡の世紀―文字資料から見た古代の近江―』二〇〇八年)、大橋信弥「近江における渡来氏族の研究―志賀漢人を中心に―」(大橋前掲注(2)書)。
(27)『書紀』垂仁三年三月条の、アメノヒボコ伝説の「一に云はく」にみえる「近江国の鏡村の谷の陶人」のことである(本書第一部第六章付論)。
(28)『湯ノ部遺跡発掘調査報告書Ⅰ』(滋賀県教育委員会・滋賀県文化財保護協会、一九九五年)、浜修「滋賀・湯ノ部遺跡」(『木簡研究』一四、一九九二年)。
(29)畑中英二・大橋信弥「滋賀・西河原宮ノ内遺跡」(『木簡研究』二九、二〇〇七年)。
(30)本書第二部第二章。
(31)大橋前掲注(2)論文。
(32)市大樹「奈良・石神遺跡出土木簡」(『木簡研究』二六、二〇〇三年)、同「石神遺跡(第十五次)の調査　木簡」(『奈良文化財研究所紀要』二〇〇三年)。

付論　鏡山古窯跡群と葦浦屯倉
――ブタイ遺跡出土木簡に接して――

はじめに

前章において私は、近淡海安国造と葦浦屯倉の成立事情や運営実態について、近年における国造制・ミヤケ制の研究を参照して、再検討を加えた。そうしたなかで、私が葦浦屯倉の機能を受け継いだとみている西河原遺跡群において、野洲郡と蒲生郡の郡界に広く分布している鏡山古窯跡群の製品が大量に出土し、しかもその多くが不良品であり、この地で選別作業がなされたことに注目した。なぜなら西河原遺跡群は、初期律令国家成立期において政府がこの地に設置した直轄の施設であり、近江各地の物資の集積とその物流に関わったと考えられたからであった。そうした業務の一つに、鏡山古窯跡群の製品の集積と選別があり、製品を都に搬出したと考えた。そして、六世紀後半に始まる鏡山古窯跡群の操業期間からみて、西河原遺跡群がその機能を受け継いだと考えられる葦浦屯倉段階にまで遡る可能性のあることも推定した(1)。

ところが、前章の初出論文を公表したわずか数ヵ月後の二〇一七年一月、竜王町ブタイ遺跡の調査において、一点の付札とみられる木簡が出土し、そこにはこうした推定を強く裏付ける文字が記載されていた。そこで本付論では、そうした新知見を参照して、鏡山古窯跡群と葦浦屯倉の関わりをもう一度考えることとした（図35）。

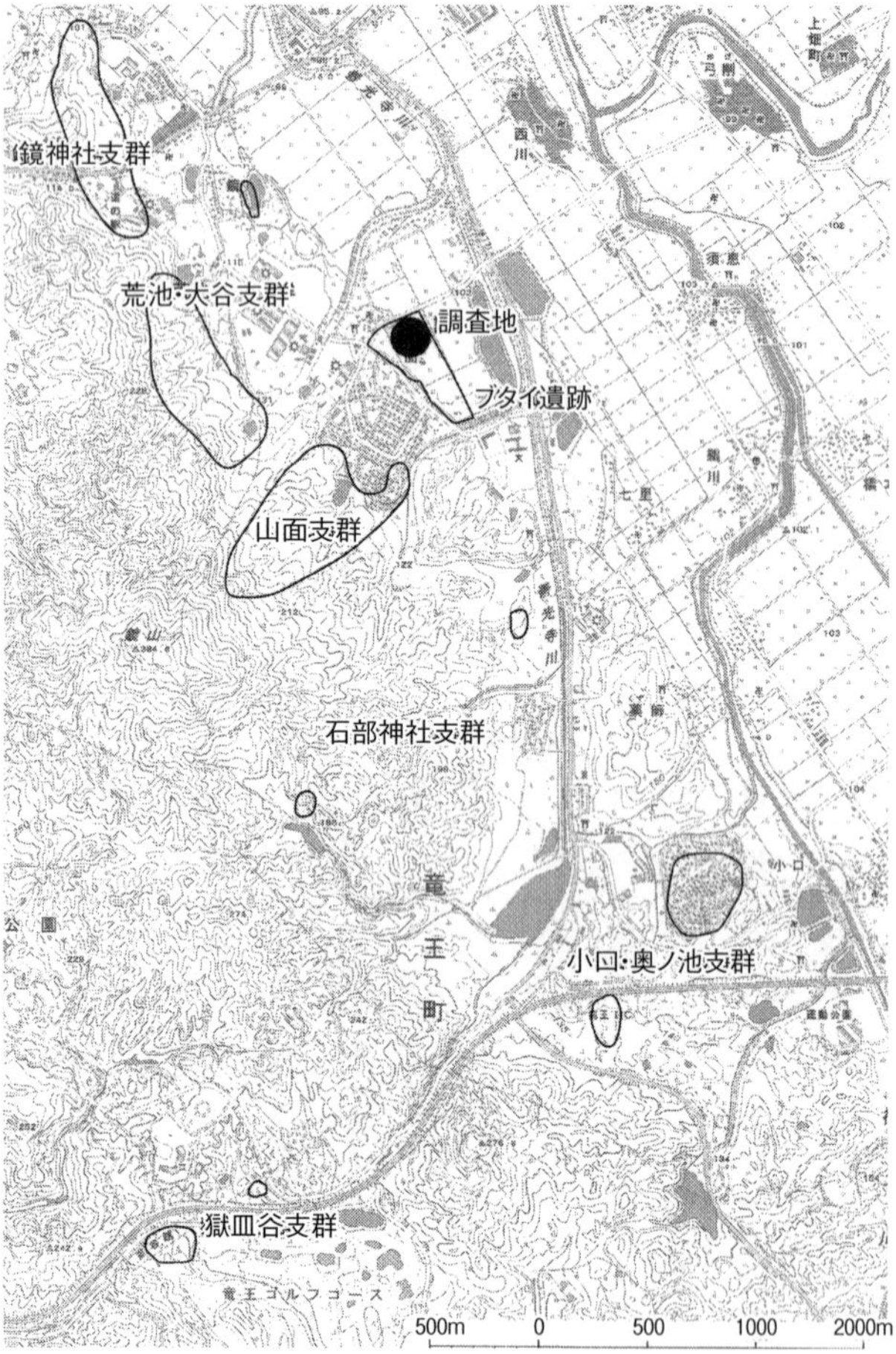

図35　ブタイ遺跡位置図

一　ブタイ遺跡とブタイ木簡

ブタイ遺跡は蒲生郡竜王町山面に所在する古代から中世の集落跡で、平成十四年度の発掘調査では、七世紀後半から八世紀後半ごろの大型掘立柱建物や、それら建物群を囲む溝などが検出され、墨書土器など多数の遺物が出土していた。そして平成二十八年度には、先の調査地に近接する地点の調査がなされ、隣接地とほぼ同じ南北方位をとる八世紀ごろの掘立柱建物三棟と幅約五メートル、深さ一・七メートル、長さ五六メートル以上の人工水路（大溝）が検出され、木簡のほか多量の須恵器や土師器、木器などが出土した。大溝から出土した須恵器のなかには焼きが弱いものや焼け歪んだものなど不良品が多く含まれており、木器にも破損したものがあった。土器や木器には流れた形跡はなく、近辺から投棄されたものと考えられており、この施設で選別作業がなされたことが推定されている。また、鉸具・巡方などの帯金具も出土しており、当時の役人などが身に着けるもので、この施設が公的な性格をもつことを想定させる（2）（図36）。木簡の釈文は次の通りである（図37）。

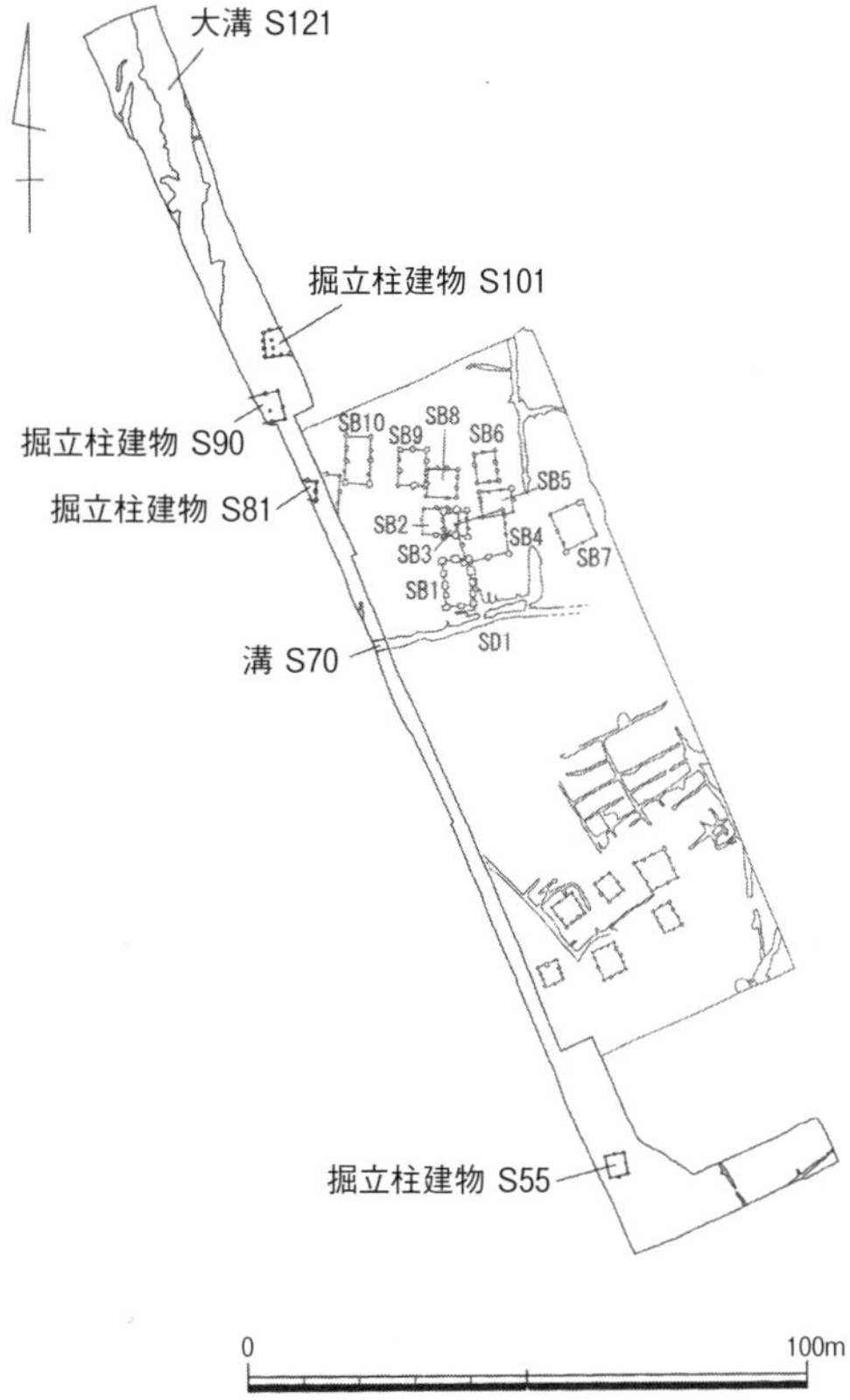

図36　ブタイ遺跡遺構配置図

「桐原郷薏原史」　(210×18×5　051)

出土した木簡は、その形状から、何らかの物品に付けられていた「付札」と考えられ、文面には「桐原郷薏原史」とのみ書かれていた。すなわち、ブタイ遺跡にあった施設に届

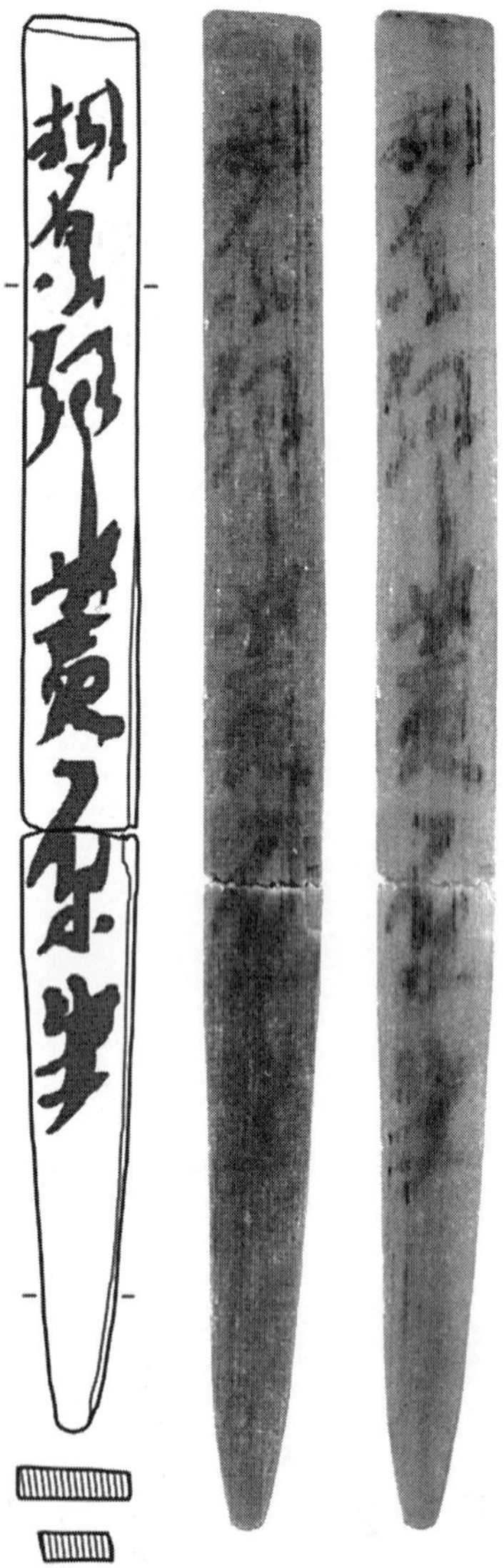

図37　ブタイ木簡と実測図

けられた物品に付けられていたこの木簡は、役割を果たして水路に廃棄されたのであろう。文面にみえるのは、そうした物品の差出人とその居住地と考えられる。ウジ名だけで名前が省略されていること、居住地についても郷名だけで国郡名の記載がないこと、また、物品名や数量が書かれていないことなどから、内容もわかっており、受け取り手は差出人の周知の人物で、あえて詳しく書く必要のない人物であったと考えられよう。

　ここにみえる「桐原郷」は、蒲生郡の古代文献にみえる地名（行政区画）で、これまで近江八幡市西南部の安養寺・森尻・池田・古川などの諸村に比定されている。[3] これに対し、ブタイ遺跡は、同じ蒲生郡でも遺跡の近くに遺称地「須恵」があり、「平城京二条大路木簡」にみえる「周恵郷」に属すとみられ、[4] 桐原郷とは隣接している。この木簡は桐原郷に居住する「薏原史」から、周恵郷にあるブタイ遺跡にあった施設に送られた物品に付けられていたとみられる。それでは、この木簡に記載された「薏原史」とは、どのような人物であったのか。

ここにみえる「蒕原史」は、すでに指摘したように、木簡の記載からおそらく古代の蒲生郡桐原郷に居住していた人物のウジ名で、「蒕原」はイハラと読み、この地か関連する場所の地名と考えられる。「史」はもともとは朝廷で書類や帳簿をつける人々(書記)に与えられたカバネで、その多くが渡来氏族であった。したがって、「蒕原史」氏もおそらく渡来氏族であった可能性が高い。そして、この木簡のほかにも、古代の文献に「蒕原(葸原)史」を名乗る人物が、四名確認できる。

①蒕原史宿奈麻呂　天平十七年(七四五)八月三日付の「仕丁送文」に、近江国野洲郡敷知郷戸主穴太野中史玉手の戸口で仕丁とある(『正倉院文書』巻二—四九五)。

②蒕原史万呂　天平十八年三月と天平二十年八月から十二月の文書に、里人で、経師として東大寺画所に上日したとある(『正倉院文書』巻八—一三三・巻一〇—三五七)。

③蒕原毛人　天平宝字二年(七五八)二月から四月の文書に、左京人で画工司画師として東大寺大仏殿の彩色に従事したとある(『正倉院文書』巻四—二五九・二六〇・二六七・二六九・三五四など)。

④蒕原人麻呂　天平宝字二年二月から四月の文書に、経師として写後経所・写疏所で写経に従事したとある(『正倉院文書』巻一二・一三・八・九・一〇・一四など)。

このうち①の蒕原史宿奈麻呂だけに居住地の記載があり、野洲郡敷知郷の住人であることがわかる。ほかの三人は、奈良の都に居住し朝廷に経師や画師として出仕する下級官人でその出身地は書かれていないが、ブタイ木簡の発見により、宿奈麻呂の居住地とあわせ考えるなら、近江国蒲生郡か野洲郡の出身でこの地から都に出仕していた可能性が高いといえよう。しかもこのことから、「蒕原史」氏が、近江の地方豪族というだけでなく、中央政府に技術系の下級官吏を出すことができる有力な渡来氏族であったことがうかがえるのである。そして、宿奈麻呂が、野洲郡敷知郷の戸主穴太野中史の戸口とあることから、「薑原史」氏が志賀漢人一族であることを確認できる。

すなわち、詳細は別稿に譲らねばならないが、志賀漢人は、古代の滋賀郡南部に居住する倭漢氏配下の渡来氏族の一団（漢人村主）で、大和政権の経済的・軍事的な拠点であった大津北郊の「志賀津」と呼ばれる港湾施設周辺に集住し、六世紀以降新しい東国政策や日本海ルートの対外交渉を推進しようとする蘇我氏と倭漢氏の指示により、主として京と近江・東国・北国との物流の運営・管理にあたっていたとみられる。その主要のものは、大友村主・大友曰佐・大友漢人・穴太村主・穴太史・穴太野中史、錦部村主・錦部曰佐、大友丹波史・大友桑原史、志賀史・登美史・槻本村主・三津首・上村主などで、その本拠大津北郊の地名をウジ名に負っている。穴太野中史もその一員であった。その本拠は滋賀郡南部であるが、浅井郡・坂田郡・犬上郡・愛知郡・神崎郡・蒲生郡・野洲郡・栗太郡など近江各地にも濃密な分布が知られ、その居住地も郡内で琵琶湖に隣接した地域に集中している。そして、その居住地には坂田郡の朝妻湊のように港湾施設をともなっている場合が多い。これらの点から琵琶湖の水運のカナメである滋賀郡の大津に本拠をおく志賀漢人が、近江各地の主要な港湾施設のある地に進出し、その周辺に拠点を拡大していった様相が推測されてくるのである。(5)

このようにみるなら、「薑原史」氏も蒲生郡・野洲郡に進出した志賀漢人の一族であり、野洲郡敷知郷の穴太野中史の戸口とあるから、宿奈麻呂が穴太野中史玉手の家に身を寄せていたとするなら、蒲生郡桐原郷が本拠であったかもしれない。野洲郡敷知郷は、遺称地もなく明らかでないが、隣接する蒲生郡には馬淵という地名があり、この地域を敷知郷とする見解もある。(6)昭和三十年（一九五五）に近江八幡市に編入された野洲郡北里村は、佐波江町・野村町・小田町・江頭町・十王町などからなり、敷知郷の有力な比定地とされている。いずれにしても桐原郷と敷知郷は隣接しており、「薑原史」氏は両郡にまたがり居住していたのであろう。

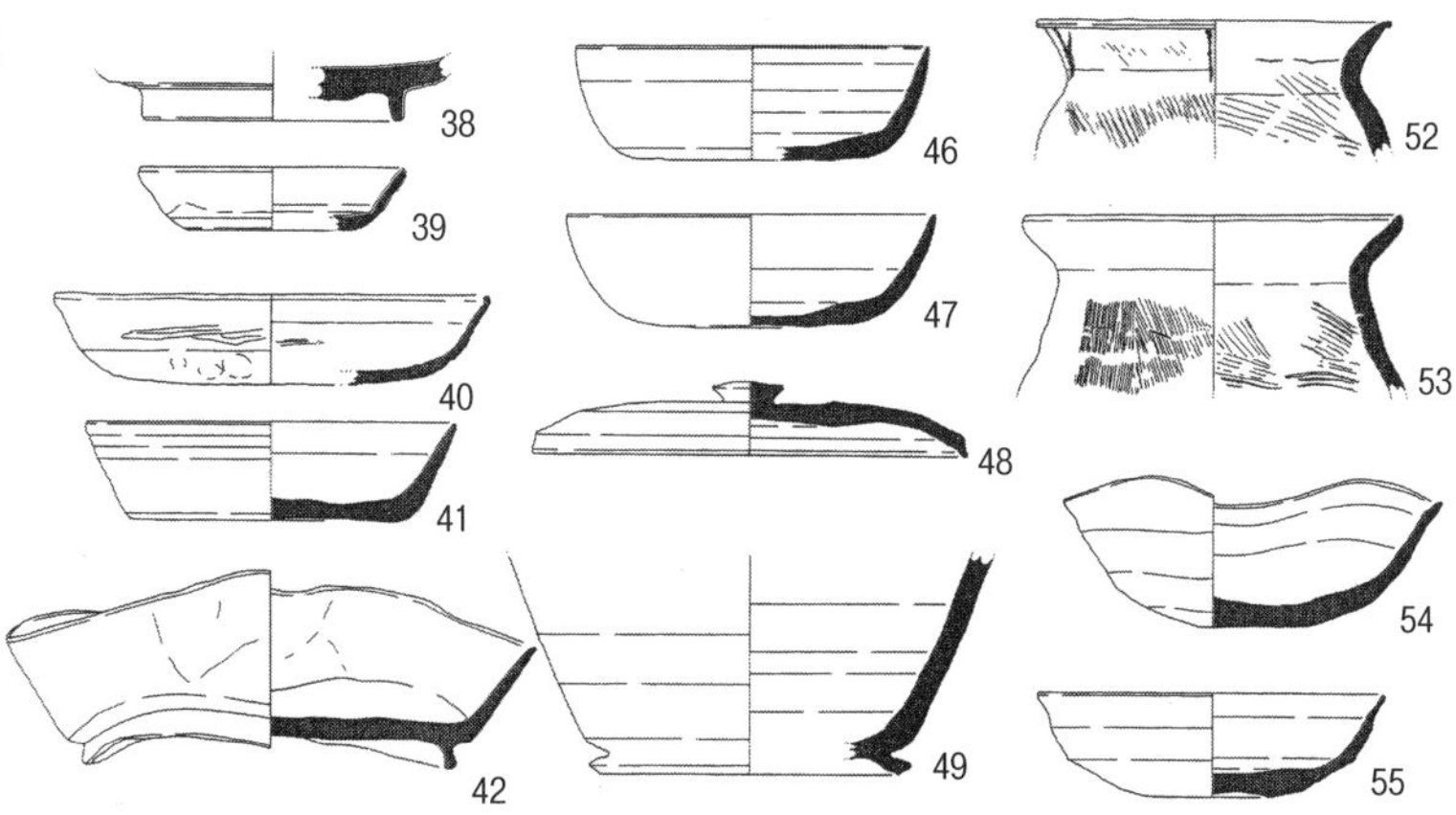

図38　ブタイ遺跡出土須恵器

二　ブタイ遺跡と葦浦屯倉

それでは、この物品はどうした事情でブタイ遺跡にあった施設に送られたのであろうか。ブタイ遺跡は、規模は大きくないが奈良時代の建物跡が集中して検出され、隣接する水路などから遺跡の南〇・六キロに所在する鏡山古窯跡群の製品が出土しており、その多くが不良品であった。このことからこの施設で、その製品の保管と選別作業がおこなわれたことが推定されている。周知のように、鏡山古窯跡群は、野洲市と竜王町の境界に広がる鏡山の山麗一帯に分布する六世紀後半（約一五〇〇年前）から八世紀中ごろ（約一三〇〇年前）の須恵器を焼いた近江最大の窯跡群である。現在確認されている須恵器窯跡の分布状況から、かつては推定一〇〇基以上あったとみられている(7)（図38）。須恵器の窯跡は全国で多数みつかっているが、古代の文献にその名がみえるのは、著名な陶邑（大阪府南部）古窯跡群と、ここ鏡山古窯跡群だけであり、この地の須恵器生産に大和政権が直接関与していたことを推測させる。したがって、その生産物は当然、大和政権の中枢に運ばれていたと考えられるであろう。

ところで、『日本書紀』（以下『書紀』と略記）には、垂仁天皇の時代に来日した新羅国の王子アメノヒボコの伝説が載っている。すなわち垂仁三年三月条には、アメノヒボコが七点の神宝（いわゆる「出石の神宝」）を持ち来たり但馬国の出石神社に納めたとあるが、その分注に「一に云はく」として、アメノヒボコの諸国巡歴のことを載せている。それによるとアメノヒボコは、神宝八物（本文とは異同がある）を天皇に献上した際、その居住地を求め諸国巡歴することを許され旅立ったとある。次にその部分を引用する。

是に、天日槍、莵道河より泝りて、北近江国の吾名邑に入りて暫く住む。復更近江より若狭国を経て、西但馬国に到りて則ち住処を定む。是を以って、近江国の鏡村の谷の陶人は、天日槍の従人なり。

アメノヒボコはおそらく但馬から摂津・南山城をへて宇治川を溯り、吾名邑に少し留まったのち、若狭国をへて但馬国に到って、そこを居住地と定めたらしい。この諸国巡歴の物語は、『書紀』本文にも『古事記』にもみえず、分注の記載においても話しがうまくつづかない箇所もあり、省略があるようである。この物語の文末に前後との脈絡を欠いて、唐突にアメノヒボコの従人、「鏡村の谷の陶人」が登場することもそれを裏付ける。もともとアメノヒボコと鏡村の陶人に関わる詳しい所伝があり、『書紀』編者が収録する際に所伝を省略したため、唐突に登場するという構成になったとみられる。このことから鏡山の須恵器工人たちが、ヒボコに従って倭国に来た渡来系の人々であったことが推定される。

そして、前章でも、詳しく述べているように、鏡山古窯跡群の製品の生産・管理・搬出にあたったのは、六世紀ごろに野洲の豪族近淡海安国造が献上し大和政権によって設置された葦浦屯倉であり、のちにその機能と組織は野洲市の西河原遺跡群に受け継がれたと考えている。その根拠の一つが、西河原遺跡群における、鏡山古窯跡群の製品の選別作業であった。そして、西河原遺跡群で出土した多数の木簡からは、その運営・管理に、主として志賀漢人一族があたっていたことが確認されている。

それでは、同じように鏡山古窯跡群の製品の選別作業をおこなっていたブタイ遺跡と葦浦屯倉の関係は、どのように理解されるのであろうか。この点については、右に検討したように、木簡にみえる「䓣原史」氏が、蒲生郡桐原郷と野洲郡敷知郷に跨がり居住する志賀漢人の一族であることは注目される。ちなみに蒲生郡に居住した渡来氏族については別に詳しく検討しており[8]、蒲生郡の場合も近江の各地と同様に、民使・大友曰佐・錦曰佐・明波漢人・錦織主寸（村主）・桑原史（直）らの倭漢氏系の志賀漢人一族と、安吉勝・秦らの秦氏系のグループが二大勢力で、ほかに王辰爾の子孫である船史氏の一族である御船氏がみえている。ここでも志賀漢人の存在感は大きく、ブタイ遺跡の施設の運営にも西河原遺跡群と同様に関与していた可能性が高いといえよう。

また、ブタイ遺跡と葦浦屯倉の関係を考えるうえで参考になるのが、先にみたアメノヒボコの伝説である。前章で述べているように、葦浦屯倉の故地については、草津市芦浦町・守山市三宅町・野洲市市三宅など、野洲郡とその隣接地に集中しており、近淡海安国造の本拠地に関わることが明らかである。そして、野洲郡馬道郷の戸主名を連記した西河原森ノ内遺跡一号木簡には、「三宅連唯麻呂」が志賀漢人たちとともに記載されており、西河原遺跡群と葦浦屯倉の関わりがうかがえる。すなわち、この三宅連については、先のアメノヒボコ伝説の後日譚に始祖伝説がみえている。『書紀』垂仁八十八年二月十日条には、アメノヒボコの曽孫清彦による出石の神宝の天皇への献上の物語があり、同九十九年七月一日条と翌年三月十二日条には、清彦の子田道間守の常世の国への派遣と帰国の物語がみえる。そして、その伝説の末尾に「田道間守は、是三宅連の始祖なり」とあり、アメノヒボコの子孫が三宅連であることがわかる[9]。三宅連の存在は、鏡山古窯跡群と葦浦屯倉・西河原遺跡群の不可分の関係を示している。

これに対し、ブタイ遺跡のある蒲生郡では、三宅連の居住こそ確認されていないが、三家人の居住が知られる。すなわち「平城京二条大路木簡」の付札に、「蒲生郡西里戸主三家人広麻呂」がみえるのである。一方、『新撰姓氏録』摂津国皇別にも三宅人がみえ、そこには「大彦命男波多武日子命の後」とある。同条には、蒲生郡の郡領氏族佐々貴山君が「大彦命の後」とみえており、三宅人は佐々貴山君と同じく有力な古代豪族阿倍氏の同族であるから、蒲生郡の三家人と『新撰姓氏録』にみえる三宅人は同一氏族と考えられる。したがって、三家人はアメノヒボコの後裔である三宅連とは、出自も異なり別氏といえるが、実は三宅連にはアメノヒボコの後裔ではない別の一派があり、それとの関わりが想定される。すなわち『書紀』天武十二年（六八三）十月五日条には、多くの氏族とともに三宅吉士を三宅連としたとする記事があり、三宅吉士系の三宅連の存在が確認されるのである。すなわち三宅吉士をはじめ難波吉士・草壁吉士などの吉士集団は、先の三宅人と同じくその多くが大彦命の後裔であることを主張しているが、これまでの研究でその職掌（外交業務）などから本来渡来氏族であったとみられている。(10)

したがって、阿倍氏同族の三宅連と三宅人も、アメノヒボコの後裔を称する三宅連とまったく無関係とすることはできないのであって、同じ渡来氏族として、また、屯倉の管理・運営という「職」の共通性から、近い関係にあったのではなかろうか。そして、三家人の居住地である西里（西生郷）は、蒲生町域や一部日野町域、あるいは竜王町南東部とみられ、ブタイ遺跡の所在する周恵郷にも近く、蒲生郡の三家人がブタイ遺跡の施設運営と関わりをもっていた可能性は高いと考える。そうした場合、職務の共通性や志賀漢人の関与からみて、ブタイ遺跡の施設もかつては葦浦屯倉に属していた可能性が高くなると考える。

おわりに

以上、雑駁な考察に終始したが、ミヤケは、前章でも指摘したように、かつては大和政権の直轄地とされ、水田（土地）と倉庫からなるとされてきたが、現在では、大和政権が各地の豪族の支配領域に設置した政治的拠点であり、その地の豪族の協力を得て大和政権が必要とする生産物や物資を調達する施設で、いわば建造物と考えられている。ここで検討してきたように、ブタイ遺跡もそうした施設の一つとみられ、出土木簡にみえる「薏原史」氏が、志賀漢人の一族で、西河原遺跡群と志賀漢人との関係と一致すること、両遺跡がともに鏡山古窯跡群の製品の管理と関わることから、ブタイ遺跡も葦浦屯倉の施設の一つであることが有力になったと考える。また、そうではないとしても、ブタイ遺跡は蒲生郡の佐々貴山君が献上し大和政権が設置したミヤケであり、葦浦屯倉とも連携していたことが推測される。

注

（1）大橋信弥「近淡海安国造と葦浦屯倉―近江における国造制の展開―」（『淡海文化財論叢』一一、二〇一六年）。
（2）「竜王町ブタイ遺跡の発掘調査において検出された公的施設と出土した木簡について」（滋賀県文化財保護協会、二〇一七年）、重田勉「滋賀・ブタイ遺跡」（『木簡研究』四〇、二〇一八年）。
（3）『日本歴史地名体系二五　滋賀県の地名』（平凡社、一九九一年）。
（4）『平城宮発掘調査出土木簡概報』三一（奈良文化財研究所、一九九八年）。
（5）大橋信弥「近江における渡来氏族の研究―志賀漢人を中心として―」（『古代豪族と渡来人』吉川弘文館、二〇〇四年）。
（6）大橋信弥「律令国家と湖東」（『近江八幡市史』第六巻・通史Ⅰ、二〇一四年）。

(7)『野洲町史』第一巻・通史編（一九八七年）。

(8)大橋信弥「湖東の渡来文化」（『能登川の歴史』第一巻・原始・古代編、東近江市、二〇一一年）。

(9)『古事記』垂仁天皇段には「三宅連等之祖　名多遅麻毛理」とあり、『姓氏録』右京諸蕃・摂津国諸蕃には「三宅連　新羅国王子天日鉾命之後也」とある。

(10)大橋信弥『阿倍氏の研究』（雄山閣、二〇一七年）。

（付記）本論を書くきっかけとなったのは、ブタイ遺跡の調査を担当した滋賀県文化財保護協会の重田勉さんから、マスコミへの資料提供にあたってブタイ木簡の釈読とコメントを求められたことによる。その際には、時間もなく希望に添えないコメントしか書くことができなかったが、その後に考えたことを加え本論を書くことができた。こうした機会をつくってくれた重田さんと、それを仲介していただいた浜修さんの友情に感謝の意を表したい。

第二部　近江の渡来人と文字資料

第一章　近江における律令国家成立期の一様相
――野洲市西河原遺跡群の性格をめぐって――

はじめに

近年の発掘調査の進展により、国庁・郡庁など律令国家の地方政治組織の実態がかなり明らかになりつつある。そして同時にそれらが必ずしも全国統一規格で造られているのではなくして、各地において多様な形態・構造をもつことが明らかになっている。そして、それが同一場所において整然と配置されているのではなくして、分散して配置されたり、必ずしも規格性をもっていないことも指摘されている(1)。

近江においては野洲市西河原遺跡群のように、律令国家成立期において特異な性格をもつ遺跡が発見されており、律令国家の地方政治組織の形成過程を解明するうえでも、看過し得ない問題を孕んでいるように考える。ここでは遺跡のあり方と出土した木簡により、基礎的な検討を加えることにしたい。

一　西河原遺跡群の概要

西河原遺跡群は、現在の野洲市西河原に所在する七世紀から九世紀にかけて存続した官衙的な遺跡群で、七世紀に遡る木簡が多く出土したことでも注目されている。遺跡群を構成するのは、森ノ内遺跡をはじめ湯ノ部遺跡・宮ノ内遺跡・西河原遺跡・光相寺遺跡・虫生遺跡などで、虫生遺跡を除きほぼ隙間なく隣接しており、同一遺跡群と認識できるものである（図39）。

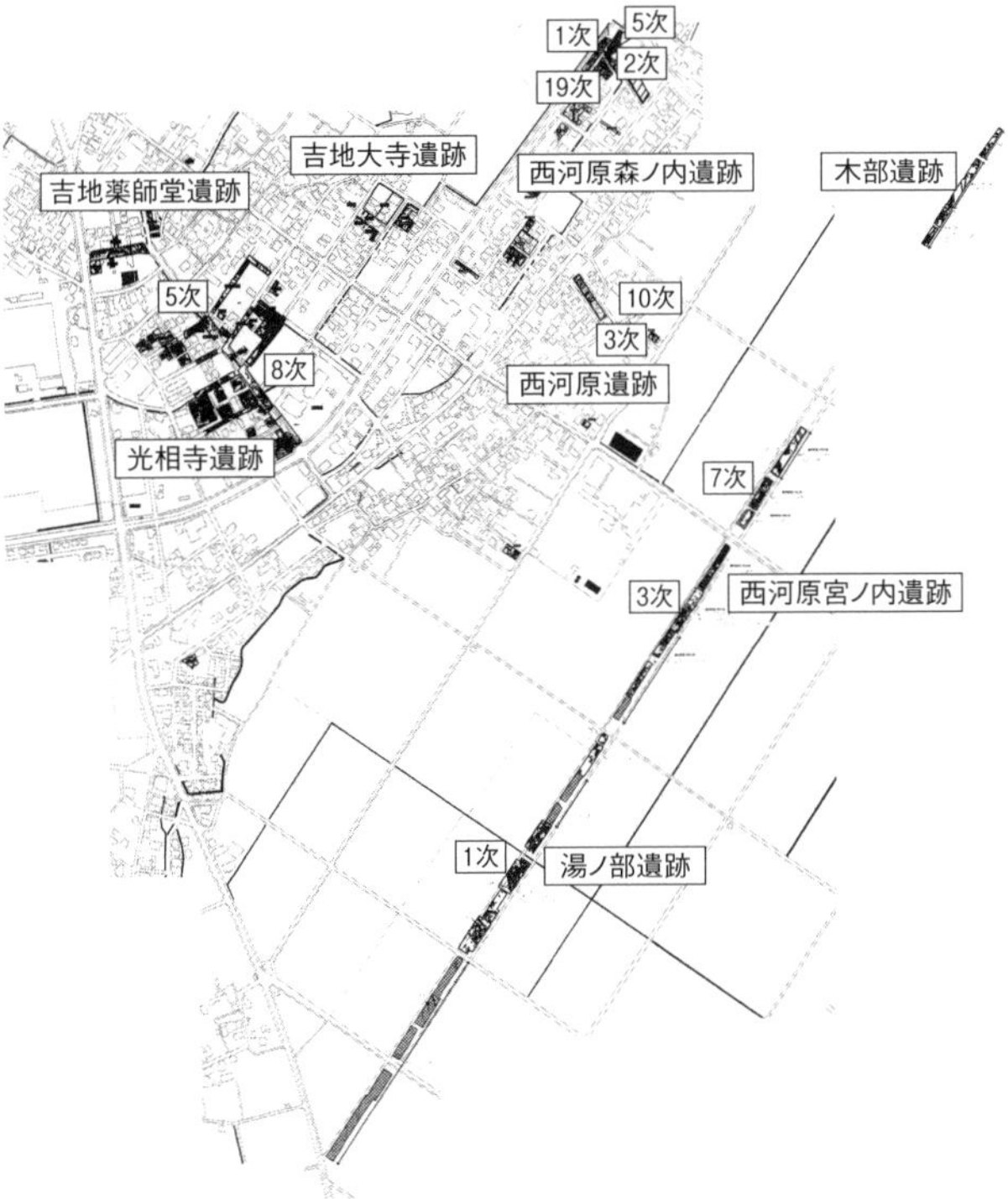

図39　西河原遺跡群

森ノ内遺跡

遺跡群の中核をなす森ノ内遺跡は、昭和五十九年の第一次調査以来、現在まで十数次にわたる調査がなされ、数多くの成果をあげてきた[2]。それによると、七世紀後半（二期）には遺跡の北半で周囲に溝をめぐらせ整然とした配置をとる大型の掘立柱建物群が形成されており、七世紀末から八世紀前半（三期）にはそれを埋め立ててやや南側に同様の区画を設けていた。しかし八世紀前半のある時期に突然遺跡は途絶し、生活の痕跡はなくなっている。代わって、この段階以降の遺構・遺物は光相寺遺跡に移っている。遺跡北半の建物群は、中心的な建物が桁行き五間以上、梁間二間と規模も大きく、柱の掘り方も一辺一・

五メートルのものであった。そしてこうした遺構と関連して、多数の木簡や墨書土器、さらに木製の矛・斎串・人形・馬形・陽物・舟形・琴柱・鞍など、まつりに関わる遺物が出土している。墨書土器には「大」「神」「神主家」「凡記」「児」「渡内一」「主殿者」などがみえる。また、遺跡の一角からは歪みや変形のある須恵器が大量に出土しているが、その形態などから大和政権へ製品を供給していた郡北部に分布する鏡山古窯跡群の製品であり、この地への出荷にあたって製品を選別する施設があったとみられている。

湯ノ部遺跡

昭和六十三年から数次にわたって調査がなされた湯ノ部遺跡は旧野洲川が形成した扇状地性の低地上にあり、かつては東西方向に伸びる微高地で、弥生時代以来、大規模な集落・墓地が相次いで形成されている。遺跡の土層は大きく上下二層に分かれ、下層では弥生前期から後期にかけての住居跡・祭祀場跡・方形周溝墓群、上層では七世紀後半から八世紀前半（三期）の掘立柱建物・鍛冶関連遺構が検出された。上層遺構のうち、掘立柱建物二棟は、一×二間・二×三間程度の作業小屋的なごく小規模な建物である。排滓土坑は、一・四×二・五メートルの長方形で、深さ約七〜八メートルとごく浅い。土坑内には炭化物が周辺を取り巻き、排滓は一方に偏り集中している。また、内部に先端が焼けた木片、フイゴの羽口、排滓、木炭、焼土が集中し小量の土器片も出土した。

二期の牒文書木簡が出土した溝は鍛冶遺構などの西を限る溝で、三期のものである。最大幅約二〇〇センチ、深さ約六〇センチで、溝の埋土は大きく上下二層に分けられる。木簡は溝の上層・下層のほぼ境の下から、裏面を上にしてほぼ水平の状態で出土した。遺構との年代差があり、再利用されたとみられる。遺物の出土は溝の中央部分に集中し、出土した遺物は木簡のほか土師器の杯・甕・鉢、土錘、羽口、土馬、須恵器の杯・壺・鉢・甕、木製品の斎串、曲物、鎌の柄などである。(3)

宮ノ内遺跡

宮ノ内遺跡は、湯ノ部遺跡の北五〇〇メートルに位置する。平成十七年に発掘された第七次調査では、七世紀末から八世紀初頭（三期）の遺構を検出している。調査区の南寄りで大型の総柱の掘立柱建物を検出し、建物の柱抜き取り穴から一・三～七号木簡が出土した（ただし、一号木簡は、昭和六十年の試掘調査で出土したもの。第七次調査で、出土地点の詳細が判明した）。掘立柱建物は、総柱の三×四間（六・一三×七・七四メートル）で、床面積は約四五平方メートルである。土器類はほとんど出土していない。大型の倉庫で、西河原遺跡群の倉院の一画であると考えられる。

また、平成八年の第三次調査では、八世紀前半（四期）の遺構を検出している。規模の小さい掘立柱建物とそれを「コ」の字に囲む区画溝と土坑からなり、五七点にのぼる木簡の削り屑と、多量の須恵器、土師器、転用硯、円面硯、銅製品（帯金具五点）、木片や炭、種実類などが出土した[4]。木簡の出土した区画溝は、いずれも水が流れた痕跡はなく、木簡の削り屑や、木製品およびその製作過程に生じたと思われる剥片などが出土しており、一連の遺構は木製品の加工・再加工工房とみられる[5]。

西河原遺跡

森ノ内遺跡の南五〇〇メートルに所在する集落跡で、平成三年の調査では、大きく三面の遺構面があり、第一遺構面では平安時代末と中近世の水田・畠作に関わる溝と小規模な建物跡・柵列に関わる柱穴などが、第二遺構面では平安時代中期から後期の掘立柱建物と畠作に関わる溝が、第三遺構面では飛鳥時代から平安時代前期の掘立柱建物跡八棟以上と幅三・二メートル以上、深さ一・一メートルの南北方向の溝跡が検出された。五点の木簡はこの溝の七世紀後半から八世紀初頭の第四層（三期）より出土し、土器のほか琴柱、斎串、箸、獣歯・獣骨、土錘などと、墨書土器六点が出土した。墨書には「神」「呰万呂」「呰□」「成仲」などがある。また平成十四年の調査では、九世紀前半から一〇世紀前半（八期）

の第二遺構面で検出した九世紀代の溝跡から二点の木簡が出土した(6)。

光相寺遺跡

西河原遺跡の南に接して所在する奈良時代から中世に至る集落跡で、昭和六十一年の調査で八世紀前半の掘立柱建物・溝跡などを検出した。二点の木簡を出土したのは幅二・五メートル、深さ三〇センチの溝で、調査区域内で一二メートル検出した。遺跡の北半からは「石部君」「石辺」と墨書した土器が七点出土し、南半からは「馬」二点、「三宅」五点が出土したほか、斎串・人形・刀形・琴柱・横櫛などの木製品、フイゴの羽口、スラッグ、鉄製紡錘車などが出土した。また、昭和六十二年の調査では、七世紀中葉から八世紀前半の第三遺構面より三点の木簡が出土した。木簡が出土した遺構は、総柱の三×二間の小規模な建物と同一方位をとる西側（幅〇・三メートル）と東側（幅三メートル）の素掘溝である(7)。

虫生遺跡

湯ノ部遺跡の東三キロ、虫生集落の北に接して所在する集落跡で、西河原遺跡群からはやや離れているが、弥生時代から鎌倉時代の遺構を検出した。木簡は、微高地縁辺部に掘られた小溝（幅一二センチ、深さ一五センチ）から出土し、奈良時代の須恵器片がともに出土している(8)。

以上のように、この遺跡群は、遺構・遺物とも、一般集落とは明らかに異なる様相を示しており、全体として何らかの公的空間を構成していたことは間違いないと思われる。そこで次に、遺跡の性格を具体的に考えるうえで、重要なデータを示す木簡の記載内容を時期別に検討したい。

二　出土木簡からみた西河原遺跡群

1　二期の木簡

二期（七世紀後半）に属するのは、森ノ内二・三・一三・一四・一七・一八号、光相寺一・二・四・五号、湯ノ部一号木簡などである。まず二期の代表的な木簡である森ノ内二号木簡は、「衣知評」「椋□（直カ）」という記載から七世紀後半の文書木簡である。(9)

森ノ内二号

・「椋□（直カ）伝之我持往稲者馬不得故我者反来之故是如卜ア　」

・「自舟人率而可行也　其稲在処者衣知評留五十戸旦波博士家」

（410×35×2　011）

その内容は、近江国庁か中央政府の官人とみられる「椋□（直カ）」（内蔵直）が森ノ内遺跡（馬道郷）に居住する卜部（某）に対し、その所有する稲を自らとりに行ったところ、運搬に使う馬が得られなかったので運ぶことができなかった。そこでおまえが代わりに舟人を率いて行ってくれ、その稲のある所は衣知評平留五十戸の旦波博士（大友但波史）の家である、という内容である。琵琶湖の水運を利用した物資の運搬が、野洲と愛知の間でなされていたこと。陸上交通と湖上交通が連動していること、それに西河原遺跡群が深く関わっていたことを示している。そしてその物資の運搬に、倭漢氏の一族である内蔵直氏と、その配下である漢人村主の志賀漢人一族、大友但波史氏がともに関わっていることが確認できる（図40）。

そして、三期の六号木簡にみえる「使人」の「民直安麻呂」も近江国庁か中央政府の官人とみられるが、民直氏は

「椋□（直カ）」氏と同様に倭漢氏の一族であり、のちにみる四期の代表的な木簡である森ノ内一号木簡により、西河原遺跡群の居住者のかなり多数を占めている志賀漢人の一族との深い繋がりが推測される(10)。

次に二期とみられる森ノ内三号木簡は、物品の人別負担を列記したとみられる記録簡である。

・森ノ内三号

□□□□布六二布　□□（左作カ）支戸首二布□六布

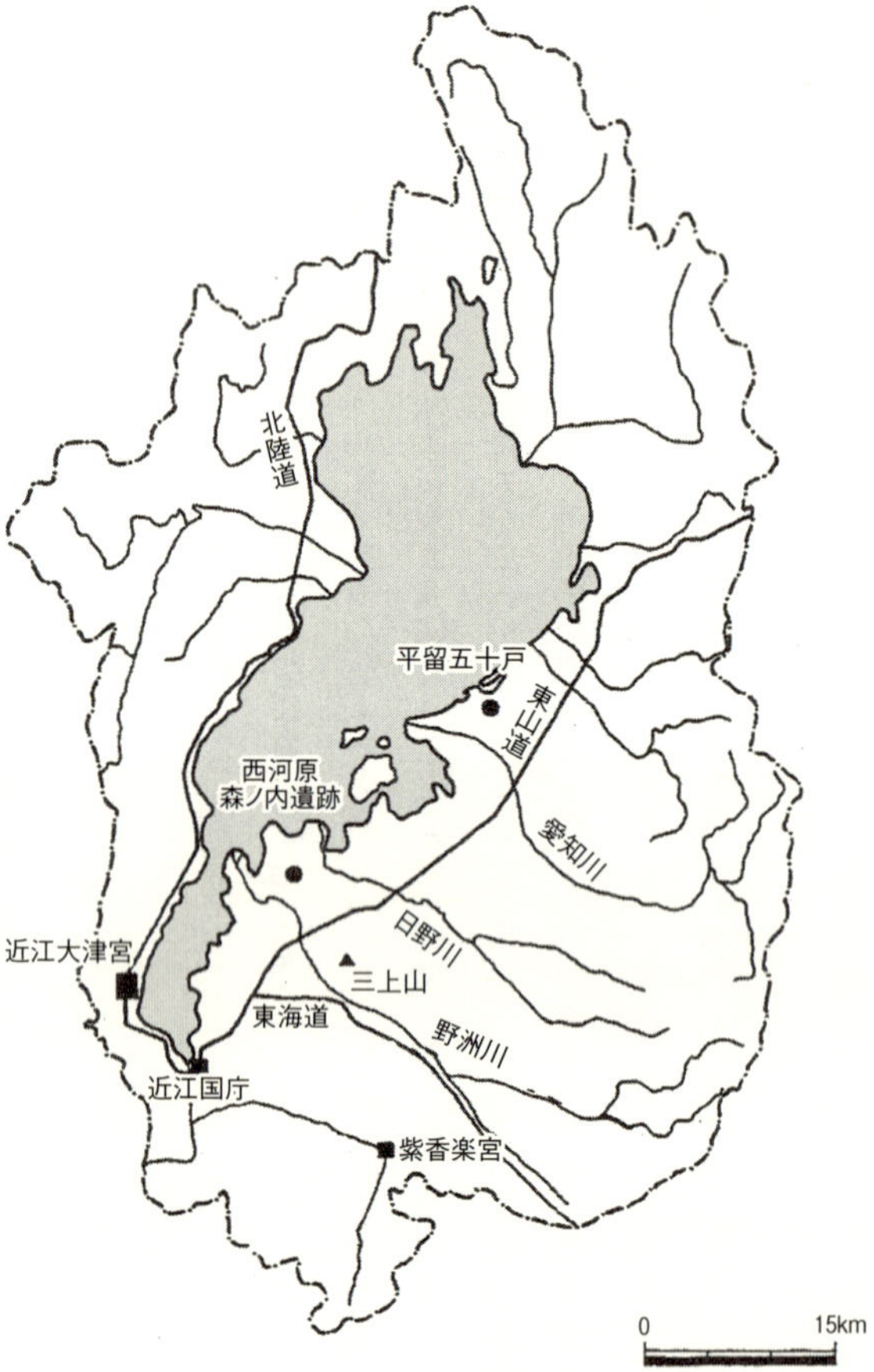

図40　西河原森ノ内遺跡と平留五十戸

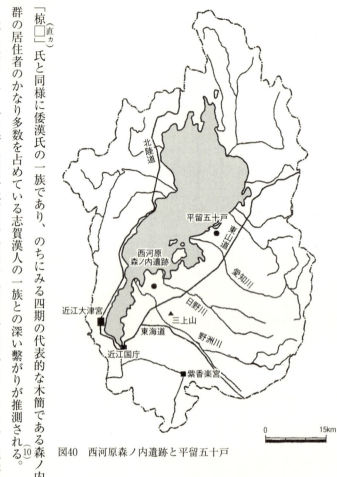

・
馬甘首布六一布　　小女児二布□六□(布カ)　□□□(左カ)古一布
□□　羽止已戸□□布六二布　　□(犬カ)上□田戸□二布六□
□
(〈665〉×70×6　059)

この木簡では、人名と布の数が記されており、山尾幸久氏は国家的な徴税に関わるものとされる。しかし平城京長屋王家木簡に、「近江案(安)郡(服里人従八位上□部)□□大縫□」がみえ、(11)西河原遺跡群の北西二キロに所在する守山市服部遺跡に比定される野洲郡服部郷(服里)の住民が、「大縫」とあるように織物に関わることが推測され、郷名とともにこの地域と縫製との関連を示唆する。したがって、この地域に国家的な縫製に関わる工房が所在し、それに関わる記録簡とすることもできよう。

のちに述べるように、西河原遺跡群では、森ノ内遺跡だけでなく、湯ノ部遺跡でも焼土やスラッグが出土し、大鍛冶・小鍛冶に関わる工房の存在が推定されるが、宮ノ内遺跡では奈良時代後半の木工工房とみられるコの字形の区画溝が二基検出され、その周囲から木片、削りクズ、大鋸屑などが大量に出土している。いずれにしてもこの地域が、各種の工房を付設する公的な空間であったことを示唆するといえよう。なお、人名とみられる「馬甘首」は、馬の飼育に関わるとみられ、この地の有力者馬道首との関わりが考えられるし、「羽止已戸」もハトリベと読み、織物生産との関わりが考えられる。

森ノ内一三・一四・一七・一八号の四点も二期と考えられるが、いずれも断片的で詳しくはわからない。

森ノ内一三号
・「□九□乙木□(嶋カ)木□(国カ)　□□□□□□」
・「有木□□□□□■■■■■■■」
(310×28×5　011)

森ノ内一四号

・廿□
　□□　　□利直□十束

・又中直五十又五十□(直カ)

□卅□利直卅□□見卅五束　(〈121〉×22×2　081)

森ノ内一七号

・「∨□□□□□(五十カ)　」

・「∨□□戸□□(福人カ)　」　(136×19×3　033)

森ノ内一八号

・「∨比利田□□□□□(多比ア麻カ)」

・「∨阿皮古俵　」　(135×18×4　032)

一三号は、「木」という文字が三ヵ所みえるところから先にみた木工工房と関わる可能性があるが、詳細は明らかでない。一四号は、山尾氏が「利直」「十束」という表現から、三期の八号木簡にもみえる、貸稲の利息に関わることが推測されている。

森ノ内一七号は、ほとんど釈読できないが、「五十」という数字がみえ、物品に付された荷札か付札の可能性が高い。

森ノ内一八号には、「阿皮古」というウジ名と「俵」とあり、山尾氏はこれを庸米に関わる付札とされる。また、市大樹氏は、西河原遺跡群が木簡にみえる馬道里（郷）ではないという立場から、ここにみえる「比利田」をこの地の地名とする案を出されている。ただこの木簡の性格がいま一つ明らかでなく、現時点でこの遺跡の所在地とすることは少し無理があろう。

光相寺一号

・「□□□□（買塩卅俵カ）三」　（〈234〉×〈24〉×6　081）

光相寺二号

・「＜大友ア龍」　（142×18×5　032）

光相寺四号

・「田物□（料カ）□□」　（〈120〉×29×5　019）

・「馬道□□」

光相寺五号

・「□。」

・「□。」　（279×32×2　081）

光相寺一号は、塩の売買に関わる記録とみられるが、詳細は明らかでない。

光相寺二号は人名のみで内容は明らかでないが、付札であろう。「大友ア」は部姓ではなく、大友部史氏の略称とみられる。『続日本紀』天平宝字二年（七五八）六月二十五日条に、大和国葛上郡人従八位上桑原史年足ら男女九六人と、近江国神崎郡人正八位下桑原史人勝ら一一五五人が藤原朝臣不比等の名に抵触する「史」姓を改めることを申し出たので、新たに「直」姓を賜ったことがみえる。この時、年足と人勝らは、その先祖「後漢苗裔鄧言興并帝利等」が仁徳朝に高句麗から渡来したこと、その後同姓であった人々が数姓に分かれてしまったため同じ姓を賜りたいと申し出たので、桑原史氏のほか大友桑原史・大友史・大友部史・桑原史戸・史戸らに直姓を賜ったとある。志賀漢人の移住前の居住地とみられる大和の一族と、同族的結合を依然維持していることを示している。ここにみえる大友部史氏は、いわゆる森ノ内二号にみえる志賀漢人一族の大友但波史氏と関わるらしい。また、森ノ内一号にみえる「大友」も大友部史の可能性が高く、もしそうなら、この付札もこの施設で作成・使用されていたとみることができよう。

光相寺四号は、「馬道」とあり、この地の有力豪族馬道首氏のこととみられ、「田物」については農作物に関わる税、農民の負担に関わるとみられるが、詳細は明らかでない。五号は墨痕のみで内容はわからない。

そして二期の木簡で重要な位置を占めるのが、湯ノ部一号木簡である。

湯ノ部一号

・「丙子年十一月作文記　」
・「牒玄逸去五月中□□（官カ）蔭人
自従二月已来□養官丁
久蔭不潤□□□蔭人」
・「次之□□丁□□□（等利カ）
壊及於□□□□人□（官カ）
裁謹牒也　」
（274×120×20　011）

これは周知のように、側面に丙子年十一月の年紀をもつブック型の特異な文書木簡で、三期の七世紀末から八世紀前半の溝から出土しているが、文書の内容から天武五年（六七六）のものと推定される。法量は二七四×一二〇×二

〇ミリで、樹種はヒノキである。木簡の形態は「011型式」の「短冊型」とされるが特異な形態から「方版」型と呼ぶべきものである。厚さ二〇ミリと分厚く、裏面の右辺はやや薄くなっており、木取りは木目に沿って湾曲し右長辺から膨らんだやや変形した長方形である。表面には刀子傷と思える細い筋や文字を削りとった跡がみえる。二次使用時についたものか。文字は表面・裏面・側面に書かれている。文字は出土時に裏面が上を向いて一時期空気に触れていたのか、風化がすすみ文字は読み難いが、表面の文字は明瞭である。

この木簡の第一の特徴は側面に「丙子年十一月作文記」と年紀を記すことである。第二には「牒」で始まり「謹牒也」で終わるいわゆる養老公式令の牒式にのっとった木簡であること。第三には文書の「蔭人」の記載から天武朝期に「蔭位制」の存在を想起させる内容をもつこと。第四に木簡の使用形態については、本来使用された木簡でなく、模範文としてとして写しとられ、背文字を並べて保管された文書様式木簡とみられることである。

原文書は玄逸という人物が、近江国司ないし野洲郡司にあて上申したもので、欠字が多く詳細は明らかでないが、「蔭」「蔭人」という表現からいわゆる「蔭位制」の前身となるもので、浄御原令以前の単行法令によって定められた「蔭人」制により、天武四年の五月「蔭人」に認定された玄逸が、翌年の二月になってもその御蔭を被らないことを訴えたものとみられる。御蔭の内容はよくわからないが、「養官丁」という文字から仕丁の受給に関わる規定と考えられている。なお『日本書紀』天武五年四月条には、畿外の有爵者の子息が兵衛として出仕することを許す法令が出されており、一つの可能性として、国造クラスの父をもつ玄逸が、前年の五月に兵衛として出仕することを内示されたが、翌五年二月以降十一月になっても出仕に関わる仕丁の給付に預からなかったため、この牒を提出したとみられる。したがって、この木簡が初期律令期における文書の模範文とするなら、かかる模範文を保管していた施設としては、やはり国家的な機関とみるのが自然であろう。

2　三期の木簡

三期（七世紀末から八世紀初）に属する木簡は、森ノ内五～一二号、西河原一～四号、そして宮ノ内一・三～七号などである。

森ノ内五号
安□（掾カ）　　（〈110〉×48×14　065）

森ノ内六号
・[　　　　]□□（牛年カ）□従□□（之カ）成賜」
・[　　　　]□□　使人民直安万呂」　　（〈320〉×20×6　019）

森ノ内七号
・□百廿束馬評□（甘カ）毎倭
　ア連加久支廿束」
・刀良女六十束」　　（〈186〉×46×7　019）

森ノ内八号
　□申□□□首□稲□□□[　　]
・[　　]　[　　]□□（符道カ）　[　　]　[　　]」
・　□□首貸稲大卅束記」　　（328×37×9　011）

森ノ内九号

・□□石石□　（〈144〉×26×7　081）

・日日□□□

森ノ内一〇号

・「康戌金生人　□

・「午丙午申乙卯　（〈100〉×26×6　019）

森ノ内一一号

・「十一月廿二日自京大夫御前□（謹カ）白奴吾［　　］賜□（別カ）　」

・「□匹尓□［　　］大寵命坐□　今日□□
　□□□□□　」　（373×27×6　011）

森ノ内一二号

・「□［　　　］

・「［　　　　］　（〈203〉×26×5　019）

五号は、第四面遺物包含層から出土したもので、小断片のため「安」「□（掾カ）」の二字がわずかにみえる。「安」は西河原五号の「安今成」と同様に、この地の郡領氏族安直氏に関わるか。六号は、二号などと同じく籾殻層から出土したもので、文字は過半にしか残存しないが、墨痕の痕跡は上方にもあり、全体の内容は不明とされる。「使人」として人名があり、「従」「賜」などの文字がみえ、使者に何らかの物品をもたせ届ける際に付された文書木簡とみられる。先に少し述べたように、民直安万呂は、二号木簡にみえる内蔵直と同じく、倭漢氏の同族で内蔵直が近江国庁の官人とみられるのと同様に近江国庁で公務にあたっていた可能性があり、西河原遺跡群に使者として派遣されたと考えられよう。西河原遺跡群に居住する志賀漢人との関わりからみて、律令体制導入以前からの繋がり、系譜関係が憶測される。

七号は、稲籾堆積層から出土したもので、表面には「馬評」なる行政区画名と、倭部連加久支という女性の人名とみられる名が記されており、裏面には刀良女という女性の名がみえ、それぞれその下に「廿束」「六十束」といった稲束数がみえており、貸稲などに関わるものとみられている。「馬評」の下に「□《（来カ）》毎」とあり、倭部連加久支と関わる地名とみられるが、特定できない。

八号は、籾殻堆積層から出土したもので、残存長三二・八センチ、幅三・七センチの大型の記録簡とみられ、墨痕が不鮮明で内容は明らかでないが、「□□□首□稲」とあり、また「□□首貸稲大卌束記」とあるから、□□首（おそらくほかの文字資料から馬道首とみられる）なる人物への、貸稲に関わる管理記録とみられ、公的な出挙の存在を示すとともに、西河原遺跡群に貸稲の管理に関わる施設のあったことを示している。

一〇号は、籾殻堆積層から出土したもので、片面の「午丙午申乙卯」などの干支は、規則性はなく習書とみられる。「金生人」は金属の細工に携わる人の意で、大鍛冶・小鍛冶の工人であろう。遺跡群の複数の場所からフイゴ・スラッグ・焼土などが出土しており、そうした施設があったとみられる。これもこの遺跡の性格を考えるうえで注目される。

一一号は、三期の代表的な木簡で、これも籾殻堆積層から出土したものである。「□《（謹カ）》白」（まうす）「寵命坐□」（おほみこといまして）という表現から、「前白木簡」（上申文書）の形式をとるものとみられる。「自京大夫」については、「向京大夫」と釈読して、京に向かう「大夫」がこの地に立ち寄った際に、この地にあった「官人」が「大夫」に提出した文書で、この地に中央からの派遣官が立ち寄る施設があったことを示すものである。山尾幸久氏は、「馬道里」という地名とも関連させて、七世紀末にこの地を「官道」（早馬道）が通り、それに関わる官衙（駅家）があったとみている。(12)この地が、水陸の交通の要衝であったことを示すものであろう。

次の宮ノ内遺跡出土の一・三〜七号の木簡は、平成十七年に、第七次の調査区の南寄りで検出された七世紀末から八世紀初頭（三期）の遺構、大型の総柱の掘立柱建物の柱抜き取り穴から出土したものである（ただし、一号木簡は、昭和六十年の試掘調査で出土したもの）。

宮ノ内一号

・「庚子年十二□（月カ）□□　□□（記カ）千五□。」

・「□　□。」　(662×41×10　011)

宮ノ内三号

・「壬寅年正月廿五日　三寸造広山「□□」　勝鹿首大国「□（八十カ）」。」

・「□　□田二百斤　□□　。　□　」　(272×44×7　011)

宮ノ内四号

・「辛卯年十二月一日記宜都宜椋人□稲千三百五十三半把。」　(595×41×10　011)

宮ノ内五号

・□□　別俵二石舂稲「　」
・　□石□□百束□(貸カ)
(〈307〉×〈39〉×7　081)

宮ノ内六号

・□刀自右二人貸稲□□(十斤カ)稲二百□(斤カ)又□□稲卌□(斤カ)貸　◦」
・　□人佐太大連
　□首弥皮加之　二人知　文作人石木主寸文通◦」
(〈289〉×45×5　019)

すべて三期の木簡であるが、宮ノ内一号は昭和六十年度の試掘調査で出土している。平成十七年の調査により、同じ掘立柱建物の柱抜き取り穴から出土したことが確定した。人為的に中央部で折られて出土し、下端中央に円孔が穿たれている。庚子年は文武四年（七〇〇）。大半が読めないが、下半に「□□千五」とあり、宮ノ内四号と、ほぼ同じ形式の記載があったとみられる[13]。貸稲に関わるものであろう。

宮ノ内三号は、下端やや左よりに円孔が穿たれている。壬寅年は大宝二年（七〇二）。裏面にも墨痕はみられるが、薄くて読めない。「三寸造」は森ノ内一号木簡の歴名のなかにみえるが、「勝鹿首」は初見。次の四号木簡にみえる「宜都宜椋人」の「宜都宜」の読みも「カツカ」で、カバネは異なるが同じウジ名となる。日付の下に二行書きの人名があり、その下にサイン状のものがみえる。こちらが裏面で、受け取りの確認のようなものか。反対面に「□田二百斤」とあり、貸稲に関わるものであろう。

宮ノ内四号は人為的に中央で二つに折られ、下端右よりに円孔が穿たれている。辛卯年は持統五年（六九一）。片面のみに墨書がある。「某日記」は八世紀初頭以前の表記法。「稲千三百五十三半把」は稲一三五束三把五分となり、倉庫に収納される量としては少ないので、出挙に関わるものであろう。「宜都宜椋人」への貸稲の量を記録したものと解される。また、「五十三半把」と数量が半端であることから、貸付ではなく返納に関わる記録とみられる。「椋人」の例としては、高島市永田遺跡出土の八世紀末から九世紀初頭の歴名木簡に「秦椋人酒公」がみえており、また、『正倉院文書』の天平勝宝三年（七五一）七月二十七日付の「近江国甲可郡司解」に、甲賀郡蔵部郷の戸主に「椋人刀良売」がみえている。いずれも蔵の管理に関わった渡来氏族とみられる。

宮ノ内五号は、下半が折損し、右辺に割れがある。内容は、「別俵」という表現や、「春稲」とあるから、収蔵する稲から春稲として提出するものを取り出すなどの行為と関わるか。裏面の「百束」の次の欠字が、残画から「貸」の可能性があり、これも出挙に関わることになる。

宮ノ内六号は上半が欠損している。下端右寄りに円孔が穿たれている。内容は表面には「□刀自」ら二人に「貸稲」したことが記され、裏面には二人の名が二行書きされ、その下に「二人知」とあるから、おそらく「貸稲」の保証人と考えられる。また稲の数量の単位を表わす文字は、宮ノ内三号にもみえる稲の重量を示す「斤」とみられる。「文作人」については、「貸稲」の契約書の作成者であろう。出挙の具体的な運営を示す記録簡といえよう。なお韓国の「大邱戊戌銘塢作碑」に碑文の作者を「文作人」とする記載がみえる。「戊戌年」は新羅眞智王三年（五七八）と推定されており[14]、こうした記載方法が朝鮮半島から受容されたことを示している。なお、この木簡の作成者である石木主寸は、森ノ内一号の戸主歴名にみえるように志賀漢人の一員であり、馬道里の居住者である。そして当然、西河原遺跡群の施設で活動していた「官人」とみられ、こうした渡来人集団によって多くの木簡が作成されていたことを具体的に裏付けるものであろう。

以上のように、木簡の大半が短冊状を呈し、四〜四・五センチの幅の広いもので、長さも上・下半が欠失する五・六号を含め一・四号の四点は、六〇センチ前後を測る長大なものである。三号も半分の三〇センチ弱と、規格性をもっている。年紀の示す大宝令制定前後の時期に対応する、古い地方木簡の特徴を示している。また、過半を欠失する五号を除き、一・三・四・六号の下端に隅丸方形の穿孔があり、束ねて保管されていたことを推測させる。

また四号に「稲千三百五十三半把」、五号に「別俵二石舂稲」「□石□□百束□」、六号に「□刀自右二人貸稲」「稲二百□又□□稲卌□貸」など、貸稲（出挙）と米に関わる記述があり、右にみたように束ねて使用されていたとみられるから、一連の木簡が稲の貸借（出納）・保管などに関わる倉札であることを示している。そしてこれらの木簡が、大型の倉庫とみられる建物の廃絶後の柱根抜き取り穴に合わせ、半切して投棄されていたことから、倉庫で使用されたのち、その廃絶にともない投棄された可能性が高いといえよう。こうした倉庫は、調査地点の周辺に多数存在したとみられ、郡家の管理下にあったと考えられる。

この木簡は、出挙の管理のために作成された「倉札」で、この地で倉庫管理にあたっていた「官人」が記載・管理したとみられる。「文作人」とある石木主寸文通は、先にみたように、森ノ内一号の歴名木簡にもみえる志賀漢人の一族であり、この地の施設に勤務する渡来人とみられる。したがって、こうした倉の管理にも、志賀漢人たち渡来系氏族・渡来人が関わっていたことを示している。

3　四期の木簡

四期（八世紀前半）の木簡は、森ノ内一号、宮ノ内八～六四号、虫生一号、光相寺三号の例である。四期の木簡では、まず森ノ内一号木簡が注目される。

森ノ内一号

（A面）

・「

戸主〔　　　　　〕馬道□《首カ》□□　　□□臣馬麻呂

□□郡馬道郷□□里　戸主□□□□　　馬道首□□

戸主三寸造得哉　〔　　　〕

戸主大友主寸□□　〔　　　〕　」

（B面）

・「戸主　石辺君玉足　（刻線）戸主　大友行□□　（刻線）戸主　□□□□□　□《戸主カ》□□□□年廿正丁

戸主　三宅連唯麻呂　戸主　佐多直鳥　戸主　黄文〔　　　〕年卅正丁

戸主　登美史東人　戸主　石木主寸〔　〕呂　戸主　〔　　　〕　同戸　人足　年卅二正丁

戸主　馬道首少広　戸主　郡主寸得足　□□　〔　　　〕　□□〔　　　〕」　（520×64×8　011）

短冊形の大型の木簡で、四隅とも切り落としている。表裏とも四段にわたって「戸主」の名を列挙しており、割注に年齢と課丁の記述もみられ、公的な性格をもつ記録簡である。ここには、石辺君をはじめ、三宅連・登美史・馬道首・大友主寸・大友・佐多直・石木主寸・郡主寸・三寸造・黄文・□□臣らの居住が確認されるが、このうち石辺君玉足は、平城宮南面東門周辺出土の木簡に「益珠郡馬道郷石辺玉足」とあり同一人物とみられることから、ここにみえる「戸主」が野洲郡馬道郷に居住する住民であることが確認できる。[15] そしてここにみえる石木主寸〔　〕呂も、宮ノ内六号を作成したとみられる「文作人」の石木主寸文通が、馬道郷の住民とみられるから、同様に考えられるであろう。また大友氏については、光相寺二号木簡に「大友部龍」がみえ、桑原史・桑原村主らの一族である大友部史氏とみられる。

そしてこれらのうち登美史・馬道首・大友主寸・大友・佐多直・石木主寸・郡主寸の諸氏が、いわゆる漢人村主で、志賀漢人の一族とみられる。したがって、森ノ内一号木簡の示すところは、志賀漢人の一族が西河原遺跡群＝馬道郷の居住者のなかで大きな位置を占めていることであり、先の二号木簡と関連して、琵琶湖をめぐる湖上交通のネットワーク、交易・物流に果たした重要な役割を示すものであろう。

森ノ内四号

・「[　　　　　　]
□□（六条カ）八里廿三□□[　　　　　　]　[　　]

・「□　□　　（〈158〉×〈19〉×6.5　066）

虫生一号

・□マ□□（欲カ）卌束分□入物□□□□進」

・神亀六年正月卅日」　　（〈267〉×30×8　019）

西河原一号

・「郡司符馬道里長令　×

・「女丁　又来□女□
　　　□□（来又カ）道□□　　（〈145〉×34×5　019）

西河原二号

・水□

・□□□（不道カ）□□　　（〈122〉×27×4　081）

西河原三号

□□□（依罪カ）×　　　　（〈49〉×〈10〉×4　081）

西河原四号

□　　　□　　　□×　　　（〈300〉×〈10〉×8　081）

森ノ内四号は一号とほぼ同じ層位で出土したもので、上端の左右に切り込みがあるが、下端は二次的な加工を受けており原型は失われている。六条八里は野洲郡条里で森ノ内遺跡内に含まれ、興味深い。虫生一号は短冊形の木簡で、上端が強く折りとられている。表面には墨痕があるが、釈読できていない。裏面には干支年号の多い西河原遺跡群では、唯一元号の年紀が記されている。神亀六年（七二九）は聖武天皇の治世にあたり、この年に年号が変わり天平元年となる。正月三十日の公的な行事に関わる文書とみられる。西河原一号は、いわゆる短冊形の郡符木簡で、下半が強く折りとられており、「里長」という記載から八世紀初頭（大宝～霊亀年間）のものとみられる。野洲郡司から馬道里長宛に出された文書で、女丁の差点を命じている。山尾氏が指摘されるように女丁は、采女の養丁に関わるものであろう。この地で使命を終え、折られ廃棄されたとみられ、西河原遺跡が馬道里の「里御宅」の所在地であることを示唆する。なお、この時期の野洲郡司については、従来より、安直氏が壬申の乱で没落したことが指摘されていたが、七世紀後半の奈良県石神遺跡出土の木簡に、「安評御上五十戸」（野洲郡三上郷）に居住する「安直族麻斗」なる者がみえ[16]、のちにみる九世紀の西河原五号にも「安今成」がみえ、安直氏が依然勢力を維持し采女を貢進していたかもしれない。二号も同じく短冊形で、幅・厚み、墨痕の様相から一号の下半の可能性もあるが、保存状態が悪く釈読困難とされる。三・四号は、上下端を欠失し、いずれも幅一センチほどの細長い棒状になっており、厚みは異なるが、片面のみに墨痕をもつところから、同一の木簡になる可能性も指摘されている。

宮ノ内遺跡では、平成八年の第三次調査で、八世紀前半（四期）の五七点にのぼる木簡の削り屑が出土している。

木簡は規模の小さい掘立柱建物を「コ」の字に囲む区画溝と土坑から出土したもので、木簡の削り屑のほかに木製品およびその製作過程に生じたと思われる剝片などが出土しており、一連の遺構は木製品の加工・再加工工房とみられる。

西河原宮ノ内遺跡五三号（七〇）
□□
□（錦カ）
□
〈115〉×〈27〉　091

西河原宮ノ内遺跡一七号（七九）
部吉麻呂
〈68〉×〈22〉　091

西河原宮ノ内遺跡一八号（八〇）
益麻
〈69〉×〈12〉　091

西河原宮ノ内遺跡二一号（八三）
□物七里在□
〈69〉×〈11〉　091

西河原宮ノ内遺跡二四号（八六）
□□（中寸カ）□里
〈154〉×〈18〉×3　091

西河原宮ノ内遺跡二五号（八七）
奈尓波都尓佐
〈144〉×〈32〉×1　091

西河原宮ノ内遺跡二九号（九一）
歳□儀
〈79〉×〈34〉　091

西河原宮ノ内遺跡三〇号（九二）

×寺×　　〈68〉×〈17〉　091

西河原宮ノ内遺跡三一号（九三）

寸錦□　　〈79〉×〈17〉　091

西河原宮ノ内遺跡五四号（一一六）

□□□（大朋カ）　　〈45〉×〈20〉　091

西河原宮ノ内遺跡五七号（一一九）

・之言記□　□

・□　□　　〈295〉×〈10〉×7　081

西河原宮ノ内遺跡五八号（一二〇）

五月卅《（ママ）》四日□　□田力　□□

小山□

□□　　〈180〉×〈36〉×〈4〉　091

木簡の大半が削り屑で、細片まで含めると百数点になるが、三〇点が図示・報告されている。このうち一層出土木簡七点はすべて削り屑で、「錦」の可能性があるもの一点。そのほかは墨痕のみで判読できない。なお一層中にはハツリクズ・オガクズが大量に含まれ、木簡もその一部を構成する。二層には、琴柱をはじめとする木器と、削り屑・オガクズ・ワラなどが重層的に堆積する。西辺中央部からは木簡断片がまとまって出土した。これらの内容は断片的でよくわからないが、難波津の歌の習書木簡があること、「里」「寺」と記したもの、また「部吉麻呂□」「益麻」「寸錦」など人名の一部とみられる文字もあり、これらの木簡の公的性格がうかがえ、依然この地域に律令国家期の地方施設のあったことがうかがえる。(17)

4　八期の木簡

西河原遺跡より九世紀の木簡が出土しており、これを八期とする。

西河原五号

・□□

・　安今成

（〈180〉×24×6　081）

西河原六号

・「□　□

・「　□

（〈77〉×〈35〉×3　081）

五号は上下端が欠失するほか、第一面の上半が傷んでおり、墨痕は確認できなかった。六号は表裏とも墨痕があるが、二次的整形により釈読できない。五号の「安今成」が人名とするなら、野洲郡で最有力の古代豪族、近淡海安国造＝安直氏の一族の可能性が高くなり、西河原遺跡群と安直氏の繋がりを示すものとして注目される。(18)なお同じ溝から出土した墨書土器二二点のうち、「兆」が一八点、「爪」が二点、「佐□□」が一点、「今□」が一点である。なお平成十四年の虫生遺跡の調査でも、「安□」と墨書した須恵器杯一点が出土している。

三　木簡の示す西河原遺跡群の性格

そこでまず、時期ごとの遺跡群の特徴についてまとめておきたい。

1　二期（七世紀後半）

この時期の西河原遺跡群の中核施設は森ノ内遺跡の北半の大型掘立柱建物群であるが、森ノ内二・三・一三・一四・一七・一八号などがそれに関連する木簡であり、湯ノ部一号も記載内容からこの時期のものである。森ノ内二号によって、当遺跡群が中央政府ないし近江国庁と繋がりをもつ施設であり、湖上交通・陸路により愛知郡などとのネットワークをもっていたことが確認できる。そして、三期の森ノ内五号の記載とも関連して、すでにこの段階で渡来氏族の雄倭漢氏の一族がこの遺跡群に関与していたこと、その配下で近江各地に勢力を伸張していた漢人村主の志賀漢人の一族との氏族的・人的な繋がりも推定される。また、同三号からは、この地域に官営とみられる縫製工房の存在が想定され、同一二・一三・一六・一七号からも、この地の貸稲（出挙）をはじめとする国家的な徴税・徴発に関わる施設のあったことを示している。さらに、湯ノ部一号からは、のちの陰位制に繋がる「陰人」制に関わる制度が存在し、律令制の施行を具体的に示す「牒」文書の様式木簡を保管する施設が存在したことが推測され、すでにかなり本格的な律令制的諸制度が近江の湖辺の地域にも受容されつつあったことをうかがうことができる。これらのことから、天武朝段階において、初期律令制的な国家の施設がこの地に所在し、具体的に運用される実態が明らかになった。ただ、その組織的な実態として、「倭漢氏—漢人村主」といった令前的な関係も色濃く残っていることも、

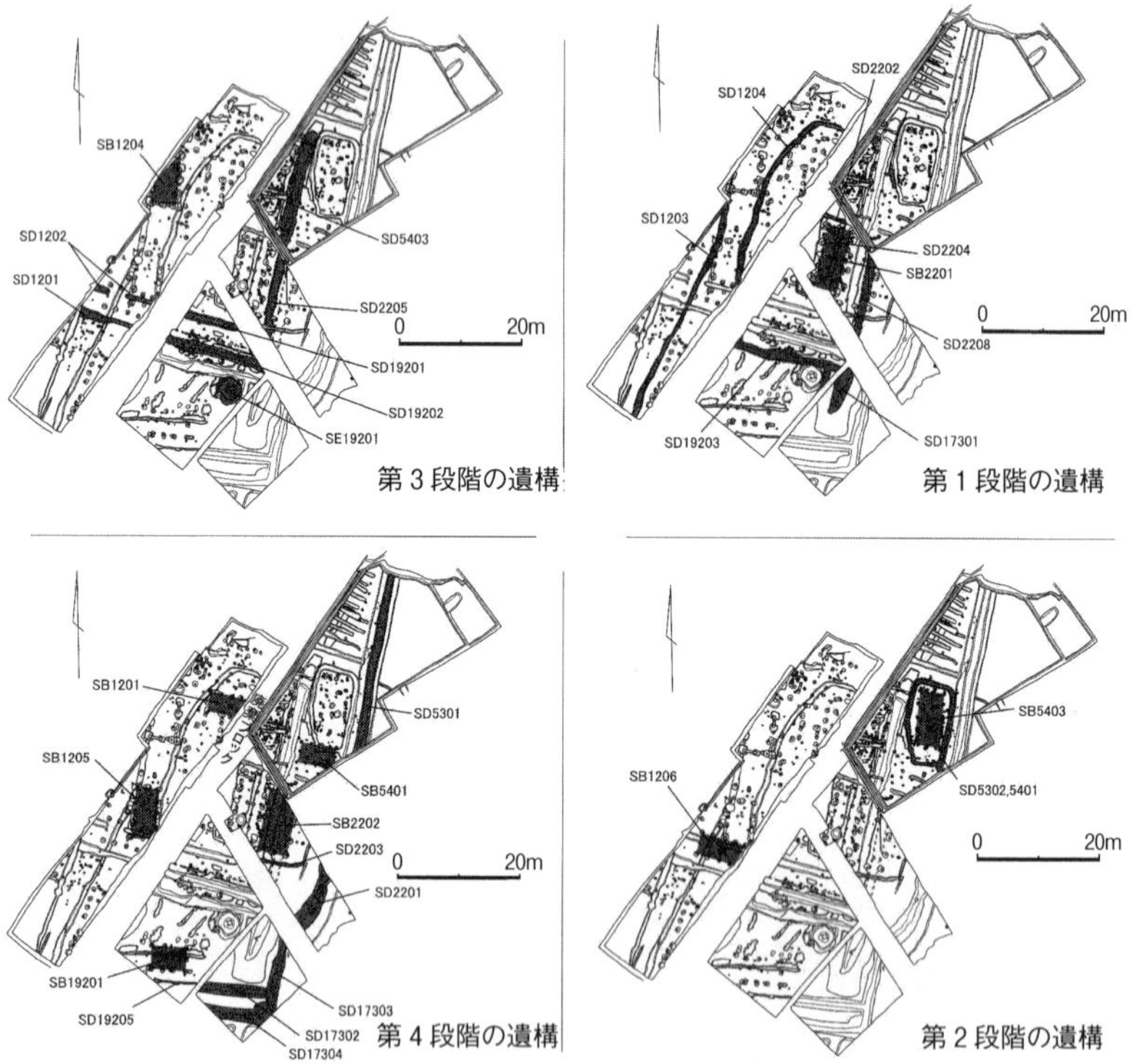

図41　森ノ内遺跡北半

無視することはできない。そしてこの施設は、あえて水没する可能性のある湖辺に所在することから、湖上交通を活用した国家的な生産・物流・交易システムと深く関わっていたと考えられる（図41）。

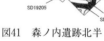

2　三期（七世紀末〜八世紀初）

この時期は、遺跡群の中核施設が森ノ内遺跡の北半から南半に移り、八世紀前半には突然廃絶し、次の四期には光相寺遺跡に移動する。三期の木簡は森ノ内遺跡では北西部の第三・第四面遺物包含層から出土しており、そのうち森ノ内七号により徴税や馬の管理に関わる施設の存在が想定され、森ノ内八号からは、後述する宮ノ内一・三〜七号とも関連して、この施設が「貸稲」、公的な出挙に深く関わっていたことを確認できる。そして、森ノ内一〇号からは金属

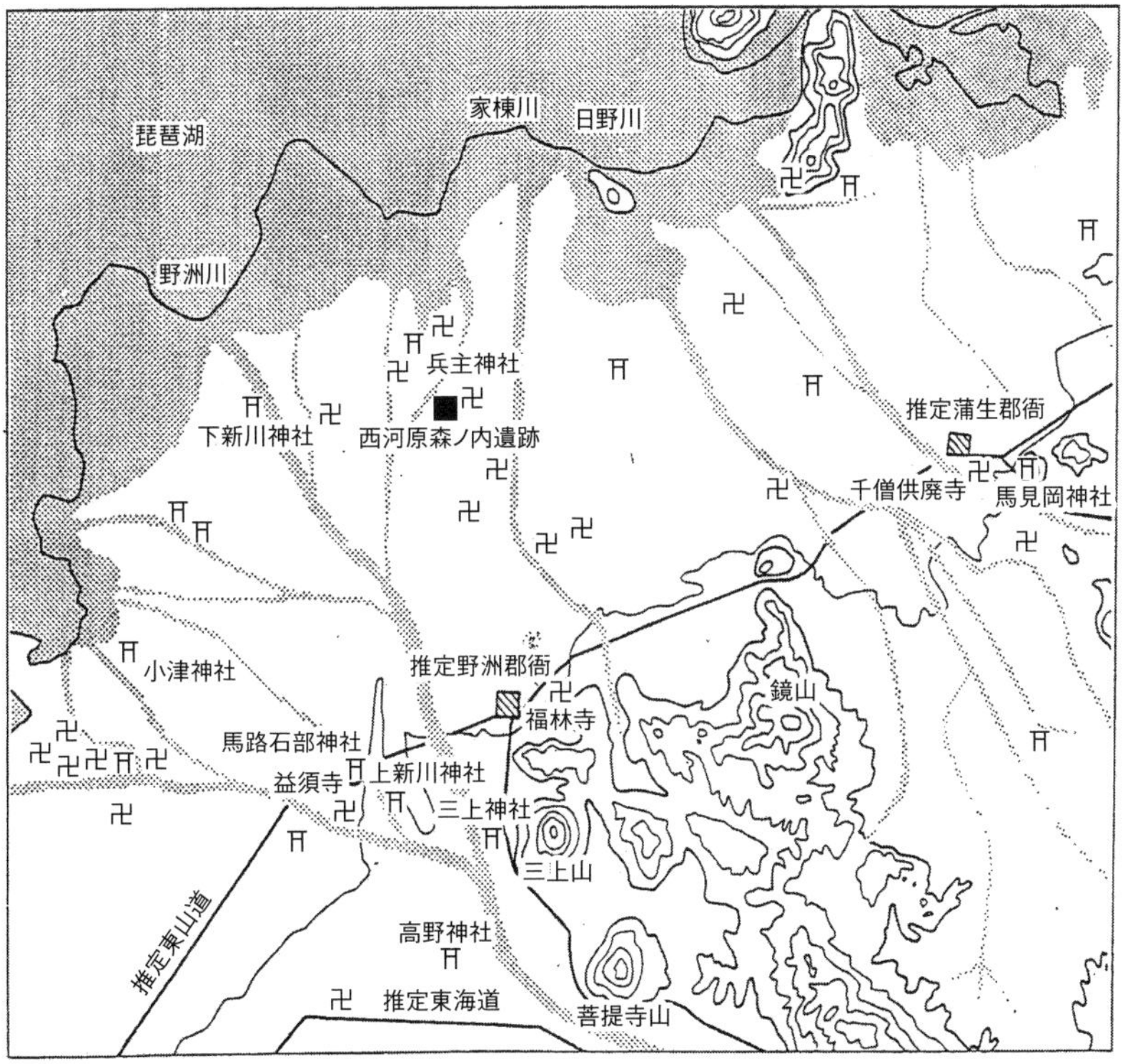

図42　西河原遺跡群とその周辺

の細工に関わる人物の居住が確認され、一一号によって、この地に国司級の人物が立ち寄り、京に向うという駅家的な機能が確認される。金属細工については、森ノ内遺跡・湯ノ部遺跡・宮ノ内遺跡などで鍛冶に関わる遺構・遺物がかなり出土しており、大規模な鍛冶工房の所在が推定され、二期の縫製工房、四期の木工工房とともに、この施設の生産面に関わる重要な機能の一つとみられる。

森ノ内六・七・一一号からうかがえる駅家的な機能については、二期にみられた湖上交通との関わりとともに、この施設が水陸交通・物流の要としての役割をもつことが確認できる。琵琶湖周辺では、湖上交通が物流・交通・交易において主要な役割を担っていたが、当然天候などにより湖上が使用できない場合も少なからずあり、湖辺の道が代替手段としても整備されていたとみられる。この地に濃密に分布する馬道首氏は、そのウジ名からみて、こうした駅路＝馬道の管理運営に携わっていたとみられる。この地域に「馬道」と呼ばれる「駅路」が通じていたとみられ、そうした水陸の要衝としてのこの地の特質を示している（図42）。そして、宮ノ内一・三〜七号の発見によって、本格的な律令体制の施行以前の段階に、遺跡群の一角に稲などを収蔵する倉庫群が建ち並び、各倉庫には貸稲の収支を記録した「倉札」が束ねて備えつけられていたことが明らかになり、貸稲（公出挙）が盛行していることが確認できる。

3　四期（八世紀前半）

この時期は、宮ノ内遺跡出土の削り屑木簡が大半を占め具体的なデータは乏しい。ただ森ノ内一号・西河原一号などにより、その一端はうかがえる。一号は、八世紀前半ころの（野洲）郡馬道郷□□里に居住する戸主の歴名であり、年齢と課丁の記載のあるものが認められるから、依然としてこの地に徴税や労役負担を課す地方行政組織が存続していることが確認できる。そして、この地の居住民の名が多く確認され、地域史を考えるうえで重要なデータである。また郡符木簡である西河原一号の記載からは、この段階の西河原遺跡が馬道里の里長の居住地（「里御宅」）であることが推定される。ただ住民の多くが、大津北郊から移動してきたとみられる倭漢氏の配下の漢人村主、志賀漢人一族であることは、二期以来の住民構成が引き継がれていることを確認させる。

以上の通り、西河原遺跡群の性格はほぼ明らかになったといえよう。ただこうした遺跡の役割・性格を具体的に明らかにするためには、さらに詳しい検討が必要となる。そのことを考える前に、これらの点について、すでにいくつかの有力な提言をされている山尾幸久氏の見解をみておく必要があろう。すなわち山尾氏は、木簡だけでなく近江地域史に立脚して、かなり踏み込んだ指摘をされているからである。詳細は同氏の文章を参照願いたいが[19]、その結論部分のみを整理すると、ほぼ次の六点にまとめることができる。

（1）森ノ内遺跡は七世紀後半突如出現し九世紀末にはその機能をやめるが、出土木簡には国家的・公的性格をもつものや、在地諸関係に収まらない官人制的支配を示すものがあり、律令体制の形成と解体に対応する律令国家の官衙的施設とみてよい。

（2）平城宮南面東門周辺出土の木簡に「益珠郡馬道郷石辺玉足」がみえ、玉足が一号木簡にみえる「戸主石辺君玉足」と同一人物とみられること、また西河原一号木簡に「郡司符馬道里長令」とあるところから、この地一帯が、八世紀ごろ、野洲郡馬道郷に属していたことが判明する。

（3）遺跡は良好な立地ではなく、埋没微高地上にあり、琵琶湖の水位上昇もあって冠水の危険もあったが、施設を維持しつづけている。これは周辺の水田と内湖を擁する湖上交通・物流とを考慮したものである。「舟人」による運漕を示す木簡は、そのことを裏付ける。また馬道という地名、また「馬道里」「石辺君」に関わる野洲郡馬路石辺神社が、この地ではなく古代東山道沿いの守山市吉身町に鎮座していることから、七世紀後半には、湖辺の早馬道が西河原遺跡群を通り、駅家の前身が置かれていたことが推定され、この地が水陸の要衝であったことをうかがわせる。

（4）稲束の出土や農耕具・脱穀具などの出土遺物、木簡にみえる「貸稲」などの記述から、この遺跡が米の大量貯蔵・脱穀・物流など、水田経営と深く関わる拠点であったことを示している。これらの点からこの遺跡は律令経済体制に関わる国家的経営拠点となる施設とみられる。

（5）したがって、この遺跡群は六世紀中ごろから後半にヤマト国家が設置した国家的施設で、安閑紀にみえる

「近江国葦浦屯倉」との関わりが推測される。ただ六世紀中ごろから後半におけるその機能については、データがなく明確でないが、七世紀前半にはそれが甲賀山の山林資源を飛鳥に搬出する拠点として設置された、国家的港湾施設「夜須潮」を経営する拠点としての機能が、葦浦屯倉に付与されていたと考えられる。そしてそれはヤマト国家の近江支配の一拠点となっており、西河原遺跡群は、そうした葦浦屯倉の機能を受け継いだ管理施設の一つで、それに付属する水田経営の拠点であったと考えられ、律令制的・国家的水田経営（公田）に転換して、その経営施設となったのであろう。

（6）西河原遺跡群の施設には、大津宮時代、のちの栗太・野洲郡を束ねた栗太評所属の駅が置かれ、その施設を基礎に天武朝初年、栗太評所属の人民の地域的掌握にあたることになった。いわば律令国家における地域支配の組織である郡・軍団・駅の機能が、未分化の状態でこの遺跡群において機能していたとみられる。そして天武末年には西河原遺跡群は栗太評から分岐して野洲評に発展し、駅家と共存することになった。その後、八世紀の前後には東山道の駅路とそれに対応する評家・駅家が現在の野洲市小篠原に新たに設置され、西河原遺跡群は野洲郡馬道郷という地方行政区画に編成された。

山尾氏の指摘は的確で、多くの点で首肯されるが、この遺跡群が国家的な水田経営（公田）の拠点とされたことについては、ミヤケを大和政権の大土地所有と関わるとする通説に依拠した理解であり、その論拠も現状では不十分と考える。また、山尾氏が七世紀後半段階（二期）の施設を栗太評所属の駅家的施設とされることや、八世紀前半（三期）ごろには、それまでの駅家的機能に加え、栗太評から分岐した野洲評の行政機構を兼ねることになったとされたこと、評制下の行政・軍事・交通などの諸機能を未分化の状態であわせもった国家的施設として維持されていたとされる点については、若干の異論がある。

すなわち山尾氏は二・三期を令前、四期以降を令後として区分し、木簡の記載からも二・三期と四期の施設の機能を異なるものとする。しかしながら右にみたように、この間、遺跡としては大きな断絶もなく継続しており、遺構的には明確に区別できない。このことは当然のことで、施設の管理・運営の実態としては、断絶を明確にすることは不可能であろう。右にみたように、山尾氏は令前組織については葦浦屯倉の系譜を引くことを指摘されているが、穏当な見解で異論はない。ただ私は、西河原遺跡群として、二・三期を含めそれ以降もミヤケとして運営・機能していたと考え、その連続面を評価したい。すなわち律令体制の導入にあたり、従来からのミヤケの施設・機能が、組織を運営する人的資源も含め、評（郡）という新しい地方行政組織に全面的に吸収された点を評価したい。言い換えるなら、令前のミヤケの施設・組織において、すでに令制的な地方支配の方式が試行され形成されつつあったと考えるのである。

西河原遺跡群の二・三期は、先にみたように、水陸の国家的な物流システムとの関わり、「官道」の整備と駅家的な機能、湖上交通の拠点としての港湾施設の管理機能をあわせもつほか、大規模な鍛冶工房・縫製工房・木工工房などを付設することなど、すでに律令体制への傾斜を強く示している。ただこうした機能については、令前のミヤケも少なからずもっていたものであった。そして、西河原遺跡群の居住者の多数を占める倭漢氏とその配下志賀漢人一族は、葦浦屯倉段階からその運営・組織に深く関わっていた可能性が高い。別に詳しく検討したように、志賀漢人一族の近江への進出、近江各地への配置は六世紀後半と考えられる。周知のように六世紀以降の大和政権の内政・外交を領導したのは名実ともに蘇我大臣家であり、それを実質的に支えたのが倭漢氏であった。そしておそらく六世紀以降、東国・北国と大和政権中枢を結ぶ物流システムの確立と、日本海ルートの対外交渉を推進しようとする蘇我氏の指示により、倭漢氏が河内に拠点をもっていた大友村主・錦部村主・穴太村主など志賀漢人の一族を大津北郊に配置し、のちの北陸道・東海道からの物資を集積する志賀津（のちの大津）を中心とする港湾施設の管理を目指したものと考えられる。志賀漢人が大津北郊にとどまらず近江の各地に分布したのは、かかる物流システムを維持・管理するためであったと考えられる。(20)こうした琵琶湖をめぐる物流システムと葦浦屯倉との関わりも、当然考えるべきであろう。そこで、葦浦屯倉の成立事情や運営形態について、少しみておく必要があろう。

葦浦屯倉は、安閑天皇の時代に全国的に設置されたとされるミヤケの一つで、『日本書紀』安閑二年（五三五）五月条には、筑紫・豊・火・播磨・備後・婀娜・阿波・紀・丹波・近江・尾張・上毛野・駿河の一三国に、合計二六のミヤケを一括設置したことがみえる。そして同年八月条には「詔して国国の犬養部を置く」、同年九月条には「桜井田部連・県犬養連・難波吉士等に詔して、屯倉の税を主掌らしむ」とあり、この年に全国的なミヤケの設置と、その管理機構の成立したことが示されている。そして、この安閑朝におけるミヤケ設置記事については、これより先、継体朝末年の磐井の乱や、これと連動して全国的な動乱に発展した、いわゆる「継体・欽明朝の内乱」の戦後の処置とみて、史実とする見解が有力であった。(21)しかし近年におけるミヤケ制研究では、必ずしも安閑朝に一括設置されたのではなく、安閑朝から推古朝ごろまでの長い期間に各地の豪族から献上されたミヤケを、一括してこの記事にまとめて収載したとする説が有力になっている。(22)したがって、葦浦屯倉も六世紀代に、近江の豪族から大和政権に献上されたと考えるべきであろう。

葦浦屯倉の故地については、古くより野洲郡と栗太郡の郡界に近い琵琶湖畔、現在の草津市芦浦町やそれに隣接する守山市三宅町付近が有力視されているが、現在においても特に否定する根拠も認められない。(23)ただ、現在の野洲市に残る「市三宅」の地名との統一的な解釈も、試みる必要があると考える。ここでは、葦浦屯倉は野洲川の下流域一帯に所在したと理解しておきたい。ただ、安閑紀の記事は、この時に設置されたミヤケの名を一括掲載するだけで、具体的な設置事情や性格についてはまったくふれていない。しかし、葦浦屯倉が設置されたとみられる六世紀代に野洲川下流地域で有力であったのは、湖南の神奈備三上山の山麓に鎮座する御上神社を氏神とする近淡海安国造、安直氏である。(24)

安直氏は「直」というカバネをもつことから、推古朝ごろの国制改革のなか一括設定された国造とみられており、近江におけるミヤケの設置記事が葦浦のものが唯一である点を考慮するなら、安直氏の国造任命と葦浦屯倉設置とは密接な繋がりがあったとすべきであろう。すなわち、安直氏は、六世紀前半ごろ、おそらく継体天皇の擁立に深く関わり大和政権との結びつきを強め、近淡海安国造に任じられるとともに、葦浦屯倉を献上してその忠誠を示したのではないか。葦浦屯倉の具体的な運営実態は明らかでないが、葦浦屯倉と関わり深い野洲川河口部に所在したとみられる港湾施設「夜須湖」のあり方と、近年発見された栗東市十里遺跡出土の天武朝木簡が、若干の手がかりを示している。

まず「夜須湖」については、『正倉院文書』所収の天平宝字六年（七六二）閏十二月二十九日付「造石山院所解」によると、東大寺の仙である甲賀山の甲賀山作所で伐採、粗加工された建築材が、三雲川の津で桴に組み野洲川を漕ぎ下り、いったん夜須湖にとどまったのち、さらに石山まで運漕されていることや、同じく紫香楽宮にあった藤原豊成の邸宅である板屋二宇を石山寺の食堂として移建するため、解体して陸送で三雲川津へ運ばれ、夜須湖をへて石山へ運送されているのが知られる。このように夜須湖は、野洲川と密接に関係する湖上交通の物資集積・中継基地として、重要な役割を果した港湾施設とみられる。(25)

夜須湖の故地については、古代野洲川の主流が現在の流路ではなく、野洲郡と栗太郡の郡界となっている現在の境川と考えられるから、その河口に近い現在の草津市芦浦・守山市三宅町付近が推定される。その場合、この地が「近江国葦浦屯倉」の故地でもあるところから、山尾氏も指摘されているように、夜須湖と葦浦屯倉とは施設的にも機能的にもほぼ重なるといえよう。そしてその夜須湖の管理運営に関わったとみられるのが、同じく『正倉院文書』にみえる「近江林寺」とそれに所属する僧侶集団である。

詳細は別に検討したが、天平宝字六年閏十二月二十九日付造石山院所解案（『正倉院文書』）の、「信楽買筑紫帥藤原殿板屋弐宇」の内訳と壊運に要した経費について記した部分の書き入れに、「右、依大僧都宣、附近江林寺僧寶慶幷法宣師等充功食料、自本所迄潮漕如件」とあり、同五年から六年にかけてなされた石山寺（現大津市）の増改築の際、当時筑紫帥であった藤原豊成所有の板屋二宇が購入され、紫香楽宮（現甲賀郡信楽町）辺から石山寺へ運ばれた。この解体回運送を請負った「信楽殿板屋壊運僧等所」（信楽殿壊運所回板屋懐運僧等所などとも記される）を構成していたのが、夜須（野洲）郡にあった林寺の僧、慶寶（ほかでは鏡寶ともみえ、寶慶は誤り）と法宣であった。信楽殿壊運所は、運堂所・坂屋壊運僧等所・板屋所などとも呼ばれるように、信楽殿の壊運を実行するため臨時的に組織された「所」であったとみられるが、破運甲賀殿大友禅師所・大友禅師所・慶寶所などと、筆頭の領僧の名を冠した、いわゆる「人名＋所」でも呼ばれており、林寺を基盤とする「所」が存在していた可能性がある。その組織としては、壊運所の「領僧」「専当」「領」などと呼ばれる三人の僧、慶寶・法宣・法順のほかは、すべて雇夫・雇女によって構成されていた。そして、近江国夜須郡林寺に所属していた三人の領僧のうち、その筆頭とみられる慶寶師が「大友禅師」と呼ばれ、同じく志賀漢人のなかの有力な一族、大友村主氏・大友日佐氏などとの関連が考えられる。

古代ミヤケの一機能として物資集積・交易と深く関わることは、すでに多くの指摘がある。そして、このようなミヤケの運営に重要な役割を果していたのが、多くの場合渡来氏族であり、野洲郡・栗太郡に居住する志賀漢人一族も、本来葦浦屯倉と志賀津を結ぶ物流ルートを確保すべく、その運営のために配置されたとみるべきであろう。このように考えてこそ、かつては夜須潮を中核とする葦浦屯倉の一つの機能であった甲賀山の用材搬出と関連してなされた信楽殿の壊運に、志賀漢人一族と関わりの深い近江夜須郡林寺の僧が重要な役割を果したことも、無理なく理解される。

次に、十里遺跡はその名からも知られるように栗太郡条里の十里に所在する弥生時代から平安時代の遺跡で、野洲郡と栗太郡の郡界のすぐ南、西五キロには琵琶湖が所在するように湖辺近くに立地している。周辺には横江遺跡・芦浦遺跡・欲賀西遺跡など弥生時代から中世まで存続する集落跡が分布するほか、霊仙寺遺跡・下鈎遺跡など、この地域の拠点的集落が濃密に分布している。西河原遺跡群について指摘された湖上交通と、それに対応する湖辺の陸上交通路も、この地域と繫がっていたとみられる。平成十一年四月からすすめられた町道建設にともなう発掘調査で、七世紀後半から八世紀前半の区画溝と二棟の特異な掘立柱建物を検出した。溝のなかからは多くの土器とともに「道」と墨書した土器三点をはじめ舟形や斎串二〇点、先端が焼けこげた棒などの木製品、動物の骨、桃の種などがまとまって出土し、区画溝周辺が何らかの祭祀場であったことが推測されている。

同年九月になされた第二次調査においては、区画溝と繫がる河道跡が検出され、さらに船形木製品や斎串に加え琴柱などまつりに関わる木製遺物が出土したほか、多くの木簡が出土、そのなかに年紀は欠くものの「勾連渚」なる人名のみえる文書木簡一点（第一号木簡）が出土した。「勾連」という人名は、十里遺跡の東三、四キロの栗東町上鈎・下鈎遺跡の地名に関わる可能性が高い。そして平成十一年十一月から実施された第三次調査においては、第二次調査の河道のつづきが検出され、第一号木簡と同一層位から「乙酉年」（天武十四年〈六八五〉）の年紀をもつ文書木簡（第三号木簡）と「道師」という天武八姓のカバネ二字のみを記した木簡（第二号木簡）の二点が土器・木製品とともに出土し、この遺跡が天武朝期の木簡を出土する重要な遺跡であることが明らかになった。そしてその後、一号木簡と三号木簡とが接続することが明らかになり、その重要性がさらに高まった(26)。

その釈文と訓読は次の通りである。

・　乙酉年四月一日召　宮　太夫　勾連渚　□(相カ)　謀賜　即下

・　『得』　(342×26×3　081)

（表）乙酉年四月一日召す、宮の大夫勾連渚と相謀り賜ひて　御下さるなり

（裏）得たり

その内容は「天武十四年四月一日に出仕しなさい。出仕にあたり、宮の大夫である勾連渚と相談して、下されたものであります」と解され、管下の有力者の出仕を求めた文書である。おそらく当時の近江国司（国宰）が発給したもので、国庁の官人か評司であった勾連渚なる人物に相談して、何らかの物品をその在地の有力者に下したものであろう。発給者の署名はないが、国庁の書記により記され、使者に物品とともに伝達されたものであろう。そうした場合、文書の受取人は、後述するように、この木簡の出土地点が勾連の本拠に近いとみられるから、勾連の一族、あるいは知人や配下の有力者であった可能性が推測される。この文書と物品を受けとった人はその木簡の裏面に「得たり」と自署して、受取証として使人に返したのであろうが、これが十里遺跡で発見された事情は、この木簡が明らかに半折されて投棄されているところから、この地でその役割を果たしたとみなすべきである。そうした場合、それは文書と物品を届けた使者に関わる施設であった可能性が高くなる。十里遺跡は当時の「国庁」か「郡庁」の出先機関、関連施設、国司や評司の配下が居住ないし政務をとる施設であった可能性が高い。

そして勾連諸なる人物は宮の大夫と呼ばれ、この文書の発信者の相談にのる立場にあったとみられ、近江国庁か、栗太評の役人（評司）として出仕していたとみられるが、その本貫地は当木簡が出土した十里遺跡に近い上鈎・下鈎の地名と無関係とは考えられず、この地の豪族とみられる。そしてそのウジ名に負う「勾」は、安閑天皇の実名「勾

大兄皇子」、あるいはその宮処である「勾金橋宮」、またその名代・子代である「勾靫部」と関わるものであり、普通勾連氏は名代・子代である「勾部」の地方的管掌者と考えられ、この地に「勾部」が設置されていたとされるが、鈎連氏はトモとしての鈎部（舎人・膳夫など）を出したこの地の豪族の一族で、令前（庚午年籍以前）は「鈎部」と称していたと考えている。そして、安閑天皇に関わる名代・子代が、安閑天皇により設置されたとの所伝がある葦浦屯倉に隣接し、その運営とも関わりのあるらしいこの地に所在することはまったく偶然ではなく、葦浦屯倉の設置と深く関連するとみるのが穏当であろう。勾連氏＝「勾部」と葦浦屯倉は本来一体的なもので、屯倉の設置に対応して、その隣接する場所で「勾部」の設定もなされたと考えることができるであろう。したがって鈎連氏の一族は、当然葦浦屯倉の経営にも深く関わっていたと考えられる。そして十里遺跡は、こうした葦浦屯倉の機能と組織を受け継ぎ拡充した新たな施設で、初期律令国家の地方行政機構（おそらくのちの近江国庁）の出先機関であったとみることができよう。

おわりに

以上の検討によって、継体天皇の擁立に重要な役割を果たした豪族安直氏は、おそらく六世紀後半ごろに大和政権の近江支配の一翼を担うべく近淡海安国造に任命されるとともに、管下の野洲川河口周辺の土地を献上して、大和政権の政治的拠点である葦浦屯倉を設置したとみられる。水陸交通の要衝として、葦浦屯倉は琵琶湖をめぐる物流システムの一端を担うとともに、甲賀山の山林資源の供給をはじめとする、近江各地からの物資を集積・運搬・管理し、またそれを原料とする生産活動も担っていたと考えられる。

そしてその運営には、物流・交通の大動脈琵琶湖を掌握するため当時の大和政権を領導していた蘇我氏が志賀津をはじめとする近江各地に配置した、倭漢氏とその配下の志賀漢人一族が、在地豪族とともにあたったと考えられる。そして七世紀後半から始まる律令体制への移行にあたって、こうした前代の諸関係はまったく否定されるのではなく、巧みに取り込み活用することにより新しい組織に生まれかわったのではなかろうか。

すなわち、いまだ国庁・郡庁などの律令制的な地方行政機構が未整備であった七世紀後半段階において、それまで大和政権による近江支配の拠点として、重要な位置を占めていた葦浦屯倉の機構・組織を継承・拡充して、活用することになったのではなかろうか。七世紀後半から形成された西河原遺跡群や十里遺跡は、そうしたなかで新たな国家的施設として拡充された施設であり、鈎連氏や倭漢氏とその配下の志賀漢人など、人的・組織的には葦浦屯倉のそれを継承するものであったと考える。西河原遺跡群や十里遺跡とその出土木簡から浮かび上がってきた初期律令国家成立期の諸様相は、文献資料からはうかがえない本格的な律令体制の形成を究明するうえで、大きな役割を果たすものと考える。

注

（1）山中敏史『古代官衙遺跡の研究』（塙書房、一九九四年）。

（2）徳網克己・山田謙吾「滋賀・西河原森ノ内遺跡」（『木簡研究』八、一九八六年）、辻広志「滋賀・西河原森ノ内遺跡」（『木簡研究』九、一九八七年）、『西河原森ノ内遺跡　第一・二次発掘調査概要』（中主町教育委員会・中主町埋蔵文化財調査会、一九八七年）、『西河原森ノ内遺跡　第三次発掘調査報告書』（中主町教育委員会・中主町埋蔵文化財調査会、一九八七年）、『中主町西河原森ノ内遺跡発掘調査報告書』Ⅰ・Ⅱ（中主町教育委員会、一九九〇年）、辻広志「滋賀・西河原森ノ内遺跡」（『木簡研究』一二、一九九〇年）、辻広志「滋賀・西河原森ノ内遺跡」（『木簡研究』一四、一九九二年）、山田謙吾・山尾幸久「滋賀・西河原森ノ内遺跡」（『木簡研究』一八、一九九六年）、畑中英二「考古学からみた西河原遺跡群」（滋賀県立安土城考古博物館第三六回企画展図録

『古代地方木簡の世紀―文字資料から見た古代の近江―』二〇〇八年）。

（3）浜修「滋賀・湯ノ部遺跡」（『木簡研究』一四号、一九九二年）、『湯ノ部遺跡発掘調査報告書Ⅰ』（滋賀県教育委員会・滋賀県文化財保護協会、一九九五年）。

（4）前掲注（2）。

（5）『西河原宮ノ内遺跡Ⅱ』（滋賀県教育委員会・滋賀県文化財保護協会、一九九五年）、瀬口眞司・藤田琢司「滋賀・湯ノ部遺跡」（『木簡研究』一九、一九九七年）、前掲注（2）『古代地方木簡の世紀』。

（6）辻広志「滋賀・西河原遺跡」（『木簡研究』一四、一九九二年）、「西河原遺跡」（『平成三年度 中主町内遺跡発掘調査年報』中主町教育委員会、一九九三年）、「西河原遺跡第一〇次発掘調査」（『平成一四年度 中主町内遺跡発掘調査年報』中主町教育委員会、二〇〇一年）。

（7）徳網克己「滋賀・光相寺遺跡」（『木簡研究』九、一九八七年）、辻広志「滋賀・光相寺遺跡」（『木簡研究』一〇、一九八八年）、「光相寺遺跡」（『昭和六二年度 中主町内遺跡発掘調査年報』中主町教育委員会、一九八九年）。

（8）『平成元年度 中主町内遺跡分布調査（Ⅱ）概要報告書』（中主町教育委員会、一九九〇年）、辻広志「滋賀・虫生遺跡」（『木簡研究』一二、一九九〇年）、「虫生遺跡第五次発掘調査」（『平成一四年度 中主町内遺跡発掘調査年報』中主町教育委員会、二〇〇一年）。

（9）山尾幸久「森ノ内遺跡出土の木簡をめぐって」（『木簡研究』一二、一九九〇年）。なお、以下において特に断らない限り、山尾氏の見解はこの論文による。

（10）大橋信弥「近江における渡来氏族の研究―志賀漢人を中心に―」（『古代豪族と渡来人』吉川弘文館、二〇〇四年）。

（11）『平城宮発掘調査出土木簡概報（二十七）―長屋王家木簡四―』（国立奈良文化財研究所、一九九三年）。

（12）山尾幸久「古代近江の早馬道」（『古代の日本と渡来文化』学生社、一九九七年）。

（13）『県道荒見・上野・近江八幡線単独道路改良工事（木部・八夫工区）に伴う埋蔵文化財試掘調査報告書』（中主町教育委員会・中主町埋蔵文化財調査会、一九八七年）。

（14）平川南氏のご教示による。

（15）『平城宮発掘調査出土木簡概報（十四）』（国立奈良文化財研究所、一九八一年）。

(16) 市大樹「奈良・石神遺跡出土木簡」(『木簡研究』二六、二〇〇三年)。
(17) 東野治之「平城京出土資料よりみた難波津の歌」(『日本古代木簡の研究』塙書房、一九八三年)。
(18) 前掲注(6)「西河原遺跡第一〇次発掘調査」。
(19) 山尾幸久「木簡」(前掲注(2)『西河原森ノ内遺跡 第一・二次発掘調査概要』)、同前掲注(9)論文、同「六七六年の牒の木簡」(前掲注(3)『湯ノ部遺跡発掘調査報告書Ⅰ』)、同前掲注(12)論文、同「西河原森ノ内遺跡出土木簡」(前掲注(2)『中主町西河原森ノ内遺跡発掘調査報告書』Ⅰ)。
(20) 大橋前掲注(10)論文。
(21) 門脇禎二「ミヤケの史的位置」(『史林』三五—三、一九五二年)。
(22) 舘野和己「ミヤケ制の成立」(『日本史研究』一二二、一九七九年)。
(23) 『日本歴史地名体系二五 滋賀県の地名』(平凡社、一九九一年)。
(24) 大橋信弥「野洲川下流域の古代豪族の動向」(『日本古代の王権と氏族』吉川弘文館、一九九六年)。
(25) 大橋信弥「信楽殿壊運所について」(前掲注(10)『古代豪族と渡来人』)。
(26) 大橋信弥「十里遺跡出土の天武朝木簡について」(同右書)。

第二章　近江における文字文化の受容と渡来人

はじめに

近江出土の木簡は必ずしも多くないが、西河原木簡をはじめとする古代木簡は突出した内容をもっており、特に律令国家成立期の中央と地方の動向を具体的に検討するうえで重要な位置を占めている。

私はこれまで近江出土の木簡や墨書土器などの出土文字資料に接する機会を少なからずもち、その検討にも参加することができた。一方、これとは別個に、近江の渡来人や渡来氏族の実態について、考古資料や文献からやや詳しく検討を加え、その一端は明らかにできたと考えている。しかしながら、わが国における文字文化の受容という視点から、近江の出土文字資料と渡来人・渡来氏族の関わりについて詳しく検討してこなかった。そうしたなかで、国立歴史民俗博物館における共同研究に加わり、近江がその調査・研究の対象の一つになったことから、このことについて改めて考える機会をもつことができた。ただ、近江出土文字資料に韓国出土の木簡や金石資料の影響が強くみられることについては、すでに多方面からの論究があり新たに付け加えるべき点はほとんどないといえよう(1)。そこで本章では、こうした研究の蓄積を前提として、近江における文字文化の受容を担った人々に光をあて、その具体的なあり方と特徴について検討を加えることにしたい。ただその手がかりは少なく、いまだ不十分であるが、その中間報告としたい。

一　近江の渡来氏族と渡来人の性格

近江に居住する渡来氏族と渡来人は、本章が対象とする出土文字資料を除けば、大半が律令期の文献資料により検討しなければならない。したがって、そうした記載がどれほどの過去の史実を伝えるものか、また実年代としてはどこまで遡ることができるのかという問題があった。しかしながら、幸い近江においては考古学のデータに恵まれ、渡来人集団の居住とその活動が、他地域に比べ、年代も含め具体的に検証可能であり、文献資料と考古学のデータを突き合わせることにより、一定の理解が得られる環境にあるといえる。ただ、その詳細についてはこれまで繰り返し論じているので(2)、ここではその概要を述べ、出土文字資料の具体的な検討の前に近江の渡来氏族と渡来人の実態と性格について整理しておきたい。

『坂上系図』に引用される『新撰姓氏録』の逸文には、応神朝に渡来した倭漢氏の始祖阿智王が、仁徳天皇のころ、朝鮮三国に離散していた同郷の漢人を来日させることを提言し、その大半がのちの大和国高市郡に定着し、やがて高市郡が手狭になったので近江・摂津などの諸国に分置したとあり、それが各地の漢人村主の起こりであるとする渡来伝説がみえる。そして実際、近江国では、各種の古代の文献によって、滋賀郡を本拠とする多くの漢人村主の存在が確認される。その主要のものをあげると、大友村主・大友曰佐・大友漢人・穴太村主・穴太史・穴太野中史・錦部村主・錦部曰佐・大友丹波史・大友桑原史・志賀史・登美史・槻本村主・三津首・上村主などで、九世紀以前の文献史料にみえる滋賀郡の古代人名の約四〇%を占めている。のちの滋賀郡大友郷を本拠とする大友村主一族、大友郷南部の穴太を本拠とする穴太村主一族、錦部郷を本拠とする錦部村主一族、古市郷を本拠とする大友丹波史一族がなかでも有力であった。

これら近江の漢人村主は近江へ移住した当初は、このように多くの氏族に分かれていたのではなく、志賀に居住する漢人として志賀漢人と呼ばれたらしい。『日本書紀』推古十六年（六〇八）九月十一日条には、隋の使者裴世清が帰国する際、小野臣妹子を大使とする遣隋使が派遣されたことがみえる。その時八人の学問僧が同行しているが、そのなかには、「大化改新」で活躍する高向漢人玄理や南淵漢人請安のほか、近江出身とみられる志賀漢人慧（恵）隠の名もみえる。こうした漢人については、「新漢人」も含め、いまだウジ・カバネとして成熟しておらず、通称として表記された可能性が高い。慧（恵）隠は、志賀に居住する漢人として、志賀漢人と呼ばれていたのであろう。ただ、このことから、推古朝ごろには近江に居住する志賀漢人のなかから早くも遣隋学問僧を出す状況が生れていたことが判明する。そしてその一族である大友村主からも、推古十年十月、来朝した百済僧観勒に天文遁甲を学んだ高聡が出ているし、朱鳥元年（六八六）四月、桑原村主訶都が天武の侍医団に加わり、活躍していることが知られる。また、同じ朱鳥元年六月に賜姓・叙位・贈封された槻本村主勝麻呂も、その文脈から天武の侍医団の一人とみられ、志賀漢人一族がその学識・技術をもって朝廷に登用されていることが知られる。

こうした大津北郊における渡来氏族の居住を示す考古データは、これまで多くの蓄積がある。その墓域である山麓には六〇〇基以上（もともと一〇〇〇基以上あったとみられる）の後期古墳群が分布しており、その多くは当時の一般的な古墳と異なり、天井がドーム形を呈する横穴式石室（方形プランをとるものも少なくない）を主体とし、ミニチュア炊飯具の四点セットや、銀ないし銅製の釵子などを副葬しており、独特なあり方を示している。その年代は六世紀前半から七世紀中葉であった。そしてその後、山麓の古墳群に対応するように、湖辺に広がる集落では「大壁造り」と呼ばれる土壁造りの方形プランをとる特異な建物や礎石建物、それに付属するとみられるオンドル状の遺構が相次い

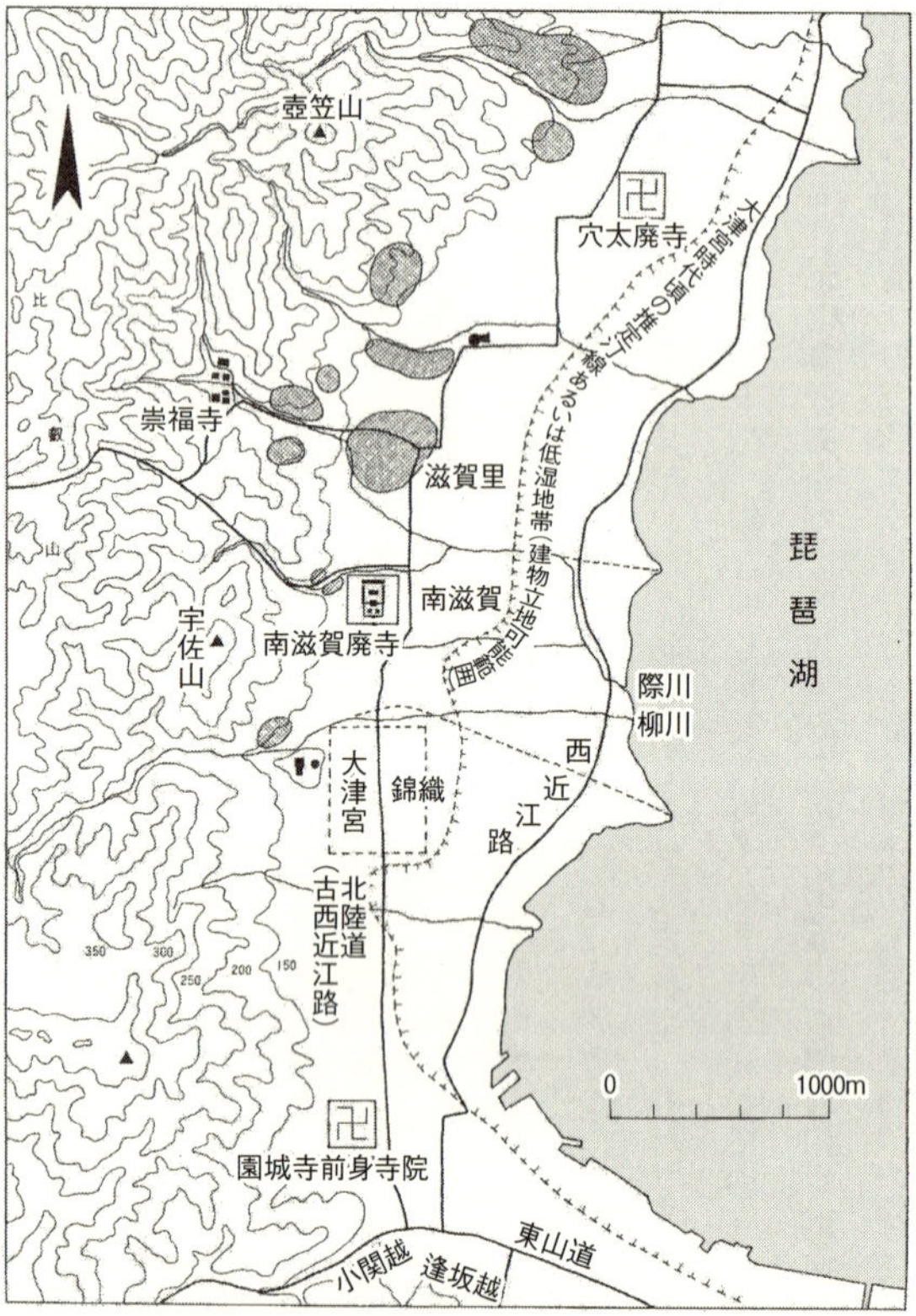

図43　大津北郊の古墳と寺院

で発見され、その年代は古墳とはややずれて六世紀後半から七世紀前半である。また、その集落の中心部には、この地域独自のデザインをもつ軒先瓦を共通して使用する穴太廃寺・坂本八条廃寺・南滋賀廃寺・園城寺跡など、志賀漢人一族の氏寺とみられる寺院が造営されている（図43）。その時期は七世紀中葉から後半であり、ほぼ文献で確認される志賀漢人が有力化した時期と対応している。

　こうした考古データは、渡来人集団が早くから定着し活動していた河内や大和においては、すでに五世紀前半ごろから確認されており、五世紀末から六世紀の初頭ごろにそうした渡来人集団が集中してこの地に移住し、活発な活動を始めたことが推定される(3)。それでは志賀漢人は、どのような事情で大津北郊に移住することになったのであろうか。その手がかりとなるのが、この地に所在する琵琶湖の水運のカナメとなる「志賀津」と呼ばれる港湾施設のことである。この地には、のちに近江大津宮が造営されるように、大和政権の経済的・軍事的な拠点があったとみられる。それは、湖上交通を利用した近江をはじめ東国・北国から都への物流の管理拠点であり、また、六世紀以降、活発化する越前を拠点とする高句麗との対外交渉の統括でもあった。

いうまでもなく渡来氏族は、中国・朝鮮の先進文化・技術をわが国にもたらし、それを駆使して大和政権に登用され、同時にその機構的編成に大きな貢献をしたのであるが、なかでも漢字をあやつり、文書を作成し、帳簿をつけ、外国語に精通して、対外交渉にあたるなど、政府の行政部門を実質的に担っていた。そうした視点で志賀漢人の役割を考える時、その背景が想定されてくる。すなわち、六世紀以降の大和政権の内政・外交を領導したのは名実ともに蘇我大臣家であり、それを実質的に支えたのが渡来氏族の雄、倭漢氏であった。したがって、おそらく六世紀以降、大和政権の中枢にあって、その重要な財政的・軍事的基盤である東国・北国からの物流の管理や、日本海ルートの対外交渉を推進しようとする蘇我氏の指示により、倭漢氏がその配下の漢人を大津北郊に配置し、その政策を押しすめようとしたのではなかろうか。

それを裏付けるのが、近江の各地に居住する志賀漢人の分布の特徴である。志賀漢人の分布の中心は、あくまでその本拠である滋賀郡南部であるが、浅井郡・坂田郡・犬上郡・愛知郡・神崎郡・野洲郡・栗太郡そして蒲生郡など、近江各地に濃密な分布が知られるのである。またその居住地をみてみると、浅井郡では川道里（郷）に大友史氏、益田郷に錦部曰佐氏、坂田郡では朝妻郷に穴太村主氏、犬上郡では竇田郷に穴太村主・錦村主・穴太曰佐の諸氏が、愛知郡では平流五十戸（郷）に丹波博士（史）氏、神崎郡には雄諸郷大津里に大友氏、野洲郡では馬道郷に大友主寸・登美史・石木主寸・郡主寸らが、栗太郡でも木川郷に大友曰佐・志賀史らが居住しており、いずれも郡内で琵琶湖に隣接した地域に拠点をもっている（図44）。そして、その居地には坂田郡の朝妻湊のように港湾施設をともなっている場合が多いと考えられる。これらの点から琵琶湖の水運のカナメである滋賀郡の大津に本拠をおく志賀漢人が、近江各地の主要な港湾施設のある地に進出し、物流管理のネットワークを構築し、その周辺にも拠点を拡大していった様相が推測されてくる。

以上のように、大津北郊に移住・定着し琵琶湖周辺の各地に進出した志賀漢人一族は、彼らがこの地に直接渡来・定着し独自に活動していたのではなく、当初は河内・大和に定着し、大和政権の機構（官司）の「官人」として登用された渡来氏族・渡来人集団が、その後政府の指示で二次的に近江に移住し、その事業を担っていたのである。その職務内容は、当然彼らが得意とする文書・書類の作成、出納・財政の管理などの行政業務であったとみられるが、彼らのもっていたそうした知識や技術の多くは、彼らの故国である韓半島における経験や知識を継承・活用したもので、日本語を漢字で表記するため様々な工夫をすすめていたと考えられる。そしてそれは、大和政権の一翼を担っていた倭漢氏をはじめとする多くの渡来氏族やその配下の渡来人集団の間で共有されていたと考えられる。

図44　近江渡来氏族分布図

二　近江における文字文化の受容

近江における文字文化の受容については、野洲市桜生古墳群の七号墳から出土した刻書土器が最も古い。須恵器の広口壺の外面に「此者□□首□□」と刻書されており、七世紀前半のものである。「□□首□□」は、酒人首の可能性もあり、人名とみられる。そして、七世紀後半になると、大津・野洲地域で近江大津宮時代・天武朝期の木簡が出土する。

近江出土の木簡は、平成三十年現在、七一遺跡、二万点余に上る。このうち古代木簡は三八遺跡、七七一四点を数える。中世のものでは長浜市鴨田遺跡の巡礼札五三点が、近世では安土城跡出土の付札や小谷城跡出土の柿経一一四点など注目されるものも少なくないが、西河原木簡をはじめとする古代木簡は突出した内容をもっている。近年発見された古代末の長浜市塩津港遺跡出土の起請文木札三〇〇点余と、紫香楽宮に関わる宮町遺跡木簡（約七〇〇〇点）を除くと、五〇〇点余である。(4)最古の木簡は大津市北大津遺跡出土の近江大津宮時代の木簡が一点、これに次ぐのが野洲市西河原遺跡群から出土した古代木簡九五点で、そのうち天武朝期に遡る古式の木簡が二九点余と多い。そして、近江出土木簡については、先にみたように、その内容や形態が韓国出土木簡と関わることもすでに多くの指摘がある。こうした近江出土の古代の文字資料を考えるうえで、近江における渡来人と渡来氏族の濃密な分布は無視できないところである。

1　北大津遺跡の「音義木簡」

まず取り上げるのは、近江出土の古代木簡で最も古い、大津市北大津遺跡出土の近江大津宮時代の「音義木簡」である。発見当初から、漢字の訓（読み）・同義語・反切（音の表記）を箇条書きした、一種の辞書とみられていた。ただその後の釈読により、反切は認められず、漢字の訓を万葉仮名で注記した辞書から特定の原典を読む際に書き出した木簡で当時の官人の間で、漢字の訓読を共有化する試みがなされていたことを示すものとみられている。

近江大津宮への遷都は、天智二年（六六三）の百済救援戦争において、倭国の水軍が白村江で唐に大敗し国家存亡の危機に直面した三年後、天智六年のことであり、緊迫する国際情勢を反映した異例のものであった。しかも天智天皇の死の翌年に勃発した壬申の乱により、そのすべてが「灰燼」に帰しており、わずか五年余の短命な都であった。このため、発掘調査により宮跡として有力化している錦織遺跡の調査においても、近江大津宮時代のことを具体的に示す物証に恵まれないという恨みがあった。そのなかでこの木簡は、近江大津宮に関わるものとして、重要な位置を占めている。木簡は近江大津宮の南端付近と推定される北大津遺跡の人工的な溝から出土したもので、大量の土器・木器とともに出土した。出土層位は七世紀後半から一部八世紀初頭の遺物を含み、それより新しい遺物の出土はなかった。おそらく大津宮の官衙地域に関わるものであろう。(5)中央からもたらされた可能性はあるものの、この地で使用されたのち廃棄されたとみてほぼ誤らないであろう。

北大津遺跡の性格は周辺部の調査がすすんでいないこともありいまだ明確ではないが、現在発見されている近江大津宮関係の遺構は大半が「内裏」中枢部とみられるものであり、その南に展開する「朝堂院」などの官衙地域はほとんど未発見で、土石流などにより消失している可能性が高いといわれる。この木簡は、そうした官衙地域に関わる数少ない遺物といえる。木簡と同じ層位から出土した近江大津宮時代の土器が、一般集落のものではなく都城に関わるとされているのは、それを裏付けるといえよう。そしてそうした場合、先にみたように、近江大津宮造営以前から大津北郊地域に集住する志賀漢人と総称される倭漢氏配下の漢人村主が、大和政権の物流・外交拠点として機能していた施設を運営しており、そうした施設と人材が遷都にともない近江大津宮の運営に吸収されたとみられる。

木簡は、発見当初から、赤外線写真により一部の文字が読みとれただけであり、「賛」と大きく書いた文字の下に「田須久」、「誈」の下に「阿佐ム加ム移母」、「積」の下に「久皮之」（当初は「久皮反」）とあるように、また、「采　取」「体 ツ久羅布」「披　開」のように、その文字の訓を一行か二行で書いている。それまで、漢字の訓読みが一般化されていないとされていた時期に、漢字で表記する時や原典を読む際に、辞書から抜き書きして手元に置いた可能性が指摘されている。万葉仮名で書かれた和訓は、この時代の日本語表記のあり方を示す貴重な資料として注目されていた[6]（図45）。

可視光線　赤外線

図45　北大津木簡

平成二十三年、奈良文化財研究所を中心に再釈読がなされ、新たな読みも示された。その釈文は次の通りである。(7)

「鑠汗ツ　□　□□贊田須久　慕尼我布　誈阿佐ム加ム移母□□
鎧与里□(比カ)　□　□(偓カ)参須羅不　采取　体ツ久羅不　□(洛カ)□羅□　□　□□□□
□米□　積久皮之　披開
費阿□(比カ)□(多カ)　□　□□□□　□　□□　□　□□　検□」

(685×74×5　011)

これにより、新たに一七文字が釈読され、もともと木簡全面に墨書があった可能性が強まり、あわせて七五文字以上が記されていたことになる。新たに釈読できたのは、「鑠汗ツ」「鎧与里比」「費阿多比」「洛□羅□」「検□」など、すでに想定されていたものと、「慕尼我布」「偓参須羅不」などである。これらは最古の万葉仮名として注目されていたが、今回の釈読により、ア・ウ・カ・ガ・ク・サ・ザ・シ・ス・タ・ツ・ネ・ハ・ヒ（甲）・フ・ム・メ（乙）・モ（乙）・ラ・ロ（乙）の和訓が確認された。また、その用法がその後に引き継がれなかったものもあり、いまだ試行的な段階であったことがうかがえる。(8)

この木簡が和訓の試行的な段階を示しているのは、先にみたように、この地に居住する渡来人集団の志賀漢人が、もともと渡来氏族の雄、倭漢氏の配下として、大和や河内の政府中枢において活動し、五世紀末ごろ政府の指示でこの地に移住したことと不可分の関係にあるといえよう。すなわち、すでに政府中枢での活動のなかで共有されていた行政的な文書作成にあたっての工夫や知識が、この地でも具体的に活用されていることを示している。そうした事情を必ずしも物語るものではないが、志賀漢人の一族である錦部村主の氏寺である南滋賀廃寺の周辺一帯に所在する南滋賀遺跡から出土した、七世紀後半の木簡が参考になる。平成七年、遺跡の東端付近の発掘調査で、六世紀後半から七世紀前半の掘立柱建物からなる集落を検出し、その一角を流れる幅二～四《メートル》の浅い溝跡から文書木簡一点が出土した。039形式で、上端は圭頭状につくり、左右の側縁に切込みがあり、下端は欠失している。伴出した須恵器は七世紀後半のものである。墨が薄く判読は難しいが、「馬曰佐」「曰佐」という氏名が読みとれる(9)。氏名の下には「俵二」「□俵」など、米に関わる数値がみえるから、荷札というより米の貢進を命じた文書木簡の可能性が考えられる。なお、その後、調査地の隣接地では大壁建物や祭祀遺物の発見があり、渡来人集団の居住が確認された。

「馬曰佐」らはこの地の居住者で、カバネからみて志賀漢人の一族であろう。錦部曰佐・大友曰佐・穴太曰佐のいずれかの可能性が考えられる。私は、出土場所から錦部曰佐の一族で、馬の管理を担当していたとみている(10)。周知のように、南滋賀遺跡の北には北陸道の「穴太駅」が所在し、おそらく陸上交通の管理に携わっていたのであろう。この木簡もそうした大津北郊における、彼らの活動の一端を示していると考える。

2　西河原遺跡群出土の木簡

北大津遺跡の木簡に次いで古いのは、西河原遺跡群出土木簡の二期、七世紀後半の天武朝期のものである。この時期に属するのは一〇点、三期の七世紀末から八世紀初頭のもの一九点、四期の八世紀前半のものが六〇点（うち五七点が削り屑）で、ほかに四期以降と九世紀後半が各二点、時期不詳のものが四点ある。遺跡の盛期である七世紀後半から八世紀前半に集中している。

A　遺跡の概要

西河原遺跡群は、現在の野洲市（旧中主町）西河原に所在する七世紀から九世紀にかけて約一五〇年間存続した遺跡群である。この遺跡群を構成するのは森ノ内遺跡をはじめ湯ノ部遺跡・宮ノ内遺跡・西河原遺跡・光相寺遺跡などで、やや離れて所在する虫生遺跡を除き、ほぼ空白なく隣接し、存続期間も一致しており同一遺跡群と認識できる。

森ノ内遺跡　遺跡群の中核をなす森ノ内遺跡は、昭和五十九年の第一次調査以来、現在まで一九次にわたる調査がなされ、数多くの成果をあげている(11)。畑中英二氏による遺跡・遺構の再検討によると、七世紀後半（二期）には遺跡の北半部分において、周囲に溝をめぐらせて整然とした配置をとる大型の掘立柱建物群が形成されていること、七世紀末から八世紀前半（三期）になると、それを埋め立てて、やや南側に同様の区画が形成されている。しかし、八世紀の前半のある時期には突然遺跡は途絶し、生活の痕跡はなくなっており、代わって隣接する光相寺遺跡にこの段階以降の遺構・遺物は移っている(12)。なお森ノ内遺跡北半の建物群は、中心的な建物が、桁行き五間以上、梁間二間と規模も大きく、柱の掘り方も一辺一・五メートルの規模をもっている。そしてこうした遺構にともなう遺物としては、多くの木簡・墨書土器のほか、木製の矛・斉串・人形・馬形・陽物・舟形・琴柱・鞍など祭祀に関わる遺物が出土しており、墨書土器には「大」「神」「神主家」「凡記」「児」「渡内一」「主殿者」などの文字がみえる。さらに、遺跡の一角からは、歪みや変形のある須恵器が、大量に出土している。その形態などから、大和政権へ製品を供給していた、郡北部に分布する鏡山古窯跡群の製品とみられ、森ノ内遺跡内には製品を出荷する前に選別する施設があったと考えられている。

湯ノ部遺跡　湯ノ部遺跡は森ノ内遺跡の南一・二キロに所在し、昭和六十三年から数次にわたって調査がなされている。現在は旧野洲川が形成した扇状地性の低地上に所在するが、野洲川の氾濫によって埋没する前は東西方向に伸びる微高地上に位置していたとみられ、弥生時代来、大規模な集落・墓地が相次いで形成されている。すなわち遺跡の下層では、弥生前期から後期にかけての住居跡・祭祀場跡・方形周溝墓群が検出され、上層では七世紀後半から八世紀前半の西河原遺跡群の時代の掘立柱建物・鍛冶関連遺構などが検出されている。[13]

鍛冶関連遺構は建物とそれを取り囲む溝からなり、掘立柱建物三棟は作業小屋的なごく小規模な建物で、溝は深さ約七～八メートルとごく浅い。溝内からは、焼土・炭化物・排滓・フイゴの羽口が転用硯や小量の土器片とともにも出土している。鍛冶工房に付属するものとみられる。牒文書の木簡が出土した溝は、鍛冶関連遺構の西を限る溝で、最大幅約二メートル、深さ約六〇センチをはかる。木簡は溝の上層・下層のほぼ境の下から、裏面を上にしてほぼ水平の状態で出土した。木簡のほか、土師器の杯・甕・鉢、土錘、羽口、土馬、須恵器の杯・壺・鉢・甕、木製品の斎串・曲物・鎌の柄などの遺物も出土している。

宮ノ内遺跡　宮ノ内遺跡は湯ノ部遺跡の北五〇〇メートルに位置する。平成十七年に発掘された第七次の調査では、調査区の南寄りで七世紀末から八世紀初頭の大型の総柱掘立柱建物を検出している。建物の柱抜き取り穴からは、一・三～七号の木簡が出土した。掘立柱建物は総柱の三×四間（六・一三×七・七四メートル）で、床面積は約四五平方メートルを測り、規模の大きい倉庫とみられ、西河原遺跡群の倉院の一画であると考えられる。[14] なお土器類はほとんど出土していない。

また、平成八年の第三次調査では、八世紀前半の規模の小さい掘立柱建物とそれを「コ」の字に囲む区画溝と土坑を検出している。区画溝から百数点にのぼる木簡の削り屑と、多量の須恵器、土師器、転用硯、円面硯、銅製品（帯金具五点）、木片や炭、種実類などが出土した。[15] 区画溝はいずれも水が流れた痕跡がなく、木簡の削り屑や木製品およびその製作過程に生じたと思われる剥片などが堆積しており、木製品を加工・再加工する工房跡とみられる。

西河原遺跡　森ノ内遺跡の南五〇〇メートルに所在する。平成三年の第三次調査で、七世紀末から八世紀初頭の掘立柱建物跡六棟以上と、幅三・二メートル以上、深さ一・一メートルの南北方向の溝跡が検出されている。三点の木簡はこの溝の第四層より出土し、土器のほか琴柱、斎串、箸、獣歯・獣骨、土錘などと、墨書土器六点がともに出土した。墨書土器には「神」「呰万呂」「呰□」「成仲」などの文字がみえる。また平成十四年の第一〇次調査では、九世紀代の溝跡から二点の木簡が出土している。(16)

　光相寺遺跡　西河原遺跡の南に接して所在する。昭和六十一年の第五次調査では、七世紀後半から八世紀初頭の掘立柱建物・溝跡などが確認されている。二点の木簡が出土したのは幅二・五メートル、深さ三〇センチの溝で、調査区域内で延長一二メートル検出している。このほか、遺跡の北半からは「石辺君」「石辺」と墨書した土器が七点、南半からは「馬」二点、「三宅」五点が出土したほか、斎串・人形・刀形・琴柱・横櫛などの木製品、フイゴの羽口、スラッグ、鉄製紡錘車、銅製鞍金具などが出土した。このうち墨書土器は、「馬」が八世紀代で、そのほかが八世紀後半から九世紀半ばとされている。また、昭和六十二年の第八次調査では、七世紀後半から八世紀初頭の木簡三点が出土した。木簡が出土した遺構は、総柱の三×二間の小規模な建物と同一方位をとる西側（幅〇・三メートル）と東側（幅三メートル）の素掘溝である。(17)

　虫生遺跡　湯ノ部遺跡の東三キロ、西河原遺跡群からやや離れた虫生集落の北に接して所在する。弥生時代から鎌倉時代の遺構を検出し、木簡は微高地縁辺部に掘られた小溝（幅一二センチ、深さ一五センチ）から出土し、八世紀前半の須恵器片がともに出土している。(18)

　以上のように、これらの遺跡群は、七世紀後半から八世紀前半という律令国家成立期に盛期があり、遺構・遺物とも一般集落とは明らかに異なる様相を示している。遺跡群の中枢は、遺構の配置や出土遺物からみて森ノ内遺跡の北半部であり、そこでは鏡山古窯跡群の土器選別場も併設されていたらしい。光相寺遺跡は、これに準ずる遺跡群の中枢とみられる。また、宮ノ内遺跡・湯ノ部遺跡あたりには、鍛冶・木製品工房と倉庫群が広がっており、この地に地方官衙が所在していた可能性が高いといえよう。

B　西河原遺跡群における文字文化の受容

西河原遺跡群出土の木簡は、この遺跡群が存続した七世紀後半から八世紀前半のものが大半で、その内容・形態から、いわゆる①狭義の文書、②帳簿・伝票などの記録簡、③荷札・付札類に分類できる。そして、作成者・作成場所を明確にするため、外部で作成されこの地にもたらされたものと、この地で作成されたものに分類するなら、①の文書には外部からこの施設にもたらされたもの（a）と、この地にあった施設で作成されたもの（b）の二種があり、②の記録簡は基本的にこの地で作成されたもの、③の荷札・付札は基本的に外部で作成されこの地にもたらされたものとなる。のちにみるように、いずれも私的に作成されたとみられるものはなく、すべて公文書で、この施設が郡家（評家）・「駅家」などの政府の地方機関であることを示している。以下個々の木簡の性格と内容を年代の順にみていきたい。

〔①文書〕

a外部からもたらされたもの　二期の森ノ内二号が最も古く、四期の森ノ内六号がつづく。

森ノ内二号

・「椋□（直カ）伝之我持往稲者馬不得故我者反来之故是如トア　」

・「自舟人率而可行也　其稲在処者衣知評留五十戸旦波博士家」　（410×35×2　011）

この木簡は、「衣知評」「椋□（直カ）」という記載から七世紀後半の文書木簡である。森ノ内遺跡の中心部とみられる北半部の大型建物を区画する溝から出土したもので、その内容は近江国庁か中央政府の官人とみられる「椋□（直カ）」（内蔵直

図46　森ノ内二号木簡

か）が、この地に居住する卜部（某）に対し、「私が持ってこようとした稲は、馬が得られなかったので、そのまま帰ってきた。そこでおまえ（卜部）が、舟人を率いて行ってくれ、その稲の在る所は衣知評平留五十戸の旦波博士の家である」とするもので、この木簡が外部で作成され、この地にもたらされたことは間違いないところであろう。この木簡は内容からみて私的な書簡と考えられないから、「椋□《（直カ）》」が仮に近江国庁の「官人」であるなら、作成者は「椋□《（直カ）》」自身かその配下であろう。その場合、この木簡は「国符」的な機能をもつものといえよう。おそらく文書を受け取った卜部により廃棄されたか、この地にあった施設（郡家かその出先機関か）で保管されたのち廃棄されたと考えられる[19]（図46）。

その内容からは、琵琶湖の水運を利用した物資の運搬だけでなく、馬を利用した陸路による運搬が野洲と愛知の間でなされていたことがうかがえ、稲の所在する衣知評平留五十戸の旦波博士の家は、当然個人の居宅ではなく公的な施設で、おそらく湖東一帯の物流の拠点として機能していたとみられる。旦波博士（大友但波史）氏も、先述のように志賀漢人の一族であるから、のちに詳しくみるように、西河原遺跡群の施設で活動する志賀漢人の一族と連携して、水陸交通を活用する公的な物流・交易と深く関わっていたことが判明する。

そして、この木簡は、渡来氏族の雄倭漢氏の一族である椋(内蔵)直氏が作成して卜部に指示したものであり、卜部はおそらくこの地にあった施設の責任者で、実際にはその配下である志賀漢人たちが実務にあたっていたと考えられる。志賀漢人は倭漢氏の配下である漢人村主の主要なメンバーであり、こうした関係の背後に前代以来の族制的な関係が引き続き活用され、初期律令社会で運営されていたことがうかがえる。一方この木簡は、この地で作成されたものではないが、倭漢氏という有力な渡来氏族とその配下の間で共有される文字文化のあり方を示しているといえるのではないか。

すなわち、この木簡が、これまで歴史学者だけでなく国語学・国文学者に注目されたのは、七世紀後半という早い時期に、純粋な漢文ではなくやまと言葉の語順で表記された和文表現の文書木簡であったからである。この木簡の発見により、すでに当時の政府機関において、和文表記の文書が広く運用されていたことが確認できるからであろう[20]。また、その表記にクラを「椋」字で表記することや、「伝之」「反来之」などの和文表記の文末表現が韓国の「壬申誓記石」(壬申年は五五二年か六一二年とされる)の表記にみえること、また、木簡の裏面の九字目が空白になっていることについても、「壬申誓記石」において文末を明示するために採用されていることが指摘されており[21]、韓半島の文字文化の影響が強くみられる。和文表記にあたって、こうした韓半島における自国語を漢文で表記する経験が、受容され学ばれていることを示しており、中央・地方の政府機関において活動する渡来人たちと各地に派遣された渡来氏族・渡来人の間に、こうした最新の文字文化の受容の成果が共有されていたことを示している。

森ノ内六号

・［　　　　］□□（牛年カ）従□（之カ）□成賜　」

・［　　　　］□□　使人民直安万呂」

（〈320〉×20×6　019）

同じく外部からもたらされたとみられる三期の文書で、遺跡群の中枢である森ノ内遺跡北半の大型建物とそれを区画する一角にある廃棄土坑籾殻層から出土したものである。下半にしか文字は残存しないが、墨痕は上方にもある。全体の内容は不明であるが、「使人」として「民直安万呂」なる人名があり、「従」「賜」などの文字がみえるから、使者に何らかの物品をもたせて届ける際に付された文書木簡とみられる。中央政府か近江国庁のいずれかで作成され、この地にもたらされたものであろう。民直安万呂は、森ノ内二号木簡にみえる「椋□（直カ）」と同じく倭漢氏の同族で、椋直が近江国庁の官人とみられるなら同様に近江国庁で公務にあたっていた可能性があり、この木簡も森ノ内二号と同様に「国符」的なものであり、近江国庁で民直安万呂などの渡来人により作成され、この地にもたらされ使命を終えたのち、この地にあった施設（郡家かその出先機関）で一定期間保管され廃棄されたのであろう。そして、この木簡の場合も、倭漢氏の同族とその配下の渡来人集団の関与がうかがえ、律令体制導入以前からの族制的関係が活用されていることや、両者の一体性が浮かび上がってくる。

なお、西河原遺跡群とも関わりが深い栗東市十里遺跡出土の召文木簡は、西河原遺跡群の木簡とほぼ同じ時期のもので、乙酉年（天武十四年〈六八五〉）の年紀をもち、「宮大夫」という記載から発給者は国司とみられるから、近江国庁から出されたものであろう。裏面に「得たり」と別筆の署名があり、国庁に戻されるべきと思われるが、この地が郡家の出先機関であったため、一定期間保管されたのちこの地で廃棄されたのであろう。具体的な宛名や、木簡の作成者は明らかでないが、十里遺跡は西河原遺跡群を通るとみられる湖辺の「馬道」の延長上に位置しており、両者の密接な繋がりが想定され、その作成にも共通する背景が考えられる。[22]

b　この遺跡で作成され、外部に出されたもの　本来この地に残らないが、例外的とみられるのが、湯ノ部一号と西河原一号・森ノ内一一号である。

湯ノ部一号

・「丙子年十一月作文記　」

・「牒玄逸去五月中□□(官カ)蔭人

自従二月已来〔　　〕養官丁

久蔭不潤□〔　　〕□蔭人」

・「次之□□丁〔　　〕□□(等利カ)

壊及於□□□〔　　〕人□(官カ)

裁謹牒也　」

(274×120×20　011)

これは周知のように、表裏二面のほか側面にも「丙子年十一月」の年紀を記すブック型の特異な文書木簡である。七世紀末から八世紀前半の溝から出土しているが、文書そのものは年紀の通り二期の天武五年のものと推定される。木簡の形態は、厚さ二〇ミリと分厚く、裏面の右辺はやや薄くなっている。木取りは木目に添って湾曲し、右長辺から膨らむやや変形した長方形である。表面には刀子傷と思える細い筋や文字を削り取った跡がみえる。

この木簡の特徴は側面に年紀を記すことである。このことについては、表裏二面だけでなく四角柱の四面に文字を書くこともある韓国木簡の影響が指摘されている。また、「牒」で始まり「謹牒也」で終わる養老公式令の牒式にのっとった木簡であるが、この点についても、六世紀後半の四角柱の四側面に墨書した韓国慶州の月城垓字出土木簡に個人の上申文書として牒の文書があり、韓国木簡の影響が指摘されている。[23] そして、この木簡は本来実用として使

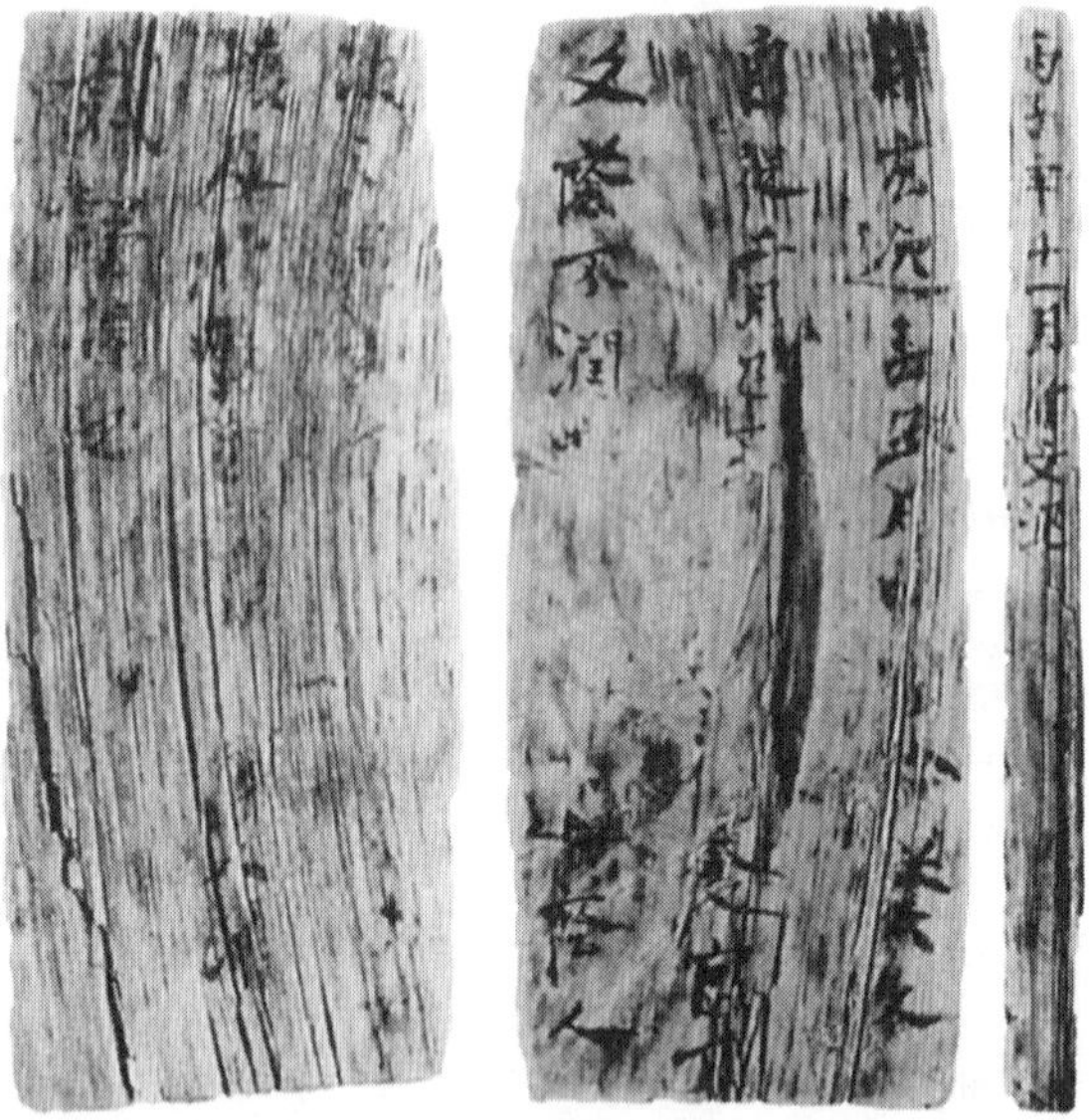

図47　湯ノ部木簡

われたものではなく、模範文として写しとられブックのように背文字を並べて保管されたとみられ、原文書ではないが、そのおかげで作成された地元に残されたといえる。したがって、原文書と模範文の作成者は別で、時期も異なる可能性が考えられる（図47）。

原文書は、玄逸という人物が近江国司ないし野洲郡司に上申したもので、この地で発行されたものである。欠字が多く内容の詳細は明らかでないが、「蔭」「蔭人」という表現からいわゆる「蔭位制」の前身となる制度に関わるもので、浄御原令以前に制定された法令に基づき天武四年五月に「蔭人」に認定された玄逸が、翌年の二月になってもその御蔭を被むっていないことを訴えたものとみられる。御蔭のなかみはよくわからないが、「養官丁」という記載から仕丁の受給に関わる規定と考えられている。なお『日本書紀』天武五年四月条には、畿外の有爵者の子息が兵衛として出仕することを許すとする法令が出されており、一つの可能性として、国造クラスの父をもつ玄逸が前年五月にその御蔭により兵衛として出仕することを内示されたが、翌五年二月以降十一月になっても、出仕にともなう仕丁の給付に与からなかったため、この牒を提出したと考えられよう。したがって、この文書の原文が玄逸により書かれたものか、配下の書記により作成されたものかは別として、この地において作成された公文書であることは間違いないであろう。そして、この木簡が初期律令期における文書の模範文として再利用されたとするなら、かかる文書を写しとり模範文として作成し保管していたのは、この地にあった施設で実際に文書作成業務にあたっていた志賀漢人を中心とする渡来人たちであり、木簡の形態や文書の様式に韓半島の影響がみられるのも首肯されよう。

西河原一号

・「郡司符馬道里長令　×

・「女丁　又来□女□
　　　　□□（来又カ）道□□

（〈145〉×34×5　019）

西河原一号は短冊形の郡符木簡で、下半が強く折りとられている。野洲郡司から馬道里長宛てに発給されたものであり、遺跡の中心とみられる掘立柱建物に関わる南北溝から出土したもので、女丁の差点を命じている。「里長」という記載から三期の八世紀初頭（大宝～霊亀年間）のものとみられ、山尾幸久氏のように、この地を馬道里と考えた場合には、外部（郡家）からもたらされ、この地で廃棄されたことになる。ただ、郡符木簡は多くの場合、宛先に届いた際、廃棄されるのではなく伝達の証として郡司のもとに戻されるのが一般的であるから、この地が野洲郡家（安評家）であることを示すとする見方も有力である。その場合は、この地で作成され、宛先からこの地に戻されたことになる。[24] しかしながら、私は、西河原遺跡群が馬道里であり、この時期の野洲郡家もこの地にあったと考えている。

すなわち、のちにみる森ノ内一号木簡は、馬道郷の戸主の歴名であり、その居住者を書き上げたものであり、その多くが志賀漢人の一族である。ところが、森ノ内遺跡と並ぶ西河原遺跡群の中枢である光相寺遺跡では、四号木簡に「馬道」、二号木簡に「大友部龍」という人名がみえ、「馬」「石辺」「三宅」などと墨書された土器が多数出土している。また、倉庫群のある宮ノ内遺跡でも、二号に「三寸造廣山」、六号にも「石木主寸文通」がみえ、歴名にみえる氏族名と一致するのである。これらの人々は、西河原遺跡群の居住者である可能性が高い。特に、石木主寸文通は、「文作人」という記載からみて木簡の作成者であり、この遺跡群に居住していたことは確実であろう。こうしたことから、この遺跡群を馬道里（郷）としても、大きな問題はないと考える。その場合、野洲郡家も馬道里に所在していたことになる。

この地は、先にみたように、森ノ内二号木簡で衣知評とこの遺跡群の間に湖上交通路の存在が示唆され、森ノ内六・一一号により中央や近江国庁などとの使者の往来が想定されるなど、馬道という地名にふさわしい陸路による交通路がこの地を通っており、水陸交通の要衝であったとみられる。この地に濃密に分布する馬道首は、そのウジ名からみて、こうした駅路＝馬道の管理運営に携わっていたのであろう。そして、森ノ内七号木簡にみえる「馬評」が駅路に関わるものとするなら、山尾幸久氏が想定されるように、馬道＝駅路がこの地を通過し、この遺跡群が駅家としての機能を有していたことを裏付け、野洲郡家もこの時期には当地にあった可能性が高いと考えられる。[25] この文書は、郡司から馬道里長宛てに発給され、使命を終えたのち馬道里にあった野洲郡家に戻され廃棄されたのであろう。

森ノ内一一号

・「十一月廿二日自京大夫御前□（謹カ）白奴吾□　□賜□（別カ）」

・「□匹尓□　□大寵命坐□
　今日□□
　□□□□□　」

（373×27×6　011）

三期の森ノ内一一号は、遺跡群中枢の森ノ内遺跡北半から出土したものである。「□（謹カ）白」「大寵命坐□」という表現から、いわゆる「前白木簡」とみられる上申文書である。これについても韓国木簡の影響が指摘されているが、ここにみえる「自京大夫」については京から来た「大夫」であり、この地に立ち寄った際にこの地の「官人」が「大夫」

に提出したもので、この地で作成された公文書であろう。本来、宛先の「大夫」の手元に残されるべきものであろうが、使命を終えたため、「大夫」の手で、この地で廃棄されたと理解される。「前白木簡」は、宮都などでも出土例があり、駅家のような中央の使人が立ち寄る政府機関があったことを示すものであろう。こうした「前白木簡」を作成できる知識が、この地の「官人」にも共有されていたことを示している。

〔②帳簿・伝票などの記録簡〕

西河原遺跡群出土の木簡の多数を占めるもので、内容から布生産に関わる森ノ内三号、税負担に関わる戸主歴名とみられる森ノ内一号のほか、貸稲（出挙）に関わるものが多数出土している。当然この地で作成され、使用後この地で廃棄されたものである。

イ　布生産に関わる帳簿

森ノ内三号

・　□□□□布六二布　□□（左作カ）支戸首二布□六布
　　馬甘首布六一布　小女児二布□六□（布カ）　□□□（左カ）古一布
・　□□　羽止巳戸□□布六二布　□（犬カ）上□田戸□二布六□　□

（〈665〉×70×6　059）

二期とみられる森ノ内三号木簡は、七世紀後半の森ノ内遺跡北半部の大型建物の東側を区画する溝から出土した記録簡で、この施設において作成され、使命を終えたのち廃棄されたのであろう。上端が欠失しており、長大な木簡になるとみられる。この木簡では、「□□（左作カ）支戸首」「馬甘首」「小女児」「羽止巳戸□□」「□（犬カ）上□田戸」などの人名の後に、「布六二布」「二布□六布」「六一布」「布□六□（布カ）」「布六二布」「□二布六□」などと布の数値が記されており、先にみた南滋賀遺跡の木簡と、物品は違うが共通する様式といえる。布の枚数が六一・六二などとよく似た数値であるところから、布生産の分担を記録した可能性も考えられるであろう。「馬甘首」や「羽止巳戸□□」などは、この地に居住する渡来氏族であろう。なお、平城京長屋王家木簡に「近江案（安）郡（服里人従八位上□部）□□大縫□」がみえ、(26)西河原遺跡群の北西二キロに所在する守山市服部遺跡に比定される野洲郡服部郷（服里）とその住民が、織物生産に関わることが推測され、この地域と縫製との関連を示唆する。したがって、遺構としては確認されていないが、この遺跡群の一角に公的な縫製に関わる工房があったとみられる。そして、大型建物はそうした工程を統括した官司でもあったとみられる。

ロ　税負担に関わる戸主歴名

森ノ内一号

（A面）

・「　戸主［　　　　］馬道□(首カ)□□　□□臣馬麻呂
□□郡馬道郷□□里　戸主□□□□　馬道首□□
戸主三寸造得哉　［　　］
戸主大友主寸□□　［　　］　」

（B面）

・「戸主　石辺君玉足　（刻線）戸主　大友行□□　（刻線）戸主　□□□□□　□(戸主カ)□□□□年廿正丁
戸主　三宅連唯麻呂　戸主　佐多直鳥　戸主　黄文［　　］　［　　］年卅正丁
戸主　登美史東人　戸主　石木主寸［　　］呂　戸主［　　　　］　同戸　人足年卅二正丁

戸主　馬道首少広　戸主　郡主寸得足　□□［　　］　□□［　　］　（520×64×8　011）

四期の短冊形の大型の木簡で、四隅とも切り落としている。表裏とも四段にわたって「戸主」の名を列挙しており、すべてカバネを表記している。割注に年齢と課丁の記述のあるものもみられ、公的な性格をもつ記録簡である。税負担などの台帳として、使用された可能性が指摘されている。そして、その後の再釈読により、従来A面とされていたのがB面で、旧B面がA面となり、その第一段がタイトルで、「□□郡馬道郷□□里」という、居住行政区画名であることが判明し、戸主たちの居住地が野洲郡馬道郷であることが明確になった。

ここには、石辺君をはじめ三宅連・登美史・馬道首・三寸造・大友主寸・大友・佐多直・石木主寸・郡主寸・黄文・□□臣らの居住が確認されるが、このうち石辺君玉足は、平城宮南面東門周辺出土の木簡に「益珠郡馬道郷石辺玉足」がみえ、同一人物と考えられ、ここにみえる歴名のタイトル「□□郡馬道郷□□里」と一致する[27]。先にみたように、歴名にみえる戸主のうち三宅連・石辺君・馬道首・三寸造・大友主寸・大友・石木主寸などの氏族名は、光相寺二・四号や墨書土器、宮ノ内二・六号などにみえ、歴名にみえる戸主の氏族名と一致し、この地が馬道郷であることを示している。

そしてこれら歴名にみえる人名のうち、登美史・馬道首・大友主寸・佐多直・石木主寸・郡主寸の諸氏が、いわゆる漢人村主の志賀漢人の一族である。したがって、森ノ内一号木簡の示すところは、志賀漢人の一族たちが馬道郷の主要な居住者で、西河原遺跡群にあった施設に関わりをもつ人々であることであろう。先にみたように、こうした渡来人集団は、倭漢氏の配下として五世紀末から六世紀前半に中央から大津北郊にあった国の出先機関に派遣され、その職務により近江各地の水陸交通の要衝に配置されたとみられる。したがって、西河原遺跡群は、その機能や集住のあり方からみて、志賀漢人の活動する湖東地域の重要拠点であった可能性が高いといえよう。

ハ　貸稲（出挙）の記録・倉札

出土木簡で多数を占めるのが、「貸稲」＝出挙に関わる記録簡である。森ノ内七・八・一四号と光相寺四号は出挙の記録帳簿類で、宮ノ内一・三～六号は、形態・内容・出土状況からみて、蔵に常備された「倉札」と考えられる。

森ノ内一四号

　廿□
・　　□利直□十束
　□□

・又中直五十又五十□（直カ）
　□卅□利直卅□□見卅五束
（〈121〉×22×2　081）

光相寺四号

・「田物□□（料カ）□
・「馬道□□
（〈120〉×29×5　019）

森ノ内七号

・□百廿束馬評□（甘カ）毎倭
　　　ア連加久支廿束」
・刀良女六十束　」
（〈186〉×46×7　019）

森ノ内八号

・□　　　□□□（符道カ）
　　　　　□申□□□首□稲□□□□□
　　　　　□□　」

・

□□首貸稲大卅束記　」
（328×37×9　011）

二期の森ノ内一四号は、人名はみえないが、「利直」「十束」「卅五束」などの表現から貸稲の利息に関わる記録類と推測される。

三期の光相寺四号は、裏面に「馬道」とあり、この地の居住者馬道首氏のこととみられる。「田物」については、よくわからないが、農作物に関わる税など農民の負担に関わるもので、表面の四字目が「利」と読めるならこれも貸稲に関わる記録といえよう。

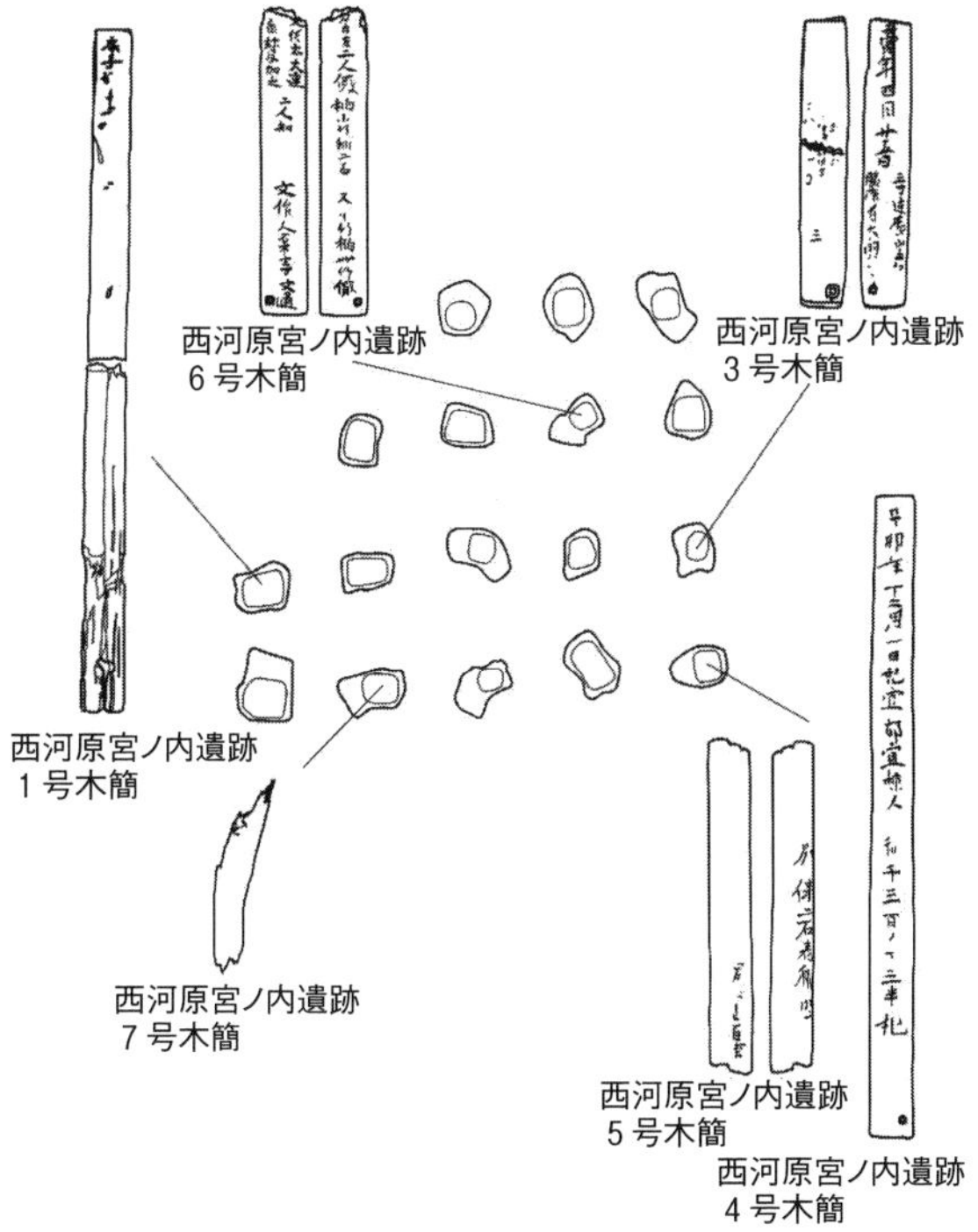

図48　宮ノ内遺跡倉庫跡

同じく三期の森ノ内七号は、裏面に「刀良女」という女性の名がみえ、表面に「馬評」なる行政区画名と、「倭ア連加久支」というこれも女性とみられる人名が記されている。人名の下に「六十束」「廿束」といった稲束数がみえており、貸稲の数値やその利息に関わる記録であろう。

同じく三期の森ノ内八号は、残存長三二一・八センチ、幅三・七センチの大型の記録簡とみられる。墨痕が不鮮明で内容は明らかでないが、「□□□首□稲」とあり、また「□□首貸稲大卅束来記」とあるから、□□首（おそらくほかの文字

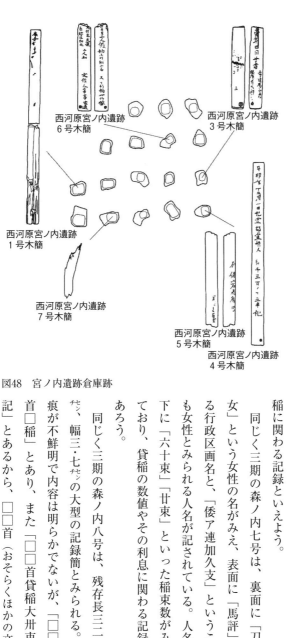

資料から馬道首とみられる）なる人物への、貸稲に関わる管理記録とみられる。すでに、韓国扶余の双北里遺跡出土の戊寅年（六一八年）の年紀をもつ「佐官貸食記」など、韓国木簡の影響が指摘されている(28)。

　これら一連の木簡は、出土場所も遺跡の中枢である森ノ内遺跡・光相寺遺跡であり、公出挙の管理記録としてこの地にあった施設で作成・保管され、のちに廃棄されたと考えられる。そして、この遺跡で、実際に出挙の運営と記録にあたった人物を特定できるのが、次の宮ノ内遺跡出土の木簡である（図48）。

宮ノ内一号

・「庚子年十二□（月カ）□□　□□□（記カ）千五□　□。」

・「□　□。」　（662×41×10　011）

宮ノ内三号

・「　壬寅年正月廿五日　三寸造広山「□□」
　　　　　　　　　　　勝鹿首大国「□（八十カ）□」。」

・「□　□。
　　□田二百斤　□□
　　□　」　（272×44×7　011）

宮ノ内四号

・「辛卯年十二月一日記宜都宜椋人□稲千三百五十三半把。」　（595×41×10　011）

宮ノ内五号

・□□　別俵二石春稲□

・　　□石□□百束□（貸カ）　　　（〈307〉×〈39〉×7　081）

宮ノ内六号

・□刀自右二人貸稲□□（十斤カ）稲二百□（斤カ）又□□稲卌□（斤カ）貸　　　。」

・　□人佐太大連

　　□首弥皮加之　　二人知　　文作人石木主寸文通。」　（〈289〉×45×5　019）

すべて四期に属する木簡である。宮ノ内一号は昭和六十年度の試掘調査で出土したものであるが、平成十七年の調査により同じ掘立柱建物の柱抜き取り穴から出土したことが確認された。人為的に中央部で折られた状態で出土し、下端中央に円孔が穿たれている。庚子年は文武四年。大半が読めないが、下半に「□□千五」とあり、宮ノ内四号と、同様の記載があったとみられ[29]、貸稲に関わるものと考えられる。

宮ノ内三号には、下端やや左よりに円孔が穿たれている。表面の壬寅年は大宝二年（七〇二）で、裏面にも墨痕はあるが、薄くて読めない。日付の下に二行書きの人名があり、その下にサイン状のものがみえる。受け取りの確認のようなものか。裏面に「□田二百斤」とあるから、貸稲に関わるものであろう。「三寸造」は森ノ内一号木簡の歴名のなかにもみえるが、「勝鹿首」は初見である。次の四号木簡にみえる「宜都宜椋人」の「宜都宜」も読みは「カツカ」で、カバネは異なるが、ウジ名は一致し注目される。

宮ノ内四号も人為的に中央で二つに折られている。下端右よりに円孔が穿たれ、冒頭の辛卯年は持統五年（六九一）で、片面のみに墨書がある。「某日記」という記載様式は、八世紀初頭以前の表記法とされる。「稲千三百五十三半把」は稲一三五束三把五分であるが、倉庫に収納される量としては少ないから、出挙に関わるものであろう。「宜都宜椋人」への貸稲の量を記録したものと解される。また、「五十三半把」と数量が半端であることから、貸付ではなく返納に関わる記録と考えられる。「椋人」の例としては、近江では高島市永田遺跡出土の八世紀末から九世紀初頭の歴名木簡に「秦椋人酒公」がみえ、『正倉院文書』の天平勝宝三年（七五一）七月二十七日付「近江国甲可郡司解」に、甲賀郡蔵部郷の戸主に「椋人刀良売」がみえる。いずれも蔵の管理に関わった渡来氏族とみられ、「宜都宜椋人」も渡来人であろう。

宮ノ内五号は下半が折損し、右辺に割れがある。読める文字が少なく、その内容は「別俵」という表現や「舂稲」とあるから、収蔵する稲から舂稲として提出するものを取り出すなどの行為と関わるとみられる。裏面の「百束」の次の欠字が、残画から「貸」と読めるなら、これも出挙にも関わることになる。

宮ノ内六号は上半が欠損し、下端右寄りに円孔が穿たれている。内容は表面には「□　刀自」ら二人に「貸稲」したことが記され、裏面には二人の名が列記され、その下に「二人知」とあるから、おそらくこの二人が「貸稲」の保証人と考えられる。また稲の数量の単位を表わす文字は、宮ノ内三号にもみえる「斤」で、稲の重量を示すものと考えられる。「文作人」については、文字通りこの「貸稲」の証文の作成者であろう。出挙の具体的な運営を語る記録簡といえよう。なお韓国の「大邱戊戌銘塢作碑」にも、碑文の作者を「文作人」とする記載がみえる。「戊戌年」は新羅眞智王三年（五七八）と推定されており、[30] こうした記載方法が朝鮮半島から受容されたことを示している。なお、この木簡の「文作人」である石木主寸は森ノ内一号の戸主歴名にみえており、志賀漢人の一員で馬道里の居住者とみられる。そして職務内容から当然西河原遺跡群の施設で活動していた「官人」とみられ、こうした渡来人集団が業務の執行にあたり木簡を作成していたことを具体的に裏付けるものであろう（図49）。

以上のように、木簡の大半は短冊状の四～四・五チセンの幅の広いもので、長さも上・下半が欠失する五・六号と完形の一・四号の四点は六〇チセン前後を測る長大なものとなる。短い三号も半分の三〇チセン弱と、すべて規格性をもつものである。年紀の示す大宝令制定前後の時期に対応する、古い地方木簡の特徴を示しているといえる。また、過半を欠失する五号を除き、一・三・四・六号の下端に隅丸方形の穿孔が確認でき、紐を通し束ねて保管されていたことを推測させる。

また四号に「稲千三百五十三半把」、五号に「別俵二石舂稲」「□石□□百束□」、六号に「□刀自右二人貸稲」「稲二百□又□□稲卌□貸」など、貸稲（出挙）と米の数量に関わる記述があって、右にみたように束ねて使用されていたとみられるから一連の木簡が稲の貸借（出納）・保管などに関わる倉札であることをうかがわせる。そしてこれらの木簡が、廃絶した大型の倉庫とみられる建物の柱根抜き取り穴の大きさに合わせ半切して投棄されていたことから、この倉庫で使用されたのち、その廃絶にともない投棄された可能性が高いといえよう。こうした倉庫はおそらく調査

図49　宮ノ内六号木簡

地点の周辺にも多数存在したと想定され、郡家の管理下にあった倉院と考えられる。

　こうした木簡は、右にみたように、出挙の管理のための作成された「倉札」で、この地で倉庫管理にあたっていた「官人」が記載・管理したことは明らかであろう。事実「文作人」とある石木主寸文通は木簡の作成者で、森ノ内一号の歴名木簡にもみえる志賀漢人の一族であり、この地の施設に勤務する渡来人であった。したがって、この遺跡群がこうした渡来氏族・渡来人集団により、実質運営されていたことを示すものであろう。

二　その他の記録簡

光相寺一号

・「□□□□(買塩卅俵カ)三」　〈234〉×〈24〉×6　081)

虫生一号

・□マ□□(欲カ)冊束分□入物□□□□進」

・神亀六年正月卅日　　　」　〈267〉×30×8　019)

光相寺一号は、二期のもので、塩の売買に関わる記録とみられるが、詳細は明らかでない。

　四期の虫生一号は、短冊形の木簡で、上端が強く折りとられている。表面には墨痕がある。すべて釈読できてないが、最初に「□マ（部）」という人名があり、その後に、「冊束分□入分□□□□進」とあるので、「□マ」に米を進上した際の添え状とも考えられる。「□マ」は、年代は違うが、森ノ内二号にみえる「卜部」の可能性も考えられる。もしそうなら西河原遺跡群の居住者で、この施設の有力者となる。裏面には、干支年号の多い西河原遺跡群では、唯一元号の年紀が記されている。神亀六年（七二九）は聖武天皇の治世にあたり、この年、年号が変わり天平元年となる。進上手続きをとった日付であろう。こうした木簡も、物品の売買や出納に関わるもので、この施設の性格を示すものであろう。

〔③荷札・付札〕

上端の両側にV字の切込みがあり、形態的には荷札・付札とみられるのが、森ノ内一七・一八号、光相寺二号の三点である。いずれも二期に属する。いちおう外部からもたらされたとみられる。

森ノ内一七号

・「∨□□（五十カ）□□□　」

・「∨□□戸□□（福人カ）　」　（136×19×3　033）

森ノ内一八号

・「∨比利田□□□□□（多比ア麻カ）」

・「∨阿皮古俵　」　（135×18×4　032）

光相寺二号

・「∨大友ア龍」　（142×18×5　032）

森ノ内一七号はほとんど釈読できないが、表面にわずかに「五十」という数字がみえ、物品に付された荷札か付札の可能性が高い。

森ノ内一八号には「阿皮古」というウジ名とみられる文字と、その下に「俵」とあるところから、山尾氏はこれを庸米に関わる付札としている。また、市大樹氏は、西河原遺跡群が木簡にみえる馬道里（郷）ではないとし、ここにみえる「比利田」こそ、この地の地名とされている。ただ現時点では、この木簡の性格が明確でなく、「比利田」をこの遺跡の地名と断ずるのは無理であろう。

光相寺二号は人名のみであるから具体的な内容は明らかでないが、付札とみておきたい。「大友部」は部姓ではなく、大友部史の略称であろう。『続日本紀』天平宝字二年（七五八）六月二十五日条に、大和国葛上郡人従八位上桑原史年足ら男女九六人と近江国神崎郡人正八位下桑原史人勝ら一一五五人が藤原朝臣不比等の名に抵触するとし、「史」姓を改めることを申し出て新たに「直」姓を賜ったことがみえる。この時年足と人勝らは、その先祖「後漢苗裔鄧言興幷帝利等」が仁徳朝に高句麗から渡来したこと、その後同姓のものたちが数姓に分かれてしまっているので、同じ姓を賜りたいと申し出た。そこで、桑原史だけでなく、大友桑原史・大友史・大友部史・桑原史戸・史戸らにも直姓を賜ったとある。近江各地の志賀漢人の一族が、年月が経っても移住前の居住地らしい大和の一族と同族的結合を依然維持していることが確認される。なお、ここにみえる大友部史氏はいわゆる森ノ内二号にみえる志賀漢人一族の大友但波史氏と関わるらしく、また、森ノ内一号の歴名にみえる「大友」も大友部史の可能性が高く、もしそうなら、この付札もこの施設で作成・使用されていたとみることができよう。

なお、付札木簡でふれておきたいのは、神崎郡の湖辺に所在する東近江市（旧能登川町）の柿堂遺跡から出土した木簡のことである。柿堂遺跡では、奈良時代から平安時代初頭の河道から短冊型の木簡一点が出土している。いちおう八世紀のものとみられている。釈文は次の通りである。

・□□錦織主寸□

・□□　小白在　　(135×25×3　033)

「錦織主寸□」という志賀漢人一族の人名がみえる。この遺跡の居住者とみられ、この人物に関わる庸米の付札と考えられる。「小白（こしろ）」は、稲の品種で晩稲とみられている。そして、この付札は、一般的な付札木簡と異なり、上端が尖がっており下端の片法にV字の切込みがある。韓国の城山山城木簡などに類例のあるもので、作成者がその影響下にあったことをうかがわせる。(31) 志賀漢人の一族に関わることは注目されよう（図50）。

C　小結—西河原遺跡群と出土木簡の性格と渡来人集団—

西河原遺跡群は、遺構・遺物からみても七世紀後半から八世紀前半にその盛期があり、一般集落とは明らかに異なる様相を示している。遺跡群の中枢は大型の建物とそれを区画する溝の存在や出土遺物からみて森ノ内遺跡北半にあり、そこでは大和政権に製品を提供していた鏡山古窯跡群の土器選別場も併設されていた。光相寺遺跡は、これに準ずる遺跡群の中枢とみられる。また、宮ノ内遺跡・湯ノ部遺跡の周辺は、鍛冶工房・木製品工房と倉庫群が広がって

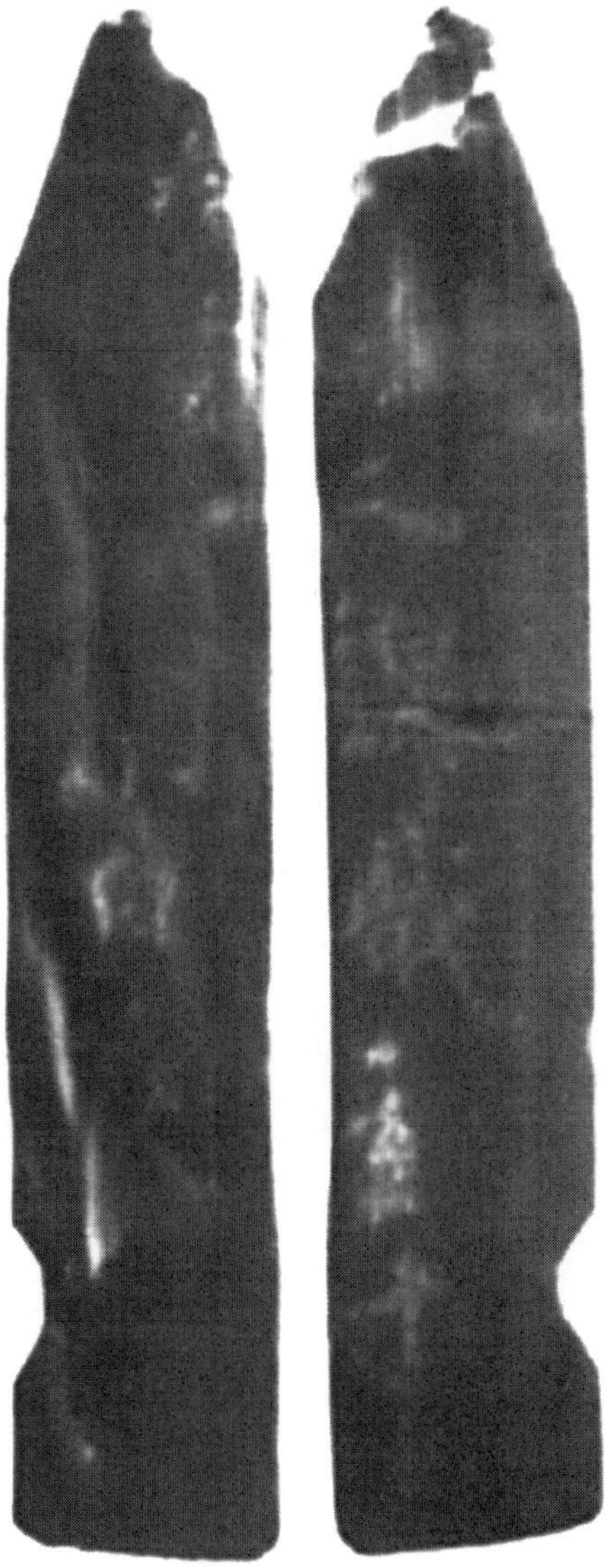

図50　柿堂遺跡木簡

おり、地方官衙が所在していた可能性が高いといえよう。

出土した木簡の検討からも、この地には、中央ないし「近江国庁」との文書のやりとりをしていたこと、使者が往来する公的機関があり、「馬道」という地名や馬道首の居住から陸上交通（初期の駅路）の拠点があったこと、またその施設には港湾施設があり、琵琶湖の水上交通を利用した物流・交易の運営がなされていたことも明らかになった。さらにこの地では、織物生産の縫製工房をはじめ、徴税に関わる業務と貸稲＝公出挙の管理が行われ、倉庫群から出土した木簡は、その形態・内容から倉庫の出納にかかる「倉札」とみられる。

また、郡符木簡の出土により、この地の施設が初期の野洲郡家（安評家）である可能性が強まり、一方、戸主の歴名木簡などからは、この地の居住者の多くが大津北郊に拠点をもつ倭漢氏の配下の志賀漢人の一族であり、この地が馬道里である可能性も高くなった。私は、野洲郡家が馬道里（郷）に所在したと考える。そして、宮ノ内六号に「文作人」とみえる石木主寸文通は「倉札」の作成者であり、この地に居住する志賀漢人一族が、この地にあった施設で、文書の作成などの行政実務を担っていたことを、具体的に裏付けるといえよう。

おわりに

以上、北大津遺跡・西河原遺跡群出土木簡を中心に、近江の渡来人と文字文化の受容について、雑駁な検討を加えた。近江において、天智・天武朝に遡る木簡が比較的多く出土することと、この地に早くから渡来人集団が集住し、活動していたことが深く関わることが改めて確認できた。ただ、近江における文字文化の受容は中央から移住した渡来人集団が担っており、移住した年代からみて六世紀に遡る可能性はあるが、今のところそれを裏付ける木簡などの文字資料は発見されていない。それはそれとして、西河原遺跡群から出土した木簡からは、こうした渡来人集団の具体的な活動の状況を追跡することができた。

すなわち木簡には、外部からもたらされこの地で廃棄されたもの、この地で作成され使用後この地で廃棄されたもののいずれにも、韓国木簡の影響が強くみられることも明らかになった。このことは、当時の中央・地方にかかわらず、政府の行政事務・文書行政に実際携わっていたのは倭漢氏・秦氏などの渡来氏族とその配下の人たちが中心であり、そこにおいては最新の韓半島における文字文化が素早く受容され、共有されていたことがうかがえる。そして、西河原遺跡群やその周辺に居住し様々な行政業務にあたっていたのは、六世紀前半ごろから琵琶湖をめぐる物流を掌握するために大津北郊の大和政権の政治拠点へ派遣・移住した倭漢氏の配下の漢人村主の一団であり、志賀に居住する漢人ということで志賀漢人と総称される渡来人集団であった。

志賀漢人の一族は、その後近江各地の物流拠点に進出し、ネットワークを形成して活動したとみられ、西河原遺跡群はそのなかでも、その機能や集住形態からみて、先に検討したように前代の葦浦屯倉の系譜を引く湖東の中核的な拠点であることが推測される。このような西河原遺跡群のあり方は、わが国の初期律令体制の形成にあたって、令制以前の族制的な関係が巧みに取り込まれていることをうかがわせ(32)、律令社会の成立期の地方の様相を考えるうえで重要な視角といえよう。ただ、西河原遺跡群については、木簡にみえる渡来人集団と野洲郡馬道里の住民との関わりや郡家の所在地をめぐり未確定な問題もあり、今後引き続き検討していきたい。

注

(1) 平川南『古代地方木簡の研究』(吉川弘文館、二〇〇三年)、三上喜孝「日本古代木簡の系譜―韓国木簡との比較検討を通して―」(『木簡と文字』創刊号、二〇〇八年、のちに『日本古代の文字と地方社会』吉川弘文館、二〇一三年に所収)、田中史生「倭国史と韓国木簡」（鈴木靖民編『日本古代の王権と東アジア』吉川弘文館、二〇一二年）。
（2）大橋信弥「近江における渡来氏族の研究―志賀漢人を中心に―」（『古代豪族と渡来人』吉川弘文館、二〇〇四年）。
（3）本書第三部第二章。
（4）大橋信弥「近江出土の古代木簡」（滋賀県立安土城考古博物館第三六回企画展図録『古代地方木簡の世紀―文字資料から見た古代の近江―』二〇〇八年）。
（5）奈良国立文化財研究所『第三回木簡研究集会記録』（一九七七年）、林紀昭・近藤滋「北大津遺跡出土の木簡」（『滋賀大国文』一六、一九七八年）、中西常雄「北大津遺跡出土の須恵器資料」（『滋賀文化財だより』一一一、一九八六年）。
（6）東野治之「最古の万葉仮名文」（『書の古代史』岩波書店、一九九四年）。
（7）浜修・山本崇「滋賀・北大津遺跡」（『木簡研究』三三、二〇一一年）。
（8）犬養隆「日本語史資料としての七世紀木簡」（『木簡による日本語表記史』笠間書院、二〇〇八年、増訂版二〇一一年）。
（9）青山均「南滋賀遺跡」（『木簡研究』一七、一九八四年）。
（10）本書第二部第三章。
（11）徳網克己・山田謙吾「滋賀・西河原森ノ内遺跡」（『木簡研究』八、一九八六年）、『西河原森ノ内遺跡 第一・二次発掘調査概要』（中主町教育委員会・中主町埋蔵文化財調査会、一九八七年）、『西河原森ノ内遺跡 第三次発掘調査報告書』（中主町教育委員会・中主町埋蔵文化財調査会、一九八七年）、辻広志「滋賀・西河原森ノ内遺跡」（『木簡研究』九、一九八七年）、『中主町西河原森ノ内遺跡発掘調査報告書』Ⅰ・Ⅱ（中主町教育委員会、一九九〇年）、辻広志「滋賀・西河原森ノ内遺跡」（『木簡研究』一二、一九九〇年）、同「滋賀・西河原森ノ内遺跡」（『木簡研究』一四、一九九二年）、山田謙吾・山尾幸久「滋賀・西河原森ノ内遺跡」（『木簡研究』一八号、一九九六年）。
（12）畑中英二「考古学からみた西河原遺跡群」（前掲注（4）『古代地方木簡の世紀』）。
（13）浜修「滋賀・湯ノ部遺跡」（『木簡研究』一四、一九九二年）、『湯ノ部遺跡発掘調査報告書Ⅰ』（滋賀県教育委員会・滋賀県文化財保護協会、一九九五年）。
（14）畑中英二・大橋信弥「滋賀・西河原宮ノ内遺跡」（『木簡研究』二九、二〇〇七年）、前掲注（4）『古代地方木簡の世紀』。
（15）『西河原宮ノ内遺跡Ⅱ』（滋賀県教育委員会・滋賀県文化財保護協会、一九九五年）、瀬口眞司・藤田琢司「滋賀・湯ノ部遺跡」

(『木簡研究』一九、一九九七年)。

(16) 辻広志「滋賀・西河原遺跡」(『木簡研究』一四、一九九二年)、「西河原遺跡」(『平成三年度 中主町内遺跡発掘調査年報』中主町教育委員会、一九九三年)、「西河原遺跡第一〇次発掘調査」(『平成一四年度 中主町内遺跡発掘調査年報』中主町教育委員会、二〇〇一年)。

(17) 徳網克己「滋賀・光相寺遺跡」(『木簡研究』九、一九八七年)、辻広志「滋賀・光相寺遺跡」(『木簡研究』一〇、一九八八年)、「光相寺遺跡」(『昭和六二年度 中主町内遺跡発掘調査年報』中主町教育委員会、一九八九年)。

(18) 『平成元年度 中主町内遺跡分布調査(Ⅱ)概要報告書』(中主町教育委員会、一九九〇年)、辻広志「滋賀・虫生遺跡」(『木簡研究』一二、一九九〇年)、「虫生遺跡第五次発掘調査」(『平成一四年度 中主町内遺跡発掘調査年報』中主町教育委員会、二〇〇一年)。

(19) 森公章「木簡から見た郡務と国務」(『地方木簡と郡家の機構』同成社、二〇〇九年)。

(20) 稲岡耕二「国語の表記史と森ノ内遺跡木簡」(『木簡研究』九、一九八七年)、山尾幸久「森ノ内遺跡出土の木簡をめぐって」(『木簡研究』一二号 一九九〇年)。

(21) 犬養隆「森ノ内遺跡出土手紙木簡の書記様態」(犬養前掲注(8)書)。

(22) 大橋信弥「十里遺跡出土の天武朝木簡について」(大橋前掲注(2)書)。

(23) 李成市「朝鮮の文書行政―六世紀の新羅―」(平川南ほか編『文字と古代日本二 文字による交流』吉川弘文館、二〇〇五年)、三上喜孝「文書様式『牒』の授受をめぐる一考察」(『山形大学歴史・地理・人類学論集』七、二〇〇六年)、市大樹「慶州月城垓字出土の四面墨書木簡」(奈良文化財研究所・大韓民国文化財研究所編『日韓文化財論集Ⅰ』奈良文化財研究所学報七七冊、二〇〇八年、のちに『飛鳥藤原木簡の研究』塙書房、二〇一〇年に収録)。

(24) 平川南「郡符木簡」(前掲注(1)『古代地方木簡の研究』)、市大樹「西河原木簡群の世界」(前掲注(4)『古代地方木簡の世紀』)。

(25) 山尾幸久「古代近江の早馬道」(上田正昭編『古代の日本と渡来の文化』学生社、一九九七年)。

(26) 『平城宮発掘調査出土木簡概報(二十七)―長屋王家木簡四―』(国立奈良文化財研究所、一九九三年)。

(27) 『平城宮発掘調査出土木簡概報(十四)』(国立奈良文化財研究所、一九八一年)。

(28) 三上喜孝「古代東アジア出挙制度試論」(工藤元男・李成市編『古代東アジア古代出土文字資料の研究』雄山閣、二〇〇九年、のちに前掲注(1)『日本古代の文字と地方社会』に所収)。

(29)『県道荒見・上野・近江八幡線単独道路改良工事(木部・八夫工区)に伴う埋蔵文化財試掘調査報告書』(中主町教育委員会・中主町埋蔵文化財調査会、一九八七年)。

(30)平川南氏のご教示による。

(31)平川南「韓国・城山山城木簡」(前掲注(1)『古代地方木簡の研究』)。

(32)本書第二部第一章、大橋信弥「近淡海安国造と葦浦屯倉」(滋賀県文化財保護協会編『古代地方木簡の世紀—西河原木簡から見えてくるもの—』サンライズ出版、二〇〇八年)。

第三章　再び錦部寺とその造営氏族について

――「錦寺」刻書土器の発見に接して――

はじめに

先に私は、藤原仲麻呂の乱に関わり、その壇越らが朝廷から褒賞を受けた「錦部寺」について検討を加え、その寺院名から大津北郊の滋賀郡錦部郷に本拠を置く渡来氏族、志賀漢人の一族錦部村主氏がその造営氏族であり、同氏の氏寺であると推定した。そして、大津北郊の古代寺院のうち、南滋賀廃寺こそが、所在地や調査成果からみて、「錦部寺」にふさわしいとした。こうした見解を公表したのは、平成三年のことであり（旧稿A）、その後、平成十六年、大幅に改訂して拙著『古代豪族と渡来人』に収録した（旧稿B）[1]。錦部寺については、寺院名に関わる「錦織」の地名が南志賀のさらに南に所在し、その間を流れる「際川」を錦織との村の境界とする見方もあって[2]、南滋賀廃寺の寺院名とするのにはやや抵抗があったとみられる。このため県内の研究者にも、なかなか受け入れられない恨みがあった。旧稿Aの「おわりに」で、「古代逸名寺院の名称を明らかにすることは、木簡や墨書土器など文字資料の新発見に恵まれない限り、きわめて困難であることは、いうまでもないことであろう。しかしながらかかる僥倖は稀であって、やはり現存する史料の再検討の中で、追求していくことも、研究者の責務とするところであろう」とやや悲観的な感想を述べていた。

ところが、平成二十三年三月、思わぬ僥倖が訪れた。南滋賀廃寺の推定寺域の東二〇〇〜三〇〇《メートル》の農耕地で採取された緑釉陶器の底部外面に、「錦寺」の刻書のあることが明らかになった。発見の経緯と資料の紹介については、すでに松浦俊和氏により果たされているので、本章では旧稿を承けて錦部寺とその造営氏族について再論を試みようとするものである[3]。

一　「錦寺」刻書土器発見の経緯

「錦寺」刻書土器は土地所有者が耕作中に採取されたもので、須恵器・土師器を中心に五〇〇点余にのぼる。発見場所は大津市南志賀三丁目の畑地で、京阪電鉄石坂線南志賀駅のやや南、線路沿いの地である。南滋賀廃寺の東築地からはおおよそ東二〇〇〜三〇〇《メートル》付近にあたる[4]（図51）。

発見された刻書土器は京都産緑釉陶器の坏ないし椀の底部破片で約八割方残存しており、高台径六・七《センチ》、高さ〇・五《センチ》、底部の厚さ〇・八《センチ》を測る。文字列を縦位置として、縦横七×六・五《センチ》を測る。文字は底部外面のやや左寄りに、縦書きで底部全体を使って大きく「錦寺」の二字を深い線で刻んでいた。釉が刻線内にもかかっているから、おそらく陶器生産工房で焼成前に先端の尖った篦状工具で刻んだものと考えられる。硬質で、体部から高台にかけて緑色の釉がハケで薄く塗られている。高台の形式からおおよそ九世紀末ごろの製品と考えられる。生産地については京都とみられるが、特定することは難しいようである。ただこの時期に操業するのは、京都市左京区幡枝・西京区大原野・亀岡市篠町の三ヵ所で、幡枝が最有力とされる（図52）。

読みは「にしこ（お）りでら」で、「錦織寺」「錦部寺」とも表記されたとみられる。したがって、底部に書かれたのは寺院名であり、おそらくこの土器は「錦寺」から京都にあった緑釉陶器工房[5]に、注文して生産されたもので、工房の陶工が他の注文品と区別して焼成するため、一部の製品に刻んだと考えられる。

刻書土器を出土した南滋賀遺跡は、白鳳時代、七世紀後半に創建された南滋賀廃寺を中心として南北六〇〇《メートル》、東西七〇〇《メートル》に広がる大規模な遺跡で、隣接する畑尻遺跡・大伴遺跡も含みこむと考えられる。弥生時代から集落が形成されていたことは、大伴遺跡の中期の竪穴建物跡や南滋賀遺跡の中心部にあたる南志賀小学校の敷地で発見された中期初頭の方形周溝墓と土坑墓群からなる集団墓地が知られるが、寺院の時期に対応する集落は現在の集落と重なっ

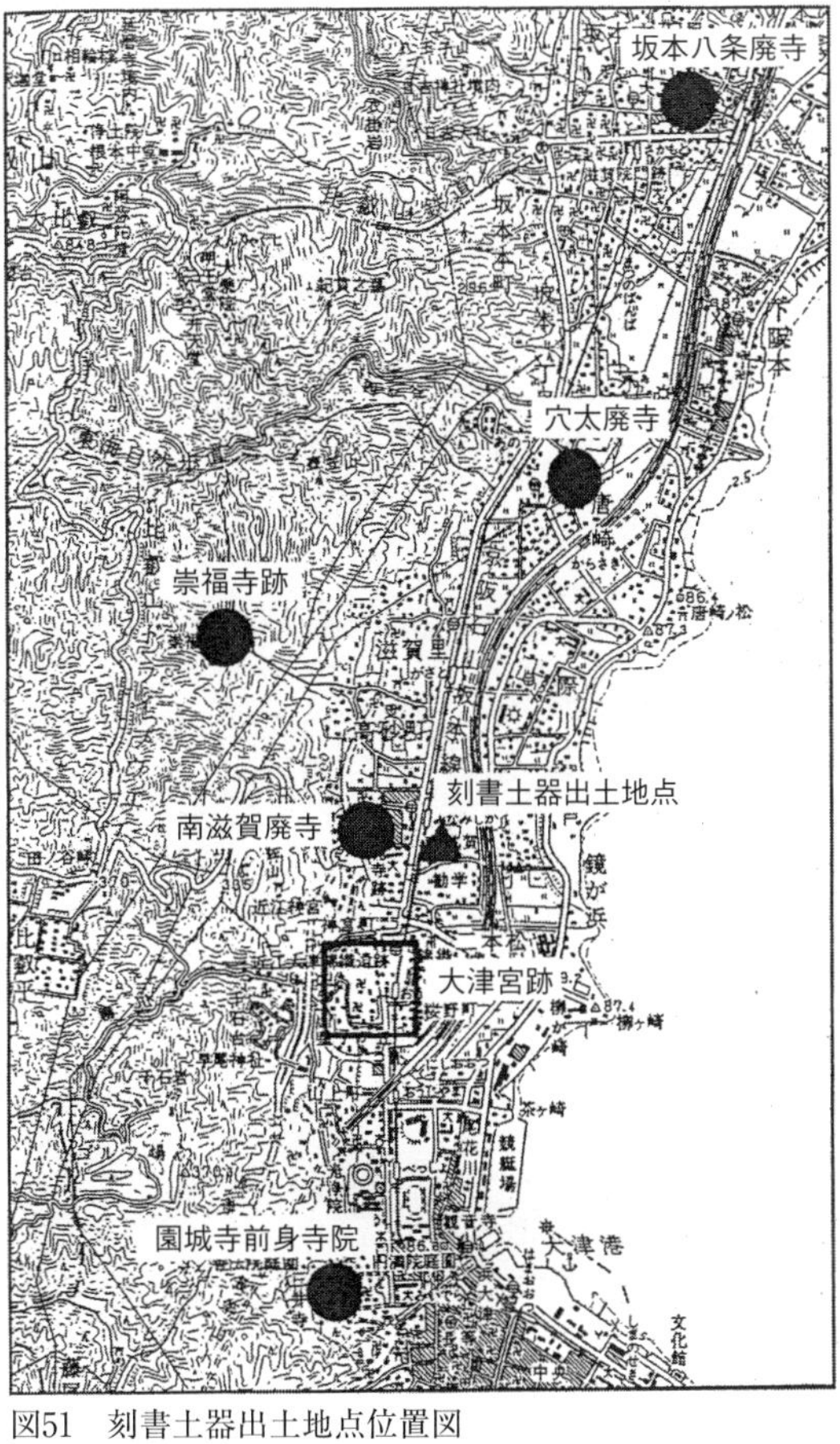

図51　刻書土器出土地点位置図

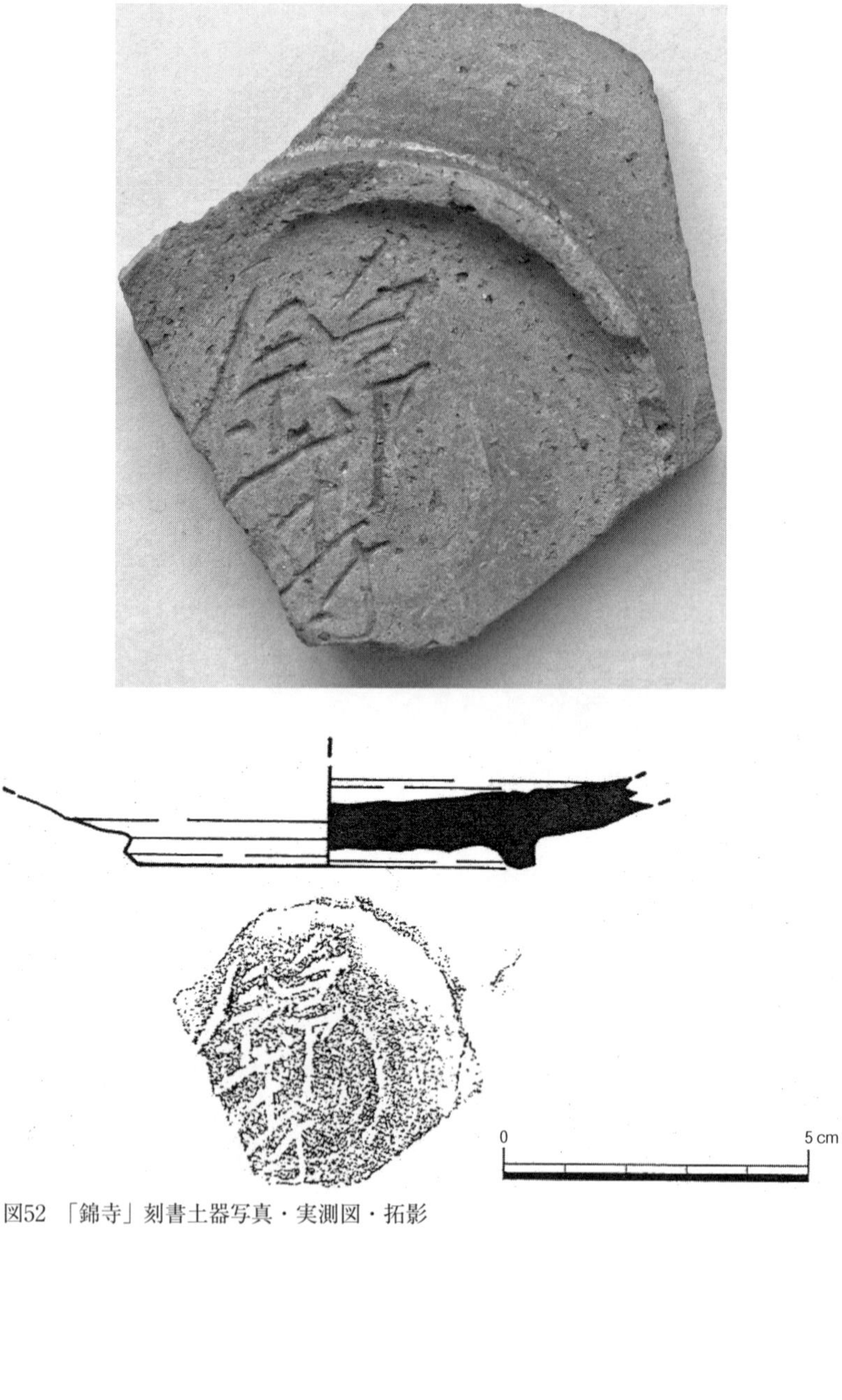

図52　「錦寺」刻書土器写真・実測図・拓影

ており、断片的にしか判明していない。大伴遺跡の八世紀後半とみられる掘立柱建物跡、奈良時代の旧河川から出土した一一個体の土馬、畑尻遺跡で検出された六世紀末から七世紀初頭の大壁建物一棟と掘立柱建物群などである。実は私は、南滋賀遺跡の北に接して所在する滋賀里遺跡・上高砂遺跡などとも、ほとんど境界はなく同一集落の可能性が高いと考えている。(6)

ただ南滋賀遺跡では、平成七年、遺跡の東端付近の発掘調査で六世紀後半から七世紀前半の掘立柱建物からなる集落を検出し、その一角を流れる幅二〜四㍍の浅い溝跡から荷札木簡一点が出土している。039形式で、上端は鶏頭状につくり、左右の側縁に切込みがあり、下端は欠失している。墨が薄く判読は難しいが、米の貢進明細が書かれており、「馬曰佐」「曰佐」という氏名が読みとれる。(7) 伴出した須恵器は七世紀後半のものである。カバネからみて渡来氏族の一族であることが推測される。志賀漢人の一族とみられ、錦部曰佐・大友曰佐・穴太曰佐のいずれかであると考

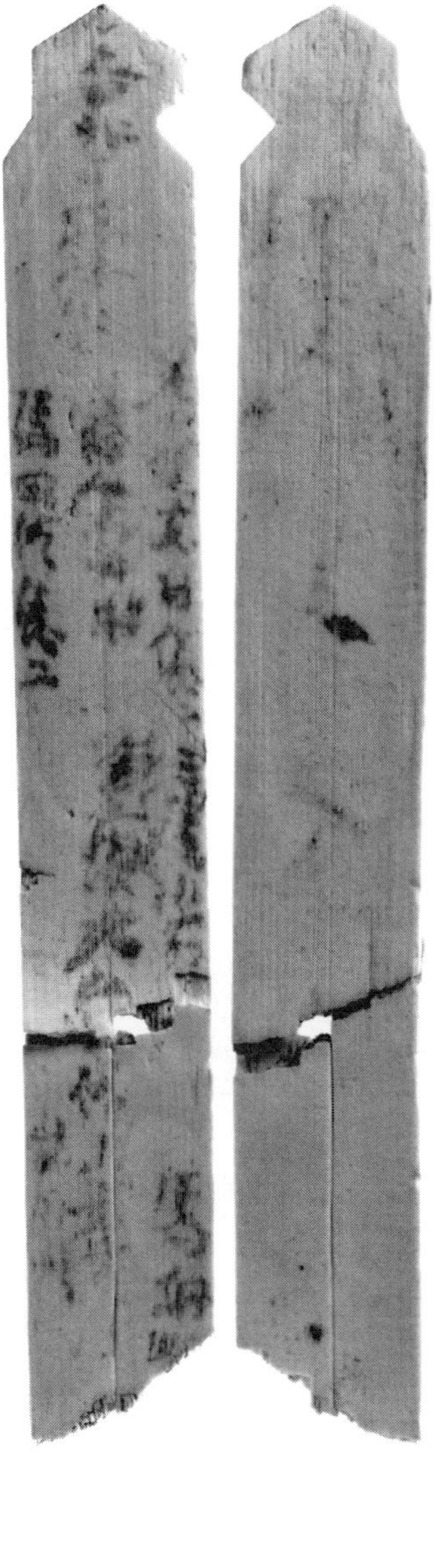

図53　南滋賀遺跡出土木簡

えるが、私は、出土地点からみて錦部曰佐の一族で、馬の管理を担当していたと推定している(8)(図53)。

二　錦部寺について

錦部寺については、旧稿で詳細に検討したように、天平末年の藤原仲麻呂の乱にかかる『続日本紀』天平神護二年(七六六)九月六日条に唯一みることができる。それは、「賜助官軍近江国僧沙彌、及錦部、藁園二寺檀越、諸寺奴等物各有差」とする記載で、文字通り二年前の仲麻呂の乱において賊軍を追討した「官軍」に協力した「近江国僧沙彌」と「錦部、藁園二寺檀越」、「諸寺奴」に対し、褒賞を賜ったという政府の記録である。ここにみえる錦部寺と藁園寺の二寺については、近江国とあるだけで、具体的な所在地は書かれていない。そこで、仲麻呂の乱についての『続日本紀』の記述をみると、近江国高島郡が主戦場となっており、滋賀郡と浅井郡はそれに準ずる役割を果たしたことがわかる。

すなわち、天平宝字八年(七六四)九月十一日の夜、淳仁天皇が居住する中宮院の「鈴印」争奪をめぐる紛争において、孝謙上皇側に敗れた仲麻呂は、形勢を立て直すべく、自派の拠点である近江国庁へ向かったが、吉備真備の軍略によって短絡路である田原道をとった追討軍が国庁に先着し仲麻呂派を捕らえるとともに、瀬田橋を焼き落としてしまった。このため仲麻呂は、八男の辛加知を国守とする越前国庁を目指し北陸道(湖西路)を北上し、高島郡に至って旧知の前少領角(山)家足の宅に一泊している。翌十三日仲麻呂は愛発関に向かうが、孝謙側はここでも先手をとって湖東から湖北を回った追討軍に越前国庁を急襲させ、辛加知を斬り愛発関を押さえてしまった。このため、いったん高島に引き返した仲麻呂は、今度は船で「浅井郡塩津」を目指したものの逆風によって押し戻され、もう一度陸路愛発関を目指すが突破できず、高島郡の南端三尾崎（現在の明神崎）まで引き返し、追討軍と激戦となった。そして「勝野鬼江」（現在の乙女ヶ池）の決戦に敗れた仲麻呂とその一党は、湖上に逃れるが捕らえられ、ついに江頭で切られたのであった(9)。

このように、仲麻呂の乱は湖西高島郡・滋賀郡と一部浅井郡を舞台として展開しており、この地域の官民は大なり小なり乱に関与することになったとみられる。事実、この寺院関係者への恩賞のあった前年の天平神護元年正月八日条には、「勅復官軍所経国高島郡調庸二年、滋賀浅井二郡各一年、並以没官物量加賑血」とあるように、最も功績の高かった高島郡の「調庸」を二年間、それに準ずる「滋賀浅井二郡」は一年間免除し、さらに仲麻呂から没収した官物をこれらの郡の人々に振舞って、その協力に答えている。

これらによって、先の史料にみえた錦部寺・藁園寺の二寺の所在地が高島・滋賀・浅井の三郡内にあることは、間違いないであろう。このうち藁園寺については、現在の高島郡新旭町の湖辺に大字藁園があって、その遺称地と考えられている(10)。天平五年（七三三）の『山背国愛宕郡某郷計帳』（『正倉院文書』）には、壬生逆ら三人が和銅五年（七一二）、「近江国高島郡藁園」に逃亡したとある記事がある。『和名抄』の郷名にはないが、藁園が高島郡内で有力な村落であったことが確認される(11)。そして、昭和五十七年度に実施された国道一六一号高島バイパスにともなう正伝寺南遺跡（大字藁園の北西）の発掘調査において、ごく少数の平瓦片とともに単弁十葉蓮華文軒丸瓦一点が出土し、奈良時代の寺院跡が付近に存在する手がかりが得られている。さらに翌五十八年度に調査が実施された正伝寺南遺跡の北に接する針江南遺跡からは、「薗寺」と墨書した奈良時代の須恵器杯蓋が出土し、この付近に藁園寺が存在したことを強く示唆する(12)。

これに対して、錦部寺は候補地が二ヵ所ある。滋賀郡には『和名抄』に錦部郷があり、今日でも大津市錦織町としてその名を留めているが、浅井郡にも『和名抄』に錦織郷があって、現在も長浜市びわ町の大字として錦織がみえる。また、古代の寺院跡も、滋賀郡には南滋賀廃寺をはじめいくつかの寺院跡が認められるのに対し、浅井郡についてもびわ町弓削に満願寺跡の存在が知られる(13)。ただ、乱の展開過程をみてみると、浅井郡との関わりは浅井郡の飛地である塩津付近が中心で、満願寺跡の壇越が関与したとは考えられず、その主たる戦場が高島郡と滋賀郡であることから滋賀郡錦部郷に絞り込むことができる。

そこで問題になるのは、錦部郷の郷域である。一般に滋賀郡の郷域については、北の堅田・真野地域が真野郷に、坂本を中心とする地域が大友郷に、南志賀・錦織から浜大津付近までが錦部郷に、粟津・石山地域が古市郷に比定されており、特に異論は出されていない。問題は、錦部郷と北の大友郷の境界であろう。詳細は省略しなければならないが、大津北郊域の地割が、現在の穴太付近で大きく変換していることは無視できない。また、いくつかの変遷はあるものの、南志賀・滋賀里地域は、南の錦織地域とともに園城寺領として存続し、明治二十二年（一八八九）以降、昭和七年（一九三二）に大津市へ編入されるまで滋賀村として一つのまとまりをもっていたから、穴太と滋賀里の間に求めることができるのではないか(14)。

このように錦部郷の郷域が押さえられるなら、この地域で錦部寺に該当する寺院跡としては、現在崇福寺跡として国指定史跡となっている滋賀里山中の寺院跡、同じく国史跡となっている南滋賀廃寺、園城寺の前身とみられる園城寺跡の三ヵ寺となる。このうち滋賀里山中の寺院については、これまでの研究により、北尾根・中尾根の建物を崇福寺跡とし、南尾根の建物を梵釈寺跡とする見解が定説化しており、除外して差し支えないであろう。

また、園城寺跡についても、『扶桑略記』や『園城寺伝記』などの平安時代の文献に、天武十五年（六八六）、大友皇子の子大友与多（与多麿）が御井寺を建立したとあり、『寺門伝記補録』に収録される「三井別当官牒」に、貞観四年（八六二）滋賀郡大領大友黒主が大友氏の氏寺であった園城寺の別当に延暦寺の円珍を任じ、運営を任したことが記されており、貞観八年には滋賀郡大領大友村主夜須良麻呂が園城寺を天台別院として円珍を主持とすることを承認されたことがみえる(15)。これらによって、園城寺が御井寺とも呼ばれ、滋賀郡の有力な渡来氏族で志賀漢人の一族である大友村主氏の氏寺として白鳳期に創建され、平安初期まで経営されていたことが明らかになり、寺院名についてももともと園城寺・御井寺であった可能性が高く、「大友寺」とも呼ばれていたとみられ、錦部寺とすることはできない。したがって、文献資料からみる限り、錦部寺は南滋賀廃寺の名称であり、今回の刻書土器は、それを明快に裏付けることになった。当然、その壇越は錦部郷に本拠を置く錦部村主氏であったとすべきであろう。

三　南滋賀廃寺について

南滋賀廃寺は古くより古瓦の出土地として知られていたが、昭和三年（一九二八）、滋賀県保勝会が大津京究明の一環として初めて本格的な調査を実施し、東西両塔・金堂・講堂・食堂などからなる寺院跡であることを明らかにした。調査者は、主として『寺門伝記補録』に「梵釈寺在志賀庄」とある記事を根拠として梵釈寺に比定したが、その後昭和十三年には、滋賀県史蹟名勝天然記念物調査会が、再び大津宮究明のため滋賀里西方山中の寺院とともに調査を実施して、遺構の規模や配置を再確認し薬師寺式伽藍配置をとることを指摘した。そして南滋賀廃寺は、その出土遺物によって、白鳳期に創建され平安時代末ごろまで存続していたことを明らかにし、この寺院を梵釈寺とすることはできず、崇福寺にも比定できないから、白鳳期の逸名の寺院とするほかないとした(16)。

昭和三十二年十月、「南滋賀町廃寺跡」として国史跡に指定されてから、いわゆる現状変更にともなう小規模調査が実施されることになり、いくつかの新しい知見が加えられることとなった。講堂の規模や、かつて食堂とみられていた建物が僧坊とみられるようになったのをはじめ、かつて西塔とみられていた建物が小金堂ないし西金堂で、講堂を囲んで三面に僧坊を配したいわゆる川原寺式伽藍配置をとることが推定されるに至った。出土遺物は瓦類が大半で、ほかに鰭尾・塑像・三彩陶器などが少量認められる。瓦の多くは白鳳期のもので、ほかの大津北郊の古代寺院とも共通な複弁八葉蓮華文軒丸瓦と重弧文軒平瓦をセットとするものと、サソリ文瓦を含む単弁八葉蓮華文軒丸瓦と方形軒丸瓦とセットとするものの二系統が主流を占め、前者のなかには大和川原寺と同笵瓦も確認されている(17)。

南滋賀廃寺で使用された瓦はその大半が昭和四十九年から五十四年の調査で、寺院の中軸から西へ一七〇メートル《メートル》の地点で発見された榿木原瓦窯で焼成されたことが明らかになっている。この遺跡では寺域の西を限る築地塀跡をはじめ、大津宮時代を前後する時期に使用されたとみられる登り窯五基、奈良から平安時代にかけて使われた平窯五基と、それに付属する工房跡が発見された。そしてその後、平成三年隣接地（東南側）の調査がなされ、先の築地塀のつづきの石列と、その内側で平安時代の平窯一基が発見された。寺域と瓦窯との関係について、再考を迫ることになった。白鳳期の瓦窯はA・B・Cの三支群に分けることができ、南滋賀廃寺出土の瓦のうち複弁系の各種瓦は各群で焼成されているが、単弁系の方形軒先瓦はA支群のみで複弁系とともに焼成されたとされている(18)。しかしながらA支群で出土した単弁系の方形軒先瓦は一点のみであり、榿木原瓦窯で単弁系の軒先瓦が焼成されたことには疑問が出されている(19)。榿木原瓦窯の未発見の窯か、未知の窯跡で焼成されたことも考慮する必要があろう。

寺院跡出土の白鳳期の瓦の詳細は前稿に譲るが、南滋賀廃寺は一時近江大津宮の故地とされたり、先にみたように梵釈寺に比定されたこともあったが、今日では近江大津宮の造営と密接な関連をもって造営された官寺とする見解が有力化している。しかしながら、大津北郊に集中する古代寺院のうち、明確な史料的裏付けをもって官寺であることを主張できるのは崇福寺のみであって、残る諸寺はこの地に居住する有力氏族の氏寺と理解すべきであろう。今回の刻書土器の発見により、仲麻呂の乱に関わり国史に名を残す錦部寺が、南滋賀廃寺の寺号であることがほぼ明らかになった。このことにより、乱鎮圧に功績を挙げた壇越が、大友村主・穴太村主と並んで、志賀漢人一族の有力氏族である錦部村主氏であったこともほぼ確実になり、同氏の氏寺として、「錦（部）寺」と呼ばれていたことが明らかになった。

四　錦部村主氏について

錦部村主氏はもともと河内国若江郡錦織郷を本貫地とする渡来氏族とされるが、『新撰姓氏録』右京諸蕃上に「韓国の人、波努志自り出づ」とあり、山城国諸蕃にも同様の所伝がみえる。また『坂上系図』所引の『新撰姓氏録』逸文には、応神朝に一家・親族とこぞって来日した倭漢氏の祖阿智王が、その途上朝鮮三国で離散していた同郷の人々を仁徳朝に来日させたことがみえ、当初は檜隈に居住したがのちに手狭になったため近江などの諸国に配置した村主姓の諸氏のなかにも錦部村主がみえている。したがって後者の所伝を重視するなら、錦部村主氏は朝鮮三国からの渡来氏族で、来日後しばらくおいて近江に移住して滋賀郡錦部郷に定着したと考えられる。(20)

ただ、現在残されている文献史料では確実に錦部郷に居住している例はなく、錦部郷は本貫地ではないとする見解もある。事実、『日本三代実録』貞観十六年（八七四）六月二十九日条には、節婦近江国浅井郡人錦村主清常刀自の名がみえ、また『続日本紀』延暦六年（七八七）七月十七日条に、「右京人正六位上大友村主広道。近江国野洲郡人正六位上大友民曰佐竜人。浅井郡人従六位上錦曰佐周興。蒲生郡人従八位上錦曰佐名吉、坂田郡人大初位下穴太村主真広等。並改本姓賜志賀忌寸」とある。そして、『正倉院文書』に収録される宝亀九年（七七八）の文書には、犬上郡某郷の住民に郷長錦村主三田をはじめ錦村主特麻呂・錦村主田主・錦村「某」などの名がみえる。さらに、大阪府柏原市安堂遺跡出土の荷札木簡に「（浅井郡）益田郷戸主錦□□□」とあり、また能登川町柿堂遺跡（神崎郡域）出土の荷札木簡に「□□錦織主寸□」とあり、近年発見の飛鳥京跡苑池遺構から「坂田評歌里人錦織」「主寸大分」なる荷札木簡が出土している。これらの点から錦部村主氏は、滋賀郡というより浅井郡・坂田郡や犬上郡・神崎郡・蒲生郡で、より有力であったとみられるのである。

しかしながら、『日本文徳天皇実録』斉衡九年（八五五）二月二十三日条にみえる天台宗僧正長訓の俗名が錦氏で近江国滋賀郡人とあることや、天平十四年（七四二）の「近江国滋賀郡古市郷計帳」に古市郷戸主大友但波史族吉備麻呂の戸口錦部息嶋とあることから、滋賀郡における居住は確認され、その氏名に負う錦部郷に本拠があった可能性が高いと考えられる。(21)先に指摘した、南志賀遺跡出土の荷札木簡にみえる「馬曰佐」が錦部村主氏の一族であると考えられるなら、錦部郷における居住の確認される初めての例となり、今後の出土文字資料の発見が期待されるところである。おそらく穴太村主氏が奈良時代から平安時代にかけて坂田郡において大きな勢力をもち、実質的な本拠地の観を呈しているように、錦部村主の一族の場合も浅井郡・坂田郡や犬上郡・神崎郡・蒲生郡で勢力を伸張し、一族の中心は滋賀郡を離れていた可能性が高い。

南滋賀廃寺が奈良時代の文献にみえる錦部寺で、その檀越が錦部村主の一族であるとする右の推測が当たっているとするなら、南滋賀廃寺の伽藍配置や発掘調査で明らかになっている見事な瓦積み基壇や礎石から推測される壮大な寺容からみて、錦部村主一族の財力や勢力の大きさは予想以上のものがあると考えられる。その点を具体的に示すデータを指摘することは極めて困難であるが、同氏の墓域とみられる南志賀・滋賀里地域の古墳群や、それに対応する村落の様相に注目したい。詳細は前稿に譲るが、滋賀里の古墳群は六三基からなる百穴古墳群、三七基からなる太鼓塚古墳群、二七基からなる大通寺古墳群など総数二一七基にのぼる大規模なもので、穴太村主一族の墓域とみられる穴太の古墳群（総数二一八基、野添古墳群一五二基、飼込古墳群四五基など）に匹敵する規模をもっている。

またこうした古墳群に対応する錦部村主一族の居住域としては、南滋賀廃寺の周りに広がる南滋賀遺跡、その北に展開する上高砂遺跡・大谷南遺跡・滋賀里遺跡、南に広がる北大津遺跡・畑尻遺跡などが時期的にも対応するとみられる。そしてこの地域には、さらに北に所在する穴太遺跡群とともに、他地域ではごく稀にしかみられない大壁建物や礎石建物が、オンドルとみられる遺構とともに濃厚に分布しており注目される。このことは取りも直さず、この地に居住したとみられる錦部村主一族の渡来氏族としての勢力を示すものであろう(22)。

以上のように南滋賀廃寺は、渡来系要素を強くもつこの地域の拠点集落である南滋賀遺跡群のほぼ中央に位置し、南滋賀廃寺がこの地域に本拠を置く錦部村主氏とその一族の氏寺として、その結合の拠点として造営されたことがほぼ明らかになったといえよう。そしてさらに、天平末年の藤原仲麻呂の乱において、その壇越が功績をあげた錦部寺を南滋賀廃寺とすることを強く支持するのが、旧稿Bでも指摘した奈良時代の同寺のあり方である。その概要は次の通りである。

すなわち近江神宮に所蔵される戦前の調査で出土した南滋賀廃寺と崇福寺跡の出土瓦のうち、奈良後期・平安前期の瓦を再整理した松浦俊和氏によると、この時期の瓦には単弁蓮華文軒丸瓦・唐草文系軒丸瓦・飛雲文軒丸瓦の三種があるという(23)。単弁蓮華文軒丸瓦には、A・B・Cの三型式があり、A型式は単弁八葉蓮華文軒丸瓦であり、近江国府へ瓦を供給する南郷田中瓦窯で焼成されたものである。奈良後期・平安前期の南滋賀廃寺の出土瓦で多数を占めるもので、南滋賀廃寺と近江国庁との深い繋がりを示す。B型式は単弁一二葉蓮華文軒丸瓦で、出土量も少なく、焼成した窯も明らかでない。C型式は特異な単弁蓮華文軒丸瓦で、よく似たものが近江国庁跡から出土している。D型式は唐草文系軒丸瓦で、内区の蓮弁の代わりに蕨手状の唐草文を配したもので、南滋賀廃寺ではA型式に次いで出土量が多く、同様に近江国庁関連遺跡で多く出土している。またこの系統の瓦は、類似するものが栃木県下野国府や下野国分寺・国分尼寺から出土することはよく知られている。飛雲文系軒丸瓦のE型式は近江国府関連遺跡において通常使用されていたものであるが、南滋賀廃寺のものは国府関連遺跡のものとはやや異なる。この型式の軒丸瓦は榿木原瓦窯での生産が確認されているが、その他のものは不明である。

このように、奈良時代後半から平安時代前半の南滋賀廃寺出土の瓦類については、その多くが近江国庁関連遺跡と共通するものであり、一部榿木原瓦窯で焼成されたものもあるが、その大半が南郷田中瓦窯の生産品であった。したがってこの時期の南滋賀廃寺は、国庁関連施設とほぼ同じ扱いを受けている。こうした官寺のごとき処遇がどのような事情でなされたのかは興味深いが、奈良時代中ごろを画期としてそうした転換がなされたことはほぼ間違いないところといえよう。すなわち奈良時代後半には、志賀漢人一族の錦部村主氏の氏寺であった南滋賀廃寺＝錦部寺を、藤原仲麻呂の乱における功績によって、従来の氏寺としての位置づけに加え、政府の直接管理下において官費で増改築するなど、官寺に準ずる待遇とする施策が講じられたとみるのである。

おわりに

以上、新発見の刻書土器の知見を加えることにより、天平末年の藤原仲麻呂の乱においてその壇越が功績をあげた錦部寺は、かつての滋賀郡錦織郷に所在する寺院で、この地域の拠点集落である南滋賀遺跡群の中心に立地する南滋賀廃寺の寺号であることがほぼ明らかになった。そしてその造営の主体となったのは、大津北郊に五世紀後半ごろから集住することになった倭漢氏配下の漢人村主集団＝志賀漢人の有力な一族錦部村主氏であって、同氏の氏寺であったと考えられる。そして錦部村主氏は本来、のちの河内国の若江郡錦織郷を本拠とした渡来氏族であったが、おそらく五世紀の後半、他の志賀漢人の一族とともに大津北郊へ移住したとみられる。その実力については、居住地である南滋賀遺跡・滋賀里遺跡などの規模・構造や、墓域である百穴古墳群・太鼓塚古墳群・大通寺古墳群の内容から、また南滋賀廃寺の規模や内容から、うかがうことができる。

ただ仲麻呂の乱のあった八世紀後半ごろの文献史料からは、現在のところ、南滋賀遺跡出土木簡にみえる馬日佐氏を除いて、滋賀郡錦織郷における錦部村主氏の明確な居住は確認されず、かえって湖北の浅井郡・坂田郡や湖東の犬上郡・神崎郡・蒲生郡に顕著な播拠が確認されるなど、近江国内の各地に進出しその地で頭角を現していたとみられる。したがって、近江各地で活躍する錦部村主氏たちも、この寺院の有力なパトロンであったと考えられるのではなかろうか。錦部寺のもう一つの有力候補であった浅井郡錦織郷に所在する満願寺跡も、このようにみるなら浅井郡に進出し大きな勢力を伸ばした錦部村主氏により造営されたとすることも可能であろう。

壬申の乱で近江朝廷が敗れ近江大津宮が廃墟になり、志賀漢人一族も勢力を衰退したとする見方もあるが、この地域の集落や南滋賀廃寺の動向からみて、その痛手は必ずしも大きいものではなかったようである。氏寺としての性格からして当然であるが、奈良時代の南滋賀廃寺が近江国庁の手厚い保護を受けることができたのも、仲麻呂の乱において、錦部寺の壇越の活躍があったからであろう。

旧稿Bで指摘したように、奈良時代後半から平安時代にかけての南滋賀廃寺出土瓦には近江国庁で使用されていたものが数多く認められ、仲麻呂の乱後、その功績を評価した近江国庁（朝廷）が、錦部寺（南滋賀廃寺）の増改築にあたって多大な援助・関与をしたことを示すと考え、ある意味で準官寺化したのではないかと考えた。ただ、今回の刻書土器の発見により、南滋賀廃寺が一〇世紀近くまで「錦部寺」と呼ばれ、依然錦部村主一族の氏寺として存続していたことが明らかになり、準官寺説は見直す必要が生じたといえよう。

そして、これは別個に詳しく検討すべきであるが、仲麻呂の乱後、その拠点であった近江国庁そのものについても大きく変貌することになったのではないか。近江国庁は、近年の研究により、八世紀中ごろに造営され、九世紀初めに大改修がなされたとされている。仲麻呂が近江国守であったのは、天平十七年（七四五）から天平宝字二年（七五八）までの一三年間で、国庁の造営が仲麻呂の主導でなされたことは否定できない[24]。しかし、仲麻呂は先にみたように、天平宝字八年に謀反の罪で殺されており、その拠点であった近江国庁も政府軍の攻撃により少なからぬ戦闘に巻き込まれた可能性が高い。乱後の修復にあたっては、当然仲麻呂色を一掃すべく、施設の大幅な改築がなされたのではないか。そしてそうした改修の一環として、反乱の鎮圧にあたり大きな功績があった錦部寺の増改築への多大な援助がなされたと思うのである。奈良後期から平安前期の南滋賀廃寺の使用瓦がこの時期近江国庁に瓦を供給していた南郷田中瓦窯で焼成されたのは、そうした事情を示していると思うのである。

そして、錦部村主氏とその一族は、南滋賀廃寺がその法灯を平安時代末まで曲がりなりにも存続しているように、また延暦寺の長訓僧正の俗名が滋賀郡人の錦氏であったように、さらに九世紀後半においても寺で使用する緑釉陶器を京都の工房で特注して造れたように、その後もこの地域において有力な地位を保持したとみられるのである。

注

（1）（旧稿A）大橋信弥「錦部寺・国興寺・正興寺―近江古代逸名寺院覚書き―」（『紀要』四、滋賀県文化財保護協会、一九九一年）、（旧稿B）大橋信弥「錦部寺とその造営氏族」（『古代豪族と渡来人』吉川弘文館、二〇〇四年）。

（2）『新修　大津市史』第一巻古代（一九七八年）。
（3）松浦俊和「大津市南滋賀出土の箆書土器について―「錦寺」が意味するもの―」（『淡海文化財論叢』四、二〇一二年）。
（4）大津市埋蔵文化財調査センター記者発表資料「南滋賀出土の箆書土器について」（二〇一二年二月九日）。
（5）上村和直「平安京周辺の施釉陶器生産」（『古代の土器研究―律令的土器様式の西・東3　施釉陶器―』古代の土器研究会、一九九四年）。
（6）旧稿B。
（7）青山均「南志賀遺跡」（『木簡研究』一七、一九八四年）。
（8）大橋信弥「近江における渡来氏族の研究―志賀漢人を中心に―」（前掲注（1）『古代豪族と渡来人』）。
（9）岸俊男『藤原仲麻呂』（吉川弘文館、一九六九年）。
（10）小笠原好彦・田中勝弘・西田弘・林博通『近江の古代寺院』（『近江の古代寺院』刊行会、一九八九年）。
（11）『日本歴史地名体系二五　滋賀県の地名』（平凡社、一九九一年）。
（12）兼康保明・清水尚・堀内宏司『国道一六一号線バイパス関連遺跡調査概要（昭和五七年度）三』（滋賀県教育委員会・滋賀県文化財保護協会、一九八三年）、兼康保明・尾崎好則・前角和夫『国道一六一号線バイパス関連遺跡調査概要（昭和五八年度）四』（滋賀県教育委員会・滋賀県文化財保護協会、一九八四年）。
（13）田中勝弘「満願寺廃寺」（前掲注（10）『近江の古代寺院』）、三辻利一・北村大輔・北村圭弘「満願寺廃寺出土瓦の産地」（『紀要』三、滋賀県文化財保護協会、一九九〇年）。
（14）前掲注（2）『新修　大津市史』第一巻古代、大橋前掲注（8）論文。
（15）林博通「園城寺跡」（前掲注（10）『近江の古代寺院』）
（16）肥後和男「大津京址の研究」（『滋賀県史蹟調査報告』二、一九二九年）、柴田実「大津京址（上）」（『滋賀県史蹟調査報告』九、一九四〇年）。
（17）林博通「南滋賀廃寺」（前掲注（10）『近江の古代寺院』）。
（18）『檻木原遺跡発掘調査報告書―南滋賀廃寺瓦窯―』（滋賀県教育委員会・滋賀県文化財保護協会、一九七五年）。
（19）仲川靖「穴太廃寺に関する調査・研究の現状と課題」（『人間文化』二三、二〇〇九年）。

(20)　佐伯有清『新撰姓氏録の研究』考証篇五（吉川弘文館、一九八三年）。
(21)　山本一博「滋賀　柿堂遺跡」（『木簡研究』八、一九八六年）、桑野一幸「大阪　安堂遺跡」（『木簡研究』九、一九八七年）、奈良県立柏原考古学研究所『飛鳥京跡苑池遺構　調査概報』（学生社、二〇〇二年）、大橋前掲注(8)論文。
(22)　花田勝広「渡来人の集落と墓域」（『考古学研究』一五六、一九九三年、のちに『古代の鉄生産と渡来人』雄山閣、二〇〇二年）、同「大壁建物集落と渡来人」（『古代文化』五二―五・七、二〇〇〇年、のちに同右書）、大橋前掲注(8)論文。
(23)　松浦俊和「南滋賀廃寺私論」（『古代近江の原風景』サンライズ出版、二〇〇三年）。
(24)　平井美典『藤原仲麻呂がつくった壮麗な国庁　近江国府』（新泉社、二〇一〇年）。

第四章 「土田庄田地注文」からみた安吉勝氏

はじめに

近江国蒲生郡は、琵琶湖の東、湖東平野の中央に所在し、近江の中枢となる地域である。古代においては近江最大の前方後円墳、安土瓢箪山古墳が近江八幡市安土町宮津に所在しているし、中世には近江守護として近江を四〇〇年にわたり支配した近江源氏佐々木六角氏が、この地の観音寺城を本拠としていた。そして、天下統一を目指す織田信長が安土城を築いたのも、この地の重要性を示している。

蒲生郡の古代において最有力の豪族は、現在の近江八幡市安土町周辺に比定される篠笥郷を本拠としていた佐々貴山君氏で、奈良・平安時代には蒲生・神崎郡の郡大領・少領を連任する郡領氏族であり、律令時代以前から郡内全域で勢力をもっていたと考えられている。わが国最古の史書『古事記』『日本書紀』にその出自の系譜をのせるだけでなく、天皇の即位に関わる伝承に登場するのも、佐々貴山君氏の大和政権における地位を示している。そして佐々貴山君氏は、越国造や筑紫国造などとともに、対外交渉と関わりの深い阿倍臣氏の同祖系譜に名を連ねており、対外交渉にも携わっていたことが推定される。(1)

佐々貴山君氏のそうしたあり方とも関係するのか、蒲生郡には渡来人や渡来氏族の居住が特に著しい。天智八年(六六九)白村江の敗戦後に亡命した百済の貴族、鬼室集斯・余自信らの一行七〇〇人余が安置されたことでも著名であるが、御船氏・民忌寸氏・調忌寸氏・民使氏・大友曰佐氏・大友氏・錦曰佐氏・明波漢人氏・三家人・安吉勝氏・秦氏など、かなりの数に達する。ちなみに現在知られる蒲生郡の古代人名の約二〇％強を占めており、比較的史料の多い佐々貴山君氏を除けば三〇％を超える存在である。

一　蒲生郡の渡来氏族と安吉勝氏

蒲生郡の渡来氏族のうち、倭漢氏系の渡来氏族である民忌寸・調忌寸・民使などの諸氏は倭漢氏を構成する坂上直・文直・大蔵直の諸氏の同族であるが、大友曰佐・錦曰佐・明波漢人などの諸氏は五世紀末以降に新しく渡来して倭漢氏の配下となった漢人村主と呼ばれる一団で、後漢孝献帝を共通の始祖としていただく、のちの近江国滋賀郡南部、現在の大津北郊に定着した渡来氏族である。これらのうち、郡内での居住地が判明するのは、篠笥郷の民使、西生郷の民忌寸・調忌寸・明波漢人、桐原郷・安吉郷の大友曰佐などの諸氏である。そうしたなかで、郡内における地位などからみて蒲生郡を代表する渡来氏族は、わが国の渡来氏族のなかで勢力を二分する倭漢氏系の大友曰佐一族と、秦氏系とみられる安吉勝一族である。このうち大友曰佐一族については別に検討を加えたことがあるので、ここでは安吉勝氏に焦点を絞って論じることにしたい(2)。

安吉勝氏については、大宝元年（七〇一）から霊亀元年（七一五）ころとされる平城京左京二条二坊十一・十四坪出土の「過所木簡」に「蒲生郡阿伎里人阿□(伎カ)勝足石」がみえ、のちにみる「土田庄田地注文」にも、安吉郷の住人として安吉勝法師丸以下安吉姓の人名がみえており、蒲生郡安吉郷に本貫のある豪族でその地名をウジの名としていることが判明する（図54）。

ところで先の木簡は平城京朱雀門の内側のバラス敷道路西側溝から出土したもので、奈良時代の安吉勝氏の動向を具体的に示す貴重な史料である。

・「関〻司前解近江国蒲生郡阿□(伎カ)勝足石許田作人　　」
　　　大宅女右二人左京小治町大初上笠阿曽弥安戸人右二
・「同伊刀古麻呂
　　　送行乎我都　鹿毛牡馬歳七　里長尾治都留伎　　」
　　　　　　　　　　　　　　　　　　　　656×36×10　011

内容は少し難解であるが、当時宮都のあった藤原京の左京小治町の住人大初位上笠阿曽弥安の戸人である阿伎勝伊刀古麻呂と阿伎勝大宅女の二人が、蒲生郡阿伎里の人で大初位上の阿□(伎カ)勝足石のもとに「田作人」としてやってきて、仕事を終えて帰る際、各関所を通過する時の証明として阿伎里の里長である尾治都留伎に作成してもらった文書木簡とみられている。おそらく藤原京にもどった伊刀古麻呂と大宅女の二人が、不用になったこの木簡を溝に投棄したのであろう(3)。

この木簡により、蒲生郡の阿伎里に本拠をおいていた安吉勝氏の一族が、藤原京に進出し政府の官人に登用される一方、農繁期には一時帰郷して農作業に従事していたことが確認される。安吉勝氏の一族が、蒲生郡に留まらず中央

図54　過所木簡

に出仕し登用されていることが確認されるのである。天平勝宝六年（七五四）の文書に東大寺写経所の写経生としてみえる未選舎人の安吉浄成もそうした一族の一人であったとみられる。そしてこのことは、安吉勝氏が在地の蒲生郡においても一定の勢力を築いていたことを推測させるものである。

安吉勝氏については、その出自や性格を示す史料に恵まれず具体的な活動を復元することはできないが、勝（スグリ）というカバネを負っている点は注目される。勝は志賀漢人の一族が負う村主・曰佐などと同じく朝鮮の小村落首長の尊称で、その表記を勝としている点は秦氏の一族に比較的多いことから秦氏との繋がりが想定される(4)。事実『日本書紀』雄略十五年（四七一）条には、秦酒公に秦の民を集めて管理させたことがみえ、酒公は「百八十種勝」を率いて各種の高級な織物を朝廷に貢納、うず高く積み上げたので、「禹豆麻佐」の姓を賜わったことがみえる。おそらく倭漢氏系の漢人村主と同じように、五世紀末以降新しく渡来し各地に定着した人々のなかで勝のカバネを得て秦氏の配下に組みこまれることがあり、安吉勝氏もその一つであったと考えられる。

また安吉郷の故地は、日野川流域の近江八幡市倉橋部町付近とみられ、その北方、山麓に安吉神社・安吉山愛楽寺が所在し、『今昔物語』にもみえる「安義橋」の名は、日野川にかかる現橋に受け継がれている。また集落南側の田畑からは単弁八葉蓮華文軒丸瓦をはじめとする白鳳時代の瓦が出土し、倉橋部廃寺の存在が推定され安吉勝氏の氏寺と考えられているから、その本拠もこの地域と考えられよう(5)。一方、安吉勝氏一族に関わる古墳については、雪野山の山麓一帯に後期の群集墳が展開している。近江八幡市新巻町の南から竜王町川守にかけて分布する天神山古墳群・竜王寺北古墳群・新巻古墳群などがそれで、全体で一〇〇基を超える。このうち天神山古墳群の四・五号墳は、大型の横穴式石室をもち、花崗岩製の家形石棺の可能性も指摘されている。また近江八幡市浄土寺町の背後には、八〇基以上とみられる浄土寺古墳群があり、倉橋部町の背後にも栗木山古墳群・安吉古墳群が所在する。全体で二〇基ほどの古墳群であるが、尾根の先端付近に立地する安吉古墳は県内屈指の大型の横穴式石室をもち、この地域の有力者の墓とみられる。(6) 安吉勝氏に関わる可能性が高い。これらの点から安吉勝氏は、少なくとも七世紀後半ごろには蒲生郡内で一定の勢力を築いていたことが憶測される。ただその実態は明確でなく、平安時代の資料ではあるが、のちに東寺領となる土田荘の由来を書いた「土田庄田地注文」の記載は注目される。

二　「土田庄田地注文」からみた安吉勝氏の活動

少し長い引用となるが、「土田庄田地注文」をまず掲出しておきたい。(7)

□朝臣後宅
　□□□（近江国カ）蒲生郡安吉郷字土田庄田地券抄色目之事
□（田カ）五拾捌町佰陸拾歩　　十九丁三反百卅歩
□□（前立カ）券文　町陸段佰陸拾歩
□□（後立カ）券文拾町参段参佰伍拾歩
□佐ゝ貴峯雄立券文　沽田地幷拾町柒段陸拾余歩
　前立券沽　町陸段佰柒拾歩
　後立券沽参町弐佰伍拾歩
擬大領大友馬飼後立券文沽田地柒段
京戸佐佐貴豊庭後立券文沽田地陸段

已上各在安吉郷中

京下清瀧直道等後立券文沽柒町参段佰歩

已上各在東生郷中

佐佐貴山公房雄

□条□（廿）里廿八坪三段　同岑雄沽　元郡老従七位上

十条十里廿三泉田一段□（七カ）十歩西同岑雄沽　元安吉法師丸　同乙国等沽土

十一里廿三立柄田二段東中　同岑雄沽　元安吉子佐美沽土

卅五坪二段　同岑雄沽

十一条七里九屎田八段百廿歩西先券沽三段百廿歩 後券五段　同岑雄沽　元安吉子人沽土

十屎田三段東　同岑雄沽

十里十八古川田三段百廿歩中先券一段 後券二段百廿歩　同岑雄沽　元佐佐貴三奴沽土

『後』　十九坪一段　同岑雄沽

『先』　十二条七里七坪一段西　同峯雄沽

『後』　廿四坪二段百六十歩　同岑雄沽　元継成沽土

『後』　十一里九坪二段百歩　同岑雄沽

『先』　十九坪一段三百歩東　同峯雄沽　元同三奴沽土

『先』十三条七里廿五坪二段西同岑雄沽　元人虫沽士
『先』卅一坪一段中　同岑雄沽　元馬甘沽士
『先』八里三下三田二段　同岑雄沽　元福丸沽士
『先』五坪船道田三段百廿歩同岑雄沽　元同福丸沽士
『先』七坪一段東中　同岑雄沽
『先』八船道田二段　同岑雄沽　元内守沽士
『先』九阿坂田二段東　同岑雄沽　元
『先』十深見田二段東　同岑雄沽　元同内守沽士
『先』十四船道田四段西北　同岑雄沽
十五松本田五段田三段南『先巻』畠二段□『後巻』同岑雄沽
『後』十九雲津田一段東　同豊庭沽　元成人沽士
『先』廿船相田四段西北　同岑雄沽　元
『先』廿一阿坂田三段西北　同岑雄沽　元浄主沽士
『後』廿五門師田一段百歩西　同豊庭沽　元真刀自沽士
『後』九里廿坪三段西南　即庄立地　同豊庭沽　元
『先』廿一坪三段北　同岑雄沽、元中臣真犬刀自沽士
『先』廿二土生田三段二百五十歩西　同岑雄沽　元冬行沽士
『先』廿三土生田一段三百歩東　同岑雄沽　元

『後』　廿四野田百八十歩東　同岑雄沽　元
廿五川辺田五段東南　『後』一段同豊庭沽『南』　元
『先』一段同岑雄沽土『中』
畠地三段同岑雄沽『後巻』
『先』　廿六野田二段東　同岑雄沽　元
『後』　廿七川原田一段西　同岑雄沽　元
『先』　廿八川原田二段西　同岑雄沽　元
『後』　廿九川原田一段三百歩東　同岑雄沽　元
『後』　卅三畠百廿歩　同岑雄沽　元
『先』　卅四畠田二段西南　同岑雄沽　元
『先』　卅五恒本田二段東南　同岑雄沽　元
『後』　卅六間小田二百卌歩　同岑雄沽　元
『先』　十里四坪一段東　同岑雄沽　元名継沽土
『先』　五枌田一段百六十歩西北同岑雄沽　元永主并広往等沽土
『先』　十五川除田一段東　同岑雄沽　元
『先』　十六夏身田二段西　同岑雄沽　元
十七枚田四段東　同岑雄沽　元
廿一川除田一段東　同岑雄沽、元真岑刀自女沽土
廿八夏身田一段西南　同岑雄沽　元

廿九夏身田一段東南　同岑雄沽　元月丸沽土
『先』　十一里卅三坪二段東次　同岑雄沽　元
『先』　十二里四坪一段北南中　同岑雄沽　元
『後』十四条六里十三荒木田一段南同岑雄沽　元
『先』　十九土生田二段南西　同岑雄沽　元
『後』　十里卅一坪一段西北　同馬飼沽　元
『後』　卅二坪二段東北　同馬飼沽　元
『後』十五条十一里二坪一段北東　同馬飼沽　元
『後』　三坪三段東　同馬飼沽　元
『後』　八坪一段南　同馬飼沽　元
但十三条九里廿坪三段、同里廿五坪三段、十四条十里卅一坪一段、同里卅二坪一（二カ）段、已上玖段、為庄建地、
以前加坪、　十二町七段二百卅歩
已上元者、為済所負、当郡〻司佐〻貴岑雄同大友馬飼幷佐〻貴豊庭等各立券所沽進也、
『後』三条十六里廿五山本田九段
『後』　十七里七岡本田三段
『後』　八宇奈田中三段
『後』　十三岡本田三段
『後』　十四宇奈田五段百八十歩

『後』　十九鳥濁田四段
『後』　廿坂合田二段二百六十歩
『後』　廿一池尻田九段
『後』　廿五柴原田六段百八十歩
『後』　卅二池尻田六段百八十歩
『後』　卅三坂合田六段
『後』　十八里三庭中平田二段
『後』　四野田中四段
『後』　八岡本田二段
『後』　廿三坂合田四段百歩
『後』　廿九岡前田二段百歩
『後』　廿野田百八十歩　七町三段百歩　已上元主清瀧保実、
元者安吉乙清刀自墾、
已上元者、安吉勝乙浄刀自、以去昌泰三年十月廿三日券、即伝買得清瀧保実領掌地也、其後其男同直道等、
副本公験、限直銭拾貫伍佰文所沽進也、
右庄田地、元者先祖故民部卿大納言源朝臣家所被領掌也。其後故後朝臣伝領。而今依仰、勘録券抄色目之由、進
上如件、
承平二年正月廿一日　事業伴「是吉」

蔭孫无位源朝臣「瞻」
源朝臣「観」
上(正)六位上源朝臣「晃」

この文書は京都東寺に今日まで伝えられたもので、東寺領であった近江国蒲生郡の庄園土田庄が元の所有者であった源朝臣家の領有に帰し、その子孫が伝領していた事情を承平二年（九三二）正月二十一日付けで詳細に記録したものである。「勘録券抄色目」とあるように、立券文（土地の所有を証明する文書）の付属説明書といえる。最後にこれらの土地を伝領してきた瞻・観・晃の三人が署名し、記載が正当であることを証している。

文書の主旨は、土田庄を構成する田畠などの面積と場所を示すことにあり、あわせてその田畠の領有関係・伝領の経緯などを詳細に記載するところにある。まず文書のまえがき部分の記載によると、土田庄の土地所有を示す証文には「前立券」「後立券」の二つの文書があり、「前立券」には七町六反一七〇歩の土地が、「後立券」には一〇町三反一五〇歩の土地所有が記載されている。その明細は、もともと蒲生郡司（おそらく大領）の佐々貴岑雄が所有していた田地一〇町七反六四歩余（内前立券が七町六反一七〇歩、後立券が三町二五〇歩）、擬大領の大友馬飼所有の七反（いずれも後立券）、都に居住する佐々貴豊庭所有の六反（いずれも後立券）が安吉郷に所在すること。また都に居住する清瀧直道等所有の七町三反一〇〇歩（いずれも後立券）は、東生郷に所在することが書かれている。

次いで、それぞれの条里坪付け＝土地の地番、面積、右記四人の土地所有者が購入した元の所有者名などが、列記されている。その場合「沽土」とあるのは、もとの所有者が開墾者ないしそれ以前の所有者から購入したものであり、元の所有者が書かれていないものもある。元の所有者は佐々貴氏をはじめ多くの名がみえ、おそらく郡内の居住者とみられるが、姓のないものもある。ただ、「同岑雄沽　元佐〻貴三双沽土」とあるのを、「同岑雄沽　元同奴沽土」と記載しているので、この場合はいちおう「佐々貴」の省略と解される。なお、もともと東生郷所在の清瀧保実が所有していた田地については、「元者安吉乙清刀自墾」とあり、乙清刀自が開墾したもので、昌泰三年（九〇〇）十月二十三日に乙清刀自から清瀧保実に売却されたことを記載している。列記されている田地を一覧にしたのが表5である。そして、安吉郷所在の三人の所有地については負債の返却のために源朝臣家に売却したこと、東生郷所在の清瀧保実（その男直道等）の所有地は銭一〇貫五〇〇文で源朝臣家に売却されたことが記載されている。

土田庄の具体的な所在地については条里坪付けを現地に比定する必要があるが、蒲生郡条里については、近江国条里の通例の通り里の位置が条によって異なるため、条里の全体復元を困難なものとしている。このため『近江蒲生郡志』[8]以来、いくつかの復元案が示されている。大正十一年（一九二二）刊行の『近江蒲生郡志』は、蒲生郡の条里地割りについて、方形地割りが広範囲に残り坪付け資料も多く残るところから比較的容易に復元され、条については近江八幡市安土町中屋に「五条前」、近江八幡市西庄に「八条川」、同中小森町に「上三条前」「下三条前」などの残存地名があるところから、神崎郡界の観音寺山（沙々貴の長峰）山頂を条の起点に西南にのばし、十五条で野洲郡の郡界に至ると推定した。里については、残存坪付け資料からその起点が条ごとに異なるとし、それらに基づいていちおう条里の復元をおこなった。ただ、郡の東南部に細長い谷が入り組んでいるところから、里の起点の確定に手間どったようである。そして、条里制研究がすすんでいなかったこともあって、方角地割りの残っていない丘陵部に里の呼称をつけずに空白を置いて地番をつけた。

昭和三年（一九二八）刊行の『滋賀県史』[9]はほぼ郡志の復元案に依拠し、昭和十五年刊行の『滋賀県八幡町史』[10]は坪付け資料をさらに追加することにより、郡志の復元した里呼称の修正をおこなっている。それとともに、坪付け資料にある郷名を検討して、条里の里界線により郷域を推定している。昭和五十七年以降、『滋賀県八幡町史』の条里

表5　土田庄坪付け一覧

郷	条	里	坪	名称	面積(段)	立券者	元所有者	先立券	後立券
安吉郷	□	□	28		3	郡司　佐々貴岑雄	郡老　従七位上　佐々貴山公房雄		
安吉郷	10	10	23	泉田	1.7	郡司　佐々貴岑雄	安吉法師丸・安吉乙国		
安吉郷	10	11	23	立柄田	2	郡司　佐々貴岑雄	安吉子佐美		
安吉郷	10	11	25		2	郡司　佐々貴岑雄			
安吉郷	11	7	9	糞田	8.12	郡司　佐々貴岑雄	安吉子人	3.12	5
安吉郷	11	7	10	糞田	3	郡司　佐々貴岑雄			
安吉郷	11	10	18	古川田	3.12	郡司　佐々貴岑雄	佐々貴三奴	1	2.12
安吉郷	11	10	19		1	郡司　佐々貴岑雄			○
安吉郷	12	7	7		1	郡司　佐々貴岑雄		○	
安吉郷	12	7	24		2.16	郡司　佐々貴岑雄	佐々貴継成		○
安吉郷	12	11	9		2.1	郡司　佐々貴岑雄			○
安吉郷	12	11	19		1.3	郡司　佐々貴岑雄	佐々貴三奴	○	
安吉郷	13	7	25		2	郡司　佐々貴岑雄	佐々貴人虫	○	
安吉郷	13	7	31		1	郡司　佐々貴岑雄	佐々貴馬甘	○	
安吉郷	13	8	3	下三田	2	郡司　佐々貴岑雄	佐々貴福丸	○	
安吉郷	13	8	5	船道田	3.12	郡司　佐々貴岑雄	佐々貴福丸	○	
安吉郷	13	8	7		1	郡司　佐々貴岑雄		○	
安吉郷	13	8	8	船道田	2	郡司　佐々貴岑雄	佐々貴内守	○	
安吉郷	13	8	9	阿坂田	2	郡司　佐々貴岑雄		○	
安吉郷	13	8	10	深見田	2	郡司　佐々貴岑雄	佐々貴内守	○	
安吉郷	13	8	14	船道田	4	郡司　佐々貴岑雄		○	
安吉郷	13	8	15	松本田	5	郡司　佐々貴岑雄		3	2
安吉郷	13	8	19	雲津田	1	佐々貴豊庭	佐々貴成人		○
安吉郷	13	8	20	船相田	4	郡司　佐々貴岑雄		○	
安吉郷	13	8	21	阿坂田	3	郡司　佐々貴岑雄	佐々貴浄主	○	
安吉郷	13	8	25	門師田	1.1	郡司　佐々貴岑雄	佐々貴真刀自		○
安吉郷	13	9	20		3	佐々貴豊庭			○
安吉郷	13	9	21		3	郡司　佐々貴岑雄	中臣真犬刀自	○	
安吉郷	13	9	22	土生田	3.25	郡司　佐々貴岑雄	佐々貴冬行	○	
安吉郷	13	9	23	土生田	1.3	郡司　佐々貴岑雄		○	
安吉郷	13	9	24	野田	0.18	郡司　佐々貴岑雄			○
安吉郷	13	9	25	川辺田	5	郡司　佐々貴岑雄			田1・畠3
						佐々貴豊庭		1	
安吉郷	13	9	26	野田	2	郡司　佐々貴岑雄		○	
安吉郷	13	9	27	川原田	1	郡司　佐々貴岑雄			○

安吉郷	13	9	28	川原田	2	郡司　佐々貴岑雄		○	
安吉郷	13	9	29	川原田	1.3	郡司　佐々貴岑雄			○
安吉郷	13	9	33	畠	0.12	郡司　佐々貴岑雄			○
安吉郷	13	9	34	畠田	2	郡司　佐々貴岑雄		○	
安吉郷	13	9	35	恒本田	2	郡司　佐々貴岑雄		○	
安吉郷	13	9	36	間小田	0.24	郡司　佐々貴岑雄			○
安吉郷	13	10	4		1	郡司　佐々貴岑雄	佐々貴名継	○	
安吉郷	13	10	5	粉田	1.16	郡司　佐々貴岑雄	佐々貴永主・広住	○	
安吉郷	13	10	15	川除田	1	郡司　佐々貴岑雄		○	
安吉郷	13	10	16	夏身田	2	郡司　佐々貴岑雄		○	
安吉郷	13	10	17	枚田	4	郡司　佐々貴岑雄		○	
安吉郷	13	10	21	川除田	1	郡司　佐々貴岑雄	佐々貴真岑刀自女		○
安吉郷	13	10	28	夏身田	1	郡司　佐々貴岑雄		○	
安吉郷	13	10	29	夏身田	1	郡司　佐々貴岑雄	佐々貴月丸		○
安吉郷	13	11	23		2	郡司　佐々貴岑雄			○
安吉郷	13	12	4		1	郡司　佐々貴岑雄			○
安吉郷	14	6	13	荒木田	1	郡司　佐々貴岑雄			○
安吉郷	14	6	19	生田	2	郡司　佐々貴岑雄			○
安吉郷	14	10	31		1	擬大領　大友馬飼			○
安吉郷	14	10	32		2	擬大領　大友馬飼			○
安吉郷	15	11	2		1	擬大領　大友馬飼			○
安吉郷	15	11	3		3	擬大領　大友馬飼			○
安吉郷	15	11	8		1	擬大領　大友馬飼			○
東生郷	3	16	25	山本田	9	清滝保実	安吉乙清刀自		○
東生郷	3	17	7	岡本田	3	清滝保実	安吉乙清刀自		○
東生郷	3	17	8	宇奈田	3	清滝保実	安吉乙清刀自		○
東生郷	3	17	13	岡本田	3	清滝保実	安吉乙清刀自		○
東生郷	3	17	14	宇奈田	5	清滝保実	安吉乙清刀自		○
東生郷	3	17	19	鳥濁田	4	清滝保実	安吉乙清刀自		○
東生郷	3	17	20	坂合田	2.26	清滝保実	安吉乙清刀自		○
東生郷	3	17	21	池尻田	9	清滝保実	安吉乙清刀自		○
東生郷	3	17	25	柴原田	6.18	清滝保実	安吉乙清刀自		○
東生郷	3	17	32	池尻田	6.18	清滝保実	安吉乙清刀自		○
東生郷	3	17	33	坂合田	6	清滝保実	安吉乙清刀自		○
東生郷	3	18	3	庭中平田	2	清滝保実	安吉乙清刀自		○
東生郷	3	18	4	野田中	4	清滝保実	安吉乙清刀自		○
東生郷	3	18	8	岡本田	2	清滝保実	安吉乙清刀自		○

東生郷	3	18	23	坂合田	4	清滝保実	安吉乙清刀自		○
東生郷	3	18	29	岡前田	2	清滝保実	安吉乙清刀自		○
東生郷	3	18	20	野田	0.18	清滝保実	安吉乙清刀自		○

復元案に再検討を加えた森山宣昭氏は、戦後の条里制研究の成果を取り込み新しい条里復元案を示した(11)。森山氏は、条里地割りがあくまで机上で作成されたもので、たとえ丘陵地であっても空白をおかず連続して里の呼称が付されていたとし、新しい条里復元案に基づき郷域復元の再検討もおこなっている(12)。

こうした研究成果を基礎として、古代官道の造営との関連で近江の条里施行について総合的な分析をされた高橋美久二氏は、蒲生郡の条里復元とその施行の実態についても詳しく検討された(13)。近江の古代官道が直線路であることを明らかにした足利健亮氏の研究(14)を承け継ぎ蒲生郡内を通る古代東山道の復元に取り組んだ高橋氏は、近世の中仙道が屈曲しつつも部分的に直線になっていることに注目し、それを南北に延長すると、野洲郡と蒲生郡の郡界である鏡山の峠と神崎郡と蒲生郡の郡界である清水鼻（観音寺山と箕作山の中間地点）を直線で結ぶことになるとし、また東山道周辺の条里地割を航空写真や圃場整備以前の地形図から詳細にみると、東山道の部分が条里の区画に含まれない幅二〇メートルの別区画（余剰帯）をなして細長くつづくことを明らかにした。このことから、東山道の位置と幅員が条里に先行して設定され、それに基づいて条里地割りが設定されたことを主張し、蒲生郡条里の施行時期についても、天平感宝元年（七四九）の「聖武天皇施入勅願文(15)」に「西限五条畔」とみえることから、すでに八世紀中ごろには完成していたと考えた。そして問題の里の復元についても、長命寺文書をはじめとするこれまでの坪付け資料を再検討し、図55のような条里復元案を示された。

ところで、この復元案によると、「土田庄田地注文」の坪付け記載には安吉郷と東生郷の二つの郷名がみえているが、このうち安吉郷分は近江八幡市倉橋部町・新巻町、竜王町弓削・須恵・橋本・庄など雪野山（竜王山）西南麗一帯に散在しており、おおよその郷域が復元される。「田地注文」の記載から、その

図55　近江の条里・道路と蒲生郡条里

面積は一二町七段二四〇歩あり、うち七段がもと擬大領大友馬飼が所有していた田地、一〇町七段六〇余歩が郡司佐々貴峯（岑）雄の所有していた田地で、残り六段が京戸の佐々貴豊庭の所有するところであったことがわかる。

次いで三人の所有に帰す以前の所有者名をみていくと、蒲生郡の郡領氏族である佐々貴（山）公氏では、郡老の佐々貴山公房雄をはじめその一族の佐々貴三奴・継成・人虫・馬甘・福丸・内守・成人・浄主・真刀自・冬行・名継・永主・広往・真犬刀自・月丸などがみえている。郡内で有力な佐々貴氏一族が安吉郷内の小規模墾田を買収・集積していることを示している。ただし、そのうち三ヵ所、一町一反一九〇歩ほどが安吉法師丸・安吉乙国・安吉子佐美・安吉三奴ら安吉勝氏一族がもとの所有者であり、安吉郷を本拠とする安吉勝氏が開墾した可能性が大きい。そのように考えた場合、このほかの安吉郷内の田地についても、本来安吉勝氏一族が墾田し所有していたものを買い上げた可能性も考えられよう。

一方、東生郷部分については、坪付けを条里図にあてはめると東近江市上羽田町付近に散在することが推定される。そして先に述べたように、もともと安吉乙清刀自が開墾し所有していたことが明記されており、東生郷は安吉勝氏の本拠である安吉郷からはかなり離れた場所にあるだけに、安吉勝氏による懇田活動が蒲生郡内の各所において広くおこなわれていたことを推測させる。

ところで、「土田庄田地注文」にみえる田地は、安吉郷・東生郷のいずれも個々の懇田はかなり小規模である。このことは、この地域がもともと蒲生野と呼ばれるように、水利に恵まれず全面的な開発に適さない未墾地であったことと関わり長年にわたり地道な開発が少しずつすすめられていたことを示している。これらのことから安吉勝氏の一族が、蒲生野に広がる未墾の土地の開墾に大きな役割を果たしたことをうかがうことができる。

てきた。

おわりに

「土田庄田地注文」の記載から、従来推定に留まっていた安吉勝氏の蒲生郡内における活動の一端が明らかになってきた。

すなわち安吉勝氏は、その本拠である安吉郷だけでなく、東生郷などにおいても精力的に未墾地の開発に取り組んでいたとみられる。秦氏系の渡来氏族とみられる安吉勝氏は、山城の葛野を本拠とする秦氏本宗が葛野大堰を造りその開発をすすめたように、また近江愛知郡の依知秦公氏が愛知川からの取水に成功し愛知郡東部の開発をすすめたように、未開の原野が広がる蒲生野の開発に他の秦系氏族とともに携わったとみられる。その時期は判然としないが、この地域に愛知郡を中心に分布する、いわゆる半地下式の横穴式石室に階段式の入口をもつ特異な古墳が導入された六世紀ごろではなかろうか(16)。

注

(1) 大橋信弥「佐々貴山君の系譜と伝承」(『古代豪族と渡来人』吉川弘文館、二〇〇四年)。
(2) 大橋信弥「大友曰佐氏と安吉勝氏―蒲生郡の渡来文化―」(同右書)。
(3) 『平城宮発掘調査出土木簡概報』二七(奈良国立文化財研究所、一九九六年)。
(4) 八木充「カバネ勝とその集団」(『律令国家成立過程の研究』塙書房、一九六八年)。
(5) 田路正幸「『倉橋部廃寺』雑考」(『紀要』二、滋賀県文化財保護協会、一九八八年)。
(6) 細川修平「瓢箪山古墳の時代」(『近江八幡の歴史』第六巻・通史編Ⅰ、二〇一四年)。
(7) 「土田庄田地注文」(『東寺文書』、『平安遺文』二二三九号)。

（8）『近江蒲生郡志』（蒲生郡役所、一九二二年）。
（9）『滋賀県史』第一巻（一九二八年）。
（10）『滋賀県八幡町史』（一九四〇年）。
（11）森山宣昭「近江国蒲生郡における条里図の検討」（『滋賀県地方史研究紀要』九、一九八二年）。
（12）森山宣昭「近江国蒲生郡東生郷の位置をめぐって」（『蒲生野』一八、一九八二年）。
（13）高橋美久二「東山道」（『近江八幡の歴史』第一巻「街道と町なみ」、近江八幡市役所、二〇〇四年）、同「近江の条里―呼称法の復元と基準線―」（『近江の考古と地理』滋賀県立大学、二〇〇六年）。
（14）足利健亮『日本古代地理研究』（大明堂、一九八五年）。
（15）『大日本古文書』編年之三、二四二頁。
（16）大橋信弥「依知秦氏の形成」（前掲注（1）『古代豪族と渡来人』）。

第五章　保良京の造営と国昌寺

――石山国分瓦窯の発見に接して――

はじめに

瀬田唐橋の西岸に所在した古代寺院国昌寺は、延暦二十四年（八〇五）の記録に伝教大師最澄が「国昌寺僧」とあることで著名であるが、延暦四年の近江国分寺焼亡後の弘仁十一年（八二〇）には近江国分寺となっており、近江の古代寺院では重要な位置を占めていた。ところが、その寺院としての来歴や性格については、文献史料に恵まれずこれまで十分に明らかにされてこなかった。また、その遺跡とみられる国昌寺跡は未調査のまま開発され、その規模や伽藍配置も不明のままであり、周辺で採取された瓦類によりその一端が知られるにすぎなかった。ただ、国昌寺跡周辺からは、奈良後期の近江国府系の瓦とともに近江では珍しい藤原宮式の軒瓦が出土するところから、これを国昌寺創建瓦とし、藤原宮の造営を主導した持統天皇が壬申の乱で敗れた近江朝廷軍を弔うために建立した可能性も指摘されている(1)。

ところが、平成二十三年三月、国昌寺跡のある台地の南斜面の一角より二基の瓦窯が発見され、これがこれまで未発見であった、藤原宮造営の際に宮垣などに使用された近江産の瓦を焼いた瓦窯であることが確定した。このため、国昌寺周辺でこれまで採取された藤原宮式軒瓦も石山国分瓦窯の製品の可能性が生じ、従来の見方に再考を迫ること

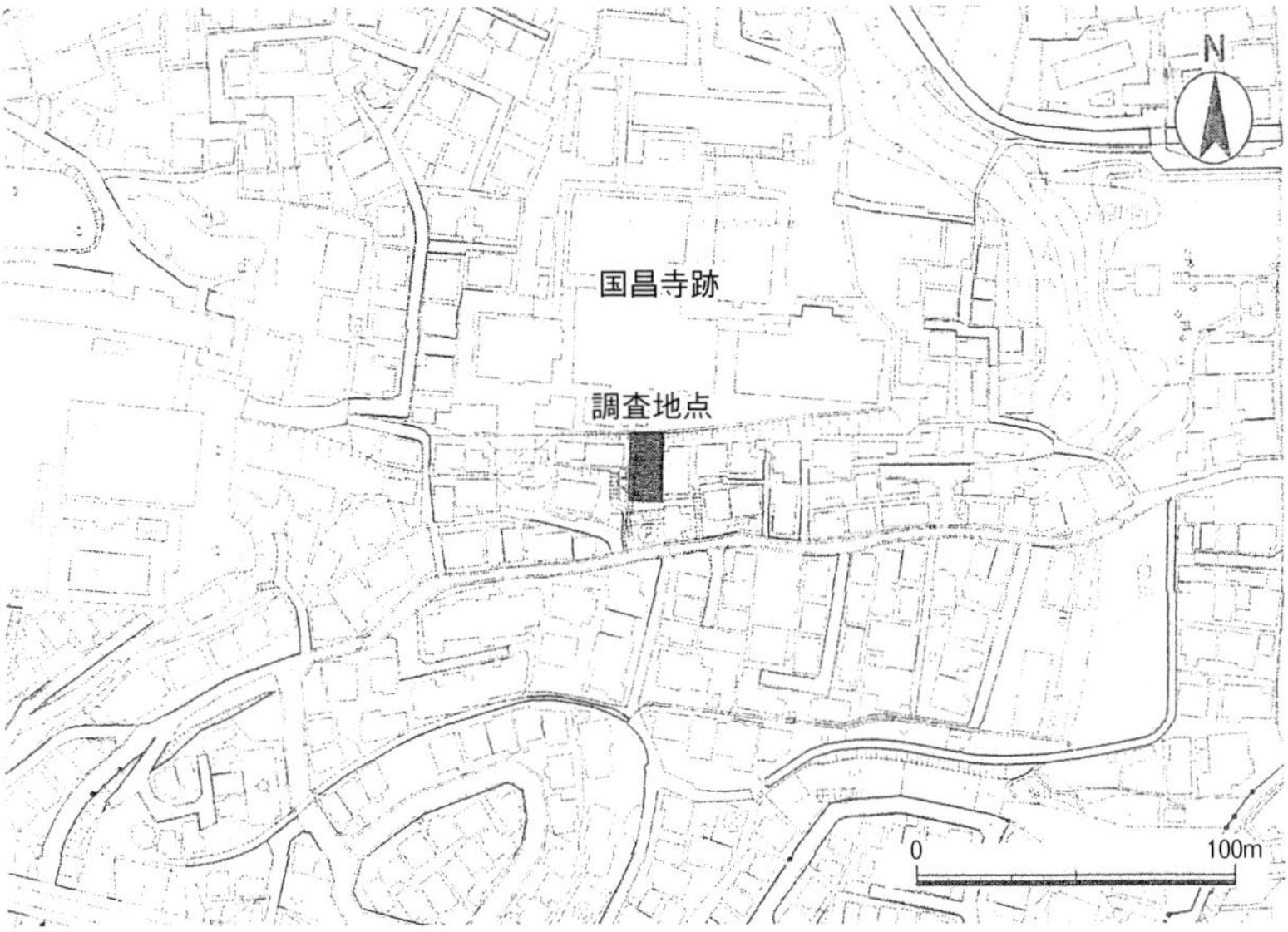

調査地点図

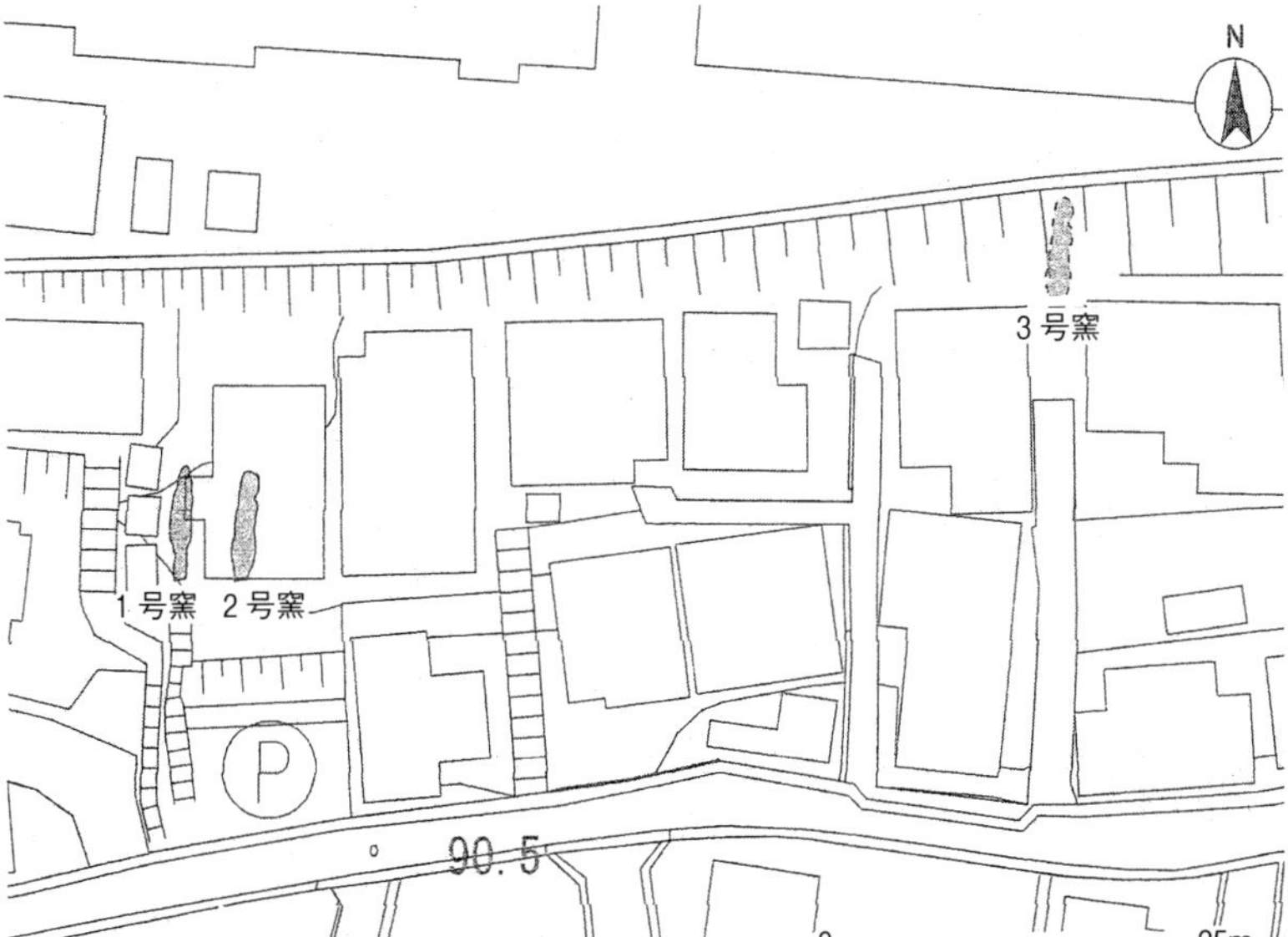

瓦窯の位置図

図56　石山国分瓦窯位置図

になった[2]（図56）。そして近年、保良京や国昌寺の造営と古代道路の復元など、この地域の動向を考古学の立場から精力的に考究されている小松葉子氏が、国昌寺の台地周辺から採取された瓦・土器を整理し、既報告の国昌寺出土資料とを総合的に分析して、国昌寺の創建と修造について新しい見解を示された[3]。そこで本章では、そうした近年の調査・研究に触発され、従来から関心のあった国昌寺と保良京の関係について一つの憶測を述べることにしたい。

一　国昌寺の創建と修造についての新知見

小松氏は、国昌寺跡と推定されている瀬田川右岸の御霊神社裏の台地（標高一〇〇メートル余）斜面三ヵ所で採取された滋賀県埋蔵文化財センター所蔵の瓦類・塼・土器類を整理し、Ⅰ～Ⅳ群に分類してその変遷を既報告資料とあわせて検討されている。詳しくは氏の所論を参照願いたいが、ここでは行論の便宜上、その結論部分のみを箇条に記す。

（一）量的には多くないが、格子目叩きの瓦（Ⅰ群）が認められ、白鳳時代の七世紀後半ごろには、この地に仏堂のような国昌寺前身瓦葺建物（創建寺院）の存在が想定される。

（二）近年明らかになった藤原宮の宮垣などに使用された石山国分瓦窯の製品（Ⅱ群）とみられる軒瓦・丸瓦・平瓦が、台地東・北・南斜面からも採集されており、国昌寺前身瓦葺建物の修造に使用された可能性がある。このことから、創建寺院を建立した氏族は石山国分瓦窯の操業に携わったか、ごく近い関係にあったと考えられる。ただし、創建期のⅠ群の瓦とはサイズ・重量・形態とも異なり、修造の中身については問題を残している。

（三）飛雲文に代表される四〇点余の近江国府系瓦（Ⅲ群）が多数採集されており、八世紀中葉から後半にかけて、国府主導による大規模な修造が想定される。白鳳寺院のうち奈良時代以降も国府系・国分寺系の瓦で修造されて

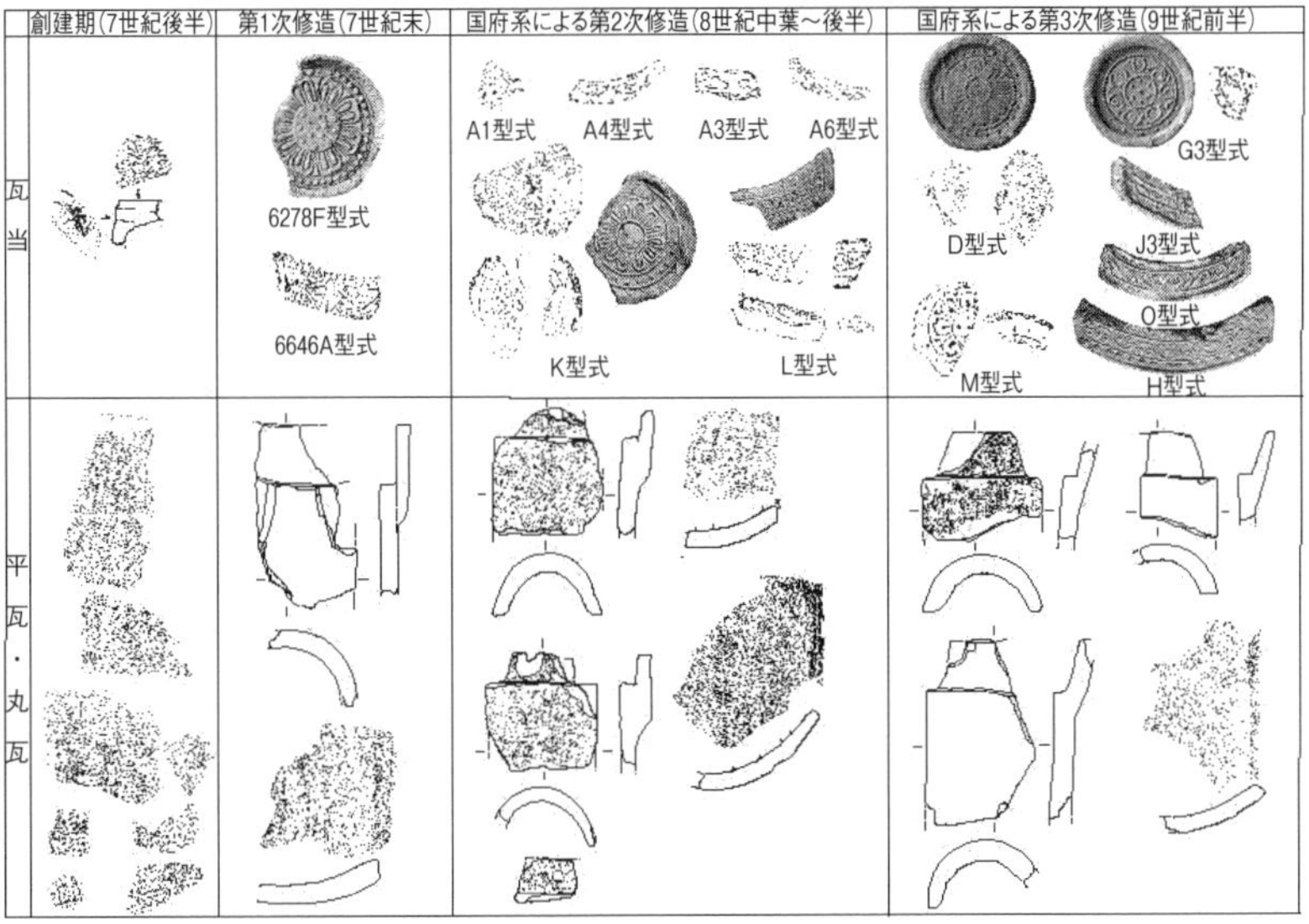

図57　国昌寺跡採集遺物の分類

存続する寺院は定額寺に昇格した寺院とされており、[4] 国昌寺はこのころには定額寺になっていたとみられる。ただ、瓦のサイズや形状がⅡ群の石山国分瓦窯の製品とは大きく異なり、「補修」には無理があるとみられ、新造の建物（七重塔か）に使用して整備された可能性がある。

（四）その後も、南郷田中瓦窯からの国府系瓦が供給されており、国府による修造がつづいている。その多くが九世紀前半代のもので、国昌寺が近江国分寺となる時期に対応し、弘仁十一年（八二〇）ごろにも大規模な修造があったことを示している（図57）。

小松氏のこうした見解はおおむね妥当なもので支持することができるが、自身でも指摘されているように、国昌寺の修造に石山国分瓦窯産の藤原宮式瓦が使用されたかどうかという点については未解決な問題が残されている。すなわち、創建のⅠ群の瓦とはサイズ・形態において相違があり、また八世紀中ごろ以降の修造に使用されたⅢ群の近江国府系の瓦ともサイズ・形状に大きな差異があるからである。このことは早晩に解決する問題ではないが、以下に現時点で考えられる憶測を述べることにしたい。

二　石山国分瓦窯と国昌寺

まず、国昌寺修造の第二段階とされる石山国分瓦窯産の藤原宮式瓦（Ⅱ群）による国昌寺の修造については、小松氏も指摘されるように、台地の南斜面だけでなく北・東斜面の調査が実施されなければ、結論は得ることはできないであろう。ただ、藤原宮式瓦の生産窯についての近年の調査・研究は若干参考になる。すなわち、藤原宮の造営時にその瓦を焼成した窯跡については、かつては宮の南門のすぐ前の丘陵にある日高山瓦窯（橿原市）をはじめ三堂山瓦窯（橿原市）・高台瓦窯（高取町）・峰寺瓦窯（御所市）・西田中瓦窯（大和郡山市）など、大和に分布することが明らかにされていた。(5) その後、大和では久米瓦窯（橿原市）・安養寺瓦窯（平群町）・内山瓦窯（大和郡山市）・牧代瓦窯（五条市）などの存在が明らかになり、大和以外でも摂津淡路島の土生寺瓦窯（兵庫県洲本市大野）、讃岐の宗吉瓦窯（香川県三豊市三野町）、そして今回の近江の石山国分瓦窯の存在が明らかになっている。(6) なお、地方の瓦窯は藤原宮造営当初に設置・操業され、その後大和の藤原京周辺でも操業が始まるとされている。(7) 地方に設置された瓦窯のうち、その全貌が明らかになっている讃岐宗吉瓦窯が、石山国分瓦窯を考えるうえで少し参考になる。

宗吉瓦窯は、香川県の西部、庄内半島の付け根付近、三豊市三野町に所在する。平成三年、圃場整備事業にともなう農道工事に関連して発掘調査がなされ、丘陵地の東斜面から七基の瓦窯が検出された。これらのうち三号窯の灰原から藤原宮軒丸瓦六二七八B、軒平瓦六六四七Dの同笵瓦が出土したため一躍注目されるところとなり、平成八年、国史跡に指定された。その後、三野町教育委員会によって、規模・範囲を明らかにするための継続的な発掘調査が実施され、現在までに二四基の瓦窯と、工房跡とみられる掘立建物跡が発見されている[8]（図58）。

瓦窯群は、低丘陵の北側裾部に南北に整然と並んで設置されており、三つのグループに大別される。創業当初はＣ群（一一・一七・二四号）の三基で、地元にある四国最古の白鳳寺院、妙音寺跡で使用された山田寺式の系譜を引く瓦を焼いたことが明らかにされている。その後、藤原宮造営期になって、藤原宮の軒丸瓦六二七八Ｂ・軒平瓦六六四七Ｄの焼成のため、Ａ群（一～九号）・Ｂ群（一〇・一二～一六・一八～二三号）の二一基が、ほぼ同時期に増設されたとみられている（図59）。そして、これらと並行して妙音寺の瓦も供給しており、この瓦窯と妙音寺との関わりは強かったらしい。ただし、妙音寺で藤原宮式軒瓦を使用していたことは確認されていない。この地域は良質な粘土が豊富に確保できるだけでなく、周辺の山々からは大量の薪を供給できることから、早くから窯業が開始されたとみられており、海上交通に適した港（古三野湾）に隣接するという立地が藤原宮への大量の瓦供給を可能にしたとみられている。なお、生産組織には地元の須恵器工人系の人々だけでなく、中央の川原寺の造営に携わった工人が派遣されたと想定されている[9]。そして宗吉瓦窯で焼成された藤原宮式瓦は、妙音寺でも、近隣の宝幢寺跡でも使用されていない。

これに対し石山国分瓦窯は、前述の通り国昌寺跡の所在する台地南斜面の一角で宅地開発にともない発見された。平成二十三年三月から四月末日までの短期間の発掘調査であったが、二基の窯跡、そこで焼かれ藤原宮の宮垣などで使用された軒丸瓦六二七八Ｄ・六二七八Ｇと軒平瓦六六四六Ａ・六六四六Ｂａが、多くの平瓦・丸瓦とともに出土した。二基の窯跡は丘陵南斜面に四メートルの間隔で並列して検出され、西側の一号窯は全長六・七五メートル、最大幅一・五メートル、焚口幅〇・六メートル、東の二号窯跡は全長七・〇メートル、最大幅一・五メートル、焚口幅〇・六メートルであった。いずれも有段式の穴窯で、地山を掘り抜いたトンネル式とみられている。階段は高さ約二〇センチで、八段あったとみられている（図60）。一号窯からは軒瓦の出土はなく、藤原宮出土のものと同じ丸瓦・平瓦が出土しており、二号窯からは軒瓦の出土があり、確実

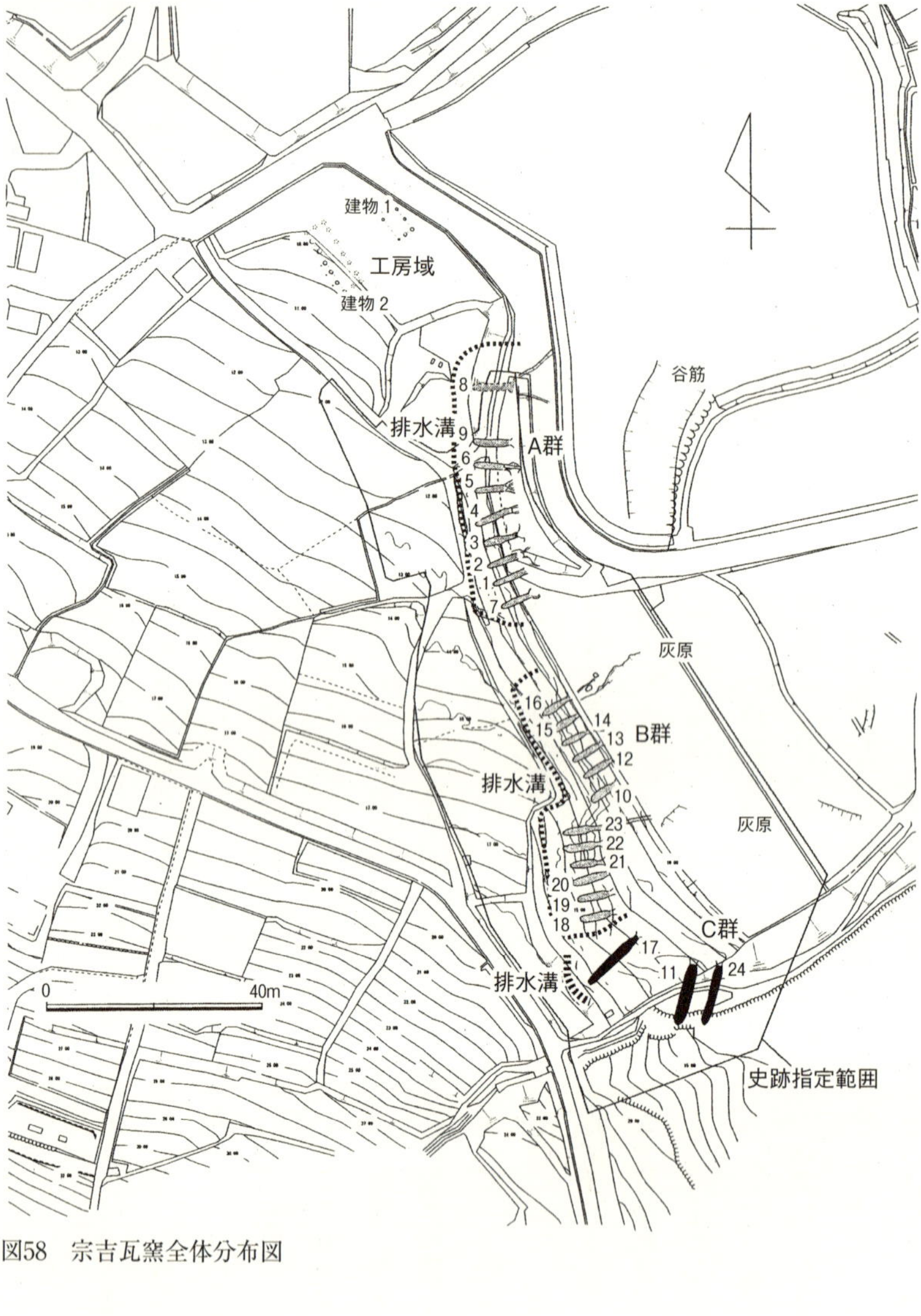

図58　宗吉瓦窯全体分布図

に藤原宮所用の瓦を焼成したことが判明した（ただし、六二七八D同笵瓦は、瓦窯上段の瓦溜出土で国昌寺に使用されたとする）。

二基の窯が発見された丘陵南斜面は、東側の御霊神社裏から晴嵐小学校校地まで約二〇〇メートル近くあり、すでに大半

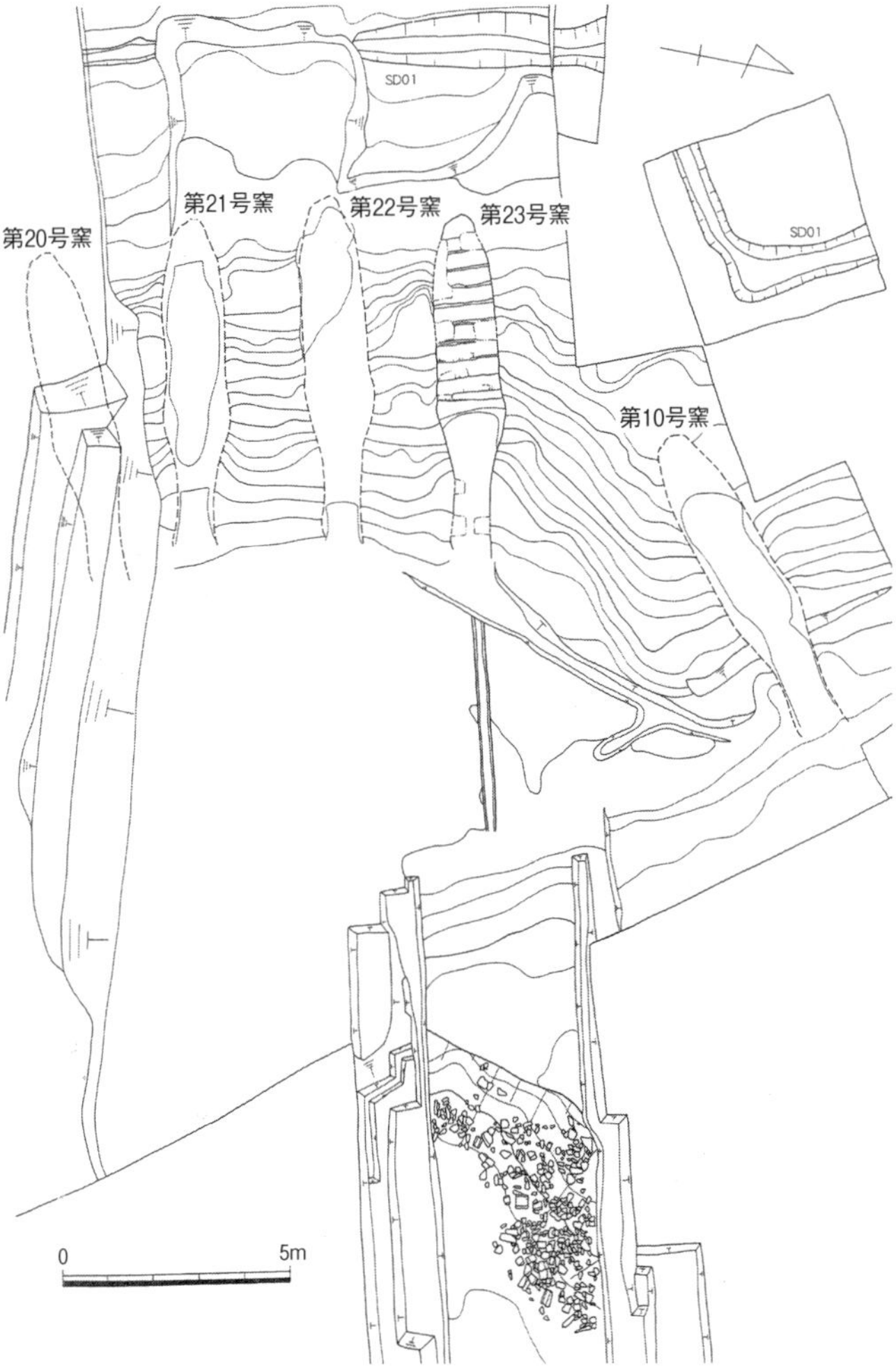

図59　宗吉瓦窯平面図（部分）

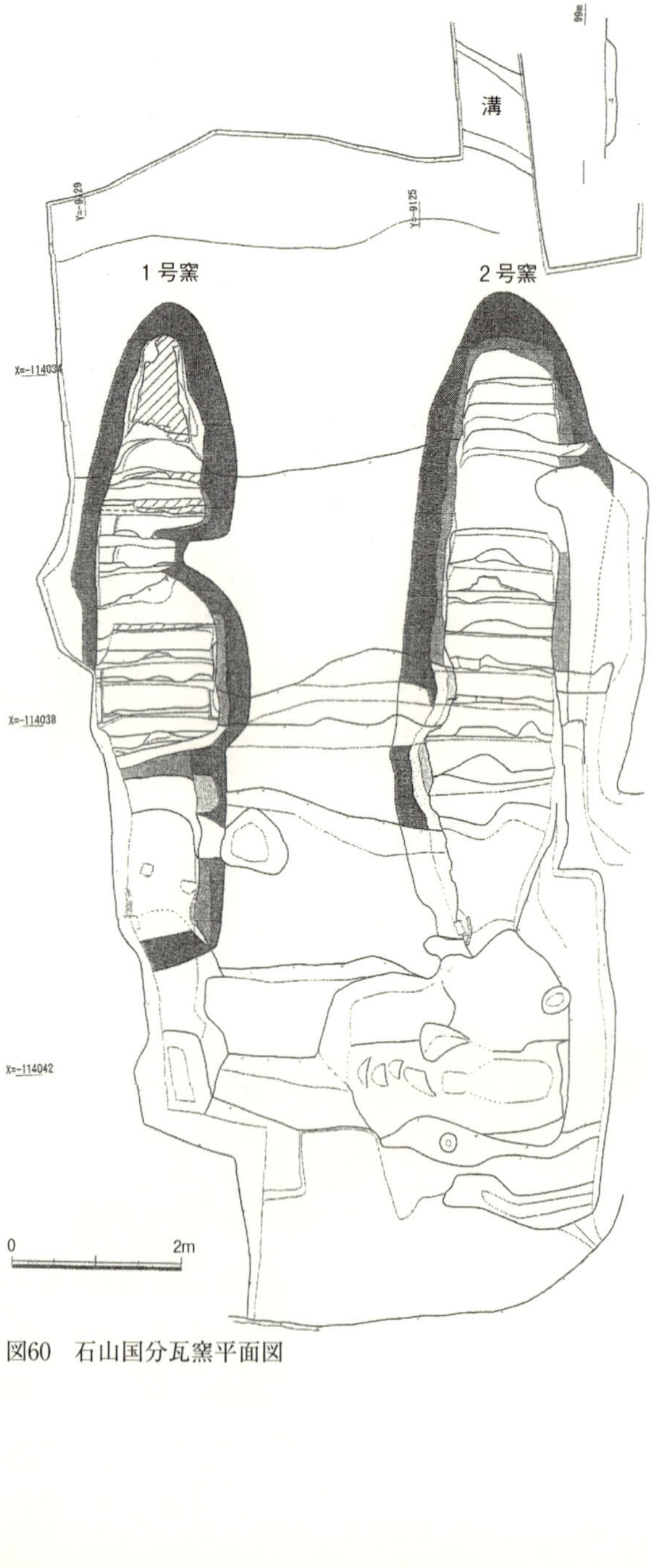

図60　石山国分瓦窯平面図

が宅地化されているが、さらに多くの窯跡があった可能性がある。事実、国分瓦窯の調査を担当した田中久雄氏は、二号窯の東五〇メートルの地点で三号窯の存在を確認している。また、小松氏がその分布を明らかにされた台地の北・東斜面にもその可能性は残されている。右にみた香川県讃岐宗吉瓦窯のあり方からして、石山国分瓦窯にも藤原宮造営に

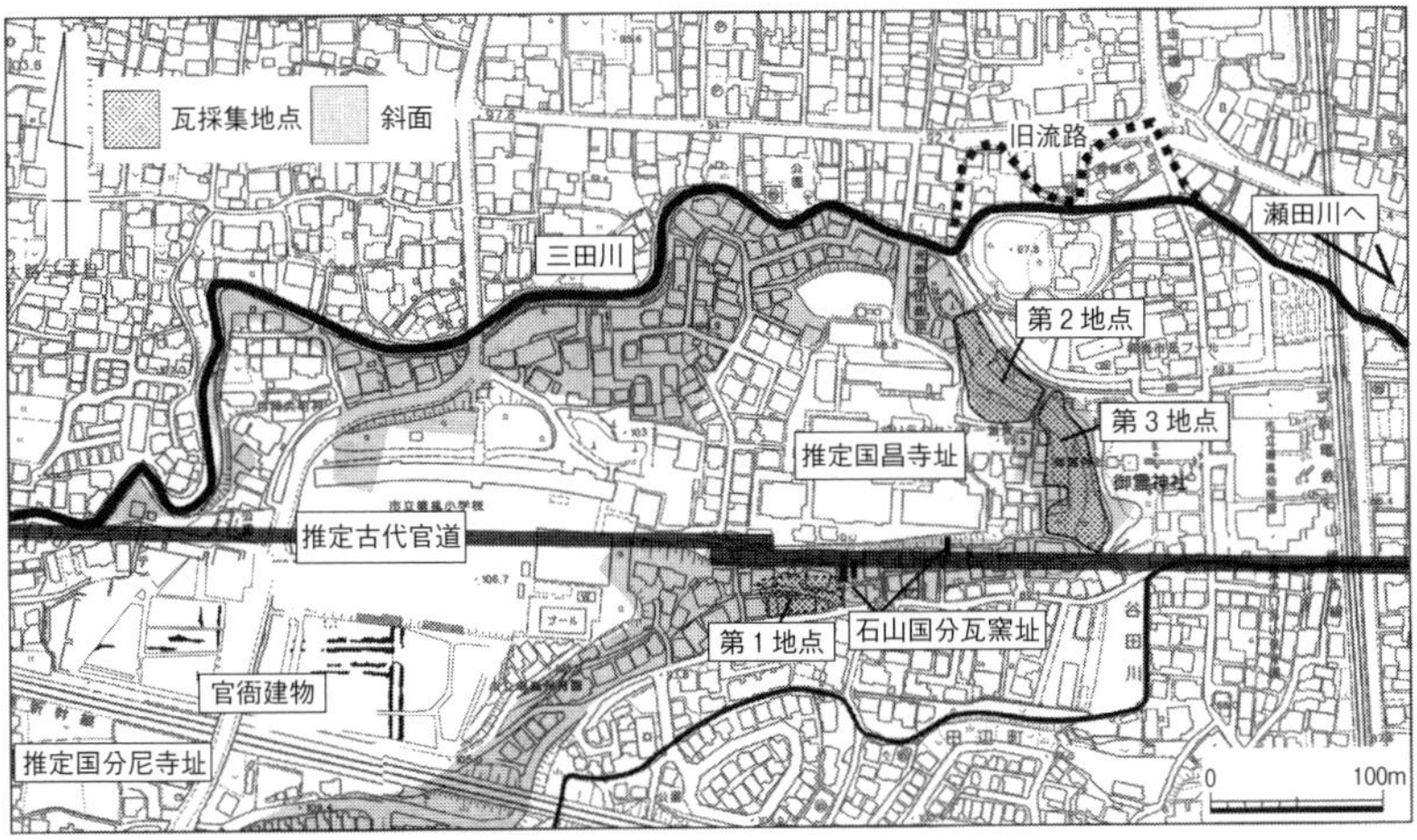

図61　石山国分瓦窯とその周辺

際し二〇基以上の窯が新たに築かれた可能性が考えられよう。事実、藤原宮造営に使用された近江産の瓦は、石山国分瓦窯で確認された種類のほかにも、軒丸瓦六二七八Aや六二七八Fが指摘されており、二基以外にも存在したことがうかがえる。[10] また、国昌寺の創建瓦はI群の格子叩きをもつ白鳳期のものであるが、宗吉瓦窯が当初、四国最古の白鳳寺院、妙音寺跡の創建瓦を生産していたように、台地斜面のどこかにその瓦窯が想定されるであろう。そして、藤原宮造営にあたり、その地方における生産地として近江の石山国分瓦窯が選定され、従来あった瓦窯に加え多くの窯を増設してすすめられたのであろう。したがって、小松氏が指摘されるように、藤原宮式瓦のサイズは、創建期の格子叩きのある白鳳期の瓦や第三期とされる近江国府系の瓦とは明らかに一回り大きく、既存建物に差し替えることは困難であり、国昌寺では使用されなかったと考えるほうが穏当であろう。藤原宮造営にあたり石山国分瓦窯が採用されたのは、藤原宮の柱材などが田上山で調達され瀬田川を流して漕運されたことを指摘するまでもなく、瀬田川右岸に立地し、勢多津・石山津・粟津などの良港を要し、その左岸にも八世紀中葉に近江国庁が造営されるのをはじめ、製鉄・須恵器生産など多くの官営工房が所在する瀬田丘陵を控えているという、好条件が揃っていたからであろう（図61）。

三　保良京の造営と国昌寺の増改築

さて右にみたように、Ⅱ群瓦による修造がなかったとするなら、Ⅲ群瓦による修造が国昌寺にとってより大きな画期としてクローズアップされてくる。小松氏はこの段階の修造を、国昌寺が定額寺となったことに関わるとされるが、私は保良京の造営をより重視したい。すなわち、保良京造営と国昌寺の増改築については、同じく保良京の造営と関わる石山寺の増改築工事が参考となる。すなわち、詳細は別稿に譲るが、石山寺増改築の特徴は、天平宝字五年（七六一）十二月から天平宝字七年末までの約八ヵ月という短期間のうちに、檜皮葺仏堂一宇、板葺板倉一字、板屋六～九宇などが建つ小規模な山間寺院を、二十数宇の堂舎をもつ大寺院に整備したことである。これについては、造東大寺司の全機構を総動員し、東大寺領勢多庄や紫香楽宮辺に所在した既存の建物を移改築することによって、工事の進捗がはかられたことが指摘できる。そしてそれが、保良京造営と不可分であったことは、保良宮に安置する大般若経一部六〇〇巻の写経が石山寺の写経所で工事と並行しておこなわれていたことから裏付けられている(11)。

一方、保良京の造営は、『続日本紀』天平宝字三年十一月十六日条に造宮輔従五位下中臣丸連張弓、越前員外介従五位下長野連君足ら七名の官人を遣して保良宮を造らしむとあって、そのスタートが確認できる。そして、天平宝字五年正月二十一日には、司門衛督正五位上粟田朝臣奈勢麻呂・礼部少輔従五位下藤原朝臣田麻呂ら官人七人を保良京に遣して、諸司史生以上に宅地を班給しており、工事が最終局面に入ったことを示している。さらに天平宝字五年十月十一日には、保良への遷都のため太師以下皇親・高官に稲の賜給があり、同十三日には上皇・天皇が保良宮に行幸しそのまま滞在することになる。上皇と天皇は同十九日に、近江按察使藤原御楯や太師藤原仲麻呂の邸宅に幸し宴を設けているが、同十六日（『続紀』は乙卯＝二十八日とするが誤り）には平城宮を改作するため近江国保良宮にしばらく移って遷都することが宣せられ、造営の功臣への叙位もなされている。したがって造営工事も一段落したとみられるが、工事そのものはさらに継続してすすめられたらしい。事実、天平宝字六年元旦の朝賀の儀が「宮室未だ成らず」の理由で廃されているし、同年三月二十五日には保良宮の諸殿・屋垣の造営を諸国に割り当て、一時に就功している。ところが同年五月二十三日には、上皇と天皇が道鏡をめぐって不和となり、ともに平城宮へもどったため保良宮の造営も未完成のまま中絶することになった(12)。

このように、保良京の造営期間は天平宝字三年十一月から同六年五月までの三年足らずであり、同五年十二月から翌年八月までおこなわれた石山寺の増改築工事は、京の造営にかなり遅れてスタートし、大僧都良弁の陣頭指揮による突貫工事ですすめられるものの、その完成は平城環都後にずれ込んでいる。これに対し国昌寺の増改築はⅢ群の近江国府系瓦の使用から八世紀中葉ごろに始まったとみられており、近江国庁の造営に平行することがうかがえる。近江国庁の造営も、保良京と同じく藤原仲麻呂の主導ですすめられたことは確実で、保良京内の国昌寺の場合も仲麻呂の関与が推定されている。したがって、東大寺の別院として造営された石山寺より、保良京の造営と国昌寺の増改築の関わりはより大きいといえよう。

保良京の造営と国昌寺の関わりについては、僧法進が著した『沙彌十戒威儀経疏』五巻のあとがき（跋語）の記載が参考になる。すなわち、そこには「天平宝字五年十月十五日、賀（駕）に随ひ、保良宮に往く、国昌寺に住す。二十三日、進（法進）白す。弟子、東大寺僧慧山、元興寺僧聖一、山田寺僧行潜の為に、一遍を略読す。十二月十七日に至り、了んぬ。故時に記すなり」とあり、ほぼ造営なった保良宮に移った孝謙上皇と淳仁天皇に従って、当時東大寺の律師であった唐僧法進らが保良宮に招かれ国昌寺に滞在したこと、そこにおいて十月二十三日から十二月十七日までのおおよそ二ヵ月を要して自ら著した『沙彌十戒威儀経疏』を、弟子の慧山・聖一・行潜の三人に講説したことが記されている(13)。

法進は来日する前は唐の揚州白塔寺の僧で、鑑真に従って来日した高弟であり、その後継者とみなされていた。小松氏は、国昌寺における購説は時期的にみても私的なものではなく、保良宮遷都を祝す法会で国家的な行事であったとみている。しかし、弟子三人のために「一遍を略読す」とあるように、必ずしも公の行事とまではいえないのではないか。また、その文脈からみて、著書のあとがきとしてこの時の講説のことを特に取り上げたとみられ、法進にとっても思い出深いものであったとみられる。ただ、この記載から、上皇・天皇以下政府の要人が保良京に遷ったのに対応し、当時の代表的な高僧たちが保良京に招かれ、国昌寺に長期にわたって滞在していたことは明らかであり、国昌寺が保良京造営にともない、その鎮護の寺院として大規模に増改築されたことを示しているといえよう。なお、国昌寺という寺号も国が栄える寺というめでたいもので、こうした想定を裏付けるのではないか。なお、記録には残されていないが、遷都にともなう様々な儀礼のうち宮内でおこなわれる仏事や寺院内での儀礼については、法進たちと国昌寺が担っていたのであろう。

おわりに

ところで、小松氏も指摘される国昌寺のシンボルともいえる七重塔も、国昌寺の増改築の目玉ともいえる重要な建物であった。すなわち『日本紀略』弘仁十一年（八二〇）の記事には、国昌寺を近江国分寺とするにあたって「七重塔一基を修理すべし」とみえ、国昌寺がそれ以前から七重塔を配置する大規模な堂塔伽藍を構えていたことがうかがえる。そしてそれは、保良京造営にともなう修造が国昌寺にとって創建以来の大きな画期となるものであったことを示している。

これまで、保良京造営にともなう事業としては石山寺の増改築が大きくクローズアップされてきたが、それは石山寺が今日まで法灯を絶やさず存続する古刹であることに加え、ある意味偶然に残された『正倉院文書』により、その造営の全過程が具体的に復元されるという僥倖によるところが大きいからではないか。先にみたように、その増改築はやや遅れて突貫工事ですすめられており、保良京との関わりは国昌寺に比べやや希薄であるとすべきであろう。

注

(1) 西田弘「国昌寺」(小笠原好彦・田中勝弘・西田弘・林博通『近江の古代寺院』『近江の古代寺院』刊行会、一九八九年)。

(2) 田中久雄「石山国分遺跡 藤原宮所用瓦を焼成した瓦窯の調査成果」(『人間文化』三五、滋賀県立大学、二〇一四年)、同『石山国分瓦窯発掘調査報告書』(大津市教育委員会、二〇一五年)。

(3) 小松葉子「近江国滋賀郡勢田川西岸における古代道路の復元」(『紀要』二三、滋賀県文化財保護協会、二〇一〇年)、同「滋賀県大津市所在「へそ石」の周辺」(『紀要』二五、滋賀県文化財保護協会、二〇一二年)、同「国昌寺の創建と修造について—大津市鳥居川霊園採取遺物の整理から—」(『紀要』二七、滋賀県文化財保護協会、二〇一四年)。

(4) 菱田哲郎「定額寺の修理と地域社会の変動」(『仁明朝の研究—承和転換期とその周辺—』思文閣出版、二〇一一年)。

(5) 大脇潔「屋瓦の製作地」(『飛鳥・藤原宮発掘調査報告Ⅱ』奈良国立文化財研究所学報第三一冊、一九七八年)、坪ノ内徹「藤原宮式軒瓦とその分布」(『日本書紀研究』一一、一九七八年)、近江俊秀「藤原宮の造瓦(上)(下)」(『古代文化』五二—七・九、二〇〇〇年)、石田由紀子「藤原宮出土の瓦」(『古代瓦研究Ⅴ—藤原宮式軒瓦の展開—』奈良文化財研究所、二〇一〇年)。

(6) 坪ノ内徹「畿内周辺地域の藤原宮軒瓦—讃岐・近江を中心として—」(『考古学雑誌』六八—一、一九八二年)、山崎信二「後期古墳と飛鳥白鳳寺院」(『文化財論叢』奈良国立文化財研究所創立三〇周年記念論文集、一九八三年)、同「藤原宮造瓦と藤原宮の時期の各地の造瓦」（『文化財論叢Ⅱ』奈良国立文化財研究所創立四〇周年記念論文集、一九九五年）、小笠原好彦「藤原宮の造営と屋瓦生産地」（『日本考古学』一六、二〇〇三年）。
（7）花谷浩「寺の瓦作りと宮の瓦作り」（『考古学研究』四〇―二、一九九三年）。
（8）岩橋孝『宗吉窯跡』（三野町教育委員会、一九九二年）、白川雄一『宗吉瓦窯―平成十一年度町内遺跡発掘調査事業報告書―』（三野町教育委員会、二〇〇〇年）、渡部明夫ほか『宗吉瓦窯跡調査・保存整備報告書』（三豊市教育委員会、二〇〇九年）。
（9）山崎前掲注（6）「藤原宮造瓦と藤原宮の時期の各地の造瓦」。
（10）近江前掲注（5）論文。
（11）大橋信弥「信楽殿壊運所について―天平末年の石山寺造営の背景―」（『古代豪族と渡来人』吉川弘文館、二〇〇四年）。
（12）『日本歴史地名大系二五　滋賀県の地名』（平凡社、一九九一年）。
（13）『沙彌十戒威儀経疏』巻第五跋語（日本大蔵経編纂会編集発行『日本大蔵経』第二三巻、一九一七年）。

第三部　渡来氏族の形成と展開

第一章　王辰爾の渡来
――フヒトの系譜――

はじめに――烏羽の表――

『日本書紀』敏達元年（五七二）五月十五日条は、船史・白猪史・津史など河内の野中・高鷲・藤井寺付近に本拠を構える渡来氏族の実質的な祖にあたる王辰爾の晴れやかな朝廷デビューを飾るエピソードを伝えている。

丙辰に、天皇、高麗の表疏を執りたまひて、大臣に授けたまふ。諸の史を召し聚へて、読み解かしむ。是の時に、諸の史、三日の内に、皆読むこと能はず。爰に有りて船史の祖王辰爾、能く読み釈き奉る。是に由りて、天皇と大臣と倶に為讃美めたまひて曰く、「勤しきかな辰爾。懿きかな辰爾。汝若し学ぶることを愛まざらましかば、誰か能く読み解かまし。今より始めて、殿の中に近侍れ」とのたまふ。既にして、詔して東西の諸の史に曰はく、「汝等習ふ業、何故か就らざる。汝等衆しと雖も、辰爾に及かず」とのたまふ。又高麗の上れる表疏、烏の羽に書けり。字、羽の黒き随に、既に識る者無し。辰爾、乃ち羽を飯の気に蒸して、帛を以て羽に印して、悉に其の字を写す。朝庭悉に異しがる。

高句麗からもたらされた烏の羽にかかれた上表を、てこずる東西諸史に替わって鮮やかに解読する王辰爾に、天皇と大臣が「勤しきかな辰爾。懿きかな辰爾」と讃嘆の声をあげたとする著名な記述は、古代文字文化の普及に果たした渡来人の役割を典型的に示すものであろう。おそらく船史氏の家記に基づくものとみられるが、その場のあり様が一幅の絵画のように描かれており、精彩ある記述となっている。ここから朝廷には、「東西諸史」＝フヒトと呼ばれ、外交文書の翻訳・解読そしておそらく返信の起草などに携わる集団があり、主として渡来人から登用されていたことがうかがえる。

この所伝を検討された関晃氏は、その著『帰化人』の「第一編　初期の帰化人」の冒頭で、その背景を詳しく解説するとともに、この物語が史実に基づくものではなくして、何者かにより創作された一連の物語を、面目をなくした東西諸史たちが「自分たちの不名誉を覆いかくすために、この烏の羽の話のほうを普及させたという事情もあったであろう」とし、自分たちの知識・技術の遅れを辰爾の機転の話にすり替えたのではないかと推測されている(1)。そしてこの所伝が朝廷に大きなインパクトを与えたのは、古い渡来人で朝廷の外交文書など文筆を一手にひきうけていた「東西諸史」たちの家に伝えられた知識や技術がすでに旧式になり通用しなくなったこと、新しい知識や技術をもつ渡来人が朝廷において次々と登用され活躍する時代の到来したことを象徴的に物語るものとされている。ただ、この物語がいうように、このころ古い渡来人の知識や技術がすべて旧式になり、「汝等習ふ業、何故か就らざる。汝等衆しと雖も、辰爾に及かず」といった事態が生じ、ここで取り上げられる東西諸史の人々がもはや用なしになり朝廷の表舞台から退場したかというとそうではなく、その後も彼らが外交や内政の場において依然その役割を果たしていることは、『日本書紀』『続日本紀』以下の文献・文書から確認されるところである。したがって私は、この所伝を必ずしも古い渡来人と新しい渡来人の交替といった枠組みで理解するのではなく、新しい知識・技術の獲得や導入をめぐって渡来氏族の間で熾烈な競争がなされていたこと、王辰爾後裔氏族が、東西史部を構成する文直氏や西文首氏と比較して、自分たちの知識・技術の高さをアピールすべく述作されたものであると考えたい。渡来氏族にとって自分たちの朝廷における立場を維持し高めるためには、新しい知識や先進技術をいち早く把握し取り入れることが至上命令であったとみられ、そのためにはそれを可能にする氏族構造を作り上げる必要があったのではなかろうか。その点を検討する前に、ここで取り上げた王辰爾一族の動向と特質をみておくこととしたい。

一　王辰爾とその一族

王辰爾の一族である船史・白猪史・津史など諸氏に関わる所伝は、ここに取り上げたものも含め『日本書紀』に比較的多くの記事が収載されている。これは、『日本書紀』皇極四年（六四五）六月十三日条に「蘇我臣蝦夷等、誅されむとして、悉に天皇記・国記・珍宝を焼く。船史恵尺、即ち疾く、焼かるる国記を取りて、中大兄に奉献る」とあるように、推古朝に聖徳太子と蘇我臣馬子により編纂されたという国史の述作にこれらフヒト諸氏が関与したとみられることと無関係ではないだろう。

『日本書紀』によると、欽明十四年（五五三）七月四日条に「樟勾宮に幸す。蘇我大臣稲目宿禰、勅を奉りて王辰爾を遣して、船の賦を数へ録す。即ち王辰爾以て船長とす。因りて姓を賜ひて船史とす。今の船連の先なり」とあり、この一族についての初見資料であるとともに、その職掌が示されている。船史氏が「船賦」＝海外との交易に課す税の徴収に携わるようになった由来を語る所伝で、実質的な始祖伝説のスタイルをとっている。王辰爾の一族は「王」姓を名乗っているように、渡来間もない人物のように記述されているが、山尾幸久氏のように、百済王家よりこの前後に派遣された中国南朝系の知識人とする見解もある。(2)しかしながら周知のように、これとは別に『続日本紀』延暦九年（七九〇）七月十七日条には、次のようなより詳しい王辰爾の一族の始祖伝説がみえている。

秋七月辛巳、左中弁正五位上兼木工頭百済王仁貞、治部少輔従五位下百済王元信、中衛少将従五位下百済王忠信、図書頭従五位上兼東宮学士左兵衛佐伊予守津連真道ら上表して言さく。「真道らが本系は百済国の貴須王より出でたり。貴須王は百済始めて興れるより第十六世の王なり。夫れ百済の太祖都慕大王は、日神霊を降して、扶余を奄ひて国を開き、天帝籙を授けて、諸の韓を惣せて王を称のれり。降りて近肖古王に及びて、遥に聖化を慕ひて、始めて貴国に聘ひき。是れ則ち神功皇后攝政の年なり。その後、軽嶋豊明朝に御宇しし応神天皇、上毛野氏の遠祖荒田別に命せて、百済に使して、有識の者を捜し聘はしむ。国主貴須王、恭みて使の旨を奉けたまはりて、宗族を択び採りて、その孫辰孫王(一名は智宗王)を遣して、使に随いて入朝せしめき。天皇焉れを嘉したまひて、特に寵命を加へて、以て皇太子の師としたまひき。是に始めて書籍伝はりて、大いに儒風を闡けり。文教の興れること、誠に此に在り。難波高津朝に御宇しし仁徳天皇、辰孫王の長子太阿郎王を近侍としたまひき。太阿郎王の子は亥陽君なり。亥陽君の子は午定君なり。午定君、三男を生めり。長子は味沙、仲子は辰爾、季子は麻呂なり。此れより別れて始めて三姓と為る。各職る所に因りて氏を命す。葛井・船・津連ら即ち是なり。」(下略)

これによると王辰爾の始祖は百済王家の出身で倭漢氏や秦氏と同様に応神朝に来朝した初期の渡来人であり、その祖辰孫王は倭国に初めて典籍を伝え、皇太子の師となったとし、その子の太阿郎王は仁徳天皇の近侍となったとするなど、西文氏の祖である王仁の伝説を髣髴とさせる。井上光貞氏は、奈良末~平安時代にかけて、その居住地の共通性もあり、西文氏などのいわゆる王仁後裔氏族との一体化がすすんだ結果、その伝説を仮冒したと考えられている(3)。

また、大阪府南河内郡国分町の松岡山古墳より発見された「船首王後墓誌銘」にも、王辰爾一族の出自に関わる次のような記述がある(図62)。

惟れ船氏の故王後首は、是れ船氏の中祖王智仁首の児、那沛故首の子なり。乎娑陀宮治天下天皇(敏達)の世に

図62　船首王後墓誌

生まれ、等由羅宮治天下天皇（推古）の朝に奉仕し、阿須迦宮治天下天皇（舒明）の朝に至る。天皇照かに見て、其才異にして仕えて君功あるを知り、勅して官位大仁品を賜い、第三と為す。阿須迦の天皇の末、歳次辛丑（舒明十三年）十二月三日庚寅に死亡す。故に戊辰の年（天智七年、六六八）の十二月に松岳山上に喪葬す。婦の安理故能刀自と共に墓を同じくす。その大兄の刀羅古首の墓も、並べて墓を作るなり。即ち安保万代の霊墓、牢固永劫の宝地となすなり。（訓み下しは、関晃氏による）

これによると、船首王後は「船氏の中祖王智仁首」の孫で、舒明朝から天智朝にかけて朝廷で活躍した人物であり、祖父にあたる王智仁は王辰爾のこととみられる。墓誌により、王辰爾が『日本書紀』の述べるように欽明朝前後の人物であることが裏付けられ、実在したことも認められよう。関晃氏は「船首王後墓誌銘」の「中祖」というのは中興の祖ではなく三姓を賜ったうちの仲子のことと考え、奈良時代以降、井上氏のいわれるように、両一族の一体化がすすみ、著名な王仁の渡来伝説を真似て新しい始祖伝説を作り上げたとされている(4)。しかし、「船首王後墓誌銘」の「中祖」というのは中興の祖ととるほかないとして、この墓誌の背後に先の津連真道らの上表にみえるような始祖伝説が八世紀ごろには存在してもおかしくないという見方も出されている(5)。そこで王辰爾の一族と王仁後裔氏族との関係をもう少し詳しくみることにしたい。

奈良時代後半の王辰爾の一族と王仁後裔氏族との関係を具体的に語るのは、『続日本紀』宝亀元年（七七〇）三月二十八日条と宝亀元年四月五日条の記載である。

(一) 辛卯、葛井・船・津・文・武生・蔵の六氏の男女二百卅人、歌垣に供奉る。その服は並に青摺の細布衣を着、紅の長紐を垂る。男女相並びて、行を分けて徐に進む。歌ひて曰はく、「少女らに　男立ち添い　踏み平らす　西の都は　万世の宮」といふ。その歌垣に歌ひて曰く、「淵も瀬も　清く爽けし　博多川　千歳を待ちて　澄める川かも」といふ。歌の曲折毎に、袂を挙げて節を為す。その余の四首は並に是れ古詩なり。復た煩わしくは載せず。時に、五位已上の内舎人と女孺とに詔して、亦たその歌垣の中に列らしむ。歌、数関訖りて、河内大夫従四位上藤原朝臣雄田麻呂已下、和舞を奏る。六氏の歌垣の人に、商布二千段、綿五百屯を賜ふ。

(二) 丁酉、詔して、由義寺の塔を造らしむる諸司の人と雑工ら九十五人とに、労の軽重に随ひて、位階を加へ賜ふ。正六位上船連浄足・東人・虫麻呂の三人は、族の中の長老にして、歌垣に率ひ奉る。並に外従五位下を授く。

東人を攝津大進とす。また、正六位上士師宿禰和麻呂に外従五位下を授く。

（一）は称徳女帝が西京である由義宮に行幸した時、それを賀して奏上された歌垣・倭舞の模様を記述したもので、河内の国府付近に本拠を置く有力氏族葛井（白猪）・船・津といった王辰爾一族と、文・武生・蔵という王仁後裔氏族の六氏の男女二三〇人が一緒に歌垣を奏上したことがみえている。そして（二）によって、「族中長老」の船連浄足・東人・虫麻呂三人がその責任者であったことが判明する。ここからは両一族の一体化をうかがえるだけでなく、その主導権がすでに王辰爾一族にあることを確認できる。ここから山尾幸久氏のように、もともと朝廷においては王辰爾一族が上位にあり、王仁後裔氏族を配下としていたとする見方も出されることになった(6)。これに対し請田正幸氏のように、もともと同じフヒトという立場で朝廷に仕え、河内の国府付近の狭い範囲に居住地を共通にしていた両一族は、それぞれ同工異曲の始祖伝説を独自に形成したとし、『記紀』編纂のスタートとなった天武朝の修史において、壬申の乱における功績によりその地位を向上させていた西文氏が、王仁渡来の伝説をフヒト渡来伝説の代表として採用されることに成功したとされた(7)。いずれにしてもこうした伝説は、その時々の氏族の力関係や政治情勢によりいろいろな形で変形・発展され残されることになったとみられ、これらの所伝は王辰爾一族と王仁後裔氏族との競合のなかで長期にわたって述作されたと考えるべきで、どちらがオリジナルなものかは簡単には決し難いであろう。そこで次に伝説から離れ、両氏を中核とするフヒト集団の形成に視点を置いてその役割と実像をみてみたい。

二　フヒトの系譜

そこでまず、フヒトの性格や実像に迫るため、実録的な王辰爾一族の記事をもう少し詳しくみておきたい。先にみたように、『日本書紀』欽明十四年（五五三）七月四日条からは、「数録船賦」すなわち大和政権の対外交易などに関わる船舶に課された租税の記録を作成・統括する任務が、「船長」という肩書きを得て、「船史」というウジ名を賜り遂行されていることがわかる。また『日本書紀』敏達三年（五七四）十月十一日条にも「戊戌に、船史王辰爾が弟牛に詔して、姓を賜ひて津史とす」とあり、対外貿易とも関わる政府直轄の津を運営管理する職務として、王辰爾の一族が「津史」として登用されたことが推測される。そして、王辰爾一族に関わる所伝で大きな位置を占めるのが、吉備五郡に所在する白猪屯倉をめぐる記事である。

①『日本書紀』欽明十六年七月四日条

秋七月の己卯の朔壬午に。蘇我大臣稲目宿禰・穂積磐弓臣等を遣して、吉備の五つの郡に、白猪屯倉を置かしむ。

②『日本書紀』欽明天皇十七年七月六日条

秋七月の甲戌朔の己卯に、蘇我大臣稲目宿禰等を備前の児嶋郡に遣して、屯倉を置かしむ。葛城山田直瑞子を以て田令にす。田令、此をば陀豆歌毘といふ。

③『日本書紀』欽明三十年正月一日条

卅年春正月の辛卯の朔に、詔して曰はく、「田部を量り置くこと、其の来ること尚し。年甫めて十余、籍に脱りて課に免るる者衆し。膽津膽津は王辰爾が甥なり。を遣して、白猪田部の丁籍を検へ定めしむべし。」とのたまふ。夏四月に、膽津、白猪田部の丁籍を検へ閲て、詔の依に籍を定む。果して田戸を成す。天皇、膽津が籍を定めし功を嘉して、姓を賜ひて白猪史とす。尋ち田令に拝けたまいて、瑞子が副としたまふ。瑞子は上に見えたり。

④『日本書紀』敏達三年十月九日条

冬十月の戊子朔の丙申に、蘇我馬子大臣を吉備国に遣して、白猪屯倉と田部とを増益さしむ。即ち田部の名籍を以て、白猪史胆津に授く。

⑤『日本書紀』敏達四年二月一日条

二月の壬辰の朔に。馬子宿禰大臣、京師に還く。屯倉の事を復命す。

これらの一連の記載については、すべてが王辰爾一族に関わるものではなく、その内容から蘇我馬子の復命に関わる公的な記録ないし、蘇我氏の家記に由来する部分と、白猪史の家記に基づくものからなり、比較的史実に近い実録的な所伝と考えられている。(8) 吉備五郡の白猪屯倉・備前の児嶋屯倉については、大和政権が直轄設置した筑紫の那津屯家や難波屯倉と並ぶ対外交渉の迎賓施設・拠点にともなうものとみられるが、(9) その実質的な責任者として「王辰爾の甥」とされる白猪史胆津が派遣され、「白猪田部の丁籍を検へ定めしむべし」とか「田部の名籍を以て、白猪史胆津に授く」とあるように、律令制に先行する管理方式の実施にあたっており、王辰爾一族のもつ新しい知識・技術の一端を示すものである。これら一連の王辰爾一族に関わる所伝はいずれも実録的なものであり、王辰爾一族が欽明朝前後に新たに渡来し直ちに登用された人々であったことは間違いないところであろう。これに対し、王辰爾一族と職掌・居住地をともにし、よく似た渡来伝説を共有する王仁後裔氏族の場合は、先の「烏羽の表」の所伝にあったように王辰爾一族より早く朝廷に登用され、倭漢氏の一族文直氏とともに東西史部・東西諸史を構成する、いわゆるフヒト集団の中心メンバーとされている。事実その始祖王仁の渡来については、『古事記』応神天皇段に著名な記事がある。

又、百済国に「若し賢しき人有ら者貢上れ」ト科せ賜ひき。故、命を受ケて貢上れる人、名は和迩吉師。即ち論語十巻・千字文一巻、丼せて十一巻、是の人に付ケて貢進りき。此ノ和尒吉師者、文首等が祖ソ。

ここから王仁が当時抜きん出た学者で、その後裔の西文首氏が学問と文筆を家職とする氏族であることを主張したものであろう。そして、『日本書紀』応神十五年（二八四）八月六日条・応神十六年二月条にも同様の記載がある。

阿直岐、亦能く経典を読めり。即ち太子菟道稚郎子、師としたまふ。是に、天皇、阿直岐の問ひて曰はく、「如し汝に勝れる博士、亦有りや」とのたまふ。対へて曰はく、「王仁といふ者有り。是秀れたり」とまうす。時に上毛野君の祖、荒田別・巫別を百済に遣して、仍りて王仁を徴さしむ。其れ阿直岐は、阿直岐史の始祖なり。十六年の春二月に、王仁来り。則ち太子菟道稚郎子、師としたまふ。諸の典籍を王仁に習ひたまふ。通り達らずといふこと莫し。所謂王仁は、是書首等の始祖なり。

ここでも西文首氏らが、太子菟道稚郎子の師として諸の典籍の講習にあたった知識豊かな「博士」を出す氏族であることが主張されている。皇太子の師とは令制の「東宮博士」であり、フヒトの官職では最高位とされ、フヒトの代表的な人物像として王仁が造形されていることがうかがえる。(10) また、『古語拾遺』にはフヒトのいま一つの中心的な職掌が伝承化されている。

此より後、諸国の貢調、年年に盈ち溢れき。更に大蔵を立てて、蘇我麻智宿禰をして三蔵斎蔵・内蔵・大蔵。を検校しめ、秦氏をして其の物を出納せしめ、東西文民をして、其の簿を勘へ録さしむ。是を以て、漢氏に姓を賜ひて、内蔵・大蔵と為す。今、秦・漢の二氏をして、内蔵・大蔵の主鑰・蔵部と為す縁なり。

すなわち東西文氏が王辰爾一族と同じく、朝廷の財政記録の作成にも深く関わっていたことがうかがわれ、フヒトが学問・書籍の知識だけでなく朝廷の財政にも大きな役割を担っていたことが判明する。

ところでこうしたフヒトの制度が、大和政権において実際に形成されるのはいつごろのことで、またどのような事情によるのであろうか。フヒトとはフミヒトの省略形であり、それを表記する漢字は史・博士・史部などである。このうち史部はフヒトラであって、「東西諸史」「東西史部」のようにフヒトの職務に関わるトモの総称であろう。博士がフヒトの表記となったのは、先にみたように、フヒトの職務が新しい知識や技術の所有者で、漢字の使用や漢語を理解するなど知識人・学者としての部分が大きいためであろう。そして、一般的に史・史部が通用するのは、フヒトたちが主として文筆により大和政権の一角を占めていたためであって、その職務内容を的確に表現するものであったからであろう。[11]したがって、史がカバネ化するのはかなり新しい可能性が高いが、職務としてのフヒトは早くから使用されていたと考えられる。フヒトの制度は大和政権の機構的編成と不可分のもので、大和政権が内政外交をすすめるにあたって文書的な事務・記録を恒常的に作成・保存する必要から生み出されたとみられる。そしてこうした分野では圧倒的に先進的な水準にあった中国や朝鮮半島からの移住者が採用されるのは自然なことであろう。事実倭国が歴史上に登場する「奴国王」や「卑弥呼」の時代にすでに端緒が認められるし、朝鮮半島諸国との交流や抗争が激化する四世紀以降、いわゆる倭の五王による南朝との外交が継続的になされた五世紀には、たとえば倭の五王の一人讃が大祖文帝の元嘉二年（四二五）に宋に派遣した司馬曹達のように、また同じく『宋書』にみえる倭王武の上表文や埼玉県の稲荷山古墳出土鉄刀銘、熊本県江田船山古墳出土鉄刀銘の「杖刀人」「典曹人」の記載などから、かなりの制度化がすすんだことは間違いないところであろう。[12]こうした想定を『日本書紀』『古事記』などの文献資料の記載と直ちに結びつけて史実とすることは史料の性格からみて危険であるが、中国の皇帝に宛てた正式の文書を起草できる人や使節として実際に外交に携わる人、大王に「某ヒト」として仕える職能集団の出現など、大王の下に初現的な官人として形成されていたことはほぼ認めてよいように考える。したがって、職能集団としてのフヒトも学識・技術をもつ渡来人を組織化して、五世紀代には成立したとみて間違いないところであろう。そうした渡来人の集団が、大和政権における政治組織である氏族が形成されるのに対応して、独自の族団を形成したとみられる。

『日本書紀』雄略十六年十月条には倭漢直氏が漢部を集めてその伴造となり、カバネ直を賜ったことがみえる。

冬十月に詔して、「漢部を聚へて、其の伴造の者を定めよ」とのたまへり。姓を賜ひて直と曰ふ。一に云はく、賜ふとは漢使主等に姓を賜ひて直と曰ふぞ。

また『日本書紀』欽明元年八月条にも、秦人・漢人らの渡来人を集め国郡に安置し戸籍に編貫したこと、大蔵掾（秦大津父）を「秦伴造」としたことがみえる。

八月に、高麗・百済・新羅・任那、並に使を遣して献り、並に貢職脩る。秦人・漢人、諸蕃の投化ける者を召し集へて、国郡に安置めて、戸籍に編貫く。秦の戸の数、総べて七千五十三戸。大蔵掾を以て、秦伴造としたまふ。

これらのことから六世紀ごろには、渡来氏族のなかからのちに東西史部・東西諸史と呼ばれる学問・文筆により大王に奉仕する族団が形成され、世襲的に維持する制度が成立したとみられる。

三　渡来氏族のネットワークと新知識の導入

こうした渡来氏族は、在来の氏族と同様にその功績により朝廷における地位が当然大きく変動するわけで、その地位を維持・向上するために多くのエネルギーを割くことになったとみられる。六世紀以降、大王家が百済王家から中国南朝系の知識人（諸博士）を導入するのも、そうした王権の先進文明への大きな期待が存在したのであろう。フヒトが職掌とする学問・知識は、今日とはややその速度は違っても、日進月歩の歩みがあったとみられ、新しい学問と知識に関する情報収集とすばやい導入は氏族の命運に関わる重大事であった。そうした場合、渡来氏族は欽明朝以降においては、百済から派遣された諸「博士」たちから新しい学問や知識を優先的に学ぶこともできたかもしれないが(13)、それぞれ氏族独自のネットワークを活用して、親族・一族を中心として人材を故国に求めたのではなかろうか。そのことを具体的に示す史料はないが、その手がかりとなるのが渡来伝説にみえる新しい渡来人の招請をめぐる所伝である。

秦忌寸。太秦公宿禰と同じき祖。秦始皇帝の後なり。功智王、弓月王、誉田天皇諡は応神。の十四年に来朝りて、表を上りて、更、国へ帰りて、百廿七県の伯姓を率て帰化り、幷、金銀玉帛種々の宝物等を献りき。天皇嘉でたまひて、大和の朝津間の腋上の地を賜ひて居らしめたまひき。

これは『新撰姓氏録』山城国諸蕃漢秦忌寸条で、故国に一度戻り「宝物等」を携え、新しい一族を率いて、再来日したことが述べられている。

また、先に検討した『日本書紀』応神十五年八月六日条の王仁の渡来伝説も、早く渡来した阿直岐の推薦により王仁の招請がなされたとあるように、先に渡来した人による招請がこうした新しい渡来人来日の一つの契機となったことがうかがえる。そして新しい渡来人の来日と定着のあり方について、まとまった所伝が「坂上系図」所引『新撰姓氏録』逸文にもみえている。

姓氏録第廿三巻に曰はく、阿智王、誉田天皇諡は応神。の御世に、本国の乱を避けて、母、並に妻子、母の弟、辻興徳、七姓の漢人等を率て帰化り。（中略）天皇、其の来ける志を矜みたまひて、阿智王を号けて、使王と為したまふ。仍りて、大和国檜前郡郷を賜りて之に居れり。時に、阿智使主、奏して言さく、臣、入朝の時に、本郷の人民、往に離れ散れり。今聞くに、遍く、高麗・百済、新羅等の国に在りと。望み請ふらくは、使を遣して喚び来さしめむとまうす。天皇、即ち使を遣して喚ばしめたまふ。大鷦鷯天皇、諡は仁徳。の御世に、落を挙つて随ひ来く。今の高向村主、西波多村主、平方村主、石村村主、飽波村主、危寸村主、長野村主、俾加村主、茅沼山村主、高宮村主、大石村主、飛鳥村主、西大友村主、長田村主、錦部村主、田村村主、忍海村主、佐味村主、桑原村主、白鳥村主、額田村主、牟佐村主、甲賀村主、鞍作村主、播磨村主、漢人村主、今来村主、石寸村主、金作村主、尾張吹角村主等は、是、其の後なり。爾時、阿智王奏して、今来郡を建むとまうす。後に改めて高市郡と号く。而れども人衆巨多くして、居地隘狭くなりぬ。更に諸国に分ち置けり。摂津、参河、近江、播磨、阿波等の漢人村主、是なり。

ここでは倭漢氏の祖阿智王が応神朝に本国の乱を避けて、母・妻子・母弟など親族と七姓漢人などを率いて渡来したが、ともに来朝しようとしていた本郷の人々が途中離散し高麗・百済・新羅に止まっているので、使いを出して呼び来さしめたいと上奏したこと。仁徳天皇の世になり離散していた人民がこぞって渡来したとし、その子孫とする二五氏にのぼる漢人村主氏の名をあげている。これらの諸氏は当初高市郡＝今来郡に居住していたが、やがて手狭になってしまったため摂津・三河・近江・播磨・阿波などの諸国に分け置かれることになったとしている。したがって倭漢氏の場合も、その一族や配下に新たに招請し渡来した人々を含むという考え方のあったことを示している。そしてこの場合、後から来日した渡来人の大半が漢人村主として一括されていることは注意される。

漢人村主については、倭漢氏や西漢氏の配下として編成された新しく渡来した人々や各地に定着していた人々で、先にみた『日本書紀』欽明元年（五四〇）八月条の「秦人・漢人等、諸蕃の投化ける者を召し集へて、国郡に安置めて、戸籍に編貫く」といった記事は、それをうかがわせるものである。秦氏の場合は、「百八十種勝を領率ゐて」と呼ばれるように、某勝と称していたらしい。

漢人村主の渡来定着の具体的な様相を追跡できる例としては、近江の漢人村主がある(14)。その主要のものをあげると、大友村主・大友曰佐・大友漢人・穴太村主・穴太史・穴太野中史、錦部村主・錦部曰佐、大友丹波史・大友桑原史、志賀史・登美史・槻本村主・三津首・上村主などで、のちの滋賀郡大友郷を本拠とする大友村主一族、大友郷南部の穴太を本拠とする穴太村主一族、錦部郷を本拠とする錦部村主一族、古市郷を本拠とする大友丹波史一族がなかでも有力であった。

これらの漢人村主は、近江へ移住した当初はこのような多くの氏族に分かれていたのではなく、志賀に居住する漢人として志賀漢人と呼ばれたらしい。『日本書紀』推古十六年（六〇八）九月十一日条には、隋の使者裴世清が帰国する際、小野臣妹子を大使とする遣隋使が派遣されたことがみえる。その時八人の学問僧が同行しており、そのなかには著名な高向漢人玄理や南淵漢人請安らもいるが、近江出身とみられる志賀漢人慧（恵）隠がみえる。このことから、推古朝ごろには志賀漢人が近江に居住し、そのなかから早くも遣隋学問僧を出す状況が生れていたことがうかがえる。

志賀漢人の定着については、大津北郊に「志賀津」（のちの大津）と呼ばれる港湾施設があり、のちにその地に近江大津宮が造営されるように、大和政権の経済的・軍事的な拠点である東国・北国への水陸交通の基点であった。しかも六世紀以降、活発化した越前を拠点とする高句麗との対外交渉においても、大津北部を含む近江西部が重要な役割を果したとみられる。志賀漢人はこうした大和政権の物流システムの管理・運営にあたるとともに、外交にも関与すべく配置されたとみられる。

そして志賀漢人の分布の中心は、あくまでその本拠である滋賀郡南部であるが、浅井郡・坂田郡・犬上郡・愛知郡・神崎郡・蒲生郡・野洲郡・栗太郡など近江各地に濃密な分布が知られる。またその居住地をみてみると、浅井郡では川道里（郷）に大友史氏、益田郷に錦部日佐氏、坂田郡では朝妻郷に穴太村主氏、犬上郡では簀田郷に穴太村主・錦村主・穴太曰佐の諸氏が、愛知郡では平流五十戸（郷）に丹波博士（史）氏、神崎郡では雄諸郷大津里に大友氏、蒲生郡では桐原郷に大友曰佐氏、野洲郡では馬道郷に大友主寸・登美史・石木主寸・郡主寸ら、栗太郡では木川郷に大友曰佐・志賀史らが居住しており、いずれも郡内でも琵琶湖に隣接した地域に集中している。そして、その居住地には坂田郡の朝妻湊のように港湾施設をともなっている場合が多い。これらの点から琵琶湖の水運のカナメである滋賀郡の大津に本拠をおく志賀漢人が、近江各地の主要な港湾施設のある地に進出し、その周辺に拠点を拡大していった様相が推測され、先の憶測を裏付ける。

このように近江に配置された漢人村主＝志賀漢人は、各地に進出してそれぞれの地域で勢力を拡大していくのであるが、実は近江における本貫地である大津北郊のみならず、彼らが本来居住していたとみられる大和や河内の同族とも連携を保っていたことが確認される(15)。その典型的な例が桑原村主一族の場合である。桑原村主は『新撰姓氏録』右京諸蕃上に「漢高祖の七世孫、万徳使主より出づ」とあり、また『日本書紀』朱鳥元年（六八六）四月八日条に「侍医桑原村主訶都に直広肆を授く。因って以って、姓を賜いて連と曰ふ」とあり、同氏が中央政府に登用され連姓を賜う有力な氏族であることが判明する。そして『続日本紀』天平神護二年（七六六）二月二十五日条には「右京人従八位下桑原連真嶋。右京人外従五位下桑原村主足床。大和国人少初位上桑原村主岡麻呂等卌人。姓桑原公を賜ふ」とあり、村主→連→公とカバネが変化したことが確認できる。また『新撰姓氏録』大和国諸蕃に桑原直氏がみえ、「桑原村主と同じき祖」とあり、摂津国諸蕃にみえる桑原史氏の場合も「桑原村主と同じき祖」とあって一族に直や史の姓をもつものもあったことが知られる。そして、『続日本紀』天平宝字二年（七五八）六月二十五日条には、大和国葛上郡人従八位上桑原史年足ら男女九六人と近江国神崎郡人正八位下桑原史人勝ら一一五五人が藤原朝臣不比等の名に抵触する「史」姓を改めることを申し出たので新たに「直」姓を賜ったことがみえる。この時年足と人勝らは、その先祖「後漢苗裔鄧言興並抃帝利等」が仁徳朝に高句麗から渡来したことと、その後同姓であった人々が数姓に分かれてしまったので同じ姓を賜りたいと申し出たので、桑原史氏のほか大友桑原史・大友史・大友部史・桑原史戸・史戸らに直姓を賜ったとある。この記事によって、桑原史氏が大和葛城と近江神崎にそれぞれ分住しつつも同一氏族として連携を保っていたことが推測される。そして実は『日本書紀』神功五年三月七日条には、新羅に派遣された葛城襲津彦が連れ帰った俘人をその本拠、葛城の桑原・佐糜・高宮・忍海に安置したとし、それが「四邑漢人」の始祖であるという所伝があるから、桑原漢人の本拠がもともと大和葛城で、そこから各地に進出し勢力を拡大していったことがうかがえる。こうした漢人村主の国内における強いネットワークの存在と、先にみた渡来氏族の新しい知識・学問の導入と人材獲得にかける意欲を考えあわすなら、史料上には明確にみえてこないが、これら渡来氏族にあっては列島各地のみならず故国である朝鮮半島とも強いネットワークを保持し、そうした新しい知識や技術をもった人材を絶えず供給するシステムを確立すべく、それに対応できる氏族構造を形成していることが推測されてくる。

おわりに——王辰爾の渡来——

王辰爾の一族のあり様から、渡来氏族がその存立の基礎となる新しい知識・技術を常に更新するため、国内外に独自の強力なネットワークを構築し氏族相互の間で激しい競争を演じていたのではないかといった、渡来氏族独自の氏族構造・システムの存在を推定してみた。

こうした臆説の当否は置くとして、このような視角から王辰爾の一族の実像を見直してみると、倭漢氏や秦氏など大規模な族団を形成した渡来氏族とは異なる河内のフヒトたちの存在形態が浮かび上がってくる。すなわち東西諸史といった伝統的な表現や、奈良時代後半における在地における立場などからみて、王仁後裔氏族がいち早く渡来し氏族としての族団を形成して、河内の古市付近に本拠を置き大王に奉仕することになったとみられる。その職務は当然フヒトとして対外交渉に関わる多方面な業務であったとみられる。そしてほかの渡来氏族と同様、西文氏の一族も新しい学問や知識をもつ人材を故国に求めたであろう。私は王辰爾の一族は西文氏らの招請により新しく渡来し、その居住域に定着してフヒトとしての業務に携わることになったのではないかと考えている。これは一つの憶測であるが、両一族の始祖が王仁・王辰爾のように「王」姓を称しているのは、その繋がりを示しているのではなかろうか。それが「烏の羽の表」をめぐる伝説を生み出したように、フヒト集団間において競合することになったのは、倭漢氏や秦氏のように強力な氏族組織を形成し新しい渡来人を漢人村主や百八十種勝として配下に組織するのではなく、同じフヒトとして横並び状態になったからではなかろうか。同じ東西史部を構成しながら西文氏が政治的に振るわないのは、そうした氏族的な基盤の違いがあったためとも考える。

注

（1）関晃『帰化人』（至文堂、一九五六年）。
（2）山尾幸久「河内飛鳥と渡来氏族」（門脇禎二・水野正好編『古代を考える　河内飛鳥』吉川弘文館、一九八九年）。
（3）井上光貞「王仁の後裔氏族とその仏教」（『史学雑誌』五四—九、一九四三年）。
（4）関前掲注（1）書。
（5）請田正幸「フヒト集団の一考察—カハチの史の始祖伝承を中心に—」（『古代史論集』上、塙書房、一九八八年）。
（6）山尾前掲注（2）論文。
（7）請田前掲注（5）論文。
（8）栄原永遠男「白猪・児島屯倉に関する史料的検討」（『日本史研究』一六〇、一九七五年）。
（9）大橋信弥「名代・子代の基礎的研究」（『日本古代の王権と氏族』吉川弘文館、一九九六年）。
（10）請田前掲注（5）論文。
（11）加藤謙吉「史姓の成立とフミヒト制」（『日本古代の社会と政治』吉川弘文館、一九九五年）。

(12) 薗田香融「古代の知識人」(『岩波講座 日本通史』第五巻、岩波書店、一九九五年)。
(13) 和田萃「渡来人と日本文化」(『岩波講座 日本通史』第三巻、岩波書店、一九九四年)。
(14) 大橋信弥「寺院造営の進展と渡来氏族」(『季刊 考古学』六〇、一九九七年)。
(15) 佐伯有清『新撰姓氏録の研究』考証編第一～六(吉川弘文館、一九八五～二〇〇一年)によれば、多くの渡来氏族が河内・和泉・摂津を本貫地としている。

第二章　安羅加耶と倭国の初期交流
――倭漢氏の出身地をめぐって――

はじめに

安羅加耶と倭国の交流の開始を示すものは、従来から指摘されているように、『高句麗広開土王陵碑銘文』にみえる「安羅人戍兵」とある記述であろう。四〇〇年の高句麗軍と倭の戦闘に、倭と共同歩調をとっていることがうかがえるからである。この記述については広開土王の功業を顕彰する立場からその敵を強大に描くなど、そのままでは受け取れないが、『日本書紀』が百済の古記録に基づく「百済記」に依拠して書いている初期倭済交流史に関わる記述から、ほぼ裏付けられるのではないか。すなわち、『日本書紀』の神功皇后摂政四十六・四十七・四十九～五十二年条には、倭国との交流を目指す百済の使者が、安羅加耶の隣国でおそらく提携関係にあったとみられる卓淳国を仲介として交渉をすすめていることが書かれている。この記載については、百済の倭国への朝貢の起源を語るため大幅な改変が加えられているが、それを除けば百済の古記録に基づく史実が復元できると思われる。すなわち、ここにみえる卓淳国については、かつては慶尚北道の大邱付近とする見解が有力であったが、今日では欽明紀のいわゆる「任那復興会議」をめぐる記述から現在の昌原市付近とすることでほぼ確定している(1)。そして、これらの記事は、干支を二運繰り下げて三六〇年代の史実とすることができ、高句麗の南下に先立ち安羅加耶が卓淳とともに倭と連携していたことをうかがわせる。

ただ、その交流の内容・実態については、これ以上文献資料から具体的に追及することはできない。そこで、少し視点を変え、近年、調査研究がすすんでいる日本列島、特に倭国の中枢である近畿における考古資料により検討を加えたい。

一　考古学からみた韓半島から日本列島への移住の開始

韓半島から日本列島に移住した渡来人のことを考古資料から検証することは、これまで多くの困難があった。しかし、ここ二〇年余りの日本列島各地の発掘調査の進展と、日韓の考古学研究者による多方面からの調査・研究により、かなり具体的に明らかになってきた。そのなかでは、安羅加耶をはじめとする加耶諸国に関わるデータが多くを占めているのである(2)。

まず、渡来人の具体的な移住の手がかりを示す韓式系土器・陶質土器について、指摘すべきであろう。韓式系土器は器形や製作技法が三国時代の韓半島南部地域の百済・新羅・加耶諸国などでみられる赤褐色軟質土器に酷似したもので、渡来人が日本列島内で製作した土器の総称である。陶質土器は窯を用いて焼成された原三国時代の硬質土器や瓦質土器の製作・焼成技術を受け継いだもので、渡来人が所持してもち込んだり、渡来した工人が日本列島内で製作した土器である。渡来後に生産したものを須恵器・初期須恵器と呼ぶ(3)。こうした土器は、大阪湾沿岸地域では、平成二十四年現在で、四世紀末から五世紀末までの遺跡、八三ヵ所で発見されており、摂津・河内に集中している。大和でも、同じく七〇ヵ所以上でみつかっており、四世紀末以降、近畿各地に渡来人が移住し、しだいに在来の人々と混

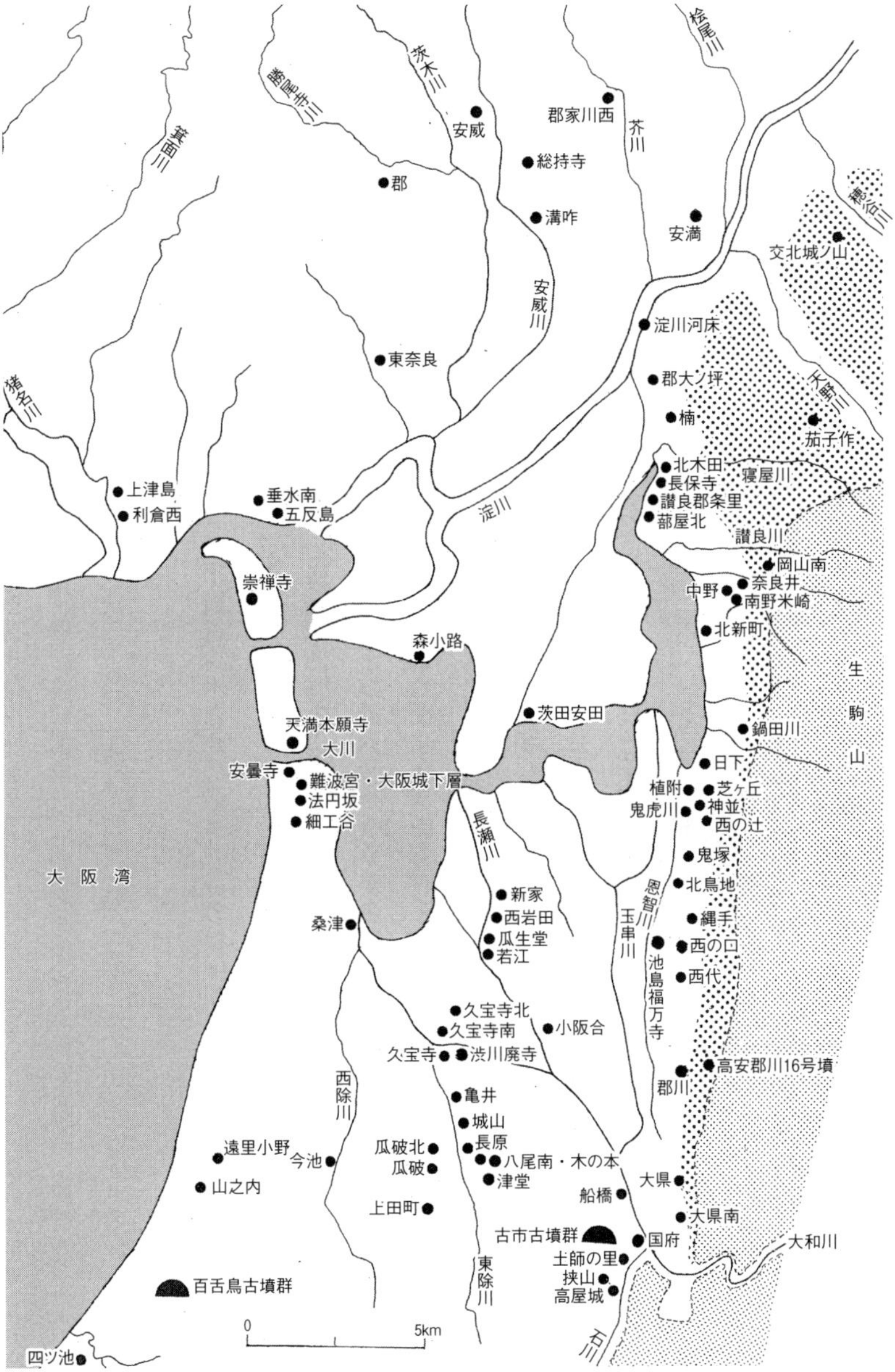

図63　大阪湾沿岸の韓式土器出土遺跡

住・融合していく過程が追跡できる。(4) そこで、河内・摂津・大和の代表的な遺跡を取り上げ、現在まで明らかになっている韓半島からの移住民とその渡来時期、さらにその具体的な定住過程をみることにしたい（図63）。

1　須恵器生産を始めた渡来人集落

日本列島でそれまでなかった硬質の焼き物、須恵器の生産が開始されたのは、かつては五世紀中ごろとされていたが、今日では五世紀前半さらには四世紀末まで遡ることが明らかになりつつある。そうした開始期の土器生産にあたった渡来人たちのムラの様相もかなり明らかになっている。ここでは、その代表的な遺跡である大庭寺遺跡・小坂遺跡・伏尾遺跡を取り上げたい（図64）。

大庭寺遺跡　この遺跡では窯の本体は検出されなかったが、灰原の存在から二基の窯跡が推定され、隣接して竪穴建物や大壁建物・掘立柱建物、溝・土坑・土器溜り・河川などの遺構が検出されている。各遺構からは多量の初期須恵器や韓式系土器、土師器が出土しており、四世紀末（ＴＧ二三二型式）から五世紀前半（ＴＫ二〇八型式）にかけて長期間存続することが明らかになっている。このうち土器溜りからは多量の初期須恵器が出土しており、周辺に須恵器の選別場があった可能性が指摘されている。四世紀末に遡る遺構は灰原と土器溜り、そして調査区の東側に存在する六棟の建物跡を含む居住域である。居住域周辺ではほとんど土師器の出土がなく、出土遺物は加耶南東部の金官加耶の陶質土器に瓜二つの須恵器と韓式系土器で占められており、渡来して間もなくこの地に定着して須恵器生産を始めたと考えられる。居住域では倉庫とみられる掘立柱建物群と工房・住居とみられる建物群が広場を挟んで対峙している。居住域には平地式の正方形と長方形プランの大壁建物が検出され、渡来人集団の居住を裏付ける。

窯跡に付随する土器溜り（不良品の捨て場）出土の土器の場合、須恵器が全体の七〇％前後であり、韓式系土器が

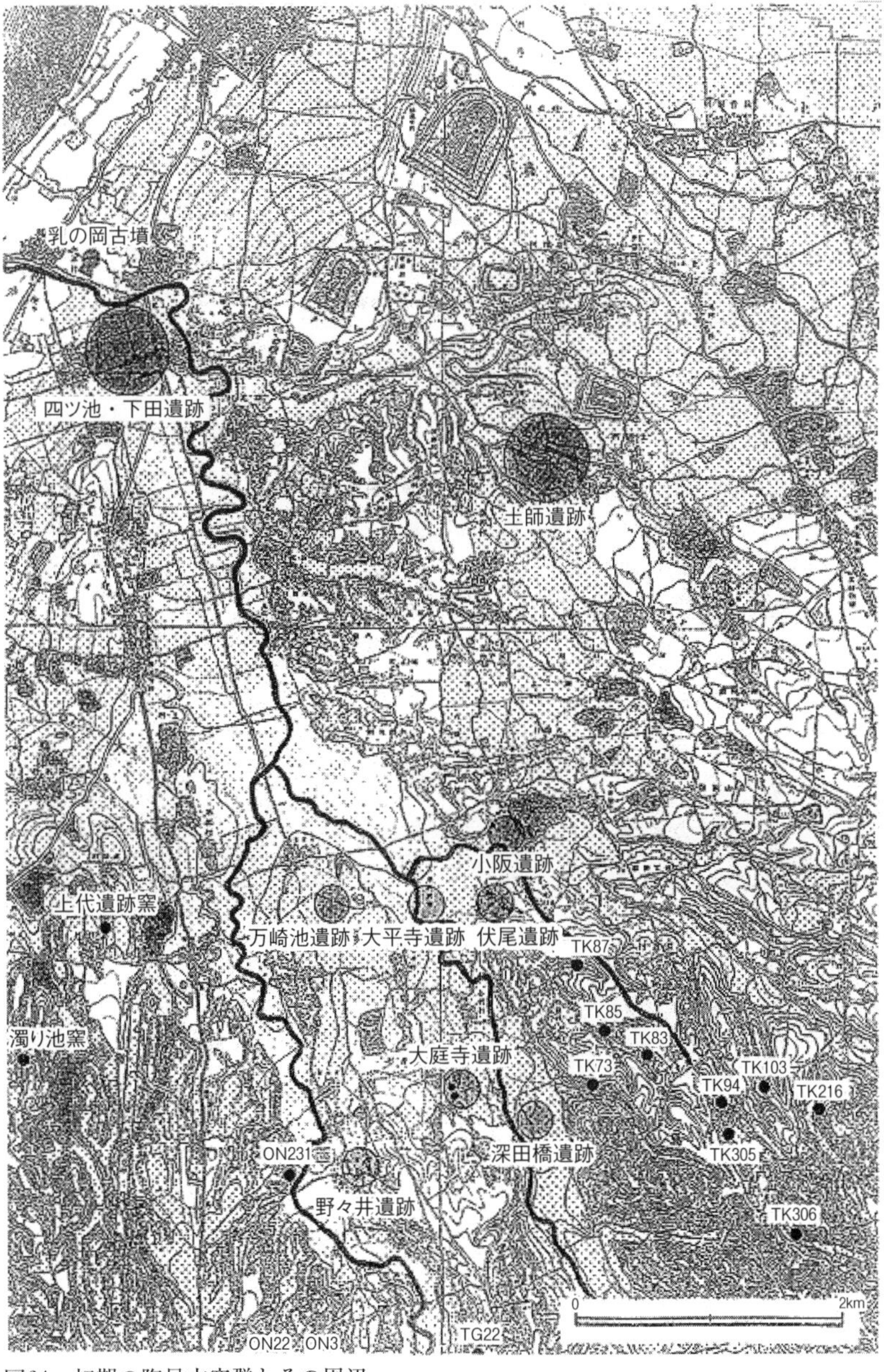

図64　初期の陶邑古窯群とその周辺

二〇%前後、そして土師器が一〇%前後であった。土師器に比べて韓式系土器の比率が高く二倍近いことから、大庭寺遺跡の居住者の大半が渡来人であったことをうかがわせる。しかし、少数ながら土師器が存在することは、生産にあたって在地人との協業も考えられる（図65）。

五世紀前半（TK七三型式段階）の土器溜りでは、引き続き大量の韓式系土器が出土している。ここからは、TK七三型式と一部は五世紀中ごろ（TK二一六型式段階）の須恵器が出土しており、その比率は六六%と高く、韓式系土器が二八%、土師器は六%であった。この段階でも依然として韓式系土器の割合は高く、渡来人集団を中心に須恵器生産がなされていたとみられる。ただ韓式系土器には胴張り化したものや端部が鈍くなっていく傾向もあり、しだいに変化が現れている(5)。

小坂遺跡　大庭寺遺跡に後続する初期須恵器生産に関わるのが、陶邑古窯跡群に隣接して所在する小坂遺跡と伏尾遺跡である。小坂遺跡は五世紀前半（TK七三型式段階）から五世紀中ごろ（TK二一六型式段階）まで存続しているが、主要な遺構は五世紀前半のものである。大きく二条の溝によって区画されたなかに大壁竪穴建物二〜三棟、造付けのカマドを付設した竪穴建物四棟、平地式の大壁建物一〜二棟などが検出されており、渡来要素が強いことを示している。そして隣接する河川跡を含め多量の土器が出土しており、土師器の形態を模した須恵器なども出土している。須恵器と土師器・韓式系土器の割合はほぼ一対一である。そのうち韓式系土器は全体の約一〇%強であり、土師器は全体の四〇%弱である。大庭寺遺跡に比べて土師器の割合が韓式系土器の三倍以上で、混住・在地化がすすんでいる。韓式系土器は慶尚南道南西部から全羅南道西部の特徴をもつものが多く、加耶南部と栄山江流域からの渡来が推定されている（図66）。

なお小坂遺跡では韓式系土器の長胴甕の出土量が極めて少なく、逆に土師器の甕が多い傾向がある。渡来人の在地化傾向を示すものと指摘されており、渡来的要素は大庭寺遺跡に比べると低くなっている。渡来型から在地型への移行、あるいは渡来人と在地人の混住の進展が推測される[6]。

伏尾遺跡　伏尾遺跡は、陶器川を北にのぞむＴＫ七三・八三・八五・八七号窯が所在する丘陵北西部の五世紀前半

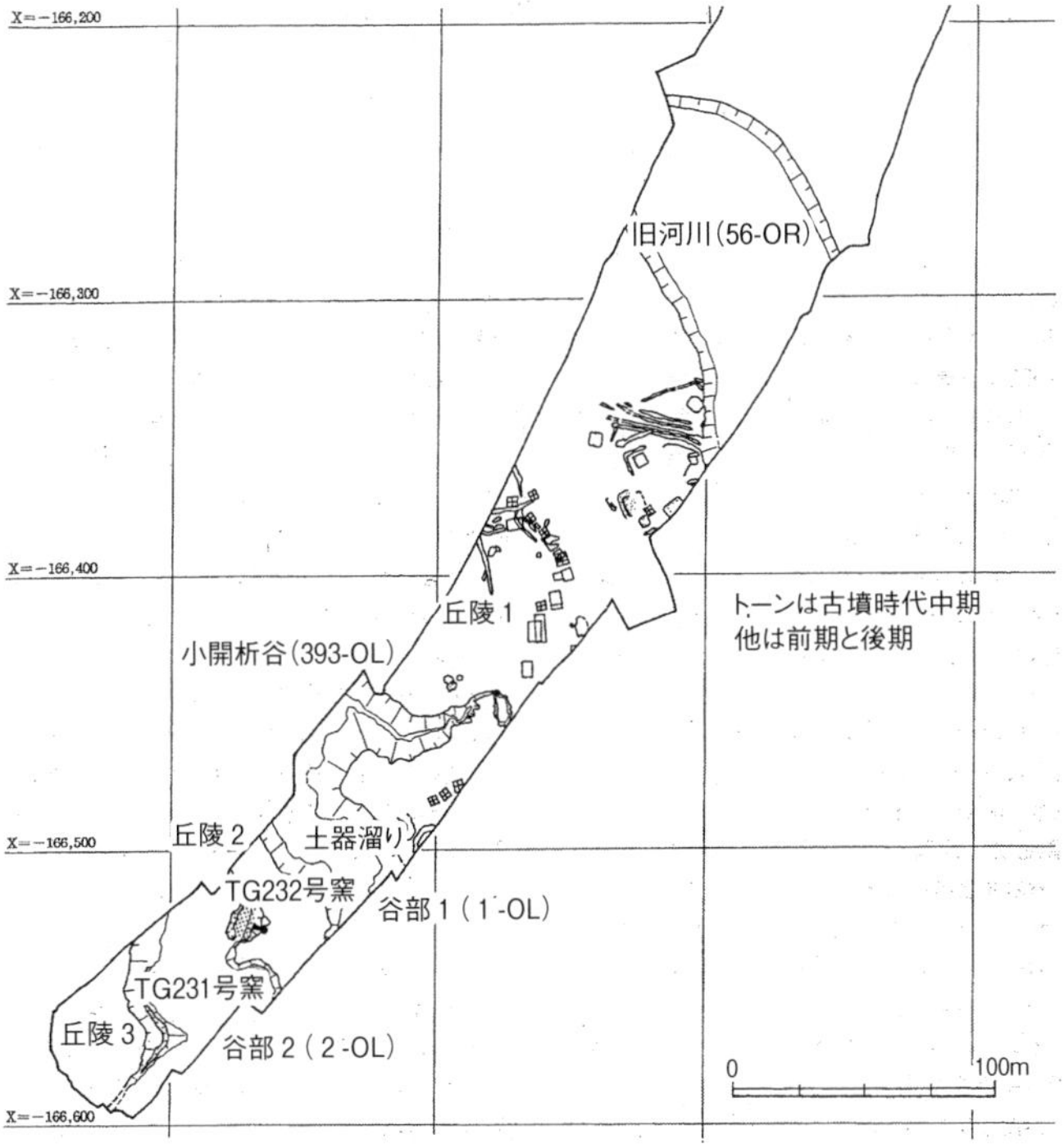

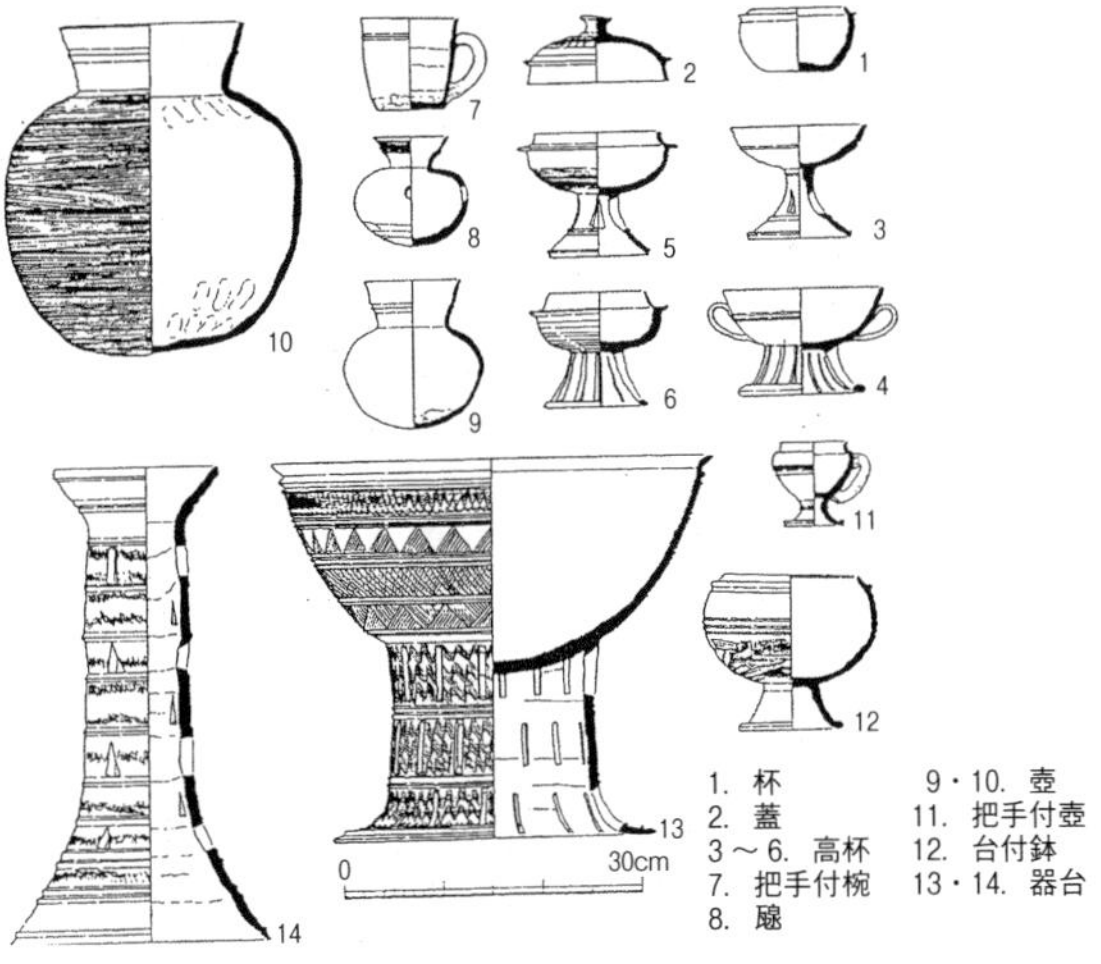

図65　大庭寺遺跡の遺構と遺物

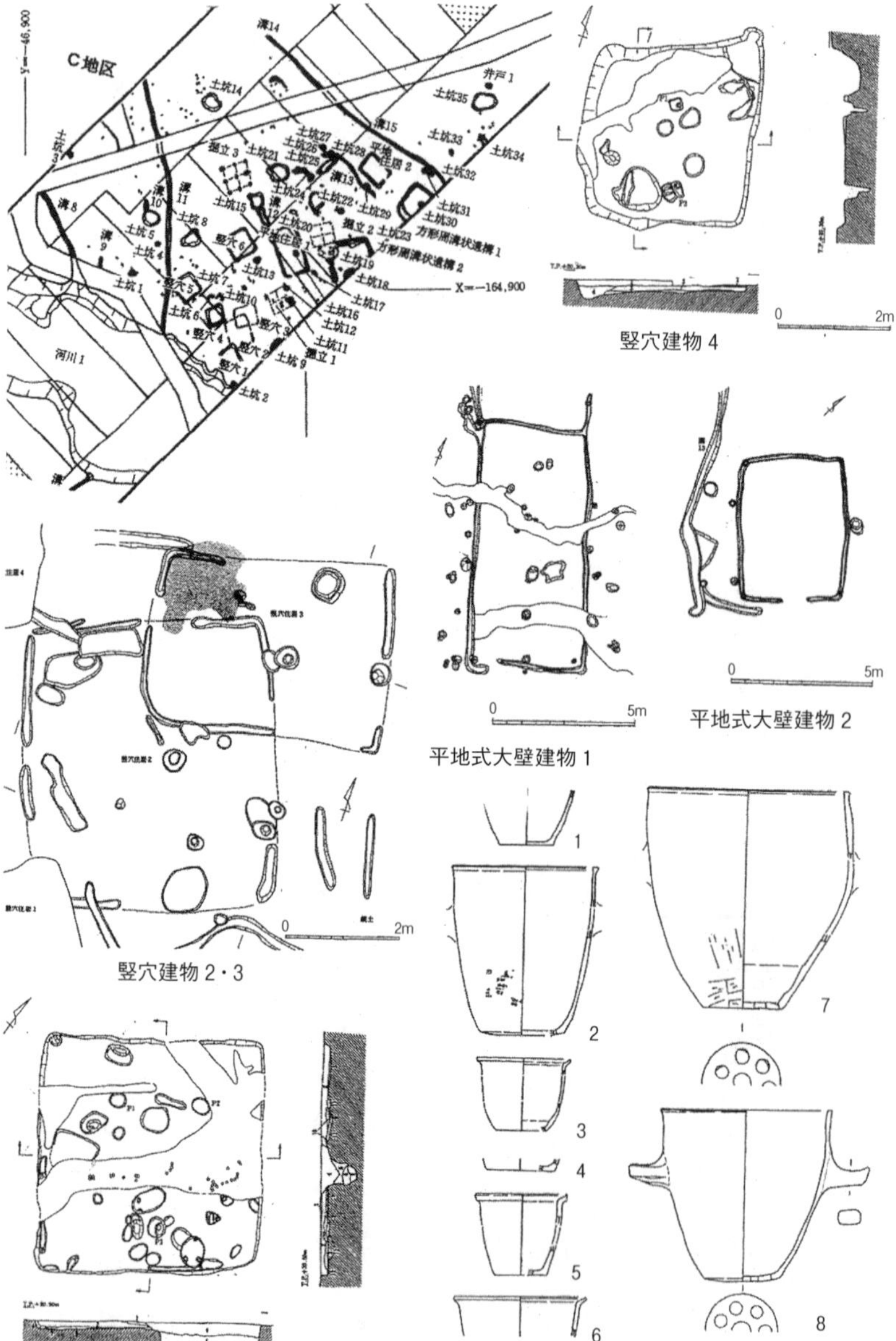

1・2：竪穴建物1，3・4：竪穴建物2，5～7：竪穴建物5，8：竪穴建物6

図66　小坂遺跡の集落と遺物

の須恵器生産専業工人の集落である。遺跡は、大きく二条の溝で区画されたなかに三棟の大壁竪穴建物、三〇棟の掘立柱建物、土坑、その他が検出されており、掘立柱建物は半数近くが総柱で倉庫とみられる。製品を保管したのであろう。掘立柱建物は重複するものもあるが、二×二間のものが多く、その他一×一間、一×二間などがあり、平面形も正方形・長方形の二種がある。配置は規則的ではなく、やや乱雑である。隣接する溝や土坑から多量の須恵器が出土することから、須恵器生産と深く関わることがうかがえる。出土した須恵器は五世紀前半から中ごろ（TK二一六・ON四六段階）の初期須恵器で、陶邑古窯址群成立期の渡来工人集落とみられる（図67）。

伏尾遺跡でも一定量の韓式系土器が土坑・溝から須恵器とともに出土しているが、土師器化がすすんでおり、韓式系の甕・台付鉢などもある。出土遺物のなかには移動式カマドや煙突型土製品・算盤玉形紡錘車などもあり、加耶南部や栄山江流域からの移住民が含まれているとみられている。ここでも渡来人の集住が引き続きみられるが、その割合はしだいに減少傾向にあるといえる(7)。堺市教育委員会が調査した東地区では、溝で囲まれたなかに一棟の建物跡と溝・土坑などが多数検出されているが、多量の須恵器が出土している割には韓式系土器の出土は少なく渡来的要素の減少傾向を裏付けている。

陶邑古窯跡群の成立過程については、加耶南部を中心とする広い地域から専門工人が移住して生産を開始していることが明らかになったが、四世紀末ごろ大庭寺遺跡に定住した渡来人集団の出身地については、金官加耶が有力視されている。そしてその後、五世紀前半に波状的に渡来した工人については、安羅加耶を含む加耶南部から栄山江流域に出自することが推測されている。倭国が韓半島との交流を始めるにあたって、こうした地域との繋がりを特に重視していたことを示している。

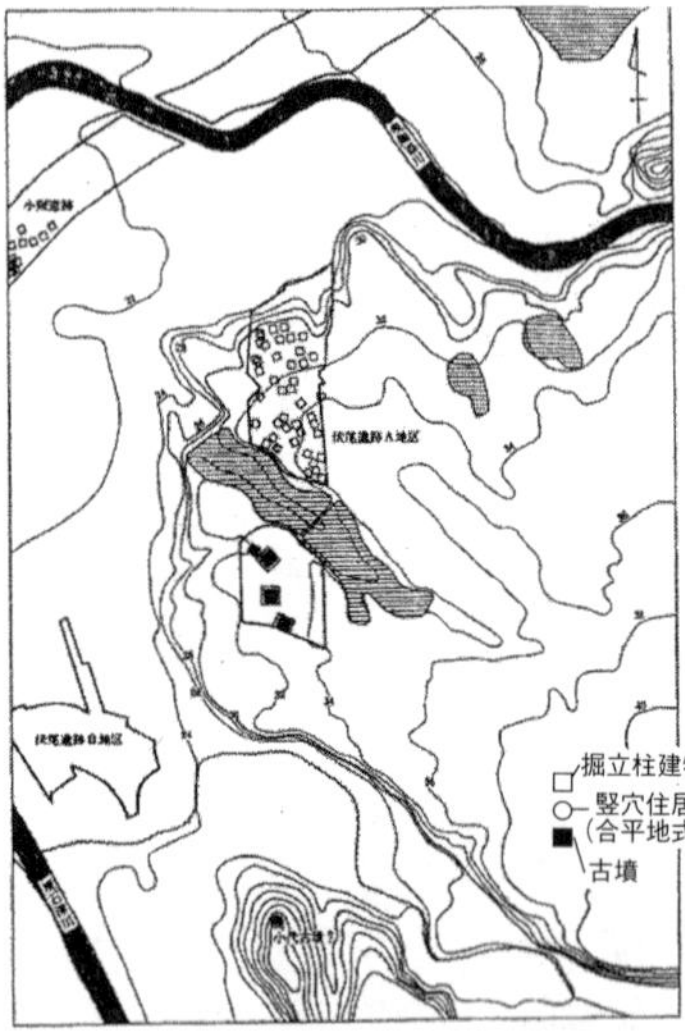

伏尾遺跡の集落と古墳群の位置図

図67　伏尾遺跡の古墳時代集落

2　耕地開発をすすめた渡来人集落

大阪湾沿岸や淀川流域には、多くの未開発な低地が広がっていた。こうした土地の開発に新しい土木技術をもつ渡来人集団が関わったことが、いくつかの遺跡の調査で明らかになっている。ここでは、安威遺跡や長原遺跡、八尾南遺跡をみておきたい。

安威遺跡　摂津の安威川流域には韓式系土器を出土する遺跡が少なくないが、そのなかで安威遺跡はこの地域最古の渡来人集落とされる遺跡で、四世紀末から六世紀初頭まで一〇〇年余つづいたとされる。三五棟の大壁竪穴建物と多数の掘立柱建物がセットとなる集落で、竪穴建物は床面に柱のない平地式の壁建式建物で大壁竪穴建物と呼ばれ、造付けのカマドを付設している。方形ないし正方形の平面プランをとり、韓半島南部の原三国・三国時代の建築様式に多くみられるもので、その影響を強く受けたものとされている(8)。出土土器では、加耶南部の特徴をもつ初期須恵器と、加耶地域や栄山江流域の特色をもつ韓式系土器がみられ、居住民のふるさとが韓半島南西部にあったことを示唆する。なお、韓式系土器の土師器化がすすむ五世紀前半以降、大壁竪穴建物が平地式の大壁建物に移行しており、定住化の過程がうかがえる。安威遺跡の渡来人集団の性格については明確でないが、安威川流域に広がる低地の開発に関与した可能性が強いとされている(9)（図68）。

長原遺跡　長原遺跡は、羽曳野丘陵より北に派生した瓜破台地の末端から北の河内低地につづく沖積地ならび自然堤防上に位置している。韓式系土器をともなう古墳時代中期の集落は、遺跡のほぼ中央部に位置する長原古墳群を境に、北東部にある出戸自然堤防の東集落と、西側の馬池谷に沿って展開する西集落に大きく二分され、五世紀前半に東集落から西集落へと移動したとみられている。

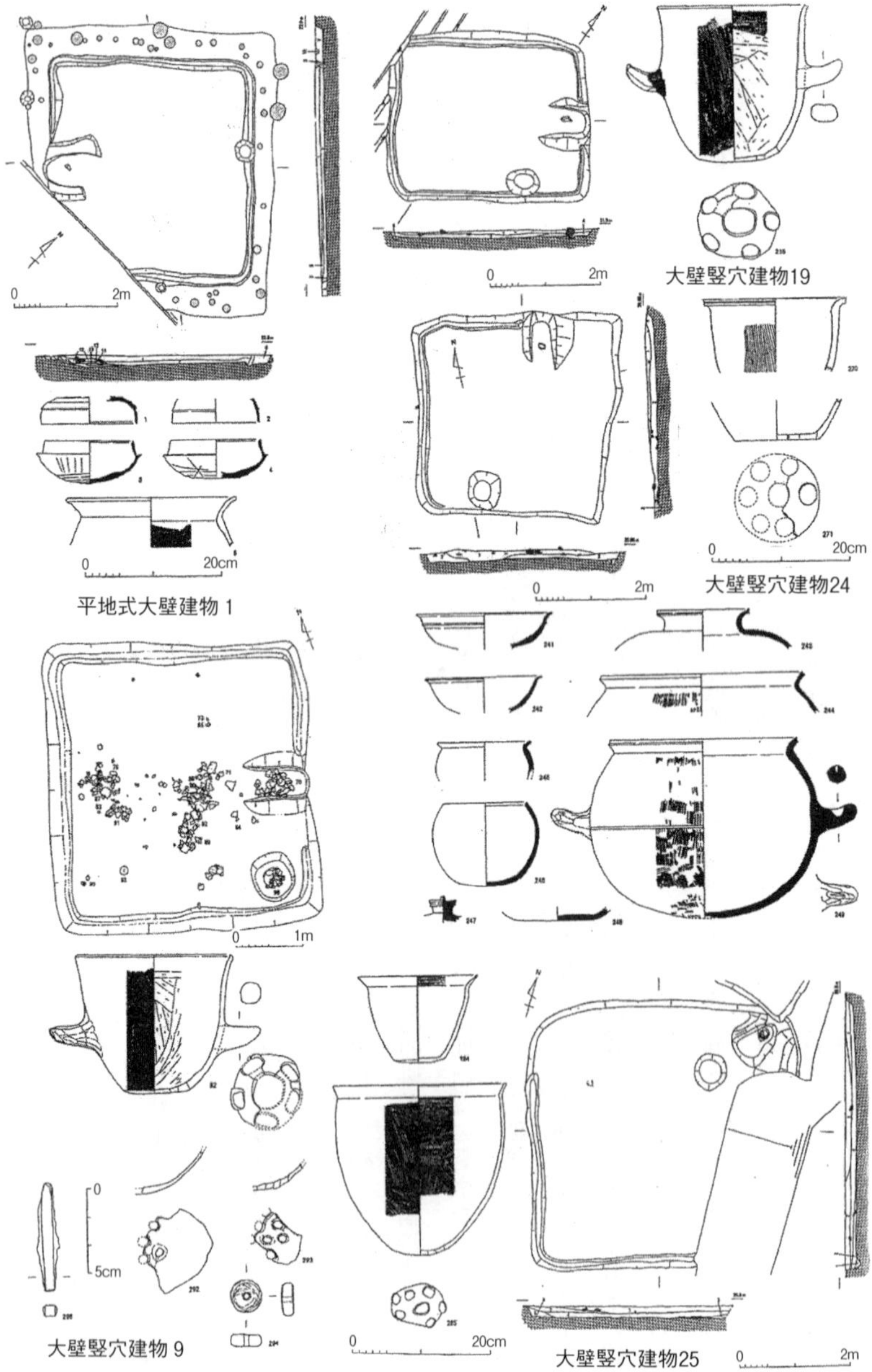

図68　安威遺跡の集落と遺物

東集落の範囲内では、造付けカマドを付設した竪穴建物・大壁建物・掘立柱建物・コの字形区画溝をともなう建物・井戸・土壙・溝・屋外炉などが検出された。四世紀末から五世紀前半（ＴＧ二三一・二三二型式からＴＫ二一六型式に至る）の初期須恵器をはじめ、洛東江流域の加耶地域の韓式系土器や陶質土器が出土している（図69）。

また、その一角から発見された東西に二棟並ぶコの字形区画溝をともなう建物は、溝内から多量の焼土・炭片にともなってわずかながらスラッグが見出されたことから、鍛冶工房の可能性が想定されている。さらにこの遺構の南側、窪地を隔てた場所でも鍛冶滓やフイゴの羽口がまとまって出土しており、東集落内の鍛冶工房の存在を裏付ける。なお、東集落内では大壁建物が三棟以上確認されたほか、馬の埋葬遺構や馬歯・骨の出土により馬が飼育されていたことも知られる。これらの遺構・遺物は東集落が五世紀前半に営まれた拠点的な集落であることを示しているが、三国時代の百済系土器や陶質土器、伽耶系の陶質土器などの出土は、この集落の渡来人集団の故地を示している。

ところで、東集落の東方では四世紀末ごろの治水にともなう数本の土堤が確認されている。土堤は高さも低く、弥生時代以来の土砂を積み上げる工法によっており、数条の流路と平行して造営された土堤は洪水のたびに築き直した可能性が高いとみられている。これに対して「敷葉工法」によって築かれた北方の亀井遺跡の堤防は大規模なもので、高さが一《メートル》近くあり、河道を固定して旧流路から新しい流路へ導水したものである。「敷葉工法」は東除川を下った久宝寺遺跡の五世紀代の堤防でも確認されており、堤防斜面の崩落を防ぐため丸太材を井桁状に組み合わせて杭止めしていたほか、河道内に多量の丸太杭を合掌状に打ち込み横木を渡し大規模な「シガラミ」が構築されていた。「敷葉工法」や「井桁状の土留工法」および「シガラミ」は、東集落が形成されるころ渡来人が伝えた土木技術と推測され、沖積低地の開発を推進するうえで大きな役割を果たしたとみられる。

五世紀前半を迎えてまもなく、東集落は西方の馬池谷方面の西集落に移動するが、東集落と異なり分散して居住す

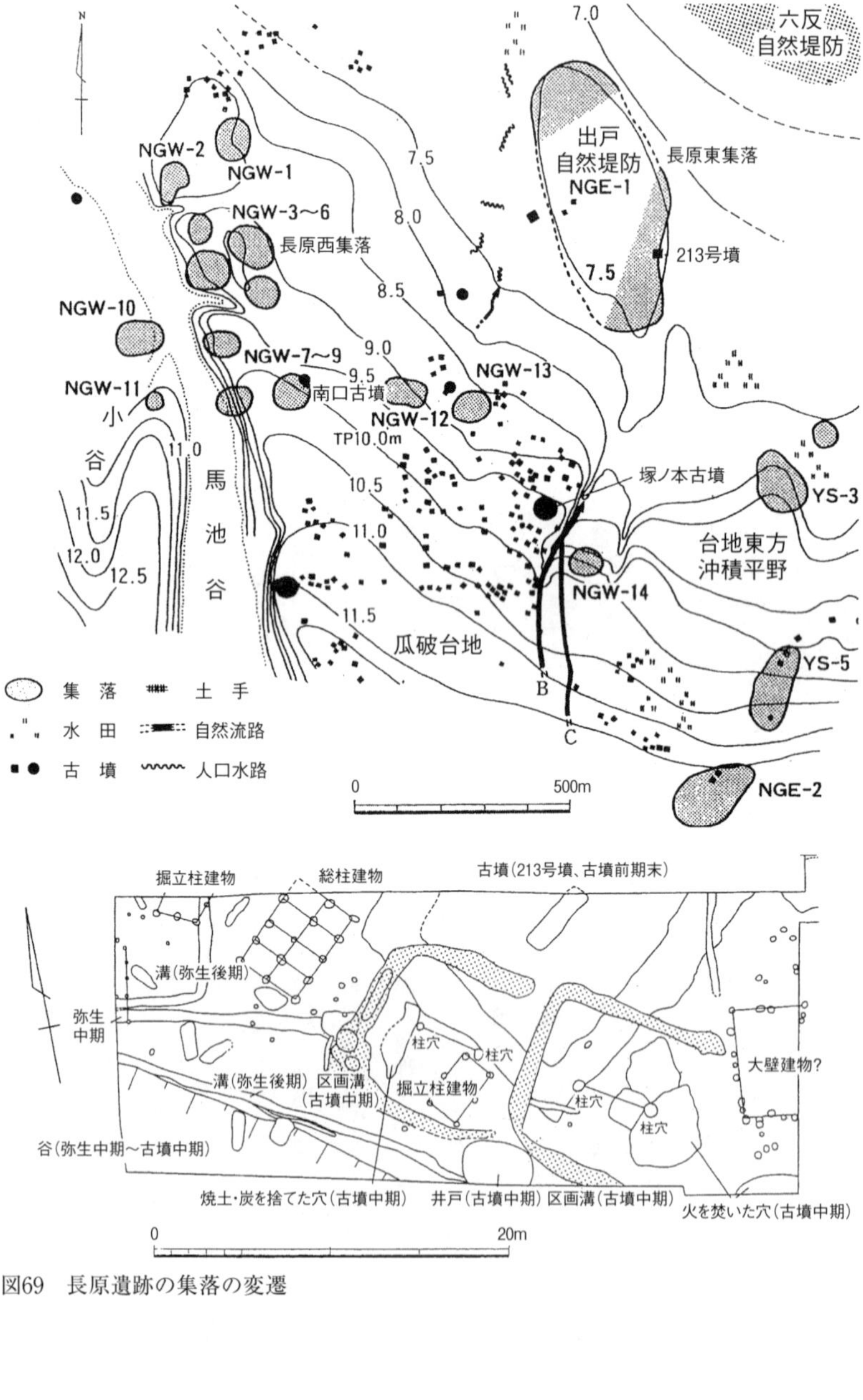

図69　長原遺跡の集落の変遷

る傾向がうかがわれる。また、集落の南部では五世紀前半から中葉（TK二一六型式〜TK二〇八型式）の須恵器に共伴して、格子・平行・鳥足文タタキが施された韓式系土器（甑・長胴甕・鍋・平底鉢・曲げ庇系移動式カマド）が出土しており、栄山江流域から新たな渡来人がこの地に移住したことを示唆している。ところで、西集落が成立するころの五世紀前半の須恵器に共伴する韓式系土器のなかには、ハケやヘラケズリなど土師器の製作技法で作られたものや、タタキ技法など韓式系土器の製作技法で作られた土師器が出現している。このような現象は渡来人と倭人の融合がすんだことを示すといえよう。

その後、西集落は五世紀後半（TK二三型式）ころにその中心が北部に移り、六世紀前半（TK一〇型式）ごろに廃絶する。西集落が終焉を迎えるころの建物群は、複数の大壁建物を含む掘立柱建物に移行しており、竪穴建物はみられなくなる。これらのことから、西集落廃絶時の集落はいまだ渡来人集団が居住していたことを想定させる。そして集落の背後の瓜破台地の一帯は高燥の地で馬の飼育に適していたようで、西集落や馬池谷の内外に分布している馬の埋葬土坑や馬歯・骨は、この集落の渡来人集団が馬の飼育や牧の管理を担っていたことを示している。また、六世紀第二四半期ころの西集落では鍛冶滓や鞴の羽口をはじめタタキ板・当て具・木槌など須恵器製作の道具も出土しており、集落内には鍛冶や須恵器生産に携わった工人集団がいたことも考えられる。おそらく、低地開発や生活に必要な鉄製工具や農具と牛馬を集落内において自前で供給していたのであろう(10)。

八尾南遺跡　八尾南遺跡は、長原遺跡と同じ羽曳野丘陵の北方の低地でやや標高の高い地域に位置する五世紀前半から五世紀中葉の渡来人集落である。古墳時代中期の遺構は掘立柱建物のみで構成され、建物の方位から三つの群に分かれるようでそれぞれに井戸や土坑がともなっている。井戸や土坑からは、韓式系土器各種のほか、五世紀前半から五世紀中葉（TG二三二〜TK二一六形式とON四六形式）の初期須恵器、煙突形土製品、造付けカマドの焚口枠（U

字形土製品）、算盤玉形紡錘車など、渡来人に関わる遺物が多数出土した。それぞれの特徴から、加耶南部から全羅南道西部の栄山江下流域の影響が指摘されている。なお、ほかに遺跡内からは牛馬の足跡や鍛冶工房などもみつかっており、馬飼や鉄器生産に携わる人々も含まれていたことがうかがえる。[11]

3　鉄器生産を専業とする渡来人集落

大阪湾沿岸では、先にみたように、多くの渡来人集落で鍛冶などの鉄器生産に関わる遺構・遺物が発見されているが、ここでは専業的な多数の鍛冶工房をもつ集落の実態が明らかになった河内の大県遺跡・大県南遺跡・森遺跡などをみておきたい（図70）。

大県遺跡群　大県遺跡群は柏原市に所在する古墳中期から奈良時代を中心とする鍛冶専業集落で、大県遺跡、その南に所在する大県南遺跡、太平寺遺跡などから構成される。南北八〇〇メートル、東西二〇〇メートルの範囲で、鍛冶炉・工房、フイゴの羽口などが集中して出土し、その技術や出土遺物から渡来人の居住がうかがえる。大県遺跡では、工房を含む多数の掘立柱建物・竪穴建物・大壁建物と鍛冶炉九ヵ所、配石遺構・溝・井戸・土坑などを検出し、スラッグ四五〇キログラム、フイゴの羽口九五〇個以上、砥石九〇個以上のほか、陶質土器や韓式系土器の出土が知られる。鍛冶炉は、地面を深く掘らず炉床を造り壁に粘土を貼ったり簡単な防湿構造をするものや、地面を深く掘り防湿構造をもつ掘方が大小の円形・楕円形・隅丸方形のもの、地面に盛り土をして炉床を造り配石をもつものなど、大きく三種類のものがある。また、大壁建物は削平が著しくコ字状を呈し、東西四・五×南北六・七メートルの周溝が残存する。周溝は深さ〇・三メートルで、須恵器と土師器の細片が出土した。柱穴内の須恵器より六世紀末から七世紀前半とみられる。鍛冶炉を覆う工房と考えられ、鍛冶炉群と併行する可能性が高い。大県南遺跡は大和川本流から玉串川が分流する地点の東南部にあ

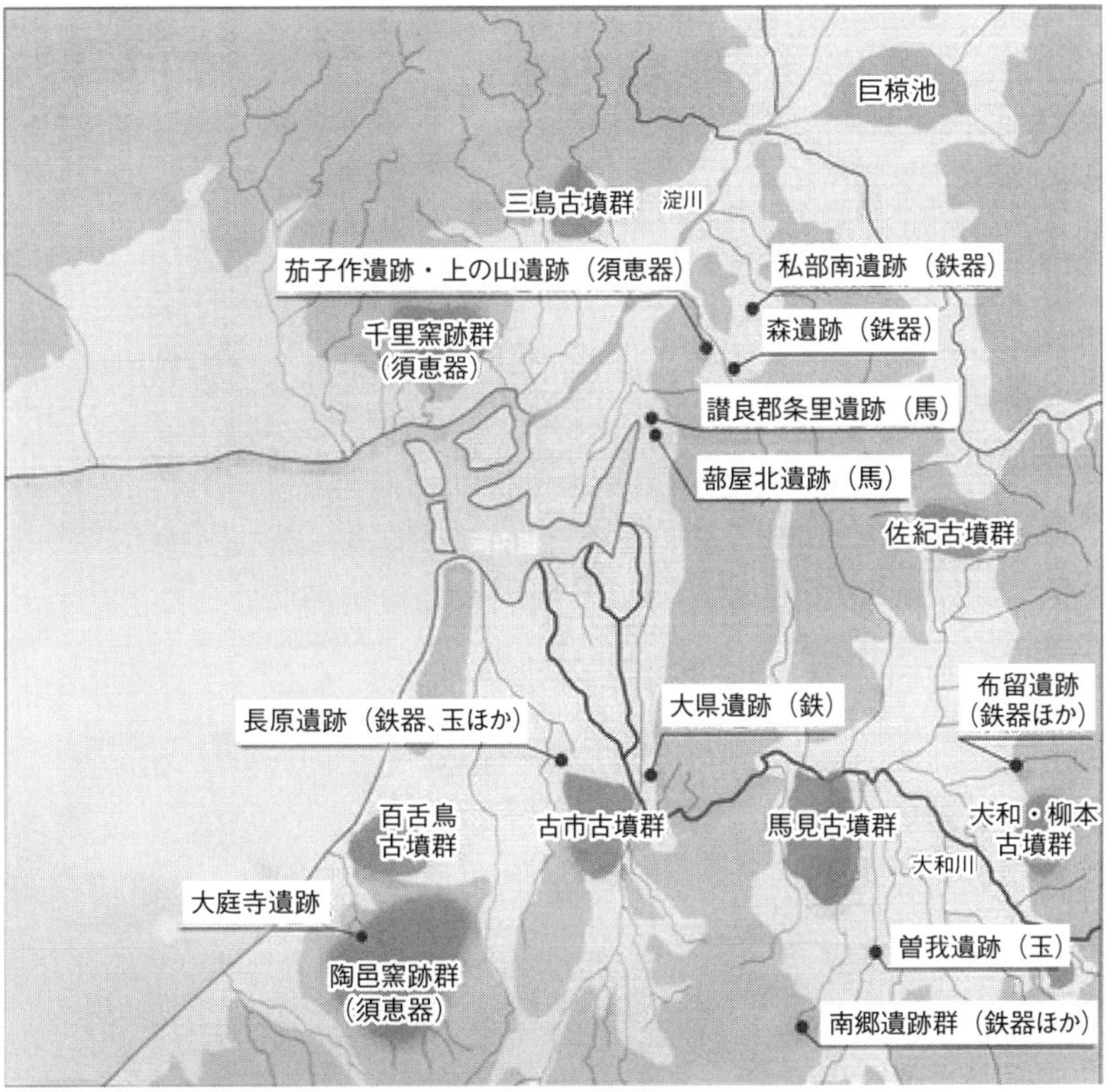

図70　大和・河内の主要手工業生産遺跡

り、五世紀前半（ＴＫ七三型式）の初期須恵器をともなう炭窯、五世紀後半ごろの鍛冶炉一二ヵ所、工房とみられる建物、土坑・溝・炭層が検出され、スラッグ一四キログラム・フイゴの羽口・砥石・獣骨・鹿角製品・ガラス小玉鋳型など、手工業生産に関わる遺構・遺物が出土している。この地で長期間にわたり、渡来人集団が鉄器生産に従事していたことが確認される[12]（図71）。

森遺跡　大県遺跡の北東、淀川下流域の左岸、北河内のいわゆる交野ヶ原と呼ばれる低丘陵上に所在する古墳時代の鍛冶専業集落である。東西五〇〇メートル、南北三〇〇メートルの範囲で鍛冶関連遺構・遺物が出土している。中心の年代は五世紀前半から七世紀とみられ、現在までに鍛冶炉十数基と掘立柱建物・竪穴建物、土坑・

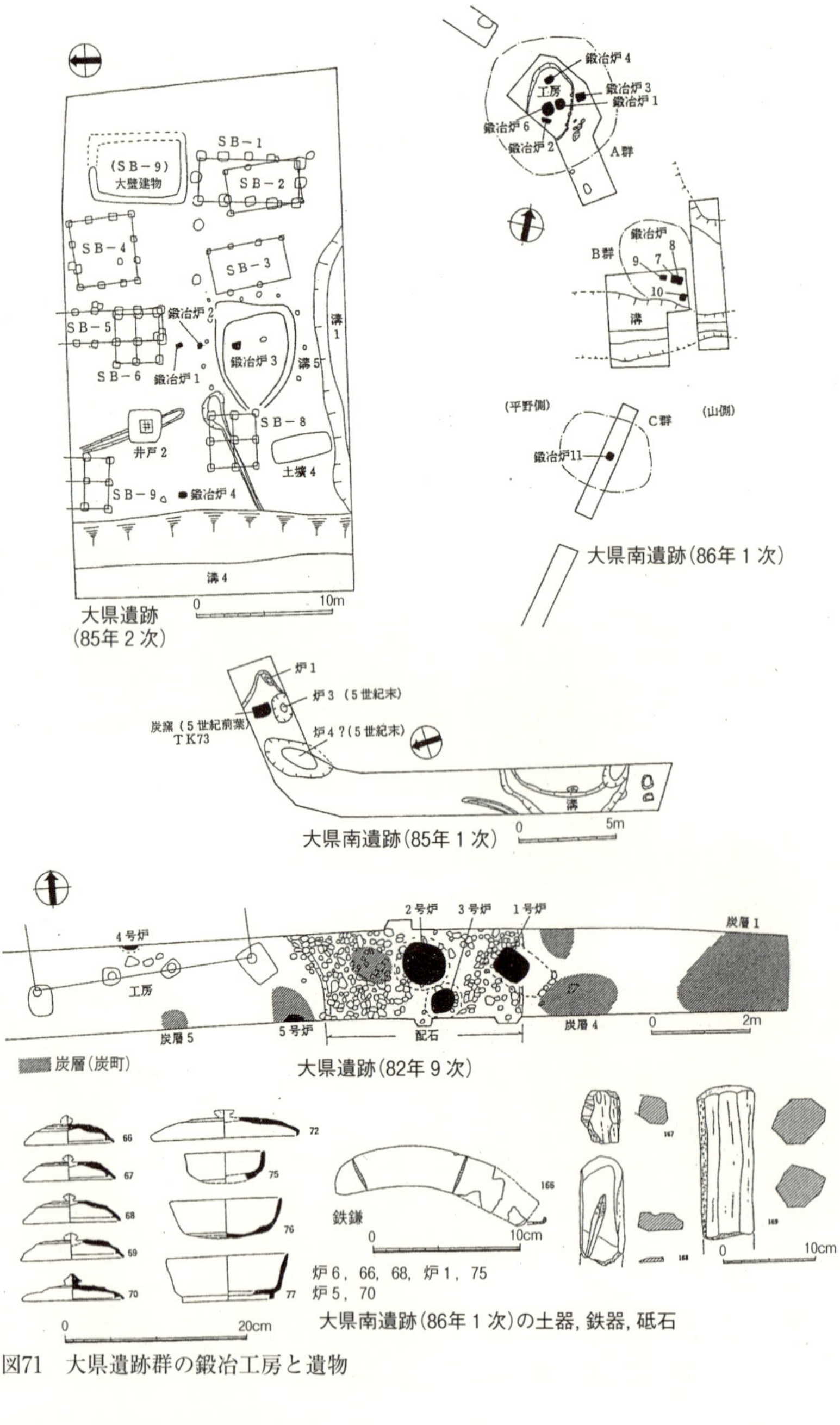

図71　大県遺跡群の鍛冶工房と遺物

溝など多数が検出されている。鍛冶炉は長径〇・三〜〇・六メートル、短径〇・二〜〇・五メートルの円形・楕円形で、防湿施設をもち、浅く掘るものと深く掘るものがある。出土遺物は須恵器・土師器のほか陶質土器・韓式系土器もあり、五世紀前半から中葉のものが多い。調査地域の全体から、フイゴの羽口・砥石・スラッグが出土し、七五キログラムに達する。スラッグは、五世紀後半から六世紀前半には一〇センチを超える大型椀形滓が多く、それ以降は小型化している。製品の変化を示すとされている。(13)

以上のように、河内の鍛冶専業工房については北河内と南河内に集中して発見されており、これまでみたようにその地域は早くから渡来人集団の移住した地域でもある。早くから鉄器生産が盛行していた金官加耶をはじめとする加耶南部地域からの渡来が想定される。そしてこうした鍛冶専業工房は大規模で、長期間存続していることから、豪族に所属するものではなく、大和政権に直属するものとする見解が有力である。ただ、その直接の管理は物部氏などの伴造氏族が指揮し、倭漢氏や秦氏などの渡来氏族が統括していたとみるべきであろう。

4　馬の飼育を開始した渡来人集落

河内湖の汀線に近い讃良郡条里遺跡や蔀屋北遺跡では、馬の飼育に関わったとみられる渡来人集落が明らかになっている。ここでは、蔀屋北遺跡の成立過程をみておきたい。この遺跡に近接する北新町遺跡では、五世紀後半ごろに廃絶した井戸の井戸枠材に外洋航海の可能な準構造船の部材や倉庫などの扉材が転用されている。近隣に港（津）があり、船による韓半島方面との交易が想定されている。(14)

蔀屋北遺跡　蔀屋北遺跡は四条畷市蔀屋に所在し、溝や斜面により区画された北東・南西・北西・西・南西の五ヵ所の居住区からなる。遺構は竪穴建物・束柱のない掘立柱建物・総柱建物などが多数検出され、ほかに馬埋葬土坑と

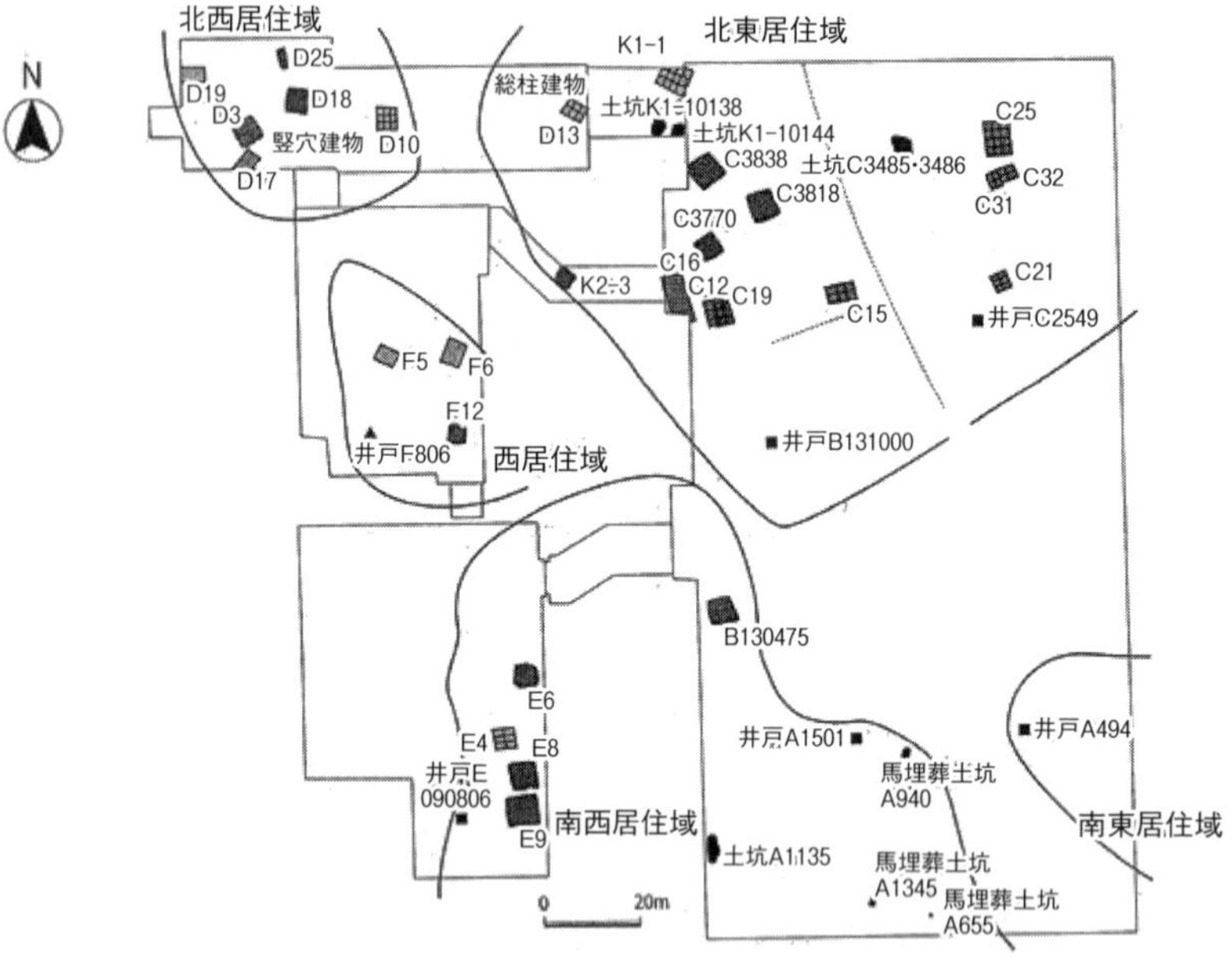

図72　蔀屋北遺跡三期の集落と遺物

製塩土器廃棄土坑が多数検出された。出土遺物は土師器・陶質土器・初期須恵器・瓦質土器・黒色研磨土器・韓式系軟質土器のほか、製塩土器・移動式カマド・U字形土製品などと、大量の馬歯・馬骨がある。こうした遺構・遺物は、四世紀末から六世紀ごろまでの大きく五期に区分されている（図72）。

一期（四世紀末から五世紀前半）は、須恵器I形式二段階とそれ以前のものをともない、軟質の韓式系土器は統一感がなく様々なタイプのものがあり、遺構も小規模で、建物遺構もみつかっていないところから、おそらく加耶南部各地からの小規模な渡来人集団が分散して居住していたことが推定されている。

二期（五世紀前半から中葉）は、須恵器I形式二・三段階、主として三段階のものをともなっている。軟質の韓式系土器にハケ調整をしたものが出現し、土師器の長胴化がすすみ、製塩土器の小型器種が出現している。溝や斜面で区画された居住域が成立、竪穴建物・掘立柱建物からなるが、居住区により規模の大小があり、北東居住域がなかでもより優勢であるらしい。韓式系土器はこの時期も統一感がなく、それぞれの器種で様々なタイプが出土し、これまで集落のなかった場所に小集団が新たに居住を開始したこともうかがえる。

三期（五世紀中葉から後半）は、須恵器Ⅰ形式三〜五段階、主として四・五段階のものをともなっている。韓式系土器に斉一性がみられるようになり、遺物量も多くなっている。新たに鍋・羽釜と移動式カマドやU字形土製品などが出現し、小型の製塩土器が大量に出土している。集落活動が活発化し、北東・南西居住区では総柱建物が増加し、馬埋葬土坑と製塩土器廃棄土坑が多数検出され、これとは逆に北西・西居住区では竪穴建物の規模が小さくなるなど、格差が広がっている。残りのよい馬葬土坑は、長辺約二メートル、短辺約一・五メートル、深さ三〇センチの長方形で、馬一頭分の全身骨格が横たえられていた。馬の体長は、約一二五センチで現在の在来馬に近いとされている。また、馬の飼育に必須とされる製塩土器は、一五〇〇個以上の出土が知られている。こうした変化は主として北東・南西居住区で起こっており、馬飼をする新たな渡来人集団がこの地域に集住したことがうかがえる。この時期には、渡来人集団がかなりの規模で新たに移住したことが知られる。それは、二〇個体のU字形土製品の出土などから、栄山江流域と強い繋がりのある人々であることを示唆している。このことから、この遺跡が新たな渡来人集団を相次いで受け入れる拠点的な集落で、韓半島との恒常的な交流・往来のあったことが想定されている。

四期（五世紀末から六世紀初）は、須恵器Ⅰ形式五段階・Ⅱ形式一段階のものをともなっている。全体的に出土量は減り、タタキ技法をもつ韓式系土器も減少している。集落の再編成がおこなわれ、北東・南西・北西居住区では竪穴建物・束柱のない掘立柱建物・総柱建物という構成になっている。

五期（六世紀前半から後半）は、須恵器Ⅱ形式二〜四段階のものをともなっている。遺物出土量は再び増加、韓式系土器は消滅し完全に土師器化する。集落は活性化し、北東居住区では竪穴建物が少なくなり、束柱のない掘立柱建物・総柱建物が中心となる。大型化もすすんでいる。ただ、ほかの居住区では依然竪穴建物もあり、規模もさして大きくなっていない(15)。

以上のように、蔀屋北遺跡では、四世紀末以降、おそらく加耶地域の各地から何回かの渡来人集団の移住があり、当初は小集団が分散的に居住していたが、五世紀中ごろまでには集団の統合もすすみ、栄山江流域などからの新たな渡来人集団がまとまって移住して拠点的な集落に成長したことが明らかになった。この遺跡では大量の馬歯・馬骨や製塩土器が出土し、馬埋葬土坑・馬埋納土坑が発見されており、渡来人たちが馬の飼育を専業的におこなっていたことが推測されている。

5　有力豪族のもとで手工業生産に携わった渡来人集団

大和政権の本拠、奈良盆地には、大王家をはじめ葛城氏・和邇氏・大伴氏・物部氏などの有力な古代豪族の居住地があり、各豪族は、その拠点となる集落にかなり多数の渡来人集団を抱え、氏族の組織を維持していたとみられる(16)。そのうち考古資料により検証できる渡来人集団の様相を、葛城氏に関わる南郷遺跡群、物部氏に関わる布留遺跡、大伴氏に関わる新堂遺跡からみておきたい（図73）。

南郷遺跡群　葛城氏の本拠、葛城地域は奈良盆地西南部の金剛山と巨勢山とに挟まれた扇状地上に位置し、約一キロ四方の広がりをもつ大遺跡群である。四世紀代の遺構・遺物はいまだ希薄で、五世紀代にピークを迎え、六世紀代になると規模が縮小している。遺跡の配置は、北端に首長が居住する居館状遺構があり（極楽ヒビキ遺跡）、中央部に大壁建物や掘立柱建物からなる有力な住民の居住区（南郷生家遺跡・南郷柳原遺跡・南郷井柄遺跡・井戸井柄遺跡）、その周囲に竪穴建物からなる一般住民の居住区（井戸池田遺跡・井戸キトラ遺跡・佐田袖ノ木遺跡）、南部に倉庫群と金属・

ガラス・塩などの工房からなる物流センター（井戸大田台遺跡・南郷角田遺跡・下茶屋遺跡・カマ田遺跡）と、導水施設や大型四面庇付き掘立柱建物からなる「祭祀」儀礼空間（南郷安田遺跡・南道大東遺跡）からなっている。また、遺跡群内では様々な手工業生産に関わる遺構・遺物や、渡来系の遺物が濃密に分布し、韓半島からの渡来人の集住を示している。

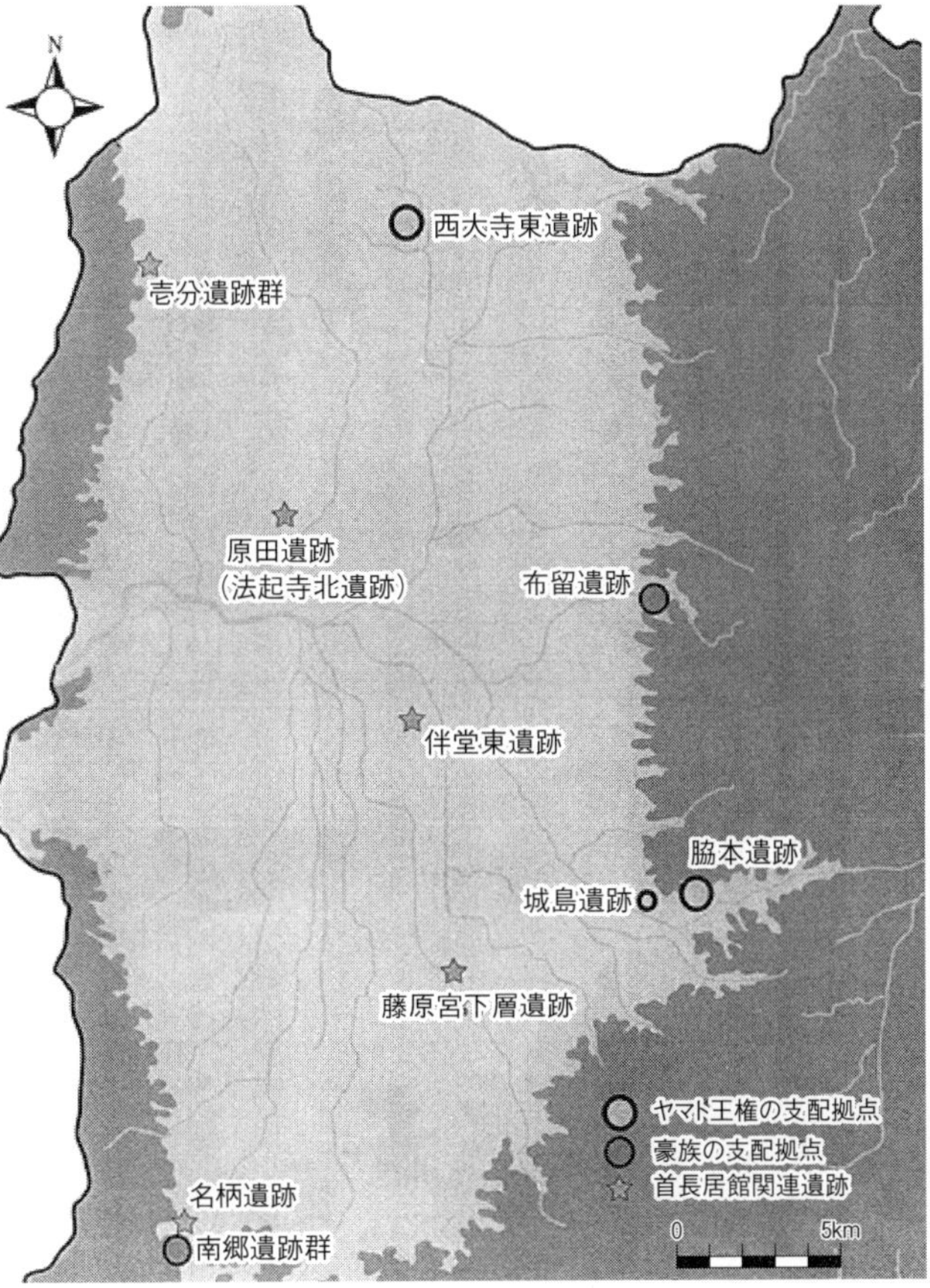

図73　大和政権の拠点集落

まず渡来人の居住を示す大壁建物は、南郷遺跡群全体で九棟が検出されている。時期は五世紀前半から六世紀前半に比定される。このうち、南郷柳原遺跡の大壁建物はコ字状の周溝が東西七×南北九・二メートルの規模でめぐり、長方形を呈している。周溝は幅〇・二〜〇・七メートルほどで、底面に凹凸があり、柱穴を据えたものと考えられる。特に注目されるのは大壁建物と同時期の石垣で、屋敷外郭とみられている。石垣にともなって、五世紀前半（ＴＧ二三二〜ＴＫ七三型式）の須恵器が出土している（図74）。

南郷井柄遺跡の大壁建物は、長辺一一・二メートル×短辺五メートルの長方形プランを呈し、幅〇・六〜〇・七メートル、深さ五〇センチである。溝内には、〇・四メートルの柱穴が西側で連続して多数検出される。出土遺物から五世紀後半に比定される。南郷安田遺跡では二棟が検出され、そのうち一棟は北半部を削平されるが、南北六・九×東西六・六メートルの方形プランと考えられる。周溝は幅〇・六〜〇・八メートル、深さ〇・六メートルを測り、間柱は溝の外側に寄って配列される。井戸大田台遺跡の大壁建物は二棟が重複して検出され、ＳＢ一は南北五・五×東西六メートルのほぼ方形プランを呈し、周溝は幅〇・五〜〇・七メートルで、深さ〇・三〜〇・七メートルを測る。東溝では径〇・三メートル前後の柱を〇・三メートル間隔で並べ、西溝においても〇・二メートル前後の柱を〇・二メートル間隔に並べている。溝内の土器により、六世紀前葉から中葉と考えられる。ＳＢ二はコ字状に溝が検出され、南北三×東西五・八メートルの長方形を呈す。溝内では、西溝で径〇・一五〜〇・二メートルの間柱を並べる。時期は六世紀中葉から後葉と考えられる。佐田袖ノ木遺跡の大壁建物は八・二×五・二メートル以上の長方形プランを呈し、幅〇・四メートルで、深さ〇・四五メートル囲溝が廻る。時期は六世紀前半に比定される。このように南郷遺跡群では、五世紀初頭から六世紀後半まで継続的に大壁建物が造られ、その変遷と構造が研究されている。このことは、この地域に長期にわたり渡来人集団が居住していたこと、また新たな渡来人集団が移住してきたことをうかがわせる。

南郷角田遺跡・南郷柳原遺跡・南郷井柄遺跡・下茶屋カマ田遺跡などでは、鍛冶関連遺物が検出され工房の存在がうかがえる。確実な鍛冶炉は発見されていないが、鍛造剥片や鉄滓・羽口の出土から周辺に存在することはほぼ確実視されている。南郷角田遺跡では、五世紀前半と五世紀中ごろから後半の二時期の遺構がある。前者では焼土の下から一二基の土坑が検出され、初期須恵器・韓式系土器とともに大量の小鉄片やスラッグが出土し、土坑のうちいくつかが炉となる可能性も指摘されている。後者では、竪穴建物や溝・土坑が検出されている。葛城氏に所属する鍛冶工

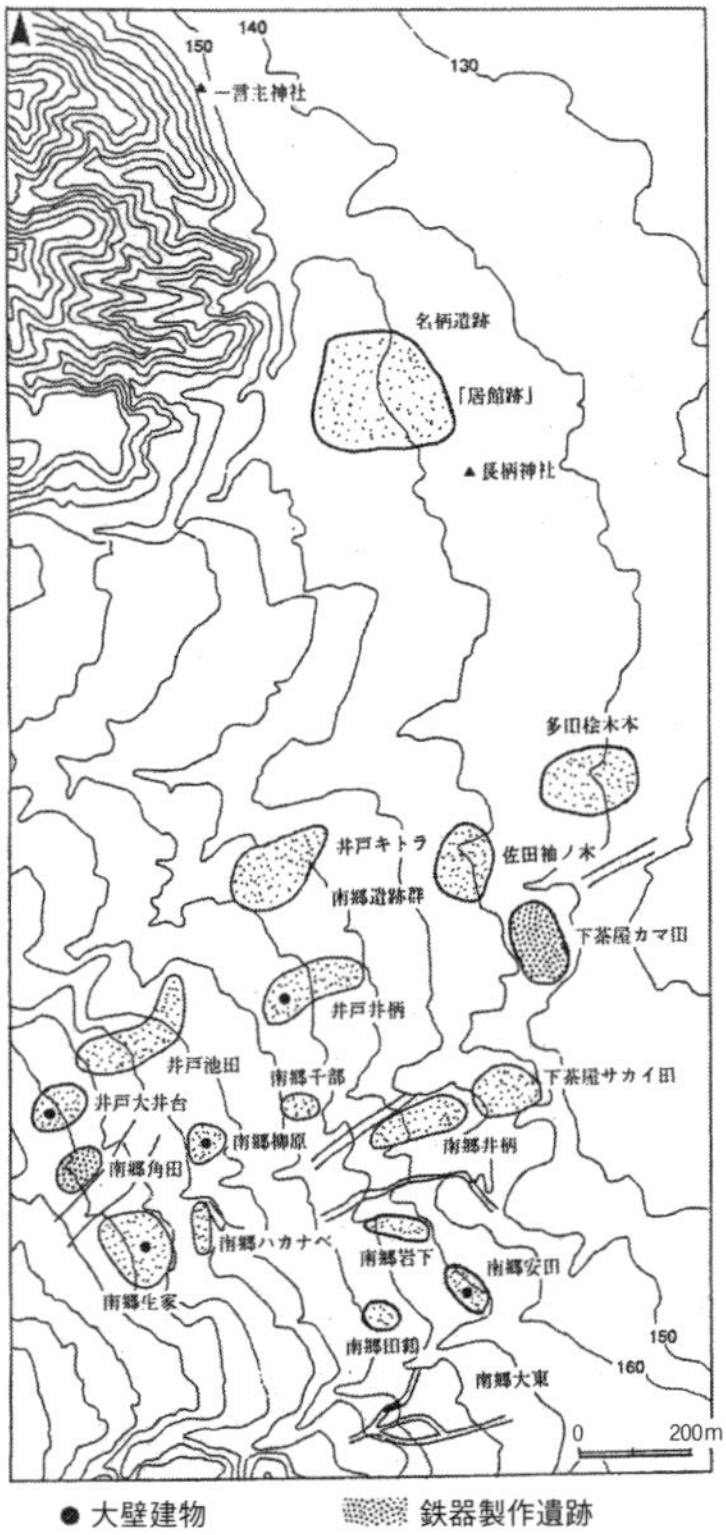

南郷遺跡群の分布

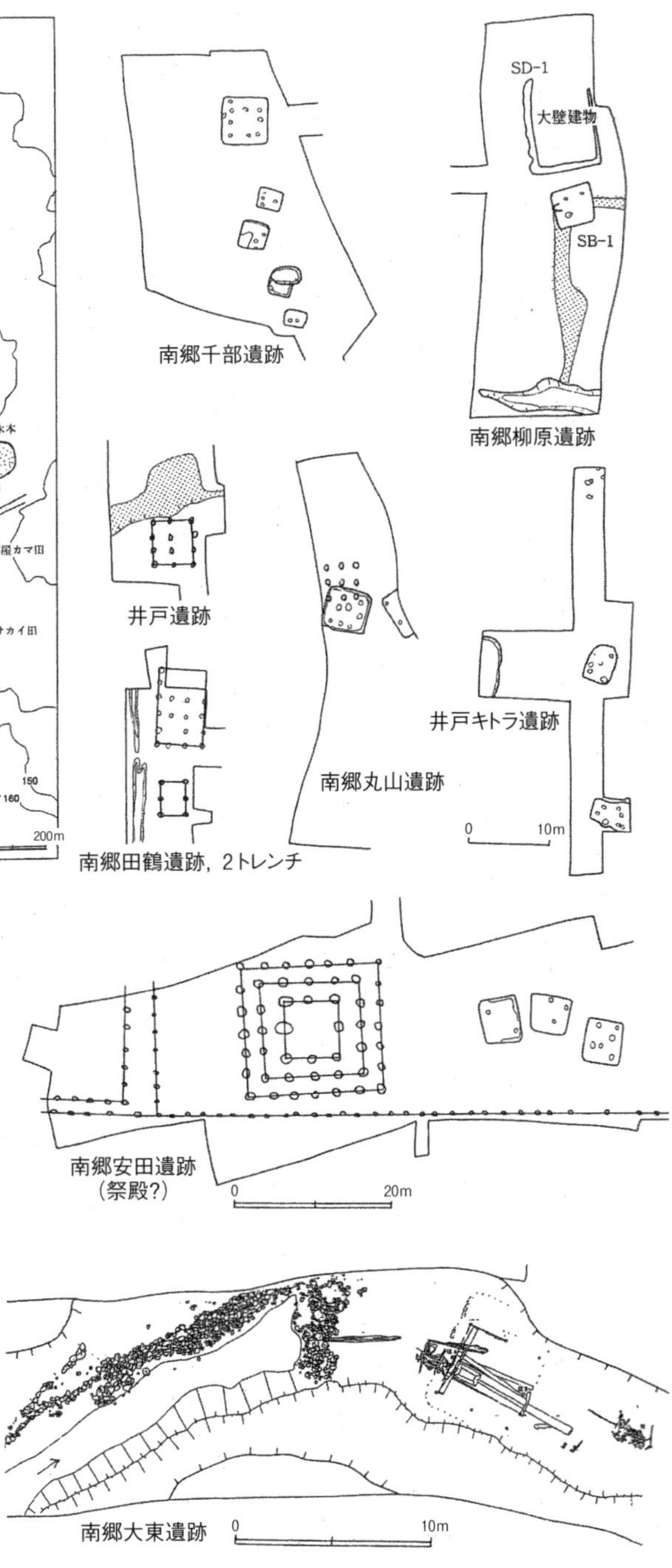

南郷遺跡群内出土鞴羽口，鉄滓一覧表

遺跡名	鞴(個数)	鉄滓(g)	備考
佐田クノ木	2	102.73	鋳造鉄斧
井戸キトラ	1	1644.00	
井戸池田		157.70	
佐田柚の木	2	1387.67	ガラス玉鋳型・ミニチュア鉄斧
下茶屋サカイ田	1	1950.05	
下茶屋迎田	1		
下茶屋地蔵谷	1	244.10	
南郷千部	1	244.20	ミニチュア鉄斧
南郷ハカナベ	12	628.00	
南郷九山	27	13922.44	
南郷生坪		43.43	
井戸井柄		363.80	
南郷柳原		352.70	
南郷井柄	13	5498.30	
南郷岩下	1	20.62	
下茶屋カマ田	7	4118.40	
井戸大田台	3	1317.68	
南郷大東	8	451.47	
南郷田鶴	1	225.29	
多田桧木本	1		
計	82	27427.43	

図74　南郷遺跡群の主要遺構分布図

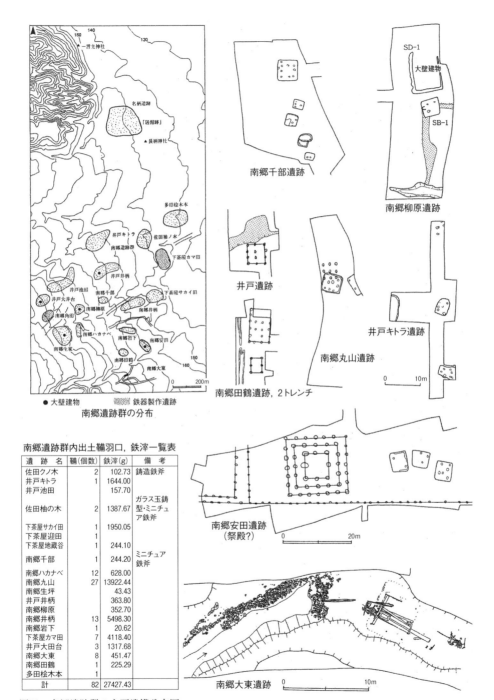

房とみなされる。下茶屋カマ田遺跡では、五世紀前半から中葉の竪穴建物八棟が検出され、四棟に造付けのカマドを付設する。竪穴建物の周辺からは、玉生産の痕跡を示す原石やくず石、玉製品の未成品などが出土するほか、フイゴの羽口・スラッグや、刀子・鉄鏃・鉄鎌・釘・鉄素材などが出土しており、玉生産・鉄生産の工房が想定される。

脇田遺跡　脇田遺跡は葛城山東麓の東方丘陵に立地し、南北二〇〇メートル、東西三〇〇メートルにわたっており、五世紀前半から七世紀代の鍛冶関連遺構が検出されている。遺構としては掘立柱建物・竪穴建物・土坑・溝・柵列などが検出され、鍛冶炉の発見はないが、土坑から鍛造剥片・スラッグ（二〇〇点）・フイゴの羽口などが出土している。竪穴建物や土坑からは、五世紀中ごろから後半の韓式系土器が出土しており、渡来人の関与を裏付ける。これも葛城氏に直属する鍛冶工房であろう[17]。

布留遺跡　奈良東部の天理市布留町に所在する古墳時代の集落遺跡。遺跡は布留川の両岸に広がる扇状地・段丘上に立地し、遺跡の東には古代豪族物部氏の氏神である石上神宮があり、物部氏の拠点集落とみられている。遺跡は東西二キロ、南北五キロの広がりをもち、大きく四つの地区に分かれている。遺跡の東部では、長さ七メートル以上、高さ〇・四～〇・七メートルの五世紀後半の円礫を貼った祭壇状遺構が発見され、円筒埴輪列にともない管玉状土製品・高坏・壺などが供献されており、周辺からも滑石製有孔円盤・勾玉・臼玉・剣形石製品・小型珠文鏡・ガラス玉などが出土している。石上神宮の祖形ではないかとされている（図75）。

遺跡の中央部、布留川左岸の杣之内地区では、「石上溝」と推定される治水のための水路が掘削され、その東側に居館とみられる大型建物が検出されている。その規模は、この大型建物群に隣接して六世紀前半から中葉の掘立柱建物九棟、竪穴建物一四棟が検出され、中央を流れる流路（石上溝）からはフイゴの羽口・スラッグ六〇キログラムが出土、竪穴建物の一棟からは鉄鉗・フイゴの羽口・スラッグ・臼玉などが出土し、鍛冶工房の可能性が高い。鉄器生産関係の

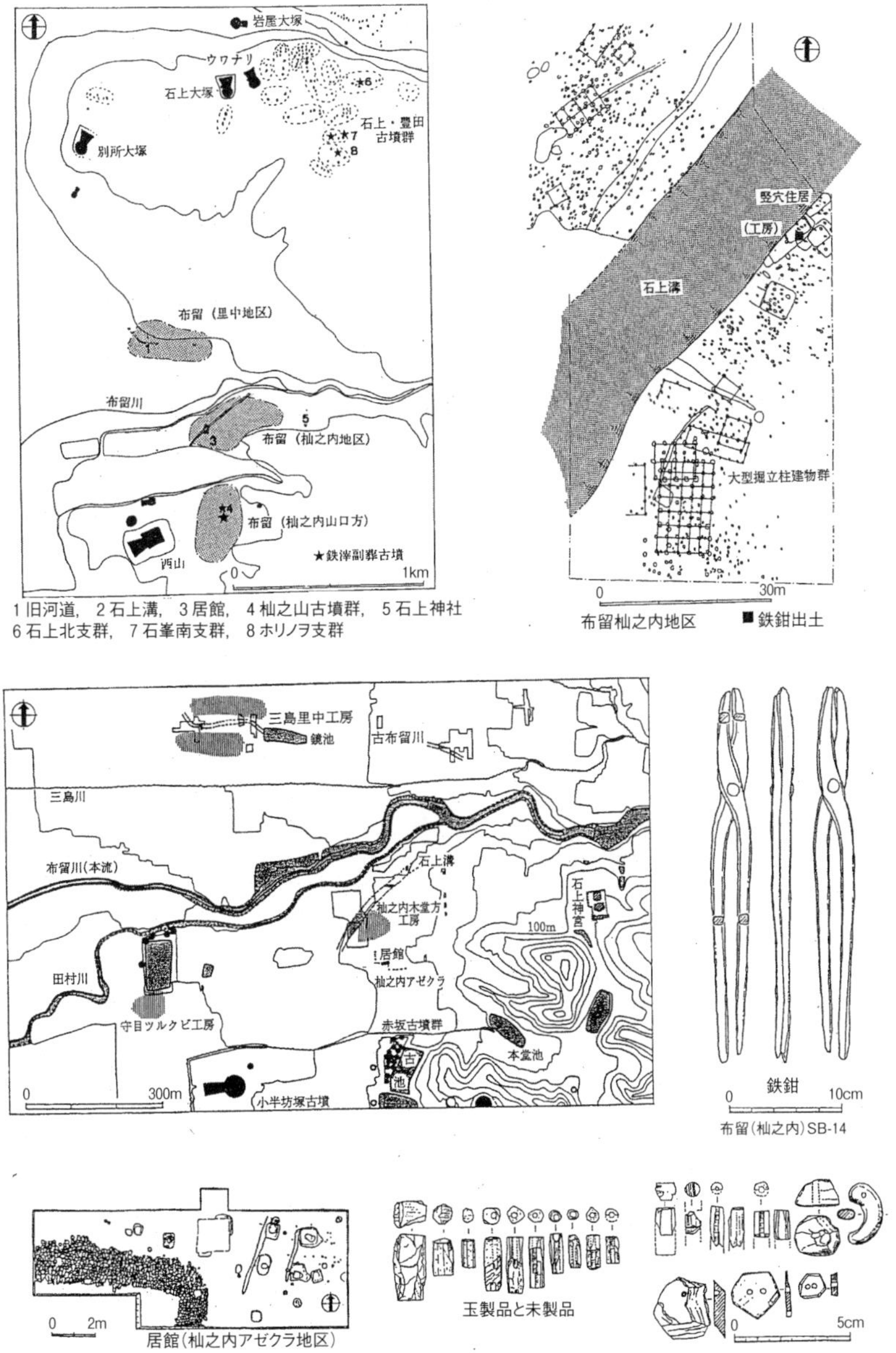

図75　布留遺跡の遺構と遺物

遺物は遺跡の東南部でも発見されており、布留川の支流とみられる流路からフイゴの羽口・スラッグが出土し近くに鍛冶関係の遺構が想定される。この地区では、ほかに豪族の権威を示す刀剣を飾る刀装具がまとまって出土している。柄頭・柄間・柄縁・鞘・鞘の部材など六〇点にのぼる。未成品もあり、武器生産工房の存在が推定されている。この付近では木製農具・紡織具・火切り・銅鏡・滑石製玉類も発見されており、生産関係の遺構が集中していたことがうかがえる。

なお、こうした遺構にともなって渡来人に関わるとみられる土器が多く出土し、その一角に渡来人集団の居住区域が想定される。脚部に火焔透窓をもつ加耶南部の威安（安羅加耶）を中心に分布する陶質土器、格子文タタキを施した壺や鳥足文タタキを施した把手付鍋など、加耶南西部の特徴をもつ韓式系土器が出土している（図76）。また遺跡の各所からは数百点にのぼる馬の歯や骨が出土しており、大量の製塩土器の出土とともに大規模に馬の飼育がなされていたこともうかがえる。古代豪族物部氏が、氏族組織の内部に渡来人を含む手工業専業集団を抱えていたことを示すものであろう(18)。

図76　布留遺跡出土火焔透文土器

新堂遺跡　奈良県橿原市新堂町・東坊条町などに広がる集落跡。隣接して方墳一八基を発見した曲川古墳群が所在する。新堂遺跡は、葛城川と曽我川の間に形成された沖積地に所在する。葛城川・曽我川・飛鳥川・寺川の上流域は奈良県の韓式系土器出土が集中する地域であり、渡来文化が濃厚に分布している。新堂遺跡では、集落の側を流れる休暇ダウ跡から五世紀前半の陶質土器・韓式系土器・初期須恵器・フイゴの羽口・スラッグなどが出土していたが、平成十七年度の角田地区の調査で同じ時期の大型の土坑を検出し、多くの陶質土器・韓式系土器・フイゴの羽口・スラッグと大量の製塩土器が出土した。土坑は、隣接して所在が想定される鉄器生産工房や馬飼いの施設からの廃棄場とみられる。

大型土坑は二基が隣接しており、SX五二三は長径一八《メートル》以上、短径一〇《メートル》、深さ〇・八《メートル》をはかり、SX五二四は長径一三《メートル》、短径九《メートル》、深さ一・一《メートル》であった。遺物の大半は、炭化物を含む上部から出土している。陶質土器には火焔透窓をもつ高坏・器台のほか、口縁部直下にきめ細かい斜格子文を廻らせるコップ型の坏など、朝鮮半島南部の威安（安羅加耶）地域の特徴をもつものを含んでいる。また隣接する曲川古墳群からも、陶質土器・韓式系土器・初期須恵器が出土しており、曽我川の上流部には蘇我氏・大伴氏・倭漢氏との関わりが推定される新沢千塚古墳群も所在し、さらに上流は倭漢氏の本拠である檜前に隣接するなど、大和政権の有力豪族に関わる渡来人集団のムラである可能性が高い(19)。私は必ずしも史料的裏付けはないが、大伴氏との関わりを有力視している。

二　倭漢氏の渡来伝説と氏族の形成

考古資料の語るところは、四世紀末ごろから大阪湾沿岸と大和という倭国の中枢において様々な知識や技術をもった渡来人集団の移住があり、五世紀前半から中ごろまで波状的に継続していることが明らかになった。そして渡来人集団の出身地については、百済や新羅の領域ではなく、加耶南部の金官加耶・安羅加耶を中心とする地域と栄山江流域であることが明らかになった。ただ考古資料という限界もあって、手工業生産関係の工人集団の動向が中心であって、外交・財政など政府中枢における動向は明確にすることはできなかった。

一方、文献資料からは、明確な年代は示すことはできないものの、これまでの研究により倭漢氏や秦氏をはじめとする有力な渡来氏族が少なくとも雄略朝ごろには政府中枢に登用され、外交・財政・物流などの各部門で重要な役割を果たしていることが指摘されている[20]。こうした渡来氏族の動向から、本章のテーマである安羅加耶と倭国の交流を考える場合、もう一つの重要な視点として、安羅加耶との関わりが推定される渡来氏族の雄、倭漢氏の存在が浮かび上がってくる。倭漢氏の「倭」は「東」とも書かれるように、「西」＝河内に対して東の大和に本拠を置く漢氏であり、「漢」が実質的なウジ名である。この「漢」については、倭漢氏がのちに中国漢帝国の皇帝に出自すると主張していることから、中国大陸から韓半島に移住した人々がその氏族的な中核を構成していたとする見解もあったが、現在では「ヤマトアヤ」と読まれるように、「アヤ」＝安耶・安羅にあてることがほぼ通説となっている。加羅が加耶と表記されるように、羅と耶は通用するから安羅＝安耶となるからである。

山尾幸久氏は、倭漢氏が渡来後、急速に大和政権内で有力になったことから、その氏族的な中核に安羅加耶の王統に繋がる王族がいるのではないかとし、五世紀後半に渡来して氏族を形成したのではないかと推定された[21]。私も山尾氏の見解に特に異論はないが、渡来時期や、その中核に安羅加耶の王族がいるかどうかは、史料的裏付けがなく問題が残る。そこで、安羅加耶と倭漢氏の関係をより明らかにするため、やや迂遠ではあるが、倭漢氏の渡来伝説をもう少し丁寧に見直してみたいと考える。倭漢氏の渡来を伝える史料は、次の通りである。

（1）『古事記』応神天皇段

此之御世に、海部・山部・山守部・伊勢部を定メ賜ひき。亦、剱池を作りき。亦、新羅人参渡り来ぬ。是を以ちて、建内宿禰命引率て、渡之堤池ト為而、百済池を作りき。亦、百済ノ国主照古王、牡馬壱疋・雌馬壱疋を、阿知吉師に付ケて貢上りき。此ノ阿知吉師者、阿直史等之祖ソ亦、横刀ト大鏡及貢上りき。又、百済国に「若し賢しき人有ら者貢上れ」ト科せ賜ひき。故、命を受ケて貢上れる人、名は和迩吉師。即ち論語十巻・千字文一巻、并せて十一巻、是の人に付ケて貢進りき。此ノ和尒吉師者、文首等が祖ソ。又、手人韓鍛、名は卓素ト呉服ノ西素亦二人貢上りき。又、秦造之祖、漢直之祖ト、酒醸むコトを知れる人、名は仁番、亦ノ名は須〃許理等及参渡り来ぬ

（2）『日本書紀』応神二十年九月条

二十年の秋九月に、倭漢直の祖阿知使主、其の子都加使主、並に己が党類十七県を率て、来帰り。

（3）『日本書紀』雄略十六年十月条

冬十月に詔して、「漢部を聚へて、其の伴造の者を定めよ」とのたまへり。姓を賜ひて直と曰ふ。一に云はく、賜ふとは漢使主等に姓を賜ひて直と曰ふぞ。

（4）『坂上系図』所引『新撰姓氏録』逸文

姓氏録第廿三巻に曰はく、阿智王、誉田天皇諡は応神。の御世に、本国の乱を避けて、母、並に妻子、母の弟、辻興徳、七姓の漢人等を率て帰化り。七姓とは第一を段古記に段光公、字は冨等。一に云はく、員姓。といふ。是、高向村主、高向史、高向調使、評首、民使主首等の祖なり。次を李姓といふ。是、刑部史の祖なり。次を皂郭姓といふ。是、坂合部首、佐大首等の祖なり。次を朱姓といふ。是、小市、佐奈宜等の祖なり。次を多姓といふ。是、檜前調使等の祖なり。次を皂姓といふ。是、大和国宇太郡の佐波多村主、長幡部等の祖なり。次を高姓といふ。是、檜前村主の祖なり。天皇、其の来ける志を矜みたまひて、阿智王を号けて、使王と為したまふ。仍りて、大和国檜前郡郷を賜りて之に居れり。時に、阿智使主、奏して言さく、臣、入朝の時に、本郷の人民、往に離れ散れり。今聞くに、遍く、高麗・百済、新羅等の国に在りと。望み請ふらくは、使を遣して喚び来さしめむとまうす。天皇、即ち使を遣して

喚ばしめたまふ。大鷦鷯天皇、（諡は仁徳。）の御世に、落を挙つて随ひ来く。今の高向村主、西波多村主、平方村主、石村村主、飽波村主、危寸村主、長野村主、俾加村主、茅沼山村主、高宮村主、大石村主、飛鳥村主、西大友村主、長田村主、錦部村主、田村村主、忍海村主、佐味村主、桑原村主、白鳥村主、額田村主、牟佐村主、甲賀村主、鞍作村主、播磨村主、漢人村主、今来村主、石寸村主、金作村主、尾張吹角村主等は、是、其の後なり。爾時、阿智王奏して、今来郡を建むとまうす。後に改めて高市郡と号く。而れども人衆巨多くして、居地隘狭くなりぬ。更に諸国に分ち置けり。摂津、参河、近江、播磨、阿波等の漢人村主、是なり。

（5）『続日本紀』宝亀三年（七七二）四月条

正四位下近衛員外中将兼安芸守勲二等坂上大忌寸苅田麻呂ら言さく、「檜前忌寸を大和国高市郡司に任する元由は先祖阿智使主、軽嶋豊明宮に馭宇しし天皇の御世に、十七県の人夫を率て帰化けり。詔して、高市郡檜前村を賜ひて居らしめき。凡そ高市郡の内には、檜前忌寸と十七県の人夫地に満ちて居り。他の姓の者は、十にして一二なり。是を以て、天平元年十一月十五日、従五位上民忌寸袁志比ら、その所由を申しき。天平三年、内蔵小属従八位上蔵垣忌寸家麻呂を少領に任しき。天平十一年、家麻呂を大領に転して、外従八位蚊屋忌寸子虫を少領に任しき。神護元年、外正七位上文山口忌寸公麻呂を大領に任しき。今、此の人ら、郡司に任せらるること、必ずしも子孫に伝へざれども、三腹逓に任せられて、今に四世なり」とまうす。勅を奉けたまはるに、「譜第を勘ふること莫く、郡司することを聴すべし」とのたまふ。

（1）は、『古事記』では珍しい対外交渉についての記載で、百済王が献上した馬とともに来日した阿知吉師（阿直史らの祖）のことや、王仁（文首らの祖）の来日と論語・千字文の献上などにつづけて、手人の韓鍛卓素と呉服西素の献上を述べたのち、百済王との関係はまったくふれず、渡来氏族の雄、秦造と漢直二氏の祖と、酒造の技術者とみられる須〃許理の渡来を簡略に記載している。ここでは、応神朝に、馬飼と関わる阿知吉師や、高級絹織物を生産する手人呉服氏、鉄器生産に関わる韓鍛氏などの技術者たちが、フヒト＝博士の祖王仁とともに百済から贈られたことを述べたあと、さりげなく同じ文脈で秦造と漢直二氏の祖の来日を述べており、その出自や渡来事情について具体的な記述はない。ただ、前半の渡来記事が百済王からの献上とされるのに対し、「参渡り来ぬ」とあるように自らの意志で渡来したことを主張しているようにとれることは、その渡来事情を示している。なお、記事の冒頭で、新羅人の渡来を述べたあと、「渡の堤池」として「百済の池」の造営を述べているのは、農業開発・土木工事に果した渡来人の役割を示すものであろう。

前段にみえる技術者や知識人の渡来については、別に詳しく検討したように、著名な仏教公伝でも知られるように百済からの技術移転が最もすすんだ聖明王代の史実をもとに述作されたと考えている。(22)六世紀前半の武寧王代から聖明王代は倭済関係が特に緊密であり、対高句麗との軍事的対峙に苦しむ百済は、倭国の軍事的・経済的支援の見返りとして諸博士・仏僧など知識人・専門技術者を倭国に派遣する、「交替番上の制度」があったと考えられ、そうした仕組みを応神朝に遡って伝説化したと考えている。これに対して、倭漢・秦両氏の渡来については、以下にみるように、その氏族伝承をそのまま記述しているといえる。

（2）は、『日本書紀』が記す倭漢氏の公式の渡来伝説である。倭漢直氏の祖、阿知使主と都加使主の父子が、「己が党類十七県を率て」渡来したとし、大規模な族団として来日したとするが、倭漢氏がその後、勢力を拡大して大きな氏族を形成したことに基づき、伝説化したとみられる。秦氏がその渡来を、同じく応神十四年のこととし、「是歳、弓月君、百済より来帰り。因りて奏して曰く、『臣、己が国の人夫百二十県を領ゐて帰化く。然れども新羅の拒くに因りて、皆加羅国に留まれり』とまうす。爰に葛城襲津彦を遣して、弓月の人夫を加羅に召す。然れども三年経るまでに、襲津彦来ず」と、やや詳しく載せるのと違いがある。ここで秦氏が百済から渡来したとし、新羅の妨害で長く加羅に留まっていたとしていることは、注意される。加羅から渡来したとする伝承が強く残っていたからではないか。

（3）は、倭漢氏の氏族形成を簡略に述べたもので、雄略朝のこととして漢部を集めその伴造に漢氏を任じカバネ「直」を与えたとしており、このころ倭漢氏が朝廷において伴造としての地位を得て氏族としての体裁を整え、大和政権の一員として認められたことを正史も確認した記述といえる。それが史実であるかどうかは、別に検証する必要があるが。

（4）は、倭漢氏が平安時代の初めごろにまとめた総括的な渡来伝説である。すなわち、その祖阿智王が応神朝に本国の乱を避けて、母・妻子・母弟など親族と七姓漢人などを率いて渡来したが、もともとともに来朝しようとしていた本郷の人々と途中離散し、高麗・百済・新羅に止まっているため、使いを出して呼び来さしめたいと上奏したこと。これにより仁徳天皇の世になり、離散していた人民がこぞって渡来したとし、その子孫とする二五氏にのぼる漢人村主氏の名をあげている。これらの諸氏は当初高市郡＝今来郡に居住していたが、やがて手狭になってしまったため摂津・三河・近江・播磨・阿波などの諸国に分け置かれることになったとしている。

詳しい考証は省略するが、この記事は本来倭漢氏の祖阿智王の渡来を述べた部分と、七姓漢人の渡来を述べた部分、諸国の漢人村主の渡来を述べた部分の三つの異なる伝承を一本化したものとみられる。ここでも、その族団＝氏族の形成が渡来伝説とともに物語られている。その族団にはともに渡来した集団のほかに、後から渡来した人々や、各地に居住する渡来人集団をも取り込んでいったことが述べられている。それが親族や七姓漢人と諸国の漢人村主というように、一定の階層を形成していたことも推測される(23)。

ここでも倭漢氏は韓半島のどこから渡来したかは書いていないが、本国の乱を避けてとされており、九世紀以降、漢の皇帝を祖先と主張することになったことからおそらく中国を本国としていたのであろう。ただ、渡来する時に多くの一族が散り散りになって高麗・百済・新羅などの諸国に留まっていたとしており、実質的には韓半島からの渡来を語っているといえる。ここに加羅がみえないのは不審であるが、平安時代には加羅の存在がすでに小さくなっていたからかもしれない。要するに、秦氏も含め有力な渡来氏族を構成していたのは、朝鮮半島の様々な地域の人々でありこうした伝説をつくらざるを得なかったのであろう。

（5）にも一部渡来伝説がみえるが、ここではそれより、（4）でも主張されているように、倭漢氏の中核を構成する一族の本拠がかつて「今来郡」と呼ばれていた「高市郡檜前村」で、その地の大半が倭漢氏の一族で占められていたことが述べられており、一族が集住する様相がうかがえる。こうしたあり方も、倭漢氏が倭国のシステムにあわせて氏族の形成をすすめていたことを示している。倭漢氏は飛鳥の一角に本拠を構え、時の権力者であった大伴氏や蘇我氏と連携することにより、政府の中枢で重要な役割を果たしていったのである。

以上のように、倭漢氏の渡来伝説について、その出身地や渡来時期に焦点を絞り検討を加えてみた。そこで明らかになったのは、山尾氏が指摘される、安羅加耶の王族が五世紀中ごろに渡来し、渡来人集団をまとめ、その中枢に位置することになったというより、応神・仁徳朝に渡来し、雄略朝ごろに氏族形成をしたとするもので、必ずしも史実を語っているわけではないが、秦氏の場合と同様に氏族を構成した人々は、百済や新羅、あるいは加羅・高句麗といった、いずれかの一国から渡来した人々ではなく、韓半島の各地から繰り返し渡来した多様な集団であることが述べられており、当然渡来後に両氏をはじめとする有力な渡来氏族の組織に組み込まれることになったとみられる。そして、秦氏の渡来伝説にみられたように、加羅からの渡来が取り上げられていることは無視できない。『古事記』『新撰姓氏録』にも、その祖について、「韓国人」「韓人」などとする記載もあるから、その中核に加耶からの渡来人集団があった可能性は高いと考えられる。そして、倭漢氏を構成した渡来人集団の中枢に安羅加耶からの移住者があり、その出身地の地名をウジ名としたと推定することも可能であろう。

おわりに

以上のように、大阪湾沿岸と大和の主要部においては、四世紀末ごろから様々な性格をもつ渡来人集落が出現していたことが明らかになっている。新しい焼き物技術をもち、須恵器生産を開始した専業工人のムラ、最新の土木技術により、未開発の低地を開墾したムラ、鉄器生産の技術をもって鍛冶専業工房を形成したムラ、馬の飼育を専業とする渡来人のムラ、大和政権を構成する豪族が組織した渡来人の手工業生産者のムラなどである。それまで日本列島で未発達な分野を担うことになった渡来人集団は、集落から出土する陶質土器や韓式系土器の系譜から、百済や新羅の領域ではなく、主として加耶南東部・加耶南西部・百済南西部の栄山江流域など広い範囲に出自することが指摘されている。その後しだいに在来人との融合や在地化をすすめてはいるが、一方新たな技術をもつ渡来人集団をその後も波状的に受け入れている。

そうしたなかに、安羅加耶に出自する集団がどのような規模で存在したのかは、いまだ明確にはしがたい。よく知られているように、威安タイプの陶質土器は、大阪湾沿岸の久宝寺北遺跡や、大和の布留遺跡・新堂遺跡、南山城の宇治市街遺跡などで直接持ち込まれたとみられる火焔透窓をもつ高坏や器台などが認められ、安羅加耶と近畿一円の主要部との交流を示している。そうした視点で先に検討した渡来氏族の伝説的記載を見直すなら、渡来氏族の一方の旗頭である倭漢氏は、その氏名や渡来時期からみて安羅加耶からの移住民が氏族組織の中枢を構成していた可能性が大きい。そして、四世紀末ごろから大阪湾沿岸や大和の主要部に移住してきた加耶南部に出自する渡来人集団のなかで、安羅加耶からの集団がその指導権をもつことになったと想定されるのである。詳しくは別に検討する必要があるが、私はもう一方の有力氏族秦氏についても、洛東江下流域の金官加耶に出自する渡来人集団が中枢を構成していたのではないかとみている。(24) 考古資料が示しているように、おそらく四世紀末に始まる韓半島からの多くの移住民の大半は加耶南東部・加耶南西部・全羅南道西部の栄山江流域に出自するもので、それは五世紀代いっぱいまで継続していたとみられる。したがって、最初に指摘したように、百済と倭国の外交関係は四世紀末に開かれ、その後も引き続き親密であったとみられる。ここでは詳しく検討できないが、百済からの移住民の直接的な渡来は公州・扶余遷都以降の南下政策との関連でみるべきであり、六世紀以降本格化すると考える。

注

（1）田中俊明「于勒十二曲と大加耶連盟」（『東洋史研究』四八―四、一九九〇年）、同『大加耶連盟の興亡と任那―加耶琴だけが残った―』（吉川弘文館、一九九二年）、同『古代の日本と加耶』（山川出版社、二〇〇九年）。
（2）大橋信弥・花田勝広編『ヤマト王権と渡来人』（サンライズ出版、二〇〇五年）、朴天秀『加耶と倭―韓半島と日本列島の考古学―』（講談社、二〇〇七年）、武末純一編『日韓集落の研究』（日韓集落研究会、二〇一二年）。
（3）今津啓子「渡来人の土器」（『古代王権と交流5 ヤマト王権と交流の諸相』名著出版、一九九四年）、定森秀夫「陶質土器からみた近畿と朝鮮」（同書）、定森秀夫「初期須恵器と韓半島陶質土器」（『朱雀』一〇、一九九八年）。
（4）田中清美「五世紀における摂津・河内の開発と渡来人」（『ヒストリア』一二五、一九八九年）、同「近畿の渡来人集落」（『日韓集落の研究』日韓集落研究会、二〇一二年）。
（5）大阪府教育委員会『陶邑・大庭寺遺跡Ⅳ』（一九九五年）ほか。
（6）大阪府教育委員会『小阪遺跡』（一九九二年）ほか。
（7）大阪府教育委員会『陶邑・伏尾遺跡A地区』（一九九七年）ほか。

(8)　権五榮「三国時代壁柱（大壁）建物研究 その後」（前掲注(4)『日韓集落の研究』）、田中前掲注(4)「近畿の渡来人集落」。
(9)　大阪府教育委員会『安威遺跡』（二〇〇三年）。
(10)　大阪府教育委員会『久宝寺北（その一―三）』（一九八七年）、大阪市文化財協会『長原遺跡発掘調査報告Ⅷ』（二〇〇二年）。
(11)　八尾南遺跡調査会『八尾南遺跡』（一九八一年）。
(12)　柏原市教育委員会『大県遺跡・大県南遺跡』（一九八五年）、花田勝広『古代の鉄生産と渡来人』（雄山閣出版、二〇〇二年）。
(13)　交野市文化財事業団編『北河内の古墳―前・中期を中心に―』（二〇〇九年）。
(14)　大阪府教育委員会『讃良郡条里遺跡Ⅸ』（二〇〇九年）、大阪府教育委員会『讃良郡条里遺跡Ⅹ』（二〇一一年）。
(15)　藤田道子「蔀屋北遺跡の渡来人と牧」（『ヒストリア』二二九、一九九〇年）、同「蔀屋北遺跡の製塩土器の一考察」（栄原永遠男編『日本古代の王権と社会』塙書房、二〇一〇年）、大阪府教育委員会『蔀屋北遺跡Ⅰ・Ⅱ』（二〇一〇年・二〇一二年）、田中清美「鳥足文タタキと百済系土器」（『韓式系土器研究』Ⅴ、一九九四年）、濱田延充「U字形板状土製品考」（『古代学研究』一六七、二〇〇四年）。
(16)　板靖『古墳時代の遺跡学』（雄山閣出版、二〇〇九年）、板靖・青柳泰介『葛城の王都 南郷遺跡群』（新泉社、二〇一一年）。
(17)　奈良県立橿原考古学研究所『南郷遺跡群Ⅰ』（一九九五年）、奈良県立橿原考古学研究所『南郷遺跡群Ⅱ』（一九九九年）、奈良県立橿原考古学研究所『南郷遺跡群Ⅴ』（二〇〇〇年）、奈良県立橿原考古学研究所『南郷遺跡群Ⅲ』（二〇〇三年）。
(18)　竹谷俊夫・日野宏「布留遺跡杣之内地区出土の初期須恵器と韓式系土師器」（『韓式系土器研究』Ⅳ、一九九三年）、埋蔵文化財天理教調査団『奈良県天理市布留遺跡三島（里中）地区』発掘調査報告書（一九九五年）、埋蔵文化財天理教調査団『奈良県天理市布留遺跡杣之内（樋ノ下・ドウドウ）地区』発掘調査報告書 遺構編（『考古学調査研究中間報告』二五、二〇一〇年）、天理参考館第六五回企画展図録『大布留遺跡展』（二〇一二年）。
(19)　奈良県立橿原考古学研究所付属博物館特別展図録『海を越えたはるかな交流―橿原の古墳と渡来人―』（二〇〇六年）、「新堂遺跡（角田地区）」（『平成一七年度 橿原市文化財調査年報』橿原市教育委員会 二〇〇七年）。
(20)　関晃「倭漢氏の研究」（『史学雑誌』六二―九、一九五三年）、同『帰化人』（至文堂、一九六六年）、平野邦雄「秦氏の研究」（『史学雑誌』七〇―三・四、一九六一年）、同『大化前代社会組織の研究』（吉川弘文館、一九六九年）。
(21)　山尾幸久『日本国家の形成』（岩波書店、一九七七年）、同『日本古代王権形成史論』（岩波書店、一九八三年）、同『古代の日朝関係』（塙書房、一九八九年）。

(22) 大橋信弥「渡来氏族と織物生産―秦氏を中心に―」（山梨県考古学協会二〇一二年度研究集会『紡織の考古学―紡ぐ・織る・縫う―』研究発表要旨、山梨県考古学協会、二〇一三年）、本書第三部第五章。

(23) 大橋信弥『日本古代の王権と氏族』（吉川弘文館、一九九六年）、同『古代豪族と渡来人』（吉川弘文館、二〇〇四年）、大橋・花田前掲注(2)書。

(24) 本書第三部第五章。

第三章　山城の葛野と深草の秦氏
——秦伴造家の成立をめぐって——

はじめに

渡来氏族の雄、秦造氏については、これまで多方面から論究がなされ、その実像もかなり明らかになったといえる(1)。ただ、多くの有力豪族がその本拠を大和・河内に置いているにもかかわらず、秦氏だけがやや政権中枢から遠い山城に本拠を置いていた事情については、これまで十分な説明がなされてきたとは思えない。そして、それが、これまで指摘されているように、もう一つの渡来氏族の雄、倭漢氏と違い秦氏が中央政界と一定の距離を置いていたこととも関わる可能性もあるが、これまでも明快な回答はなされていない。そして、さらに同じ山城を本拠とする秦氏のなかには大きく二つ、葛野を本拠とするものと、深草を本拠とするものがあるとされてきたが、両者の関係もよくわかっていない。

和田萃氏は、本来両者を一系的な勢力とみて、当初深草に定着したが、のちに葛野を開発して移住したとし(2)、平林章仁氏も、当初大和葛城の地に定着した渡来人集団が、五世紀後半ごろ葛城氏の滅亡にともない倭漢氏の下に編成されるものと、山城へ移住するものに大きく二分され、後者は当初深草に定着したと推定した(3)。これに対し加藤謙吉氏は、葛野の開発時期とも関連して葛城から両地域への移住をほぼ同時期とみて、六世紀後半以降、葛野の開発が進展し、秦氏の族長権が深草から葛野に移動したとみている(4)。ただこうした見解は、葛城氏の滅亡の理解も含めて多くの仮説のうえに主張されており、定説をみていないのが現状といえる（図77）。

私は先に、近江愛知を本拠とする秦氏の有力な一族依知秦氏についてやや詳しい検討を加え、同氏が山城の秦氏から分岐した可能性を指摘したが、それが山城のいずれの秦氏に出自するかまで踏み込んで論じることはできなかった(5)。そこで本章では、山城の秦氏二氏について、その出自・来歴を改めて検討し、秦氏そのものの存在形態・氏族構造についても考えてみたいと思う。その一つの手掛かりが、秦氏の氏族形成に関わる伝説である。

一　秦伴造の成立――氏族形成に関わる二つの記載――

『日本書紀』『新撰姓氏録』（以下『書紀』『姓氏録』と略記）など古代の文献には、秦氏の渡来と氏族形成に関わる伝説・説話がいくつか収載されている。そして、そのなかには明らかに重出ともとれるものがある。まず『書紀』にみえる二つの所伝をみておきたい。

（一）『書紀』雄略十五年条・十六年七月条

十五年に、秦の民を臣連等に分散ちて、各欲の随に駆使らしむ。秦造に委にしめず。是に由りて、秦造酒、甚に以て憂として、天皇に仕へまつる。天皇、愛び寵みたまふ。詔して秦の民を聚りて、秦酒公に賜ふ。公、仍りて百八十種勝を領率ゐて、庸調の絹縑を奉献りて、朝庭に充積む。因りて姓を賜ひて禹豆麻佐と曰ふ。一に云はく、禹豆母利麻佐といへるは、皆盈て積める貌なり。

十六年の秋七月に、詔して、桑に宜き国縣にして桑を殖えしむ。又秦の民を散ちて遷して、庸調を献らしむ。

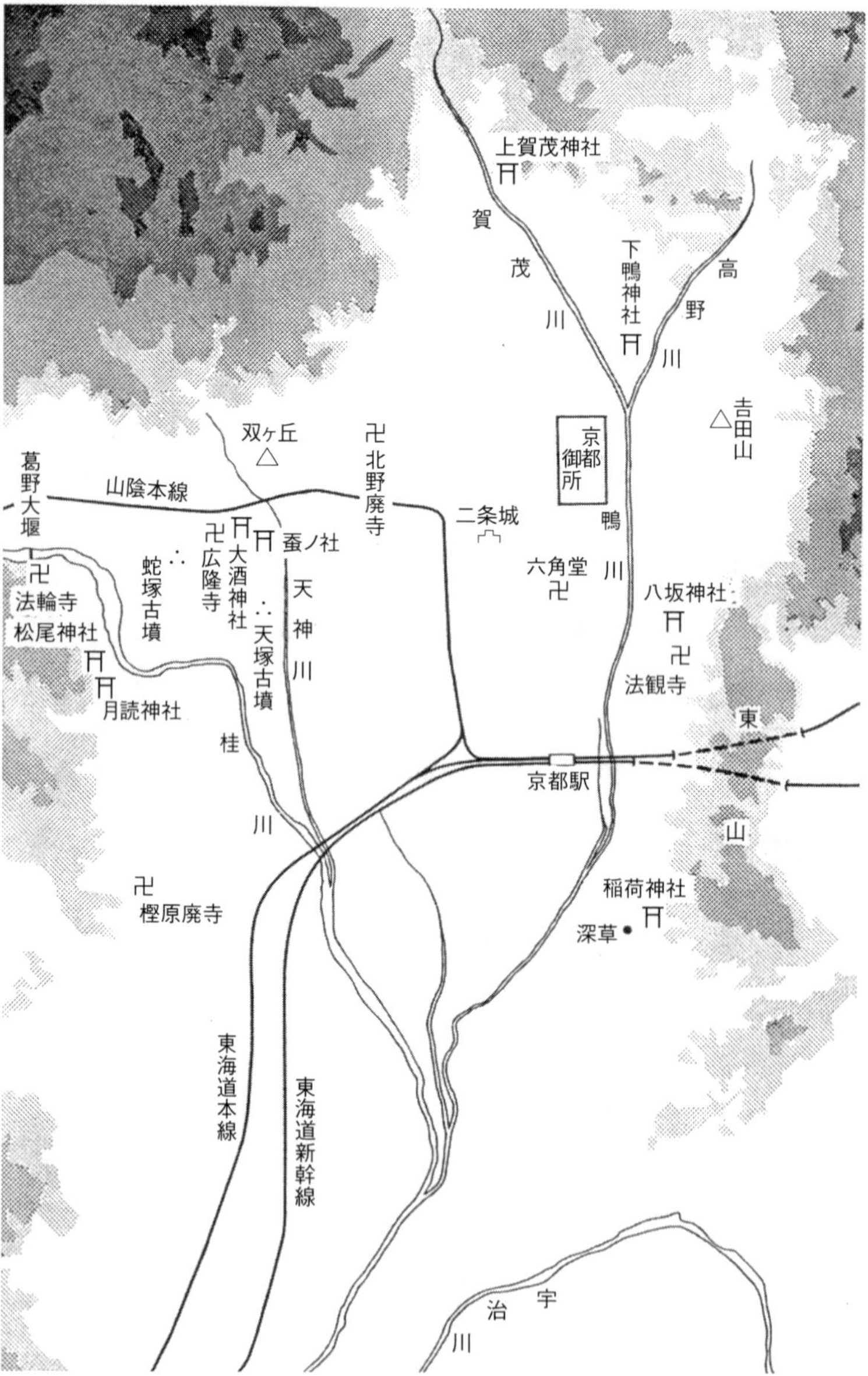
上賀茂神社
賀茂川
下鴨神社
高野川
吉田山
京都御所
双ヶ丘
北野廃寺
葛野大堰
山陰本線
二条城
鴨川
蚕ノ社
大酒神社
広隆寺
蛇塚古墳
天神川
六角堂
八坂神社
法輪寺
松尾神社
天塚古墳
法観寺
月読神社
東山
桂川
京都駅
稲荷神社
樫原廃寺
深草
東海道本線
東海道新幹線
宇治川

図77　山城秦氏関係図

（A）『書紀』欽明元年（五四〇）八月条

八月に、高麗・百済・新羅・任那、並に使を遣して献り、並に貢職を修る。秦人・漢人等、諸蕃の投化ける者を召し集へて、国郡に安置めて、戸籍に編貫く。秦人の戸の数、惣べて七千五十三戸。大蔵掾を以て、秦伴造としたまふ。

（一）は、各地に分散して諸豪族に使われていた秦の民を集めて、天皇に重用されていた秦氏の実質的な始祖である秦酒公に与え、酒は秦の民を率いて朝廷に富を集積する功績をあげたことを述べており、秦氏が伴造として朝廷に仕える起源を物語ったものである。秦氏の氏族形成＝「秦伴造」の成立に関わる所伝といえよう。そしてここにみえる秦酒公は「禹豆麻佐」という姓を賜ったとあるように、また後述する『姓氏録』山城国諸蕃の秦忌寸条に葛野の秦氏一族である「太秦公宿禰同祖」としてほぼ同じ記事がみえるから、山城葛野の秦氏に関わる始祖伝説と理解される。酒は山城葛野の秦氏にとり、実質的な始祖であったことを主張している。

一方（A）は、バラバラに渡来した秦人・漢人を「国郡」に集め戸籍に登録し、そのうち秦人は七〇五三戸で、その伴造に「大蔵掾」を任命したとある。これは、のちにふれる欽明天皇即位前紀に山城深草に住む秦大津父を「大蔵掾」に任命したとする記事があり、葛野の秦氏でない深草の秦氏が「秦伴造」になったとする所伝である。したがって、（一）において雄略朝に秦造酒が秦伴造になったように記しておきながら、（A）では改めて欽明朝に天皇に重用された秦大津父が秦伴造となったと記述しており、所伝の重複ともとれるのである。それでは秦伴造の地位が、酒から大津父に継承されたのであろうか。それとも秦伴造には二つの家があり、並立して族長権の持ち回りがあったのだろうか。そこで、関連する所伝を検討して検証する必要があろう。

山城葛野に本拠を置く秦氏の渡来伝説は、秦氏の本宗家として、右の所伝をはじめ『書紀』『姓氏録』に詳細な記録がある。

（二）『書紀』応神十四年（二八三）是歳条

是歳、弓月君、百済より来帰り。因りて奏して曰く、「臣、己が国の人夫百二十県を領ゐて帰化く。然れども新羅の拒くに因りて、皆加羅国に留まれり」とまうす。爰に葛城襲津彦を遣して、弓月の人夫を加羅に召す。然れども三年経るまでに、襲津彦来ず。

すなわち弓月君が一二〇県の人夫を率いて百済より来日しようとしたが、新羅に阻まれたためその多くは加羅に止まっていたこと、このため弓月の人夫を来日させるため、応神十六年、葛城襲津彦を派遣してこれを連れ帰ったとする。秦氏がまとまった族団として渡来したことが積極的に主張されており、氏族形成の一端を物語っている。このことと関連するのが次の所伝である。

（三）『姓氏録』山城国諸蕃秦忌寸条

秦忌寸。太秦公宿禰と同じき祖。秦始皇帝の後なり。功智王、弓月王、誉田天皇諡は応神。の十四年に来朝りて、表を上りて、更、国へ帰りて、百廿七県の伯姓を率て帰化り、幷、金銀玉帛種々の宝物等を献りき。天皇嘉でたまひて、大和の朝津間の腋上の地を賜ひて居らしめたまひき。男、真徳王。次に普洞王、古記に浦東君と曰ふ。大鷦鷯天皇諡は仁徳の御世、姓を賜ひて波陁と曰ふ。今の秦の字の訓なり。次に雲師王。次に武良王。普洞王の男、秦公酒。大泊瀬稚武天皇諡は雄略。の御世に、奏して称す。普洞王の時に秦の民、惣て劫略められて、今見在る者は、十に一つも存らず。請ふらくは、勅使を遣して撿括招集めたまはむことをとまをす。天皇、使、小子部雷を遣し、大隅、阿多の隼人等を率て、捜括鳩集めしめたまひ、秦の民九十二部、一万八千六百七十人を得て、遂に酒に賜ひき。爰に秦の民を率て、蚕を養ひ、絹を織り、篚に盛り、闕に詣でて、貢進りしに、岳の如く、山の如く、朝庭に積畜みければ、天皇嘉ばせたまひて、特に寵命を降したひ、号を賜ひて、禹都万佐と曰へり。是は盈積みて、利益有る義なり。諸の秦氏を使ひて、八丈の大蔵を宮の側に構へて、其の貢物を納めしむ。故れ、其の地を名けて、長谷朝倉宮と曰ふ。是の時、始めて大蔵官員を置き、酒を以て長官と為す。秦氏等が一祖の子孫、或は居住に就き、或は行事に依りて、別れて数腹と為れり。天平廿年に、京畿に在る者は、咸改めて伊美吉の姓を賜ひき。

この所伝は、(一)と(二)の所伝を総合し増補したもので、ここでは応神朝に秦氏の祖弓月王らが来朝し、いったん国に帰り、「百廿七県の伯姓を率て帰化」し、大和葛城の朝津間を賜り定着したこと、その後秦の民がバラバラとなったため、それを集め秦公酒に与えた。酒は養蚕と絹織物生産で成功を収め、朝廷に八丈の大蔵を建てその長官に任命されたことが述べられている。秦氏が大きな族団を形成して財をなし、朝廷において大蔵を管理するという有力な地位を築いたことが主張されており、その渡来と定着、氏族形成の様相が詳しくうかがえる。秦酒公を実質的な始祖とするように、山城葛野に本拠を置く秦氏の始祖伝説であることがわかる。当初大和葛城の朝津間に定着したとする所伝は、(二)の『書紀』の渡来伝説に葛城襲津彦が連れ帰ったとあることと関連するものである。このように(一)~(三)の所伝は、山城葛野の秦氏の渡来と氏族形成を物語るもので、一つの完結した内容をもっている。(6) 特に(三)は、(一)(二)にみえない酒を「大蔵官員」の長官に任命したとする所伝など、深草の秦氏の所伝から取り込んだとみられる(図78)。

一方、深草の秦氏については先の(A)の記事と一体をなすものとして、次のような所伝がみえる。

(B)『書紀』欽明天皇即位前紀

天国排開広庭天皇は、男大迹天皇の嫡子なり。母をば手白香皇后と曰す。天皇、愛びたまひて、常に左右に置きたまふ。天皇幼くましましし時に、夢に人有りて云さく、「天皇、秦大津父といふ者を寵愛みたまわば、壮大に

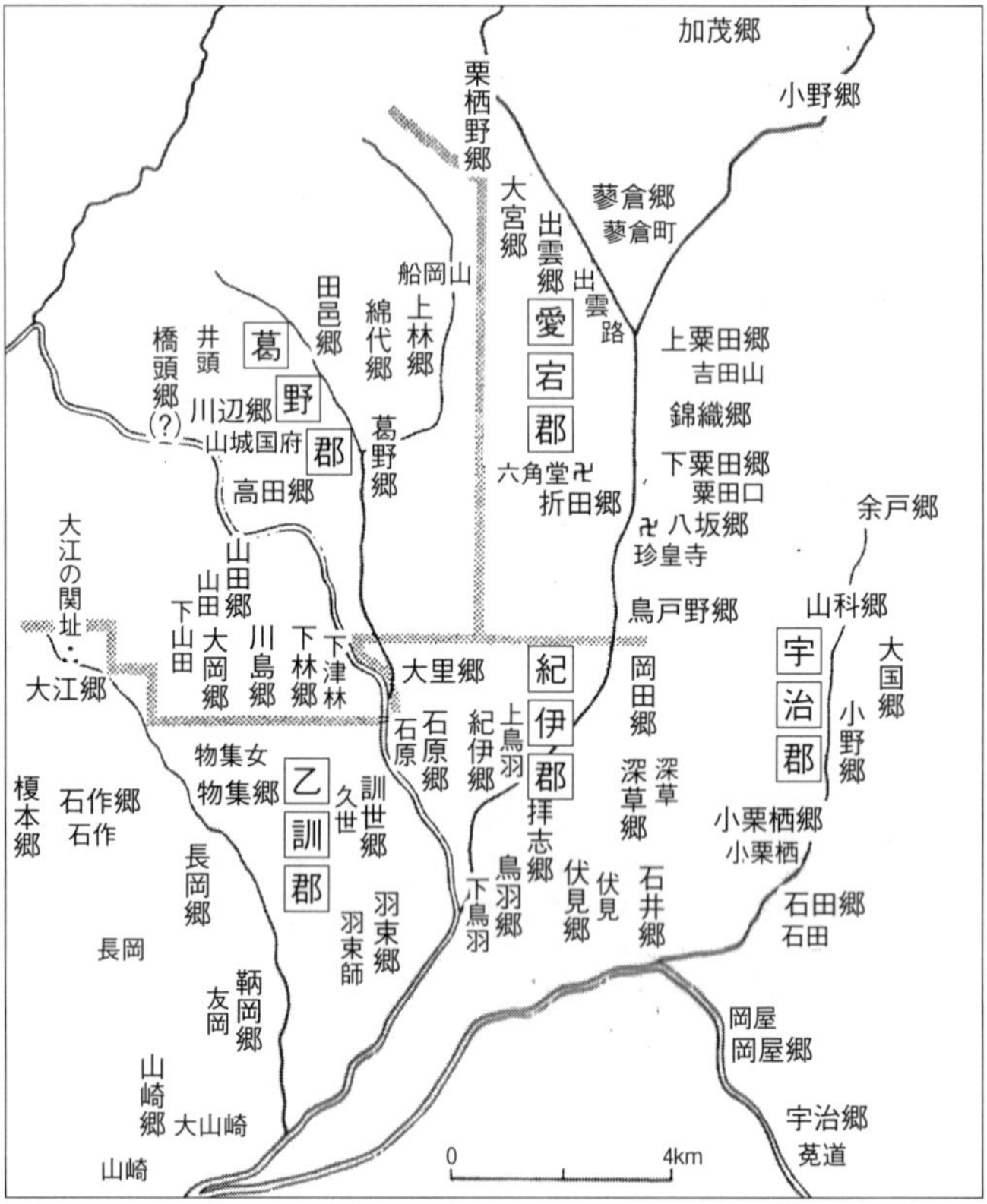

図78　古代北山城の郡と郷

及りて、必ず天下を有らさむ」とまうす。寤驚めて使を遣して普く求むれば、山背国の紀伊郡の深草里より得つ。姓字、果して所夢ししが如し。是に、忻喜びたまふこと身に遍みちて、未曽しき夢なりと歎めたまふ。乃ち告げて曰はく、「汝、何事か有りし」とのたまふ。答へて云さく、「無し。但し臣、伊勢に向りて、商価して来還るとき、山に二つの狼の相闘ひて血に汗ぬれたるに逢ひき。乃ち馬より下りて口手を洗ひ漱ぎて、祈請みて曰はく、「汝は是貴き神にして、麁き行を楽む。儻し猟士に逢わば、禽られむこと尤く速けむ」といふ。乃ち相闘ふこと抑止めて、血ぬれたる毛を拭ひ洗ひて、遂に遣放して、倶に命を全けてき」とまうす。天皇曰はく、「必ず此の報ならむ」とのたまふ。乃ち近く侍へしめて、優く寵みたまふこと日に新たなり。大きに饒富を致たす。践祚すに及至りて、大蔵省に拜けたまふ。

すなわち、欽明天皇が幼いころ、夢に現われた人が「大きくなり、秦大津父なるものを登用すれば、必ず王位の登れる」と語ったので、捜し求めたところ、山城国紀伊郡深草里の住人であることがわかった。大津父に「その身に、何かあったのか」と問うたところ、「伊勢に商売に行った帰りに、山道で血みどろな闘いをする二匹の狼に出会ったので、その仲裁に入り最悪の事態を避けることができた」と述べたので、大津父を近くにおいて寵愛したところ、財政が豊かになった。(7) このため即位するにおよび大津父に大蔵省を担当させたというもので、「継体・欽明朝の内乱＝二朝並立説」を主張された林屋辰三郎氏が、それを暗喩する所伝とされたものである。(8) しかもこれは、欽明天皇の即位事情を述べた「帝紀」の一部を構成する重要な記事で、史実を核として形成された可能性も考えられる。（A）の所伝とあわせて、欽明天皇に登用された秦大津父が大蔵の管理を任され秦伴造＝本宗家とされたことを語る深草の秦氏の始祖伝説を採用したと考えられる。この所伝のなかで、大津父が伊勢に「商価」するため通っていたとあり、商業活動で成功を収めていたことがうかがえ注目される。深草の秦氏の動向の一端を示すものであろう。深草には大和政権の政治的・経済的な拠点である屯倉が置かれており、そうしたこととも関わるとみられる。深草屯倉は上宮王家との関わりも深く、秦氏と上宮王家を結びつけるものでもあろう。（A）（B）は山城深草の秦氏の氏族形成を語るもので、秦大津父はその実質的な始祖とされていたと考えられる。

以上のように、山城に本拠を置く葛野と深草の両秦氏は、それぞれ別個に秦伴造となって氏族を形成したとする、独自の始祖伝説をもっていたとみられそれぞれ独立した存在であったと考えられるのである。そして、『広隆寺来由記』みえる葛野の秦氏の系図には酒や河勝の名はみえるものの、大津父の名はなく、両者が系譜的に異なることを示唆する(9)（図79）。おそらく秦氏の本宗家をめぐり競合関係にあった両氏が、独自の始祖伝説を述作したのであろう。

そして、『書紀』が秦氏の渡来伝説の主要な部分を葛野の秦氏の所伝に依拠して記述していることは、その編纂段階

図79　『広隆寺来由記』記載の秦氏系図

秦始皇帝――胡亥皇帝――孝武皇帝――竺区宗孫王――法成王――功満王――融通王
普洞王――酒秦公――意美秦公――忍秦公――丹照秦公――河秦公――国勝秦公――川勝秦公

において朝廷で優勢であったことを示すものであろう。そして葛野の秦氏の勢力拡大の状況を示すのが秦河勝の所伝である。

二　秦河勝をめぐる所伝

秦河勝は、秦氏のなかで最も著名な人物である。その所伝は『書紀』をはじめ、聖徳太子との関わりから『聖徳太子伝補闕記』『聖徳太子伝暦』『扶桑略記』『広隆寺来由記』などの諸書にもみることができる。『書紀』の記事は、次の四条である。

（1）『書紀』推古十一年（六〇三）十一月一日条

十一月の己亥の朔に、皇太子、諸の大夫に謂りて曰はく。「我、尊き仏像有てり。誰か是の像を得て恭拝らむ」とのたまふ。時に秦造河勝進みて曰はく、「臣、拝みまつらむ」といふ。便に仏像を受く。因りて蜂岡寺を造る。

（2）『書紀』推古三十一年七月条

卅一年の秋七月に、新羅、大使奈末智洗爾を遣し、任那、達率奈末智を遣して、並に来朝り。仍りて仏像一具及び金塔幷せて舎利を貢る。且大きなる灌頂幡一具・小幡十二条をたてまつる。即ち仏像をば葛野の秦寺に居しまさしむ。余の舎利・金塔・灌頂幡等を以て、皆四天王寺に納る。是の時に、大唐の学問者僧恵斉・恵光及び医恵日・福因等、並に智洗爾等に従ひて来。是に、恵日等、共に奏聞して曰はく。「唐国に留る学者、皆学ひて業を成しつ。喚すべし。且其の大唐国は、法式備り定れる珍の国なり。常に達ふべし」といふ。

（3）『書紀』推古十八年十月八日・九日条

冬十月の己丑の朔丙申に、新羅・任那の使人、京に臻る。是の日に、額田部連比羅夫に命せて、新羅の客迎ふる荘馬の長とす。膳臣大伴を以て、任那の客迎ふる荘馬の長とす。即ち阿斗の河辺の館に安置る。丁酉に、客等、朝庭拝む。是に、秦造河勝・土部連菟に命せて、新羅の導者とす。間人連臨蓋・阿閇臣大篭を以て、任那の導者とす。（以下略）

（4）『書紀』皇極三年（六四四）七月条

秋の七月に、東国の不尽河の辺の人大生部多、虫祭ることを村里の人に勧めて曰はく、「此は常世の神なり。祭る此の神を者は、富と寿とを到す到す」といふ。巫覡等、遂に詐きて、神語に託せて曰はく、「常世神を祭る者は、貧しき人は富を到し、老いたる人は還りて少かゆ」といふ。是に由りて、加勧めて、民の家の財宝を捨てしめ、酒を陳ね、菜・六畜を路の側に陳ねて、呼ばしめて曰はく、「新しき富入り来たれり」といふ。都鄙の人、常世の虫を取りて、清座に置きて、歌ひ舞ひて、福を求めて珍財を棄捨つ。都つて益す所無くして、損り費ゆること極て甚し。是に、葛野の秦造河勝、民の惑はさるるを悪みて、大生部多を打つ。其の巫覡等、恐りて勧め祭ることを休む。時の人、便ち歌を作りて曰はく、

太秦は　神とも神と　聞え来る　常世の神を　打ち懲ますも

此の虫は、常に橘の樹に生る。或は曼椒に生る。曼椒、此をば衰曽紀と云ふ其の長さ四寸余、其大きさ頭指許なり。其の色緑にして、有黒点なり。其貌全ら養蚕に似れり。

（1）は推古十一年のこととして、聖徳太子が、その所持する「尊き仏像」を拝むものを「諸の大夫」に問うたところ、秦造河勝が手をあげて、その仏像を「蜂岡寺」を造営して納めたことを述べている。ここで秦河勝は聖徳太子に近侍する側近の一人として登場し、太子の所持する仏像を賜り蜂岡寺を造営して安置したとあり、朝廷における河勝の地位と寺院を建造できる財力を示している。聖徳太子の伝記として編纂された『聖徳太子伝補闕記』と『聖徳太子伝暦』は、このことについて、聖徳太子が山城の葛野蜂岳の下に造営した宮を河勝が賜り寺としたこと、その時に新羅王が献上した仏像などを与えたことなど、より詳細な記述を載せている。こうした所伝については太子信仰による修飾もあり、そのままでは受け取りがたいが、秦河勝が聖徳太子に寵愛され、仏教の普及に力を注いでいたこと、その本拠に氏寺の蜂岡寺を造営したことは、葛野の秦氏が在地で力をつけ、中央政界にも進出していたことを示している。

（2）はそれとは別に、推古三十一年に新羅と任那の使者が来朝し、仏像・金塔・舎利と大きな灌頂幡・小幡を献上したので、仏像を「葛野の秦寺」に、残りの金塔・舎利・灌頂幡・小幡を四天王寺に納めたとしている。ここには秦河勝の名こそみえないが、蜂岡寺の別名と考えられる「葛野の秦寺」に新羅が朝廷に献上した仏像を安置したことを述べており、これも太子信仰による潤色は考慮すべきであるが、聖徳太子と秦河勝の仏教を通じての密接な関係を示すものであろう。

蜂岡寺＝「葛野の秦寺」に安置された二つの仏像が、その後身である広隆寺の所蔵するどの仏像にあたるかは、これだけでは必ずしも明らかではないが、『扶桑略記』は（1）の仏像を「弥勒仏」とし、『広隆寺資財交替実録帳』には創建時から安置される仏像六躯を記載するが、そのうち「金銅弥勒菩薩像一躯、居高二尺八寸所謂太子本願御形」が、（1）にあたるとする。そして、『広隆寺来由記』は広隆寺に安置される「金銅弥勒菩薩像」を（1）にあてており、蜂岡寺創建に関わる（1）が国宝「金銅弥勒菩薩半伽像」である可能性は大きいともいえる。ただ、（2）も新羅からの献上としており、新羅様式とされる国宝「金銅弥勒菩薩半伽像」と考えることもできよう。(10)この像の主要な部分が、日本では少ないアカマツを使用することもそれを裏付けている。

ただ、詳細は別に検討したいが、右の（1）（2）の記載については、（1）をその内容からして聖徳太子信仰による潤色の著しいものとみて、実際の蜂岡寺＝「葛野の秦寺」の造営は太子死後の推古三十一年とする見解が有力である。(11)これによるなら、（2）の新羅献上の仏像が国宝「金銅弥勒菩薩半伽像」である可能性はより高まるであろう。そして、この仏像を新羅様式とする近年の見解とも符合することになるのである。

（3）は海外使の接客・饗応にかかる記録であり、極めて実録的な記載である。朝廷に保存されていた外交記録類に基づき書かれているとみられ、河勝が推古朝の中央政界において、一定の役割を果たしていたことがわかる。ただ河勝は、この後の文にみえる「四大夫」と比べて明らかに下位の地位にあったことは間違いなく、聖徳太子に特に寵愛されていた様子はみられないことは留意すべきであろう。

（4）は常世の神信仰に関わるもので、河勝が蚕に似た虫を常世の神と称して民を惑わしていた大生部多を討ち、民を救ったとする記事である。しかし、大生部多は「東国の不尽河の辺の人」とされており、推古朝に活躍した河勝が皇極朝に登場するのもやや奇異である。年代や舞台についてはさらに検討すべきではあるが、河勝が仏教の普及に力を注ぎ旧来の因習に反対していたエピソードといえよう。(12)

『聖徳太子伝補闕記』『聖徳太子伝暦』『扶桑略記』『広隆寺来由記』などの諸書には、蜂岡寺の造営に至る河勝の動向を詳しく記載するほか、用明天皇没後の物部守屋討伐の闘いで河勝が聖徳太子の武将として活躍する模様を描いており、「軍政人」「軍充」であったとする記載もある。河勝を太子の唯一の軍事参謀として描いており、太子信仰に基づく潤色が著しい[13]。このように、『書紀』以下太子伝諸書は聖徳太子信仰を背景に秦河勝の活躍を描いており、秦氏が朝廷に提出した「家記」類に依拠した所伝とみられ、必ずしも史実とすることはできない。ただ、秦氏にとって河勝は、唯一中央政界で一定の地歩を築いた有力者として顕彰されており、すべてが仮構であるとはいえない。そして（3）は、先に指摘したように、朝廷の記録に基づくとみられ、そうした推古朝の河勝の実像を示すものであろう。ただ、そうした河勝の中央政界への登用に上宮王家との繋がりのあったことは間違いのないところであり、太子の子、山背大兄王が蘇我入鹿に襲われた際に深草屯倉に逃れることをすすめられているのはそれを裏付ける。このころには深草の秦氏と葛野の秦氏が協力して、上宮王家をバックアップしていたのではないか。

このように、葛野の秦氏一族とみられる河勝は、おそらく上宮王家との親密な関係を手掛かりに中央政界に進出したとみられる。私は、こうした所伝に記載されていないが、深草の秦氏の大津父が任命されていた秦伴造＝秦氏の族長の地位を、中央政界での活躍により河勝が継承することになったと考えている。先に検討したように、秦伴造＝秦氏の族長の成立に関する所伝は、『書紀』には重複ともとれる二つの記載があった。葛野の秦氏の実質的な「始祖」で雄略天皇に寵愛された秦酒公についての記載と、深草の秦氏で欽明天皇に登用され秦伴造として大蔵の管理を任された秦大津父の記載である。このうち秦酒公の所伝は『姓氏録』の所伝とともに伝説的色彩が濃く、史実に基づくものとみることはできない。

これに対し（三）の秦大津父の所伝は先述したように、欽明天皇の即位事情を述べた、いわゆる「帝紀」的記載の一部であり、「継体・欽明朝の内乱＝二朝並立説」を主張した林屋辰三郎氏が、内乱を暗喩する所伝とされたことでもよく知られる寓話的な話であるが、欽明天皇と秦大津父の関わりなどは史実に基づいている可能性が高い。したがって、欽明天皇との親しい関係により朝廷に登用された大津父こそ、秦氏から最初に族長（「氏上」＝秦伴造）と朝廷から認められた人物で、大蔵の管理に携わることになったと考える。しかし、右にみたように、推古朝のころには葛野の秦氏から秦河勝が出て、上宮王家との親しい関係を軸に中央政界に進出し、大津父の一族から「氏上」＝秦伴造の地位と大蔵の管理を継承したのではなかろうか。深草の秦氏からは、おそらく大津父につづく人物を輩出することはなく、葛野の秦氏の下でもともと関係の深かった深草屯倉の管理に専念することになったのではなかろうか。

河勝がそうした地位についたという記録はないが、それを根拠づけるものとして述作されたのが、（一）の雄略朝における秦造酒の秦伴造任命の所伝であったと考えられる。そしてこれを増補した（三）の『姓氏録』秦忌寸条には大蔵への関与も書かれており、深草の秦氏の所伝を取り入れ、欽明朝より古い雄略朝に葛野の秦氏が深草の秦氏に先行して、「氏上」＝秦伴造に任命されていたことをより強く主張したと考える。

三　山城における秦氏の勢力

右にみたように、山城の秦氏にはその北西部の葛野と、北東部の深草をそれぞれ本拠とする二つの勢力があり、秦伴造家の主導権をめぐって競合関係にあったと考えられる。のちの平安時代のデータではあるが、「葛野班田図」など居住民に関わる文献資料によると、これら両地域には秦氏一族の居住が集中しており、山城における秦氏の二大拠点であったことが裏付けられる(14)。

また松尾に所在する松尾大社は、当初「松崎の日尾」に所在したが、大宝元年（七〇一）、川辺腹の「秦忌寸都理」

が現在の所在地である松尾に勧請したこと、田口腹の女「秦忌寸知麻留女」が「御阿礼」を立て、その子「秦忌寸都駕布」が「戊午年」に祝となり、子々孫々奉祭することになったと「秦氏本系帳」にあるように、葛野の秦氏の氏神であった。ここにみえる川辺腹・田口腹については、いずれも秦忌寸を称しているから近しい同族で、いわば分家の呼称といえる。先にみたように、(三)の『姓氏録』山城国諸蕃秦忌寸条には「秦氏等が一祖の子孫、或は居住に就き、或は行事に依りて、別れて数腹と為れり」とあり、事実『和名抄』によると葛野郡には橋頭・大岡・山田・川辺・葛野・川嶋・上林・櫟原・高田・下林・綿代・田邑の一二郷があった。田口腹の由来は不明であるが、川辺腹は川辺郷と関わるようで、居住地による分家の呼び名とみられる。田口腹は、郷より小さな地域を示す地名によるのかもしれない。なお、郷の所在地は不明とするほかないが、大岡・山田・川嶋・下林・櫟原が葛野川右岸に、橋頭・川辺・葛野・上林・高田・綿代・田邑が左岸に比定されている。川辺郷は文字通り葛野川沿いにあったとみられ、松尾社に近いといえよう。ところで、秦氏と並ぶ渡来氏族の雄、倭漢氏の場合も、兄腹・中腹・弟腹の三腹がみえている。「坂上系図」が引く『姓氏録』逸文には、その始祖都使主の子、山木直を兄腹の祖とし二五氏の名をあげ、志努直を中腹の祖とし一〇氏の名をあげ、爾波伎直を弟腹の祖とし二八氏の名をあげている。倭漢氏は、このころ六三氏に分枝していたとみられる。したがって、葛野の秦氏もさらに多くの分家に分枝していたのではなかろうか。

そして一方深草に所在する伏見稲荷大社は、『山城国風土記』逸文に、秦中家忌寸の遠祖「伊呂具秦公」が多くの稲を収穫して神社に供え、餅をつくり弓矢の的としたところ、餅は白鳥となり山上に舞い上がり稲が成ったので、神社の名を「伊奈利」としたという伝説がみえており、深草の秦氏が奉祭していたことで著名である。こうした有力神社が両地域に所在することは、この地域が秦氏の二大拠点であることを示すとともに、両氏の勢力を示すであろう。深草の秦氏の氏族構成については手掛かりがないが、「伊呂具秦公」の後裔で稲荷社を奉祭していた秦中家忌寸は秦忌寸の「中家」で兄腹・中腹・弟腹の中腹に対応するとみて、その分枝の一端を示しているかもしれない。

一方、北山城の古墳時代における有力な古墳（首長墓）の分布をみてみると、まず秦氏がこの地域に居住する以前の四世紀前半から五世紀前半にかけては長岡・向日町グループと深草・桃山グループが特に有力であったが、五世紀末から六世紀にかけては深草・桃山グループが衰退するのに対して、嵯峨野グループが急速に成長し、山城では突出した規模・内容をもつことになる。五世紀後半と推定される仲野親王墓古墳は全長六〇メートルの前方後円墳で、現時点では最も古い首長墓とみられる。これにつづくと考えられるのが、すでに消失したため詳細は明らかでないが、次にふれる天塚古墳の北方にあった前方後円墳の清水山古墳で、五世紀末から六世紀初頭と考えられている（図80）。

天塚古墳は全長七一メートル、二段築成の前方後円墳で、かつて円筒埴輪が発見されたとする記録がある。周濠を廻らせ、二つの横穴式石室を主体部としている。西北西に開口する石室は全長約一〇メートルの無袖式で、奥壁の高さは二・一メートルを測り、もう一方の石室は古墳くびれ部に南西方向に開口している片袖式の横穴式石室で、右側の壁面に玄室と羨道の区別をつけており、全長は約七・五メートル、奥壁の高さは二・一メートルある。明治二十年（一八八七）ごろ発掘され、鏡三面をはじめ玉類・金銅製装身具残欠・馬具・刀・鉄鏃・桂甲・須恵器などが出土しており、古墳は六世紀前半に築造されたとみられている。昭和五十三年、国の史跡に指定され保存された。そしてやや空白を挟み、六世紀末に築造されたとみられるのが全長八〇メートルの前方後円墳、蛇塚古墳である。巨大な横穴式石室をもつ北山城で最有力の首長墓である。石室は一七・八メートル、玄室六・八メートル、幅三・八メートルを測る。家形石棺が出土したと伝えられている以外、詳細は判明しない(15)。

この嵯峨野の首長墓群は、その時期や所在地からみて葛野の秦氏の関わるものと考えられる。この地域では、これに先立つ顕著な古墳の分布はみられず、五世紀末ごろ「葛野大堰」の築造により、本格的な開発がすすんだとみられる。この地域は「嵯峨野」と呼ばれるように、水利に恵まれず未墾の原野が広がっていたとみられるが、最新の土木

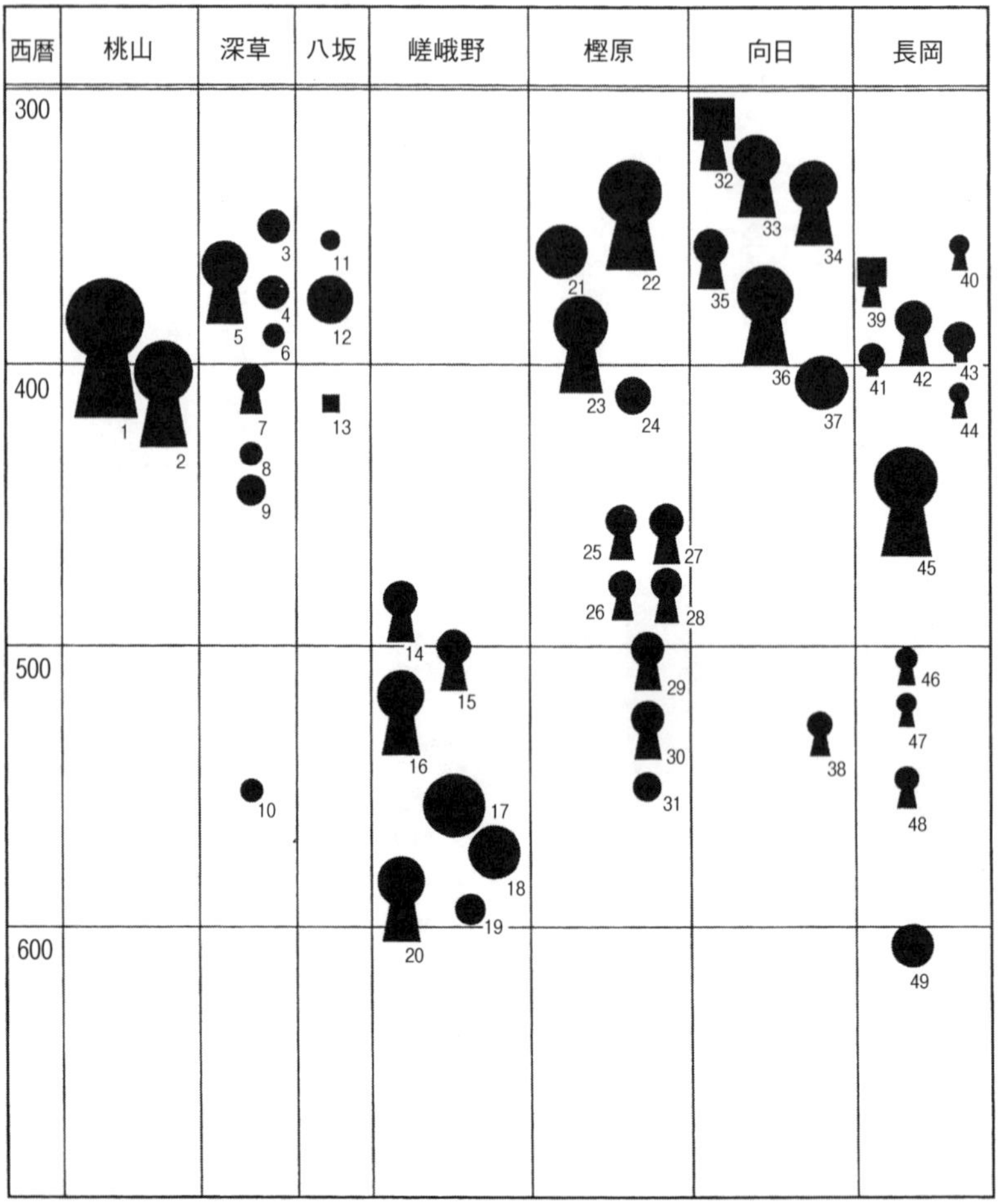

図80　北山城の首長墓の系譜

１黄金塚１号墳，２黄金塚２号墳，３稲荷山一ノ峰古墳，４稲荷山三ノ峰古墳，５稲荷山二ノ峰古墳，６稲荷山荒神峰古墳，７番神山古墳，８仁明陵北古墳，９谷口古墳，10塚本古墳，11将軍塚１号墳，12将軍塚３号墳，13八坂方墳，14仲野親王陵（垂箕山古墳），15清水山古墳，16天塚古墳，17大覚寺１号墳，18双ケ岡１号墳，19甲塚古墳，20蛇塚古墳，21百々池古墳，22一本松塚古墳，23天皇の杜古墳，24塚ノ本古墳，25巡礼塚古墳，26穀塚古墳，27山田桜谷２号墳，28山田桜谷１号墳，29清水塚古墳，30天鼓ノ森古墳，31山田車塚古墳，32元稲荷古墳，33五塚原古墳，34寺戸大塚古墳，35北山古墳，36妙見山古墳，37伝高畠陵古墳，38物集女車塚古墳，39長法寺南原古墳，40境野１号墳，41カラネガ岳２号墳，42今里車塚古墳，43鳥居前古墳，44庄ノ淵古墳，45恵解山古墳，46舞塚古墳，47塚本古墳，48細塚古墳，49今里大塚古墳

技術をもつ秦氏が主導して、桂川に「大堰」を築造、用水を確保し、本格的な開発がすすんだとみられる。近年調査された「大堰」のやや下流に所在する松室遺跡では六世紀代の人工的な溝が発見されており、築造時期の一端を示している。この時期以降、葛野の秦氏の勢力が飛躍的に拡大したと考えられ、推古朝に秦河勝が中央政界に進出し、深草の秦氏に変わって秦伴造＝秦系氏族の族長となる基盤が形成されていたと考えられる。

おわりに

雑駁な考察に終始したが、これまでの検討によって、渡来氏族の雄秦氏には、同じ山城を本拠としながら葛野と深草を拠点とし独自の勢力をもつ二つの有力なグループがあり、秦伴造家の地位や秦氏の首長権をめぐり競合関係にあったことが明らかになったと思う。そして秦伴造家の地位は、六世紀の欽明朝ごろは天皇の庇護を得た深草の秦大津父が保持していたが、七世紀以降は上宮王家と親密な関係にあった葛野の秦河勝がその地位につき、有力化したことを検証した。それではこの山城秦氏の二つの有力なグループは、もともと一系的な一族である時期に分枝したのか、それとも本来別個の渡来人集団であったのか。これは秦氏のみならず、渡来氏族の氏族構造を考えるうえで重要な論点といえる。

私は、二つのグループが独自の氏族形成に関わる伝説をもっていることや、共通する系譜をもっていなかったと考えられるところから、もともと別個の渡来人集団で、ある時期に統合することによってより大きい渡来氏族を形成したのではないかと考えている。そして実は、秦氏という渡来氏族の中核を構成したのは山城の二つの勢力だけでなく、さらに広い渡来人集団を統合したのではないかと考えている。その一つが前稿で検討した近江愛知の依知秦氏であり、(16)

秦氏が渡来当初に安置されたとする大和葛城の秦人もその有力な渡来人集団であったと考えている。詳細は別に詳しく検討する必要があるが、それぞれの渡来人集団の定着の時期はそれほど隔たらず相前後しており、それぞれ各地に入植して勢力を拡大していったとみるべきではなかろうか。

大和葛城の渡来人集団の定着は、五世紀前半とされ、山城深草と葛野の秦氏の定着も五世紀後半とする見方が有力であり、一見秦氏の渡来伝説にある葛城から山城への移動を裏付けるかのようにみえる。そして、前稿で明らかにしたように、近江愛知の依知秦氏の形成も五世紀後半から末ごろとみられ[17]、その間に大規模な移動を想定するより、各地における渡来人集団の定着と勢力拡大、そしてそうした各地の渡来人集団の連合・統合、より大きな氏族形成を想定すべきではないか。山城の秦氏のあり方から、渡来氏族の氏族形成とその構造についての憶測を述べたが、その検証は文献だけでなく、より精細な考古資料の検討が必要であろう。

注

（1）平野邦雄「秦氏の研究」（『史学雑誌』七〇―三・四、一九六一年）、和田萃「山背秦氏の一考察」（京都大学考古学研究会編『嵯峨野の古墳時代』京都大学考古学研究会出版事務局、一九七一年）、大和岩雄『秦氏の研究』（大和書房、一九九三年）、中村修也『秦氏とカモ氏』（臨川書店、一九九四年）、平林章仁『蘇我氏の実像と葛城氏』（白水社、一九九五年）、井上満郎『古代の日本と渡来人』（明石書店、一九九五年）、同『秦河勝』（吉川弘文館、二〇一一年）、加藤謙吉『秦氏とその民』（白水社、一九九八年）、水谷千秋『謎の渡来人秦氏』（文芸春秋、二〇〇九年）。
（2）和田前掲注（1）論文。
（3）平林前掲注（1）書。
（4）加藤前掲注（1）書。
（5）大橋信弥「依知秦氏の形成」（『古代豪族と渡来人』吉川弘文館、二〇〇四年）。
（6）大橋信弥「大和政権と渡来氏族の形成」（大橋信弥・花田勝広編『ヤマト王権と渡来人』サンライズ出版、二〇〇五年）。

(7) 水谷前掲注(1)書。
(8) 林屋辰三郎「継体欽明朝内乱の史的分析」(『古代国家の解体』東京大学出版会、一九五五年)。
(9) 中村修也「秦氏」(『歴史読本』特集「古代豪族の正体」五六—八、二〇一一年)。
(10) 平野前掲注(1)論文。
(11) 加藤前掲注(1)書。
(12) 下出積與『日本古代の神祇と道教』(吉川弘文館、一九七二年)。
(13) 加藤前掲注(1)書。
(14) 井上前掲注(1)『古代の日本と渡来人』、同『秦河勝』。
(15) 京都大学考古学研究会前掲注(1)書、丸川義広「京都盆地における古墳群の動向」(『田辺昭三先生古稀記念論文集』田辺昭三先生古稀記念の会、二〇〇二年)、同「山城の渡来人—秦氏の場合を中心に—」(大橋信弥・花田勝広編『ヤマト王権と渡来人』サンライズ出版、二〇〇五年)。
(16) 大橋前掲注(5)論文。
(17) 同右。

第四章　秦河勝と「葛野の秦寺」の造営

——弥勒菩薩像の渡来と伝流——

はじめに

私は、前章で「山城の葛野と深草の秦氏—秦伴造家の成立をめぐって—」と題して、大和葛城・山城深草・山城葛野・近江愛知など各地に有力な拠点をもっていた渡来氏族の雄、秦氏の来歴と実態を明らかにしようとした。『日本書紀』や『新撰姓氏録』（以下『書紀』『姓氏録』と略記）にみえる秦氏の始祖伝説と、実在がほぼ認められる秦大津父・秦河勝という実質的な始祖とみられる人物に関わる所伝を詳しく検討し、それらが山城の葛野と深草に本拠を置く秦氏の二大勢力が別個に伝えていた始祖伝説であり、また、それぞれが生み出した実質的な始祖的人物であると考え、両者が出自の異なるまったく別個の渡来人集団であるとし、秦伴造（族長）の地位をめぐって競合していたことを憶測した。そして、そこから、もともと別個の渡来人集団であった大和葛城・山城深草・山城葛野・近江愛知などいくつかの秦系渡来人集団を中核として、秦氏というより大きな氏族が形成されていった可能性も述べた。そうしたなかで、推古朝において聖徳太子に近侍する重臣、秦河勝の役割は大きく、河勝が秦伴造としてこうした秦系渡来人集団の統合を主導したことも想定した[1]（図81）。

本章では、前章で十分に論じられなかった、河勝をめぐる所伝のなかで重要な位置を占める「蜂岡寺」「葛野の秦寺」の造営、その後身である太秦の広隆寺をめぐる問題と、その広隆寺に今日まで伝来する国宝「弥勒菩薩半跏像（宝冠弥勒）」（以下「弥勒菩薩像」と略記）の渡来と伝流について、再説しようとするものである。

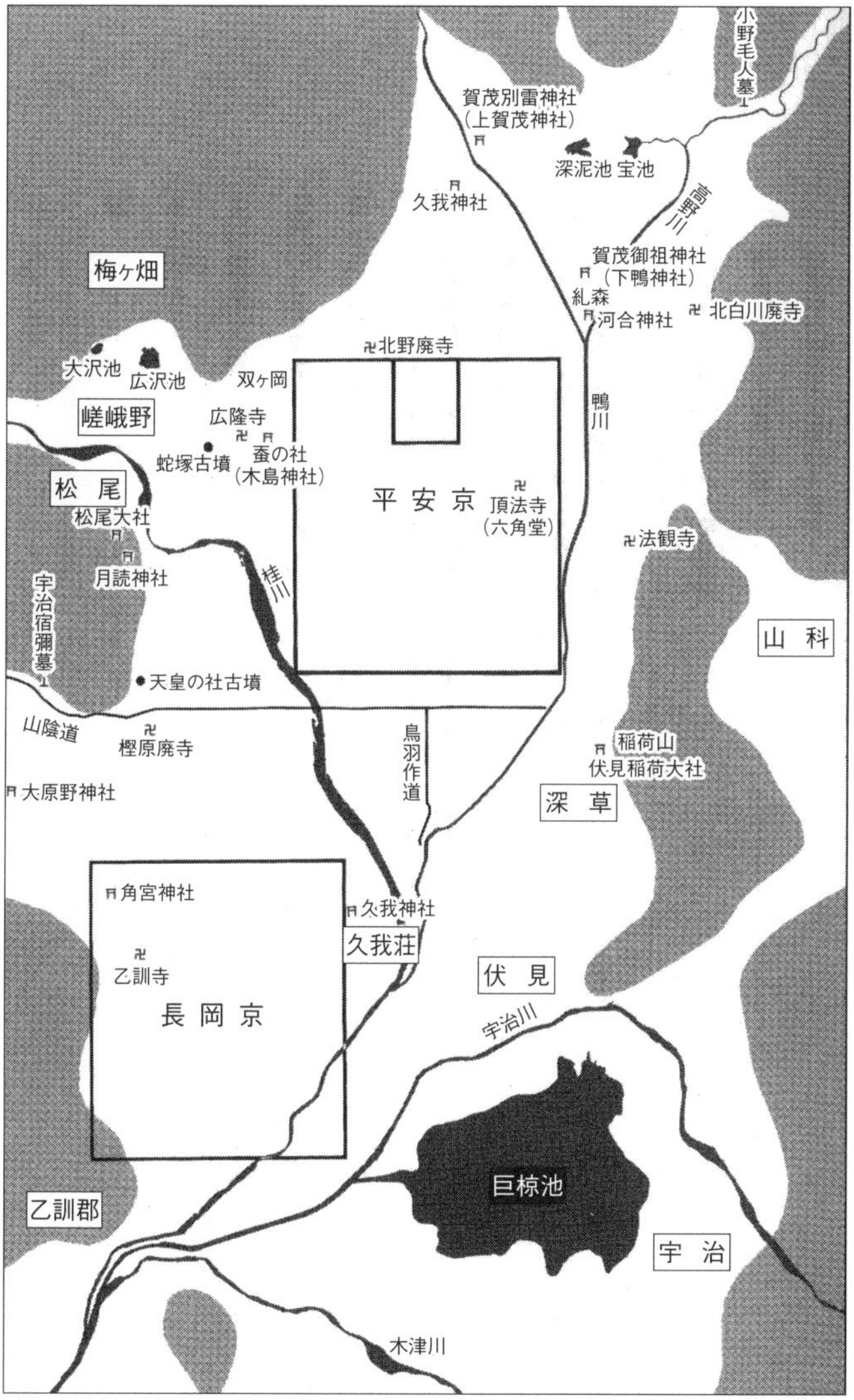

図81　古代山城と宮都

一　弥勒菩薩半跏像の伝来と秦河勝

広隆寺所蔵の「弥勒菩薩像」については、古くから渡来仏とする説と国内製作説があり見解が分かれるところであったが、今日では韓国国立中央博物館所蔵の「金銅製弥勒菩薩半跏像」（韓国国宝七八号）との比較から新羅より将来されたとする説が有力になっている。(2)そしてこの仏像の伝来については、『聖徳太子伝補闕記』『聖徳太子伝暦』（以下『補闕記』『伝暦』と略記）などの太子伝にも記述があるが、そのオリジナルな所伝は『書紀』推古十一年（六〇三）十一月一日条と推古三十一年七月条にみえる次の記載である。

（一）十一月の己亥の朔に、皇太子、諸の大夫に謂りて曰はく。「我、尊き仏像有てり。誰か是の像を得て恭拝らむ」とのたまふ。時に秦造河勝進みて曰はく、「臣、拝みまつらむ」といふ。便に仏像を受く。因りて蜂岡寺を造る。

（二）卅一年の秋七月に、新羅、大使奈末智洗爾を遣し、任那、達率奈末智を遣して、並に来朝り。仍りて仏像一具及び金塔幷せて舎利を貢る。且大きなる灌頂幡一具・小幡十二条をたてまつる。即ち仏像をば葛野の秦寺に居しまさしむ。余の舎利・金塔・灌頂幡等を以て、皆四天王寺に納る。

（一）は推古十一年のこととして、聖徳太子が、その所持する「尊き仏像」を引き取って拝むものを「諸の大夫」に問うたところ、秦造河勝が手をあげてその仏像を安置するために「蜂岡寺」を造営したことを述べている。ここで秦造河勝は聖徳太子に近侍する側近の一人として登場し、太子の所持する仏像を賜って寺院を造営できる財力と地位を保持していたことを示している。したがって、この記事が河勝を顕彰する一面をもつことは明らかで、秦氏の家記類に由来する所伝とみられ、これを直ちに史実とするのは躊躇される。そして、ここにみえる蜂岡寺が広隆寺の別称にほかならないことは太子伝の基礎となった『上宮聖徳法王帝説』や多くの文献が伝えるところであり、秦造河勝による広隆寺の創建を推古十一年とする可能性も依然残っているといえよう。したがってここでは、これを契機に蜂岡寺の造営が始まったというより、この時に蜂岡寺の造営の方針が定まったとすべきではないか。そしてここにみえる河勝が賜った聖徳太子が所持する「尊き仏像」についても、必ずしも「弥勒菩薩像」とすることはできない。『補闕記』は、聖徳太子が山城の葛野蜂岳の南下に造営した宮を河勝が賜り寺としたこと、その時に新羅王が献上した仏像を賜ったことが記されており、この時の仏像が「弥勒菩薩像」であったようにもとれるが、この所伝は『書紀』の(一)と(二)の記事を合成して述作したもので、内容からも史実に基づくというより太子を顕彰する意図が明白である。広隆寺創建の由来として述べただけで、「尊き仏像」が新羅王献上の渡来仏とするのは『補闕記』の解釈にすぎず、この時に蜂岡寺を造営したとするのも述作である。なお、『書紀』推古二十四年七月条に新羅の奈末竹世士が来朝し、「仏像」を献上したとする所伝を載せている。『伝暦』などは、この仏像を蜂岡寺に置いたとする所伝をわざわざ載せるが、明らかに『伝暦』の潤色であり、ここでは考察から除外しておきたい。

(二)は、推古三十一年に新羅と任那の使者が来朝し仏像・金塔・舎利と大きな灌頂幡・小幡を献上したので、仏像を「葛野の秦寺」に、残りの金塔・舎利・灌頂幡・小幡を四天王寺に納めたとしている。これは秦造河勝の名もみえないから、秦氏の家記類から出たものとは考えられない。内容から四天王寺の縁起に基づく可能性もあるが、記述は淡々としており、外交記録などによる実録的な記載とみられ、史実を伝えているのではないか。なお、この間の『書紀』の紀年には錯簡があり、推古三十一年は推古三十年と訂正すべきとされており、推古三十年のこととみることができよう(後述)。また、この仏像が新羅より贈られたものとあるところから、新羅仏とみられる広隆寺所蔵の

「弥勒菩薩像」を考えるうえでも注目されるところであろう。そして、仏像を安置した「葛野の秦寺」については、これを推古十一年条の蜂岡寺とするのが通説であるが、別寺とする説も出されている。のちに考えたいが、「葛野の秦寺」は寺号というより、秦造河勝の本拠である山城葛野に所在する秦氏の氏寺というような一般名詞的な用法であり、推古十一年に河勝が造営するとした蜂岡寺であった可能性もあるし、蜂岡寺とは別の秦氏に関わる寺院とすることもできるであろう。

それでは、（一）（二）にみえる二つの仏像は、どのように考えることができるであろうか。（一）は聖徳太子が所持する「尊き仏像」とあるだけで、「弥勒菩薩像」かどうかは不明である。蜂岡寺の後身である広隆寺の所蔵する仏像について、『扶桑略記』は「弥勒仏」とし、『広隆寺資財交替実録帳』は創建時から安置される仏像六躯のうち「金銅弥勒菩薩像一躯、居高二尺八寸所謂太子本願御形」が、（一）にあたるとする。そして、『広隆寺来由記』も「金銅弥勒菩薩像」を（一）にあてており、蜂岡寺創建に関わる（一）が国宝「金銅弥勒菩薩半伽像（宝冠弥勒）」であったとする理解はかなり一般的であったとみられる。しかし、こうした所伝については、太子信仰による修飾もあり、そのままでは受け取りがたいであろう。[3]これに対し、（二）は新羅からの献上仏とあるから、新羅様式とされる「弥勒菩薩像」と考えることはより有力といえよう。[4]この像の主要な部分が、日本では少ないアカマツを使用することもそれを裏付けている。なお、このことについては、蜂岡寺と「葛野の秦寺」を別の寺院とみる立場から、林南壽氏が（一）を小金銅仏であったと推定し、のちに本格的な伽藍に増改築する時に新しい本尊として「弥勒菩薩像（泣き弥勒）」を安置したとし、（二）は「弥勒菩薩像（宝冠弥勒）」とする新しい見解を出されている。[5]

二　蜂岡寺と「葛野の秦寺」

蜂岡寺と「葛野の秦寺」については、先にみたように、同一寺院のことを述べているとするのが通説であるが、この二つの寺院を別の寺院とする見解はすでに林南壽氏以前から出されている(6)。ただこれまでの見解は、『聖徳太子伝私記』の稿本裏書の記事に「蜂岡寺」と並んで「ウツマサ寺」とあることや、『書紀』が同じ『推古紀』のなかでわざわざ異なる寺院名を使用していることなどを根拠とするもので、必ずしも決定的な証拠とはいえなかった。これに対し林氏は、蜂岡寺・広隆寺を「秦公寺」「太秦公寺」と記すのは平安時代以降で、それ以前に「秦寺」とする史料はないことと、近年発掘調査のすすんだ山城北部、なかでも秦氏の本拠である山城葛野に、ともに飛鳥時代の瓦を出土する古代寺院跡、北野廃寺と広隆寺前身寺院が並存しているという考古学のデータに依拠するものである(7)。林氏は、こうしたデータを整合的に説明するためさらに独自の検討を加え、蜂岡寺を北野廃寺に、「葛野の秦寺」を広隆寺前身寺院にそれぞれ比定して、別寺説を展開されている(8)。そしてこの北野廃寺と広隆寺前身寺院の問題を考える前提として、それと関わる蜂岡寺の移転の問題を考えておく必要がある。

すなわち、蜂岡寺の移転のことは、広隆寺をめぐる問題で従来から多くの議論がなされてきた重要な論点であり、広隆寺の創建事情とも深く関わるからである(9)。このことを文献史料で具体的に記しているのは、『朝野群載』巻第二に収載される承和三年（八三六）に成立した『広隆寺縁起』である。『広隆寺縁起』には、広隆寺の創建について、推古三十年（六二二）とする異伝と、時期や理由は明記しないが広隆寺の当初の寺地が狭くなったため新しい地に移ったことが記されており、こうした史料を『書紀』にみえる蜂岡寺・「葛野の秦寺」との関連でより明快に説明することが、広隆寺史を考えるうえで求められているのである。そこで『広隆寺縁起』の当該部分を引用する。

僅んで日本書紀を撿するに云はく、推古十一年、冬十一月の己亥の朔に、皇太子上宮王、諸の大夫に謂りて曰はく。「我、尊き仏像有てり。誰か此像を得て、恭拝らむ」とのたまふ。秦造河勝進みて曰はく、「臣、拝みまつらむ」といふ。便に仏像を受く。因りて以つて蜂岡寺を造れり。僅んで案内を撿するに、十一年冬、仏像を受く。小墾田宮に御宇しし推古天皇の即位壬午の歳（推古三十年）に、聖徳太子のおん為に、大花上秦造河勝、広隆寺を建立するところとなり、といえり。但し、もとの旧寺家地は、九条河原里一坪・二坪・十坪・十三坪・十四坪・二十三坪・二十四坪・廿六坪・卅四坪・同条荒見社里十坪・十一坪・十四坪・十五坪、合せて十肆町なり。而して、彼の地頗る狭隘なり。仍つて、□□□五条荒蒔里八坪・九坪・十坪・十五坪・十六坪・十七坪、幷びに六ヶ坪の内に遷し、即ち陸地肆拾肆段壱陌玖拾弐歩を施入するなり。

ここでは、まず『書紀』の（一）の記事を直接引用し、次いで『案内』（文献ではなく広隆寺に残されていた記録か）を引用して、その第一段では、推古十一年に受け取った仏像を安置し、推古三十年に亡くなった太子を追福するため、秦河勝が広隆寺を建立したとする異伝を記している。この記事は『書紀』にみえないものであり、しかも「小墾田宮に御宇し推古天皇の即位壬午の歳」とあるように、干支による年紀を記すなど、古伝によっている可能性が指摘されている。また、先にみたように、（二）の推古三十一年の記事は、この前後の『書紀』の紀年に書写時の混乱による錯簡があり、推古三十年に修正する説が正しく、同じ推古三十年のこととなるから、新羅仏の安置も造寺の契機であったことになるかもしれない。またこの記述によるなら、推古十一年には蜂岡寺の造営の計画が示されただけで、太子没後の推古三十年にようやく造営が始まり、同年には新羅が献上した仏像を安置したと理解するなら、蜂岡寺と「葛野の秦寺」は同じ寺院であることになるが、それでも林氏のように、推古三十一年条にみえる「葛野の秦寺」を蜂岡寺と別の寺院（秦寺）とする余地は残っているといえよう。

次に、『案内』の第二段では広隆寺の旧寺地の所在地を条里呼称により具体的に示し、その九条河原里・荒見社里に広がる当初の寺地が狭くなったため、五条荒蒔里の新たな寺地を条里呼称で示しその地に遷ったとしている。この記載により、九条河原里・荒見社里は、平子鐸嶺や喜田貞吉による葛野郡条里の考証によるなら、平野神社の南の地で北野廃寺が発見された白梅町に近い地点であることが明らかになっている(10)（図82）。一方、五条荒蒔里は現在の広隆寺の所在地である。

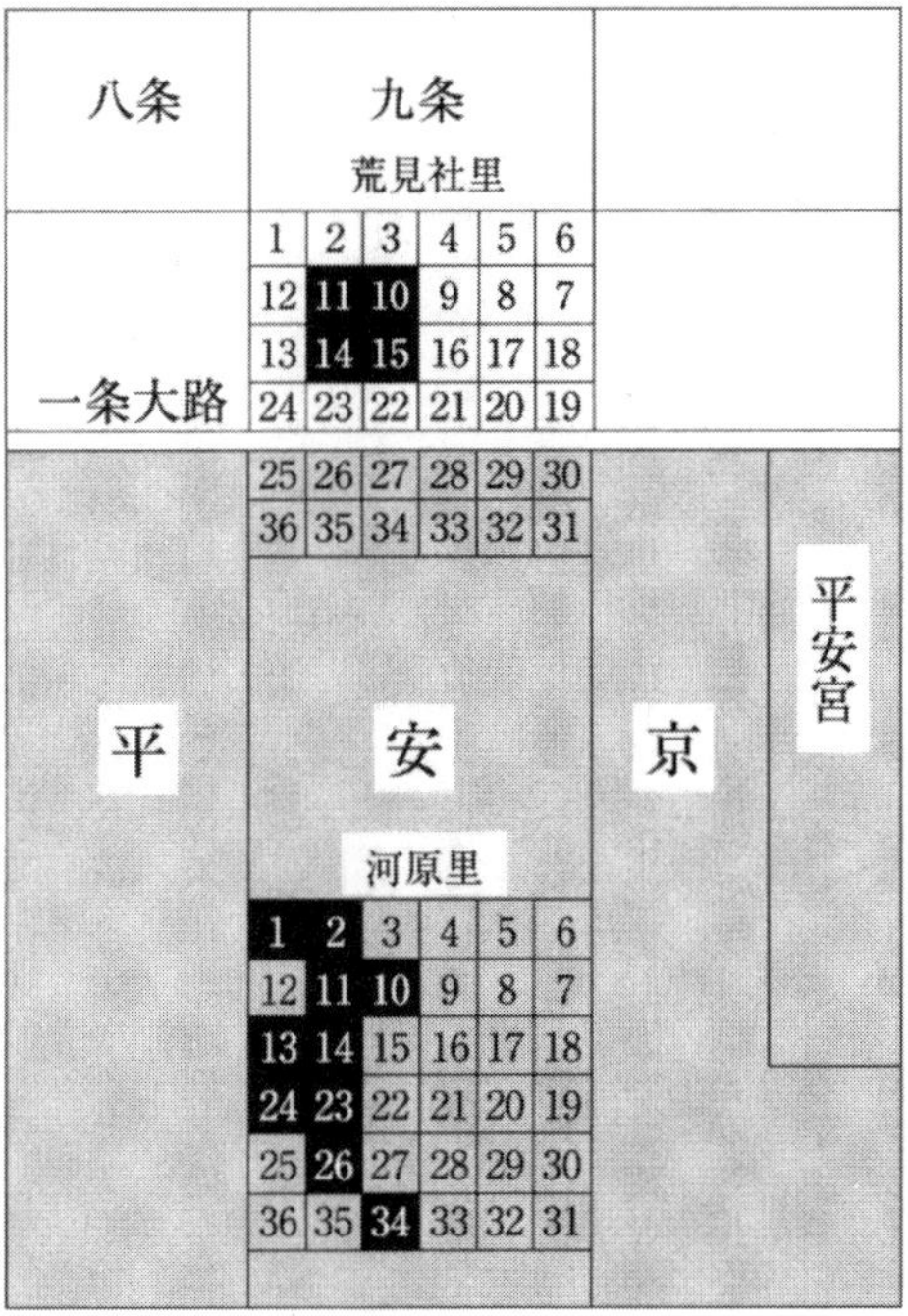

図82　北野廃寺周辺概念図

したがって『広隆寺縁起』によるなら、広隆寺（蜂岡寺）は推古三十年に北野廃寺の地で建立され、のちに現在地に移ったことになる。ただ、『縁起』が移転の理由とする寺地の「狭隘」が当初の寺地の面積を一四町とする記載と矛盾することから、いくつかの解釈が出されている。そうしたなかで現在定説となっているのは、田中重久氏と毛利久氏により指摘された、平安京遷都にともない当初の寺地が京内に取り込まれ狭くなったためとするものである(11)。しかし、広隆寺の移建時期については『縁起』に具体的な記述はなく、異論も出されている。そのことを考える前に、葛野郡に所在する二つの古代寺院、北野廃寺と広隆寺前身寺院のこれまでの調査成果をみておきたい。

三　北野廃寺と広隆寺前身寺院

北野廃寺は平野神社の南約五〇〇メートルの京都市北区北野白梅町周辺において昭和十一年（一九三六）・三十三年・四十年に試掘調査・立会調査がなされ、寺院の遺構こそ発見されなかったが、大和飛鳥寺のものとよく似た軒丸瓦をはじめ奈良時代・平安時代の瓦が出土し、また「野寺」「秦立」「鳩室」などの墨書のある土器・陶器の発見もあった。その後の調査で白鳳時代の寺域を区画するとみられる溝や建物遺構の一部がみつかっている。それによると南北二二五・五九メートル、東西二〇〇・一九メートルの寺域で、『広隆寺縁起』の葛野郡荒見社里の寺地方四町に符合し、建物遺構の詳細は明らかでないが、瓦積基壇をもち、庇を含め東西七間、南北四間の規模をもつことが推定されている。出土瓦は軒丸瓦のみで、軒平瓦は知られていないが、最も古いものは飛鳥寺様式の素弁十葉蓮華文軒丸瓦で推古朝前半とみられ、これに次ぐのが豊浦寺のものと同形式の有稜素弁八葉蓮華文軒丸瓦で推古朝後半とされる。前者は幡枝元稲荷瓦窯や北野廃寺瓦窯で焼成されたとされ、後者は広隆寺前身寺院にもみえるもので、豊浦寺に瓦を供給した宇治市隼上り瓦窯で焼成されたことが指摘されている[12]（図83）。

こうしたことから、この地に飛鳥時代から奈良・平安時代までの古代寺院が存在し、飛鳥寺や法隆寺の造営に山城葛野の秦氏が関わっていたこと、したがって聖徳太子や蘇我氏とも強い結びつきをもっていたことが明らかになった。なお、平安時代の寺院跡については早くから藤沢一夫氏が『日本霊異記』『日本紀略』にみえる「常住寺」「野寺」の可能性を指摘していたが[13]、現在の広隆寺の地への移転後も別寺が存続していたことが明らかになったことにより、それを裏付けることになった。

　そこで再び浮上した問題は、広隆寺が北野廃寺の地から現在地に移転したとするなら、その地にそれまで所在した広隆寺前身寺院はいったいどのような寺院であるかという点であった。広隆寺境内地の発掘調査は、平成九年、京都市の右京区役所の増改築にともない、現在の広隆寺講堂の西約八〇メートルの地点でなされた。大正年間に塔心礎が発見された区役所本館の東北隅にも近く、旧境内の中心部とみられていた。近代の工事による撹乱が多く、明確な遺構は検出されなかったが、一部で幅約四メートルの基壇上の高まり二ヵ所を検出し、塔を囲む回廊になる可能性が推定されている。奈良時代前期の瓦溜り・土壙、平安時代後期の土壙などが検出され、大量の瓦と土器が出土した（図84）。

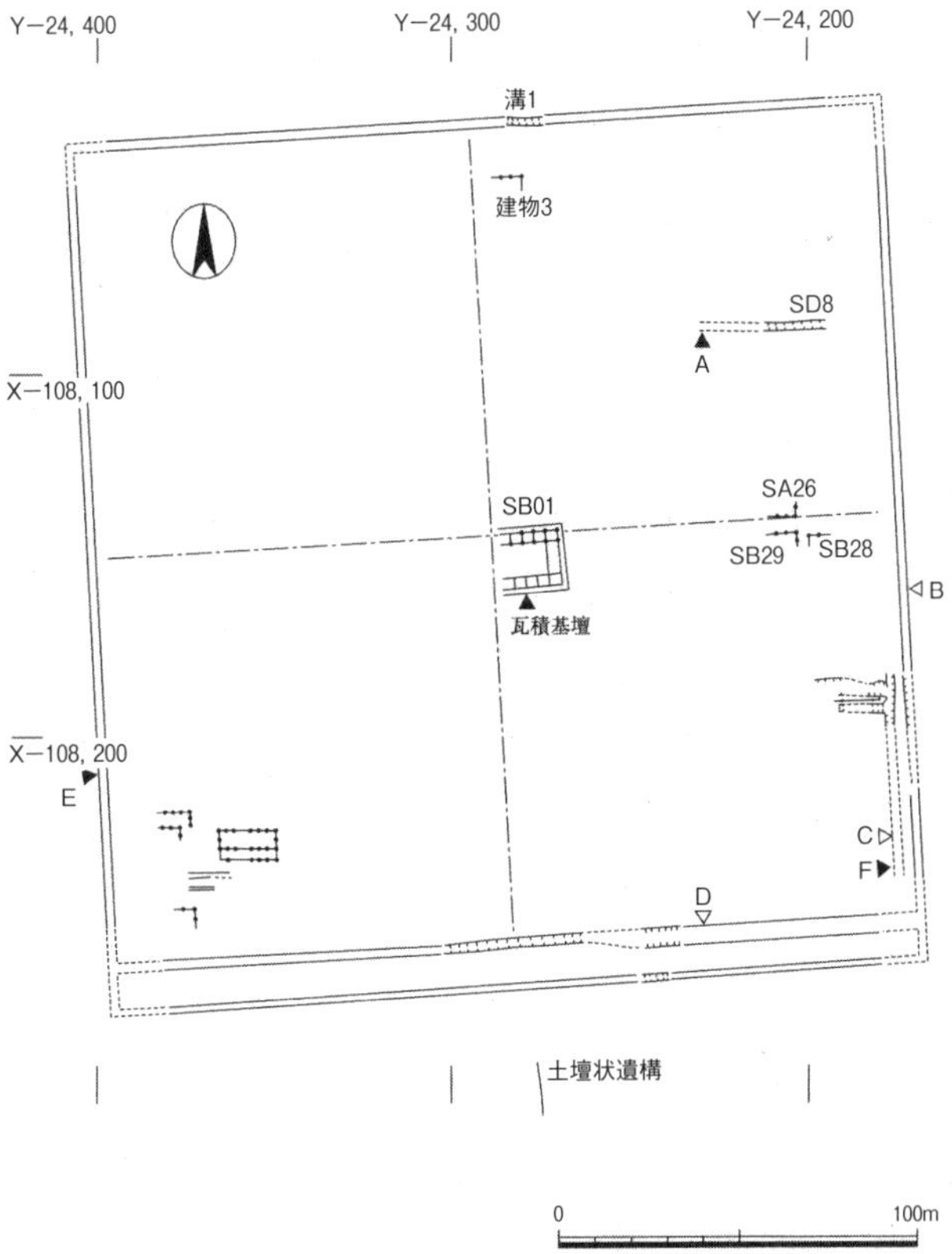

図83　北野廃寺の寺域と遺構

　瓦には、奈良時代前期の軒丸瓦二〇点を含まれていた。単弁六葉蓮華

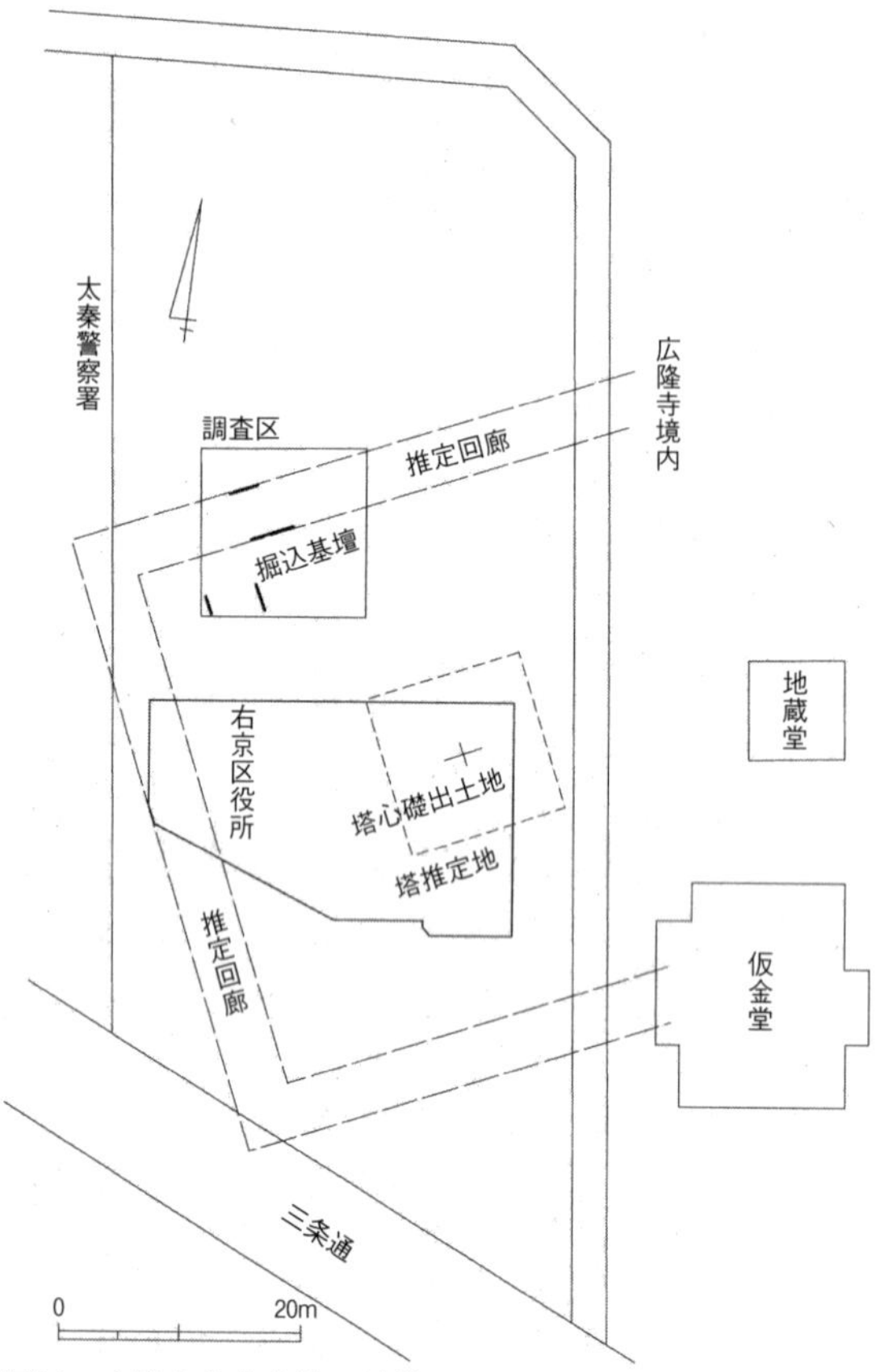

図84　広隆寺前身寺院の遺構

文軒丸瓦で、北野廃寺出土のものとは別系統のものである。(14) ただし、広隆寺境内では、かつて幡枝稲荷一号瓦窯で焼成された高句麗系とされる有陵素弁八葉蓮華文軒丸瓦が採集されている。北野廃寺出土の飛鳥時代のものとよく似ており同じ笵で造られたとする意見もあるが、やや後出することも指摘されている。(15) さらに境内で採取されたものに法隆寺式の素弁八葉蓮華文軒丸瓦があり、推古朝後半とみられている(16)（図85）。

したがって、広隆寺前身寺院は、広隆寺（蜂岡寺）が移転してくる以前の飛鳥時代末から白鳳時代・奈良時代にかけて存続した古代寺院であったことは否定できないのである。このため林氏は、これを『書紀』推古三十一年（六二三）条にみえる「葛野の秦寺」とし、同じ葛野の秦氏が護持してきた蜂岡寺とは別の寺院であったとされ、平安遷都によりその寺地を失った広隆寺（蜂岡寺）が、この地に移転して合併したとする新しい見解を出されている。そして、林氏はさらに美術史の観点から現在広隆寺に伝えられる二つの「弥勒菩薩像」を検討し、寛平二年（八九〇）成立の

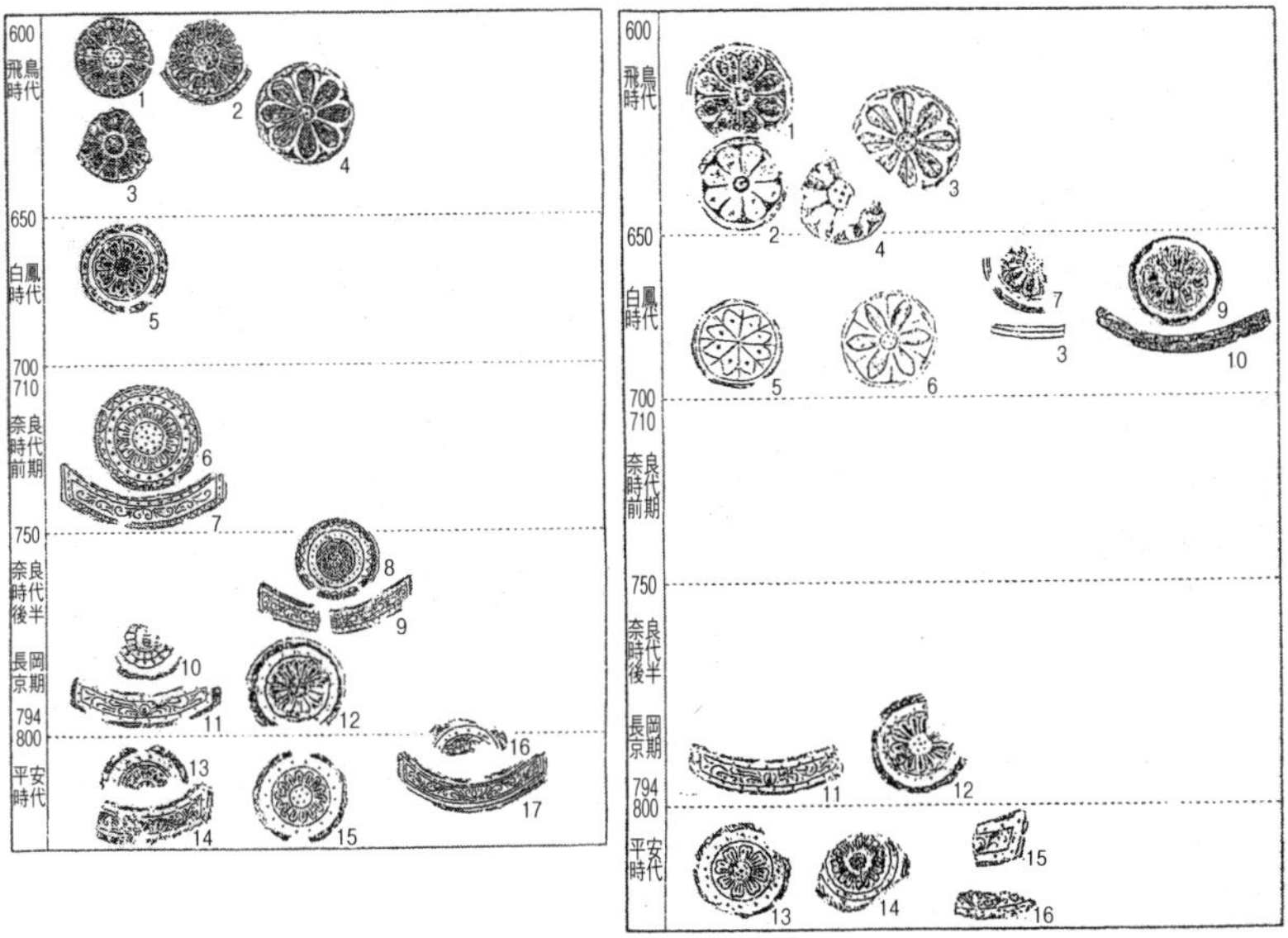

図85　北野廃寺・広隆寺前身寺院出土瓦の変遷

『広隆寺資財交替実録帳』にみえる「金色弥勒菩薩像一躯居高二尺八寸所謂太子本願御形」（宝冠弥勒）と「金色弥勒菩薩像一躯居高二尺八寸今挍薬師仏殿之内」（泣き弥勒）という二つの「弥勒菩薩像」が、合併後の広隆寺にともに伝来していたことを指摘し、前者が「葛野の秦寺」の本尊で、後者が蜂岡寺の本尊であったとされ、合併を裏付けるものとされている。そして、先にみたように、「泣き弥勒」はその様式から白鳳期に国内で制作されたもので、蜂岡寺が当初は河勝の居宅に付設した小規模なもので本尊も小金銅仏であったが、のちに本格的な伽藍に増改築された際（天智九年〈六七〇〉とする）に、新しい本尊として「泣き弥勒」が安置されたとされている。(17)

四　広隆寺の成立

林氏は、このように『書紀』にみえる蜂岡寺と「葛野の秦寺」を別寺とみて、葛野郡に所在した二つの古代寺院に比定し、両者が合併して今日の広隆寺となったとされるのであるが、私は先に指摘したように、『書紀』にみえる蜂岡寺と「葛野の秦寺」は同一寺院の別称とみている。蜂岡寺は、『補闕記』などに「蜂岳の南下に、宮を立てり」とあるように、葛野の蜂岳の麓にあった太子の宮を賜り造営されたとあるから、寺号は所在地に因むとみられる。これに対し「葛野の秦寺」は、葛野の地に造営された秦氏の寺という意で、寺号というより通称とすべきであろう。蜂岡寺もその意味では、「葛野の秦寺」なのである。しかも、『書紀』の記述はあえて両者の関係を説明しようとしておらず、同一寺院であることを周知のこととしているようにみえる。私は、このように蜂岡寺も、「葛野の秦寺」も北野廃寺の寺院の呼称と考えるが、そうした場合、広隆寺前身寺院についても葛野の秦氏に関わる寺院であることは間違いなく、すでに指摘されているように、史上には登場しない逸名の寺院とみるほかないと考える。したがって、林氏が指摘されるように、平安遷都により両寺が合併・併合されたことは間違いないところであるが、それと関連して、これまでの議論であまり顧みられなかった広隆寺という寺号が、いつどのような事情で成立したのかという点について考えておきたい。

右にみたように、蜂岡寺と「葛野の秦寺」は所在地や造立氏族名によるとみられ、秦公寺・太秦公寺の場合も壇越名による呼称といえよう。これに対し、従来から指摘されているように、広隆寺という寺号は仏法を広め隆盛するという「法号」なのである。そこで、広隆寺の文献上の初見をみると、養老四年（七二〇）成立の『書紀』に記載はなく、宝亀二年（七七一）に成立したとされる『七代記』となる。「上宮太子造立寺合八所」の一つに、「広隆寺時俗号為蜂岡寺」とある記載がそれである。あとの七寺は、四天王寺・法隆寺・法興寺（斑鳩尼寺）・法起寺・菩提寺（橘尼寺）・定林寺・妙安寺（葛城尼寺）である。これによると広隆寺の寺号は意外に新しく、奈良時代後半ごろに成立していたことになる。ただ『七代記』の成立時期については異論もあり、九世紀とみる見解も有力である。そうした場合、厳密には承和三年（八三六）成立の『広隆寺縁起』に「大花上秦造河勝所建立広隆寺者」とあるから、これが初見となる。平安時代の初頭には、広隆寺という寺号が一般化していたとみられる。それなら、寺号の成立は平安遷都にともなう寺地の移動に関わるとすべきであろうか。そうではなく、私は、広隆寺の寺号の成立は奈良時代後半の秦氏の氏上（族長）の地位の交替、広隆寺の壇越の交替と関わるのではないかと考える。

それまでの秦氏の本宗家（秦伴造家）は秦造＝秦忌寸氏で、秦河勝以降、山城葛野に本拠を置く家であった。ところが、よく知られるように、聖武天皇の時代、天平十四年（七四二）の恭仁京の大宮垣の造営に功のあった秦氏の一族で正八位下の造宮録秦下島麻呂が、一気に一四階を飛び越えて従四位上という破格の高い官位を得て、太秦公姓を賜り秦本宗家になっている。すでに律令体制下となり氏姓制度は形骸化したとはいえ、伝統ある秦本宗家が一新したことは大きな変動であり、秦氏全体のあり方に大きい変更を迫るものであったとみられる。

事実、その氏寺、広隆寺の壇越は、太秦公氏に移っている。承和三年成立の『広隆寺縁起』には「壇越太秦宿禰永道」がみえるし、貞観十五年（八七三）編纂の『広隆寺縁起資財帳』や、寛平二年（八九〇）編纂の『広隆寺資財交替実録帳』には「秦公寺印」が全巻に捺印されており、その俗称も太秦公寺・秦公寺などと呼ばれていることがわかる。これは広隆寺史にとっても大きな変動であったといえる。私は、壇越の氏族名や居住地と関わらない広隆寺という寺号は史料的裏付けはないが、こうした新しい動きのなかで誕生したのではないかと考えている。おそらく恭仁京の造営で大きな功績をあげ秦氏の新しい氏上となった太秦公（宿禰）氏が、蜂岡寺（葛野の秦寺）の壇越となるにあたり広隆寺の寺号を採用し許されたのではなかろうか。

おわりに

憶測を重ねたが、ここでは「弥勒菩薩像」を長く護持した広隆寺が、太子死後の推古三十年（六二二）に、現在の北野廃寺の地で秦河勝により造営され蜂岡寺と呼ばれたこと、推古三十一年（実際は推古三十年）に新羅から渡来した「弥勒菩薩像（宝冠弥勒）」をその本尊に迎えたこと、その寺は秦伴造家が造営した寺院として「葛野の秦寺」とも呼ばれていたことを本章で述べた。したがって、広隆寺の創建は、秦氏にとって秦河勝が秦伴造となった記念碑的な出来事として、また河勝と聖徳太子の親しい関係もあり、長く伝えられることになったのであろう(18)。

そして蜂岡寺（葛野の秦寺）は、奈良時代後半、秦本宗家がそれまでの秦忌寸氏から恭仁京造営に大功のあった太秦公（秦下）氏に交替したため、太秦公寺・秦公寺と呼ばれるようになり、破格の昇進を遂げた太秦公氏により新たに広隆寺の寺号を称することになったのではないかと考えた。その後、平安遷都により寺地の多くが京内に取り込まれたため、もともと秦氏一族の逸名寺院（広隆寺前身寺院）があった現在の寺地に移転・合併し、「弥勒菩薩像」も今日まで伝えられることになったのであろう。

注

（1）本書第三部第三章。
（2）林南壽『広隆寺史の研究』（中央公論美術出版、二〇〇三年）。
（3）大山誠一『聖徳太子の誕生』（吉川弘文館、一九九九年）、同編『聖徳太子の真実』（平凡社、二〇〇三年）。
（4）平野邦雄「秦氏の研究」（『史学雑誌』七〇―三・四、一九六一年）。

（5） 林前掲注（2）書。林氏は、蜂岡寺の本格的な伽藍整備を、『上宮聖徳太子伝補闕記』の記載に依拠して、法隆寺被災後の天智九年（六七〇）とする見解を示されている。ただこの記載は孤立した所伝であって、その信憑性に疑問もあるから、本章ではこれ以上の論究は控えておきたい。

（6） 田中重久「広隆寺創立の研究」（『聖徳太子御聖蹟の研究』全国書房、一九四四年）、中村修也『秦氏とカモ氏―平安京以前の京都―』（臨川書店、一九九四年）。

（7） 久世康博「山城国北野廃寺の寺域について」（『考古学論集』四、一九九二年）、網伸也「広隆寺創建問題に関する考古学的私見」（『古代探叢』Ⅳ、一九九五年）。

（8） 林前掲注（2）書。

（9） 田中前掲注（6）論文、毛利久「広隆寺本尊と移転の問題」（『史迹と美術』一八九、一九四八年）。

（10） 平子鐸嶺「太秦広隆寺の草創及その旧地について」（『学燈』一一―一〇、一九〇七年）、喜田貞吉「山城北部の条里を調査して太秦広隆寺の旧地に及ぶ（上）（下）」（『歴史地理』二五―一・二、一九一五年）。

（11） 田中前掲注（6）論文、毛利前掲注（9）論文。

（12） 久世前掲注（7）論文。

（13） 藤沢一夫「山城北野廃寺」（『考古学』九―二、一九三八年）。

（14） 浪貝毅「北野廃寺と広隆寺旧境内（京都市）」（『仏教芸術』一一六、一九七七年）、網前掲注（7）論文。

（15） 岸本直文「七世紀北山城岩倉の瓦生産」（『岩倉古窯跡群』京都大学考古学研究会、一九九二年）。

（16） 稲垣晋也「聖徳太子建立七箇寺院の創建と成立に関する考古学的考察」（『半跏思惟像の研究』吉川弘文館、一九八五年）。

（17） 林前掲注（2）書。

（18） 本書第三部第三章。

第五章　織姫の渡来

――古代の織物生産と渡来人――

はじめに

古代の織物生産については、発掘調査の進展により織機の部材とみられる木製品（木器）が大量に出土し、その同定が可能となった近年になるまでは、主として文献資料と、古墳などから出土した織機の部材を表現したミニチュアの石製品、古墳の副葬品である鏡や刀剣などに付着して遺った織物（製品）の断片、さらに正倉院に収蔵される古代の織物などから研究がすすめられてきた。

本章では、その研究の歴史についてはこれまでの論著に譲り[1]、近年における考古学による研究成果と文献資料の再検討により、日本古代の織物生産の展開をそれに関与したと思われる渡来人との関わりを中心に述べることにしたい。

一　考古学からみた織物生産の開始

縄文時代の遺跡からも、織物のような布が出土する。これまでに、北は北海道の忍路土場遺跡から、南は福井県の鳥浜貝塚までの広い範囲で確認されている。ただこうした布は織ったものではなく、すだれのように「もじり編」により編まれたもので編布と呼ばれる（図86）。縄文時代の布は、苧麻（カラムシ）・赤麻・オヒョウなどの植物の繊維を水で晒して、指でねじって撚りをかけた糸を編んだものである。織布が出現するのは、水田稲作文化が伝来した弥生時代に入ってからである。弥生早期（紀元前五世紀）の水田跡が発見された佐賀県菜畑遺跡では土器に残る圧痕から編布と平織様の布の両者が確認され、同じく弥生早期の福岡県雀居遺跡では一対の機織りの道具の部材が出土し経を輪状に挟む布送具とされている（後述）。これ以降の弥生時代の遺跡からは織布や機織り道具の部材の出土が増加しており、列島における織物生産の進展が確認される。弥生中期後半（紀元前一世紀）の神奈川県池子遺跡で織機の緯打具や布送具が発見されたように、中期後半には関東から東北まで広がることが知られている。

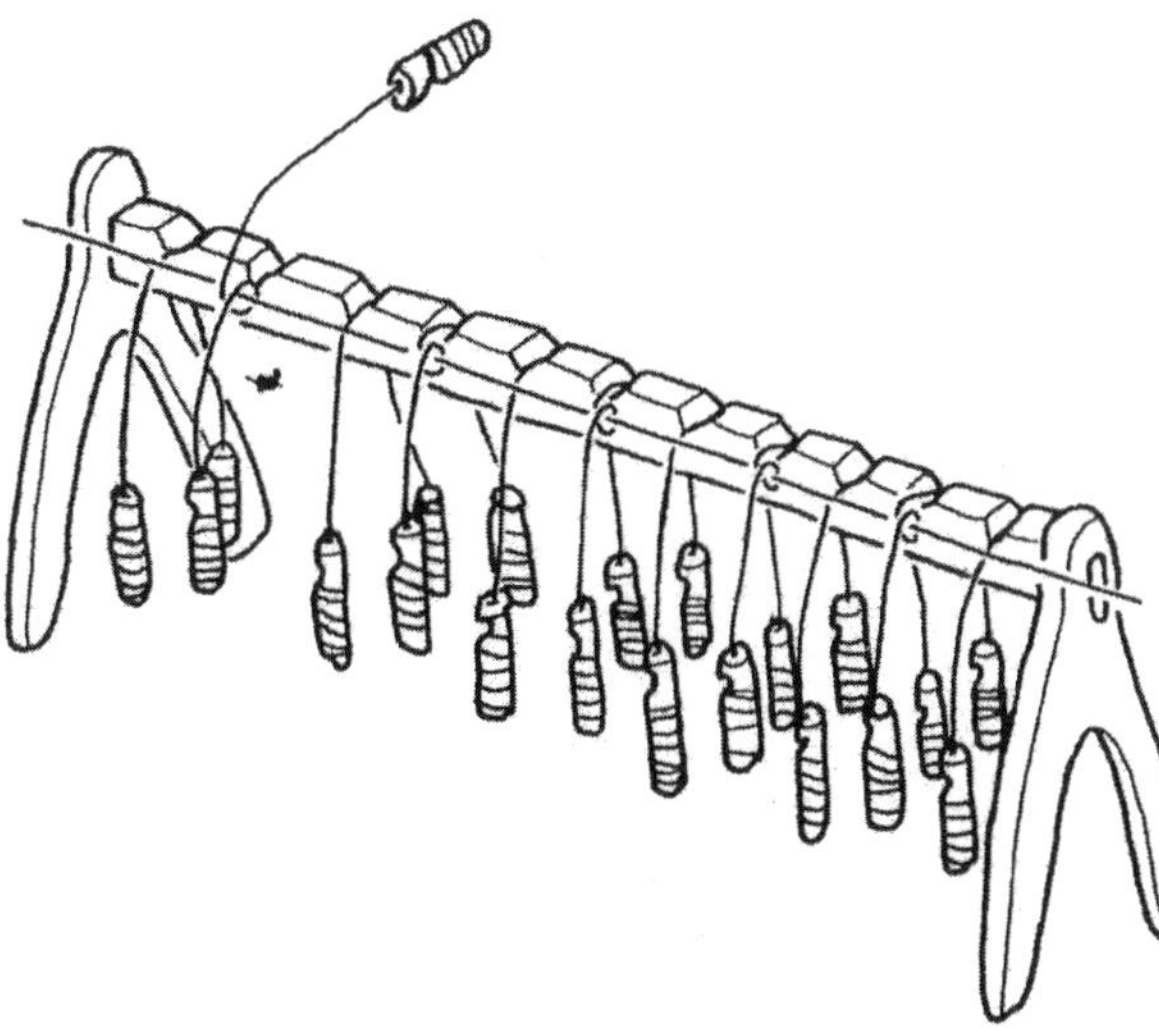

図86　越後の編布製作技法

弥生時代の織物生産の研究は、出土例の多い紡輪（紡錘車）の集成・分類や、土器に残る織布の圧痕の観察などから始まり、その後、木製の機織り道具の部材の出土が増加し、注目されるようになった。紡輪は苧麻・大麻などの植物繊維を撚りあげて糸とする道具であり、織物の大半が麻織物であったことを示している。そして、日本各地から出土する大量の木製品を整理・分類するなかから、木製の紡織具の認定も民俗例との比較検討から次第にすすめられ、大きな成果を上げるところとなった。

しかしながら、織物生産に必須の織機の具体的な構造については、その部材の認定とともに多くの試行作業がなされた。

弥生時代の織機（原始機）については、織機の部材とみられる木製品が多く出土した奈良県唐古遺跡・静岡県登呂遺跡の出土部材の検討から、いち早く復元案が示された。太田英蔵氏・角山幸洋氏などによって復元されたのは、「経の一端を固定した布巻具を織手の腰当てに結び、もう一端を固定した経巻具を立木などに結びつける。経は直状に張られ、織り上がった布は織り手が前に進んで布巻具に巻き取る」直状式原始機で、太田氏は「無機台貫刀杼機（原始機）」と呼び、角山氏は「弥生機」と名付けている(2)（図87）。こうした原始機の復元は長く通説となっていたが、近年東村純子氏は、こうした織機を構成する部材のうち確実に出土品から同定できるのは糸擦れ痕が残りやすい緯打具のみで、経を保持する布巻具と経巻具が一揃いで出土しない限り存在を証明できないとする指摘を受けて、原始機の経保持法の再検討を試み、これまでの研究を一新する総括的な研究を明らかにした。以下、東村氏の研究を参照しながら、その概要を述べることにしたい(3)。

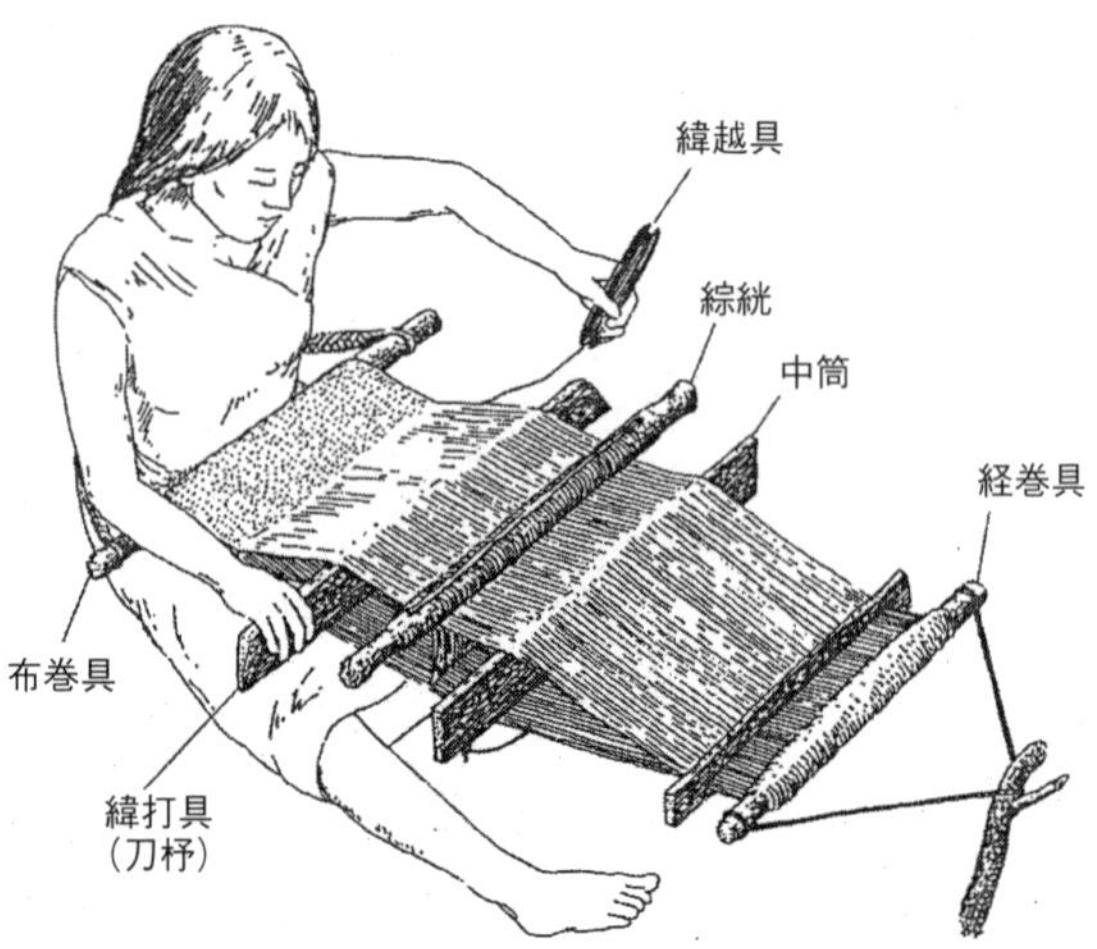

図87　直状式原始機の復元

東村氏は東アジアとその周辺に現存する機台のない織機（腰機）には、アイヌや八丈島など、北方では直状経保持方式が、南方の台湾・中国南部から東南アジアでは輪状経保持方式の無機台腰機が多いことに注目し、そうした視点から出土木製品の再検討をすすめ、凹型木製品と凸型木製品に注目した。このうち凹型木製品については、昭和十八

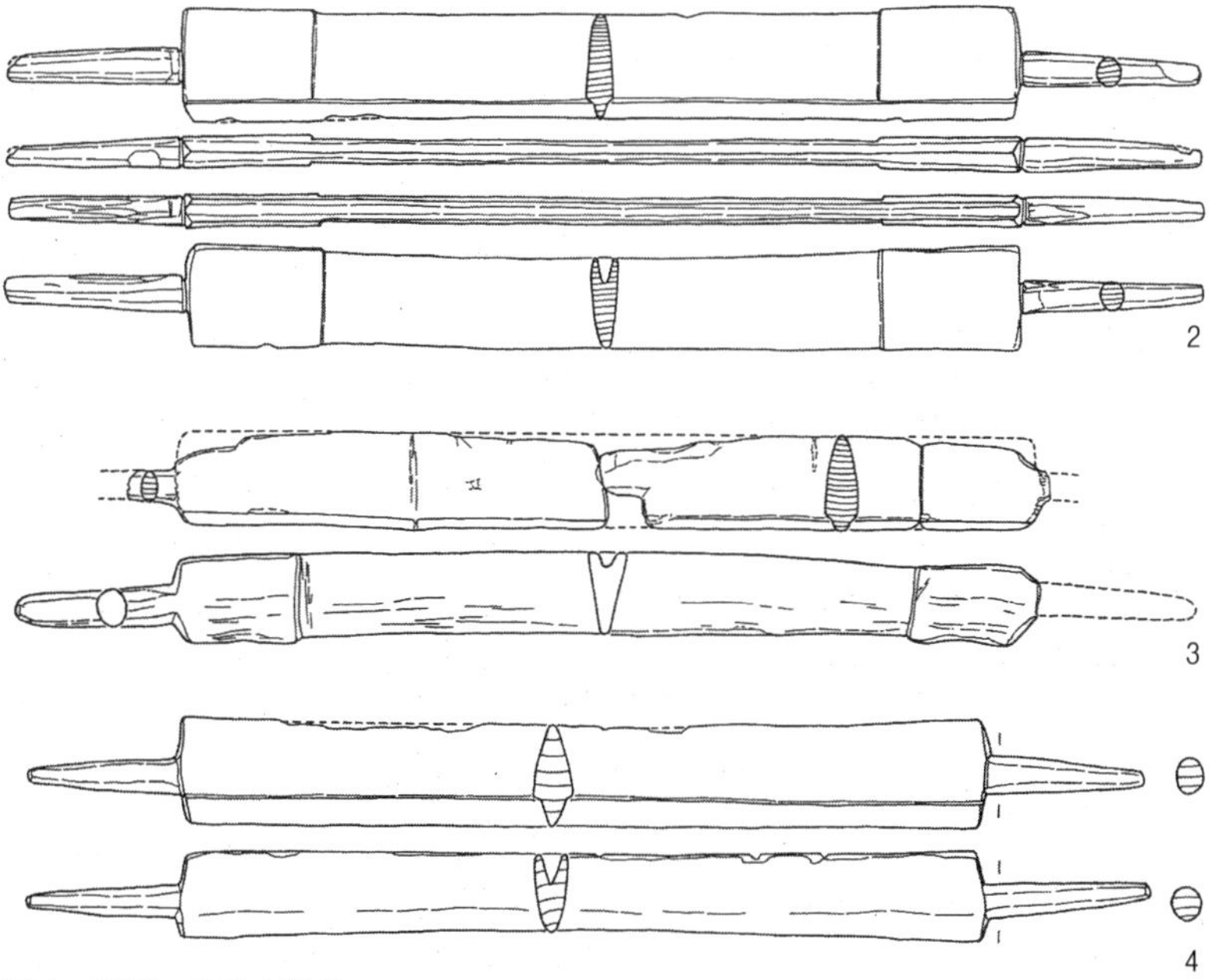

図88　凹型・凸型木製品

年（一九四三）刊行の唐古遺跡の報告書で用途不明の「両把刀形木製品」として報告されていたのを、太田英蔵氏が登呂遺跡出土資料を参照して、直状式原始機の「布を巻く復（布巻具）」と理解しており、角山幸洋氏や竹内晶子氏も経の一端に取り付ける布巻具ないし経巻具と考えていた[4]。これに対し、東村氏は、兵庫県玉津田中遺跡で昭和五十九・六十年度に出土した凹型木製品と凸型木製品が凹凸が噛み合った状態でみつかったこと、滋賀県碇遺跡の平成十二年度の第三次調査でわずか一センチずれた状態で噛み合った凹型木製品と凸型木製品が出土したことから、両者は別々に使用するのではなく、凹凸を噛み合わせて使用されたことが明らかになったとし、その用途を検討した。なお、両者が併存することは、ほかの遺跡でも引き続き確認されている（図88）。

　このように考えるにあたって東村氏が注目したのは、織機をミニチュア化して表現した石製品として著名な群馬県上細井稲荷山古墳出土の五世紀ごろの石製祭器

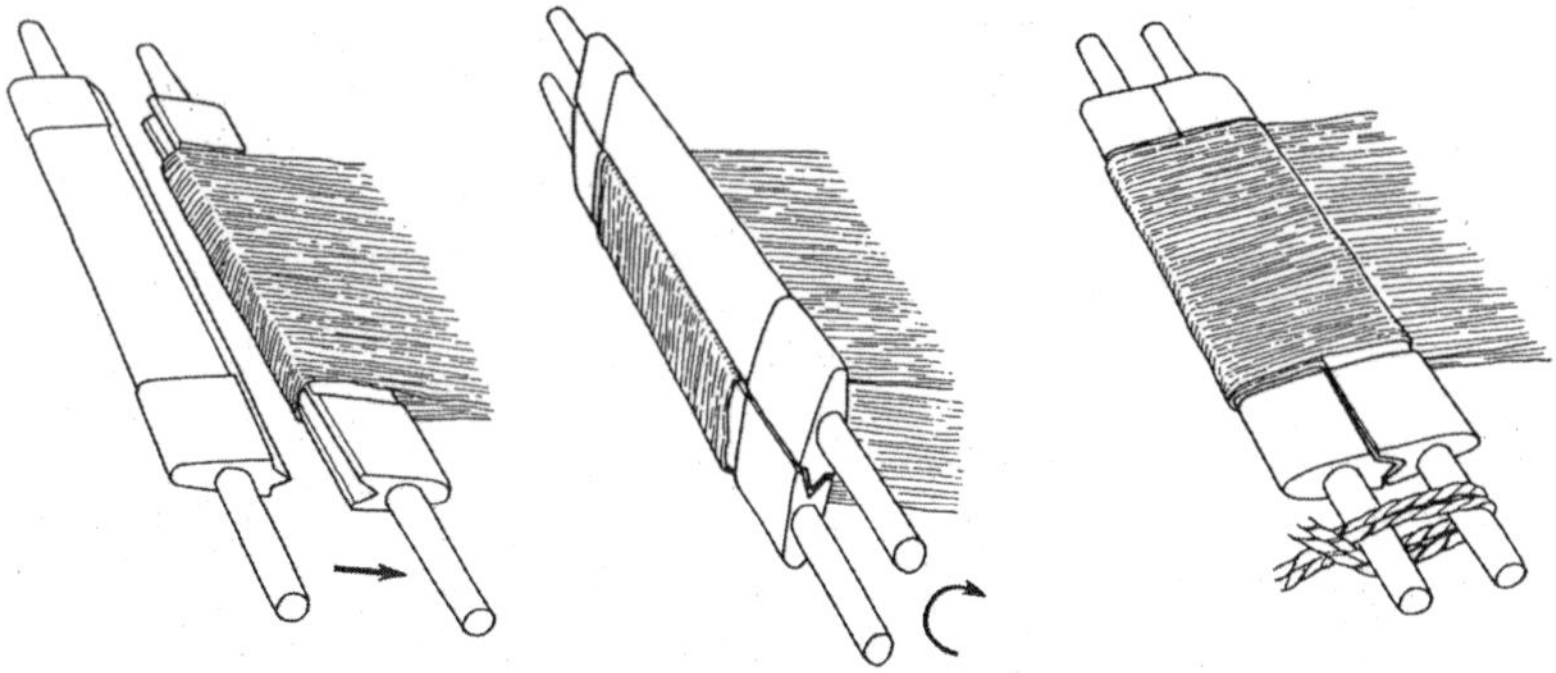

図89　輪状式原始機の布送具の復元

Aで、凹型木製品と凸型木製品の凹凸が噛み合った状態を表現したものと理解できるからである（図89・90）。こうした石製祭器Aの解釈は、すでに岡村吉右衛門氏が台湾の民俗例を参照して指摘しており、この時岡村氏はすでに輪状式原始機の布送具と考えていた[5]。東村氏はこの岡村氏の見解を自身が調査した台湾原住民の輪状式腰機における布送具の使用例から再検証し、弥生時代の織機が輪状式原始機であったことを裏付けるとした。東村氏の指摘により、従来直状式原始機と復元されていた弥生時代の織機が輪状式原始機にほかならないことが確定し、古代の織物生産についての理解が大きく前進することになった。

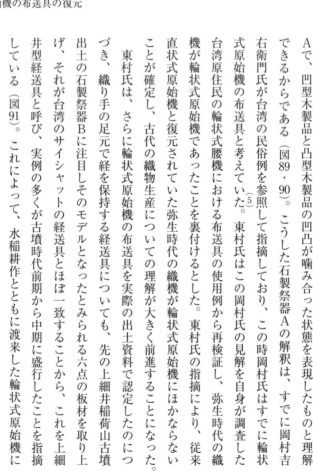

東村氏は、さらに輪状式原始機の布送具を実際の出土資料で認定したのにつづき、織り手の足元で経を保持する経送具についても、先の上細井稲荷山古墳出土の石製祭器Bに注目しそのモデルとなったとみられる六点の板材を取り上げ、それが台湾のサイシャットの経送具とほぼ一致することから、これを上細井型経送具と呼び、実例の多くが古墳時代前期から中期に盛行したことを指摘している（図91）。これによって、水稲耕作とともに渡来した輪状式原始機による織物生産が、遅くとも古墳時代前期ごろにはより改良された上細井型の経送具を用いる完成度の高い技術形態の織機に進化したことが明らかになった。

さて東村氏によって復元された輪状式原始機は、布送具に輪状の経を挟み織手の腰に固定し、反対側の経送具は足で直接突っ張って、経を足首と腰の前後

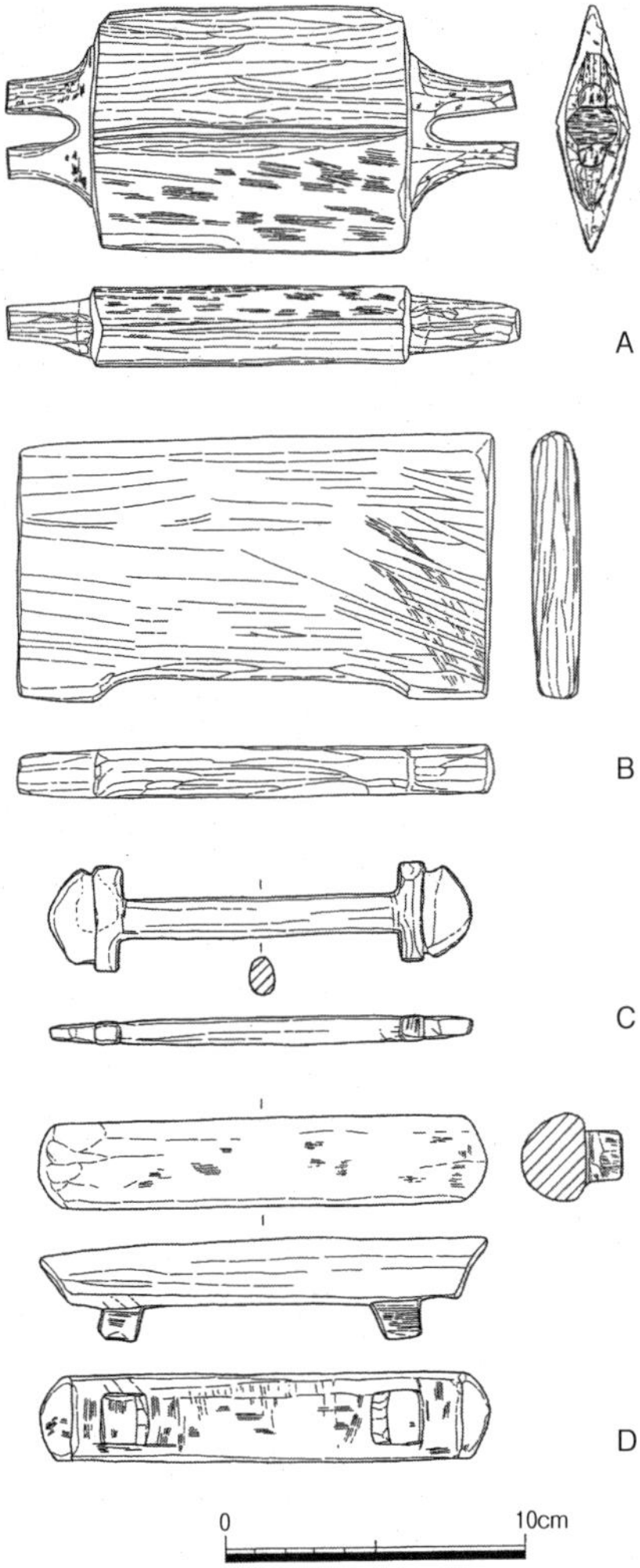

図90　群馬県上細井稲荷山古墳出土石製祭器

の動きで調整するもので、一枚の布の長さは織手の足の長さに規制される（図92）。こうした織機は、繊維の方向を重視する麻などの植物性繊維の紡織に最適な技術で、弥生時代の遺跡から出土する織布の多くが大麻や苧麻（カラムシ）などを使用していることと対応している。弥生時代の遺跡から出土する絹織物は少なくほぼ北九州に限られているが、近年鳥取県青谷上寺地遺跡から中期後半の絹が出土し、本州で初めてと注目された。ただ、弥生時代末から古墳時代にかけて（二世紀末から三世紀前半）の倭国の状況を記した『魏志倭人伝』には「禾稲・苧麻を種え、蚕桑緝績し、細紵・縑緜を出す」とあり、絹織物の生産を伝える。倭国の女王、卑弥呼や台与が中国の皇帝に貢上した品々のなかにも斑布・倭錦・絳青縑・緜衣・帛布などがみえ、倭国で絹織物が生産されていたことをうかがわせる。こうした絹織物を織った織機については輪状式原始機である可能性が高いとされているが、具体的には解明されていない。

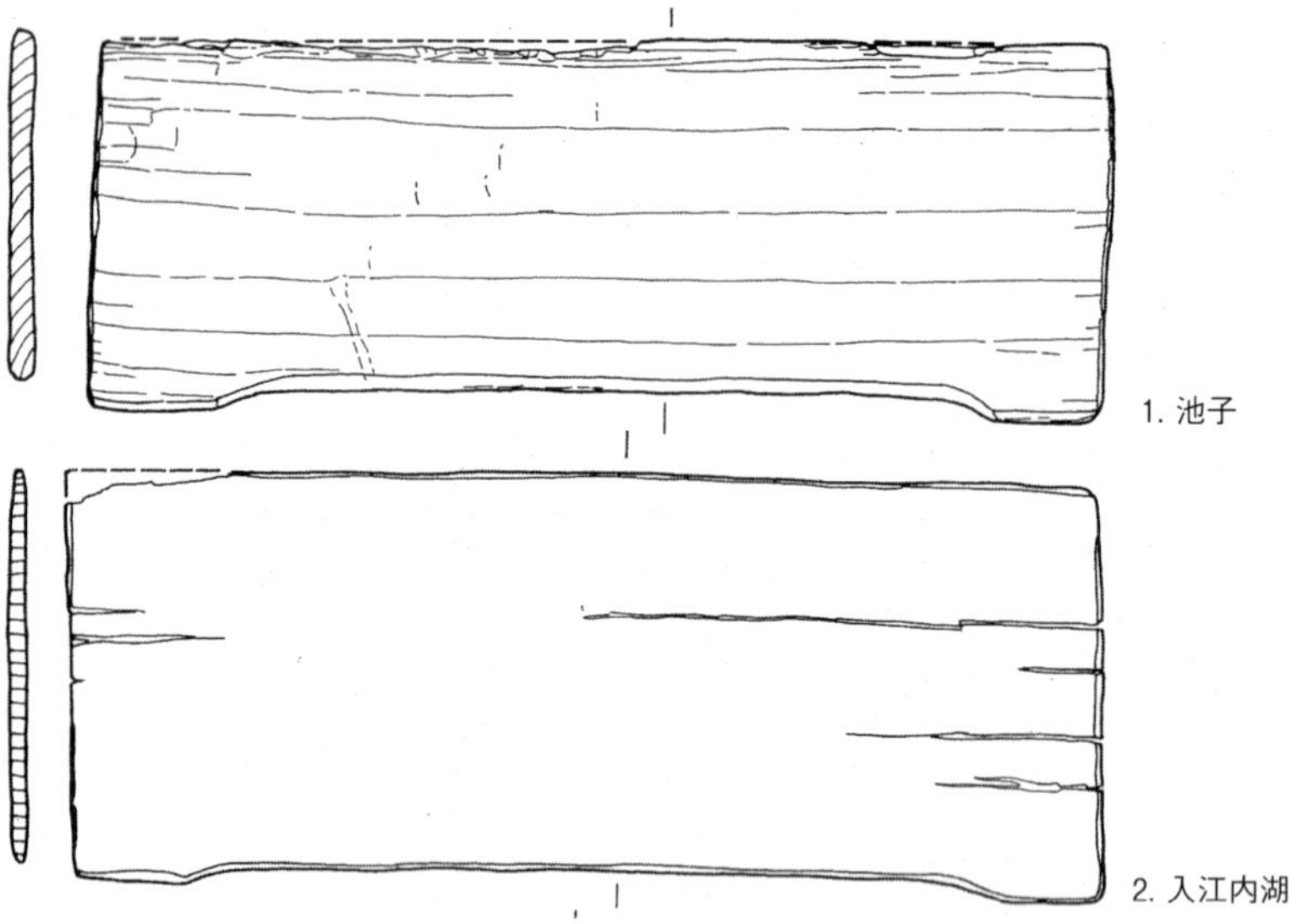

図91　輪状式原始機の経送具（上細井型）

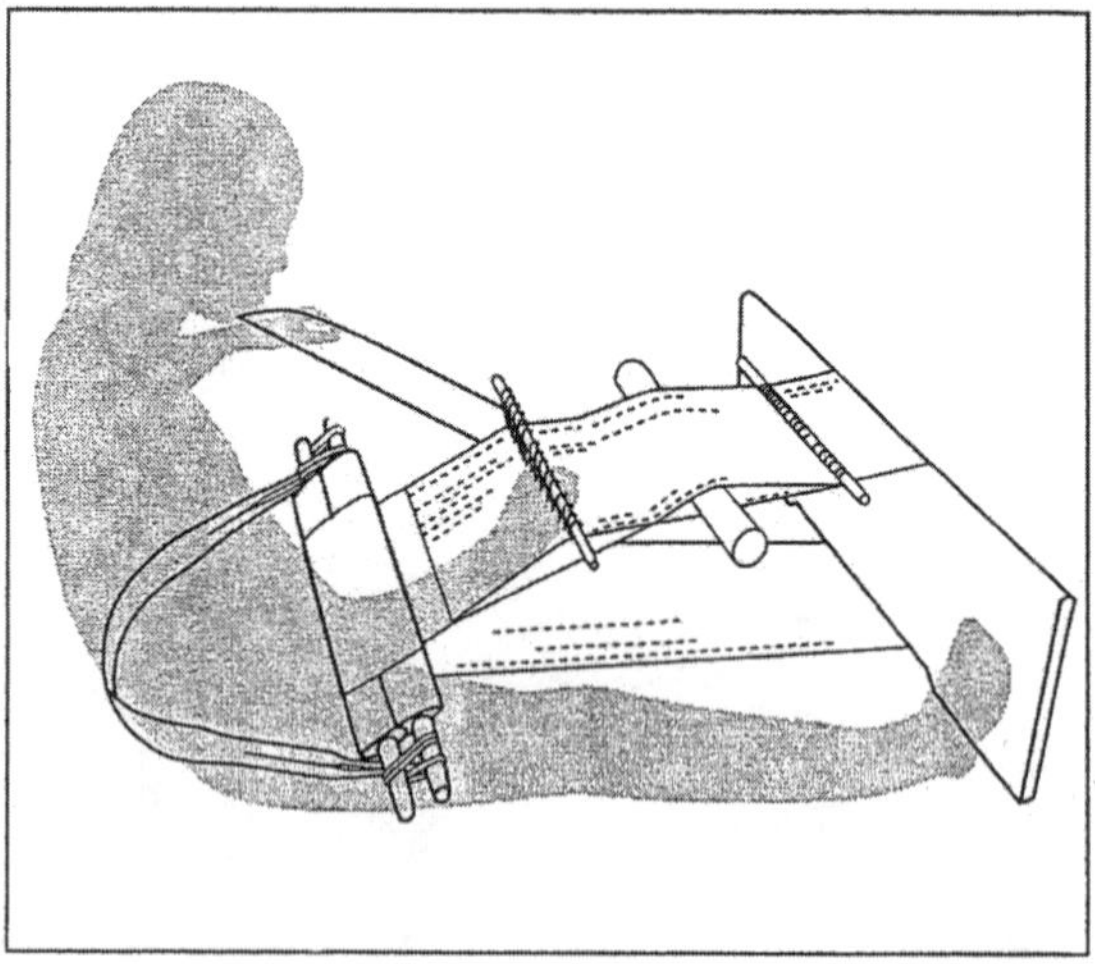

図92　輪状式原始機の復元

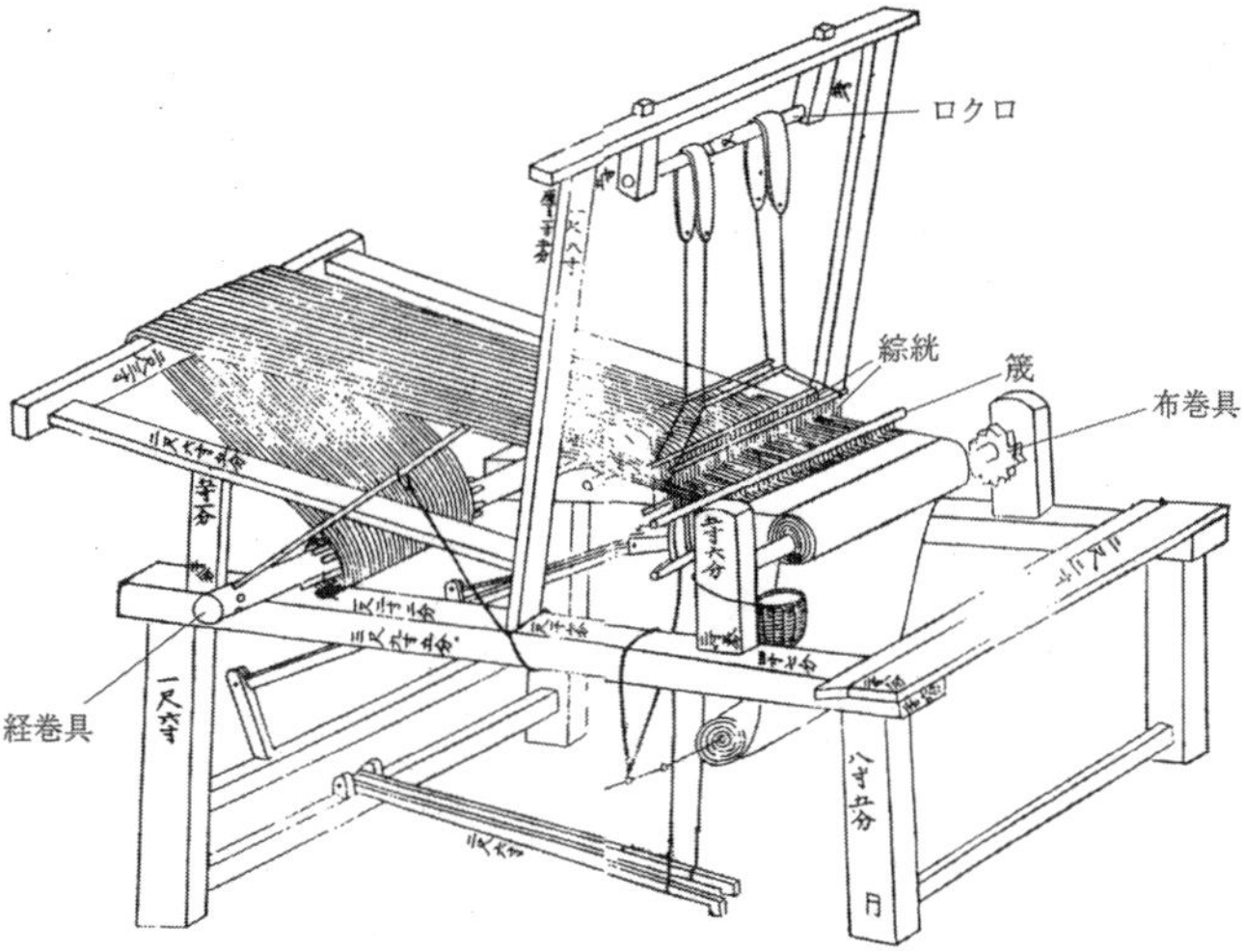

図93　高　機

このことと関連するのが、高機・地機と呼ばれる機台をもつ機械織りの技術の導入の問題である。

右にみたように弥生時代の織物生産は古墳時代に入ると輪状式原始機の改良がすすみ、より楽な姿勢で織ることができるようになり、安定した織機として定着した。次に述べる新しい織物技術の導入後も、主として麻織物用の織機として七世紀初めまで使用されている。一方、考古資料から、古墳時代中期（五世紀後半）ごろ、新たな織物技術が導入され、広まることが指摘されている。[6]新たに導入されたのは、すでに中国や朝鮮半島において早くから使用されていた高機・地機と呼ばれる機台をもつ機械織りの技術である（図93）。こうした織機は、経を直線状に揃えて経巻具に巻き、織り終わった布も布巻具に巻きとる構造で、織手の身体に規制されず布の幅や長さを自由に決められるため、一度に長大な布を織ることができる。近代的な織機の導入以前のものに近い技術といえる。

地機は機台のある腰機で、織手の腰の動きで経の張力を調整するものであり、布巻具と経巻具が機台に固定され、経が常に緊張状態になる高機と異なり、切れやすい植物性繊維（苧麻・大麻）

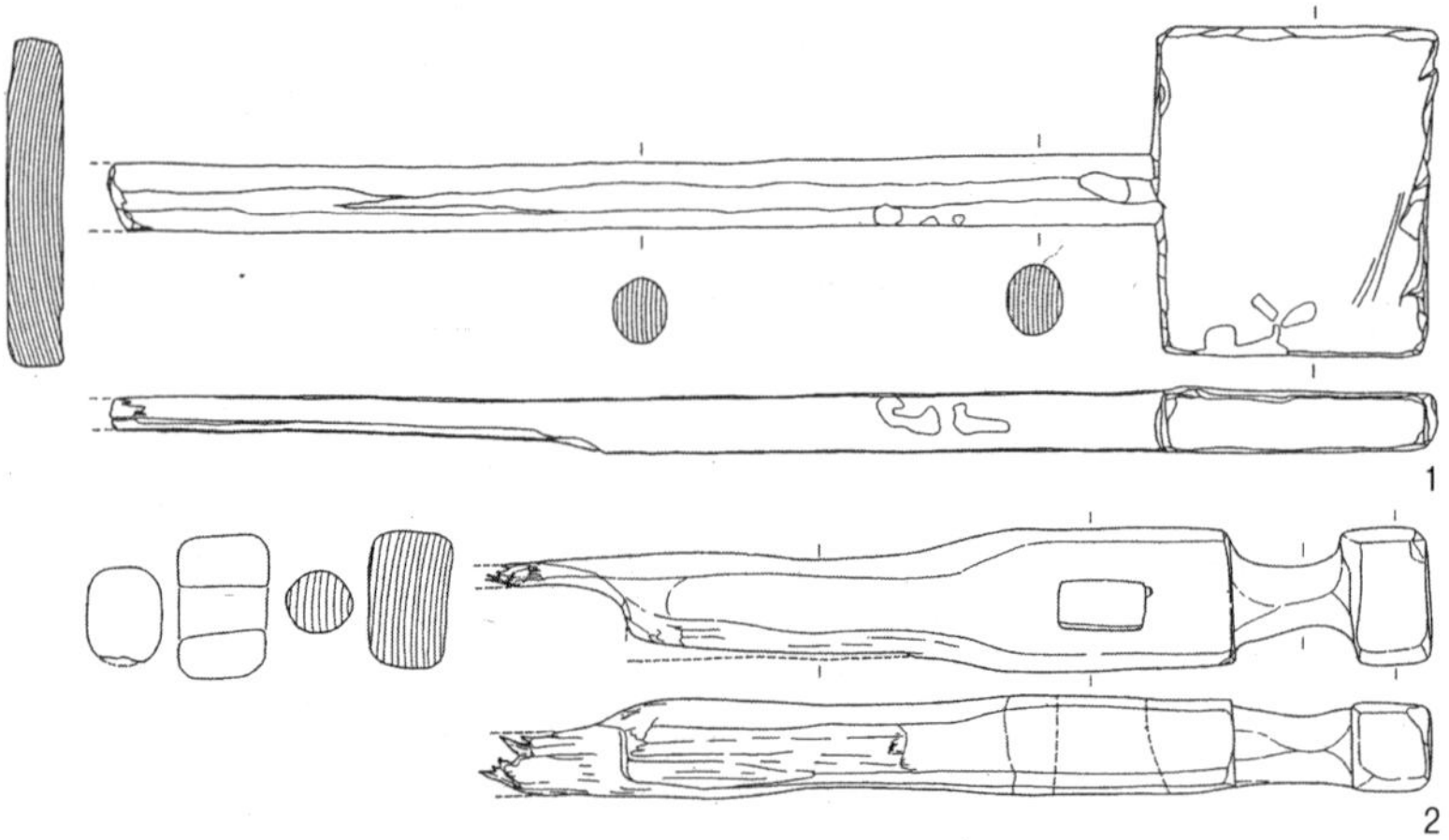

図94　地機の部材とみられる木製品

などを生産する布生産に適した織機であった。近世において、もっぱら木綿や麻を織る製織に使用されたのは、そのためであった。一方、高機は複雑な文様を織り込むため多様な仕掛けをもつ織機で、高級絹織物に特化したものといえる。こうした織機は、民俗例や現存の織機から、その構造はおおよそ推定されるが、古代の具体的な遺例は少なく、こうした織機の部材とみられる木製品が五世紀中ごろ以降近畿とその周辺で断片的に出土しており、東村氏はその出土遺跡の多くが渡来人の居住する村とみて、こうした技術が新たに海外から導入されたことを指摘している（図94）。ただ、古墳時代に導入された機台をもつ機械織りの技術の具体的な展開については、一般的な絹織物生産と異なる錦や綾などの高級織物の生産技術の導入とともに、考古学的には十分明らかにされていない。このことについては、高級織物生産が、天皇をはじめとする貴族・有力な官人のために、限定的に、しかも主として官営工房やそれに準ずる技術者が関与したためと考えられる。そこで本章では、やや視点をかえて文献記録からそうした織物技術の伝来を考えてみたい。

二　養蚕と絹織物生産の伝来――秦氏と織物生産――

織物生産について、やや古い時代の様相を伝えているると考えられるのが、渡来氏族の雄、秦氏に関わる伝説である。秦氏はそのウジ名がハタを称するところから、古くから機織りとの関わりが推定され、その氏族伝承からも秦氏の主要な職務が織物生産ということが長く通説とされてきた。ところが、本格的な渡来人と渡来氏族の研究が始まった昭和三十年代以降、その代表的な研究者である関晃氏や平野邦雄氏により、それを否定する見解が示され、秦氏と織物生産は結びつかないとする見解が逆に通説となった。その理由は、①『日本書紀』の「ウズマサ伝承」以外、秦氏の織物生産への関与を示すものがない。②律令時代の機職関係の官司に秦氏が関与している形跡がない。③秦氏の姓であるハタは、機織りのハタではなく、朝鮮語の海を意味する語パタで、海外から渡来したことを示している(7)。④秦氏の職務は、伝承からみる限り、織物生産ではなく、諸国からの貢調を管理することであり、朝廷の蔵の管理であった。⑥伝承にみえる「絹縑」は、高級な絹織物ではなく在地の生産物であり、「貢調」の代名詞に過ぎない(8)。このように、秦氏の職務は一般的な織物などの貢調を管理することで、直接織物生産には関わっていないとする説が有力になったのである。

その後、秦氏のウジ名をめぐっては、ハタ・パタが秦氏の出身地に基づくもので、韓国慶尚北道の古地名「波旦（パダ）」「波利（パリ）」「于珍（ウタル）」などの可能性が指摘され、織物との関わりはさらに後退したが(9)、近年、それに反対する説も出されている(10)。加藤謙吉氏は、秦氏の主要な職務は絹縑などの織物からなる朝廷への貢納物＝「調」（ミツギ）の貢上を管理し大蔵に収納することであり、そのことがウジ名の由来になったとされた(11)。しかし、織物がミツギの中心であるとしても、そこからどのような脈絡でウジ名化するのかうまく説明できないと思われる。後述するように、高級織物生産に使用する織機もハタであり、それは秦氏とは関わらないからである。また、のちに指摘するように倭漢氏の例からみて、ウジ名はやはり出身地と関わるとすべきではなかろうか。そこで、秦氏と関わる織物伝説を改めてみることにしたい。

まず、（1）『古事記』仁徳天皇段には、天皇がほかの妃と親しくするのに嫉妬した大后の石之比売命が、宮に帰らず山代に迂回して「暫し箇木の韓人、名は奴理能美之家に」滞在していたため、天皇は大后に派遣した使者から「奴理能美之所養へる虫、一度は匐ふ虫と為り、一度は縠と為り、一度は飛ぶ鳥と為り、三色に変る奇しき虫有り」とする報告を聞き、それをみたいと思い自分も行幸した。このため奴理能美は、「己が養へる所の三種の虫」を大后に献ったとある。この伝説は秦氏のことを述べたものではないが、渡来人が新しい養蚕の技術（家で蚕を飼う技術か）をもち来たったことを述べた伝承であろう。織物生産の発達については、当然養蚕技術の革新、いわゆる野蚕（天蠶）から家蚕への転換が必須であるが、この記事はそうした転換の事情を伝説的に表現しているといえよう。家蚕への転換には当然桑の計画的な栽培も必須であり、次にみる（3）（5）の記事は秦氏と養蚕・桑の栽培との関わりを示している。

次に（2）『日本書紀』雄略六年（四六二）三月七日条には、雄略天皇が后妃に命じて、「親ら桑こかしめて、蚕の事を勧め」させた。そこでスガル（蜾蠃）という人に命じて国内の「蚕」を聚めさせたが、スガルは誤って嬰児を聚めてしまった。天皇は嬰児をスガルに育てさせ、少子部連の姓を賜わったことが述べられている。また、（3）『日本書紀』雄略十六年七月条にも、「詔して、桑に宜き国県にして桑を殖しむ。又秦の民を散ちて遷して庸調を献らしむ」とあり、雄略天皇が桑に適した地方に桑を殖させ、また、秦の民を派遣して「庸調を献ら」せたことを述べている。このことから、雄略天皇の時に、桑生産の奨励と秦の民の配置によって庸調の貢納をすすめたことが述べられており、秦氏の職掌と桑の栽培が関わることを示唆する伝説であろう。

そして、(4)『日本書紀』雄略十五年・十六年七月条には、当時、秦の民を諸豪族がバラバラに所有して、ほしいままに使い、秦造は秦の民を管理できなかった。このため、天皇の近くに奉仕していた秦造酒が憂いを示したので、酒を寵愛する天皇は、秦の民を集め秦酒公に賜うことにした。酒公は、「百八十種勝」を率いて、「庸調の絹縑を奉献りて、朝庭に充積」んだので、姓を賜わり「禹豆麻佐」と称することを許されたとあり、秦氏が秦の民を集めて「庸調の絹縑」を貢納させたとあることから、秦氏の職務内容を示すとともに、始祖である秦酒公の活躍で膨大な織物が朝廷に積み上げられたとする秦氏の功績を顕彰する伝説である。

このことは、(5)『古語拾遺』にさらに詳しい伝説があり、雄略天皇の時、秦酒公が秦の民を賜り、「蚕し織りて調を貢り、庭中に充積ましむ」としており、「此より後、諸国の貢調、年年に盈ち溢れき。更に大蔵を立てて、蘇我麻智宿禰をして三蔵斎蔵・内蔵・大蔵。を検校しめ、秦氏をして其の物を出納せしめ、東西文民をして、其の簿を勘へ録さしむ」とあるように、秦の民が養蚕と織物生産に携わっていたこと、秦氏がそうした貢調の収蔵・管理にあたっていたことがうかがえる。

(6)『新撰姓氏録』山城国諸蕃漢秦忌寸条には、秦忌寸が太秦公宿禰と同祖で、秦始皇帝の後裔であるとし、仁徳天皇の御世に普洞王は姓を賜わり「波陁」といったとする。普洞王の男、秦公酒は、雄略天皇の御世に「父の普洞王の時に、秦の民のほとんどが、盗み取られたので、取り返したい」と奏上した。天皇は小子部雷を遣して、大隅・阿多の隼人らを動員して集めたところ、「秦の民九十二部、一万八千六百七十人を得て」酒に賜わった。酒は「秦の民を率て、蚕を養ひ、絹を織り、篚に盛り、闕に詣でて、貢進りしに、岳の如く、山の如く、朝庭に積畜み」あげた。

天皇は嘉び、「号を賜ひて、禹都万佐」と呼んだ。さらに、「諸の秦氏を使ひて、八丈の大蔵を宮の側に」建て、貢物を納めさせた。この時、初めて大蔵官員を置き酒を長官とする。（4）や（5）と同工異曲であり、より詳しい記述となっている。秦氏が「蚕を養ひ、絹を織り、篚に盛り」貢納したとあるから、単なる庸調の管理だけでなく、養蚕・絹織物生産にも関わっていたことが主張されている。

このように、秦氏は秦の民を率いて、桑生産の促進と養蚕・織物生産を推進し朝廷への貢調の増大に功績をあげ、大蔵の管理にも関与したことが繰り返し主張されており、ほぼ史実を核とする伝説といえよう。「庸調の絹縑」とあるから、秦氏は、高級織物生産が導入される以前、絹縑などの一般的な織物の生産に関わる技術を広め、庸調の貢進を増大させる役割を担っていたのではないか。それは、野蚕から家蚕への転換、それにともなう桑の計画的栽培の技術普及と連動するもので、弥生時代以来の在来の織物生産の技術を革新する新しい生産体系をもつものであったと考えられる。それが、先にみてきた考古資料から指摘されている、上細井型の経送具を用いる完成度の高い性能に改良された輪状式原始機なのか、新たに導入された直状式機織である地機・高機であったのかは、確証がないためここでは保留するとして、こうした古墳時代の初めごろの紡織技術革新と秦氏が関わっていた可能性が高いと考えておきたい。

周知のように、秦氏が土木工事をはじめ銅工・鋳工・画工など、金属器生産・鍍金技術など多様な技術部門で活動したことはよく知られているが、織物生産もその一部であったとみられる。その製品は、伝説にみえる通り、錦・綾・羅などの高級織物と比べればより一般的な絹・縑などであって、その技術は早く全国に広がり、しだいに一般農民に普及したとみられる。このため、その技術は七世紀ごろにはそれほど特殊なものではなく、いわゆる「大化改新詔」にみえる「田の調」の「郷土の出せる」「絹・絁・絲・緜」のように民間で一般化していたものであり、秦氏の関与はしだいに忘れられたとみられる。ただ、私は、秦氏が織物生産に関わっていたとしても、秦氏のウジ名は必ずしも機織りのハタではなく、金官加耶（金官国）に因むものと考えている。

すなわち、別に詳しく検討しているように、四世紀末以降、近畿各地で多様な技術をもつ加耶系の渡来人集団の移住が確認されており[12]、織物生産も同様に考えられるのではないか。したがって、倭漢氏が加耶の一国安羅加耶の渡来人集団を氏族の中核としていたように、秦氏の場合も金海＝臨海（パタ）の別名をもつ金官加耶の出身者がその氏族の中核を構成していたのではなかろうか[13]。そして、その後、秦氏は、五世紀中ごろには加耶の各地から渡来して、織物生産などに携わっていた各地の集団をしだいに傘下に加え、大きな氏族を形成したのであろう[14]。それでは、こうした庶民が織ることができる一般的な織物の生産とはまったく別系統の高級織物生産の渡来については、どのように考えられるのであろうか。

三　高級織物生産技術の導入——織姫の渡来——

今日でも、毎年七月七日の夜は七夕祭りがおこなわれ、笹の枝に願いを込めた短冊などを吊るして家族揃って星を見るのが、夏の行事として定着している。彦星は「わし座のアルタイル」で、織姫星は「こと座のベガ」であり、都会では、彦星と織姫星も、二人が出会う天の川も、もはやほとんど見ることはできなくなったが、五節句のなかでも特に人気のある行事である。毎年、七夕の夜にだけ、織姫星が天の川を渡り、彦星に逢うことが許されていたという、ロマンチックな伝説が人々を引き付けるのであろう。

子どものころは、七夕を「たなばた」と読んで何の違和感もなかったが、七夕が文字通り七月七日の夕べのことで、七夕祭というもともと中国で広く流布していたまつりであったことや、わが国で、「たなばた」と読むのは、織姫が「タナバタツメ」と呼ばれるように、「棚機」を使って高級織物を織る女性であるところから、そのように呼ばれることになったことを知ったのは、かなり後のことであった。七夕祭は、中国では女性が織物などの手芸が上達するように願った祭りであったが、わが国では、それまでみたこともない華麗な錦・綾・羅・刺繍などの高級織物の技術が伝えられた時、これも初めてみる、その技術者であった女性が操る「棚機（高機）」出現の衝撃が、こうした呼び方と、七夕伝説の受容に繋がったらしい。

『古事記』『日本書紀』には、こうした高級織物生産技術の伝来についてのいくつかの伝説がみえる。まず、応神天皇のころに百済王から献上された織姫についての伝承をみることにしたい。（一）『古事記』応神天皇段は、『古事記』では珍しく、対外交渉について記した記事で、百済王が献上した知識人や技術者の渡来のことを述べている。百済王が倭国王に贈った馬とともに来日した阿知吉師、論語・千字文を献上した和迩吉師（王仁博士）の来日、手人の韓鍛卓素と呉服西素の献上などがそれで、それにつづけて渡来氏族で最有力の秦造と漢直二氏の祖、酒造の技術者とみられる須〃許理の渡来を述べている。このなかで韓鍛卓素と呉服西素は「手人」とあるように、新しい鉄器や織物の生産に携わる技術者であり、呉服西素が男性か女性かはこれだけの記述では不明であるが、以下の所伝からみて女性であった可能性が高い。そして、こうした先進的な技術者や知識人たちが、「貢上りき」とあるように、百済王から贈られたと伝承されていることは興味深い。（二）『日本書紀』応神十四年春二月条には、「百済の王、縫衣工女を貢る。真毛津と曰ふ。是、今の来目衣縫の始祖なり」とあり、来目衣縫の始祖真毛津が百済王から献上されたことを述べたもので、「縫衣工女」とあるように高級織物の技術者が女性で、しかも（一）の呉服と同じように、応神朝に百済から提供されたとあるのは注意される。

次に同じ応神天皇の時のこととして、「呉の王」から提供された四人の織姫のことが述べられている。すなわち（三）『日本書紀』応神三十七年二月一日条と（四）『日本書紀』応神四十一年二月是月条には、応神朝に倭漢氏の祖阿知使主と都加使主を呉（中国）に遣して高級織物の技術者を求めさせたとあり、高句麗王の助けにより、「呉王」から（縫衣）工女の兄媛・弟媛と呉織・穴織という女性四人を与えられたとある。ここでは、織姫（高級織物の技術者）の招請に倭漢氏が関わっていたとする記載が注目されるが、その技術が（一）（二）のように百済からではなく、直接中国から導入したとしている点は注意される。（四）では、阿知使主らが呉から四人の女人を連れて帰国した時の出来事が語られる。筑紫では宗像大神の希望もあり、兄媛を献上したとし、それが今日筑紫国の御使君の祖であるとする。その後三人の女人を連れ、摂津の武庫に着いたところで応神天皇が亡くなった知らせがあり、後継者の大鷦鷯尊（仁徳）に報告したとする。そして、この三人の織姫が今日の呉衣縫・蚊屋衣縫の祖であることを述べる。なお、（三）（四）の記事については、次にみる（五）（六）に雄略朝のこととして同工異曲の所伝があり、ここで高級織物生産の技術の渡来が応神朝とされていることに疑問が生じてくる。

すなわち、（五）『日本書紀』雄略十四年（四七〇）正月十三日条には、「身狭村主青等、呉国の使と共に、呉の献れる手末の才伎、漢織・呉織及び衣縫の兄媛・兄媛等を将て、住吉津に泊まる」とあり、（六）『日本書紀』雄略十四年三月条には、「臣連に命せて呉使を迎ふ。即ち呉人を檜隈野に安置らしむ。因りて呉原と名く。衣縫兄媛を以て、大三輪神に奉る。弟媛を以て漢の衣縫部とす。漢織・呉織の衣縫は、是飛鳥衣縫部・伊勢衣縫の先なり」とある。（五）は、『日本書紀』雄略十二年夏四月四日条にみえる身狭村主青と檜隅民使博徳を呉に派遣したとする記載につづくものである。身狭村主氏・檜隅民使氏は倭漢氏の配下で、やや遅れて渡来した漢人村主と総称される渡来人集団である。[15] したがって、この伝承では倭漢氏と漢人村主の功績を特に強調して述べようとしていることは明らかであろう。

そして、(五)では、二人が呉の使節と、呉が提供した漢織・呉織と衣縫の兄媛・兄媛らを無事連れ帰ったことを述べている。これらの女性は「手末の才伎」と呼ばれる高級織物の技術者であり、その所伝は呉に使いした人物名と、渡来時期を応神朝から雄略朝に改変しただけで、(三)(四)の記載とほぼ同じ内容の伝承といえる。しかも応神朝の記載では、倭漢氏の祖を主人公とし、後者もその配下の漢人村主を主人公としているから、ともに倭漢氏の功績を顕彰する物語として述作されたことは間違いないところであろう。(三)(四)は、おそらく身狭村主氏・檜隅民使氏が伝承していた所伝を、それを統括していた倭漢氏の祖の功績として、より古い応神朝のこととして構成したのであろう。

(六)は(五)と一連の記事で、呉の使いを檜隈野に安置しその地を呉原と呼ぶようになったという地名起源譚と、(四)では宗像大神に献じたとしていた衣縫兄媛を大三輪神に奉ったとし、弟媛を漢の衣縫部の、漢織・呉織の衣縫を飛鳥衣縫部と伊勢衣縫の始祖であるとし、高級織物技術者集団の起源を物語っていて、呉使が安置された檜隈野は、いうまでもなく倭漢氏の本拠地であり、織姫たちが名乗る「漢」はアヤであって、明らかに倭漢氏配下であることをうかがわせる。倭漢氏がこうした高級織物技術者を率いて朝廷に仕えていたことを伝承化したものであろう(16)。なお、(三)~(六)の所伝においてこうした織物の技術が呉すなわち中国南朝からもたらされたとするが、おそらく南朝から百済に伝えられた技術を百済が提供したことがすでに広く知られていて、(五)(六)では、直接呉から提供されたという内容に改変したものと思われる。したがって、織姫たちが渡来した実際の時期は改めて検討する必要があろう。

次は、(一)~(六)とは別系統の、高級織物技術者の、渡来に関わる記事である。(七)『日本書紀』雄略七年是歳条は著名な吉備氏反乱伝承の一部をなすものであるが、この伝承については別に詳しい検討を加えている。そこでは、雄略没後の王位継承をめぐる紛争において、吉備腹の皇子星川の反乱事件をフレームアップするため、吉備氏の朝廷に対する反乱をいくつかの異なる伝承を加工して構成したことを指摘している。(17)『日本書紀』の本文では、反乱を起こした吉備弟君が朝廷に忠義を尽くした妻により殺されたとするのに対し、文末の注記に引用された別伝では、吉備弟君が自ら無事百済から漢手人部・衣縫部・宍人部を連れ帰り、朝廷に献上したとしている。そして本文では、新漢陶部高貴・錦織定安那錦らの「百済の献れる手末の才伎」を妻が連れ帰り、その後、天皇が大伴大連室屋と東漢直掬に命じて上桃原・下桃原・真神原の三所に安置したとしている。本文と分注の由来の説明は煩雑になるので結論のみ述べると、別伝の記載にオリジナルがあり、本文は反乱伝承の一部とすべく加筆・改変されていると考えている。いずれにしても、高級織物生産に関わるとみられる漢手人部・衣縫部と「手末の才伎」の錦織定安那錦は、いずれも倭漢氏の関与を明記しているから倭漢氏の管轄下にあったことを示しているし、「手末の才伎」とあるから織姫とみて誤りないであろう。

そして、ここに登場する吉備弟君については、『日本書紀』欽明五年（五四四）三月条に「是に、詔して曰く、『吉備弟君臣・的臣等等とは、河内直等を謂ふなり。新羅に往来ひしことは、朕が心に非ず。（下略）』」とあり、欽明朝の人物として登場している。すなわち、この記事は、いわゆる百済聖明王が主催する「任那復興会議」の一部をなすもので、『百済本記』に基づく記載であり、史実である可能性が高い。弟君が『雄略紀』の弟君と同一人物とするなら、（七）の記事も雄略朝ではなく、本来は欽明朝の出来事とすべきであろう。一般に（七）の記事は史実を伝えたものとされ、考古学者も依拠することが多いが、欽明朝の史実であった可能性が高くなる。『雄略紀』の本文は、「或本」＝『百済本記』を利用して作成されたと考える。

著名な仏教公伝でも知られるように、百済の聖明王代は百済からの技術導入が最も盛行した時代である。倭国の軍事的支援の見返りとして、諸博士・仏僧など知識人・専門技術者の「交替番上の制度」があったことが推測されている。したがって、(一)～(六)で述べられている織姫たち（高級織物技術者）の渡来は、(七)がそうであったように、欽明朝以降の百済聖明王代の史実をもとに述作されたとすべきであろう。

以上のように、これらの所伝は史実に基づくものというより、こうした所伝が最終的にまとめられた奈良時代初めに、過去の功績を顕彰するとともに、その由来を回顧して記述された伝説的記載である。したがって、そこに書かれた年代や具体的な内容にはとるべき事実は多くないが、右で検討したように、律令時代以前の高級織物生産は、渡来氏族の雄、倭漢氏が領導するところであり、時の権力者であった大伴氏、のちに蘇我氏の庇護のもと、おそらく百済から贈られた中国南朝系の技術者を組織して、朝廷に必要な高級織物生産を運営・管理していたとみられる。

ところで高級織物生産の具体的な様相は、こうした伝説からうかがうことはできないが、古代の法令集である『令集解』の「古記」が引く「官員令別記」の記載により、その一部をうかがうことができる。(八)『令集解』職員令大蔵省織部司条古記所引「官員令別記」には、

古記云う、別記云う、錦綾織は百十戸、年料は一人錦一疋、綾一疋を織らしむ。但し貴錦一疋を織らしむ。錦機卅四枝をたまひ、品部となして、調を取り傜役を免ず。呉服部は七戸、年料は戸毎に小綾二疋を織らしむ。品部となして、調を取り傜役を免ず。川内国広絹織人等は三百五十戸、機五十枝をたまひ、一機に七疋を織らしむ。調を取り傜役を免ず。緋染は七十戸、役日に限りなく、染絁に定めなし。品部となして、調を取り傜役を免ず。藍染は卅三戸、倭国廿九戸、近江国四戸、三戸は女三人出し役す。余戸は丁毎に薪を採らしむ。品部となして、調役を免ず。以上釈と別なし。織手等一・二人は、司に在上らせ、多は国に在りて織り進めしむ。

とあるように、七世紀段階では織部司所属の官営工房はいまだ小規模で、高級織物の生産を担ったのは品部に編成された畿内の渡来人集団であったらしい。

錦綾織については、おそらく河内・山城などの一一〇戸が品部に指定され、織機三四台を支給されて、一年間に一人あたり錦一疋・綾一疋の貢納を課せられたとある。また、小綾生産にあたる呉服部は、これも河内などの七戸を品部に指定し、年に一人あたり小綾二疋を課したとある。そして、広絹生産には、河内国広絹織人三五〇戸を品部に指定し、織機五〇台を支給し、年間に一台あたり七疋が課せられた。これらのことは、「呉服部」が伝説にみえる「呉服西素」や「呉織」の系譜をひくとみられるように、大和政権時代の織物生産体制を受け継いでいるとみられる(18)。おそらく、河内・大和・山城・近江など畿内近国に居住する専業集団を戸別に指定して高級織物の確保を目指したもので、倭漢氏が配下の渡来人集団を率いてあたっていたことをうかがわせる。先にみた伝説に登場する「来目衣縫」「蚊屋衣縫」「漢衣縫部」「飛鳥衣縫部」「伊勢衣縫」などは、その一例であろう。しかし、八世紀段階には、『続日本紀』和銅四年(七一一)閏六月十四日条に「挑文師を諸国に遣して、始めて錦綾を織ることを教へ習はしむ」とあるように、中央だけでなく国衙の官営工房の拡充がすすみ、織部司の品部は染戸を除き廃止される。これは、宮中や朝廷における高級織物の需要拡大に対応する、律令体制構築にともなう政府の織物生産体制政策の進展を示すものであろう。

以上のように、織姫たちの渡来を伝える所伝は、史実に基づくものというより、所伝が最終的にまとめられた奈良時代初めに、過去の功績を顕彰するとともにその由来を回顧して記述された伝説的記載である。したがって、そこに書かれた年代や具体的な内容にはとるべき事実は多くないが、律令時代以前の高級織物生産は渡来氏族の雄、倭漢氏が領導するところであり、時の権力者であった大伴氏ないしはのちに蘇我氏の庇護のもと、おそらく六世紀前後に百済から贈られた中国南朝系の技術者とみられる織姫たちを組織して、朝廷に必要な高級織物生産を管理・貢進していたとみられる。ところで、織姫たちは、諸博士たちのように、一定期間倭国に滞在して、織物生産を指導したのち帰国したのであろうか。それとも、伝説にあるように、大和・河内などに定住して、その子孫に技術を伝流していったのであろうか。そうした彼女たちの消息を伝える具体的な記録は残っていない。

おわりに

本章では、古代の織物生産のはじまりと展開について、不十分であるが、考古資料と文献資料から追跡した。なにぶん資料に恵まれない時代のことで、憶測にわたるところも少なくなかった。ただそうしたなかで、織物生産が天皇や貴族などの上層の人たちだけでなく、一般の農民にとっても重要な生産活動であったこと、そうした生産に中国や朝鮮半島から渡来し土着した人々が深く関わっていたことは、荒削りながら指摘できたと思う。

そして、本章でもふれているように、考古学による織物生産の究明は調査の進展とともに目覚ましいものがある。今後の研究のさらなる進展を期待して小論を閉じたい。

注

(1) 太田英蔵「紡織具」(『日本の考古学』Ⅲ・弥生時代、河出書房、一九六六年)、角山幸洋「日本の織機」(『講座・日本技術の社会史』三・紡織、日本評論社、一九八三年)、東村純子『考古学からみた古代日本の紡織』(六一書房、二〇一一年)。
(2) 太田前掲注(1)論文、角山前掲注(1)論文。
(3) 東村前掲注(1)書。
(4) 竹内晶子『弥生の布を織る』(東京大学出版会、一九八九年)。
(5) 岡村吉左衛門『台湾の蕃布』上・下(有秀堂、一九六八年)、同『日本原始織物の研究』(文化出版局、一九七七年)。
(6) 東村前掲注(1)書。

（7）関晃『帰化人』（至文堂、一九六六年）。
（8）平野邦雄「秦氏の研究」（『史学雑誌』七〇―三・四、一九六一年）。
（9）山尾幸久『日本古代王権形成史論』（岩波書店、一九八三年）。
（10）中村修也『秦氏とカモ氏』（臨川書店、一九九四年）。
（11）加藤謙吉『秦氏とその民』（白水社、一九九八年）。
（12）大橋信弥・花田勝広編『ヤマト王権と渡来人』（サンライズ出版、二〇〇五年）。
（13）井上秀雄「秦氏の秦之亡人説について」（『古代文化』九―五、一九六二年）。
（14）本書第三部第三章。
（15）大橋信弥『古代豪族と渡来人』（吉川弘文館、二〇〇四年）。
（16）関前掲注（7）書。
（17）大橋信弥『日本古代の王権と氏族』（吉川弘文館、一九九六年）。
（18）栄原永遠男『奈良時代流通経済史の研究』（塙書房、一九九二年）。

初出一覧

第一部　近江の古代豪族と大和政権

第一章　近江臣毛野の研究—その実像と出身地—（新稿）

第二章　「和邇部氏系図」の研究—近江における和邇系氏族再考—（新稿）

第三章　犬上御田鍬の研究—犬上郡の古墳と古代豪族—（原題「犬上君について—犬上郡の古墳と古代豪族—」小笠原好彦先生退官記念論集『考古学論究』真陽社、二〇〇七年）

第四章　佐々貴山君足人と藤原豊成（『淡海文化財論叢』五、二〇一三年）

第五章　継体天皇と美濃—「守君船人」墨書土器発見の意義—（『淡海文化財論叢』六、二〇一四年）

第六章　葦浦屯倉と近淡海安国造—近江における国造制の展開—（『淡海文化財論叢』八、二〇一六年）

付　論　鏡山古窯跡群と葦浦屯倉—ブタイ遺跡出土木簡に接して—（『淡海文化財論叢』九、二〇一七年）

第二部　近江の渡来人と出土文字資料

第一章　近江における律令国家成立期の一様相—野洲市西河原遺跡群の性格をめぐって—（原題「近江における律令国家成立期の一様相—西河原森ノ内遺跡群の性格をめぐって—」『淡海文化財論叢』一、二〇〇六年）

第二章　近江における文字文化の受容と渡来人（『国立歴史民俗博物館研究報告』一九四、二〇一五年）

第三章　再び錦部寺とその造営氏族について―「錦寺」刻書土器の発見に接して―（『近江地方史研究』四四、二〇一一年）
第四章　「土田庄田地注文」からみた安吉勝氏（『近江学』二、二〇一〇年）
第五章　保良京の造営と国昌寺―石山国分瓦窯の発見に接して―（『淡海文化財論叢』七、二〇一五年）

第三部　渡来氏族の形成と展開
第一章　王辰爾の渡来―フヒトの系譜―（『文字と古代日本2　文字による交流』吉川弘文館、二〇〇五年）
第二章　安羅加耶と倭国の初期交流―倭漢氏の出身地をめぐって―（『韓国民族文化』五一、二〇一四年）
第三章　山城の葛野と深草の秦氏―秦伴造家の成立をめぐって―（『淡海文化財論叢』四、二〇一二年）
第四章　秦河勝と「葛野の秦寺」の造営―弥勒菩薩像の渡来と伝流―（『淡海文化財論叢』一〇、二〇一八年）
第五章　織姫の渡来―古代の織物生産と渡来人―（原題「日本古代の織物生産と渡来」『繊維製品消費科学』五九―三、二〇一八年）

あとがき

私が古代史を専攻するきっかけは、大学の二回生になる前後に刊行の始まった、中央公論社版『日本の歴史』のシリーズ、なかでも第一巻の『神話から歴史へ』であった。その時には、日本史学専攻に籍を置く以上、日本史の全体を見通す必要があると考え、新シリーズの全巻読破を目標としたと思う。シリーズの著者として、北山茂夫・林屋辰三郎・奈良本辰也という、これから学ぶかもしれない先生方の名があったことも目的の一つであったと思う。ところが、日本史・古代史の初心者であった私は、井上光貞氏の大ベストセラーとなった第一巻に、すっかり魅了されてしまったのである。その後も当初の目論見通り、このシリーズの各巻を刊行されるごとにすべて読破したのであるが、第一巻の衝撃はあまりにも強く、その後の私の研究方向を決めてしまったと思う。学内の古代史サークルに周回遅れでの入部、講師として授業を受け持たれていた上田正昭・門脇禎二両先生の授業・著作の影響、三回生の林屋ゼミ・四回生の北山ゼミでの勉強は、その後の私にとって大きな財産となった。そして、それから五〇年以上の歳月が流れた。初めて古代史に取り組んだ頃の志がどれほど達成したかはまことに心細いが、もう少し歩みつづけたいと思う。

本書がこのように刊行できたのは、前二著と同様に、教えを受けた先生方をはじめ、様々な場所でご指導・ご教示を賜った同学の先輩・友人の学恩によるところが大きい。加えて、私がフィールドとする滋賀県の各教育委員会や博物館・資料館にかつて所属し、また現在も所属する友人諸氏からは、いまだ様々な便宜や情報を提供していただいており、改めて謝意を表したい。また、ここ数年前から、これまで多忙もあって参加できていなかった、先輩の山尾幸久先生とその教え子たちなどが開いている研究会にも出席するようになった。これも退職した効用といえるかもしれない。そうしたこともあって、このところ学生時代のころに集中して取り組んでいた「部民制」「国造制」「ミヤケ制」について、改めて問題意識が高まり、それと関連して最近再び脚光を浴びている「大化改新詔」にも少し関心が生じてきた。今後とも引きつづきご教示を願うものである。

最後に、本書の刊行を承諾いただいた吉川弘文館と、企画・編集にご面倒をかけた編集部の堤崇志さん・大熊啓太さんに、厚く御礼を申し上げたい。

二〇一九年七月

大橋信弥

大橋信弥著

古代豪族と渡来人

A5判・四三六頁／一〇〇〇〇円〈僅少〉

大陸や朝鮮半島からの人々の渡来や文化の伝播は、古代国家形成に重要な役割を果たした。大規模な渡来人集団の分布が確認される近江を中心に、渡来氏族と渡来人の実像と諸活動を解き明かす。また、大和政権とも深く関与する息長氏や鹿深臣などの近江の古代豪族と渡来文化との関係や、志賀漢人や依知秦氏など渡来氏族との多様なかかわりを追究する。

（表示価格は税別）

吉川弘文館

著者略歴

一九四五年　茨城県に生まれる

一九七二年　立命館大学大学院文学研究科修士課程修了

滋賀県立安土城考古博物館学芸課長を経て

現在、渡来人歴史館顧問　成安造形大学芸術学部非常勤講師

〔主要著書〕

『古代豪族と渡来人』（吉川弘文館、二〇〇四年）

『継体天皇と即位の謎』（吉川弘文館、二〇〇七年）

『小野妹子・毛人・毛野』（ミネルヴァ書房、二〇一七年）

『阿倍氏の研究』（雄山閣、二〇一七年）

古代の地域支配と渡来人

二〇一九年（令和元）八月一日　第一刷発行

著　者　大《おお》橋《はし》信《のぶ》弥《や》

発行者　吉川道郎

発行所　株式会社　吉川弘文館

郵便番号一一三―〇〇三三

東京都文京区本郷七丁目二番八号

電話〇三―三八一三―九一五一〈代〉

振替口座〇〇一〇〇―五―二四四番

http://www.yoshikawa-k.co.jp/

印刷＝亜細亜印刷株式会社

製本＝株式会社 ブックアート

装幀＝山崎　登

ISBN978-4-642-04655-8

索　　引

あ　行

か　行

さ　行

た　行

な　行

は　行

ま　行

や　行

ら　行

わ　行